国家社会科学基金项目成果

Bankruptcy Law
— theory and normative research

破 产 法
——理论与规范研究

李永军●著

中国政法大学出版社

2013·北京

图书在版编目（CIP）数据

破产法：理论与规范研究 / 李永军著. 北京：中国政法大学出版社，2013.2
ISBN 978-7-5620-4651-6

Ⅰ.①破… Ⅱ.①李… Ⅲ.①破产法-研究-中国Ⅳ.D922.291.924

中国版本图书馆CIP数据核字(2013)第023659号

书　　　名	破产法：理论与规范研究
	PO CHAN FA LI LUN YU GUI FAN YAN JIU
出版发行	中国政法大学出版社(北京市海淀区西土城路25号)
	北京100088 信箱8034分箱　　邮政编码100088
	邮箱 academic.press@hotmail.com
	http://www.cuplpress.com（网络实名：中国政法大学出版社）
	(010)58908437(编辑室)　58908285(总编室)　58908334(邮购部)
承　　印	固安华明印刷厂
规　　格	720mm×960mm　　16开本　　29.5印张　　530千字
版　　本	2013年2月第1版　　2013年2月第1次印刷
书　　号	ISBN 978-7-5620-4651-6/D·4611
定　　价	69.00元
声　　明	1. 版权所有，侵权必究。
	2. 如有缺页、倒装问题，由印刷厂负责退换。

序　言
Preface

　　我国现行破产法于 2006 年通过，应该说在世界上有影响的国家中，是最新的破产法。因为其他国家的破产法可能也有新的修改，但我们是重新起草而不是在 1986 年破产法基础上的修改，基本使命和理念都发生了根本的变化。现行破产法有以下几个最大的特点：①它规定了相互并列且有自己开始原因的三种程序，即破产清算、和解与重整。其实，在目前世界破产法的立法例中，将这三种完整的程序规定在一部破产法中的情况已不多见。美国破产法虽然从实质上看确实是有这三种程序，但是分别不同主体而规定的；日本等国已经废除了和解程序而代之以民事再生程序（据说比和解利用率和效果要好），并区别于公司更生法；德国法现行破产法是将和解与重整合在一起的，将重整视为和解的一部分。在我国破产法起草的过程中，也有起草组成员提出废除和解，但考虑到我国的实际情况和司法实践的经验，还是保留了和解程序。因此，我国破产法是这三种程序最完整、最典型的代表。同时，这三种程序相互并列，任何一种程序的开始，不以另外一种程序的开始作为前提条件（股东申请重整时有一点例外）。②我国破产法不适用于个人。按照我国现行破产法第 2 条、第 135 条及其他特别法的规定，也仅仅适用于企业法人及其他可以适用破产法的组织，不包括个人。这是一种价值取向的选择，并不是技术上的问题。其实，从世界其他国家的经验来看，最典型的破产是个人破产。因为，破产法的制度价值之一，就是使债务人从繁重的债务中解放出来，从而东山再起。而破产（清算）中的法人就无此机会。因此，一般国家的破产法首先是应该适用于个人的。而我国自 1986 年破产法以来，个人不能适用破产法似乎成为了一种根深蒂固的观念。我们必须明白，1986 年的破产法之所以适用于法人，而且仅仅是国有企业法人，有以下 2 个原因：其一，当时，破产法的目的和使命就是配合国有企业的改革；其二，当时人们的观念很难接受个人破产；其三，我们也没有任何个人破产的司法经验和执业律师。但现在已经发生了很大的变化，不仅人们的观念发生了变化，而且国家的经济结构和成分也发生了很大的变化。而且，从实际上说，目前的个人和家庭都是很需要破产法的。因此，从这一点上看，现行破产法出台之时，就已经滞后于社会的需要了。③现行破产法仍然延续了1986年破产法规定的"破产程序的受理开始主义"立法例，破产法上规定的所有制度性效力从法院受理破产案件开始，例如，对债务人财产的接管、对债务人人身的限制、对债权人权利的限制等。在这种立法例下，如果经过法院"审理"，债务人不具备破产原因的话，将难以逆转。因此，我国各级法院在司法实践中，应特别谨慎对待受理问题。

现行破产法自颁行至今，也已经经过了接近7年的时间。经过这一段时间的检验，证明我国破产法是一部很好的法律，比较适合中国的国情，为司法实践提供了有力的支持。同时，也不可否认的是，经过这7年的适用，也暴露出一些问题和不足。尤其是在这一时间内，受到了金融危机与经济危机的严峻挑战，各国也都在纷纷修改其破产法律制度，使我国破产法暴露出很多立法时没有考虑到的状况。另外，在我国还有一个特殊的情况，那就是与法律配套的组织和人才储备的不足。破产法是一个相当复杂的法律制度，它不仅涉及实体法，也涉及程序法；不仅涉及私法的物权制度、债权制度、知识产权制度、商事法律制度，也涉及行政法、金融法和经济法（在我国可以这样称呼）、社会和劳动保障制度。例如，一个公司在重整时，如果股东不同意，是否可以强行削减公司股东的股份以有利于引进资金？我国司法实践中大量的重整案件，都是通过这种方式进行的，甚至有的案件中，对一人公司的股东的股份强行削减为1%。这种做法是否符合破产法和公司法的基本原则和规范？就很有争议。另外，像税收债权应如何对待？是否需要申报？有异议时应如何处理？在企业重整时，这种债权如何对待和处理？职工的工资债权及社会保障等也是破产法需要一揽子解决的问题。而这些问题，有些在破产法中并没有明确的规定，需要实施者根据其他法律判定。因此，需要人才储备。而我国由于缺乏这种经验和人才，使破产法的实施面临很大的问题。1992年的俄罗斯破产法颁布时，立法者在其说明中就特别担心由于缺乏具有实践经验的人才队伍而造成法律实施的困难。我国破产法的实践也证明了这一问题。但是，经过7年的实践，我们的人才储备也渐渐强大，但制度又没有给这些人才提供更大的成长空间。这种状况也确实令人担忧。最高人民法院也在为破产法的正确实施努力和谨慎地制定司法解释，已经逐步地在公布司法解释各个部分。我们应该乐观地认为，需要本身就会开辟新的道路。

有些东西是本人力所不能者，我所能够做的工作除了积极的呐喊之外，就是针对这些问题，从破产法律规范上进行解释，从理论上进行说明和阐述。这也是本书的基本目的。可以肯定地说，本书中有许多不当和错误，希望前辈和同行能够不吝指教。

　　本书是国家社科基金的项目成果的出版，感谢国家社科基金的支持，使我能够顺利完成本项目并出版此著作。同时，感谢中国政法大学出版社的大力支持，特别是李传敢先生和刘利虎先生的大力支持。

李永军

2013 年 1 月 27 日

目　录
Contents

第一章 破产法概述

第一节 破产与破产法

一、破产与破产法的概念

（一）破产的概念

我们通常所用的"破产"一词，实际上有两种含义：一是指客观状态，二是指法律程序。第一种含义上的"破产"，是指债务人不能清偿到期债务的客观事实状态，它主要用于描述债务人的经济状况。而第二种含义上的破产，是指法院根据当事人的申请或依职权，对不能清偿到期债务的债务人所进行的一种特别程序。就如学者所指出的，破产乃是债务人在经济上发生困难，无法以其清偿能力对全部债权人的债权为清偿时，为解决此种困难状态，利用法律上的方法，强制将全部财产依一定程序为变价及公平分配，使全部债权人满足其债权为目的的一般执行程序。[1] 从规范的意义上说，绝大多数国家采用的是第二种含义上的破产。从理论意义上说，绝大多数学者也是在第二种含义上使用"破产"一词的。本书所用的破产一词即是在第二种含义上使用的。

（二）破产法的概念

由于各国的破产立法体例不同，使破产法具有广义与狭义之分：

1. 广义的破产法。广义的破产法包括三种程序，即破产清算程序、和解程序和重整程序，这种立法模式以德国法与美国法为代表。但是，有的美国学者也认为，破产法表现为不同形式且目的呈现灵活性，因此给破产法下一个精确的一般性概念是非常困难的。但是，可以通过描述其一些确定的特征来使其与其他集合性程序区别开来：①破产法是由联邦法提供的一种救济体系；②它是一种概括性

---

〔1〕 陈荣宗：《破产法》，三民书局1982年版，第1页。

的救济措施；③它被设计用来达到两个目的，一是把债务人从债务中解放出来，二是对债权人及其他利益相关者进行保护；④它是被包括特别法院、政府托管人及私人系统支配的程序[1]。

我认为，从广义破产法的角度看，可以给破产法作这样的定义：为使各债权人获得公平清偿而对不能清偿到期债务的债务人所进行的一种特别程序。

2. 狭义的破产法。狭义的破产法仅仅指破产清算程序。从这个意义上说，破产法是为使各债权人获得公平清偿而对不能清偿到期债务的债务人所进行的一种特别清算程序。在现代破产法上，这就是指清算程序。

3. 比较法上的参考。从各国立法上看，有的国家采用广义的破产法概念，有的国家采用狭义的破产法概念，这主要取决于其破产立法体例。

（1）美国法。美国破产法典采用广义的概念，其中包括破产程序、和解程序及重整程序，如美国学者指出，美国破产法有两种基本的形式：①破产清算；②破产康复[2]（康复在这里是指和解程序与重整程序）。美国破产法对各种程序的具体适用主体有限制性规定，较为灵活，实际效果较佳，故为世界各国破产立法的模范。我国在起草现行破产法时也进行了必要的参考。

（2）德国法。德国1877年颁布的《破产法》（DKO）包括了破产清算程序与强制和解程序。但在破产法之外，德国在1935年又颁布了《和解法》（DVGIO）。对于1877年的《破产法》，德国人自己作了这样的评价：1877年颁布的德国破产法典被誉为百年经典之作，与同时期颁布的民事诉讼法相比，直到现在只有较小的变动。这部经典浑然一体，完美无缺，还在继续受到美好的评价[3]。但德国的社会先是发生了变化，而且将破产法上的和解程序与破产法之外的和解法并列的做法，从实际效果上看是不可取的[4]。在此情况下，德国于1994年通过了新的破产法，将所有的程序均纳入破产法中，该法于1999年生效。由此可见，德国破产采取的也是广义的破产法概念。

（3）英国与我国台湾地区法。英国与我国台湾地区破产法的立法体例具有特色，破产法典中包括破产程序与和解程序，而将重整程序规定于公司法中。故也

---

〔1〕 Brian A. Blum, *Bankruptcy and debtor/creditor*, Aspen Publishers, 2004, pp. 87 ~ 88.

〔2〕 ［美］大卫·G. 爱泼斯坦等：《美国破产法》，韩长印等译，中国政法大学出版社2003年版，第9页。

〔3〕 资料来源于德国波恩大学教授瓦尔特·格哈德博士在1997年由人大财经委组织的在北京王府饭店召开的"中德破产法研讨会"上的发言《德国新破产法》一文，未公开发表。

〔4〕 资料来源于德国波恩大学教授瓦尔特·格哈德博士在1997年由人大财经委组织的在北京王府饭店召开的"中德破产法研讨会"上的发言《德国新破产法》一文，未公开发表。

可认为采取了广义的破产法概念。

（4）日本法。日本的破产法律制度对我国影响较大，尤其是在破产法理论方面。根据日本学者（律师）井出百合先生的叙述，日本有4种破产程序，即民事再生法、公司更生法、破产法和特别清算程序[1]。在1999年之前，日本的破产法体系框架下主要有4种程序：和解法、公司更生法、破产法和特别清算程序。日本的实务经验证明，因和解法主要以保护债权人为目标且程序完全由债权人掌控，故在实践中适用极少。应日本学者和实务界的要求，日本于1999年废止《和解法》[2]，而制定《民事再生法》；2002年修改其《公司更生法》，2004年修订其《破产法》[3]。

除此之外，在日本还有一种处理债务危机的程序，被称为"法庭外债务重组（out of court restructuring，日语原义为'私的整理'）制度"。但这一制度不是法律，是由全国银行协会以及经营者团体联合会等有关团体在日本金融厅的协助下组织的"法庭外债务重组指南"研究会制定的。它不仅规定了程序，还规定了再生计划的实质要件[4]。由于日本的破产制度比较复杂，所以其破产制度往往称为"倒产制度"。

（5）我国破产法。我国破产法自1986年以来，一直采用将清算程序、和解程序与重整程序集于一身的立法模式[5]，尤其是2006年破产法（即现行破产法）不仅明确区分清算、和解与重整程序，而且将三种程序规定在一部破产法中，且规定了共同适用的部分（前七章），故可以说，我国破产法采取广义的破产法概念。

二、破产法的性质与内容

（一）破产法的性质

破产法为私法，属于大陆法系传统的商法范畴，但其究竟为诉讼事件抑或非

---

〔1〕 [日]井出百合："债务人资产的管理——日本的制度与实务"，载2010年第二届中日韩破产法研讨会论文集，第24页。

〔2〕 鉴于日本的经验，我国在破产法起草中也有人提出要废止和解程序，将其纳入到重整程序中。但这一建议没有被采纳。

〔3〕 [日]高木新二郎："第二届中日韩破产法研讨会致辞及日本破产重整法制与实务概要"，载2010年第二届中日韩破产法研讨会论文集，第4页。

〔4〕 [日]高木新二郎："第二届中日韩破产法研讨会致辞及日本破产重整法制与实务概要"，载2010年第二届中日韩破产法研讨会论文集，第6～7页。

〔5〕 当然，我国1986年《破产法（试行）》并没有明确的区分和解与重整，仅仅将重整作为和解的一个手段来对待，但应当认为，它采用的是集三种程序于一身的立法例。

诉事件，学理上存在争论。

有谓诉讼事件说，其理由是：①破产程序与普通诉讼程序虽有不同，然最后的目的则毫无差异；②债权的申报，等于通常诉讼的提起。申报债权如无异议，其债权即为确定，记入债权人清册，与确定判决具有同等效力；③在普通的民事诉讼中，债权确定后债务人不为清偿时，即可开始强制执行，在破产程序中，破产财产的管理、变价及分配等，皆可为强制执行的程序；④普通的执行，是为单个债权人扣押债务人的财产而为个别的执行，破产的执行则系扣押债务人的总财产而为全体债权人的利益所进行的总括执行，其有强制执行的性质，故可界定为诉讼事件〔1〕。诉讼事件说在德国为通说。

有谓非诉事件说，其理由是：①在普通的民事诉讼程序中，没有债务人就自己的财产申请假扣押，但在破产程序中，债务人得为对自己破产进行宣告的申请；②在破产程序中，债权的申报与普通诉讼程序中请求法院确定私权的行为有较大区别，而且破产程序具有较浓厚的自治色彩；③破产人不仅丧失对财产的管理处分权，而且人身也受到限制，这在普通诉讼程序中是不存在的；④破产的目的在于平等分配债务人的财产，与商事公司的清算程序类似，其本为行政作用的处置，既无民事诉讼的要件，也无强制执行的性质，故破产为非诉讼事件。陈荣宗先生即主张此说，他认为，按民事诉讼，是债权人或债务人利用起诉的方法，请求法院以判决确定私权的程序，而非诉讼程序则是利用起诉或判决以外的方法，由法院介入私权事件而为处理的程序，仅有申请而无起诉，仅有裁定而无判决也。私权事件，其所以归于诉讼事件或非诉讼事件，其原因在立法政策上的要求。凡私权事件的处理，依事件的性质或情况，要求迅速处理，或证据明确而无必要以言词辩论方法调查证据者，立法上多将其列为非诉讼事件，以非诉讼程序迅速处理。破产事件，涉及多数债权人利益，且为避免债务人财产的分散或减少，自应由法院迅速介入为扣押的必要。又破产事件涉及财团债务和财团费用的问题，破产程序的进行非一般诉讼程序可比。为使法院能以职权主义方法，适当及时地根据具体情况开始破产程序，故应以非诉讼程序为宜〔2〕。

有谓特殊事件说，其理由是。①破产程序的开始有债务人自行申请者，有法院依职权开始者，此种开始程序的方法与诉讼程序不合；②许多国家的破产法规定，除本法有特殊规定的，准用民事诉讼法的规定。其之所以用"准用"而不直

---

〔1〕（台）刘清波：《破产法新论》，台湾东华书局股份有限公司1984年版，第4页。

〔2〕（台）陈荣宗：《破产法》，三民书局1982年版，第11～12页。

接适用，是因为破产事件不属于民事诉讼程序，而属于特别程序。我国有的学者也主张此说，认为：①在立法结构上，除少数国家将破产法置于民事诉讼法或商法典内，各国一般通过特别法全面规定破产程序的特有规范。所以，破产法在立法形式上表现为特别法，这就为破产程序作为特别程序奠定了基础；②破产程序可以准用民事诉讼法的有关规定，主要是出于破产立法的技术考虑，一方面可以减少立法上的重复，另一方面可以弥补破产法上的不足。但是，破产程序准用民事诉讼法的规定并不构成破产法的主要内容，只是破产程序在个别方面与民事诉讼程序或执行程序雷同的结果，从而不能依此将破产程序归为诉讼程序的范畴；③破产申请、破产案件的受理、破产宣告、债权申报、债权人自治、破产管理人、破产财产、破产债权、破产分配等破产法的特有制度，决定着破产程序的实质是民事诉讼程序、非讼程序、民事执行程序所不能包容的特别制度[1]。我也赞同特别程序说。

其实，从根本上说，破产法的特殊性就表现为它是一种概括性救济程序，即对债务人财产的概括执行程序[2]。有的学者更是指出，无论过去还是现在，破产法的本质就是一种财产的强制执行程序。

（二）破产法的内容

破产法中既有程序性的规定，也有实体性规定，故引起了学者间关于破产法究竟为实体法抑或程序法的争议。例如，美国在破产法典之外，美国联邦最高法院发布了破产程序规则，广义的破产法同时包括了破产程序规则[3]。其实，实体法与程序规则的结合体现了现代大陆商事法律制度的特点。破产法的主要内容大致如下：

1. 实体性规定。

（1）债务人的破产能力；

（2）破产财产；

（3）破产法上的撤销权、取回权、别除权和抵销权；

（4）破产债权；

（5）破产费用；

---

〔1〕邹海林：《破产程序和破产法实体制度比较研究》，法律出版社1995年版，第5页。

〔2〕Brian A. Blum, *Bankruptcy and debtor/creditor*, Aspen Publishers, 2004, p. 87；〔美〕大卫·G. 爱泼斯坦等：《美国破产法》，韩长印等译，中国政法大学出版社2003年版，第3页。

〔3〕〔美〕大卫·G. 爱泼斯坦等：《美国破产法》，韩长印等译，中国政法大学出版社2003年版，第5页。

（6）共益费用；

（7）免责制度；

（8）破产宣告的效力；

（9）破产原因；

2．程序性规定（以下破产是在广义上使用的）。

（1）破产案件的管辖；

（2）破产的申请与受理；

（3）债权申报；

（4）债权人会议；

（5）破产宣告；

（6）和解批准；

（7）重整批准；

（8）清算分配；

（9）程序的终结。

三、破产法的立法宗旨

破产法的立法宗旨究竟是什么，学者与法官有不同的看法。准确理解和把握破产法条文中所蕴涵的政策基础将有助于在特定破产问题上更好地对破产法具体条文加以解释和运用[1]。尽管学者一般都认为，历次破产立法都脱离不了一个目的，那就是在债务人没有足够的财产可供分配时，提供一个债务清偿程序，以对各类针对破产财产的请求权进行甄别和处理，破产法本质上就是一种财产的强制执行程序[2]，但是，在具体问题上，立法的宗旨十分重要却又不甚明了。例如，假定 C 在 D 的设备上享有抵押权，假定 C 将设备出售给第三人可以获得 20万元。而 D 的其他全部剩余财产仅能够卖得 30 万元。而如果将已经设置抵押权的该设备和 D 的其他财产合并出售，或者选择不出售而继续维持 D 的营业，这两种情况下产生的价值都超过 50 万元时，法院该如何处理呢？此时，破产法的目标还应该让 D 继续经营下去吗？破产法院应该考虑 D 的雇员利益和需求吗？在这一

---

〔1〕［美］大卫·G. 爱泼斯坦等：《美国破产法》，韩长印等译，中国政法大学出版社 2003 年版，第 2 页。

〔2〕［美］大卫·G. 爱泼斯坦等：《美国破产法》，韩长印等译，中国政法大学出版社 2003 年版，第 3 页。

个利益群体中，应该将债务人置于怎样的位置？破产法院在何种程度上可以并且应当将特定的债权人置于延期受偿的风险之中，而增加其后多数债权人受偿的可能性？破产法院多大程度上可以并且应当让众多债权人继续冒险而使债务人的生产经营继续下去[1]？

对于这种问题的回答，应该是相当困难的。因为，一方面，破产法中充满了利益矛盾和冲突；另一方面，破产程序的进行充满不可预测性。例如，从论证上看，和解或者重整能够带来比清算更加多的清偿，因此应当让债务人继续经营下去。但是，经营同样有风险，例如，遇到金融危机等，可能使愿望和计划落空。因此像类似的问题，难以用一个抽象的标准来回答。这一问题，在我国破产法上可以说是一个大的问题。例如，我国现行的破产法规定了清算、和解与重整程序，如果法院同时收到某个债权人的清算申请、债务人的和解申请及某个债权人的重整申请，法院应优先受理哪个申请而开始哪个程序？如果法院先受理破产清算申请而开始清算程序，债务人提出和解或者重整，法院是否可以不顾和解或者重整申请而继续清算程序呢？这些问题都涉及破产程序的重大问题。我们通常认为，当清算、和解与重整并存时，应优先受理重整申请，当清算与和解并存时，应优先受理和解申请。但是，我国《破产法》并没有作出这样明确的规定，因为法律很难回答究竟是清算好还是重整好。美国学者认为，这些问题没有"正确"或者"错误"的答案。对于"破产法的宗旨或者目标是什么"这类问题同样没有正确或者错误的答案。正是由于破产法官从来不被要求确切地回答"破产法的目的或者目标是什么"，才使得破产法官的观点明显地影响着他对所要解决的具体争议的处理。[2]这样的问题对中国法官而言同样存在，因为我国破产法对于需要法官裁决的事项作出的理由在很多情况下并没有具体规定，因此，是否批准，给予了法官很大的自由裁量权，如和解程序的开始、重整程序的开始等。但是，在我国，法官的自由裁量应严格遵守程序与实体规范，对任何决定都应综合考虑和平衡各方利益。例如，和解主要是债权人自治，而重整也主要是债权人自治，虽然我国《破产法》第87条规定了法院对重整计划的强行批准，但法院在适用这一程序时，应特别注意法律规定的条件。

---

〔1〕〔美〕大卫·G. 爱泼斯坦等：《美国破产法》，韩长印等译，中国政法大学出版社2003年版，第3页。

〔2〕〔美〕大卫·G. 爱泼斯坦等：《美国破产法》，韩长印等译，中国政法大学出版社2003年版，第5~6页。

四、破产法的制度价值

（一）公平保护债权人与债务人利益

公平是破产法的第一理念，这种理念不仅体现在保护债权人方面，同时也体现在保护债务人方面。这与传统的破产法有较大的不同。美国学者指出，在原始的概念中，破产法纯粹是债权人的救济程序。例如，在亨利八世时代，破产法的存在绝对是为了债权人利益。破产法不仅赋予债权人公平分配债务人财产的权利，而且赋予其关押、监禁债务人直到其完全清偿的权利。如果其朋友或者亲属欲解放债务人就必须找钱替他偿还债务，以结束其被圈禁而不能工作的处境。现代破产法有两个目的：一是保护债权人利益，二是债务人免责。并且破产法力求在这两个方面获得平衡。这种双重性也体现在"自愿申请破产"与"非自愿申请破产"方面[1]。

1. 对债权人的保护。对债权人的保护主要体现在以下两个方面：

（1）所有债权在破产程序开始时，视为到期。按照民法的一般理论，债权尚未到期，债务人不负履行的义务，债权人无权提出请求。如果这一规则运用到破产法上，就会使未到期债权的债权人不能参加分配。而等其债权到期，债务人已无任何财产可以清偿。这样处理，对许多债权人极为不公。法律为避免这种情形的出现，规定在债务人被宣告破产时，其所有的债权视为到期，而依破产程序申报并接受分配。

（2）所有债权按顺序和比例接受分配。这首先表现为破产法按照实体法或破产法的规定将所有债权区分顺序而为清偿。就如日本学者伊藤真所言，就债权人之间的公平而言，因债权人的权利在实体法上各种各样，有的期待能从债务人的特定财产中获得清偿，有的期待能从债务人的一般财产中获得优先清偿。这样就产生了对债务人的特定财产享有担保的先取特权人、质权人、抵押权人，还有抵销权人。此外，在实体法上虽然没有作出特别的规定，就需要社会保护这一点上看，还有区别于一般债权人的特别债权人。在倒产程序中，必须从有限的清偿财源中决定对以上各种性质的债权人的清偿份额和顺序。原则上，在实体法上具有同一性质的债权人平等对待，而对不同性质的债权人根据其差异来对待的做法是符合公平理念的[2]。其次，当破产财产对同一顺序的债权人不足清偿时，按比例

---

[1] Brian A. Blum, *Bankruptcy and debtor/creditor*, Aspen Publishers, 2004, pp. 95 ~ 96.

[2] ［日］伊藤真：《破产法》，刘荣军、鲍荣振译，中国社会科学出版社 1995 年版，第 7 ~ 8 页。

清偿。各国破产法对此均有明确规定。

2. 对债务人的保护。对债务人的保护，主要体现在对其"自由财产"的保护和免责两个方面。许多国家的破产法为了维持债务人的基本生存，专门规定了其不受破产分配的财产，即自由财产。另外，破产程序中诚实的债务人可以在破产程序结束后，免除依破产程序不能偿还的债务，即免责，以给予其重新开始的机会。关于这两个方面，我们将在下面详细论述。

（二）弥补传统民事救济手段的不足

按照传统的民事救济手段，各债权人为个别诉讼，对于取得执行名义的债权可对债务人的财产为强制执行。其间会出现一种极不平等的现象，即当债务人的财产不足以清偿全部债务时，先为诉讼而取得判决的债权人可能会得到全额清偿，而诉讼在后或没有诉讼的债权人可能会分文不得。另外一个客观效果是，一旦债务人的经济状况不佳，各债权人就会纷纷诉讼，以获得先为执行。为避免这种不足，有必要建立破产清偿制度。

（三）给予债务人以重新开始的机会

传统破产以保护债权人为要而对破产人实行惩戒主义，破产程序的目的仅仅是使各债权人获得公平清偿，但债务人在破产后并不能获得免除债务的优惠。这样就使得债务人没有申请破产的积极性和原动力，其结果是即使出现了破产原因，债务人仍不申请破产，使得财产继续减少，而最终对债权人造成不利。现代破产法既体现了对债权人的保护，也体现了对债务人的保护，最大的特点是对于符合法定条件的诚实的债务人进行免责，以使其摆脱债务，东山再起。例如，美国学者指出，破产法最主要的目的之一是为了使诚实的债务人从沉重的债务中解脱出来，从而开始新的经济生活（fresh start）。[1]

当然，由于我国破产法不适用于自然人，因此传统意义上的债务人重新开始，在我国是不存在的。在我国给予债务人重新开始的机会体现在对企业债务人的拯救方面。《最高人民法院关于正确审理企业破产案件为维护市场经济秩序提供司法保障若干问题的意见》第3条规定："对于虽然已经出现破产原因或者有明显丧失清偿能力可能，但符合国家产业结构调整政策、仍具发展前景的企业，人民法院要充分发挥破产重整和破产和解程序的作用，对其进行积极有效的挽救。破产重整和和解制度，为尚有挽救希望的危困企业提供了避免破产清算死

---

〔1〕 ［美］大卫·G. 爱泼斯坦等：《美国破产法》，韩长印等译，中国政法大学出版社2003年版，第6页。

亡、获得再生的机会，有利于债务人及其债权人、出资人、职工、关联企业等各方主体实现共赢，有利于社会资源的充分利用。努力推动企业重整和和解成功，促进就业、优化资源配置、减少企业破产给社会带来的不利影响，是人民法院审理企业破产案件的重要目标之一……。"对有希望再生的企业的积极拯救，也是破产法的价值目标之一。

（四）及时切断债务膨胀，保障经济秩序的良好运行

现代交易是一个相互联系的锁链，各交易主体均是这条锁链上的一环。一个主体破产，往往会影响其他主体，引起连环破产。所以，对于不能清偿到期债务的债务人及时宣告破产，以防止其与更多的主体发生交易，切断其债务的膨胀，有利于保护经济秩序的良性运行。

第二节　破产法上的立法主义

破产法上的立法主义，实际上是学者对各国立法、判例与学理中关于破产法上的主要问题所采的立法政策、学理与判例观点所进行的总结，他们反映了破产法上的主要原则。这些原则大体有：

一、一般破产主义与商人破产主义

这是关于破产法适用范围上的立法原则问题，也即破产能力问题。所谓商人破产主义，是指仅对具有商人身份的人开始破产程序的立法主义。此种立法例起源于《拿破仑商法典》，法国法系国家，如比利时、意大利等国在历史上均采用这种立法例。1800 年，美国根据 1787 年联邦宪法制定法的授权，以英国破产法为蓝本，颁布了第一部破产法，该法采用商人破产主义[1]。1898 年制定的破产条例改为一般破产主义。几百年来英国破产法一直只适用于商人，直到 1861 年破产法才适用于商人之外的债务人[2]。

所谓一般破产主义，乃是不分商人或非商人，均可适用破产程序的立法原则。德国法系国家大都采取一般破产主义。采此主义的国家，其破产法均不规定

---

〔1〕［美］大卫·G. 爱泼斯坦等：《美国破产法》，韩长印等译，中国政法大学出版社 2003 年版，第 2 页。

〔2〕《英国破产法》，丁昌业译，法律出版社 2003 年版，第 1 页。

于商法典中。

在商人破产主义与一般破产主义之外，还有一种所谓的折衷主义立法例，即破产制度虽不规定为商人所特有，但在适用破产程序时，有商人身份者适用商人破产程序，非商人适用非商人破产程序，分别于法典中设立两种不同的破产程序。在历史上，普鲁士、奥地利、西班牙、丹麦等国曾采用之。

在现代社会，绝大多数国家采用一般破产主义，即具有民事权利能力的人均可适用破产程序。但是，我国2006年《破产法》仅仅适用于企业法人，甚至连商个人都不适用，可以认为是有限制的商人破产主义，这种适用范围在现代国家已经非常少见。

二、自力救济主义与公力救济主义

所谓自力救济，是指债权人依靠自己的力量占有、变卖债务人的财产而自我受偿的行为。破产法贯彻自力救济的结果产生了自力救济主义。这种救济主义起源于罗马法，为中世纪许多国家所继受。自力救济主义的实行，导致了债权人权利的滥用，最后让位于公力救济。

所谓公力救济，是指完全由法院占有、变卖债务人的财产而对债权人进行分配的制度。相对于自力救济而言，公力救济虽然克服了自力救济债权人权利滥用的情形，但却造成了公共权力对个人意志的过分侵入，法院的意志代替了债权人的自治。

现代破产法的趋势是公力救济与自力救济相结合，即在法院严格监督下的债权人自力救济，如各国破产法均设立债权人的自治机构——债权人会议，允许债权人会议选任监督人为全体债权人的利益监督破产程序的进行，同时，在破产程序进行中的有关债务人财产分配的重大事项，都由债权人会议按照法定程序作出决议，如我国现行《破产法》第61条就规定了债权人会议的11项关于债务人财产的职权。有的国家破产法甚至允许债权人选任破产管理人。

三、破产原因的概括主义与列举主义

破产原因的列举主义，是指将构成破产程序开始的各种原因一一列举，只要具备法律规定或判例确定的原因，就可对债务人开始破产程序。所谓破产原因的概括主义，是将破产原因作概括性和定义性的规定。

历史上英美法系国家一般使用列举主义，这与其判例法的法律渊源有关。因为每个判例所确定的破产法规则就构成一个原因。列举主义的优点是简单明了，对破产原因的认定比较容易，易于司法适用。但缺点是列举毕竟有限，很难将所有破产原因囊括。但在英美法系国家，由于其判例法的特点，在法律没有规定时法官可以造法，所以，即使列举不能囊括全部，法官可以将其作为新的判例规则而创设。例如，1914 年的英国《破产法》第 1 条列举了以下 8 种破产行为：①债务人将与全体债权人的利益有关的财产交付或转让给一个或多个受托管理人。但在实际上，判例对这一规定又有许多限制。首先，上述交付必须是债务人财产的全部或实质上的全部；其次，所交付的财产必须是与全体债权人利益有关的财产；最后，经债权人同意的转让不在此限。②债务人将其在英国或其他地方的财产全部或一部分诈欺性地交付、赠与、或转移。③债务人向个别债权人优惠地转移财产的行为。④债务人为了拒付或延付债权人利益而离开英国，或迟不回国，或逃离居所而隐匿，或居家不出的。⑤债务人被提起强制执行程序，其财产已被扣押，或其财产已被司法执行官出卖，或者财产仍留在其手中，并且已经经过 21天的。⑥债务人按规定的格式提出申请说明其无力清偿，或者提出了对抗自己的破产申请的。⑦债务人在接到债权人根据终审判决要求法院发送的破产通知书后，未在适当期限内执行，也未向法院提出旨在抵销原债权或对超出原债权部分的反对清偿要求的，构成破产行为。根据 1974 年《支付不能法》第 4 条和《破产法》第 2 条的规定，破产通知书是指债权人依据终审判决，申请法院对债务人作出的析产偿债通知，它必须采取规定格式；债务人应在通知书合法送达后 10 天内执行。该通知书不同于破产申请状，它也不意味着债务人进入破产程序。这是最常见的破产行为。⑧债务人已经通知任何债权人，他已经或者将要暂停清偿债务的。[1]

根据其他法律的规定，在下列情况下，也视为债务人具有破产行为：①根据 1973 年《刑事法庭权限法》第 2 章第 2 节的规定，任何人在接到对其作出的刑事破产命令后，自该命令发布之日起，他被视为已作出了破产行为之人。②根据1976 年《支付不能法》第 11 条的规定，当债务人不能支付依据行政命令而产生的债时，如果法院受理该案并发出财产接管令，应视为在该接管令发出时，债务人已有破产行为[2]。

但是，1986 年的英国《破产法》就已经改为概括主义了[3]。美国破产法在

〔1〕 董安生等主编：《新编英国商法》，法律出版社 1991 年版，第 530～532 页。
〔2〕 董安生等主编：《新编英国商法》，法律出版社 1991 年版，第 530～532 页。
〔3〕 丁昌业译：《英国破产法》，法律出版社 2003 年版，第 267～272 条。

1978 年前采用破产原因的列举主义，而在 1978 年修改破产法时，改列举主义为概括主义。

大陆法系国家的破产法一般采用概括主义立法原则，其优点是能够抽象地囊括所有破产原因，具有较大的弹性。但缺点是司法中往往不如列举主义那样容易判断，不易操作。我国现行破产法采取概括主义。在概括主义的立法例下，也有所谓"现金流量标准"和"资产负债表"标准，关于其具体内含，我们将在第二章详细论述。

四、破产程序的宣告开始主义与受理开始主义

所谓破产程序的受理开始主义是指破产程序以法院受理破产案件为标志，而不论是否对债务人宣告破产。在这种立法例的国家中，破产程序一般包括受理程序、审理程序、宣告程序和分配清算程序。我国破产法采取受理开始主义[1]。

所谓宣告开始主义，是指破产程序的开始以对债务人的破产宣告为标志，在没有对债务人进行破产宣告前，破产程序并没有开始。大陆法系国家大多采此主义。

五、破产宣告的申请主义与职权主义

所谓破产宣告的申请主义，是指对债务人的破产宣告以对债务人的破产申请为根据，没有债务人的破产申请，法院就不会对债务人宣告破产。这体现了民法上的"不告不理"原则。

所谓破产宣告的职权主义，是指法院不依当事人的申请，而是在查明债务人有破产原因时，依职权宣告债务人破产的立法原则，体现了公力救济主义特点。

申请主义与职权主义各有其不足。申请主义体现了私法自治的特点，但有时会造成不公平，即使法院知道债务人有破产原因，也不能对之进行破产宣告，不利于对全体债权人的保护；职权主义体现了国家的干预，但过分干预也会影响私法的自治性，甚至有时会造成程序性成本浪费。故现代破产法以申请主义为原则，而以职权主义为例外。

从我国 2006 年破产法的制度设置看，我国采取的是以"申请主义"为主，以"职权主义"为辅的原则，即一般情况下，没有当事人申请，法院不得对债务

---

[1]　关于这一点，可以从我国《破产法》第 15、16、17、18、19、20 等可明显看出。

人开始破产程序。但是，如果法院已经应当事人申请而开始了和解或者重整程序，在和解不能或者重整不能或者具备法律规定的其他条件时，法院可以依职权宣告债务人破产。关于这一点，我们将在下面的论述中清楚地看出来。

六、和解前置主义与分离主义

所谓和解前置主义，是指法院在对债务人宣告破产前，应当先进行和解程序。只有在和解不成时，方可进入破产程序。所谓分离主义，是指将破产程序、和解程序视为两种独立的程序，当事人可以自由地选择，法院不予干涉。破产宣告并不以先行和解为前提。

我国现行破产法规定了清算、和解与重整三种程序，在具备法定原因时，当事人可以任意选择进入任何一种程序而无须先行某一程序。因此，可以认为我国采取的是分离主义。

七、惩戒主义与非惩戒主义

所谓惩戒主义，是指将破产视为犯罪行为而加以处罚。采惩戒主义的破产法不仅对破产人的人身自由进行限制，而且破产人的职业地位及公法权利的行使也受限制。破产人所受的公法与私法上的限制，只有在具备法定条件时以复权程序进行恢复。

所谓非惩戒主义，是指破产程序仅针对债务人的财产进行，对破产人的人身不为公私法上的限制。

在历史上，无论大陆法系国家，还是英美法系国家[1]多采取惩戒主义，但现代各国多以非惩戒主义为原则，而以有条件的惩戒主义为例外。

当然，惩戒主义与非惩戒主义是针对自然人而言的，因我国破产法仅仅适用于企业法人，故这一问题在我国破产法上没有意义。

八、破产普及主义与属地主义

所谓破产的普及主义，是指主张破产宣告的效力及于域外，即一国法院所为的破产宣告，不仅及于破产人在宣告国的财产，而且及于其在国外的财产；而所谓属地主义，是指一国法院所为的破产宣告效力仅仅及于破产人在宣告国的

---

〔1〕 Brian A. Blum，*Bankruptcy and debtor/creditor*，Apsen Publishers，2004，pp. 95 ~ 96.

财产。

普及主义贯彻"一人一破产"的原则，使破产债权人得到更多的利益，为许多发达国家所主张。属地主义将破产宣告的效力限于宣告国，有可能使破产人受到二次破产宣告。但应当特别指出的是，虽然有许多国家主张普及主义，但真正实行的不多。

我国 2006 年《破产法》（即现行破产法）为此问题采取了特别的处理原则，即规定我国法院宣告的破产对其他国家采取"普及主义"，而对其他国家法院的破产宣告则采取"非普及主义"。该法第 5 条规定："依照本法开始的破产程序，对债务人在中华人民共和国领域外的财产发生效力。对外国法院作出的发生法律效力的破产案件的判决、裁定，涉及债务人在中华人民共和国领域内的财产，申请或者请求人民法院承认和执行的，人民法院依照中华人民共和国缔结或者参加的国际条约，或者按照互惠原则进行审查，认为不违反中华人民共和国法律的基本原则，不损害国家主权、安全和社会公共利益，不损害中华人民共和国领域内债权人的合法权益的，裁定承认和执行。"这里执行的实际上是中国法院作出的裁定，而不是外国法院裁判的自动生效。

目前，破产宣告的普及主义与属地主义争论在中国似乎进行的如火如荼，但问题是，我们国家的法律规定和实际做法与国外究竟有什么差别，是值得研究的。下面以"日本航空公司在美跨界重整案"来观察美国人是如何对待日本破产案件的，也思考一下美国人是如何对待普及主义的。

2010 年 1 月 19 日，亚洲最大的航空公司——日本航空公司（Japan Airlines Corporation，以下简称"日航公司"）和旗下两个子公司自愿向日本东京地方法院递交公司重整申请书，申请适用《日本公司更生法》启动重整程序来挽救公司。始建于 1951 年的日航公司是日本的国家航空公司和寰宇一家的成员，同时也是亚洲最大的航空公司之一。其总部设在日本东京，并在纽约、伦敦、北京、香港和洛杉矶都设有商业中心。由于激烈的竞争导致的价格战和多年的经营失误，以及激增的员工养老金和年金支出的综合作用，日航公司背负了多达 250 多亿美元的财务负担。而且由于金融危机和 H1N1 的全球蔓延，日航公司遭受了巨大的损失，截止到日航公司向东京地方法院申请重整时，其负债已经超过 8600 亿日元（约合100 亿美元）。2009 年 10 月 29 日，日航公司向日本再生支援机构就企业重整的可能性进行了磋商，最后决定在法院监督下的重整是日航恢复盈利能力的最佳选择。东京地方法院作出裁定，指定日本企业再生支援机构为日航公司的财务管理人，负责日航公司在日本的所有相关事务。

破产法

　　由于日航公司拥有大量的国际业务和海外分支机构，因此，其公司财产遍及全球，其中尤以美国居多，日航公司先后在美国洛杉矶和纽约设立两个分支机构。因此，日航公司的破产重整直接关系到日航在国外资产的处理问题。由于日本东京地方法院已经受理了日航公司的重整申请，而且该重整计划是针对整个日航的，因此，如何妥善处理其国外的资产将直接关系到重整的成败。根据日本的《公司更生法》，管理人对债务人的财产具有全面的控制权，管理人有权为了债务人的利益，对债务人的财产进行全面的管理，包括向外国法院申请对日本诉讼程序的确认以及协助执行日本法院相关的法庭命令。据此，日本企业再生支援机构代表日航公司于 2010 年 1 月 19 日正式向美国纽约南区破产法院提起申请，请求确认其在美国作为"外国代理人"管理日航公司在美的所有财产，以及作为当事人代表日航公司参加所有的诉讼程序。同时，日本企业再生支援机构还请求承认日航公司在日本东京地方法院开始的破产法律程序为"外国主要破产程序"，并就日航公司及其在美资产提供破产保护协助。2010 年 2 月 17 日，美国纽约南区破产法院 James M. Peck 法官在其签署的裁定中称，根据美国《破产法典》第 1517（b）（1）条的规定，日本是债务人的"主要营业地"，日本国内正在进行的破产程序属于美国破产法典第 1502（4）条所称的"外国主要程序"，对日航公司在美国的财产予以自动保护，主要措施包括：①债务人在美国司法管辖区内的所有财产受到美国破产法的自动中止制度的保护。②未经外国代理人的明确同意，对日航公司在美国司法管辖区内的资产，禁止任何自然人和法人侵占、混同、处置、行使留置权或者诉讼；禁止任何自然人和法人转移、损害、遗弃、干涉日航公司在美国境内的财产或者其他任何旨在针对日航公司或其在美财产的程序，以及要求清偿债权或者执行任何涉及日航公司或者其在美财产的司法、反诉、监督、管理及其他诸如判决、评估、裁定、扣押或者仲裁等程序。与此同时，美国纽约南区破产法院还确认申请人作为"外国代理人"的法律身份，并赋予其相应的权利，主要包括：①日航公司的管理人全权负责日航公司在美国境内的所有诉讼；②全权处理日航公司在美国境内所有资产的相关事宜，包括对于各种动产、不动产的处理；③继受日航公司在国际航空协会（IATA）及与其他组织签署的行业协定中约定的权利义务；④全面接受与日航公司在美国境内银行和金融机构账户的所有资产等。[1]尽管有人认为，我国破产法的规定与美国有一定差

---

〔1〕　李曙光、郑志斌主编：《公司重整法律评论》（第 1 卷），法律出版社 2011 年版，第 340 ~ 342 页。

距〔1〕，但我仍然认为，美国纽约南区破产法院的做法与我国破产法并没有实质差别。美国破产法院的法官也是通过裁定来认可日本东京地方法院的重整程序的开始对日航公司在美国境内的财产的效力，而我国《破产法》第 5 条不也是这种基本思路吗？即外国法院的破产程序并不当然在我国发生法律效力，需要我国法院对外国法院裁定按照一定标准进行审查，最后作出是否赋予其在我国产生效力的裁定。我相信，美国纽约南区破产法院在作出裁定前，也一定有审查条件，也不是没有任何条件的承认，这是一个主权国家的自然表现。

英国《破产法》第 426 条第 4 款也规定，在联合王国任何区域享有破产管辖权的法院都应该向在联合王国其他区域或者相关国家和地区享有管辖权的法院提供协助。〔2〕这也是采取与我国几乎相同的做法。

九、破产宣告的溯及主义与不溯及主义

所谓破产宣告的溯及主义，是指破产宣告的效力不仅及于宣告后债务人对财产的处分行为，而且债务人在破产宣告前法律规定的时间内所为的有害于债权人的财产行为也归于无效。英国、法国及我国 1986 年《破产法》均实行这一制度。

所谓破产宣告的不溯及主义，是指破产宣告的效力仅仅及于宣告后，而对宣告前债务人所为的财产行为不生影响。但为弥补其不足，又辅以撤销制度。日本、德国的破产法均实行这一制度。我国破产法既规定了撤销制度，又规定了无效制度。可以说，采取了溯及主义与不溯及主义。

十、破产财产的固定主义与膨胀主义

破产财产的固定主义与膨胀主义，主要是用来界定破产财产范围。所谓固定主义，是指破产财产以债务人在受破产宣告时所拥有的财产为限，而不包括破产人在破产宣告后取得的财产。

所谓膨胀主义是指破产财产不仅包括破产宣告时债务人所拥有的全部财产，而且也包括破产宣告后到破产程序终结前所取得的财产。我国破产法采取膨胀主义。

---

〔1〕 李曙光、郑志斌主编：《公司重整法律评论》（第 1 卷），法律出版社 2011 年版，第 359 页。

〔2〕 ［英］费奥娜·托米：《英国公司和个人破产法》，汤维建、刘静译，北京大学出版社 2010 年版，第 424～427 页。

十一、免责主义与非免责主义

这是以破产程序终结后债务人对未能在破产程序中清偿的债务是否负有继续清偿的责任为标准而作的分类。所谓免责主义，是指破产人在破产程序终结后，即免除债务人对剩余债务的继续清偿责任。而所谓非免责主义，是指破产人在破产程序终结后，不免除对剩余债务的继续清偿责任。

由于不免责主义使债务人没有申请破产的积极性，最终不利于债权人及社会经济秩序，故现代各国一般采用有条件的免责制度。也就是说，在破产法中规定债务人不能免责的消极条件，如恶意转移财产或为不利于债权人的财产处分行为等，如果破产人不具有这些消极条件，即可免责。

应当指出，免责仅仅对于自然人才有意义，因为只有自然人才会在破产清算程序终结后生存下来，而法人在破产清算后就不再存在，所以规定其免责与不免责也就没有任何意义。由于我国破产法仅仅适用于企业法人，故我国破产法上根本不存在这一问题。

第三节　破产程序的结构与启动机制
——以我国破产法规范为考察

一、程序设计的基本思路

（一）概述

我国 2006 年《破产法》共设计了三种程序，即破产清算程序、和解程序与重整程序。由于我国破产法使用的是"大破产"的含义，因此，有的地方虽然称为"破产"，但却是三种程序共用的部分，如"破产债权"；有的地方所称的"破产"，仅仅是就"破产清算"而言。这主要是在破产法立法的过程中，为了简便程序，按照"一个大门，三个小门"设计的缘故。搞清楚这一点，对解读我国现行破产法十分重要。

所谓"一个大门，三个小门"，是指将"破产清算"、"和解程序"与"重整程序"统称为"破产程序"，适用"大破产"概念，可以将之称为"大门"；而"破产清算"、"和解程序"与"重整程序"是一个个具体的程序，可以称为"小门"，就好比一个"三室一厅"的房子，大厅是公共部分，而每个室是三个不同的房间。

（二）"三种程序"共用部分

"三种程序"的共用部分包括：①申请程序；②公告与通知程序；③管理人及其职责；④破产债权；⑤破产债权的申报；⑥债务人的财产；⑦破产费用与共益债务；⑧取回权、抵销权、撤销权；⑨法律责任等。

（三）"三种程序"开始的原因

"三种程序"开始的原因既有重合，也有区别，具体来说包括：①破产程序与和解程序开始的原因是相同的，即现行《破产法》第2条第1款的规定："企业法人不能清偿到期债务，并且资产不足以清偿全部债务或者明显缺乏清偿能力的，依照本法规定清理债务。"②重整程序开始的原因有二，一是"企业法人不能清偿到期债务，并且资产不足以清偿全部债务或者明显缺乏清偿能力的，依照本法规定清理债务。"二是"有明显丧失清偿能力可能"。

（四）"三种程序"的适用对象

从国外立法来看，对三种程序的适用对象存在重大的差别。破产清算适用于任何一种主体，既包括自然人与法人，也包括合伙（我国台湾地区破产法、德国破产法、日本破产法、美国破产法、英国破产法莫不如此）。按我国台湾地区破产法、德国破产法及日本破产法的规定，和解程序的适用对象与破产程序相同。美国破产法因区别不同主体而适用不同程序，第七章清算程序与其他程序在主体上存在差别。

但就重整程序适用的对象来说，各国与地区差异较大。日本、我国台湾地区及英国的重整制度仅适用于股份有限公司，我国台湾地区及英国的重整制度就规定在其公司法中。其中，我国台湾地区《公司法》对适用范围有更严格的限制，根据该法第282条的规定，以公开发行股票或公司债的股份有限公司为限。其立法理由是，公司重整如果范围太宽，则很可能发生以重整为手段达到规避破产或拖延债务履行目的的流弊。公司法之所以规定"公开发行股票或公司债之股份有限公司"为重整的对象，则表示重整是在谋求保障社会整体利益，而不是仅应企业个体的需要，这充分说明公司重整对社会经济发展与社会安全的积极的政策意义。而非公开发行股票或公司债的公司，可能是家族公司，自无重整的必要。即使为非家族公司，若不是公开发行股票或公司债的股份有限公司、无限公司和两合公司影响社会大众利益较小，也无适用重整程序的必要[1]。日本的立法理由

---

[1] 杨建华：《新版商事法要论》，三民书局1984年版，第155页。

除以上所列外，重整实务得出的另一结论是，重整程序的费用远远高于破产程序和和解程序，故小公司往往难以支撑，因而在日本的重整实务中，重整程序一般适用于大公司。但关于大公司与小公司的划分标准并不明确，在实务中，全由法官自由裁量，一般是上市公司，这与台湾地区公司法的规定恰好不谋而合。对小公司最好是适用和解程序，这也是目前在日本对倒产制度修改的一种重要的意见。

根据美国《破产法》的规定，个人、合伙、公司均能援引第十一章"重整程序"，但证券经纪人，商品经纪人或铁路都不能主动申请适用第十一章程序对自己进行重整。除此之外，能作为第十一章重整对象的债务人，仅限于在美国有住所或居住的人以及在美国有营业所或财产的人。另外，对农场主及非营利单位也不得提出第十一章程序，因为美国破产法典经 1984 年及 1986 年的两次修改，新加了关于对农场主债务重整的第十二章。

根据法国 1985 年 1 月 25 日第 85 - 98 号法律，即《法国困境企业司法重整及清算法》第 2 条的规定，重整程序适用于所有商人，手工业者，农业经营者及私法人。对于商人，司法重整程序的开始必须具备两个条件：一是停止支付必须发生于债务人吊销商事登记册上的登记之前；二是程序必须在吊销后 1 年内开始。在司法实践中，没有在商事登记册上登记而从事商业活动的人，被视为商人。以自己的名义为他人从事商业或手工业活动的人，也同样被视为商人或手工业者，但判例不容许通过他人从事商业活动或手工业活动而逃避司法重整程序，所以对他同样适用司法重整程序[1]。

在我国 2006 年《破产法》的起草中，对于重整制度的适用范围问题存在较大的争论。有人主张应当对重整程序的适用范围作出严格的限制，最好是限制在股份公司甚至是上市公司。因为重整程序是一种成本高、社会代价大、程序复杂的制度，它更多的是保护社会整体利益，而将债权人的利益放在次要位置。与和解制度相比，重整程序中的公力干预较强，对债权人的限制及债权人所作出的牺牲较大，故它要求重整对象必须是有社会价值的企业。另外，付出如此大的社会代价，一旦重整不成，会给债权人及股东造成极大的损害，尤其是担保债权人最不愿援用此程序。因而，立法应当严格限制其适用的范围，而且法院在审查重整申请时，应严格谨慎，除非确认债务人确有"重建"希望，不能轻易许可开始重整程序。也有人认为，立法不宜对重整程序的适用范围作出过于狭窄的规定，而

---

[1] 沈达明、郑淑君：《比较破产法初论》，对外贸易教育出版社 1993 年版，第 229 页。

是由法院在具体适用过程中，根据具体情况进行自由掌握。通过后的破产法显然采取了最后一种主张，于第 2 条规定其为企业法人。因此，在我国 2006 年《破产法》上，破产清算程序、和解程序与重整程序适用的对象没有任何差别，都是企业法人。但法院在司法实践中应该认真履行审查义务，严格掌握适用的原因和条件，以免给其他债权人，特别是担保债权人造成损害，造成社会浪费。在这一方面，美国破产重整的经验和教训可以借鉴。按照美国破产法第十一章的规定，适用的主体可以分为两大部分：一部分是中小型企业，另一部分是大型股份上市公司。中小型企业通常不能将程序持续到批准方案的阶段就陷入破产的深渊。因此，将中小企业提出第十一章的申请看作是几乎必然导致清算的挣扎阶段，是十分贴切的。与此相反，大型企业提出第十一章的申请通常导致某种形式的公司重整，这种重整是成功的，因为至少企业的某一部分可以继续经营而被保存下来。一个主要的原因是因为第十一章程序产生的巨大费用[1]。

（五）程序的开始与转换

无论是破产清算还是和解、重整，只要债务人符合程序开始的条件，当事人都可以直接申请进入，无须先申请一种然后再转入。但是，如果当事人先申请了一种程序后，在具备一定条件后，能够转入另外一种程序。在此需要特别注意的是：

1. 破产程序与重整程序之间的转换。

（1）破产清算向重整程序的转换。债权人申请对债务人进行破产清算的，在人民法院受理破产申请后、宣告债务人破产前，债务人或者出资额占债务人注册资本 $\frac{1}{10}$ 以上的出资人，可以向人民法院申请重整（我国《破产法》第 70 条第 2 款）。

（2）重整程序向破产清算的转换。重整程序开始但具备法定事由的，可以直接转换为破产清算程序，具体来说有以下几种情况：其一，在重整期间有下列行为之一的：①债务人的经营状况和财产状况继续恶化，缺乏挽救的可能性；②债务人有欺诈、恶意减少债务人财产或者其他显著不利于债权人的行为；③由于债务人的行为致使管理人无法执行职务；④债务人或者管理人未按期提出重整计划草案的（第 78 条、第 79 条）。其二，重整计划未获通过或者没有获得法院的强行批准（我国《破产法》第 87 条、第 88 条）。其三，已经被关系人会议通过的重

---

〔1〕〔美〕大卫·G. 爱泼斯坦等：《美国破产法》，韩长印等译，中国政法大学出版社 2003 年版，第 732 页。

整计划未获得法院的批准（我国《破产法》第88条）。其四，债务人不能执行或者不执行重整计划（我国《破产法》第93条）。

2. 破产程序与和解程序的相互转换。

（1）和解程序向破产清算程序的转换主要有4种情况：①和解计划未获得债权人会议的通过（我国《破产法》第99条）；②虽经债权人会议通过的和解协议未获得人民法院认可（我国《破产法》第99条）；③债务人不能执行或者不执行和解协议的（我国《破产法》第104条）；④和解协议是因债务人的欺诈或者其他违法行为成立的（《破产法》第103条）。

（2）破产清算程序向和解程序的转换。债务人可以在人民法院受理破产申请后、宣告债务人破产前，向人民法院申请和解《破产法》第95条。破产宣告后，债务人不得再提出和解申请。但许多国家或者地区的破产法并不禁止，如德国破产法、日本破产法与我国台湾地区破产法。但在我国台湾地区破产法上，破产宣告后的和解行为称为"调协"。

3. 和解与重整程序之间不能相互转换。和解程序与重整程序之间能否转换？对于这一问题，绝大多数国家的立法持肯定的态度。例如，根据法国《困境企业司法重整与清算法》第2条及第4条的规定，以非商业公司的形式从事的农业经营者，在适用重整程序之前，须首先适用和解程序，和解不成时，再适用重整程序。除此之外，任何债务人根据84－148号法律与债权人达成和解协议，但不按和解协议向债权人履行财产义务时，均可适用重整程序。即使和解协议已经达成尚未履行或正在履行过程中，根据日本重整法及美国破产法，也允许利害关系人提出重整程序开始的申请。其理由是：

（1）和解程序与重整程序具有共同的开始原因，这一点无论是我国2006年破产法，还是国外的破产法或者其他法律都持肯定态度。

（2）和解程序与重整程序具有完全不同的制度目标与价值：①制度价值不同：重整程序的直接目的在于挽救企业的生存，而和解程序的直接目标在于处理债权债务关系。和解虽然也是为避免债务人受破产宣告或受破产分配，但它只能消极地避免而不能积极地预防。从实质上说，和解制度与破产制度一样，重在清偿，有时债务人（非自然人）与债权人通过和解的方式解决完债权债务关系而使债务人消灭，其与破产宣告不同的是，通过和解解决债权债务关系，对债务人的名誉有利，并且和解费用较破产费用为少，债权人可得到更多的清偿。因而在实践中，债权人更愿意适用和解程序。但是，这也恰恰反映出和解制度的局限性，即债权人主观上并不关心债务人的生与死，对债权人来说，债务人（法人）生存只是为了对其债权进行更多的清偿。如果和解协议执行完毕而企业能继续生存下来，是和解的客观结果而非债权人的主观愿望。除此之外，和解制度并不像重整制度那样对各类债权人有极强的约束力。和解对于有担保物权的债权人无任何约束力，和解程序开始，担保物权人可直接行使担保物权，即别除权。在实务中，往往是担保物权一经执行，企业财产便所剩无几，从客观上使企业的复苏可能变为极小。故和解制度不能积极地挽救企业。重整制度则与之不同，重整的目的即在于拯救企业，是积极地挽救而非消极地防止与避免。法国重整法与日本重整法（更生法）于第 1 条均开门见山地指出了重整的目的在于拯救企业，正是围绕着这一目的，重整制度规定了比和解制度更强的效力。重整程序一开始，不仅所有的民事执行程序均应中止，禁止债务人向个别债权人为清偿，而且对债务人的特定财产享有担保物权的债权人也不能按一般民法程序行使其担保物权，须按重整计划的安排行使。这一规定使得重整，即对债务人的拯救在客观上有了物质保障；②程序开始的申请人不同。从包括我国 2006 年破产法在内的世界各主要国家的和解制度看，和解申请是法律赋予债务人的特权，只有债务人才得以提出，债权人不能提出和解申请，法院也不能依职权宣告和解程序的开始。重整程序的开始原则上也是以申请为依据，但申请人的范围较和解广泛，不仅债务人可以提出，债权人、符合一定条件的公司股东均可提出。根据法国 1985 年 85 - 98 号法律，法院可以依职权或经共和国检察官的请求宣布重整程序的开始；③效力不同。根据各国的和解制度，和解协议经法院认可后，仅对无担保的债权人产生效力，对于就债务人的特定财产享有担保权的债权人不生效力，担保权人可以直接行使担保物权以获得满足。而重整则不同，重整程序一经开始，对所有的债权人，包括有担保物权的债权人产生效力，担保物权人不得依一般的民事程序行使担保物权，必须依法申报债权并参加重整程序，其担保物权的行使或债权的受偿必须按重整计划的规定；④措施不同。单就措施而论，和解制度的措施较为单调，它主要是靠债权人的让步，即债权人减免债务或延期支付的方式，给债务人以喘息的机会而获得清偿，而重整措施较为丰富，除债权人的减免或延展偿付期限外，还可以将企业整体或部分转让，租赁经营等。正如宫川知法所说的那样，公司更生是以大股份有限公司为对象的再建型程序……是一个个对公司营业的继续和再建具有强有力的手段且手段丰富的制度；[1]⑤债权人与法院的作用不同。在和解程序中，和解能否成功，完全取决于债权人，法院仅仅是消极地确认和解

---

〔1〕 〔日〕宫川知法："日本倒产法制的现状与课题"，载《外国法译评》，1995 年第 2 期。

协议而不能在认为和解协议草案合理公平、具有可行性时强行许可。而在重整程序中，由于法律对不同利益的债权人分为不同的表决组，从程序上分化了债权人的阵营，为通过重整计划减少了障碍。另外，从美国《破产法》第 1129 条及我国 2006 年《破产法》第 87 条的规定，法院在特定条件下，可以不顾债权人的反对而强行许可重整计划。因此，大部分国家破产法的设计思路是：

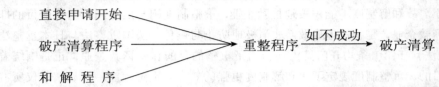

我国 2006 年《破产法》禁止程序在和解与重整之间进行转换，这也可以看成是我国破产法的一个特色。主要是考虑到和解与重整都属于再建型程序，当事人在程序开始时就应当进行理性的选择，一旦选择某一程序，就不能再进行转换，以减少程序性成本。当然，这不是理论上的问题，也不是技术上存在困难，而是我国立法政策的选择。

二、程序启动机制

（一）程序启动的概述

任何一个程序，无论是"破产清算"、"和解"还是"重整"，无任何前置性规定，当事人均可以直接申请进入，即在具备法律规定的原因后，当事人可以直接申请对债务人开始"破产清算"、"和解"或者"重整"程序。而不像 1986 年《破产法》，如果债务人想申请和解程序，还必须是债权人对债务人提出破产申请（1986 年《破产法》第 17 条）。

（二）程序的启动主体

我国现行破产法规定当事人可以直接申请对债务人开始"破产清算"、"和解"或者"重整"程序，什么主体能够启动这些程序有明确规定，具体来说：

1. 破产清算程序的启动。破产清算程序的启动仅能够由债权人或者债务人启动。债权人申请债务人破产清算的，为"非自愿性破产"；债务人自己申请对自己开始破产清算程序的，为"自愿破产"（《破产法》第 7 条）。

2. 和解程序的启动。和解程序仅仅能够由债务人提出，而债权人或者债务人的出资人都不能提出。这是大多数国家的通例，我国现行破产法也遵循了这一体例，于第 95 条规定："债务人可以依照本法规定，直接向人民法院申请和解；也可以在人民法院受理破产申请后、宣告债务人破产前，向人民法院申请和解。债务人申请和解，应当提出和解协议草案。"

3. 重整程序的启动。重整程序既可以由债务人启动，也可以由债权人启动，而且具备特定条件的出资人也可以启动这一程序。我国现行《破产法》第70条规定："债务人或者债权人可以依照本法规定，直接向人民法院申请对债务人进行重整。债权人申请对债务人进行破产清算的，在人民法院受理破产申请后、宣告债务人破产前，债务人或者出资额占债务人注册资本 $\frac{1}{10}$ 以上的出资人，可以向人民法院申请重整。"

由此可见，出资人提出对债务人重整必须具备三个条件：①必须是"债权人申请对债务人进行破产清算"；②时间必须是在"人民法院受理破产申请后、宣告债务人破产前"；③"出资额占债务人注册资本 $\frac{1}{10}$ 以上"。因此，按照我国破产法，出资人不能直接启动重整程序，他们只能申请从破产程序转换而来。

（三）金融机构的破产程序启动

我国现行破产法第134条规定："商业银行、证券公司、保险公司等金融机构有本法第2条规定情形的，国务院金融监督管理机构可以向人民法院提出对该金融机构进行重整或者破产清算的申请。"由此可见，对于金融机构的破产程序在启动上有两个特点：

1. 除了债权人或者债务人能够启动对金融机构开始破产程序外，国务院金融监督管理机构也可以启动。

2. 即使是国务院金融监督管理机构也只能对金融机构启动重整或者破产清算程序，而不能启动和解程序。

（四）程序开始的标志及效力

与其他国家破产法采取以"破产宣告作为破产程序开始的标志"不同，我国破产法采取破产程序自法院受理破产案件开始的立法例。如债权的申报、债权人会议的召开、破产程序对债务人人身与财产的限制等，从法院受理破产案件时起就开始发生。如破产法第17条规定："人民法院受理破产申请后，债务人的债务人或者财产持有人应当向管理人清偿债务或者交付财产。"第44条规定："人民法院受理破产申请时对债务人享有债权的债权人，依照本法规定的程序行使权利。"第45条规定："人民法院受理破产申请后，应当确定债权人申报债权的期限。债权申报期限自人民法院发布受理破产申请公告之日起计算，最短不得少于30日，最长不得超过3个月。"第46条规定："未到期的债权，在破产申请受理时视为到期。附利息的债权自破产申请受理时起停止计息。"第15条规定："自人民法院受理破产申请的裁定送达债务人之日起至破产程序终结之日，债务人的有关人员承担下列义务：①妥善保管其占有和管理的财产、印章和账簿、文书等资料；②根据人民法院、管理人的要求进行工作，并如实回答询问；③列席债权人会议并如实回答债权人的询问；④未经人民法院许可，不得离开住所地；⑤不得新任其他企业的董事、监事、高级管理人员。"

但值得注意的是，在我国破产法上，至少从规范本身的意义上说，破产案件的受理并非必然导致对债务人的破产宣告。那么，程序以案件受理为开始标志且对债务人或者债权人、债务人的债务人或者财产持有人等发生一系列法律效力，如债务人的财产被接管、营业一般被停止、其债务全部到期等，如果法院未对债务人破产宣告的，将如何处理？这一问题，其实自 1986 年《破产法》以来一直是我国破产法程序结构上的一个大的问题。其克服不可能依靠制度来完成，只能要求法院在审查案件并决定受理时，应当谨慎与严格审查。笔者对司法实践提出的建议是，我国法院在受理破产案件时，最好能够借鉴国外实行"破产程序宣告开始主义"之立法例国家的做法，即不仅对破产原因进行形式审查，而且要进行听证程序，以确定程序开始原因的存在，从而避免程序开始但最后却不宣告债务人破产的被动局面。

第四节　破产法上的利益或职权冲突及平衡机制

一、破产法上各种利害关系人的利益平衡

因破产法是对债务人财产的一次性概括处理，因此，各种利害关系人的利益冲突在破产法上尤为突出，主要表现在：债权人与债务人之间的利益平衡、债权人与出资人之间的利益平衡、债权人与债权人之间的利益平衡、有担保债权人与无担保债权人之间的利益平衡、申报债权的债权人与未申报债权的债权人利益平衡、共益债权人与一般债权人之间的利益平衡、管理人与债权人之间的利益平衡、职工利益与其他利害关系人利益的平衡等。

（一）债权人与债务人之间的利益矛盾与平衡性制度安排

1. 概述。债权人与债务人之间的利益矛盾与冲突是各国破产法上表现最突出的冲突之一，特别是将自然人列为破产法适用对象的国家，尤其如此。这主要是因为，在破产程序开始前，破产债务人的财产由债务人掌握，他有广泛的处分

权，得为一切处分财产的行为。当其濒临破产时，出于各种各样的原因，如为了破产程序结束后保留更多的财产或者对于与自己关系较近且将来有利益关系的债权人进行清偿等，恶意处分财产而损害债权人的行为较为普遍，如转移财产、放弃财产权利、对未到期债务提前清偿等。若任其存在，对其他债权人甚为不公，故破产程序特别规定法律救济制度，以维持各债权人之间的公平。而这种平衡性救济制度主要表现为撤销权制度或者无效制度与追究分配制度。

2. 撤销权制度或者无效制度的原理与立法体例。撤销权制度和无效行为制度，反映了破产程序的开始对债务人在程序开始前所为的有害于债权人之行为的效力，即程序开始的无溯及力主义及溯及力主义。

在破产法理论上，程序开始有无溯及力，向来存在两种相互对立的立法主义。以德国法为代表的学者认为，程序的开始剥夺了债务人管理和处分其财产的权利，故程序开始的效力只能及于债务人在程序开始后所为的行为，对债务人在程序开始前所为有关财产的行为，不生影响。这就是著名的无溯及力的立法原则。这一原则对大陆法系各国的破产立法产生了深远的影响，为许多国家所推崇。以英国法为代表的学者提出了与之不同的另一种理论，即溯及力原则（doctrine of relation back），程序开始剥夺债务人管理和处分其财产的效力及于程序开始前法律规定的特定期间内债务人之有关财产的行为，并使之归于无效[1]。溯及力原则派生出无效行为制度，无溯及力原则派生出撤销权制度。

我国1986年《破产法》第35条采用溯及力原则，即无效制度；而2006年《破产法》则采用"双轨制"，第31条规定了撤销权制度，而第33条规定了无效制度。

3. 无效行为或者撤销权行使的范围。根据我国2006年《破产法》第33条的规定，涉及债务人财产的下列行为无效：①为逃避债务而隐匿、转移财产的；②虚构债务或者承认不真实的债务的。而根据我国2006年《破产法》第31条的规定，人民法院受理破产申请前1年内，管理人有权请求人民法院予以撤销涉及债务人财产的下列行为：①无偿转让财产的；②以明显不合理的价格进行交易的；③对没有财产担保的债务提供财产担保的；④对未到期的债务提前清偿的；⑤放弃债权的。

我国2006年破产法之所以作这样的划分，主要是考虑到第31条所列举的行为限制在"人民法院受理破产申请前1年内"，而若将第33条规定的行为也限制在这一期间内，显然是不合理的，应该在任何时候都是无效的。

---

〔1〕　邹海林：《破产程序和破产法实体制度比较研究》，法律出版社1995年版，第264页。

4. 在规定撤销权制度时应考虑的其他平衡性因素。在规定撤销权制度时，还应当考虑到债务人、债权人与第三人及其他制度的平衡因素。这些因素主要是：

（1）时间因素。我们可以想象，债务在破产程序开始前往往会产生不利于债权人利益的财产性行为意识，并往往付诸实施。但在有的时候，债务人是否产生诈欺债权人的念头以及什么时候产生，都是难以证明的事实。因此，法律如果将程序开始前的时间规定的过长，往往会影响其他第三人利益，对社会关系或者社会经济秩序也非常不利。因此，如何确定这一时间，就是一个需要平衡各种因素而作出抉择的问题。我国 2006 年破产法规定是"人民法院受理破产申请前 1 年内"，而 1986 年《破产法》第 35 条规定是"人民法院受理破产申请前 6 个月"。由此可见，2006 年《破产法》更加注重保护债权人利益。

（2）对到期债务的清偿的撤销问题。对到期债务的清偿是否构成可撤销的行为？这是一个十分值得探讨的问题。各国立法及学理上颇不一致。大致有两种主张：一种主张是，对到期债务的清偿，不构成撤销权行使的原因。我国台湾地区，英美等国家的立法采此主张，即不分债权人或债务人有无主观恶意，对到期债务的清偿均不构成可撤销的行为。如台湾学者陈荣宗认为，若债务清偿期已届至，债务人对该项债务的清偿，即使发生在程序开始前法律规定的期间内，亦不得对之行使撤销权。因为债务人对到期债务的清偿，为债务人法律上的义务，债务人或债权人的主观认识并不重要[1]。在日本，从前的通说认为，对到期债务的清偿不构成撤销的原因，其理由是：①如果清偿既存债务，则积极财产会减少，但同时消极财产也会变少，作为总财产并没有增减，因此，对到期债务的清偿不属于有害行为；②在通常的场合，领受各自清偿的权利是当然的权利[2]。根据英美约因理论，对到期债务的清偿为有相当约因的行为，当然不属于被撤销的行为，否则便构成对该债权人利益的损害。

另一种主张是，对到期债务的清偿之撤销权，只有在受清偿的人有主观恶意时，方可行使。换言之，只有当债权人得知债务人已出现财务困难，即将开始破产程序或破产程序时，其所接受的清偿才不得对抗其他债权人，即视为可撤销的行为。若债权人在不知该事实时，则有善意抗辩权。法国法即采此原则。法国 85-98 号法律第 108 条规定："任何人在已知债务人停止支付的情况下接受债务人对到期债务的支付或与债务人签定有偿合同，法院可宣告其无效。"这里法国法

---

〔1〕 陈荣宗：《破产法》，三民书局 1986 年版，第 263 页。

〔2〕 ［日］石川明：《日本破产法》，何勤华、周桂秋译，上海社会科学院出版社 1995 年版，第 177 页。

特别强调债权人的主观恶意，而不问债务人于清偿时的主观意思。现在日本学理及判例的通说认为，如果在债务人支付停止或破产宣告后，对到期债务的清偿也构成否认（实际是指撤销，下同）的对象。因为，在债务人实质上已经无资力的状态下对到期债务的清偿违反债权人平等的理念，损害债权人的一般利益，故必须推翻其效力。[1]日本判例采此观点。日本最高法院1967年的判决作了这样的论述：即使是本意清偿[2]，其清偿如是在知道了会侵害其他债权人的情况下进行的，受领了其清偿的债权人知道了侵害其他债权人的情况时，根据第72条的规定，则解释为可进行否认的判断是合适的。[3]德国《破产法》第130条也作了几乎相同的规定。但这里的关键是，必须受领人有主观上的恶意，即知道债务人的清偿有损了其他债权人的利益。

两种主张相比，笔者赞同第二种观点。因为第一种主张只强调对到期债务清偿的民法上的合法性，而忽略了破产程序及其特殊性。当债务人明知自己将被开始破产程序或开始破产程序时，可能与关系较近的债权人恶意串通，等其债权到期时先为清偿，然后再申请破产或破产，或对某些到期债务的债权人为清偿，而后申请破产或破产。这样，对公平保护一般债权人显然不利。特别是当法律没有规定债务人在出现破产或破产原因时，具有法定申请义务时，更是如此。显然当事人的主观意思必须是需要考虑的重要因素。但是，在此有意义的是债务人的主观意思抑或债权人的主观意思呢？笔者认为，债权人的主观恶意是构成对到期债务清偿撤销的重要要件。诚如陈荣宗先生所言，债务人对到期债务的清偿系履行法定义务，一个毫无主观恶意的债权人接受债务人对其届期债务的清偿，即是接受合法的债务履行，何以构成被撤销的原因？何况，法律并不能要求债权人在接受债务清偿时，查明债务人有无主观恶意。但是，若债权人在接受清偿时为恶意者，即明知债务人即将开始破产或破产程序或与债务人串通而诱使债务人对其清偿时，若不对其撤销，则难显法律之公平。故第二种观点较为可取。

根据我国2006年《破产法》第32条的规定，也是可以撤销的，但条件是：①该清偿行为发生在人民法院受理破产申请前6个月内；②债务人在清偿时已经具有破产原因。但也有两点值得注意：一是撤销的例外，即个别清偿使债务人财产受益的除外；二是对有偿行为的撤销不以主观要件为必要。

---

〔1〕 ［日］伊藤真：《破产法新版》，刘荣军、鲍荣振译，中国社会科学出版社1995年版，第226页。

〔2〕 本意清偿，即是对到期债务的清偿。

〔3〕 ［日］石川明：《日本破产法》，何勤华、周桂秋译，上海社会科学院出版社，1995年版，第176页。

（3）对票据付款受领的撤销。根据德国《破产法》第137条及日本《破产法》第73条的规定，对于债务人所支付的票据付款，如果债权人不受领，则丧失其票据权利时，不得撤销之。这里所说的票据权利主要是指追索权。从票据持票人的角度看，如票据到期而担心被否认，从而不提示票据而接受付款或作成拒绝证书，将失去对背书人的追索权。同样，如果提示票据而接受付款，但日后却被否认，同样也会失去对背书人的追索权。这就存在两难选择，一方面，为了保全追索权而不得不请求支付；另一方面，即使得到了支付，但日后被否认则会失去追索权。为解决此问题，法律必须作出这样的限制性规定。

但是，为了防止对其他破产债权人的损害，德国《破产法》第137条和日本《破产法》第73条均规定，如果最后偿还义务人或者委托发票人，在发出票据的当时已经知道或应当知道债务人已经停止支付或破产申请的事实时，破产管理人可以请求其偿还破产人支付的票据金额。

我国2006年破产法对此未作出规定，但根据票据法的一般原理及破产法的立法精神，可以作相同的解释。

5. 追加分配。追加分配是指在破产财产的最后分配之后，又发现可供分配的财产时，经法院许可而实行的补充分配。[1]追加分配的价值在于保护债权人的利益，故许多国家《破产法》均有关于追加分配的规定。如日本破产法第283条规定，发出破产分配额的通知后，有新充作分配的相当的财产时，破产管理人经法院许可，必须办理追加分配。即使作出终结破产程序的决定后，亦同。德国《破产法》第203条也作出了关于追究分配的规定。我国2006年《破产法》第123条规定了追加分配，按照该条的规定，自破产程序终结之日起2年内，有下列情形之一的，债权人可以请求人民法院按照破产财产分配方案进行追加分配：①发现有依照本法第31条[2]、第32条[3]、第33条[4]、第36条[5]规定应当追回的

---

〔1〕 邹海林：《破产程序和破产法实体制度比较研究》，法律出版社1995年版，第378页。

〔2〕 我国《企业破产法》第31条规定："人民法院受理破产申请前1年内，涉及债务人财产的下列行为，管理人有权请求人民法院予以撤销：①无偿转让财产的；②以明显不合理的价格进行交易的；③对没有财产担保的债务提供财产担保的；④对未到期的债务提前清偿的；⑤放弃债权的。"

〔3〕 我国《企业破产法》第32条规定："人民法院受理破产申请前6个月内，债务人有本法第2条第1款规定的情形，仍对个别债权人进行清偿的，管理人有权请求人民法院予以撤销。但是，个别清偿使债务人财产受益的除外。"

〔4〕 我国《企业破产法》第33条规定："涉及债务人财产的下列行为无效：①为逃避债务而隐匿、转移财产的；②虚构债务或者承认不真实的债务的。"

〔5〕 我国《企业破产法》第36条规定："债务人的董事、监事和高级管理人员利用职权从企业获取的非正常收入和侵占的企业财产，管理人应当追回。"

财产的；②发现破产人有应当供分配的其他财产的。

从各主要国家破产法的规定看，追加分配的财产来源一般有以下几种：①破产财团的财产在最后分配表公告前，因诉讼或者其他原因未能收回，也未能变为现金，而在最后分配表公告后收回的；②破产管理人为附条件的债权所提存的分配额，在最后分配表公告后法定除斥期间内不能行使的，应归于破产财团的财产；③对于破产债权有异议或者涉诉，在债权人全部或者一部分败诉时，而在中间分配或者最后分配时为之所提存的分配额；④破产程序终结前，就已经存在且应属于破产财团，但于最后分配后始发现者[1]；⑤债权人未受领的分配。

（二）债权人与出资人之间的利益矛盾与平衡性制度安排

债权人与出资人之间一般不发生利益与矛盾冲突，因为一个企业具有了破产原因后，企业的投资者基本上已经不具有任何利益，企业的全部财产用于分配给债权人都不足以清偿。只有在重整程序中，双方才可能发生某种类似于利益矛盾的博弈。在重整程序中，债权人放弃的债权比例越高，企业复苏的可能性也就越大，投资人也就对企业的重整越有兴趣。就如波斯纳所言，如果重整能够使股东在重整企业中获得很小的股本利益，他们也会对重整极感兴趣。因为重整对他们来说是一个没有任何损失的建议。如果企业赢利了，他们就可以分得利润；如果失败了，全部损失就落到了债权人身上。[2]而对债权人来说，则希望通过重整获得更多的清偿。

在重整程序中，债权人与债务人的投资人的关系问题主要有二：①当重整计划涉及到出资人权益调整事项的，应当设出资人组，对该事项进行表决。而这种情形，是重整程序中经常发生的，出资人组是否同意与债权人的让步有直接关系；②如果债权人放弃的债权比例越高，企业再生的可能性就越大，出资人的预期也就越大，出资人也可能为了将来的利益为重整企业重新注资。

（三）债权人与债权人之间的利益矛盾与平衡性制度安排

债权人与债权人之间的利益矛盾在破产法上也十分突出，每个债权人都希望获得更多的清偿或者获得更优惠的地位，因此往往出现故意地虚高申报债权，但也担心其他债权人虚高申报而产生核查他人申报债权的欲望。对此，破产法规定了限制与平衡性制度，主要体现在：

1. 管理人、债权人会议核查债权（我国 2006 年《破产法》第 57 条、第 61 条）；

---

〔1〕 陈荣宗：《破产法》，三民书局 1986 年版，第 387 页。

〔2〕 ［美］理查德·A. 波斯纳：《法律的经济分析》（下），蒋兆康译，中国大百科全书出版社 1997 年版，第 528 页。

2. 对抵消的限制。因为，抵销实际上是对债权人的优惠，相当于债权人完全受偿，因此，债务人具有破产原因后，债权人往往故意对债务人负债以供抵销。因此，为防止债权人恶意负债而抵销，法律必须作出限制性规定以平衡债权人之间的关系。按照我国2006年《破产法》第40条规定，债权人在破产申请受理前对债务人负有债务的，可以向管理人主张抵销。但是，有下列情形之一的，不得抵销：①债务人的债务人在破产申请受理后取得他人对债务人的债权的；②债权人已知债务人有不能清偿到期债务或者破产申请的事实，对债务人负担债务的；但是，债权人因为法律规定或者有破产申请1年前所发生的原因而负担债务的除外；③债务人的债务人已知债务人有不能清偿到期债务或者破产申请的事实，对债务人取得债权的；但是，债务人的债务人因为法律规定或者有破产申请1年前所发生的原因而取得债权的除外。另外，各国破产法为防止管理人给予个别债权人以优惠，不允许管理人主动抵销。我国法律也可以作相同的解释。

3. 如果债权人认为债权人会议的决议违反法律规定，损害其利益的，可以请求人民法院裁定撤销该决议，责令债权人会议依法重新作出决议（我国2006年《破产法》第64条）。

（四）有担保债权人与无担保债权人之间的利益矛盾与平衡性制度安排

在破产清算与和解程序中，因物权担保债权人可以行使别除权，故如果担保物价值可以涵盖被担保的债权，则物权担保债权人与一般债权人之间不发生利益冲突。仅仅在担保物价值不能涵盖被担保的债权时，未涵盖部分应与一般债权地位相同。

在重整程序中，担保物权的行使受到限制，但在表决重整按计划时，有担保的债权人与无担保的债权人分为不同的表决组。这样做的目的在于保护担保债权人的利益，以示有担保的债权人与无担保的债权人之间的差别。假如不将担保债权人单独分组，按照表决规则，有担保的债权人之债权不够大时，有可能被一般债权人所损害，其意思难以表达。例如，假定一重整企业有9个债权人，债权总额为1500万元，其中一个债权人具有担保债权400万。如果不分组表决的话，按照人数过半、所代表的债权额超过2/3的标准，其他8个债权人同意，就可以通过。那么即使担保债权人不同意也没有任何意义，这样就有可能作出非常不利于担保债权人的决议。

（五）申报债权的债权人与未申报债权的债权人之间的利益矛盾与平衡性制度安排

按照许多国家破产法的规定（如日本、德国等），如果债权人不在法律规定或者法院指定的期限内申报债权，将产生下列两个极其严重的后果：①不能参加破产程序而行使程序性权利；②不能获得任何清偿，无论是在破产清算，还是在和解或者重整程序中，都是如此。

而我国 2006 年《破产法》为了平衡申报债权的债权人与未申报债权的债权人之间的利益矛盾，作出了不同于其他国家的规定。该法第 92 条规定："债权人未依照本法规定申报债权的，在重整计划执行期间不得行使权利；在重整计划执行完毕后，可以按照重整计划规定的同类债权的清偿条件行使权利。"第 100 条规定："和解债权人未依照本法规定申报债权的，在和解协议执行期间不得行使权利；在和解协议执行完毕后，可以按照和解协议规定的清偿条件行使权利。"对于此二条规定，笔者存在疑问：①和解与重整程序终结后，为什么和解协议与重整计划对债权人仍然具有约束力？其理论和法律基础是什么？②其未申报债权，其债权并没有纳入到调查、确认中来，程序结束后由何人负责这种"同等清偿条件行使权利"？是法院还是管理人？是民事执行问题还是诉讼问题？费用如何解决？③破产清算与和解、重整具有相同的性质，其实在许多国家当破产法适用于个人时，都发生免责的效力，不可能发生继续清偿的问题。在我国为什么作此特殊规定？这样一来，会导致一种倾向，即债权人都不申报债权，等到程序结束后再按照程序中规定的条件要求债务人履行债务。基于上述疑问，笔者认为2006 年破产法的上述规定实在值得思考。

（六）共益债权人与一般债权人之间的利益矛盾与平衡性制度安排

在破产程序的进行过程中，往往会发生新的债权债务关系，如果不对这些债权作出特别规定，将不能顺利进行程序，最终也会损害一般债权人的利益。因此，各个国家对此一般都区分共益债权与一般债权，共益债权随时发生随时清偿，而一般债权只能按照破产程序清偿。按照我国 2006 年《破产法》第 43 条的规定，共益债权由债务人财产随时清偿。

（七）管理人与债权人之间的利益矛盾与平衡性制度安排

在破产程序中，管理人与债权人之间也存在职权与利益上的矛盾与冲突，而这种矛盾和冲突主要体现为：一方面管理人并非是债权人的代理人，管理人在破产程序中既维护债权人利益（仅指债权人的一般利益，而非个别债权人的利益，管理人不为个别债权人利益而工作）又维护债务人利益，这就必然会产生矛盾；另一方面，管理人不是债权人的代理人，甚至在我国破产法上，管理人是由法院选任的，但管理人的报酬却是从破产财产中支付。这样，也就必然会发生利益上的冲突；除此之外，管理人可能要限制债权人的个别利益，如债权人虚报债权时，管理人可能首先要提出异议，而债权人也要通过法律规定的方式监督管理人的行为。从机构设置上看，各国破产法都设置一个债权人选任的机构，要么是监督人、检查人，要么是债权人委员会，来监督管理人对破产债务人的财产性管理与处分行为。并且，债权人会议有权申请法院更换管理人（我国2006年《破产法》第61条）。这实际上也是法律安排的一种平衡性制约制度。

另外，按照我国2006年《破产法》第61条的规定，债权人会议审查管理人的费用与报酬，这是一个很大的利益冲突与矛盾。从管理人的角度看，想获得更高的报酬；从债权人的角度看，想尽量压低管理人的报酬，以获得更多的清偿；从法院或者法律的角度看，应当给予管理人合理的报酬。所谓"合理"，是指一方面能够吸引优秀的管理人参与破产程序；另一方面，管理人的报酬应能够为债权人接受。因此，新破产法一方面规定"指定管理人和确定管理人报酬的办法，由最高人民法院规定"（第22条）；另一方面，第61条又规定，债权人会议有权审查管理人的报酬。管理人的报酬问题是一个十分重要的问题，如果规定合理，能够催生一个有效率的管理人阶层，并且有利于破产法的顺利实施。而如果规定不合理，要么使中介机构没有兴趣，要么引起债权人不满。这一问题在新破产法上并没有明确的答案，如果债权人会议不能认可管理人报酬的，应由法院裁决，以使得程序能够进行，我国最高人民法院的司法解释肯定了这一点〔1〕。

（八）职工利益与其他利害关系人的利益矛盾与平衡性制度安排

职工利益问题，可以说是困扰中国破产法的主要问题，也是破产法搁置12年而未获通过的主要原因之一。在1986年破产法的司法实践中，一些符合破产条件而应当被宣告破产的企业，因为无法处理这一问题而难以开始破产程序。如何处理好职工利益，是新破产法的一个重大问题。2006年新破产法主要作出了下列平衡性安排：

1. 职工利益与共益债权的关系问题。为了保障破产程序的顺利进行，2006年《破产法》于第43条特别规定，共益债权由债务人财产随时清偿。因此，从实际上说，共益债权当然优先职工利益。

2. 职工利益与一般债权的关系问题。

（1）职工的债权或者其他利益等不需要申报，而一般债权人应申报债权。我国2006年《破产法》第44条规定："人民法院受理破产申请时对债务人享有债权的债权人，依照本法规定的程序行使权利。"而第48条规定："债权人应当在

---

〔1〕《最高人民法院关于审理企业破产案件确定管理人报酬的规定》第1条。

人民法院确定的债权申报期限内向管理人申报债权。债务人所欠职工的工资和医疗、伤残补助、抚恤费用，所欠的应当划入职工个人账户的基本养老保险、基本医疗保险费用，以及法律、行政法规规定应当支付给职工的补偿金，不必申报，由管理人调查后列出清单并予以公示。职工对清单记载有异议的，可以要求管理人更正；管理人不予更正的，职工可以向人民法院提起诉讼。"

（2）职工利益的分配顺序优先于一般债权人。我国 2006 年《破产法》第 113 条规定："破产财产在优先清偿破产费用和共益债务后，依照下列顺序清偿：①破产人所欠职工的工资和医疗、伤残补助、抚恤费用，所欠的应当划入职工个人账户的基本养老保险、基本医疗保险费用，以及法律、行政法规规定应当支付给职工的补偿金；②破产人欠缴的除前项规定以外的社会保险费用和破产人所欠税款；普通破产债权。"

3. 职工利益与担保债权人的关系问题

破产程序一经开始，有担保的债权人即可行使别除权，这是各国或者地区破产法的通例。但我国 2006 年《破产法》却将职工利益放在优先于一般担保债权人的别除权前面，以更好地保护职工利益。该法第 132 条规定："本法施行后，破产人在本法公布之日前所欠职工的工资和医疗、伤残补助、抚恤费用，所欠的应当划入职工个人账户的基本养老保险、基本医疗保险费用，以及法律、行政法规规定应当支付给职工的补偿金，依照本法第 113 条的规定清偿后不足以清偿的部分，以本法第 109 条规定的特定财产优先于对该特定财产享有担保权的权利人受偿。"

4. 职工利益与特别优先权人的关系问题。我国《破产法》第 132 条规定："本法施行后，破产人在本法公布之日前所欠职工的工资和医疗、伤残补助、抚恤费用，所欠的应当划入职工个人账户的基本养老保险、基本医疗保险费用，以及法律、行政法规规定应当支付给职工的补偿金，依照本法第 113 条的规定清偿后不足以清偿的部分，以本法第 109 条规定的特定财产优先于对该特定财产享有担保权的权利人受偿。"但这种优先受偿权是否优先于法定特别优先权呢？

特别优先权是指特别法上为保护特殊主体利益而规定的优先权，如我国《海商法》第 22 条规定："下列各项海事请求具有船舶优先权：①船长、船员和在船上工作的其他在编人员根据劳动法律、行政法规或者劳动合同所产生的工资、其他劳动报酬、船员遣返费用和社会保险费用的给付请求；②在船舶营运中发生的人身伤亡的赔偿请求；③船舶吨税、引航费、港务费和其他港口规费的缴付请求；④海难救助的救助款项的给付请求；⑤船舶在营运中因侵权行为产生的财产赔偿请求。"这些特别法上规定的优先权目的在于保护特定的主体，在其与一般担保权的关系中也优先于一般担保。从我国第132条规定看，职工的利益不能优先于这些特别优先权人。

二、债权人自治与法院强制的平衡

（一）概述

从本质上说，破产法律程序是一种在法院监督下的债权人自治程序。目前的理论与法律对破产程序的认识，是对历史经验的总结。实际上，在历史上，绝对的债权人自治与绝对的公力救济都曾经实行过，但都并非是理想的模式。因为，作为绝对的债权人自治的模式是所谓的"自力救济"，即让债权人占有债务人的财产进行分配。自力救济导致了债权人权利的滥用，不仅在债权人与债务人的关系上滥用权利，即使在债权人之间的关系上也会发生不公平的现象，有时无法实现团体的协调。因此，最后让位于公力救济。但是，破产程序利益冲突突出，仅仅依靠公力救济不仅不能尊重债权人的意愿，而且效率也较低。特别是在和解与重整程序中，如果没有债权人的自治性组织，便难以进行。因此，最后法律选择了法院监督下的债权人自治程序。一方面，充分尊重债权人的意思自治，另一方面，在债权人不能达成协议而为破产程序所必须的事项上，或者债权人会议的决议不公平或者违法时由法院最终控制。

（二）债权人自治与法院监督的表现形式

1. 债权人自治的表现形式。债权人自治的体现主要是通过以下几个方面表现出来：①设立债权人会议，并规定多数决表决机制；②破产程序中的所有重大事项必须经过债权人按照法定程序通过；③通过设立常设机构来代表债权人监督管理人的行为。

包括我国2006年破产法在内的几乎所有国家的破产法，都设立有债权人的自治机构——债权人会议，并规定了多数决表决机制。例如，我国2006年《破产法》第64条第1款规定："债权人会议的决议，由出席会议的有表决权的债权人过半数通过，并且其所代表的债权额占无财产担保债权总额的1/2以上。但是，本法另有规定的除外。"第97条规定："债权人会议通过和解协议的决议，由出席会议的有表决权的债权人过半数同意，并且其所代表的债权额占无财产担保债权总额的2/3以上。"第84条第2款规定："出席会议的同一表决组的债权人过半数同意重整计划草案，并且其所代表的债权额占该组债权总额的2/3以上的，即为该组通过重整计划草案。"第86条第1款规定："各表决组均通过重整计划草案时，重整计划即为通过。”

破产程序中的所有重大事项必须经过债权人按照法定程序通过，也是债权人自治的表现形式。按照我国 2006 年《破产法》第 61 条的规定，债权人会议的职权包括：核查债权；申请人民法院更换管理人，审查管理人的费用和报酬；监督管理人；选任和更换债权人委员会成员；决定继续或者停止债务人的营业；通过重整计划；通过和解协议；通过债务人财产的管理方案；通过破产财产的变价方案；通过破产财产的分配方案；人民法院认为应当由债权人会议行使的其他职权。

以上这些问题几乎包含了破产程序中所有的重大问题，这些问题都需要债权人会议按照上述表决程序进行决议。

债权人会议通过设立常设机构来监督管理人的行为，也是债权人自治的一种形式。这种常设机构在各国破产法上的称谓并不相同。英国、美国、加拿大、新西兰、澳大利亚等国称为“检查委员会”；意大利、法国、德国等国家称为“债权人委员会”；我国台湾地区称为“监查人”[1]。我国 2006 年破产法称为“债权人委员会”，但是我国 1986 年破产法只有债权人会议而没有债权人委员会，在新破产法起草过程初期的破产法草案中也没有设立这一机构。但后来在考察国外的实践及总结我国实践的基础上认为，在许多破产案件中，有时债权人会议难以召开，而且效率比较低，故应设立一个常设机构。但这一常设机构由债权人会议自由决定是否设立，而不是必设机构[2]。

可以从我国 2006 年《破产法》的规定来看其职能。债权人委员会的职权主要是第 68 条的规定：监督债务人财产的管理和处分；监督破产财产分配；提议召开债权人会议；债权人会议委托的其他职权。另外，根据《破产法》第 69 条的规定，管理人实施下列行为，应当及时报告债权人委员会：涉及土地、房屋等不动产权益的转让；探矿权、采矿权、知识产权等财产权的转让；全部库存或者营业的转让；借款；设定财产担保；债权和有价证券的转让；履行债务人和对方当事人均未履行完毕的合同；放弃权利；担保物的取回；对债权人利益有重大影响的其他财产处分行为。

2. 法院对债权人会议的监督。法院对债权人自治采取的是监督的态度，一般

----

〔1〕 邹海林：“论破产程序中的债权人自治”，载梁慧星主编：《民商法论丛》（第 2 卷），法律出版社 1994 年版，第 159 页。

〔2〕 2006 年《企业破产法》第 67 条规定：“债权人会议可以决定设立债权人委员会。债权人委员会由债权人会议选任的债权人代表和一名债务人的职工代表或者工会代表组成。债权人委员会成员不得超过 9 人。”

不积极干预债权人会议的自治。但在有的情况下，必须经过法院的干预。主要表现在：一是破产法上债权人的许多决议都必须经过法院的认可，方可有效，如通过重整计划的决议、通过和解协议的决议、通过债务人财产的管理方案、破产财产的变价方案与破产财产的分配方案的决议等。如果债权人会议的决议程序违法或者有其他法定理由时，法院可以不认可决议的效力。二是法院对于债权人会议通过的协议的撤销。按照我国 2006 年《破产法》第 64 条第 2 款的规定，债权人认为债权人会议的决议违反法律规定，损害其利益的，可以自债权人会议作出决议之日起 15 日内，请求人民法院裁定撤销该决议，责令债权人会议依法重新作出决议。三是债权人会议无法达成协议时，由法院裁定决定。如果债权人会议按照法定表决程序没有通过对债务人财产的管理方案与变价方案时，法院有权裁定；当如果债权人会议按照法定表决程序没有通过对债务人财产的分配方案时，债权人会议必须进行第二次表决。当第二次表决仍然没有通过的，由人民法院裁定（第 65 条）。四是法院在特定条件下对重整计划的强行批准。未通过重整计划草案的表决组拒绝再次表决或者再次表决仍未通过重整计划草案，但重整计划草案符合下列条件的，债务人或者管理人可以申请法院批准重整计划草案（第 87 条）：①按照重整计划草案，本法第 82 条第 1 款第 1 项所列债权就该特定财产将获得全额清偿，其因延期清偿所受的损失将得到公平补偿，并且其担保权未受到实质性损害，或者该表决组已经通过重整计划草案；②按照重整计划草案，本法第 82 条第 1 款第 2 项、第 3 项[1]所列债权将获得全额清偿，或者相应表决组已经通过重整计划草案；③按照重整计划草案，普通债权所获得的清偿比例，不低于其在重整计划草案被提请批准时依照破产清算程序所能获得的清偿比例，或者该表决组已经通过重整计划草案；④重整计划草案对出资人权益的调整公平、公正，或者出资人组已经通过重整计划草案；⑤重整计划草案公平对待同一表决组的成员，并且所规定的债权清偿顺序不违反破产法法第 113 条的规定；⑥债务人的经营方案具有可行性。

---

[1]《企业破产法》82 条第 1 款第 2 项所列的债权是：债务人所欠职工的工资和医疗、伤残补助、抚恤费用，所欠的应当划入职工个人账户的基本养老保险、基本医疗保险费用，以及法律、行政法规规定应当支付给职工的补偿金；第 3 项债权是：债务人所欠税款。

第二章　破产程序的开始

第一节　破产程序开始的实质要件

一、破产原因

（一）破产原因的一般概述

破产原因是适用破产程序所依据的特定法律事实，是法院作出破产宣告的特定事实状态，是破产程序得以发生的实质条件。作为破产原因，它应该具备的特征是：其一，它必须是实际存在的事实状态，而不是债权人或债务人主观臆断出来的；其二，它必须是法律规定的事实状态，而不能以法定以外的事实作判断。

在概括主义立法例下，又可以分为"现金流量标准"和"资产负债表标准"。按照现金流量标准，当债务人不能支付到期债务时，即无清偿能力，即使他的资产超过他的负债，那是无关紧要的，因为没有理由要求债权人等待债务人出售他的资产变成现金。因此，即使资产多于负债，债务人也可能被宣告破产。

资产负债表标准，是指法人的资产不够清偿它的负债，即常讲的"资不抵债"或"债务超过"。许多国家的立法及学理均将"债务超过"作为法人和遗产破产的原因，例如，德国《破产法》第19条规定，当债务人为法人时债务超过财产也为破产程序开始的理由。现行日本《破产法》第16条也规定了"债务超过"为法人破产程序开始的原因，但"债务超过"不能作为无限公司和两合公司的破产原因。学理认为，将"债务超过"作为破产原因的基本理念是：法人以其财产为债权人利益担保，法人的信用也以其资产为基础。企业法人有债务超过时，已然对一般债权人的利益构成不能受足额清偿的潜在危险，增加了市场流通秩序的不安全因素，随时都有因停止支付而严重危及债权人和社会经济秩序的不安全因素。一个有健全市场的法制国家，决不允许债务超过的企业法人以债权人的利益无保障和社会经济秩序为代价，继续进行赤字经营[1]。

笔者认为，这一标准对判断法人是否有支付能力并不十分准确。这是因为资产负债表标准要求考虑"负债"与"资产"，"负债"往往包含有预料中的负债（prospective liability）与或然债务（contingent liability）。或然债务是一种目前尚未确定，但可因将来某一不确定事件的发生而变成确定的债，即或然债务是一种可能发生的债，因而在判断中，存在不确定的因素。资产的评价也是一门难以精确的科学，对同一资产，不同的专业评估者往往会作出差异较大的结论。另外，对某一资产的评估是在静态下进行的，若将之放在实际竞卖过程中，很难估计买方能出多少价金，这也是为什么各国破产法规定对破产财产的变卖以公开拍卖为原则的原因之一。再者，现金流量标准与资产负债表之间存在着密切的关系，如果公司是一个正常营业中的公司，当公司与资产一起出售时，所得价金远远高于分散出售。若法院根据不精确的标准对债务人作出破产宣告或裁定破产程序的开始，对债务人来说是极不公允的．它虽不是原因本身，但是它却是一种确定法人破产原因的判断标准，即当法人的资产少于负债时，可以作为判断其是否有清偿能力的参考。日本学者伊藤真也认为，"债务超过"对于法人来说是附加的破产原因，立法者作出这样规定的主要目的在于，法人以其财产对债权人负有限责任。实际上债权人对于债务人的资产与负债表作出评价及发现债务超过实有困难。所以，"债务超过"这一破产原因要起到它应有的作用，主要靠债务人自己申请破产[2]。既然"债务超过"这一破产原因以法人负有有限责任为前提，故对无限公司及两合公司不能适用，日本《破产法》第16条已经对此作了明确的规定。我国《最高人民法院2011年关于〈破产法〉的司法解释（一）》（下称2011年司法解释一）[3]也明确了适用综合标准而非单一标准来判断破产原因。关于此点，我们将在下面详细讨论。但是，"债务超过"在遗产破产方面却是唯一的原因，即它是判断遗产无清偿能力的唯一标准。

关于停止支付。停止支付是债务人停止向债权人履行债务的行为，它与债务人的清偿能力虽不是同一概念，却有密切联系。债务人缺乏清偿能力时，其外部特征即表现为停止支付。但是，并不是在任何情况下，债务人停止支付均表明债

---

〔1〕 邹海林：《破产程序和破产实体制度比较研究》，法律出版社1995年版，第32页。

〔2〕 ［日］伊藤真：《破产法新版》，刘荣军、鲍荣振译，中国社会科学出版社1995年版，第40页。

〔3〕 《最高人民法院关于适用〈中华人民共和国企业破产法〉若干问题的规定（一）》，2011年8月29日由最高人民法院审判委员会第1527次会议通过，自2011年9月26日起施行。

务人无清偿能力。停止支付是一种主观状态，而无清偿能力则是一种客观状态。有时，债务人停止支付系因主观使然，而非客观不能，例如，误认为自己无财力而向债权人拒绝清偿等，在民法上属于非不能履行的其他债务不履行样态。停止支付虽不必然表明债务人无清偿能力，但它却在一定程度上反映了债务人的财务状况，在破产法程序中对债权人来说意义重大。债权人欲申请对债务人开始破产程序时，若要求他证明债务人客观上无清偿能力，甚为困难。这就为债权人申请债务人破产设置了障碍，使债权人难以对自己权利的保护获得救济。但对债权人来说，极易证明的便是债务人停止向其履行债务的事实。而且，当债务人在无法律规定或当事人约定的抗辩事由下而停止向债权人履行债务时，债权人便有理由认为其已无清偿能力，便可据此向法院申请对债务人开始破产程序。但是，从另一方面说，债务人停止支付并不必然表明其无清偿能力，故若仅据此停止支付的事实对债务人开始破产程序，对其十分不利。正因为如此，各国法均将其规定为推定原因，也是债权人申请债务人破产的外部依据。所谓推定原因，即是指可以用事实与证据推翻的原因。当债权人以债务人停止支付为由申请债务人破产时，债务人欲主张自己无破产原因而摆脱受破产宣告的厄运，必须就自己仍有清偿能力予以举证，以推翻对其无清偿能力的推定。否则，他将难逃受破产宣告的命运。

（二）我国法上破产原因的分析

1. 单一原因和复合原因。在我国现行实质意义上的破产法上，破产原因有单一原因和复合原因之分。所谓单一原因即是指以债务人不能清偿到期债务为破产的唯一原因；而复合原因是在不能清偿到期债务的基础上又加了其他条件。

在我国现行法律当中，采单一原因的有《公司法》、《商业银行法》和《合伙企业法》。《公司法》第188条第1款规定，清算组在清理公司财产、编制资产负债表和财产清单后，发现公司财产不足以清偿债务的，应当依法向人民法院申请宣告破产。《商业银行法》第71条第1款规定，商业银行不能支付到期债务，经国务院银行业监督管理机构同意，由人民法院依法宣告其破产。这两个法规定的都是单一原因，即只要出现财产不足以清偿债务，或者不能支付到期债务就具备破产原因。《合伙企业法》第92条规定，合伙企业不能清偿到期债务的，债权人可以依法向人民法院提出破产清算申请，也可以要求普通合伙人清偿。其规定的也是单一原因。

《企业破产法》对破产原因的规定是采复合式的。第2条第1款规定："企业法人不能清偿到期债务，并且资产不足以清偿全部债务或者明显缺乏清偿能力的，依照本法规定清理债务。"对于这一规定，学界有不同解释。一种解释是企业法人不能清偿到期债务，并且资产不足以清偿全部债务是企业法人破产的原因。而明显缺乏清偿能力也是企业法人破产的原因。第二种解释是企业法人不能清偿到期债务，并且资产不足以清偿全部债务是一种破产原因，而企业法人不能清偿到期债务，并且明显缺乏清偿能力也构成破产原因。我赞成第二种解释，而且立法的本意也是第二种解释。也就是说，不能清偿到期债务与资产不足以清偿全部债务或者与明显缺乏清偿能力这两个选择项中的任何一个组合在一起，才构成一个完整的破产原因。这三项中的任何一项都不能单独构成破产原因。2011 年司法解释（一）第 1 条就针对这种歧义，作了专门规定："债务人不能清偿到期债务并且具有下列情形之一的，人民法院应当认定其具备破产原因：①资产不足以清偿全部债务；②明显缺乏清偿能力。"这里的破产原因与《公司法》和《商业银行法》规定的不一致，其协调关系应当按照新法优于旧法的原则处理。即只要是法人破产，应一律采用复合原因。

理解《破产法》与《公司法》、《商业银行法》及《合伙企业法》等在破产原因上的问题也就是理解《破产法》第 135 条的规定。该条规定："其他法律规定企业法人以外的组织的清算，属于破产清算的，参照适用本法规定的程序。"按照正常的理解，非法人企业破产参照的只是程序，而不是实体。因此，对于合伙企业破产，其破产原因不适用破产法规定的复合原因。但是，如何协调与《公司法》及《商业银行法》关于破产原因的规定呢？由于在我国公司本身就是法人，因此公司破产应适用《破产法》规定的复合原因。至于商业银行，由于《破产法》第 134 条明确规定了适用《破产法》第 2 条的规定，故也是复合原因。

对于破产原因，应作下列理解：

（1）不能清偿到期债务。不能清偿到期债务包括客观的不能清偿和推定的不能清偿。客观的不能清偿就是指债务的履行期限已经届满，而债务人没有按时履行的客观事实；推定的不能清偿是指债务人停止清偿债务并呈连续状态，如无相反证据，可推定为不能清偿到期债务。

2011 年司法解释（一）第 2 条规定了法院认定不能清偿到期债务的条件。该条规定下列情形同时存在的，人民法院应当认定债务人不能清偿到期债务：①债权债务关系依法成立；②债务履行期限已经届满；③债务人未完全清偿债务。

但是，这里有疑问的是：预期违约的债务就不能作为不能清偿的债务吗？预期违约（anticipatory breach of contract）是指在合同有效成立后履行期到来前，一方当事人肯定地、明确地表示他将不履行合同或一方当事人根据客观事实预见到另一方到期将不履行合同[1]。这是英美法以判例发展起来的特有制度。从以上所述,我们可以看出英美法上的预期违约制度有两种形态:一是当事人明确地、肯定地并无条件地向相对人表示其将不履行合同义务。这种情形被称为"明示的预期违约"(Repudiation)[2]。二是当事人虽然没有明确声明其将不履行契约义务,但其行为及客观情况表明了他将不能到期履行义务。从传统契约法的理论看,违约就是对于契约义务的违反,但在义务履行期到来之前,债务人并不负有实际给付义务,所以"违约"的概念只有发生在"履行期"到来之后才符合逻辑。但是,如果在义务履行期到来之前债务人就已声明将不履行契约义务或其行为或客观情况已经表明他将于义务履行期到来时不能履行义务,法律应采取何种态度?是视而不见而让债权人坐等义务履行期的到来,从而寻找实际违约的救济,还是规定期前违约救济制度而使债权人免受更大的损失?由于英美判例法及衡平法的传统,使其选择了后者。这一选择的本身就说明了预期违约制度的价值。

我国现行合同法引进了这一制度。该法第108条规定:"当事人一方明确表示或者以自己的行为表明不履行合同义务的,对方可以在履行期限届满之前要求其承担违约责任。"这种债务是否可以作为破产申请的债务呢?例如,A与B在2011年5月1日进行交易,A已经将货物交付给B,而B应在2011年10月1日前付清全部货款。但B在2011年8月就明确表示到期将不履行付款义务。按照我国合同法第108条的规定,显然构成预期违约。这种违约责任中的"债务"不能作为申请破产的依据。因为,按照预期违约的救济方式,非违约方仅仅能够请求赔偿损失或者解除合同并赔偿损失,但不能请求强制履行。既然不能请求强制履行,则将其作为破产法上的不能履行的债务就不合适。

(2)资产不足以清偿全部债务。资产不足以抵偿全部债务就是俗称的"资不抵债"。它是一个动态的概念,强调的是资产负债比。主要是指债务人资产的客观、真实价值,而不是账面资产。如果这类资产的总值低于债务人欠的债务总额,就可以认定是资产不足以清偿全部债务。

对此,2011年司法解释(一)第3条规定,债务人的资产负债表,或者审计报告、资产评估报告等显示其全部资产不足以偿付全部负债的,人民法院应当认定债务人资产不足以清偿全部债务,但有相反证据足以证明债务人资产能够偿付全部负债的除外。

---

〔1〕　G. H. Treitel, *The Law of Contract*, Stevens & Sons , Limited, 1983, p. 642.

〔2〕　杨永清:"预期违约规则研究",载《民商法论丛》(第三卷),法律出版社1995年版,第351页。

（3）明显缺乏清偿能力。明显缺乏清偿能力即丧失了一切清偿债务的可能。对此，2011年司法解释（一）第4条规定："债务人账面资产虽大于负债，但存在下列情形之一的，人民法院应当认定其明显缺乏清偿能力：①因资金严重不足或者财产不能变现等原因，无法清偿债务；②法定代表人下落不明且无其他人员负责管理财产，无法清偿债务；③经人民法院强制执行，无法清偿债务；④长期亏损且经营扭亏困难，无法清偿债务；⑤导致债务人丧失清偿能力的其他情形。"

对于2011年司法解释（一）第4条规定的第2项，即"法定代表人下落不明且无其他人员负责管理财产而无法清偿债务"作为认定其明显缺乏清偿能力的标准值得怀疑。一个企业是否缺乏清偿能力与是否有法定代表人似乎没有必然联系。我们退一步讲，即使一个企业暂时没有法定代表人，例如，原法定代表人死亡，还没有选出新的法定代表人，也不倾向对其债务的执行或者是否有清偿能力的判断。

2. "资不抵债"、"明显缺乏清偿能力"与"不能清偿到期债务"的关系。有人认为只要债务人"资不抵债"，就等于具备破产原因。但是"资不抵债"从外在的表象来说，却不等于"不能清偿"。如一个企业总资产只有100万，而总债务却有500万，但该企业有良好的信誉，在债务到期时总能通过举新债还旧债的方式偿还。相反，假如一个企业有200万的债务，有240万的总资产，但如果其可用于偿债的款项只有80万，显然也属于"不能清偿到期债务"。这样也是理论上常讲的判断破产原因的"资产负债表标准"与"现金流量标准"的差别。在国外的许多国家，"现金流量标准"是判断法人与自然人的通用原因，但"资不抵债"（债务超过资产）却仅仅是法人破产的原因，如德国与日本。

在我国《破产法》上，资不抵债与不能清偿到期债务都不是独立的破产原因，二者结合才构成一个完整的破产原因，所以"资不抵债"只能在破产原因中作为一个从项，只有与核心主项"不能清偿到期债务"结合才形成破产法上的破产原因。资不抵债不等于不能清偿到期债务，也不能替代不能清偿到期债务而单独使用。

明显缺乏清偿能力也是一个动态的标准，它会因时而变。所以它和资不抵债一样，不能单独作为破产原因，只能和全部资产不能抵偿全部债务作为选择项，在债务人具备不能清偿到期债务的客观情况的前提下，与其结合才可作为申请破产的根据。

对于债权人来说，申请债务人破产只需要证明债务人不能清偿到期债务即可，而无需证明债务人是否资产不足以抵偿债务或者明显缺乏清偿能力。因为债权人无法了解债务人财产的具体情况，也无法进入债务人企业内部进行调查。债权人提出申请以后，由法院根据我国《破产法》第2条的规定经审查确认债务人破产原因是否具备，最终决定是否裁定受理。

另外，支付停止也可以推定为破产原因。关于这一点，一般是指应偿还的债务全面的、持续的支付无法进行。其作为明示的行为，表现为对债权人发出不能支付的口头或者书面通知、在营业场所或办公地点贴出相关声明等；作为默示行为，表现为因银行帐户中的金额不足而不支付债务、关店、逃匿等。例如，根据日本《破产法》第74条第1款规定的精神，支付停止是指债务人因资金缺乏无法支付债务，主要是指通过明示或者默示方式表现出来的外部行为，如果只是内部的决策而没有表现为外部行为就不能认为是支付停止。支付停止自身不是破产原因，但却是推定破产原因的支付不能的事由。

我国最高法院关于1986年破产法的司法解释《关于审理企业破产案件若干问题的规定》同样有类似的规定，其中第31条第2款规定："债务人停止支付到期债务并呈连续状态，如无相反证据，可推定为不能清偿到期债务。"这一规定非常明确地将支付停止作为破产原因的支付不能情形了。推定的破产原因依此规定必须具备三个条件：一是债务人曾经支付过；二是客观上在未清偿完毕时停止了支付，且这种停止支付处于持续状态；三是债务人不能举出一直持续支付的证据。这三个条件是推定破产原因的充分必要条件，三者缺一不可。反之，如果债务人有证据证明不论每次支付多少，只要没有停止支付的外在表现，就不能推定债务人出现破产原因。

3. 宣告原因与申请原因。我国《破产法》第2条规定的原因，即"企业法人不能清偿到期债务，并且资产不足以清偿全部债务或者明显缺乏清偿能力的，依照本法规定清理债务"，指的是破产宣告或者开始重整或者和解的原因，但不是申请破产的一般原因，而是债务人申请自己破产的原因。申请破产的原因，特别是对债权人来说，要比其宽松。

《破产法》第7条规定的原因，是申请原因。该条规定："债务人有本法第2条规定的情形，可以向人民法院提出重整、和解或者破产清算申请。债务人不能清偿到期债务，债权人可以向人民法院提出对债务人进行重整或者破产清算的申请。企业法人已解散但未清算或者未清算完毕，资产不足以清偿债务的，依法负有清算责任的人应当向人民法院申请破产清算。"

该条规定有三层意思：一是在债务人申请自愿破产时，需要具备"企业法人不能清偿到期债务，并且资产不足以清偿全部债务或者明显缺乏清偿能力"这种原因;二是债权人申请债务人破产时,只需要证明"债务人不能清偿到期债务"即可;三是清算中的法人的破产申请原因为"资产不足以清偿债务"。

上述规定恰恰是因为债权人与债务人的信息资源不同。债务人掌握自己的经济情况,而债权人不知道。因此,债权人仅仅被要求证明债务人不能清偿到期债务即可,否则债权人将无法申请。所以,《破产法》第8条第3款规定:"债务人提出申请的,还应当向人民法院提交财产状况说明、债务清册、债权清册、有关财务会计报告、职工安置预案以及职工工资的支付和社会保险费用的缴纳情况。"《破产法》第10条第1款规定:"债权人提出破产申请的,人民法院应当自收到申请之日起5日内通知债务人。债务人对申请有异议的,应当自收到人民法院的通知之日起7日内向人民法院提出。人民法院应当自异议期满之日起10日内裁定是否受理。"第11条第2款规定:"债权人提出申请的,人民法院应当自裁定作出之日起5日内送达债务人。债务人应当自裁定送达之日起15日内,向人民法院提交财产状况说明、债务清册、债权清册、有关财务会计报告以及职工工资的支付和社会保险费用的缴纳情况。"

从上述规定看,特别是第10条的规定看,由于债权人仅能看到债务人不能清偿到期债务,但是否具备《破产法》第2条规定的原因,并不清楚。因此法律给予债务人答辩的机会,即提出异议的机会。同时,要求其在法定期间内提交有关文件。

（三）比较法上的破产原因

1. 美国破产法。美国破产法规定,援用第7章与第11章适用相同的原因,这就意味着给予当事人以更大的程序适用选择权。在适用第7章与第11章时,美国破产法严格区分了"自愿申请破产"（voluntary petition）与"非自愿申请破产"（unvoluntary petition）。债务人自己提出的破产申请,称为"自愿申请破产",债权人等提出申请称为"非自愿申请破产"。美国《破产法典》第301条并不要求债务人事实上无清偿能力,债务人发动破产程序不以他背负任何最低数额的债务为条件,该条只是简单地规定,任何适格的债务人都可以提出一个破产申请。债权人如果想对案件提出异议,只能以自愿申请的债务人不适格为由,向法院提交一个请求法院驳回申请的动议[1]。但是,如果破产程序是由债权人提出的,法院在就债务人是否具有破产原因进行听证并作出裁决后,才能对债务人开始破产

---

[1] [美] 大卫·G. 爱泼斯坦等:《美国破产法》,韩长印等译,中国政法大学出版社2003年版,第17页;Brian A. Blum , *Bankruptcy and debtor/creditor*, Apsen Publishers, 2004, p.172.

程序[1]。

在"非自愿申请破产"的案件中，债权人申请债务人破产的第一个根据是债务人"一般地停止清偿债务"。这里所指的"一般地停止清偿债务"是以债务人事实上是否支付为判定标准，而不是根据债务人资产负债表所反映出的支付能力。破产法典和判例对于债务人未支付债务的数量和规模都没有规定具体的标准。准予强制救济的另外一个可以选择的根据是在申请提交前 120 天内，债务人的全部财产已经依照州法律被一般接管人、受托人或者管理人实际占有或者委托管理[2]。

2. 法国破产法。现行法国法包括三个基本的法律，即 1984 年 84 - 148 号法律、1985 年第 85 - 98 号法律及 1985 年第 85 - 99 号法律。根据 1985 年法律，在下列情况下就可以对债务人开始破产程序：

（1）商人、手工业者或私法人处于停止付款状态。这是最常见也是最符合法国传统的破产原因。

（2）债务人没有履行友好清算协议或其他方案所规定的义务的[3]。

3. 英国破产法。按照英国 1986 年《破产法》第 267 条的规定，只有在具备下列条件时，债权人才可以向法院申请债务人破产：

（1）债务的金额或者债务的总金额等于或者超过破产的标准。按照英国法的规定，"破产标准"是 750 英镑，但国务大臣可以命令改变这一数额；

（2）债务人对债权人的债务应立即清偿或者将要清偿，并且该债务没有担保；

（3）债务人不能支付或者没有合理希望能够支付。

按照英国《破产法》第 268 条对"不能支付"定义的进一步解释，对于立即支付的债务，具有以下情况时，表现为不能支付：提出申请的债权人已经以规定的形式向债务人送达请求，要求债务人支付债务或者提出满足债权人的担保或者和解，自要求发出后 3 个星期已经过去，并且该要求既未被满足也未被撤销，或者法院发出的有利于提出申请的债权人的关于该债务的判决书、任何命令或者执行程序全部或者部分未被履行。按照英国判例，凡公司在债权人提出要求后不清偿无争议的债，即是公司不能清偿债务的充分证据，即使它有清偿能力仍作为无

---

[1]　Brian A. Blum , *Bankruptcy and debtor/creditor* , Apsen Publishers , 2004 , p. 172.

[2]　［美］大卫·G. 爱泼斯坦等：《美国破产法》，韩长印等译，中国政法大学出版社 2003 年版，第 29 页。

[3]　沈达明、郑淑君：《比较破产法初论》，对外贸易教育出版社 1993 年版，第 232 页。

清偿能力处理。例如，1986 年对 Cornhill Insurance Co. v. Improvement Service 案的判决，便是一个有力的证明。该保险公司是一家实力雄厚的大公司，被保险人的律师已与保险公司的损失理算人达成火灾保险赔偿协议，但保险公司被多次催告后仍拒绝支付。赫曼法官认为，该保险公司拒绝支付无争议之债，已构成无清偿能力的证据，被保险人有根据对其申请开始清算程序[1]。

对于不需要立即支付（将要支付）的债务具有下列情况时，债务人表现为无合理希望能够支付：①提出申请的债权人已经以规定的形式向债务人送达请求，要求债务人证明其有合理希望能够在债务到期时支付债务；②自发出该请求起至少 3 个星期已经过去；③该请求既未被满足也未被按照规定撤销。有担保的债权人放弃担保或者申请部分的债权未被担保。

按照英国 1986 年《破产法》第 272 条的规定，债务人的申请仅能因为债务人不能偿付其债务而向法院提出。但与美国破产法不同，在债务人提出自愿申请时，法院必须进行听证才能作出破产令（第 273 条）。[2]

4. 德国破产法。按照德国 1994 年《破产法典》第 14 ~ 19 条的规定，破产原因一般为"支付不能"。债务人不能够履行到期支付义务的，为支付不能。债务人已经停止支付的，通常即认为是支付不能。债务人申请开始破产程序的，将来出现的支付不能亦为程序开始的原因。预期债务人在到期债务不能够履行现有支付义务的，其构成将来出现的支付不能。对于法人，资不抵债亦为程序开始的原因。债务人的财产不再能够抵偿现有债务的，即为资不抵债。

从上述德国破产法的规定看，无论法人还是自然人，其破产的一般原因是"支付不能"；"资不抵债"是法人破产的特别原因，但对自然人不适用；债务人自己申请破产时，将来不能清偿债务，也是破产原因。

5. 日本破产法。日本从 2001 年开始大规模地修改其破产法律制度，现行的《破产法》是 2004 年修订、2005 年 3 月生效的《破产法》。该破产法在内容上与过去的破产法相差并不大，但在结构上却变化很大，不再明显区分为"程序部分"与"实体部分"，而是按照程序的推进来规定。其破产原因规定在第 15 ~ 17条，可以分为三个方面：①债务人"支付不能"为一般的破产原因，而"停止支付"推定为支付不能；②"债务超过"为法人破产程序开始的原因，但不是无限公司和两合公司的破产原因；③如果债务人在国外已经开始过破产程序或者与破

---

〔1〕 沈达明、郑淑君：《比较破产法初论》，对外贸易教育出版社 1993 年版，第 139 ~ 140 页。

〔2〕 《英国破产法》，丁昌业译，法律出版社 2003 年版，第 203 ~ 206 页。

产程序相当的程序的，视为其具备破产原因。

二、破产主体资格

（一）破产主体资格概述

破产主体资格，即适用破产法被宣告破产的资格，通常称为"破产能力"。破产能力与民事权利能力有密切关系。民事权利能力是指据以充当民事主体、享有民事权利和承担民事义务的法律地位或法律资格。[1]民事权利能力是破产能力的基础，但二者是否相同，则因各国的法律规定而有差别。采取一般破产主义的国家，破产能力与民事权利能力一般说来是一致的，而采取商人破产主义的国家二者是不一致的。例如，我国 1986 年《破产法》仅仅规定国有企业具有破产能力，而 1991 年的《民事诉讼法》又赋予所有的企业法人以破产能力，即不以所有制作为破产能力的划分标准，而是以是否为企业法人为标准来确定其破产能力。大家期待 2006 年《破产法》对此突破，但 2006 年通过的《破产法》仍然坚持企业法人的破产能力。从这个意义上说，我国破产法连真正的商人破产主义也未实现。

破产能力的意义在于，它构成法院宣告债务人破产的必要条件，没有破产能力的债务人，法院不得宣告其破产，就如没有民事诉讼能力的人不能提起或者参加民事诉讼一样。依法取得破产能力的债务人不仅自己可以向法院申请对自己宣告破产，而且也可由债权人向法院申请其破产[2]。

我国《企业破产法》第 2 条的规定开宗明义，首先规定适用的范围就是企业法人，这是它的主要适用范围。其次是《企业破产法》第 135 条规定的，其他法律规定企业法人以外的组织的清算，属于破产清算的，参照适用本法规定的程序。这就明确了我国现行破产的主体资格，也即破产能力，只有企业法人和其他法律有特别规定的非法人企业才具有破产能力，如合伙企业，因合伙企业法有特别规定，故合伙企业具有破产能力。由此可见，我国企业破产法不适用于个人（包括个体工商户、农村承包经营户、合伙人和个人独资企业的出资人和个人消费信贷），不适用于国家机关法人及事业单位法人。

（二）自然人的破产能力

自然人是否具有破产能力，因各国破产法或商法典规定的差异而有不同。在

---

[1]　梁慧星：《民法总论》，法律出版社 1996 年版，第 56 页。
[2]　邹海林：《破产程序和破产实体制度比较研究》，法律出版社 1995 年版，第 45 页。

历史上，采取商人破产主义的国家，只有商人才具有破产能力，而非商人则不适用破产法而被排除了破产能力。采取一般破产主义的国家，破产能力与民事权利能力是一致的，凡具有民事权利能力的人均具有破产能力。一般破产主义包括经营破产与消费破产。从世界范围看，目前采取商人破产主义的国家已经十分罕见，所以在大多数国家中，凡具有民事权利能力的人均具有破产能力。

应当特别指出的是，我国现行破产法不承认自然人的破产能力，并非等于我国不存在适用自然人破产的基础和必要性。事实上，消费借贷在今天已经是一个不容忽视的问题，非经营性的债务人不能清偿到期债务的情形已经十分普遍。在此情况下，也存在一个对非经营性债务人的债权人进行公平保护的问题。而这种公平的保护靠我国民事诉讼法是不能做到的。所以我国破产法不承认自然人的破产能力，甚至连《民法通则》早已规定且普遍存在的个体工商户也没有赋予破产能力，这是法律的一个漏洞。由于《合伙企业法》规定合伙可以被宣告破产，而《破产法》于第135条已经承认，故实际上也存在合伙的破产问题。由于合伙的非法人特征及债务清偿责任的连带性，也会导致合伙人破产。所以，在某种程度上说，也会涉及自然人的破产问题。但总的说来，我国在未来的一段时期内，很难承认自然人的破产能力。

与民事权利能力的终止一样，破产能力因自然人的死亡而终止。但是，破产程序为财产性程序，目的在于分配债务人的财产，所以，在自然人死亡后，可对其遗产进行破产程序，称为"遗产破产"。许多国家的破产法均对此有所规定。

（三）企业法人的破产能力

在市场经济条件下，企业法人原则上不应该有区别。但我国受传统体制的影响，将企业分为国有企业、集体企业等。根据企业破产法规定的精神，这里不对企业法人进行详细划分，只是按照其在破产法中的地位，分为非国有企业法人、国有企业法人和金融机构法人。

1. 非国有企业法人。非国有企业法人包括没有进行股份制改造的集体企业，具有法人资格的集体股份合作制企业，具有法人资格的三资企业，各类依公司法设立的公司，各种合作社以及其他所有非国有的法人企业。这些企业只要符合法人条件，即依法设立、有章程、有健全的组织机构、有独立支配的财产、能够独立对外承担民事责任，都没有任何限制地、无例外地适用企业破产法规定的重整、和解和清算程序。这是企业破产法适用的最主要的、最普遍的，也是最重要的主体。

2. 国有企业法人。国有企业法人是指国家单独投资或者各级人民政府授权本级政府的国有资产监督管理部门以投资人身份投资设立的企业，其全部投资的资产均为国有资产。这类企业包括国有独资公司和没有进行公司改制的国有企业、国有控股公司。对于这类法人企业，是可以适用破产法的，而且1986年的破产法还专门针对国有企业而制定。在现行破产法第133条对部分国有法人企业的破产作出了专门规定："在本法施行前国务院规定的期限和范围内的国有企业实施破产的特殊事宜，按照国务院有关规定办理。"

3. 金融机构法人。金融机构法人包括商业银行、证券公司、保险公司、信托投资公司、证券投资基金管理公司、融资租赁公司等企业。这类企业法人有其特殊性，涉及的利益群体较大，加之我国目前对这一类法人的债权人保险机制不完善，因此，我国破产法为保护债权人利益，于134条作出了特别的规定。主要表现在：

第一，作为债务人的金融机构出现破产原因，只能适用清算程序或者重整程序，而不能适用和解程序。

第二，作为债务人的金融机构出现破产原因，国务院金融监督管理机构可以向法院提出重整或清算的申请。

第三，如果上述金融机构出现重大经营风险而国务院金融监督管理机构已经对其采取接管、托管措施的，可以向法院申请中止对该金融机构债务人开始的诉讼或执行程序。

第四，国务院有权制定专门适用于金融机构破产的实施办法。

（四）非法人组织的破产能力

我国破产法没有规定非法人企业的破产能力，仅仅规定只有其他法律对非法人企业有破产规定的，参照破产法进行。目前，关于规定非法人企业破产的法律不多，只有《合伙企业法》有这样的规定。该法第92条规定："合伙企业不能清偿到期债务的，债权人可以依法向人民法院提出破产清算申请，也可以要求普通合伙人清偿。合伙企业依法被宣告破产的，普通合伙人对合伙企业债务仍应承担无限连带责任。"

非法人企业破产适用企业破产法的方式是参照，而且使用的只是程序规定，一般的实体规定不适用。

（五）公法人的破产能力

对于公法人，如各级政府能否适用破产法，各国规定不同。一般来说，大陆法系国家都不承认公法人有破产能力，如德国、法国；但美国破产法却承认公法人的破产能力，甚至在其破产法中专门有一章，称为"市政破产"。我国破产法显然不承认公法人的破产能力。

（六）公益性法人的破产能力

一般国家的破产法是承认公益性法人的破产能力的，因为公益性法人虽然不是营利性法人，但有的也从事经营。与营利性法人的不同仅仅是盈利的去向与目的不同。我们也应承认公益性法人的破产能力。

三、破产障碍

破产障碍是指能够阻却破产程序发生和破产宣告的法定事由。在讨论"破产障碍"这一问题时，我们必须首先说明两个问题：第一个问题是我国破产法与有的国家的破产法不同，程序开始是以破产案件被法院受理作为程序开始的标志，而不是如同德国、日本等国家是以破产宣告为程序开始的标志。因此，我们在这里讨论"阻却破产程序发生"是在我国破产法上的语境下使用的。第二个问题是，我国破产程序是一个"大破产"的概念，即包括破产清算、重整与和解。因此，在下面的讨论中我们要区分什么原因阻却什么程序发生。

（一）大破产意义上的（包括破产清算、重整与和解）破产程序开始的障碍

1. 不具备破产原因。债务人没有出现不能清偿到期债务的情形，或者虽然出现了不能清偿到期债务，但资产总额超过债务总额，或者还有清偿能力。在此种情况下，我国企业破产法规定的破产原因即不成立。即使债权人向法院提出破产申请，法院也不会受理，破产程序也就不会因此而发生。

根据我国《破产法》第10条的规定，债权人提出破产申请的，人民法院应当自收到申请之日起5日内通知债务人。债务人对申请有异议的，应当自收到人民法院的通知之日起7日内向人民法院提出。人民法院应当自异议期满之日起10日内裁定是否受理。从实践中看，由于我国破产法实行"破产程序受理开始主义原则"，破产受理后即发生对债务人人身、财产等一系列效力。法院在受理案件时，都有一种类似"听证"的程序，审查债务人是否具备破产原因。所以，从破产法的实际操作来看，我国破产法对于破产案件的受理是比较谨慎的。

2. 清偿债务或者提供足额担保。如果债务人具备破产原因，但债务人在债权人提出破产申请之前或破产申请提出后法院裁定受理之前清偿了全部到期债务，"不能清偿到期债务"的破产原因消失。作为破产的实质要件不复存在，破产程序也就不会发生了。破产原因出现，债务人虽然不能清偿到期债务，但能够以物权或者债权提供足额担保于债权人，使债权人的权利事先有了充分保障，当然没有必要对债务人启动破产程序。

需要讨论的问题是，当债权人仅为一人时，是否是破产程序开始的障碍？这实际上也涉及破产程序开始的实质性要件，即破产程序的开始是否必须以存在两个或两个以上的债权人为前提。对这一问题在学理上存在争议，历来有肯定说和否定说之分。肯定说认为，破产程序的开始应以存在两个或两个以上债权人为前提。其理由是：破产制度的建立，目的之一在于防止个别债权人单独行使权利，而使多数债权人得到公平的清偿。如果债权人仅为一人，依靠民事执行程序来实现自己的债权即可，而没有必要开始破产程序。在我国，由于民事执行程序已为单独债权人实现债权提供了法律手段，并且破产法中没有规定自然人的破产能力，所以，必须强调多数债权人的存在作为破产程序开始的条件。[1]

否定说认为，债权人为一人不能成为破产障碍。其主要理由是：①如果债权人仅为一人就不能开始破产程序，那么债务人就不能得到免责的优惠，与破产法的公平保护债务人与债权人不相符合；②债权能够分割并一部移转，强调多数债权人的存在为开始程序的前提实际上没有多少意义；③许多国家的破产法并没有直接规定债权人只有一人时不能开始破产程序。我国有的学者也持这种观点，如耿云卿等[2]。

笔者认为，破产程序的开始不应以两个债权人的存在为条件。因为，从传统破产法的立法目的看，破产程序仅仅在于公平保护债权人利益，即在债权人之间公平分配债务人的财产。在这种单一目标下，若仅有一个债权人的存在的确没有开始破产程序的必要，适用民事执行程序足以达到目的，因为一个债权人的存在没有债权人之间的利益冲突。但是，在现代破产法，立法目的已经发生了变化，破产法公平保护债权人的利益只是破产法的一个方面，保护债务人的利益也是破产法的目的。诚实的债务人可以利用破产程序给其带来的优惠——免责来摆脱债务危机，以图东山再起。从世界各国的司法实践看，正是这种免责的优惠激励了更多的债务人主动申请破产。另外，也极少有国家的破产法明确规定以两个债权人的存在为破产程序开始的条件。具体到我国，虽然现行破产法没有赋予自然人以破产能力，故不存在免责问题，但也不能认为在我国应以两个债权人的存在为破产程序开始的条件。因为，利用破产程序拟或利用民事执行程序来实现自己的债权是债权人自己选择的权利，在实际上，如果债权人能够利用民事执行程序来实现自己权利的，一般不会申请开始破产程序，但是，法律不能替当事人作出选

---

〔1〕　谢邦宇主编：《破产法通论》，湖南大学出版社1987年版，第162～163页。

〔2〕　（台）耿云卿：《破产法释义》，五南图书出版公司1984年版，第185～186页。

择。另外，我国现行破产法也没有规定债权人为一人时不能适用破产程序。所以在我国，债权人为一人也不是破产程序开始的障碍。

美国法院的判例明确承认一个债权人不能成为阻碍债务人破产的障碍，首建公司申请土泵公司破产案件就是一个代表性案例。首建公司（King Construction Company Inc）与土泵公司（Concrete Pumping Service Inc.）素有交易往来，双方曾因本案所涉及的债务在州法院对簿公堂。1989 年 6 月，州法院判令土泵公司给付首建公司 27331 美元债务，该判决至今没有履行。土泵公司的独资股东兼总裁朱蒂称，其在 1978 年至 1989 年间曾经贷给土泵公司大量借款，在法院判决之前，已经与土泵公司达成了还款担保协议，作为担保财产的是土泵公司价值 115000 美元的资产（几乎是公司的全部家当）。在首建公司准备执行判决之前，土泵公司对朱蒂表示无力偿还借款，于是朱蒂行使担保权，将公司的财产据为己有。土泵公司随即停业，其资产也几乎没有所剩。而总裁朱蒂却用取得的公司财产另行建立公司，而且与土泵公司经营相同的项目。此后，朱蒂自掏腰包替土泵公司偿还了多笔债务，唯独对于首建公司的债务置之不理，导致首建公司成为唯一的债权人。在此情况下，首建公司依据美国破产法第 7 章的规定，向破产法庭申请土泵公司破产，并主张土泵公司的独资股东兼总裁朱蒂与土泵公司之间的担保行为应予以撤销。对此，土泵公司辩称，其只有一个债权人，不满足破产条件不能清偿该债务。

按照美国《破产法》第 303 条的规定，"债务人一般地不能支付无争议的到期债务"就构成债权人申请启动破产程序的根据。但美国的审判实践中，如果债务人的债权人只有一个，对该债务人提起的破产申请，破产法庭一般不予受理，除非有足够的证据证明债务人实施了诈害债权人的不当行为。这种处理办法几成通则，理由是该债权人的债权未获得清偿，不足以证明债务人"一般地不能清偿"。但是，破产法庭还是受理了首建公司的破产申请，裁定土泵公司进入破产程序。土泵公司不服裁定，上诉到联邦地区法院。联邦地区法院维持原裁定。土泵公司又上诉到联邦第六巡回法院，联邦第六巡回法院认为，上述审判实践中确立的一个债权人的债权未获得清偿不足以证明债务人"一般地不能清偿"的惯常做法应当受到质疑，唯一债权人未获得清偿，也可以证明债务人"一般地不能清偿到期债务"而应予以破产，于是维持了原裁定[1]。

---

〔1〕 李艳红、孙兆辉："关于唯一债权人提起破产程序问题的思考"，载王欣新、尹正友主编：《破产法论坛》（第 3 辑），法律出版社 2009 年版，第 277～278 页。

我国的司法实践中，也已经通过判例确认了一个债权人可以破产的情形。某首饰进出口公司是一家国有外贸企业，于1989年注册成立。该公司作为国有专业外贸公司，经营中的全部流动资金为银行贷款。多年来，企业欠付银行贷款本金16500万元，产生利息6357.66万元，合计为22857.66万元，一直不能清偿。经过审计，公司账面资产总额为132 838 715.95元，负债总额为231 461 988.81元，所有权益为负98 623 272.86元，资产负债率为174.24%，已经严重地资不抵债。2005年9月11日，该公司的上级主管机关同意其提出破产申请。申请破产时，其债权人仅为一人，即某资产管理公司。某中级人民法院于2005年10月11日受理，并同日宣告债务人破产。裁定书认为，该公司严重亏损，明显不能清偿到期债务，符合法定的破产宣告条件，应予以破产宣告[1]。

（二）破产清算程序的障碍

1. 申请和解。按照我国现行破产法的规定，清算与和解都是分离的，即只要具备破产原因，申请人既可以直接申请债务人破产清算，也可以直接申请债务人和解。如果债务人首先被申请开始清算程序，而这时债务人提出和解并依法通过和解协议的，则破产清算程序应当终止。

2. 申请重整。在具备破产原因时，如果债务人首先被申请开始清算程序，债务人或者债权人向法院提出重整申请的，因重整申请可以阻却破产清算程序的进行；如果依法通过重整计划的，则终止清算程序。

（三）破产宣告的障碍

债务人虽然进入了破产程序，但最终是否真正被宣告破产而清算，还取决于有没有一定的法定事实出现使破产清算的关键环节破产宣告被阻却。债务人具备破产原因，但有法律规定的特定事由的，不予宣告破产。依照企业破产法规定，这些事由包括：

1. 在破产宣告前有证据证明不具备破产原因的。也就是不能清偿到期债务，并且资产不足以清偿债务或明显缺乏清偿能力的情形最终根本就不存在。

2. 在破产宣告前，第三人为债务人提供足额担保或者为债务人清偿全部到期债务的。在破产程序开始后，法院作出破产宣告前，债务人取得了他人的资助，资助人愿意为债务人提供足额担保或者为其偿还全部债务，使债权人的利益得到了充分保障或者全部得以实现，这就避免了债务人被宣告破产。

---

〔1〕　李艳红、孙兆辉："关于唯一债权人提起破产程序问题的思考"，载王欣新、尹正友主编：《破产法论坛》（第3辑），法律出版社2009年版，第276页。

3. 债务人已清偿全部到期债务的。在破产程序进行中，债务人不论通过何种方式，或者自己经营状况好转恢复了偿债能力，或者通过举新债还旧债的方式将到期债务变为了不到期债务，也避免了被宣告破产。

4. 因重整计划或和解协议的执行完毕导致破产程序终结的。重整计划或和解协议执行完毕标志着重整或和解达到了预期目的，取得了圆满成功，并且按照重整计划或和解协议清偿了债务，这时不可能再对债务人进行破产宣告。

5. 在破产宣告前因某种情况的出现导致破产原因消灭的。如房地产价格暴涨，使债务人财产大幅增值，恢复清偿能力，这种情形出现使债务人彻底摆脱了破产的危机，从而避免了破产宣告。

6. 在破产宣告前，债务人与全体债权人就债权债务的处理自行达成协议，经法院裁定认可而终结破产程序的。这种和解是典型的自愿和解，是企业破产法赋予债务人的一项权利。它与强制和解的区别在于，这种和解不是同债权人会议集体达成和解协议，而是与各债权人分别就债务处理达成协议，这种协议一旦达成，破产程序因此而终止。

第二节　破产程序开始的形式要件

一、破产程序的开始以申请为原则而以职权为例外

现代破产法在破产程序开始的问题上，以当事人申请为原则，而以职权开始为例外，即只有法律特别规定的场合，法院才能依职权对债务人开始破产程序。例如，我国台湾地区《破产法》第60条规定，在民事诉讼程序或执行程序进行中，法院查悉债务人不能清偿债务时，得以职权宣告债务人破产；第54条规定，法院撤销和解时，应以职权宣告债务人破产。2004年以前的日本《民法典》第70条规定，法人不能清偿其债务时，法院则因理事或债权人的请求或以职权实行破产宣告。但2004年日本《破产法》第15条及30条却规定，破产程序仅因当事人申请而开始。德国《支付不能法》第13条明确规定："支付不能程序仅依申请而开始。"

应该特别指出的是，我国2006年《破产法》及以前的破产法和有关的司法解释并没有明确规定完整的法院因职权而开始破产程序的制度。从2006年破产法第二章的规定看，破产程序仅仅可以依据当事人申请而开始，法院不能一般地依

职权对债务人开始破产。甚至相反，强调法院不能依职权对债务人开始破产程序，例如，《最高人民法院关于贯彻执行〈中华人民共和国企业破产法（试行）〉若干问题的意见》第 15 条规定："在民事诉讼程序或民事执行程序进行中，人民法院获悉债务人不能清偿到期债务时，应当告知债务人可以向其所在地人民法院申请破产。申请破产的，债务人所在地的人民法院应当依法宣告债务人破产；不申请破产的，不依职权宣告债务人破产。原诉讼程序或执行程序可继续进行。"这一司法解释的效力应该说现在也有法律效力。

但如果系统来解读我国 2006 年破产法，却不能说我国破产法上没有依职权开始清算程序的制度。《破产法》第 88 条规定："重整计划草案未获得通过且未依照本法第 87 条的规定获得批准，或者已通过的重整计划未获得批准的，人民法院应当裁定终止重整程序，并宣告债务人破产。"第 93 条第 1 款规定："债务人不能执行或者不执行重整计划的，人民法院经管理人或者利害关系人请求，应当裁定终止重整计划的执行，并宣告债务人破产。"第 99 条规定："和解协议草案经债权人会议表决未获得通过，或者已经债权人会议通过的和解协议未获得人民法院认可的，人民法院应当裁定终止和解程序，并宣告债务人破产。"这就是职权开始清算程序的规定。但应当特别注意的是，如果我们将和解、重整、清算理解为一个大"破产程序"时，即在广义上使用"破产"这一概念时，我国破产法上确实不存在类似国外的无申请而开始破产程序的制度。这些所谓的法院依职权宣告债务人破产的情形，都是在已经根据申请启动了一个程序后，由法院在具备法定理由时依职权直接转入破产清算程序。

二、接受申请的法院应对该破产案件有管辖权

各国立法对破产案件的管辖主要有三种：专门法院管辖，如美国，其破产法规定破产案件由联邦法院管辖，联邦法院下设 93 个地区破产法院或法庭，并在 11 个联邦巡回审判区设置破产上诉法院；第二种就是由普通法院管辖，如英国、意大利、德国等；第三种是由商事法院管辖，在实行商人破产主义的国家，一般根据破产人身份确定管辖法院，即商人破产由商事法院管辖，非商人破产由民事法院管辖。

（一）专属管辖

各国在破产案件的管辖问题上，一般采取专属管辖的原则。如日本现行破产法（即 2004 年《破产法》）第 6 条规定："本法所规定的法院管辖为专属管辖。"德国现行破产法第 2 条规定："州法院所在地的初级法院作为支付不能法院，对

州法院辖区的支付不能案件具有专属管辖权。"但在具体规定上又有不同，大体上有以下立法体例：

1. 普通法院管辖。大陆法系国家一般均采取由普通法院管辖的立法体例。例如，德国破产法第2条规定，在破产程序中，州法院所在地的基层法院为该州法院辖区内破产案件管辖的专门法院。

我国破产法也采取了与大陆法系国家法律基本相同的原则，于第3条规定了专属管辖，"破产案件由债务人住所地的人民法院管辖。"

2. 商事法院或大程序法院管辖。这主要是指法国的情形。根据法国《困境企业司法重整及清算法》第7条规定："如果债务人是商人或手工业者，管辖法院为商事法院，其他情况由大程序法院管辖。当程序扩及其他人时，仍由最初受理案件的法院管辖。上诉法院依管辖法院院长或检察官的请求，可以决定将案件移送管辖范围内的另外一个相同权限的法院审理。"同时，最高行政法院可以命令的方式在每个省内确定一个或数个法院受理对该法第2条第3款所指以外的人适用重整程序，以及确定他们的管辖权的范围。

3. 特别法院管辖。这种特别法院管辖主要是指在有的国家，如美国、英国等，破产案件由专门法院管辖。在美国，根据联邦破产法的规定，破产及重整案件以及与此有关的案件由联邦地区法院行使．各州法院对破产、重整案件无管辖权。[1]根据美国司法制度，设在各州的联邦地区法院构成联邦第一审法院。在人数较多的州，可有几个联邦地区法院。在美国，50个州分成89个司法辖区，每个辖区设一个区法院（district court），在每一个司法辖区内，破产法法官在区法院组成一个组织，这个组织就是破产法庭。除此之外，尚设有上诉法院。上诉法院具有对几个州及联邦地区法院的管辖权。上诉法院的管辖地区称为"巡回区"。目前，美国有11个巡回区上诉法院。破产或重整案件只能向债务人所在地或债务人主营业所所在地的联邦地区法院提出。破产或重整的上诉案件由巡回区上诉法院管辖。

英国自1862年起，公司的破产或重整案件由枢密庭（chancery division）管辖。从1986年英国法修改后，将公司破产与个人破产合二为一，郡法院获得了对公司破产与重整案件的管辖权。公司的破产、重整案件由公司住所地或营业地的郡法院管辖；公司的住所地与营业地不在同一法院管辖区内的，由公司营业地的

---

〔1〕 Peter Hay, *An Introduction to United States law*, California: North – Holland Pub. Co., 1976, p. 51.

郡法院管辖。

4. 仲裁法院管辖。根据俄罗斯 1992 年《破产法》第 3 条的规定，破产案件及重整案件由地方及高级仲裁法院管辖。

（二）地域管辖

关于地域管辖，各国法的规定也不尽一致：

1. 日本法。按照日本现行破产法第 5 条的规定：①债务人为营业者时，破产事件由其主要营业场所所在地的地方法院管辖；若主要营业场所位于国外，则由处于日本国内的主要营业场所所在地方法院管辖。债务人并非营业者，或虽为营业者但没有营业场所的，由其户籍所在地地方法院管辖。②若不存在前项所述管辖法院，则由债务人财产所在地地方法院管辖。"债务人财产所在地"应是指对于债权人而言可以提出诉讼上之请求的地方。③作为特例，当母法人的破产事件、更生事件、再生事件（以下统称为"破产事件等"）与子公司的破产申请之间有关联，则子公司的破产事件可以归由对母法人的"破产事件等"有管辖权的地方法院管辖；反之亦同，母法人的破产事件也可以归由对子公司的"破产事件等"有管辖权的地方法院管辖。④若子公司持有其他公司过半数股份表决权或者股东表决权，或母法人和子公司共同持有其他公司过半数股份表决权或者股东表决权，则该被持股公司也视为该母法人的子公司，适用前项规定。⑤与"大公司"（规定于有关股份公司监督的商法特例法第 1 条之 2 第 1 项）的破产事件等相关联的连结子公司的破产申请，可以由对该大公司的"破产事件等"有管辖权的地方法院管辖；反之亦同，大公司的破产事件也可以归由对连结子公司的"破产事件等"有管辖权的地方法院管辖。⑥若法人的代表人的破产申请与该法人的"破产事件等"相关联，则代表人的破产申请也可以由对该法人的"破产事件等"有管辖权的地方法院管辖；反之亦同，法人的破产申请也可以由对其代表人的破产事件或者再生事件有管辖权的地方法院管辖。⑦凡属于以下三种情况者，任何一人的破产事件与另一人的破产事件相关联时，对其中一人的破产事件享有管辖权的法院，对另一人的破产事件同样享有管辖权：一是作为连带债务人的自然人；二是作为主债务人与保证人的自然人；三是夫妻；⑧若法院作出破产程序开始决定以后，破产债权人人数可达 500 人以上，则破产申请可以由以下法院受理：对该破产事件享有管辖权的法院所在地所属的高等法院所在地所属的地方法院。⑨第⑧项所言破产债权人若在 1000 人以上，则破产申请可由东京地方法院或者大阪地方法院管辖。⑩依前述各项规定，若有两个以上的地方法院对破产申请享有管辖权，则由先受理法院管辖。

根据日本《破产法》第 222 条的规定,只有当被继承人在继承开始时在日本国内有住所,或继承财产位于日本国内,才能提起继承财产破产申请。遗产破产案件由被继承人在继承开始时的住所地法院管辖;无住所地法院时,则由继承财产所在地法院管辖。

上述管辖权的确定,是以破产申请时为基准作出规定的,所以,即使在破产申请后变更了营业所或住所,对管辖权也没有影响[1]。

2. 法国法。在法国,关于地域管辖问题,企业所在地的法院有管辖权。企业所在地在法国领土内时,其主营业所所在地的法院有管辖权;企业所在地(siege)系指经营管理的中心,往往就是主营业所所在地,但也可能不同于主营业所所在地。对于个体企业来讲,企业所在地与其住所地不同时,判例认为应依商事住所而非民事住所确定地域管辖的依据。关于商事公司,确定地域管辖的公司所在地是公司章程上规定的,但必须是符合实际情况的所在地。如果是虚假的,就排除该所在地法院的管辖权。法人所在地的法院对于承担无限责任或连带责任的股东或成员也有权宣告司法程序的开始,尽管后者的住所是在另一个法院的管辖区之内[2]。

3. 德国法。根据德国《破产法》第 3 条的规定,债务人的通常住所地的破产法院有专属管辖权。若债务人的主营业所在另一地点,则该地的破产法院有专属管辖权。若多个法院有管辖权,则最先收到破产申请的法院为管辖权法院。

(三) 与破产程序有关的诉讼管辖问题

在破产程序开始时或进行过程中,往往会出现与债务人财产相关的民事诉讼问题,例如,确认债权的诉讼、确认所有权的诉讼等,那么这些诉讼的管辖是适用一般民事诉讼法的规定呢,还是属于对破产案件有管辖权的人民法院管辖?日本学理认为,有充分的理由支持将与破产案件相关的诉讼均纳入到破产法院的管辖之下。[3]但根据德国 1877 年《破产法》第 146 条、德国现行破产法第 180 条的规定,有关债权的确认之诉应按普通诉讼程序进行。如确认之诉发生在破产程序开始后,应由破产案件的管辖法院管辖;如果按照级别管辖不属于破产法院的基层法院管辖的,应由破产法院辖区所在的州法院管辖;如果在破产程序开始前

---

〔1〕 [日] 伊藤真:《破产法新版》,刘荣军、鲍荣振译,中国社会科学出版社 1995 年版,第 71 页。

〔2〕 沈达明、郑淑君:《比较破产法初论》,对外贸易教育出版社 1993 年版,第 234 页。

〔3〕 [日] 伊藤真:《破产法新版》,刘荣军、鲍荣振,中国社会科学出版社 1995 年版,第 70 页。

诉讼已经开始的，则应继续进行原来的程序，即使该案件没有在破产法院管辖，也不移送。

对这一问题，我国现行破产法有明确规定，该法第 21 条规定："人民法院受理破产申请后，有关债务人的民事诉讼，只能向受理破产申请的人民法院提起。"但在法院受理破产案件前在受理法院已经开始的有关债务人财产的诉讼该如何处理？对此，我国最高人民法院的司法解释认为，法院受理破产案件后，以破产企业为债权人的其他经济纠纷案件，受诉法院不能在 3 个月内结案的，应当移送受理破产案件的法院；人民法院在受理破产案件后，发现破产企业作为债权人的案件在其他法院并且不能在 3 个月内审结的，应当通知该人民法院移送[1]。笔者认为，若破产法院认为自己审理会更有利于破产程序的进行时，可请求受理法院移交。若一律将与债务人的财产有关的案件划归破产法院管辖，未必有利于案件的审理。因为有时财产所在地或债权发生地等并不是破产案件管辖法院的所在地，在此情况下，若要查清债权或财产，会给破产法院带来诸多不便。故应按一般民事诉讼的管辖为原则。

（四）我国法上的法院管辖权问题

1. 地域管辖。关于地域管辖的问题，我国破产法第 3 条规定："破产案件由债务人住所地人民法院管辖。"但何为债务人的住所地，学理上历来存在歧义，各国立法也不一致。有的学者认为，债务人的住所地应指债务人的主营业地，该营业地不依章程所规定为限，是指与法人经营活动有实际密切联系的主营业地。其理由是，债务人的债权债务的发生地多为其主营业地，其账册文件、财产等多在其主营业地。另外，债务人的主营业地是债务人从事各种民事活动的中心，因而，由主营业地人民法院管辖，便于查清债权债务，清理债务人的财产及便于清算组依法进行必要的民事活动。[2]这种观点似存在这样一个问题，即法人的主营业所所在地可分为事实上的主要营业地与章程规定的主要营业所在地，二者在实践中不一致的情况较多，事实上的主营业所所在地可能会同时存在数个，且处在经常的变更之中，故仅以主营业所所在地难以确定法人住所。故有学者指出，债务人所在地是法人章程所规定的主要营业地，故章程所规定的主要营业所所在地的人民法院有管辖权[3]。还有的学者依我国《民法通则》第 39 条以及《最高

---

〔1〕《最高人民法院关于贯彻执行〈中华人民共和国企业破产法（试行）〉若干问题的意见》第13、14 条。

〔2〕柯善芳、潘志恒：《破产法概论》，广东高等教育出版社 1988 年版，第 81~82 页。

〔3〕谢邦宇主编：《破产法通论》，湖南大学出版社 1987 年版，第 170 页。

人民法院关于贯彻执行〈中华人民共和国企业破产法（试行）〉的若干问题的意见》第1条的规定，即债务人所在地为企业法人主要办事机构所在地。法人在登记时，其主要办事机构在何地，便在何地登记，而这一标准是明确的、唯一的。因而，登记地人民法院有管辖权[1]。

我国最高人民法院《关于适用〈中华人民共和国民事诉讼法〉若干问题的意见》第4条规定："法人的住所地是指法人的主要营业地或者主要办事机构所在地。"但是，法人的主要营业地和主要办事机构所在地可能并不在同一地方，因此，就会出现不同法院同时对破产案件享有管辖权的可能性。为避免这种冲突，《最高人民法院关于贯彻执行〈中华人民共和国企业破产法（试行）〉的若干问题的意见》第1条规定，债务人住所地是指债务人的主要办事机构所在地。债务人无办事机构的，由其注册地人民法院管辖。

笔者认为，我国破产法应与《民法通则》及《公司法》保持一致，即破产案件由债务人住所地的人民法院管辖。债务人的住所地是指企业法人和非企业法人的主要办事机构所在地。这样规定，使确定债务人住所的依据变得客观与明确了。所谓"主要办事机构"，是指管辖全部组织的中枢机构，是法人业务的中心点，如公司总部，总公司等。作为主要办事机构所在地，并非必须是法人经营业务活动的场所。作为主要办事机构所在地，应以法人在成立时的登记为准。根据《企业法人登记管理条例》第9条的规定，住所是企业法人登记的必要事项之一，企业法人住所应依法登记而未作登记的，企业法人存在的合法性即具有瑕疵。根据该条例第17条的规定，企业法人改变住所时，应办理变更登记。如果登记后，企业法人的主要办事机构事实上已经转移，但未办理变更登记的，不得对抗第三人。例如，公司事实上已改变了主要办事机构所在地，但未作变更登记，债权人可无视此变更，而向原主要办事机构所在地法院申请对公司开始破产程序，而原主要办事机构所在地的人民法院对此案件仍有管辖权。

2. 级别管辖。级别管辖是从破产案件管辖权的纵向进行的划分，其依据是破产案件的影响范围、性质、复杂程度或标的额的大小等。我国2006年破产法同1986年破产法一样，只规定了地域管辖，而未规定级别管辖。《最高人民法院关于贯彻执行〈中华人民共和国企业破产法（试行）〉若干意见》于第2条专门规定了级别管辖。它是以企业法人进行工商登记的工商行政机关的级别为依据进行划分的，即基层人民法院一般管辖由县、县级市或区的工商行政管理机关核准登

---

[1] 邹海林：《破产程序和破产实体制度比较研究》，法律出版社1995年版，第94页。

记的企业的破产案件；中级人民法院一般管辖由地区、地级市以上的工商行政管理机关核准登记的企业的破产案件。纳入国家计划调整的企业破产案件，由中级人民法院管辖。在实践中，涉外破产案件也由中级法院管辖。个别案件的级别管辖可以按照《中华人民共和国民事诉讼法》第 39 条第 2 款及第 3 款的规定办理，即上级人民法院有权审理下级人民法院的第一审案件，也可以把自己管辖的第一审案件交给下级人民法院审理；下级人民法院对它所管辖的第一审破产案件，认为需要由上级人民法院审理的，可以报请上级人民法院审理。

这种划分标准的科学性令人怀疑，有些法官也指出，依核准登记企业的工商行政机关为参照标准确定破产案件的管辖并不合理。在任何登记机关登记注册，并不能如实地反映企业的资产数量、债权债务多少，即不能反映案件审理的难易、繁简程度。因此，企业的破产案件主要由基层法院管辖，对于金融机构、上市公司等大中型企业的破产案件或者有重大影响、法律关系复杂的破产案件，由中级法院管辖[1]。但如何划分级别管辖，在 2006 年破产法的立法过程中争议较大。有人主张规定一确定的数额，例如，财产额在 500 万元或 1000 万元以下的案件由基层人民法院管辖，1000 万至 5000 万的由中级人民法院管辖，5000 万以上的由高级人民法院管辖等；有人主张应用弹性条款规定，因各地经济发展状况不平衡，若规定统一的数额难以实行。从目前来看，以企业法人进行工商登记的工商行政机关的级别为依据进行划分管辖的做法并没有废止。

另外，高级人民法院对破产案件是否具有管辖权呢？许多从事破产案件审理和研究的法官认为，高级法院不宜管辖破产案件。因为债务人进入破产程序后，难免发生大量的财产争议，而这些实体权利纠纷适用普通程序审理，按照 2006 年破产法的规定，应当由受理破产案件的法院集中管辖。如果由高级人民法院受理破产案件，则大量的债务人的财产纠纷案件必然二审上诉至最高人民法院，势必影响最高法院制定司法政策、指导审判的主要功能。[2]但是，从我国的民事诉讼法的规定看，显然没有排除高级人民法院对破产案件的管辖权，恰恰相反，我国《民事诉讼法》第 19 条规定："高级人民法院管辖在本辖区有重大影响的第一审民事案件。"我国也有这样的先例，如广东高级人民法院就管辖过广东信托投资公司破产案件。因此，有的法官指出，高级人民法院一般不审理破产案件，如果

---

〔1〕　钱晓晨、刘子平："破产案件管辖权与管辖权异议研究"，载王欣新、尹正友主编：《破产法论坛》（第 3 辑），法律出版社 2009 年版，第 4 页。

〔2〕　钱晓晨、刘子平："破产案件管辖权与管辖权异议研究"，载王欣新、尹正友主编：《破产法论坛》（第 3 辑），法律出版社 2009 年版，第 4 页。

确实有必要审理，必须报请最高人民法院批准[1]。

3. 移送管辖。根据我国民事诉讼法的规定，移送管辖分为案件移送和管辖权移送。案件移送管辖是指当某一人民法院受理案件后，发现自己对该案件没有管辖权或者虽有管辖权但案件已经由其他有管辖权的法院先行受理的，应将案件移送给有管辖权的人民法院审理，受移送的人民法院应当受理。受移送的人民法院认为移送的案件依照规定不属于自己管辖的，应当报请上一级人民法院指定管辖，不得再自行移送。人民法院之间因案件的管辖发生争议时，应协商解决；协商不成时，报请共同的上级人民法院指定管辖，严格地说，这已经属于指定管辖。在破产法的立法过程中，就破产案件要不要移送管辖问题，有不同的主张。有人认为，在中国目前司法实务中，地方保护主义严重，民事移送管辖已变得有名无实，故在法律中规定，也是纸上谈兵。这条理由很实际，它的确是现实中客观存在的现象。殊不知，这是一种非法的、不正常的现象，应以强有力的措施加以纠正。故立法不能对之迎合与迁就，在这种情况下规定移送管辖，更有其必要性。否则，必然会造成对多数债权人的损害，在债权之间造成不公平。

另外从国外立法例来看，也基本有移送管辖的规定，如日本现行破产法第7条就是移送管辖的规定；按照德国破产法第4条之规定，破产程序准用民事诉讼法规定，也存在移送管辖问题。

按照我国《民事诉讼法》的规定，移送管辖的主要特点在于：①移送管辖既可能发生在同级法院之间，也可能发生在上下级法院之间；②在移送管辖的情况下，无须上级法院的同意和批准；③移送管辖只能发生在破产案件受理之后，在破产案件未受理之前发现不属于本法院管辖的，应当告知申请人向有管辖权的法院提出破产申请，申请人坚持向本法院申请的，法院应裁定不予受理；④移送管辖可能起因于法院的自我发现，也可能起因于利害关系人提出的异议[2]。

我国《民事诉讼法》第38条的规定，显然属于管辖权移送。该条规定："上级人民法院有权审理下级人民法院管辖的第一审民事案件；确有必要将本院管辖的第一审民事案件交下级人民法院审理的，应当报请其上级人民法院批准。下级人民法院对它所管辖的第一审民事案件，认为需要由上级人民法院审理的，可以报请上级人民法院审理。"但是，为了防止管辖权移送被滥用，有的法官提出移送时应考虑的因素：①移送是否必须，接受移送的法院是否有利于或者便于案件

---

[1] 吴庆宝、王建平主编：《破产案件裁判标准规范》，人民法院出版社2009年版，第39页。

[2] 吴庆宝、王建平主编：《破产案件裁判标准规范》，人民法院出版社2009年版，第39～40页。

的审理；②移送是否在有隶属关系的上下级法院之间；③移送是否经上级法院同意。如果缺少这些因素，管辖权就不应移送[1]。

4. 指定管辖。我国 2006 年破产法并没有规定这种管辖方式，但由于破产程序在破产法没有明文规定时适用民事诉讼法为大陆法系的一般原则，且我国《破产法》第 4 条明确规定了民事诉讼法的准用，故我国民事诉讼法中的指定管辖也应适用于破产程序。我国《民事诉讼法》第 37 条规定："有管辖权的人民法院由于特殊原因，不能行使管辖权的，由上级人民法院指定管辖。人民法院之间因管辖权发生争议，由争议双方协商解决；协商解决不了的，报请它们的共同上级人民法院指定管辖。"有的法官认为，依据这一规定，破产案件可能发生指定管辖的情形主要有：①对破产案件有管辖权的法院由于特殊原因，不能行使或者不便行使管辖权而指定管辖；②两个以上法院对同一案件的管辖权发生争议，而报请它们的共同上级法院指定管辖[2]。

5. 破产案件的管辖权异议。在破产程序中，当事人是否可以提出管辖权异议，因我国破产法没有明文规定，民事诉讼法关于管辖权的异议是否准用，理论上有争议，实践中的做法也不统一，大致有两种观点：

肯定说认为，民事诉讼法有关管辖权的异议的规定应适用于破产案件，无论是债权人还是债务人，均有权提起管辖权异议。如果是债权人申请破产，债务人以及未提出破产申请的债权人都有提起管辖权异议的权利；如果债务人提出破产申请，则全体债权人都有权提出管辖权异议。法院在债务人或者债权人提出管辖权异议时，应当对之作出裁定，当事人对裁定不服的可以提起上诉。

否定说认为，破产案件有其特殊性，不同于一般的民事诉讼案件，不应允许提出管辖权异议，理由是：①从立法规定看，对破产案件提出管辖权异议没有法律依据。我国现行破产法没有规定管辖权异议制度，从比较法的角度看，各国破产法也没有允许提出管辖权异议的立法例；②从民商事案件看，有权提出管辖权异议的是被告，而破产案件的参与人往往并不具有这项权利。按照我国立法规定，法院受理破产申请后，债权人只能申报债权而不能提出管辖权异议。而债务人自法院受理破产申请后，就由管理人接管其财产和营业，债务人失去对相关事务及诉讼参与的权利，自然也就无权再提出管辖权异议；③从程序设置看，管辖权异议的提出与破产程序不可逆转性不符，不利于破产程序的顺利进行；④如果

---

[1] 吴庆宝、王建平主编：《破产案件裁判标准规范》，人民法院出版社 2009 年版，第 41 页。

[2] 吴庆宝、王建平主编：《破产案件裁判标准规范》，人民法院出版社 2009 年版，第 40 页。

允许提出管辖权异议，只能加剧众多破产程序参与人之间的争执，延误破产案件的审理和破产清算的进程，损害债权人及破产企业职工的利益[1]。

我赞成否定说的观点和理由。虽然说，破产法没有的规定，可以准用民事诉讼法的规定，但民事诉讼法的规定应在不与破产程序相抵触时才能准用。按照民事诉讼法，管辖权异议的裁定可以上诉，而按照破产法的规定，除了破产法明确规定的以外，裁定不得上诉。既然破产法没有规定这种裁定可以上诉，自然就不能准用民事诉讼法的规定。

那么，如何理解我国《破产法》第 10 条的规定呢？该条规定："债权人提出破产申请的，人民法院应当自收到申请之日起 5 日内通知债务人。债务人对申请有异议的，应当自收到人民法院的通知之日起 7 日内向人民法院提出。人民法院应当自异议期满之日起 10 日内裁定是否受理。"首先，这里是指在破产案件受理前，债务人的异议，包括对法院管辖权的异议，而不是在破产案件受理后的异议权之规定。如果债权人申请债务人破产，法院通知债务人后，债务人可以提出破产原因不存在或者自己有抗辩权、通知法院无管辖权等异议，法院认为有理由的，包括法院无管辖权的，可以裁定不受理。如果法院认为自己有管辖权并且具有破产原因的，就裁定受理破产案件。债务人或者债权人对于这种裁定不能上诉，更不能提出管辖权异议。

三、跨界破产的管辖原则

跨界破产又称为跨境破产，一般是指境外破产人的部分财产在我国境内或者我国境内破产人的部分财产在我国境外的破产。对此，我国《破产法》第 5 条明确规定："依照本法开始的破产程序，对债务人在中华人民共和国领域外的财产发生效力。对外国法院作出的发生法律效力的破产案件的判决、裁定，涉及债务人在中华人民共和国领域内的财产，申请或者请求人民法院承认和执行的，人民法院依照中华人民共和国缔结或者参加的国际条约，或者按照互惠原则进行审查，认为不违反中华人民共和国法律的基本原则，不损害国家主权、安全和社会公共利益，不损害中华人民共和国领域内债权人的合法权益的，裁定承认和执行。"

许多人对该条存在误解，为什么"依照本法开始的破产程序，对债务人在中

---

〔1〕　钱晓晨、刘子平："破产案件管辖权与管辖权异议研究"，载王欣新、尹正友主编：《破产法论坛》（第 3 辑），法律出版社 2009 年版，第 6 页。

华人民共和国领域外的财产发生效力"，而外国的判决与裁定不在我国发生效力呢？立法的本意是：从国家主权理论上说，任何国家作出的判决与裁定都不能当然在外国发生效力，否则就不是主权国家。但是，如果我们自己的法律就规定我国法院关系破产的判决与裁定仅仅在我国发生效力，那么，即使某个国家将来承认外国的法院关于破产的判决与裁定的效力，我国法院的判决或者裁定也不能发生效力，那就等于自己束缚自己。我们这样规定，不能当然在国外发生效力，但是，一旦国外承认，也能发生效力。

第三节　破产申请及受理

一、破产申请

（一）破产申请人

从各国的破产法看，有权提出破产申请的，一般为债权人与债务人，但在特别法上，如公司法中，如公司因解散而进行清算时，清算人发现公司财产不足以清偿债务的，也应向人民法院提出破产申请。我国《公司法》第188条规定："公司因解散而清算，清算组在清理公司财产、编制资产负债表和财产清单后，发现公司财产不足以清偿债务的，应当立即向人民法院申请破产。"我国《破产法》第7条规定："债务人有本法第2条规定的情形，可以向人民法院提出重整、和解或者破产清算申请。债务人不能清偿到期债务，债权人可以向人民法院提出对债务人进行重整或者破产清算的申请。企业法人已解散但未清算或者未清算完毕，资产不足以清偿债务的，依法负有清算责任的人应当向人民法院申请破产清算。"我国《破产法》第134条还规定了金融企业的破产申请之特别规则："商业银行、证券公司、保险公司等金融机构有本法第2条规定情形的，国务院金融监督管理机构可以向人民法院提出对该金融机构进行重整或者破产清算的申请。国务院金融监督管理机构依法对出现重大经营风险的金融机构采取接管、托管等措施的，可以向人民法院申请中止以该金融机构为被告或者被执行人的民事诉讼程序或者执行程序。金融机构实施破产的，国务院可以依据本法和其他有关法律的规定制定实施办法。"

另外，应该特别指出的是，因我国现行破产法采取的是"大破产"概念，即我国《破产法》在可以称为"总则"的前7章中使用的"破产"一词，实际上是包括重整、和解和清算三种程序的，因此，仅仅说申请人是债务人、债权人或者公司清算中的清算组是不完整的，因为在重整程序中还包括符合一定条件的股东。

1. 债务人申请（voluntary petition）

（1）债务人申请的基础。债务人提出破产申请的基础有二，其一是债务人具有申请破产的原动力。这是因为现代破产法规定了债务人的免责制度，这是对债务人提出破产申请的有利激励。一个诚实的债务人可以通过破产程序而获得免责的优惠，从而摆脱债务危机。正是这种有利的激励使得更多的债务人产生了申请破产的原动力，从各国的破产法实践看，债务人申请破产的案件占到绝对多数。但是，从根本上说，这种制度也间接地保护了债权人的利益。其二是债务人具有申请破产的有利条件——债务人最了解自己的财产状况和清偿能力。在一般情况下，债务人的财产状况是不向社会公开的，债权人很难了解债务人的经营情况和财产状况，所以，债权人很难适时地提出破产申请。

现代破产法正是使得这两种基础进行有机的结合，以适时地开始破产程序，从而保护债权人、债务人及社会经济秩序，而这种结合是通过免责机制来实现的，只有适当的免责制度，才能使得债务人具有适时申请破产的积极性。所以，在世界各国，90%以上的破产案件是由债务人而非债权人提出的。

（2）债务人申请是其权利抑或义务。

从一个侧面看，由于破产程序能够给债务人带来免责的优惠，所以申请破产是其权利。但从另外一个侧面看，由于债务人，特别是商法人或商自然人是社会经济联系中的一环，故又涉及社会利益，所以，有的国家规定破产申请是债务人的一项义务。例如，根据法国破产法的规定，不得不停止支付的债务人应在 15 天内向法院申请开始破产程序。[1] 根据日本《民法典》第 70 条第 2 款、第 81 条第 1 款，日本《商法》第 126 条、第 147 条、第 430 条的规定，民法上的公益法人的理事、清算人或公司的清算人，当发现债务超过时，有申请破产的义务。我国台湾地区民法典第 35 条、公司法第 89 条、第 115 条、第 108 条、第 113 条等分别规定了法人的董事、公司清算人的破产申请义务。

从我国目前的立法上看，仅《公司法》第 188 条规定了公司清算人的破产申请义务，而其他法人董事等无此义务。但许多学者认为，为了更加重视对社会利益的保护，破产法应当规定企业法定代表人在企业具有破产原因时的破产申请义

---

〔1〕 沈达明、郑淑君：《比较破产法初论》，对外贸易教育出版社 1993 年版，第 235 页。

务[1]。这种意见实值得赞同。但在我国目前的企业体制下，课定企业，特别是国有企业法定代表人的破产申请义务，恐怕还有许多问题需要解决。

（3）公司法人破产申请的提出。在我国，公司一般均为法人，其与自然人不同的是，公司通过其代表机关为意思表示，故公司在为破产申请时，应由其代表机关提出。但何为公司的代表机关呢？我国公司法将股东会、董事会、监事会统称为"公司的组织机构"。其中，股东会既是股东的表意机关，又是公司重大事务的决策机关，一方面，股东通过股东大会形成共同意思，以决议的方式行使股东共益权，在此意义上，股东会是团体成员自治的方式；另一方面，在法律与公司章程规定的权限内，股东会就公司事务作出决策，在此意义上，它又是公司的意思形成机关。一般说来，股东会不以公司的名义与第三人形成民事关系，它不是对外代表公司的法人机关。监察人或监事会主要是对董事、经理行使监督权的机关，在特定情况下，监察人或监事会可以用公司的名义对董事、经理提出诉讼，用公司的名义聘任独立的法律顾问、财务顾问、审计师、会计师等，但它也不能以公司的名义与第三人形成民事关系，故它也不是对外代表公司的法人机关。

大陆法系国家通常以董事会或董事为对外代表社团法人的机关，但因各国民法典及公司法的规定不同，又分为"单独代表制"，"法定代表制"及"共同代表制"。日本采用"单独代表制"，每一董事均可对外代表法人（《日本有限公司法》第 27 条）；法国公司法采取"法定代表制"，唯董事长对外代表公司，公司章程对董事长的限制，不得对抗善意第三人（《法国公司法》第 113 条）。德国股份法采取"共同代表制"，除公司章程有相反的规定，董事会成员应共同对第三人进行意思表示（《德国股份法》第 78 条）。

在"单独代表制"下，公司的董事即可代表公司向法院提出重整或破产申请。例如，根据现行《日本破产法》第 19 条的规定，根据《民法典》第 34 条设立的法人的理事、合名公司或者合资公司的无限责任社员、股份公司或者关联公司的董事、法人的清算人。在"法定代表制"下，只有董事长才能代表公司向法

---

[1] 柯善芳、潘志恒等：《破产法概论》，广东高等教育出版社 1988 年版，第 77 页；我国有的学者更提出，应当要求债务人在特定条件下的申请义务，而公司董事或者执行董事作为债务人申请破产强制义务的具体主体，应于债务人实质达到破产界线后的合理期限内提出破产申请，否则不仅须承担相应的行政责任及刑事责任，更要对由此给债权人等利益主体造成的扩大的损失，承担无限连带责任——见段威："债务人申请破产制度的检视与重构"，载 2009 年 11 月 20 日《上海第二届企业破产法实务论坛论文集》。

院提出破产或重整申请；在"共同代表制"下，董事会代表公司提出申请。如我国台湾地区"公司法"第 282 条明确规定，董事会可代表公司提出重整申请。《德国支付不能法》第 15 条规定，代表机关的任何一名成员、无法律人格的合伙或者公司的任何无限责任股东、股份两合公司的任何无限责任股东以及任何清算人，均有权申请开始支付不能程序。

我国公司法未就破产的申请权问题作明确的规定。但从公司法的规定看，债务人为公司法人的，提出破产申请时，应当依法律或企业章程规定的权力机构作出决议。故应解释为，公司的董事或董事会均无权就公司的重整作出决议，只能由股东大会作出决议，然后由法定代表人代表公司向法院提出重整申请。另外，我国公司法根据中国"国情"，特设国有独资公司，可以说，这是公司法不以所有制划分公司类型的一种例外。国有独资公司是国家授权投资的机构或国家授权的部门单独投资设立的有限责任公司，国有独资公司不设股东会，但设执行机构——董事会。当国有独资企业具备破产原因时，董事会是否有权作出申请公司破产申请的决定？我国《公司法》第 67 条规定："国有独资公司不设股东会，由国有资产监督管理机构行使股东会职权。国有资产监督管理机构可以授权公司董事会行使股东会的部分职权，决定公司的重大事项，但公司的合并、分立、解散、增加或者减少注册资本和发行公司债券，必须由国有资产监督管理机构决定；其中，重要的国有独资公司合并、分立、解散、申请破产的，应当由国有资产监督管理机构审核后，报本级人民政府批准。"根据这一规定，国有独资公司可以被授权行使股东会职权，但如果作出申请破产的决议后，必须由国有资产监督管理机构审核后，报本级人民政府批准。

（4）债务人申请破产的限制。债务人能否提出破产申请，首先与法律是否赋予其破产能力有关；其次，即使具有破产能力的债务人，在某些情况下，其破产申请也受到限制，例如，美国破产法就规定，铁路、金融机构等即使具有破产原因也不能提出自愿破产申请。

我国 1986 年破产法也对国有企业提出自愿申请进行了限制，即债务人提出破产申请须经其上级主管部门同意。这种做法受到了学者的强烈批评，早在 2002 年最高人民法院已经注意到这一问题，在《最高人民法院〈关于审理企业破产案件若干问题的规定〉》第 5 条就明确规定："国有企业向人民法院申请破产时，应当提交其上级主管部门同意其破产的文件；其他企业应当提供其开办人或者股东会议决定企业破产的文件。"同时，按照我国金融法律法规的规定和司法实践，金融企业的破产也有严格的限制，必须经过主管部门批准，非国有金融企业也是如此。

2. 债权人申请。

（1）债权人申请债务人破产的原动力。债权人是指根据约定或法律规定对债务人享有财产请求权的人。破产法的制度价值之一就是公平保护债权人利益，故债权人申请破产是其权利。法国判例称债权人申请破产是其专断权利，即使严酷地行使也不构成权利滥用[1]。但从实际上看，债权人申请债务人破产是满足其债权的不得已而为的策略，若能以民事执行程序满足债权的，债权人一般不为此申请，故以债权人的申请开始破产程序的较少。一般来说，债权人申请破产的目的是想从破产程序中得到民事执行程序不能得到的利益，大体上说有以下几种情形：

第一，从债务人的总财产中得到满足。因为在民事执行程序中强制执行的对象有时被限定为个别财产，而破产分配则是以债务人的总财产为对象，故申请破产可以打破这种限制。另外，因破产程序优于民事执行程序，破产程序一经开始，民事执行程序或民事保全程序就应当终止，故没有取得执行名义的债权人为防止民事执行程序的进行而保护自己的利益，也可提出破产申请。在我国司法实践中，这种申请已经成为"地方保护主义"的合法盾牌，为防止异地执行，往往会令本地的债权人提出破产申请。

第二，如果债务人有损害债权人一般利益的诈欺行为时，可通过破产程序中的撤销权而恢复被损害的利益。

第三，民事强制执行，必须有执行名义。但在破产申请时，却不受此限制。所以，在这一点上，无执行名义的债权人有申请破产的利益[2]。

（2）何种债权人可以提出破产申请。根据不同的标准，可将债权人分为不同的种类。如果根据债权产生的根据不同，可将债权人分为合同债权人、侵权债权人、不当得利债权人、无因管理债权人、缔约过失之债权人；根据债权是否附有条件，可将债权人分为附条件债权人与不附条件债权人。在附条件债权中，根据债权附有何种条件，分为附解除条件债权人与附停止条件的债权人；根据债权是否附有期限，可将债权分为附期限债权人与不附期限的债权人。在附期限债权中，根据所附的期限不同，又将其分为附始期的债权人与附终期的债权人；根据债权是否存在担保，可将债权分为担保债权人与一般债权人；根据债权是否具有

---

[1]　沈达明、郑淑君：《比较破产法初论》，对外贸易教育出版社1993年版，第234页。

[2]　[日]伊藤真：《破产法新版》，刘荣军、鲍荣振译，中国社会科学出版社1995年版，第44页。

请求力和执行力，可将债权人分为自然债权人和非自然债权人；根据债权产生的法律性质，可以分为公法上的债权人和私法上的债权人，如税收债权就是公法上的债权；根据债权是否涉及职工，可以分为职工债权人和非职工债权人。在这些债权人中，何种债权人可提出破产申请？

第一，附条件和附期限的债权人是否可以提出破产申请。对于这一问题，学理上历来有肯定说与否定说之争。有学者认为，债权人申请破产，必须具备四个条件：一是债权人是现实债务的债权人；二是债权人是到期债务的债权人；三是债权人是被申请破产企业的债权人；四是债权必须是财产债务的债权人而不是行为债务的债权人[1]。这就否定了附条件和附期限债权人的破产申请权。其否定附条件和附期限债权人破产申请权的根本理由是，附条件和附期限债权在民事执行程序上不能请求执行，自不得申请破产。

有的学者认为，附条件和附期限债权的债权人也可以提出破产申请，其理由是：那种认为附条件和附期限债权在民事执行程序上不能请求执行，就认为其没有破产申请权的理论是没有道理的。因为，强制执行程序不以破产原因的存在为前提，但破产需以破产原因的存在为条件。债务人一旦对多数债权人有不能清偿的发生，自有宣告破产的必要，至于债权是否到期或是否附条件，已不重要。况且，此种债权所受的保护不应比现在可行使的债权逊色。既然破产规定附条件和附期限债权可作为破产债权而行使权利，该债权人自有破产申请权。[2]

第二，有担保的债权人是否可以提出破产申请。在这一问题上也存在否定说与肯定说两种理论。否定说认为，有财产担保的债权人只有在其抛弃财产担保或财产担保不足以涵盖其所有债权的情况下，才有权提出破产申请。[3]其理由主要是，有财产担保的债权人可行使物权而获得满足，而不必申请债务人破产。英国破产法即采此说，该法第4条规定，有财产担保的债权人得为破产申请者，应在破产申请书中明示其愿为全体债权人的利益而放弃担保，或应当在破产申请书中声明其未能依担保物权受偿的债权余额。

肯定说认为，有财产担保不能成为担保债权人申请债务人破产的事由。其理由是，担保是为特殊债权人的利益而设，而债务人的一切财产既为所有债权人的共同担保，故不能区分担保的有无，剥夺债权人的破产申请权。但实际上，有财

---

[1] 柴发邦主编：《破产法教程》，法律出版社1994年版，第71页。

[2] （台）陈荣宗：《破产法》，三民书局1986年版，第117页。

[3] （台）刘清波：《破产法新论》，台湾东华书局股份有限公司1984年版，第137页；谢邦宇主编：《破产法通论》，湖南大学出版社1987年版，第173页。

产担保的债权人一般不申请债务人破产，只有在担保不足以清偿其全部债权的情形，才有申请破产的必要[1]。现在多数学者都主张，有担保的债权人也有权提出破产申请[2]

第三，自然债权的债权人得否提出破产申请。在此问题上也有否定说与肯定说之分。肯定说认为，自然债权的债权人有权提出破产申请，其理由是，首先，债权因诉讼时效而沦为自然债务，法院在接受破产申请时，没有义务查明债权是否已过诉讼时效，时效抗辩应由债务人援引，所以，法院原则上应推定债权人为适法的申请人，只有当债权人的债权已过诉讼时效且债务人援引时效抗辩成立，且法院没有依职权开始破产程序的情形时，法院可驳回破产申请；其次，债权人的债权已过诉讼时效，仍向法院提出破产申请的，债务人未提出时效抗辩，应视债权人为适格的申请人，法院不应依职权驳回其申请。在此情况下，即使其后债务人援引时效抗辩，为保护多数债权人的利益，已经开始的破产程序也应继续进行；最后，开始破产程序并不以破产申请为绝对要件，即使债务人援引时效抗辩成立，法院是否驳回债权人的申请，取决于债务人是否存在破产原因及多数债权人的利益是否可以得到公平的保护。总之，自然债务的债权人可以成为破产申请人[3]。

否定说认为，自然债务的债权人无权提出破产申请，因为破产程序是一种特别的概括执行程序，在一般实体法上没有执行力和请求力的债权，在破产法上，也不能请求开始破产程序，否则，无异于强迫债务人履行自然债务[4]。

第四，公法上的债权人是否可以申请破产。公法上的债权 包括税收债权、行政罚款和刑事罚金等。有的学者从我国《破产法》的规定，来论述税收债权也是"债权"，主要理由有：①从我国《破产法》第113条的规定看，税收债权被单独列出，与劳动债权、社会保险等一样也是一种债权。②从我国《破产法》第48条的规定看，税收债权属于需要申报的债权；③从我国《破产法》第82条的规定看，债权人依照债权分类，税收债权是其中独立的一类。因此，我国破产法上的债权就不仅包括私法上的债权，而且也包括公法上的债权[5]。

---

〔1〕 （台）陈荣宗：《破产法》，三民书局1986年版，第117～118页

〔2〕 李永军：《破产法律制度》，中国法制出版社2000年版，第73页；王欣新：《破产法学》，中国人民大学出版社2008年版，第65页；韩长印：《破产法学》，中国政法大学出版社2007年版，第31页。

〔3〕 邹海林：《破产程序和破产实体制度比较研究》，法律出版社1995年版，第76页。

〔4〕 李永军：《破产重整制度研究》，中国人民公安大学出版社1996年版，第76页。

〔5〕 熊伟："作为特殊破产债权的欠税请求权"，载中国民商法律网，http://www.civillaw.com.cn，访问日期：2009年10月26日。

公法上的债权人是否可以提出破产申请？我国破产法对此没有规定，也没有限制。有学者主张，税收债权人无权提出破产申请，理由是：①税务机关对于税收债权有足够的法律保障手段加以保障，无须适用破产程序解决问题，再赋予其破产申请权，将出现对企业的过度干预，反而影响正常的经济秩序；②行政罚款、刑事罚金等债权人的债权均属于除斥债权，在破产程序中是不予清偿的，当然没有破产申请权[1]。

第五，职工债权人有无破产申请权。对此问题，有学者认为，我国现行破产法对此没有禁止，因此有申请权[2]。

在关于何种债权的债权人有权提出破产申请的问题上，笔者认为：

第一，附条件、附期限债权的债权人是否具有破产申请权，应与破产原因联系起来。如果破产申请的原因是"债务超过"，则附条件、附期限的债权人有破产申请权。因为"债务超过"意味着债务人的所有财产少于其负债，使得现实的已然债权与将来的或然债权以及已经到期的债权均不能得到清偿是客观事实，所以，附条件债权与附期限债权的债权人有权提出破产申请。

如果破产申请的原因是"债务人不能清偿到期债务"，则附条件和附期限的债权之债权人无破产申请权。因为，无论是附条件债权抑或附期限债权的债权人因其债权尚未到清偿期，均无法证明"债务人不能清偿到期债务"。但是，不赋予附条件、附期限的债权人以破产申请权，并不意味着其权利不受破产法的保护。实际上，各国破产法均允许其作为破产债权人而参加破产程序，有条件地接受破产分配。

从我国 2006 年《破产法》规定的破产原因看，既要求"债务人不能清偿到期债务"，也要求"债务超过"，因此在我国，附条件、附期限债权的债权人一般没有申请权。

第二，有财产担保的债权人有破产申请权。在一般民法上，财产担保权的设立是对债权平等性的对抗，即债权人为防止债务人无限地负债而又不能按债权成立的时间先后而有受偿的顺位，故特设担保以确保自己权利的实现。但设立担保并不意味着债权人必须以担保途径满足自己的债权。担保物权的设立使得债权人获得了双重身份：债权人与担保物权人，也就同时给予债权人以选择权：或者以债权人的身份行使债权，或者以物权人的身份行使物权。担保债权人的这种身份

---

〔1〕 王欣新：《破产法学》，中国人民大学出版社 2008 年版，第 64 页。

〔2〕 王欣新：《破产法学》，中国人民大学出版社 2008 年版，第 64 页。

在破产法上也不应消灭，他既可以以担保物权人的身份行使别除权，也可以以债权人的身份行使债权。如果债务人不能清偿到期债务，担保债权人自然可以债权人的身份请求对其开始破产程序。

如果认为担保债权人不能提起破产申请，意味着强迫债权人行使担保物权，这对其他债权人也并无益处。另外，在实践中，有财产担保的债权人也鲜有申请债务人破产的，只有担保物权不能满足其债权时，才有可能发生其提出破产申请的问题。但是，从理论上说，我们不能否认担保债权人的破产申请权。

第三，税收债权人无申请纳税债务人破产的债权。我的理由倒不是因为税收机关有足够的保障措施，是因为从我国破产法的立法背景和立法规定看，税收债权都不同于一般破产债权，它具有优先权，这种优先性取决于其用途的特殊性。为了保障这种优先性，采取非破产法的救济方式，反而会使其充分实现。如果采取破产程序满足税收债权，使纳税债务人有限的财产在很多债权人之间分配，大多数情况下，对税收债权的实现是不利的。

第四，职工债权人有破产申请权。我国破产法并没有禁止职工申请企业破产，另外，职工债权也是破产债权的一种。因此，没有任何理由认为职工债权人不能申请其所在的企业破产。但问题是，实践中这种情况非常罕见。因为，①职工实际上是最不愿意企业破产的群体，在许多国家的破产实践中，当企业处于危难时，职工甚至愿意出资帮助企业以避免企业破产；②职工债权的数额一般较小，在许多国家对债权人申请有限制的话，难以达到。另外，有的国家采取其他方式补偿职工，职工也没有申请企业破产的积极性。我国破产法没有数额限制，也没有人数限制，而且职工债权有优先性，职工单独或者联合申请企业破产以实现自己债权的优先性，这种可能也不是不存在。

第五，对外国债权人在国内的破产申请适用国民待遇原则。对于外国人在国内的破产申请问题，各国法的一般原则是国民待遇原则，即如果外国法赋予国内债权人在该外国有破产申请权的，内国也承认该外国债权人的破产申请权。依照我国我国《民事诉讼法》第5条的规定，外国自然人与法人同我国公民与法人具有同等的诉讼权利义务，但是，该外国人的所属国法律对中国公民、法人的诉讼权利加以限制的，我国则实行对等的原则，予以同样的限制。这一原则，贯彻到破产法上，就是国民待遇原则，或对等原则。

第六，自然债务的债权人可以提出破产申请。在民法上，自然之债的概念是最不确定和最具争议的问题之一，直到今日，各国的学理、立法及判例对自然之债的认识尚不一致。而在我国，自然之债甚至是被立法与判例忽视的问题。但它

破产法

在罗马法上是一个极其重要的概念，在罗马法中，自然之债的概念始终与因其政治制度造就的"人与非人"的区分相联系。在罗马法中，因其政治结构的需要，所有生物意义上的人被"人格"这样一项具有公法意义的桂冠区分为法律上的主体和非主体。这样，许多人就被法律认为是非法律主体的自然人，他们既然不是法律主体，自然也就不享有实体法与程序法上的权利。但这些人却实实在在是"活着的人"，彼此之间有交易的需要，而这些交易的需要不可能全部让作为法律主体的"主人"（或者家父）代劳，于是，在这些非法律主体之间也发生交易。但这些交易是不受法律保护的，如果双方履行完毕，便相安无事，如果发生纠纷，则任何一方都不具诉讼主体资格而拥有诉权。这些人之间的债当然就是"自然之债"，而且，按照意大利学者的观点，他们之间的债属于"纯自然之债"。在古典法学理论中，"纯自然之债"的主要领域似乎仅限于同"他权人"，尤其是同奴隶的关系[1]。"纯自然之债"主要有：①奴隶之间、奴隶同其主人之间或同外人之间的债。同奴隶不能缔结法定之债，这一原则起源于市民法或者万民法的一项制度——奴隶制。由于奴隶在罗马法上不具有权利能力，所以和奴隶无法缔结法定之债。但奴隶从第三人处取得的债权在（市）民法上是有效的，因为奴隶是为主人取得它们；对于同第三人的被动债，主人应当按照特有产的范围负责。②被父权关系联系在一起的人之间（即家父同家子之间或者两个奴隶属于同一父权的家子之间）的债。这里是一个纯粹的市民法制度，根据这一制度，财产主体原则上只能是家父，这一切阻碍了法定之债的产生。但是随着家父制度的衰亡，这种自然之债的意义也变得不是很大，最后在古典时期被特有产制度几乎完全废除。③仅仅为惩罚债权人而通过抗辩使之消灭的债。主要情形是指通过"马切多尼安元老院决议（Senatus Consultum Macedonianum）抗辩"使之消灭的"家子"借贷。这一抗辩源于"Macedo 事件"。韦斯帕西亚努斯帝（Vespasianus）时代，元老院议员之子马塞多（Macedo）挥金如土，终因借债过多，人们拒绝续贷，马乃杀其父，继承遗产。这种恶劣的行为引起元老院的愤慨，遂出台了前述元老院决议。根据决议，凡家属借债，无论其到期在家长生前或死后，也不问有偿无偿、口头或书面，均在禁止之列。因此，出借者不得对家属、家长或其保证人起诉求偿，后者被诉时可提出抗辩，拒绝履行，即使已被判决偿还而未清偿的亦同，该决议只适用于金钱借贷，不适用于其他的种类物。但如果名义上是借粮

---

〔1〕〔意〕彼德罗·彭梵得：《罗马法教科书》，黄风译，中国政法大学出版社 1992 年版，第 300 页。

食、酒等种类物，实际却按货币计值，则仍应受本决议的制裁。违反的其借贷构成自然债。因此，如履行清偿，即使出于错误，事后也不得追回。[1]这种抗辩不是以家子的无能力为根据，而是以防止任何人不经家父同意把钱借给家子这一社会需要为基础。④因"人格减等"而消灭的债[2]。根据现有的文献及学者的论述，"人格"这一概念首先是由罗马人在划分人的身份时使用的概念。在词源上，"人格"一词来自拉丁文的"persona"，是指演员演出时扮演的各种角色[3]。根据我国著名罗马法学者周枏教授的考证，在罗马法上有关人的三个用语中，"homo"是指生物意义上的人；"caupt"是指权利义务主体，"persona"是指权利义务主体的各种身份[4]。一个人必须同时具有自由人、家父与市民三种身份，才能拥有"caupt"，即在市民名册中拥有一章的资格，才能是罗马共同体的正式成员，否则就被视为奴隶或者从属者或者外邦人[5]。罗马法就是以自由人、城邦、家族三种身份把城邦组织起来，自由人身份把生物学意义上的人区分为自由人和奴隶；城邦的身份把自然意义上的人区分为市民、拉丁人、外邦人；家族的身份把人区分为家父和家子。身份是人格的要素或基础，人格由身份构成，复数的身份构成了单一的人格，诸项身份之一的缺失将导致人格的减少，丧失殆尽的结果是人格消灭。例如，自由人身份和市民身份的丧失导致人格大变更，即主体资格的完全丧失；市民身份的丧失导致人格中变更，引起前市民被拟制为外邦人的后果，换言之，变成有限的法律能力拥有者；自权人被出养或养子被解放造成人格小变更，使过去的完全法律能力者变成无能力者或相反。相反，同时具有上述三种身份者就具有人格，即完全的主体资格或法律能力[6]。英国学者尼古拉斯指出，在罗马法中，人的地位涉及三方面要素：自由权、市民权与家庭权。人的地位的变化可以根据这三项要素加以分析。罗马法上的人格还可以减等，最大的人格减等是丧失上述三种权利，即沦为奴隶；中人格减等是丧失市民权与家庭权；最小人格减等是丧失有关家庭的权利[7]。按照盖尤斯的观点，人格变更分为三

---

〔1〕　周枏：《罗马法原论》（下册），商务印书馆1994年版，第674~675页。

〔2〕　［意］彼德罗·彭梵得：《罗马法教科书》，黄风译，中国政法大学出版社1992年版，第300~301页。

〔3〕　［日］星野英一：《私法中的人——以民法财产法为中心》，王闯译，载梁慧星主编：《民商法论丛》（第8卷），法律出版社1997年版，第160页。

〔4〕　周枏：《罗马法原论》（上册），商务印书馆1994年版，第97页。

〔5〕　徐国栋："'人身关系'流变考"，载《法学》2002年第6期。

〔6〕　徐国栋："人格权制度历史沿革考"，载《法制与社会发展》2008年第1期。

〔7〕　［英］巴里·尼古拉斯：《罗马法概论》，黄风译，法律出版社2004年版，第103页。

种，即人格大变更、人格中变更和人格小变更。人格大变更是指丧失自由权而沦为奴隶，奴隶不再是权利主体，因而也就当然丧失市民权和家族权。发生人格大变更的原因有三种，即因犯罪而被剥夺自由权的、被家长或者债权人出卖到外国的、降服外国人违反禁令的；人格中变更是指罗马市民丧失市民权而成为拉丁人或者外国人。由于家族权以市民权为基础，丧失市民权也就丧失了家族权。人格中变更也有三种原因，即受到刑事处罚而被剥夺市民身份、罗马市民加入外国籍、拉丁人或者外国人加入罗马国籍取得市民资格；人格小变更是指丧失原来的家族权而取得新的家族权。人格变更会发生对人的效果和对财产的效果，在对财产的效果方面，他对他人负担的债务不因人格的变更而消灭而属于自然债[1]。⑤受监护人未经监护人"准可"而缔结的债。⑥因对债务人的不当开免而消灭的债。⑦因时效而消灭的债。⑧无特定形式的简约。这主要是指不具有市民法形式的协议，这些协议也不是以那些无需形式即可产生市民法债的并被称为本义上的契约的原因为基础设立的。简约最初始的含义是指一种不起诉的承诺，其目的在于消灭因私犯所引起的债；后来，裁判官扩大了简约的范围，用来指代所有的协议，允许当事人通过"简约抗辩"（exceptio pacti）来对抗任何诉权。[2]由此也形成了罗马法契约制度中一个重要的格言，无形式简约不产生债，只产生抗辩。[3]罗马法上其他的纯自然之债到查士丁尼时代就不再存在了，如因"争讼程序"开始而消灭的债，因查士查尼时代法律规定"争讼程序"不再消灭民法债。同时，上面列举的后四种自然之债在罗马法上存在争议[4]。

除了纯粹的自然之债以外，罗马法上还有一种类型的自然之债，作为"非纯正的自然之债"。查士丁尼倾向于把一切道德的、宗教的或者其他社会渊源的、具有财产特性（即以财产给付为目的）的债都归入自然之债，并赋予它们这样的法律效力：不得索回已经偿付的钱物，即便是因错误而偿付[5]。在罗马法中所存在的这一类自然之债有：①解放自由人对其庇主的劳作义务。即便解放自由人根本没有作过承诺，但是只要他实际上提供了劳作，错误地认为自己在法律上对此负债，他就无权要求返还，因为这是由解放自由人应当感谢庇主这样一种风俗所

---

〔1〕 周枬：《罗马法原论》（上册），商务印书馆 1994 年版，第 108～113 页。

〔2〕 ［英］巴里·尼古拉斯：《罗马法概论》，黄风译，法律出版社 2004 年版，第 206 页。

〔3〕 ［英］巴里·尼古拉斯：《罗马法概论》，黄风译，法律出版社 2004 年版，第 206 页。

〔4〕 ［意］彼德罗·彭梵得：《罗马法教科书》，黄风译，中国政法大学出版社 1992 年版，第 300～301 页。

〔5〕 ［意］彼德罗·彭梵得：《罗马法教科书》，黄风译，中国政法大学出版社 1992 年版，第 304 页。

确定的一项自然债务；②妻子为自己设立嫁资的义务。如果妻子错误地以为自己许下诺言而负债并自己设立了嫁资，她无权以不当得利为由要求丈夫予以返还；③不属于法定扶养责任范围内的给付抚养费的义务，如果这种抚养费是根据公道原因（pietatis causa）而提供的，人们则不能要求返还；④为已收款支付利息的义务，如果对这种利息未通过要式口约正式达成协议，而只是以简约商定并实行了偿付，那么这就是一种自然之债。⑤母亲为使儿子免受奴役而支付的钱款；⑥为自己的亲属支付的丧葬费[1]。

　　我们在考察了罗马法的自然之债后，可以来讨论为什么罗马人将这一类债冠以"自然之债"的名称？有学者经过了认真的考察后指出，罗马法学家很可能就用"自然债"这一个词来指在市民法上没有诉权的债，以对应在市民法上有诉权的万民法上的债。这种表述是非常贴切的，因为：①"自然"一词最原始的意义是指事物的本性，这种本性是不以人的意志为转移的。因此，罗马法学家用自然这一个形容词来修饰债时，他指的是这种债在市民法上尽管不被承认，但是它是客观存在的；②罗马法学家在用自然这一个词修饰债时，其意义在于减弱债的效力；③尽管自然债是法律义务的贬降，但是符合债的本性，只是因债的主体不是市民而被排除在市民法的调整范围之外。在罗马法的扩张过程中，基于政治和经济等方面的需要，不得不采取变通的方式对其进行保护[2]。这种分析是非常有见地的，也是颇有道理的。但也有一点疑问：万民法上的债也不都是没有诉权的。让我们来看看罗马人是如何看待自然之债中"自然"二字的。意大利研究罗马法的学者彼德罗指出，市民法与自然法之间的对立更为微妙。"自然"、"自然的"、"自然地"是指世界上存在或者发生的、无须主动劳作的一切情形，比如，自然河床、自然堤堰是非人建造的。自然法是指"不是为体现立法者意志而产生的法"，这一类规范由于立法者没有主动施加任何主动的作用，因而确实像是自然的产物；而市民法却是表现或者至少是部分表现立法者意图的规范。这些债有时被查士丁尼法的编纂者们称为自然债务，"自然"这一个词完全是同"法"相对应而使用的，人们使用"自然"表示这些债的原因和根据存在于"公道"、"道

---

　　[1]　[意]彼德罗·彭梵得：《罗马法教科书》，黄风译，中国政法大学出版社1992年版，第304～305页。
　　[2]　方新军："自然债的起源"，载费安玲主编：《第四届罗马法、中国法与民法法典化国际研讨会论文集》，2009年。

德"义务等之中，而不是存在于法之中[1]。我们如果仔细观察就会发现，其实这种对"自然之债"的认识深深影响了当今意大利及法国的学说与判例，他们将今天存在的自然之债的原因归结为"公道"、"道德"义务等之中，这些我们将在下面的分析中逐渐清晰。我们在讨论"自然之债"的时候，不得不佩服罗马法学家的智慧，他们用"自然"一词区分了今天德国人用以描绘的"完全之债"与"不完全之债"，将债的一种亚类型精确地体现出来，就如他们在"契约"前加了一个"准"字，将契约与类似契约的不当得利和无因管理区别开一样。

由于罗马法是大陆法系民法典的蓝本，所以，继承罗马法传统和体系的国家，也大都对自然之债十分重视。当今意大利学者根据其民法典的规定给自然之债所下的定义是：债权人不能通过诉讼获得清偿，并且在债务人违反给付义务时也不产生任何法律后果的债[2]，并且将引起自然之债的原因概括为宗教、道德及单纯的社会规范所引发的非法律义务[3]。但这种过窄的限制，即使意大利的学者也有不赞同者，认为民法典的限制过于狭窄。事实是，按照当今世界各国立法和判例实际存在的自然之债也超出意大利学者的上述范围，因而，难以成为普遍认同的概念。例如，《荷兰民法典》第六编的第1条就规定："有下列情形的债为自然之债：①因法律或者法律行为丧失可强制执行性；②一方对另一方负有不可推卸的道德义务，尽管在法律上不可强制执行，但按照一般观念应认为另一方有权获得该项给付的履行。"法国民法承认这一观念，不仅民法典第1235条有明确规定，而且判例和学说也支持这种观点[4]；在德国，其民法典并没有直接规定"自然之债"，但相当于自然之债的规则规定在关于债的效力及不当得利的有关部分，而在德国学者的著作中，也多将自然之债作为"不完全债权"来论述，认为是排除了债务或者排除了可诉请履行性的债权，这些根据法律规定不完全有效的债务关系，我们称之为自然债务[5]。在日本，旧民法有明确规定，而现行

---

[1] [意] 彼德罗·彭梵得：《罗马法教科书》，黄风译，中国政法大学出版社1992年版，第19、304页。

[2] [意] 恺撒·米拉拜利："自然之债"，载杨振山，[意] 桑德罗·斯奇巴尼主编：《罗马法·中国法与民法法典化——物权和债权之研究》，中国政法大学出版社2001年版，第381页。

[3] [意] 恺撒·米拉拜利："自然之债"，载杨振山，[意] 桑德罗·斯奇巴尼主编：《罗马法·中国法与民法法典化——物权和债权之研究》，中国政法大学出版社2001年版，第378、381页。

[4] [法] 雅克·盖斯旦、吉勒·古博：《法国民法总论》，陈鹏等译，法律出版社2004年版，第673~699页；《法国民法典》，罗结珍译，法律出版社2005年版，第949页。

[5] [德] 迪特尔·梅迪库斯：《德国债法总论》，杜景林、卢谌译，法律出版社2004年版，第19~23、407页。

民法典没有明确规定，但学说上肯定说为主流，判例对此也予以承认[1]。我国台湾地区民法典基本效仿了德国的模式，在第180条中将基于道德的给付作为不当得利的特例，虽然无原因，但是给付后不必返还。在学说上，学者也多承认自然之债的存在，通说之观点认为自然之债包括消灭时效完成后的债务，不法原因给付的债务、超过利息限制之利息的债务、基于道德义务之债务、破产程序中未受清偿之债务、婚姻居间报酬之债务以及约定的自然债务[2]；大部分台湾地区学者的态度与德国相同，是将"自然之债"作为"不完全债权"来论述的[3]。王泽鉴先生就是用德国式的"不完全债权"来替代或者解释自然之债[4]，这种认识显然与法国、意大利及荷兰等国家的自然之债不同，这也给台湾地区的学理和判例带来了争议：不法原因的给付是自然之债的清偿吗？因为因不法原因而产生的债根本就不是债，但自然之债却仍然是债。由此可见，"自然之债"无论在历史上还是在今天的大陆法系，都应该说是一个具有重大影响却又有争议的重要的概念。

我个人认为，"自然之债"要表达的要义是：①强调这一类债的债因不源于市民法，而是在市民法外发展起来的。这是自然之债的一个重要标志，即这些债的债因与民事债是不同的。这一点对后世影响也非常巨大，成为定义和判断自然之债的重要标准；②只要履行或者承诺履行就不得请求返还，因为这一类债具有"债因"（这些债因虽然来自于市民法之外或者说是来自于"自然"），一方面它不同于赠与，需要严格的形式；另一方面也不是没有"债因"（尽管不是法律规定的法定之债的债因）的"无债清偿"。因此，是不能要求返还的。无论是罗马法还是受到其影响的法国民法典或者意大利民法典，都特别强调"债因"（可能产生债的关系的法律事实被称为债的渊源，或者用罗马法的术语被称为债因[5]）；③用"自然"一词有两个含义。一是它不同于一般民事债，无论是债因还是效力；二是它不同于非债，不是纯粹的道德或者宗教义务，用"自然之债"将"债"与"自然"连接就可以体现出，这一类债的债务人可以拒绝履行，但一旦履行它就是债的履行而非不当得

〔1〕 [日] 我妻荣：《新订债法总论》，王燚译，中国法制出版社2008年版，第61页。

〔2〕 郑玉波：《民法债编总论》，中国政法大学出版社2004年版，第8页。

〔3〕 （台）林诚二：《债法总论新解》，瑞兴图书股份有限公司2010年版，第36页；黄立：《民法债编总论》，元照出版有限公司2006年版，第9页。

〔4〕 （台）王泽鉴：《民法学说与判解研究》，中国政法大学出版社1998年版，第125页。

〔5〕 [意] 彼德罗·彭梵得：《罗马法教科书》，黄风译，中国政法大学出版社1992年版，第306页；《法国民法典》第1131～1133条明确规定了债的"原因"是债有效的要件；《意大利民法典》第1325条也将原因作为契约有效的条件，第1343～1345又从反面具体了债的原因对债的影响。

利或者赠与。这一点与罗马人将契约与"准契约"的区分的思路同出一辙：因为按照罗马法的规定，债务要么源于契约，要么源于私犯（侵权），但不当得利与无因管理既不同于契约（无意思表示和意思自治），也不同于私犯（无须非法性和过错），但其结果却类似于契约之债。罗马人将"准"字与契约相连，就将介于契约与侵权之间的地带统一起来。同样，"自然之债"也统一了介于法定义务与纯粹的社会义务之间的灰色地带：缺乏法律规定的"债因"而无法律的强制约束力，但发生的财产性结果受到法律保护的所有情形。

在我国，"自然之债"这一概念在学理上是被承认的，但判例并不认可。因此，对自然之债的学术研究很少，对自然之债规则的讨论欠缺统一认识。从以上的历史考察中可以看出，自然之债的范围是很宽的，但在我国，学理上一提到自然之债，就以经过诉讼时效的债权作为例子。即使如此，对于已经超过诉讼时效的债权的效力和地位，在我国法学理论上存在非常严重的认识错误，甚至在理论和司法实践上有很大的不同。一个关键和常识性的问题是：已经经过诉讼时效的债权对于债权人和债务人究竟有什么影响？具体来说，债权的诉讼时效经过后究竟是使债务人发生"抗辩权"呢，还是债权人丧失"胜诉权"呢？如果仅仅是发生债务人的"抗辩权"，当然就可以上诉，在破产法上就当然可以申请；如果是丧失"胜诉权"，则在一般民事法上的起诉就没有意义，在破产法上也就不能申请。因此，必须结合我国的立法和司法判例规则分析清楚。

我国关于诉讼时效的立法主要是《民法通则》第135条，该条规定："向人民法院请求保护民事权利的诉讼时效期间为2年，法律另有规定的除外。"对该条的含义，主要有两种解释：抗辩权发生主义和胜诉权消灭主义。前者认为，时效完成后，债权人的债权实体权利并不消灭，仅仅使债务人发生拒绝履行的抗辩权。而后者认为，债权罹于诉讼时效之后，债权人丧失实体法上的胜诉权，对债权人的此种地位，可以称为"法院不予保护"。但该胜诉权应是指公力救济权[1]。"胜诉权消灭主义"在很长一段时间为我国学理之通说。

如果仔细解读我国《民法通则》第135条，的确能够得出这样的结论：债权人丧失的不是诉权，而是"强制执行力"，但说成"胜诉权"似乎不准确，因为如果债权人的诉讼请求为"确认债权"的话，法院当然可以判决其胜诉，因为债权人确实享有自然之债的债权；如果债权人的诉讼请求是"请求债务人履行债务"，当然就不能胜诉；如果诉讼请求是"确认债权并请求债务人履行"，则法院

---

[1] 张俊浩主编：《民法学原理》（上），中国政法大学出版社2000年版，第354页。

仅能够判决其享有自然债权。但与此相关的另外一个问题就出现了：法院能够主动援引时效进行裁判吗？如果是主张丧失"胜诉权"的话，法院就应该能够援引时效而进行裁判，否则就会出现这样的结果：债务人不抗辩，法院就判决债权人胜诉。这样一来，"法院不予保护"或者"丧失胜诉权"就不成立了。因此，如果严格按照我国《民法通则》第135条的规定，法院应该主动援引时效进行裁判，才能与"人民法院不予保护"相匹配。实践也的确如此，在很长一段时间内，我国许多法院主动援引时效。这样，再结合我国《民法通则》第138条的规定[1]，就属于比较典型的自然之债。

但是，如果认真对照一下司法实践，就会发现立法与司法的巨大差异：在实践中，经过诉讼时效期间的债权仍然可以起诉，法院也受理并且收取诉讼费用。假如债权人能够起诉且交纳诉讼费用却不能胜诉的话，那么，为什么债权人明知不能胜诉还要起诉呢？实际上，我国法院的司法实践采取的是德国式的"抗辩权发生主义"，即债权人可以起诉，如果债务人不知诉讼时效已经经过或者虽然知道但出于良心而不主张时效抗辩的话，也可能胜诉。2008年《最高人民法院关于审理民事案件适用诉讼时效制度若干问题的规定》进一步明确了"抗辩权发生主义"，根据该解释第1条的规定，当事人可以对债权请求权提出诉讼时效抗辩；第3条规定："当事人未提出诉讼时效抗辩，人民法院不应对诉讼时效问题进行释明及主动适用诉讼时效的规定进行裁判。"第4条规定："当事人在一审期间未提出诉讼时效抗辩，在二审期间提出的，人民法院不予支持，但其基于新的证据能够证明对方当事人的请求权已过诉讼时效期间的情形除外。当事人未按照前款规定提出诉讼时效抗辩，以诉讼时效期间届满为由申请再审或者提出再审抗辩的，人民法院不予支持。"

既然是"抗辩权发生主义"模式，就不能说经过诉讼时效期间的债为自然之债，因为债务人是否抗辩并不清楚，只有债务人抗辩后，经过诉讼时效期间的债才变为自然之债。这一点，自从罗马法以来就是如此。意大利学者彼德罗指出，虽然人们反复说时效排除的只是诉权，我们仍不倾向把这种债承认为地地道道的自然债[2]。因为在罗马法上，时效是这样一种法律制度，根据该制度，一切诉权，即一切体现在诉讼时效的权利，在经过一定时间之后，可以通过抗辩而加以

---

〔1〕《民法通则》第138条规定："超过诉讼时效期间，当事人自愿履行的，不受诉讼时效限制。"

〔2〕〔意〕彼德罗·彭梵得：《罗马法教科书》，黄风译，中国政法大学出版社1992年版，第302页。

消灭[1]。另外一位意大利学者米拉拜利也认为，按照法律的规定，时效届满，应当由债务人主张。如果债务人履行了时效已经届满的债务并且未就该债务提出任何抗辩，那么，债务人履行的是法定债务（obbligazione civile）。事实上，即使是以默示的方式，债务人同样可以放弃时效利益，这样也就使债务关系保持在法定关系的范畴。反之，在债务人对时效进行了主张之后，又自动履行了时效届满的债务，那么，债务人履行的是自然债务[2]。

可以肯定地说，经过诉讼时效期间的债不是自然之债。只有当债务人抗辩后，该债才变为自然之债。对这种债的履行或者承诺履行，才能解释为是对自然债务的清偿。因此，仅仅是经过了诉讼时效期间的债务仍然是法定债务，债权人可以诉讼，当然也可以申请债务人破产。

无论是哪种自然之债，其"债因"都不同于一般的债权，其缺乏实体法上的可执行性和请求性，因此，其权利人不能对债务人提出破产申请。

（3）对债权人提出破产申请的限制。对于债权人提出破产申请是否应有所限制，各国法及判例规定不一。英美法系国家一般多规定限制条件，例如，根据英国破产法的规定，债权人对债务人的债权额必须在 200 英镑以上，如果债权人为两人以上，其合并的债权额只有达到 200 英镑时，才能提出共同申请。[3]根据美国破产法第 303（B）条的规定，如果债权人在 12 人以上，必须有 3 个无担保且债权无争议的债权总额达到 5000 美元的债权人才能提出破产申请；如果债权人的人数少于 12 人，则应有一债权人的债权达到 5000 美元或多个债权人的债权总额达到 5000 美元时，才能提出破产申请[4]。

大陆法系国家对此一般没有限制，我国破产法亦然。

3. 清算人的申请。这里所谓的"清算人"指的是公司或者合伙企业在非破产情况下的一般清算程序中的清算人。由于商事主体的清算是其消灭的必经程序，所以，在商事主体法律制度中，一般都规定商事主体的非破产清算程序，例如，我国《公司法》、《合伙企业法》以及《个人独资企业法》都规定了这些商事主体的清算程序。

---

〔1〕　[意] 彼德罗·彭梵得：《罗马法教科书》，黄风译，中国政法大学出版社 1992 年版，第 107 页。

〔2〕　[意] 恺撒·米拉拜利："自然之债"，载杨振山、[意] 桑德罗·斯奇巴尼主编：《罗马法·中国法与民法法典化——物权和债权之研究》，中国政法大学出版社 2001 年版，第 385 页。

〔3〕　董安生等编译：《英国商法》，法律出版社 1991 年版，第 534 页。

〔4〕　Steven N. Berger，J. Daria Westland，Thomas J. Salerno，*Bankruptcy law and Procedure*，John Wiley & Sons，INC.，1994，p. 214.

根据我国《公司法》第 188 条的规定，清算组在清理公司财产、编制资产负债表和财产清单后，发现公司财产不足清偿债务的，应当依法向人民法院申请宣告破产，由非破产程序转化为破产清算程序。

有一个值得注意的问题是，我国《合伙企业法》第 92 条并没有像《公司法》和《外商投资企业清算办法》一样，要求清算人有义务向法院申请破产。该条规定："合伙企业不能清偿到期债务的，债权人可以依法向人民法院提出破产清算申请，也可以要求普通合伙人清偿。"我国《个人独资企业法》第 27 条规定："个人独资企业解散，由投资人自行清算或者由债权人申请人民法院指定清算人进行清算。"那么，在这种情况下，这些企业是否适用《破产法》第 7 条的规定，即"企业法人已解散但未清算或者未清算完毕，资产不足以清偿债务的，依法负有清算责任的人应当向人民法院申请破产清算"。对此，我认为，个人独资企业和合伙有其特别于公司的地方，即其出资人一般承担连带责任，因此，清算人不一定申请破产，而是将这种选择交给债权人更合适。

4. 金融监管机构的申请。对于我国《破产法》第 134 条应如何理解？我们不妨再来看看该条的规定用语："商业银行、证券公司、保险公司等金融机构有本法第 2 条规定情形的，国务院金融监督管理机构可以向人民法院提出对该金融机构进行重整或者破产清算的申请。"对于这里的"可以"应如何理解？从解释学来看，对此有两种理解：一是金融监督管理机构不是必须提出而是可以提出，其他人不能提出；二是金融监督管理机构可以提出对金融机构的破产申请，金融机构本身也可以提出。应如何理解该条？有学者认为，该条的规定模糊不清，应作第二种理解[1]。有的法官提出，法律赋予金融监管机构的破产申请权，并不影响金融机构、金融机构的债权人申请破产的权利，也不构成对金融机构清算责任人的破产申请义务的免除。另外，我们不可回避的是，破产申请本属私法自治的民商事诉讼行为，而国家金融监督机构属于行政机关，由其申请金融机构破产，无疑是将国家公权力延伸至私法领域[2]。也许这种结论有道理，但理由实在难以证明其结论，因为不可忽视的是：①金融机构的破产在许多市场经济高度发达的国家，也就是私法比较发达的国家，对金融机构的破产采取特别的办法而不允许像一般民事或者商事主体那样破产或者自愿申请，如日本，其金融机构的破产

---

[1] 李曙光："论新破产法与金融机构破产的制度设计"，载王欣新、尹正友主编：《破产法论坛》，法律出版社 2008 年版，第 28 页。

[2] 吴庆宝、王建平主编：《破产案件裁判标准规范》，人民法院出版社 2009 年版，第 29 页。

有特别规定而不一概适用破产法[1]。美国的破产法明确排除本国的铁路公司、保险公司或者其他金融机构适用破产法[2]，尤其是金融危机之后，各国加强对金融机构的监管力度，更不能从纯粹"私法自治的民商事诉讼行为"的视角看待金融机构的破产申请；②破产申请也不属"民商事诉讼行为"，而是典型的非讼事件。

在我国《破产法》第134条的规定中，一直有一个令人深思的问题：为什么法律不规定所有金融机构的自愿破产申请都要经过金融监管部门的同意即可，还要规定监管部门的亲自申请权，即使该金融机构不是国有企业？有人认为，这是害怕金融机构具备破产原因后，没有人提出破产申请从而危害债权人利益。但是，这理由不十分充分：①所有债务人企业都有这一问题，为什么仅仅规定金融机构？②即使金融机构具有特殊性，在其具备破产原因后没有人提出，金融监管机构也可以用其他手段来接管，在接管过程中发现问题，可以清理资产和负债，发现资产不足以清偿全部债务成立清算组清理。清算组在清理时发现问题，具有申请义务，不也契合现在的法律框架吗？

但无论如何，我国的这一规定，赋予金融监管机构以申请金融机构破产的权利。这一点，实际上类似日本在1998年金融危机爆发后修改的倒产法律[3]。

5. 股东的申请。股东的申请仅仅限于重整程序，关于这一点，我们在重整程序中详细论述。

（二）破产申请的形式

关于破产申请的具体形式，各国破产法的规定并不一致。例如，根据日本现行破产法第20条的规定，破产申请必须以书面形式为之[4]。根据我国现行破产法第8条的规定，破产申请应以书面形式为之。

同时，根据我国破产法与司法解释的规定，债务人与债权人申请破产需要提交的文件不同。

1. 债务人申请破产。根据我国破产法、最高关于破产法的司法解释与司法实

---

〔1〕 ［日］山本和彦："日本金融机构危机处理法律制度"，载王欣新、尹正友主编：《破产法论坛》，法律出版社2008年版，第208～213页。

〔2〕 ［美］大卫·G. 爱泼斯坦等：《美国破产法》，韩长印等译，中国政法大学出版社2003年版，第19页。

〔3〕 ［日］山本和彦："日本金融机构危机处理法律制度"，载王欣新、尹正友主编：《破产法论坛》，法律出版社2008年版，第210页。

〔4〕 这与2004年以前的破产法完全不同，以前的日本破产法第114条规定，破产申请既可以用书面的形式提出，也可以用口头形式提出。

践，债务人申请破产，应当提交下列材料：

（1）书面申请。债务人的书面破产申请中应包括以下事项：①申请人与被申请人的基本情况。这里所说的申请人与被申请人实际上均是指债务人。债务人在书面申请中必须写明其姓名或名称、地址、法定代表人与主要负责人的姓名和地址、企业主体资格证明、联系方式等情况。②申请的目的。这里申请的目的是指申请对债务人开始何种程序。或者破产程序、或者和解程序，或者重整程序。③申请的根据与理由。债务人必须说明自己具备破产原因，即不能清偿到期债务的事实，并应附证明不能清偿债务的材料。

（2）企业权力机关的书面同意文件，即前面已经提到的，国有企业向人民法院申请破产时，应当提交其上级主管部门同意其破产的文件；其他企业应当提供其开办人或者股东会议决定企业破产的文件。

（3）企业职工情况、职工安置预案以及职工工资的支付和社会保险费用的缴纳情况。

（4）企业亏损情况的书面说明，并附审计报告。

（5）企业至破产申请日的资产状况明细表，包括有形资产、无形资产和企业投资情况等。

（6）企业在金融机构开设账户的详细情况，包括开户审批材料、帐号、资金等。

（7）企业债权情况表，列明企业的债务人名称、住所、债务数额、发生时间和催讨偿还情况。

（8）企业债务情况表，列明企业的债权人名称、住所、债权数额、发生时间。

（9）企业涉及的担保情况。

（10）企业已发生的诉讼情况。

（11）人民法院认为应当提交的其他材料。

2. 债权人申请债务人破产。

（1）书面申请。债权人的书面破产申请中应包括以下事项：①申请人与被申请人的基本情况。这里所说的申请人与被申请人实际上是指债权人与债务人。债权人在书面申请中必须写明申请人与被申请人姓名或名称、地址、法定代表人与主要负责人的姓名和地址（如果是企业的话）、联系方式等情况。②申请的目的。这里申请的目的是指申请对债务人开始何种程序。或者破产程序、或者和解程序，或者重整程序。③申请的根据与理由。债权人必须说明债务不能清偿到期债务的事实。

（2）提交相关证据。相关证据具体包括：债权发生的事实与证据、债权性质、数额、有无担保并附证据、债务人不能清偿到期债务的证据。

3. 清算人申请。按照我国法律规定，非破产清算的清算人申请被清算企业破产是其义务，其申请时应提交的文件应当有：①申请人的资格证明文件；②书面申请，内容参照债务人的申请；③被清算人已进入清算阶段的证明文件，包括强制解散或者自愿解散的文件等；④被清算人在清算阶段资产不足以支付全部债务的证据。

4. 金融监管机构的申请。金融监管机构申请金融机构破产，应提交下列材料：

（1）金融监管机构的身份证明。

（2）书面申请书，包括：①被申请人的基本情况，主要是指被申请人的名称、地址、法定代表人与主要负责人的姓名和地址、企业主体资格证明、联系方式等情况。②申请的目的。这里申请的目的是指申请对债务人开始何种程序。或者破产程序、或者和解程序，或者重整程序。③申请的根据与理由。债务人必须说明自己具备破产原因，即不能清偿到期债务的事实。

（3）证据材料。

（三）破产申请提出的期间

债务人具备破产原因时，债权人或债务人是否在任何时间均能向法院申请债务人破产呢？有的国家对破产申请的提出期间有明文的限制，大体可分为对债务人的限制和对债权人的限制。

例如，按照英国《破产法》第4条的规定，债务人的破产行为只有发生在破产申请前3个月内，债权人才能以此为理由申请对债务人开始破产程序。日本《破产法》第131条规定，对于继承财产，以民法第94条规定的可请求分割财产的期间为限，可申请破产。德国《破产法》第319条规定，自接受遗产之日起2年后遗产债权人不得提出破产申请。

对债务人申请期间的限制，主要是在规定债务人申请破产为义务的国家，例如，《德国有限责任公司法》第64条规定，如公司已支付不能，在发生支付不能后3周内，执行董事应申请破产或和解。

我国破产法及相关的司法解释尚未对申请期间作出限制，也没有规定债务人的破产申请义务。即使企业已经被吊销营业执照、被解散而尚未清算完毕，或者因其他原因关闭而尚未注销，只要其破产原因在债权人申请时尚存，就可随时向法院申请对债务人开始破产程序。

（四）破产申请的撤回

这里所讲的破产申请的撤回，是指法院在破产案件受理前的撤回。按照一般民事诉讼法的规定，法院在受理民事案件前，原告当然有权撤回，这是其行使诉权的一种形式。然而，破产程序是一种特别程序，申请一经提出，即使在法院受理前，也不得任意撤回。关于撤回的条件，各国法律规定不同，大体有以下几种立法体例：

1. 法院许可主义。即申请人提出申请后，在人民法院受理破产案件前，申请人可以请求撤回申请，但是否准许，由法院决定。我国现行破产法采取这种立法体例，该法第9条规定："人民法院受理破产申请前，申请人可以请求撤回申请。"

2. 任意撤回主义。在法院受理破产案件前，申请人可以任意撤回申请。德国现行破产法即采此立法主义，该法第13条规定，在破产程序开始前或申请被依法驳回前，申请人均可撤回申请。

3. 有限制的自由撤回主义。在一般情况下，申请人可自由撤回其申请，但在有法律规定的事由时，则不得撤回。例如，在日本，通说认为，破产宣告前可以自由撤回申请。[1] 但参照《日本公司更生法》第44条的规定，如果法院根据利害关系人的申请或依职权作出财产保全处分的，未经法院许可，不得撤回申请。

4. 区别主义。即区分申请是由债务人提出抑或债权人提出而有不同。例如，根据1992年俄罗斯破产法第5条及第6条的规定，债务人提出破产申请时，在任何情况下均不得撤回；但如果申请是由债权人提出的，在法院受理前，可以撤回申请。

笔者认为，在以上各种立法例中，各有优劣。若从理论上看，法院许可主义最为可取，它对破产申请采取了较为慎重的态度。但法院许可主义在实际上也有不足：法院不许可申请撤回的原因无非是破产人具有破产原因而应开始破产程序，若允许债务人或债权人撤回申请必定会损害债权人全体利益或社会经济秩序。但法院在对破产申请审查前，如何作出许可或不许可的决定？而这种许可或不许可与法院的受理或不受理又有何实质性的区别？所以，笔者认为，在债务人申请的情况下，不允许其撤回；而债权人申请的情况下，应允许其任意撤回。

---

〔1〕　［日］伊藤真：《破产法》，刘荣军、鲍荣振译，中国社会科学出版社1995年版，第48页。

二、破产申请的审查和受理

（一）审查

根据我国破产法及最高人民法院司法解释，法院在收到申请人的申请后，应当进行形式审查和实质审查，甚至是调查。经审查认为破产申请符合法律规定或法院要求的，应当作出受理的裁定；经审查后发现不合法律规定或法院要求的，应当作出不受理申请的裁定。审查的主要内容是：

1. 本法院是否具有管辖权。如果接到破产申请的法院发现自己对破产该破产案件没有管辖权的，应当告知申请人向有管辖权的法院提出申请，而自己不应受理该申请。

2. 当事人是否符合法律规定。这里的当事人包括申请人和债务人。有时申请人可能没有申请权，如税收债权人等；有时是被申请的债务人不符合法律规定，即被申请人是依法不能适用破产程序的债务人，如我国事业单位法人和行政机关法人都不能适用破产程序而被宣告破产。

3. 申请文件是否齐全。我们在前面已经提到，不同的申请人提出破产申请，应提交相应的文件，如债务人企业申请破产时应提交其主管机关或者出资人的同意文件，如果申请人不提交时，就不能受理。

4. 被申请人是否具有破产原因。对此，我国《破产法》规定比较全面，首先，要求在申请时就提交相关材料，如果是债权人申请，就应提交债权发生的事实与证据、债权性质、数额、有无担保并附证据、债务人不能清偿到期债务的证据等。如果是债务人申请，还应当向人民法院提交财产状况说明、债务清册、债权清册、有关财务会计报告、职工安置预案以及职工工资的支付和社会保险费用的缴纳情况等上面提到的其他文件。法院应当对这些文件进行审查。

其次，按照我国《破产法》第 10 条的规定，债权人提出破产申请的，人民法院应当自收到申请之日起 5 日内通知债务人。债务人对申请有异议的，应当自收到人民法院的通知之日起 7 日内向人民法院提出。债务人提出异议的种类很多，如申请人不具备申请资格、债务人自己不能适用破产程序、债务人本身不具备破产原因、申请人的债权具有法律争议或者正在诉讼中等，法院也应当对这些异议进行审查。

5. 债权是否存在争议。如果是债权人提出申请，法院依法通知债务人提出异议后，对此应进行审查。如果债权确实存在争议，就不应受理。因为，债权是申请人资格的基础，如果债权不存在或者存在争议，申请人的资格就存在问题。因此，法院不应受理。对此，《最高人民法院〈关于审理企业破产案件若干问题的规定〉》第 9 条规定："债权人申请债务人破产，债务人对债权人的债权提出异议，人民法院认为异议成立的，应当告知债权人先行提起民事诉讼。破产申请不予受理。"

6. 是否存在不受理的其他情形。这些情形很多，比如正在对债务人进行和解程序或者重整程序，而债权人不知道这种情况，申请对债务人清算或者和解的情况等。

这里需要讨论的是，如果债务人的企业人员或者财产下落不明，是否是法院受理破产案件的障碍？2008 年最高人民法院《关于债权人对人员下落不明或者财产状况不清的债务人申请破产清算案件如何处理的批复》规定："债权人对人员下落不明或者财产状况不清的债务人申请破产清算，符合企业破产法规定的，人民法院应依法予以受理。债务人能否依据企业破产法第 11 条第 2 款的规定向人民法院提交财产状况说明、债权债务清册等相关材料，并不影响对债权人申请的受理。人民法院受理上述破产案件后，应当依据企业破产法的有关规定指定管理人追收债务人财产；经依法清算，债务人确无财产可供分配的，应当宣告债务人破产并终结破产程序；破产程序终结后 2 年内发现有依法应当追回的财产或者有应当供分配的其他财产的，债权人可以请求人民法院追加分配。债务人的有关人员不履行法定义务，人民法院可依据有关法律规定追究其相应法律责任；其行为导致无法清算或者造成损失，有关权利人起诉请求其承担相应民事责任的，人民法院应依法予以支持。"由此可见，"债务人的企业人员或者财产下落不明"不再是破产受理的障碍。

（二）不受理破产申请的裁定

如果法院经审查，在必要时通过调查发现具备上述情况或者法律规定的其他原因的，应当作出不受理的裁定。在我国法院的长期破产司法实践中，法院创造性地设立了一个"听证"程序，例如，2007 年深圳市中级人民法院在收到宝安公司申请石化公司破产清算案件后，就有效地组织了听证程序，经听证和调查后，裁定不受理此案[1]。这种听证程序，即使在债务人没有提出异议的情况下，对于一大型企业债务人，或者影响较大的债务人的破产申请案件，是十分必要的。

根据我国《破产法》第 12 条的规定，人民法院裁定不受理破产申请的，应当自裁定作出之日起 5 日内送达申请人并说明理由。申请人对裁定不服的，可以

---

〔1〕　霍敏主编：《破产案件审理精要》，法律出版社 2010 年版，第 20 ~ 23 页。

自裁定送达之日起 10 日内向上一级人民法院提起上诉。

在我国的司法实践中，经常出现这种情况：法院不是不受理，而是根本就不接受申请，从而也就没有所谓受理或者不受理的裁定问题。这种情况不仅在破产法的司法实践中存在，在普通的民事诉讼案件中也存在，使得原告无法采取救济措施。针对这种情况，《最高人民法院关于适用〈中华人民共和国企业破产法〉若干问题的规定（一）》第 9 条专门规定："申请人向人民法院提出破产申请，人民法院未接收其申请，或者未按本规定第 7 条执行的，申请人可以向上一级人民法院提出破产申请。上一级人民法院接到破产申请后，应当责令下级法院依法审查并及时作出是否受理的裁定；下级法院仍不作出是否受理裁定的，上一级人民法院可以径行作出裁定。上一级人民法院裁定受理破产申请的，可以同时指令下级人民法院审理该案件。"

（三）受理破产申请的裁定

经过法院形式审查和实质审查，认为符合要求的，应当作出受理的裁定。关于受理的期限，根据我国《破产法》第 10 条的规定，①一般情况下，人民法院应当自收到破产申请之日起 15 日内裁定是否受理；②债权人提出破产申请的，人民法院应当自收到申请之日起 5 日内通知债务人。债务人对申请有异议的，应当自收到人民法院的通知之日起 7 日内向人民法院提出。人民法院应当自异议期满之日起 10 日内裁定是否受理。在这种情况下，实际上是要求法院在自债权人提出破产申请后的 22 天内裁定是否受理；③在前两种情况下，有特殊情况需要延长裁定受理期限的，经上一级人民法院批准，可以延长 15 日。

根据我国《破产法》第 11 条的规定，人民法院受理破产申请的，应当自裁定作出之日起 5 日内送达申请人。债权人提出申请的，人民法院应当自裁定作出之日起 5 日内送达债务人。

对于法院受理破产申请的案件，当事人是否可以上诉？根据破产法原理，并非所有裁定都可以上诉，只有法律规定可以上诉的裁定，当事人才可以上诉。德国《支付不能法》第 6 条规定："只有在本法规定可以立即抗告的情形，才可以对支付不能法院的裁定提起法律救济。"而德国法第 32 条规定，对于开始破产程序的裁定，只有债务人可以上诉。我国《破产法》对此没有明确规定，但第 12 条仅仅规定了对不受理破产申请的裁定，可以上诉，可以反推，对于受理破产申请的裁定，不能上诉。

（四）法院受理破产案件后应为的事项

法院在裁定受理破产申请后，应立即按照法律规定的程序进行，应为下列事项：

1. 送达。按照我国《破产法》第 11 条的规定，人民法院受理破产申请的，应当自裁定作出之日起 5 日内送达申请人。债权人提出申请的，人民法院应当自裁定作出之日起 5 日内送达债务人。债务人应当自裁定送达之日起 15 日内，向人民法院提交财产状况说明、债务清册、债权清册、有关财务会计报告以及职工工资的支付和社会保险费用的缴纳情况。

2. 指定管理人。按照我国《破产法》第 13 条的规定，人民法院裁定受理破产申请的，应当同时指定管理人。（我国最高人民法院对于管理人的指定方式，作出了专门的司法解释，我们将在下面详细论述）。在德国与日本的破产法上，在法院受理破产案件后，都指定一个临时的管理人（或者称为保全管理人），只有破产宣告后才指定管理人。而我国的破产程序开始于案件审理，因此，直接在受理案件时指定管理人以接管债务人财产和经营。

3. 通知与公告。根据我国《破产法》第 14 条的规定，人民法院应当自裁定受理破产申请之日起 25 日内通知已知债权人，并予以公告。

通知和公告应当载明下列事项：①申请人、被申请人的名称或者姓名；②人民法院受理破产申请的时间；③申报债权的期限、地点和注意事项；④管理人的名称或者姓名及其处理事务的地址；⑤债务人的债务人或者财产持有人应当向管理人清偿债务或者交付财产的要求；⑥第一次债权人会议召开的时间和地点；⑦人民法院认为应当通知和公告的其他事项。

4. 对破产人的财产登记机关的通知。这主要是指对不动产登记机关的通知。因为，在大陆法系的许多国家，承认物权行为理论，物权的变动必须公示并具有公信力。即使不承认物权行为的国家，为保护交易安全，也将登记作为对抗第三人的要件。所以，在此情况下，如果不将债务人破产的事实通知有关登记机关，则可能会发生债务人继续处分其不动产的情形，而信任登记而取得不动产的人，即使在破产宣告后，也应受善意取得的保护。所以，会对破产财产发生不利的情形。为此，许多国家的破产法均规定，在对债务人破产宣告后，应通知其财产登记机关。如根据 2004 年以前的日本《破产法》第 120 条、第 124 条的规定，为使人们知悉债务人已因破产宣告而失去对其财产的管理处分权的事实，避免破产人对其登记注册的不动产、工业产权等再为处分，法院应将破产程序开始的事实通知登记机关。日本现行《破产法》第 257 条也有这种规定，德国破产法第 32 条也作了相似的规定。

我国现行破产法及相应的司法解释对此未作出明确的规定，但也应作相同的解释。因为，我国《物权法》基本上也是采取登记生效的原则，故在破产法上，为保护债权人的一般利益而对不动产登记机关的通知均是必要的。

5. 组成合议庭。根据我国《最高人民法院〈关于审理企业破产案件若干问题的规定〉》第15条的规定，人民法院决定受理企业破产案件后，应当组成合议庭。这是我国破产程序与其他国家很大的不同。

6. 破产申请的驳回。根据我国《破产法》第12条第2款的规定，人民法院受理破产申请后至破产宣告前，经审查发现债务人不符合本法第2条规定情形的，可以裁定驳回申请。申请人对裁定不服的，可以自裁定送达之日起10日内向上一级人民法院提起上诉。

通常来说，法院驳回破产申请的情形大致有以下几种：

（1）未预交诉讼费用。对这一问题，各国立法及司法并不相同，例如，在日本，很早以前，法律要求债务人自己申请也必须预交诉讼费，许多人对此提出批评，认为对无预付能力的人也要求预付费用是明显违法的，对经营上困难的申请自己破产的人，应积极适用国库开支的方式。所以，2004年以前的日本《破产法》第139条仅要求债权人申请时才预交诉讼费，而在债务人申请时，由国库开支。但日本现行《破产法》第22条有明确规定，破产申请人在提出破产申请时必须预缴破产手续费用，金额由法院确定。但是，该法第3条规定，法院为保护申请人及利害关系人的利益，在综合考虑申请人的经济条件、可纳入破产财团的财产状况以及其他因素之后，认为确有必要者，可以从国库中拨付资金垫付破产手续费。

从德国现行《破产法》第26条的规定看，债权人申请债务人破产时必须预先交纳费用，而在债务人申请自己破产时，法律并不要求其预先交纳费用。这一费用应从破产财产中优先拨付。但是，当法院认为破产财产不足清偿该费用时，将驳回申请，除非债务人能立即预先交纳费用。

这一问题在我国是否会导致法院驳回申请呢？根据我国国务院于2006年12月19日公布的《诉讼费用交纳办法》第20条规定，破产申请费清算后交纳。因此，这一因素不再是导致法院驳回申请的根据。

（2）债务人的财产不足以清偿诉讼费用。在债务人申请自己破产的情况下，若其财产不足以清偿诉讼费用时，法院驳回其申请，但若债务人预先交纳相当金额的除外。例如，德国《破产法》第26条就作了如此的规定。但根据我国《破产法》第43条的规定，债务人财产不足以清偿破产费用的，管理人应当提请人民法院终结破产程序。

（3）破产申请的目的仅在于对抗一般民事执行。由于破产程序有优于一般民事执行程序的效力，即破产程序一经开始，正在执行或尚未执行的程序必须中止。若债务人为对抗这种已取得执行名义的执行而申请破产的，法院应驳回其申请。

（4）申请人或被申请人不适法。各国破产法对于何人能够申请破产以及何人能够被申请宣告破产均有明确规定，如果申请人是无权提出破产申请的人，或者被申请人是依法不适用破产程序的人，则法院应驳回其破产申请。

（5）无破产原因。法院经审理后认为债务人无破产原因的，应驳回破产申请。在司法实践中这样的情况也时有出现，有的是因为客观原因，如房地产价格上涨，使原来的破产原因不再存在；有的是主观原因，如隐匿的财产被追回，从而资产大于负债[1]等。

（6）其他原因。这里的原因比较多，例如，在受理破产申请而作出破产宣告前发现债权人的债权有问题的，也应驳回。例如，深圳市中级人民法院在受理朱兰英申请永兴公司破产清算后，发现其债权人身份可疑而驳回其申请的案件，就是一个很好的例子。该案的案情大概如下：2007 年 6 月 9 日，朱兰英以永兴公司拒不偿还 63.76 万元到期借款债务且该公司亏损严重事实上也无偿还该到期债务为由，向深圳市中级人民法院申请永兴公司破产。为证明其申请主张，朱兰英提供了永兴公司在 2000 年 1 月 10 日至 2006 年 9 月 5 日期间向其出具的 7 张借条，分别载明朱兰英分 7 次借给永兴公司 63.76 万元，另提供了一张由永兴公司在 2006 年 12 月 30 日出具的总借据，并承诺将于 2007 年 3 月 1 日前向朱兰英还清上述 7 笔借款，共计 63.76 万元。朱兰英陈述上述借款均是以现金方式交付给永兴公司。

另查明，永兴公司于 1992 年 4 月 11 日经核准登记成立，其法定代表人为姚广庆，2005 年经董事会决议变更为现任法定代表人张德庆。2007 年 3 月，永兴公司停止经营。朱兰英是现任法定代表人张德庆的岳母。而永兴公司因拖欠工资被员工张标、陈秀丽诉至深圳福田区人民法院。根据双方调解协议，张标、陈秀丽分别于 2006 年 12 月 20 日、2007 年 1 月 22 日分别申请强制执行。2007 年 2 月，深圳福田区人民法院查封了永兴公司的设备和经营场所。

2007 年 8 月 9 日，深圳市中级人民法院作出（2007）深中法民七字第 12 号

---

[1]　也许有人主张，债务人隐匿的财产被追回，其主观上存在过错，不应终止破产程序。但破产的目的和任务是概括性的债务清偿，既然债务能够清偿，民商事目的就已经达到，没有必要再强行让其消灭。至于责任人应当承担的其他责任，当然应当承担。

民事裁定，经初步审查查明被申请人永兴公司不能清偿对申请人的到期债务且资产不足以清偿全部债务，裁定立案受理朱兰英的破产申请。在破产程序的进行中，2007 年 10 月 12 日，深圳市中级人民法院作出（2007）深中法民七字第 12-1 号民事裁定，认为被申请人永兴公司的财务账册及原始凭证缺失，导致被申请人永兴公司的真实资产难以查明，被申请人永兴公司是否符合破产条件不能确定，依据《企业破产法》第 12 条第 2 款的规定，驳回朱兰英对被申请人的破产申请。

朱兰英不服，上诉至广东省高级人民法院。广东省高级人民法院审查认为：申请人朱兰英据以主张对永兴公司享有债权的证据为永兴公司先后出具的 7 张借据，其中最早的一笔发生于 2000 年 1 月 10 日，金额最大的一笔为 2005 年 1 月 10 日的 20 万元借款。朱兰英陈述 7 笔借款共计 63.76 万元均为现金交付给永兴公司的，但未能提供 7 笔资金的来源的相关证据，特别是所载 7 笔借款发生时间近 7 年，现无任何证据证明朱兰英在最后一张总借据前曾向永兴公司进行过催收。而总借据所载出具时间为 2006 年 12 月 30 日，此时永兴公司员工张标、陈秀丽依据生效的调解书已经申请法院强制执行永兴起公司拖欠的工资。朱兰英为永兴公司现任法定代表人张德庆的岳母，属直系姻亲关系，且永兴起公司的财务账册及原始凭证缺失，无法从其账册记录中印证该 7 笔借款发生的事实，现无其他任何相关证据证实上述 7 笔借款属实。同时，永兴公司在已经被员工申请强制执行后才以总借据确认对朱兰英此前 7 年间发生的 7 笔借款债务，在永兴公司的财产已经被执行查封的情况下，朱兰英又以债权人身份申请债务人永兴公司破产。朱兰英提供的现有证据材料无法充分证明其所称 7 笔借款债权属实，也无法合理排除其利用与永兴公司法定代表人张德庆的姻亲关系串通申请永兴公司破产的恶意，更无从认定永兴公司资产及负债情况。因此，为维护债权人利益，规范企业破产秩序，依照《企业破产法》第 1 条、第 2 条的规定，驳回朱兰英的破产申请。原审法院驳回朱兰英的破产申请，处理正确，应予维持[1]。

在该案中，一个值得讨论的问题是：法院是否可以依据某些因素来推断债权存在问题而驳回申请？不是债务人提出异议，也不是其他债权人提出异议，而是法院在对债权进行实质审查，特别是要求出借人说明借款来源是否合适等。这些都是需要思考的问题。但是，该案却恰恰暴露了我国现行破产法上的一个问题，即第 10 条的规定。该条规定："债权人提出破产申请的，人民法院应当自收到申

---

〔1〕 霍敏主编：《破产案件审理精要》，法律出版社 2010 年版，第 29~31 页。

请之日起 5 日内通知债务人。债务人对申请有异议的，应当自收到人民法院的通知之日起 7 日内向人民法院提出。人民法院应当自异议期满之日起 10 日内裁定是否受理。"立法时，仅仅考虑到要对债务人申请破产，因此要考虑他的利益，让他提出异议。但在现实生活中的问题可能是恰如本案反映出来的一样，是债权人与债务人恶意串通，要损害其他债权人利益，尤其是对抗查封和强制执行。因此，法院的审查是必要的，但"度"在那里，需要讨论。

（五）驳回破产申请的法律后果

1. 申请人上诉。当法院驳回破产申请时，申请人是否可以上诉？各国法对此一般持肯定态度。例如，德国现行破产法第 34 条规定，破产开始的申请被驳回时，申请人有权立即上诉。英国《破产法》第 105 条、日本《破产法》第 33 条均规定了对驳回破产申请的上诉。

我国现行破产法 12 条规定了申请人的上诉权。

2. 对被申请人的赔偿责任。若因破产申请而对被申请人造成损害时，申请人是否有赔偿责任？这是因为，一经对某公司或个人提出破产申请，就会使其在经营中的信用受到某种损害，故根据美国《破产法》第 303 条的规定，申请人恶意申请债务人破产的，应赔偿因此给债务人造成的损失及被申请人的律师费用。为防止债权人对债务人的恶意申请，美国破产法规定了对债权人申请的限制。

美国破产法的做法令人深思。的确，在现实生活中有个别债权人为达到损害债务人的目的而恶意地申请其破产，以达到不正当竞争等目的，故应当规定恶意申请的赔偿责任。

我国现行破产法没有规定申请人的责任，甚至没有债权人的任何财产性责任，虽然有债务人的责任，但也没有恶意申请的责任。但这一问题，事实上在我国非常重要。

第三章　破产程序开始的法律效力

第一节　破产程序的开始对其他程序的影响

一、对民事诉讼程序的影响

我国《破产法》第 20 条规定："人民法院受理破产申请后，已经开始而尚未终结的有关债务人的民事诉讼或者仲裁应当中止；在管理人接管债务人的财产后，该诉讼或者仲裁继续进行。"对于有关破产财产的任何正在进行中的诉讼，如果诉讼双方当事人的任何一方被宣告破产，该诉讼程序应当中止。这里所说的诉讼包括对于破产财产的诉讼及有关破产债权的诉讼两个方面。中止诉讼的原因，从积极意义上说，是因为破产程序的开始使得对债务人财产的管理处分权从债务人转移至破产管理人，所以有关破产财产的诉讼也不应例外。从消极意义上说，是为了防止债务人恶意放弃权利或者作其他处分以损害债权人的一般利益。

这也是世界上许多国家采取的基本原则，如日本现行破产法第 44 条规定，破产程序开始之后，以破产人为当事人的诉讼程序中止。德国《支付不能法》第 85 条也有相似的规定。

二、对正在进行中的民事执行程序的影响

正在进行中的有关债务人财产的民事执行程序因对债务人的破产程序的开始而终止，这主要是因为民事执行程序是满足个别债权人的程序，因此与以满足集团性债权为目的的破产程序难以两立，所以，破产程序应优于个别性的民事执行程序[1]。例如，日本《破产法》第 42 条规定，就破产债权对于破产财团的财产

---

〔1〕〔日〕伊藤真：《破产法》，刘荣军、鲍荣振译，中国社会科学院出版社 1995 年版，第 177 页。

所进行的强制执行、假扣押、假处分,对于破产财团失去效力。

我国 2006 年《破产法》第 19 条规定:"人民法院受理破产申请后,有关债务人财产的保全措施应当解除,执行程序应当中止。"这主要是因为,个别执行与破产法对债务人财产的概括执行相违背,故各国破产法均规定破产程序的开始具有中止民事执行程序的效力。具体说来,人民法院受理破产案件后,对债务人财产的民事执行程序尚未开始的,不得开始;已经开始而尚未执行完毕的,不得继续进行。

对执行程序的影响应包括民事保全程序在内,因为民事保全程序虽不是执行程序本身,但对债务人财产的任何民事保全措施均是以将来的执行为目的,而且保全程序妨碍管理人对债务人财产的处分或利用,故应解除。

但在实践中,出现了一系列问题需要认真分析。例如,在实践中,关于执行的问题是:如何理解执行程序"尚未执行完毕"的含义?仅仅是以作出了生效的执行裁定还是将财产交付或者登记为判断标准?另外,对债务人财产的保全措施并非仅仅是法院的民事保全措施,还包括工商、税务等行政机关的保全措施,破产程序开始也会使得这些保全措施解除吗?

对此,最高人民法院于 2003 年给河北省高级人民法院关于如何理解《最高人民法院关于破产法司法解释》第 68 条的请示的答复中指出:"人民法院受理破产案件前,针对债务人的财产,已经启动了执行程序,但该执行程序在人民法院受理破产案件后仅作出了执行裁定,尚未将财产交付给申请人的,不属于司法解释指的执行完毕的情形,该财产在债务人被宣告破产后应列为破产财产,但应注意以下情况:①正在进行的执行程序不仅作出了生效的执行裁定,而且就被执行财产的处理履行了必要的评估拍卖程序,相关人已支付了对价,此时虽未办理变更登记手续,且非该相关人的过错,应视为执行财产已向申请人交付,该执行已经完毕,该财产不应列入破产财产;②人民法院针对被执行财产采取了相应执行措施,该财产已经脱离债务人实际控制,视为已向权利人交付,该执行已完毕,该财产不应列入破产财产。"对于这种解释,我认为有值得商榷的余地,特别是在我国《物权法》颁布后,各级人民法院不应再按照这种解释处理破产案件。其前面的解释是正确的,即"人民法院受理破产案件前,针对债务人的财产已经启动了执行程序,但该执行程序在人民法院受理破产案件后仅作出了执行裁定,尚未将财产交付给申请人的,不属于司法解释中指的执行完毕的情形,该财产在债务人被宣告破产后应列为破产财产。"但在"应注意的情况"中,却是不符合我国《物权法》的,因为动产的交付或者不动产的登记是所有权转移的基本原则,除非有法律的特别规定，该特别规定主要是指我国《物权法》的第28条至第30条的规定，而非指最高人民法院的上述解释。

因此我的理解是，是否执行完毕要以被执行标的的所有权是否发生转移为标准，具体来说：①一般来说，破产程序开始后，如果法院不仅作出执行裁定，而且将动产交付给债权人或者将不动产办理变更登记在债权人名下的，可以说是执行完毕，该财产就不属于破产财产；②如果执行的判决属于所有权归属的确权问题，则应适用我国《物权法》第28条之规定，即所有权已经在人民法院或者仲裁机构的判决书或者裁决书生效时，已经有效转移了，虽然没有办理登记变更，但如果是买卖问题，则要看是需要登记才转移所有权的买卖，还是交付转移所有权，或者是以登记为对抗要件的买卖。如果是房屋、土地使用权等以登记为所有权转移要件的买卖，如果法院仅仅判决当事人继续履行合同，出卖人应交付房屋等，则不应视为所有权已经转移，即使买受人已经交付了购房款项；但如果是机动车辆买卖，则只要买卖合同生效，出卖人已经将车辆交付给买受人，即使没有支付对价，也没有登记，所有权已经发生转移，不再属于破产财产。因此，最高人民法院的上述司法解释中的部分，即"正在进行的执行程序不仅作出了生效的执行裁定，而且就被执行财产的处理履行了必要的评估拍卖程序，相关人已经支付了对价，此时虽未办理变更登记手续，且非该相关人员的过错，应视为执行财产已向申请人交付，该执行已经完毕，该财产不应列为破产财产"及"人民法院针对被执行财产采取了相应执行措施，该财产已经脱离债务人实际控制，视为已向权利人交付，该财产执行完毕，该财产不应列为破产财产"，是不符合物权法之规定的，因为无论是进行了"评估拍卖程序、相关人已经支付了对价、相关人员无过错、财产已经脱离债务人实际控制"等，所有权都没有有效转移，就应属于破产财产。从比较法的角度看，日本《破产法》第49条规定："①对不动产或船舶，基于破产程序开始之前的登记原因，于程序开始之后履行的登记手续，在破产程序中不具有法律效力；依据不动产登记法第150条第1号规定进行的临时登记亦如此。其他临时登记，或者登记权利人不知道破产程序开始之事实者除外。②前项规定准用于权利设定、转移、变更的登录、临时登录以及设定、转移、变更企业担保权的登记。"而根据德国《破产法》第23条的规定，破产程序一经开始，就应通知登记机关，不应再办理关于债务人财产的变更登记，是非常必要的。

至于保全措施问题，有学者正确指出，依照《破产法》第19条的规定，似乎只要人民法院受理破产申请，有关债务人的保全措施就应无条件自动解除，事情远远没有如此简单。对于保全措施的法律效力，在《民事诉讼法》及《税收征收管理法》等行政法规中均有规定，依法应由实施保全措施的司法机关、行政机关解除保全措施，否则国土、房产、工商等行政管理部门难以执行，甚至不协助执行。因此，正确的做法是，人民法院受理破产案件时发现债务人财产涉及执行或者保全而被查封、扣押、冻结的，应当根据企业破产法第 19 条的规定，中止执行程序，由管理人统一接管处理债务人财产，相关实施保全的单位不得以任何理由拒绝[1]。

但应当注意的是，对"执行程序的中止"应作正确的理解，"中止"并不是"终止"，而是因破产案件的受理而暂时停止。由于我国破产法及司法实践对破产程序的理解与国外不同，要组成合议庭审理，可能会最终作出不宣告债务人破产的决定。这样的话，应恢复执行。最高人民法院在 1993 年《关于人民法院受理破产案件后对以破产案件的债务人为被执行人的执行案件均应中止执行给四川省高级人民法院的批复》中指出："执行程序中止后，该执行案件的债权人，可凭生效的法律文书向受理破产案件的人民法院申报债权。如果受理破产案件的人民法院裁定宣告债务人（被执行人）破产，被中止执行的财产应当作为破产财产；如果破产案件审理终结，债务人不被宣告破产，被中止的执行程序可恢复进行。"

三、对于后续与破产债务人有关的诉讼的影响

在破产程序中，由于涉及到对债务人财产的概括性处理，因此，可能在程序进行中涉及多种诉讼，有的可能是关于债务人财产的，有的可能是涉及到债权人对债务人债权的有无或者多少问题，也可能涉及到债务人对第三人有财产性请求权等。那么，这些诉讼是按照民事诉讼法的一般规定确定管辖还是应当作出特别的规定？从比较法的角度看，德国《支付不能法》第 180 条规定，对于财产或者债权的确认，应当以普通诉讼程序进行，而且应当在受理破产申请的初等法院进行，但如果诉讼标的不在初等法院的管辖范围之内，由支付不能法院所在的州法院管辖。日本现行破产法第 126 条规定，这些诉讼由破产法院管辖。对此，我国2006 年《破产法》第 21 条也规定："人民法院受理破产申请后，有关债务人的民事诉讼，只能向受理破产申请的人民法院提起。"这样规定的目的在于方便受理破产案件的法院统一协调和掌握进度等情况，但问题是，已经开始正在进行的诉讼案件是否也一并移送受理破产案件的法院？

我国 2006 年以前的最高人民法院关于破产法的司法解释对此确有明确规定。

---

〔1〕 吴庆宝 、王建平主编：《破产案件裁判标准规范》，人民法院出版社 2009 年版，第 59 页。

早在 1991 年，《最高人民法院关于贯彻执行〈中华人民共和国企业破产法（试行）〉若干问题的意见》第 12 条至 14 条就规定，人民法院受理破产案件后，以破产企业为债务人的其他经济纠纷案件，根据下列不同情况分别处理：①已经审结但未执行的，应当中止执行，由债权人凭生效的法律文书向受理破产案件的人民法院申报债权；②尚未审结且另无连带责任人的，应当终结诉讼，由债权人向受理破产案件的人民法院申报债权；③尚未审结且另有连带责任人的，应当中止诉讼，由债权人向受理破产案件的人民法院申报债权。待破产程序终结后，恢复审理。④人民法院受理破产案件后，以破产企业为债权人的其他经济纠纷案件，受诉人民法院不能在 3 个月以内结案时，应当移送受理破产案件的人民法院。⑤人民法院受理破产案件后，发现破产企业作为债权人的案件在其他人民法院并且在 3 个月以内难以审结的，应通知该人民法院移送。

根据 2002 年最高人民法院《关于审理企业破产案件若干问题的规定》第 19 条及第 20 条的规定，①人民法院受理企业破产案件后，以债务人为原告的其他民事纠纷案件尚在一审程序的，受诉人民法院应当将案件移送受理破产案件的人民法院；案件已进行到二审程序的，受诉人民法院应当继续审理。②尚未审结且无其他被告和无独立请求权的第三人的，应当中止诉讼，由债权人向受理破产案件的人民法院申报债权。在企业被宣告破产后，终结诉讼。③尚未审结并有其他被告或者无独立请求权的第三人的，应当中止诉讼，由债权人向受理破产案件的人民法院申报债权。待破产程序终结后，恢复审理。④债务人系从债务人的债务纠纷案件继续审理。

而 2002 年最高人民法院《关于审理企业破产案件若干问题的规定》第 106 条规定："本规定自 2002 年 9 月 1 日起施行。在本规定发布前制定的有关审理企业破产案件的司法解释，与本规定相抵触的，不再适用。"也就是说，1991 年的司法解释与 2002 年的司法解释不抵触的部分仍然是可以适用的。但是，这两个司法解释到今天为止是否仍然适用呢？对此，有的法官认为，我国 2006 年企业破产法与上述两个司法解释差别很大，采取分别审判的处理方式，所有有关债务人的民事诉讼案件都要按照《民事诉讼法》普通审理程序进行审理判决。其根据是我国《企业破产法》第 20 条及第 21 条[1]。我认为，这种观点值得商榷：①该条从当

---

[1] 吴庆宝、王建平主编：《破产案件裁判标准规范》，人民法院出版社 2009 年版，第 53 页。我国《企业破产法》第 20 条规定："人民法院受理破产申请后，已经开始而尚未终结的有关债务人的民事诉讼或者仲裁应当中止；在管理人接管债务人的财产后，该诉讼或者仲裁继续进行。"第 21 条规定："人民法院受理破产申请后，有关债务人的民事诉讼，只能向受理破产申请的人民法院提起。"

时的立法背景看，是解决管理人替代债务人诉讼的问题，不是解决管辖问题的；②即使"在管理人接管债务人的财产后该诉讼或者仲裁继续进行"，也不排除"移送受理破产案件的人民法院"的适用。

当然，应当特别指出的是，最高人民法院的上述两个司法解释的一个共同问题是："人民法院受理企业破产案件后，尚未审结且无其他被告和无独立请求权的第三人的，应当中止诉讼，由债权人向受理破产案件的人民法院申报债权"的规定显然存在法理问题，债权人为什么一定要申报债权？债权人可能会向保证人或者其他连带债务人通过一般民事诉讼请求而不一定要申报债权。

对于上述问题，我的理解是：①破产案件受理后新发生的有关债务人的民事诉讼，无论是债务人作为原告还是被告，只能向受理破产申请的人民法院提起；②对于已经开始的一审民事诉讼程序或者仲裁程序，在破产案件受理时应当中止，在管理人接管债务人的财产后，该诉讼或者仲裁继续进行。但是，如果受诉人民法院不能在3个月以内结案时，应当移送受理破产案件的人民法院。人民法院受理破产案件后，发现破产企业作为债权人的案件在其他人民法院并且在3个月以内难以审结的，应通知该人民法院移送。但仲裁程序不在此列；③二审民事诉讼程序不能移交，因为二审程序涉及到级别管辖问题，甚至有的案件可能就是受理破产案件的法院一审裁判的。

但是，应该注意的问题是：①即使是关于债务人民事诉讼案件在受理破产案件的法院管辖，也不是"一审终审"，当事人仍然可以按照民事诉讼法的规定上诉；②凡是关系到当事人实体权利的诉讼，都应当用判决而不是裁定。我国在以前的破产实践中，往往对当事人的实体权利采取裁定而不是判决的方式。

第二节　破产程序开始对破产人人身权利的影响

按照多数国家的破产法之规定，破产宣告为破产程序开始的标志，也是对债务人财产进行概括性强制清算开始的起点。当然，有的国家或地区的破产法允许债务人在破产宣告后仍可提出和解申请而避免破产清算，但是，当和解不成立或不被法院所认可时，法院仍可依职权宣告债务人破产。不仅如此，破产宣告使债务人真正成为法律意义上的破产人，这不仅仅是名称的改变，而且意味着私法上的权利和公法上的资格将受到不同程度的限制。具体说来，有以下几种：

一、秘密通讯自由的限制

公民的秘密通讯自由权本是各国宪法赋予公民的一项基本权利，任何人不得任意干预。但在破产法上，许多国家的法律规定，在债务人被宣告破产后，其秘密通讯自由要受到限制，以使法院和破产管理人能够掌握破产人同外界的联系情况，避免债务人与第三人以通讯的方式恶意串通而隐匿财产等。如德国《破产法》第99条规定，破产法院在为查明或者防止债务人从事不利于债权人的法律行为所必要时，得依破产管理人的申请或者依职权作出决定，命令债务人的某些或者所有邮件送达破产管理人。破产管理人有权开启向他送达的邮件。内容不涉及破产财产的邮件，应立即送交债务人。日本破产法第81条及第82条规定，法院必须通知邮政官署或者公众通讯管理所，将寄送给破产人的邮件或者电报送交破产财产管理人。破产财产管理人得拆阅其收到的邮件或者电报。破产人得请求阅览前项邮件或者电报，且得请求交还与破产财团无关的邮件或者信件。

这一问题，在我国破产法上并没有直接规定，主要是因为：①我国破产法仅仅适用于企业法人，而不适用于个人，因此不存在所谓"秘密通讯自由权"；②我国破产法从案件受理开始，从这里开始，管理人已经接管企业，自然任何人与企业的通讯都由管理人处理。一般也不发生"秘密通讯自由权"的问题。但是是否有这样的情况，即破产企业的高级管理人员通过邮件或者其他方式作出损害债权人利益的情况？当然也不排除其存在。特别是当一些如合伙等不具备法人资格的企业开始破产程序时，应特别注意。但由于我国破产法并没有明确规定可以限制这些企业高级管理人员的通讯，故一般地像德国和日本法那样可能难以做到，但如果能够确定这些邮件实质上是给企业而不是纯粹个人的，管理人可以阅读。

二、居住迁徙自由的限制

居住及迁徙的自由本是公民的基本权利，但是，在债务人破产的情况下，该权利在一定条件下也受到限制，以便于法院及破产财产管理人对债务人财产及债权进行调查；防止债务人为不利于债权人利益的行为，以利于破产程序的正常进行。在大陆法系国家，凡规定自然人有破产能力的破产立法，均对其被宣告破产后的居住与迁徙自由之限制有所规定。例如，日本《破产法》第37条规定，破产人非经法院许可，不得离开其居住地。如果破产人违反此规定，将构成《破产法》第377条第2款规定的"违反监守居住限制罪"。该条规定，破产人未经许可而离开居住地，处 1 年以下徒刑或者 5 万元以下罚金。同时构成免责不许可的事由 。我国台湾地区破产法第 69 条也规定了相似的内容。

我国 2006 年《破产法》第 15 条规定，债务人的有关人员未经人民法院许可，不得离开住所地。这里所谓的"有关人员"，是指企业的法定代表人；经人民法院决定，可以包括企业的财务管理人员和其他经营管理人员。第 129 条还规定了相应的法律责任："债务人的有关人员违反本法规定，擅自离开住所地的，人民法院可以予以训诫、拘留，可以依法并处罚款。"

三、拘传

破产程序进行中，法院为查询破产人的财产及债权债务状况，有时需要传唤破产人到场。如经合法传唤，破产人无正当理由而拒不到场，法院可适用拘传手段强制其到场，接受法院、破产管理人及债权人的询问。日本《破产法》第 38 条、德国《破产法》第 98 条、我国台湾地区"破产法"第 74 条对此均有规定。

除此之外，根据我国台湾地区"破产法"第 74 条的规定，法院得依职权或者破产管理人、债权人的申请，传唤破产人的亲属或其他关系人查询破产人的财产及经营情况。但根据台湾学者的解释，法院对破产人的亲属或者其他关系人仅得适用传唤，而不得适用拘提。

我国 2006 年《破产法》第 126 条规定："有义务列席债权人会议的债务人的有关人员，经人民法院传唤，无正当理由拒不列席债权人会议的，人民法院可以拘传，并依法处以罚款。债务人的有关人员违反本法规定，拒不陈述、回答，或者作虚假陈述、回答的，人民法院可以依法处以罚款。"

四、监禁

债务人既经法院宣告破产，自应听从破产管理人的指示，尽其法定义务，配合破产程序的顺利进行。如果破产人具有具体的迹象，足以认定有离开其居所而逃亡的，或者有隐匿或毁坏财产的危险，则法院自有以羁押的强制手段，防止此类情形的发生。例如，根据我国台湾地区"破产法"第 71 条、第 72 条的规定，法院得签发押票将破产人羁押，即使在破产宣告前，法院也得因债权人的申请或依职权作出对债务人羁押的决定 。德国《破产法》第 98 条第 2 款也规定，有下列情况之一的，法院可强制传唤债务人并听取其陈述后交付监禁：①债务人拒绝提供情况说明或者具结保证或者拒绝对破产管理人履行职责提供协作的；②债务人逃跑逃避履行情况的说明和合作义务的；③强制措施为防止债务人从事有违其说明义务及合作并为保护破产财产所必要的。

我国 2006 年《破产法》第 129 条规定："债务人的有关人员违反本法规定，擅自离开住所地的，人民法院可以予以训诫、拘留，可以依法并处罚款。"

五、说明义务

破产宣告后，为使破产程序的顺利进行，破产人有义务应法院、破产管理人的请求，就有关财产的一切询问进行如实地陈述。破产人违反此义务而拒不陈述或作虚伪陈述的，法院可对其进行监禁或其他强制措施，并构成违反说明义务罪。例如，德国《破产法》第 97 条规定了债务人的说明及合作义务。该条规定：①债务人有义务向破产法院、破产管理人、债权人委员会及根据法院的命令向债权人会议提供涉及破产程序的所有情况的说明，其他应披露可能导致刑事责任的事由；②债务人应协助支持破产管理人履行职责；③债务人有义务随时听候法院传讯履行其情况说明及合作义务，不得为任何有悖其义务的行为。

日本《破产法》第 40 条及第 41 条规定，以下人员应破产管理人或债权人委员会请求，或基于债权人大会的决议要求，对破产的相关事项负有说明义务。但是，破产人的从业人员（代理人除外）经过法院许可后方承担此义务：①破产人。②破产人的代理人。③破产人为法人时的理事、董事、执行人员、监事、监查人员及清算人。④各种类似人员。⑤破产人的从业人员（代理人除外）。破产人在破产程序开始后应立即向法院提交书面财产说明，包括其所有的不动产、现金、有价证券、储蓄金以及其他法院指定的财产内容。

我国 2006 年《破产法》第 15 条也规定了企业债务人的有关人员具有说明义务，且根据第 131 条的规定，违反本法规定，构成犯罪的，依法追究刑事责任。但是，我国目前还没有关于违反说明义务罪的具体规定，等将来刑法修订时，应明确规定这一犯罪。

六、公法或私法上的资格限制

现代破产法虽不以惩罚主义为原则，但破产宣告仍对破产人在公法和私法上的资格产生重大影响。

1. 私法上的资格限制。对于私法上的资格限制，因各国法律的规定不同而有差异。以我国台湾地区为例，私法上的限制大致有：

（1）破产人不得担任公司经理、股份有限公司的董事、监察人（"公司法"第30条第4款）。

（2）破产人不得担任证券商的董事、监察人、经理或业务人员（"证券交易法"第53条）。

（3）破产人不得担任私立学校的董事（"私立学校法"第18条）。

（4）破产人不得担任遗产管理人、失踪人的财产管理人及清算人（"非讼事件法"第59条）。

（5）破产人不得担任无限公司的股东或合伙人（"公司法"第666条、"民法典"第687条）。

（6）破产人不得充任当铺的营业人（"当铺管理营业规则"第4条）。

根据日本相关法律的规定，属于私法上的限制主要有对破产人充当监护人、保护人、监护监督人、遗嘱执行人、法人的理事和合股、合资公司的社员等。

2. 公法上的限制。以日本为例，对破产人公法上的限制，主要是对破产人充当律师、会计师、公证人等资格的限制。在我国台湾地区，限制则更加广泛，包括对破产人充任公职人员、律师、会计师、商务仲裁人员、建筑师、工业同业会代表等资格的限制。因此，日本的破产法明确规定破产人的复权问题。

根据我国2006年《破产法》第125条的规定，企业董事、监事或者高级管理人员违反忠实义务、勤勉义务，致使所在企业破产的，依法承担民事责任。有前款规定情形的人员，自破产程序终结之日起3年内不得担任任何企业的董事、监事、高级管理人员。根据《公司法》第147条规定，担任破产清算的公司、企业的董事或者厂长、经理，对该公司、企业的破产负有个人责任的，自该公司、企业破产清算完结之日起未逾3年的，不得担任公司的董事、监事、高级管理人员。

七、破产宣告后法人地位的存续

根据民法或公司法的一般规定，破产为法人解散的一般原因。但法人被宣告破产后，其法人资格是否会立即消灭呢？一般说来，法人被宣告破产后，其法人资格并不立即消灭，但法人的财产管理与处分权归破产管理人行使。例如，日本《破产法》第35条规定，因破产程序开始而解散的法人，或者是进入解散程序的法人被宣告进入破产程序后，在清算的范围内视为继续存在，直至破产程序终结。

在我国破产法的起草过程中，曾经明确规定"已经解散而尚未清算或者尚未清算完毕的法人，在本法的规定范围内视为存续"。实际上就是指的这种情况。2006年通过后的《破产法》虽然没有明确规定这一点，但从该法第7条及第121条的规定中可以清楚地推导出来。第 7 条规定："企业法人已解散但未清算或者未清算完毕，资产不足以清偿债务的，依法负有清算责任的人应当向人民法院申请破产清算。"第 121 条规定："管理人应当自破产程序终结之日起 10 日内，持人民法院终结破产程序的裁定，向破产人的原登记机关办理注销登记。"也就是说，从破产宣告直到程序终结，法人的主体资格并没有消灭，直到管理人注销方才消灭。

为了明确这一点，《最高人民法院关于适用〈中华人民共和国企业破产法〉若干问题的规定（一）》第 5 条规定："企业法人已解散但未清算或者未在合理期限内清算完毕，债权人申请债务人破产清算的，除债务人在法定异议期限内举证证明其未出现破产原因外，人民法院应当受理。"

第三节　破产程序开始对破产人财产的影响

在这里我想再一次强调，我国破产法规定的破产程序开始的起点与大多数国家不同，不是以对债务人的破产宣告为基点，而是以法院受理破产案件为基点。这样规定的结果是，在许多国家破产宣告后对债务人的人身和财产的影响，在我国却从法院受理破产申请就开始了。

一、破产财产的管理处分权归由破产管理人

根据各国破产法的规定，债务人被宣告破产后，将被剥夺对其财产的管理处分权，其所拥有的一切财产构成破产财产，交由法院指定或债权人会议选定的破产管理人，以防止破产债务人对其财产将恶意处分而损害债权人的一般利益。正是因为对破产人财产之管理处分权的剥夺，必然会引起以下结果：

1. 在破产程序开始后，有关原来债务人的权利主张或诉讼，应由或者应向破产管理人为之。如果是正在进行的诉讼，无论破产人为原告或者被告，在破产宣告后应当中止，在法院任命或者债权人会议选定破产管理人后，继续进行。德国《破产法》第 85 条规定，破产宣告时正在进行的有利于债务人的未终结的有关破产财产的诉讼，得由破产管理人全面接收。日本《破产法》第 80 条更直接规定，就关于破产财产将诉讼，以破产管理人为原告或者被告。

但是，从我国现行破产法看，不能作出同日本法相同的解释。最高人民法院先前的关于破产法的司法解释及破产司法实践将清算组作为替代破产企业的原告

或者被告，其实是不符合我国破产法规定的。因为，我国破产法未采用日本破产法上"破产财团"的概念，因此，不能让管理人做原告或者被告。另外，根据我国《破产法》第121条规定的原则，企业在破产程序终结前依然存在，只有在程序结束后才注销，具有当然的原告与被告的资格。

2. 在破产程序开始后，破产人对财产的处分行为无效。在破产程序开始后，债务人已经失去了对其财产的管理处分权，但其仍为名义上的所有人。为了防止债务人再以所有权人的名义处分已经构成破产财产的行为，法律特作如此的规定。如德国《破产法》第81条规定，债务人在破产宣告后对属于破产财产的财产所作的处分行为无效。债务人在破产程序开始日（破产宣告日）所作的处分推定为破产宣告后的行为。

我国《破产法》第16条规定："人民法院受理破产申请后，债务人对个别债权人的债务清偿无效。"因为，破产程序为对债务财产的概括执行程序，而个别清偿与破产法的这一宗旨相背离，而且损害大多数债权人的利益。因此，个别清偿不能对抗破产程序开始的效力。另外，按照我国破产法及其他国家破产法的一般规定，破产程序开始后，债务人的财产归属管理人管理处分，其不能行使对自己财产的处分权，这种处分权统一归管理人，因此其对财产的处分行为也应无效。但是，在实际中，也许债务人手中（在我国是企业债务人的管理人员）有可能占有属于破产财产的财产，也可能具有处分的可能性。故法律作此规定，也是基于这种考虑。

另外，在这里需要说明的是：债务人在失去对自己财产的处分权后，与第三人订立的财产处分合同是否有效？我国《合同法》第51条的规定："无处分权的人处分他人财产，经权利人追认或者无处分权的人订立合同后取得处分权的，该合同有效。"在这里，管理人事后有可能追认，但这种可能性很小。按照这一规定，合同就要无效。但是，晚于合同法颁布的《物权法》第15条规定："当事人之间订立有关设立、变更、转让和消灭不动产物权的合同，除法律另有规定或者合同另有约定外，自合同成立时生效；未办理物权登记的，不影响合同效力。"《物权法》的这一规定被认为是否定了合同法的51条，即将合同效力与物权转移效力区分，即将物权与债权明确区分。因此，理论与实务也基本上认同"区分原则"，即合同是合同，订立人是否具有处分权则是合同能否履行的问题。如果是这样的话，则债务人与他人订立的处分财产的合同是否当然无效？那么，在实践中应如何处理呢？我认为，在我国，由于破产法不适用于自然人，仅仅适用于企业等非自然人，那么债务人同第三人订立合同，一定是其前法定代表人或者具有代理权的人同第三人订立合同。根据我国《合同法》第411条的规定，委托人或者受托人死亡、丧失民事行为能力或者破产的，委托合同终止。而根据《破产法》第14条的规定，破产程序开始是必须要公告的，那么，破产公告后代理人应当知道自己的权限终止，而第三人也是应当知道因破产程序开始而使债务人企业的法定代表人丧失了代表企业签定合同的权限（因为已经公告）。因此，这时第三人与债务人企业所签定的合同就会因其知道相对方无权限而无效。

3. 债务人的债务人或者财产持有人应当向破产管理人履行债务或者交付财产。为保护债权人的利益，各国破产法均规定，在破产程序开始后，债务人的债务人应当向破产管理人履行债务，债务人的财产持有人应当向破产管理人交付财产。

如果破产人的债务人对债务数额、性质或者财产的归属有异议的，可以以破产管理人为被告向人民法院提起诉讼。根据我国最高人民法院1991年对破产法的司法解释，破产企业的债务人或者财产持有人收到人民法院的上述通知后，应当按通知的数额、时间向清算组清偿债务或交付财产；对通知的债务数额或财产的品种、数量等有异议的，可在7日内请求人民法院予以裁定；逾期既未清偿或交付又未提出异议的，由清算组申请人民法院裁定后强制执行。[1]但是，这里的异议不应是"可在7日内请求人民法院予以裁定"，而是应当通过诉讼与判决来解决。

如果破产债务人的债务人或者财产持有人在破产宣告后仍然向债务人履行债务或者交付财产的，仅在破产财产所受利益的限度内对抗破产债权人。如果不知该事实，则清偿或者交付为有效。如日本《破产法》第50条规定，在破产宣告后，不知破产宣告的事实而对破产人的清偿，得与破产债权人对抗。在破产宣告后明知破产宣告的事实而对破产人的清偿，仅在破产财团已获得利益的限度内，对抗破产债权人。在破产人的债务人或者财产交付人不知债务人已有被宣告破产的情形下，对债务人履行债务或者交付财产的，破产管理人只能主张破产人的行为无效，从而请求其返还履行或者交付的财产。德国《支付不能法》第82条也作出了相似的规定。

如何判断债务人的债务人或者财产持有人知道或者不知道债务人已有破产宣告的事实呢？一般说来，在破产宣告公告前，推定为不知，在破产宣告公告后，视为已知。

---

[1] 1991年《最高人民法院关于贯彻执行〈中华人民共和国企业破产法（试行）〉若干问题的意见》第46条。

在我国 2006 年《破产法》上，这一效力是从破产案件受理开始，而且，并非采取"在破产财产所受利益的限度内对抗破产债权人"的方式，而是采取消灭义务的处理方式。该法第 17 条规定："人民法院受理破产申请后，债务人的债务人或者财产持有人应当向管理人清偿债务或者交付财产。债务人的债务人或者财产持有人故意违反前款规定向债务人清偿债务或者交付财产，使债权人受到损失的，不免除其清偿债务或者交付财产的义务。"当然，如果仔细推敲这一规定，实际上是存在问题的：向债务人交付或者清偿难道不符合我国破产法的现实吗？在国外的很多国家，因破产程序也适用于个人，因此，可能存在向个人交付而不向管理人交付的情况。而在我国，由于破产法仅仅适用于企业而非个人，管理人全面接管了企业的财产处分权，向企业交付财产或者履行债务，其实与我国破产法的规定并不矛盾。有时，可能是向企业的原法定代表人或者其他人员交付，才可能发生这种情况。

4. 破产人对于自由财产仍有处分权。自由财产是当破产程序适用于个人时，属于债务人本人的权利或者禁止扣押的财产，多是基于债务人的生计考虑而设，故不将其列为破产财产，仍允许债务人自由处分，学者多将其称为"自由财产"。关于其具体内涵，我们将在"破产财产"一章中详细论述。

二、对破产宣告前法律规定的期间内所为的有害债权人利益的行为的影响

破产宣告对于债务人之财产处分权的剥夺是否具有溯及既往的效力？对此问题，各国破产法的规定并不一致，有的国家采取溯及主义原则，因而产生无效制度；有的国家则采取无溯及力原则，但为弥补无溯及力原则给债权人造成的不利，辅之以撤销权制度。大陆法系的许多国家，如德国破产法、日本破产法均采取无溯及力原则而在破产法上体现为撤销权[1]。我国 2006 年《破产法》兼有两种原则，即第 31 条与 32 条规定的撤销制度，而第 33 条规定了无效制度。[2]

---

〔1〕　在日本破产法上称为"否认权"。

〔2〕　我国 2006 年《破产法》第 31 条规定："人民法院受理破产申请前 1 年内，涉及债务人财产的下列行为，管理人有权请求人民法院予以撤销：①无偿转让财产的；②以明显不合理的价格进行交易的；③对没有财产担保的债务提供财产担保的；④对未到期的债务提前清偿的；⑤放弃债权的。"第 32 条规定："人民法院受理破产申请前 6 个月内，债务人有本法第 2 条第 1 款规定的情形，仍对个别债权人进行清偿的，管理人有权请求人民法院予以撤销。但是，个别清偿使债务人财产受益的除外。"第 33 条规定："涉及债务人财产的下列行为无效：①为逃避债务而隐匿、转移财产的；②虚构债务或者承认不真实的债务的。"

无论那种制度，均应考虑两个基本因素：①无效或者可撤销的行为，应是对全体债权人利益的有害行为。因为债务人的处分行为仅仅在不利于破产财产的限度内不能对抗破产债权人。所以，无效制度也只能使对债权人有害的行为归于无效而将因此而处分的财产或权利归于破产财产。从我国 2006 年《破产法》第 31 条、第 32 条及 33 条的规定看，均为有害于债权人利益的行为。在撤销制度中，破产法将是否撤销债务人在破产宣告前法定期间内的有关财产的行为之决定权交给破产管理人，只有在破产管理人认为行为对债权人的一般利益有害时，才撤销之。②无论是无效制度，还是可撤销制度，均有时间上的限制。这主要是基于对交易安全的考虑，也是对债务人恶意处分财产而后申请破产宣告的一种时间上的大体估计。因为在破产宣告前，债务人所为的有关财产的行为颇多，有些是对债权人全体的一般利益无害的，而有些则是有害的。即使是有害的行为也应有一个合理的时间限制，否则就会使许多关系的稳定性受到破坏。另外，当债务人支付能力出现问题而濒临破产时，往往为以后的出路进行打算，而最常用的方式就是私自转移财产或者对某些债权人进行优惠性清偿或者放弃权利，从而危害债权人全体的一般利益。这种行为应予以规制，但问题是如何测定债务人的这种预谋与行为可能发生在何种时间之内。客观条件决定了这种估计不可能精确，实际上各国破产法的规定也不一致，有的国家破产法规定为破产宣告前 1 年，如日本破产法及我国 2006 年《破产法》；有的则更长，如德国《破产法》第 133 条规定，在债务人故意损害债权人利益时，则在破产申请前 10 年内所实施的行为均可撤销。

三、对合伙关系的影响

涉及合伙的破产分为因合伙本身的破产引起的合伙解散与因合伙人破产引起的合伙解散。根据大部分国家的民法典或特别法之规定，合伙企业破产是引起合伙解散的法定事由（如我国《合伙企业法》第 92 条）。合伙企业破产引起合伙解散，但不影响债权人要求各合伙人承担民法上的连带责任。同时，合伙人个人破产也是合伙解散的法定事由，破产管理人得主张破产人退出合伙关系而将合伙财产收归破产财产。但是，因合伙人破产而退伙时，不影响其他合伙人的优先购买权。在我国，因破产法不适用于个人，因此，也就不发生这一问题。

四、对共有财产的影响

因破产人的全部财产均为破产财产（自由财产除外），构成对债权人清偿的基础，故共有关系中属于破产人的财产也应成为破产财产。所以，对共有人的破产宣告，必然会引起共有财产的分割，即使各共有人在成立共有关系时，有关于不得分割或者永久性存续的约定，也不得对抗破产宣告的效力。如德国《破产法》第84条规定，按份共有团体中所作的永久性或者暂时性禁止要求解散团体权利或者确定的解散期间的约定，在破产程序中不发生效力。按照日本《破产法》第52条之规定，数人共同拥有财产权的场合，共有人中有受破产宣告者时，虽有不得分割的约定，也得在破产程序外进行分割。但是，分割也不影响其他共有人的优先购买权。

我国《物权法》第99条规定："共有人约定不得分割共有的不动产或者动产，以维持共有关系的，应当按照约定，但共有人有重大理由需要分割的，可以请求分割；没有约定或者约定不明确的，按份共有人可以随时请求分割，共同共有人在共有的基础丧失或者有重大理由需要分割时可以请求分割。因分割对其他共有人造成损害的，应当给予赔偿。"这里所说的"重大理由"，包括共有人破产的情况。

五、所有权保留

所有权保留是所有权转移的一种特殊方式，即在买卖合同中，当事人约定，出卖人先将买卖标的物交付给买受人占有，但所有权并不转移。待买受人支付完毕所有价款或者履行完毕其他义务时，标的物所有权才发生转移的情形。对此，各国民法典几乎都有规定，主要是为了担保对方履行对待给付义务。我国《合同法》第134条就规定了这种方式："当事人可以在买卖合同中约定买受人未履行支付价款或者其他义务的，标的物的所有权属于出卖人。"这种买卖合同的双方当事人任何一方破产时，合同效力及管理人的合同解除权如何？将如何对待这种标的物？

如果按照一般的理解，由于所有权没有转移，标的物当然属于破产财产。而且，管理人对此有解除权，特别是在买卖标的物因为市场的变动而价格大幅上涨时，管理人解除合同显然更加对破产财产有利。但德国《支付不能法》第107条却作出了这样的规定，在支付不能程序开始之前，债务人以保留所有权为条件出卖一项动产，并且已经向买受人转移该项动产的占有的，买受人可以请求履行买卖合同，即使债务人、买受人承担有其他的义务并且这些义务未得到履行或者未得到完全履行，也适用此种规定。在支付不能程序开始之前，债务人以保留所有权为条件购买一项动产并且已经从出卖人取得对该动产的占有的，以出卖人向支付不能管理人催告行使选择权为限,支付不能人只需要在报告期日之后不迟延地作出是否解除的意思表示即可。从这一规定中可以得出两点:①如果在保留所有权买卖中,出卖人是债务人的,其无合同解除或者履行的选择权;②如果在保留所有权买卖中,买受人是债务人的,管理人的合同是否履行的选择权是受到限制的,即只有在对方催告时,才能行使。

但是,我国法律对此并没有任何明确的规定,但我们应从所有权保留的性质出发来分析和处理。所有权保留的性质为何? 如果从法律的形式出发,可以将所有权保留买卖看成为"附条件的所有权转移",即将买受人支付全部价款作为标的物所有权转移的条件。但是,如果从实质上看,所有权保留却是一种担保形式,即以将所有权留在出卖人手中作为买受人支付全部价款的担保。一旦买受人支付全部价款,出卖人应转移标的物所有权。在这种意义上说,实际上相当于让与担保。在实践中也多发生在分歧付款的买卖中。对此,德国学者梅迪库斯指出,对于被容许延期清偿价金或者部分价金债权的买受人而言,为债权提供担保的最为普遍的方法是所有权保留。[1] 显然,梅迪库斯在这里是从实质意义上说所有权保留的性质的。但是,《德国民法典》第455条规定:"动产的出卖人在支付价金前保留所有权者,在发生疑问时,应认为所有权的移转以支付价金为停止条件,并在买受人对支付价金有迟延时,出卖人有解除合同的权利。"梅迪库斯也指出,为转移所有权而为必要的物上合意是一项法律行为,对于该法律行为应适用第158条关于条件的规定。[2] 显然,梅迪库斯在这里讲了两点:①从法律形式上说,所有权保留属于附条件的形式;②所有权保留是物权意义上的附条件而不是债权意义上的附条件。这是因为,所有权保留的买卖中,作为买卖合同已经生效了,买卖合同不是附条件的,是所有权转移附条件。因此,梅迪库斯不仅是从形式上说明附条件,而是在物权行为与债权行为区分的意义上作了清晰的说明。

这两种不同的认识,对于管理人的合同解除权的限制具有相当大的差别:如果理解为附条件的所有权转移,则管理人具有合同解除权;反之,如果将之理解为一种担保形式,则管理人无合同解除权,相对方可以请求履行合同而转移标的物所有权。德国破产法正是从实质意义上来理解所有权保留的,从而限制了管理人的合同解除权。我也认为,在破产法上,最好是将所有权保留的性质解释为担

---

〔1〕 〔德〕迪特尔·梅迪库斯:《德国债法分论》,杜景林、卢谌译,法律出版社2007年版,第99页。

〔2〕 〔德〕迪特尔·梅迪库斯:《德国债法分论》,杜景林、卢谌译,法律出版社2007年版,第99页。

保形式，从而管理人无合同解除权。

当出卖人是债务人时，管理人不应当具有是否履行合同的解除权。因为，所有权保留的制度价值在于担保对价的履行。那么，标的物已经交付给对方，且对方有履行能力的，管理人应是请求对方履行而不是解除合同。但债务人为买受人时，管理人应有这种选择权。因为，在有的情况下不解除合同，可能会给破产财产带来负担。

六、预告登记

德国学者认为，预告登记是一种必须在土地登记簿中登记的担保手段，它是为了保障债权人实现其进行物权权利变更的债权请求权。它限制出让人（债务人）违背其义务对土地进行处分的权限，使债权人即使在出让人违反义务进行处分的情况下也能够取得物权。[1]简单来说，预告登记是指为保全对不动产物权的请求权而以此权利为对象进行的登记，该登记具有物权的排他性效力。预告登记在许多国家的物权法（民法典）上都有规定，德国法、日本法、瑞士法都规定了这种登记制度，我国物权法对此也有明确规定。例如，A 与 B 签定商品房买卖合同，A 为了保证将来 B 交付房屋，避免 B 将房屋卖给第三人，于是将对 B 的房屋的请求权进行登记。一旦登记之后，即使 B 卖给他人，也不影响 A 对房屋的请求权。预告登记的法律意义具体来说主要有两点：①保全请求权的作用。对于不动产的请求权一旦登记，即可对抗与之冲突的物权，如一物二卖的情况。②顺位保证作用。预告登记在保全所有权的同时，还有保证顺序的作用，如抵押权预告登记后，其顺位可以对抗后顺序的抵押权。

首先需要说明的是：预告登记所登记的是债权请求权而不是物权，但法律承认该债权登记具有物权的效力。我国《物权法》第 20 条规定："当事人签订买卖房屋或者其他不动产物权的协议，为保障将来实现物权，按照约定可以向登记机构申请预告登记。预告登记后，未经预告登记的权利人同意，处分该不动产的，不发生物权效力。"对这一规定可以作以下理解：①预告登记为任意事项，即是否登记需要当时人约定，而不是法律的强行性规定义务；②预告登记后，未经登记权利人同意，则不能处分该不动产。但是，我个人认为，并非对该不动产的任何处分都不发生物权上的权利，仅仅当处分行为与登记的权利发生冲突时，才不具有物权效力；③预告登记后，债权消灭或者自能够进行不动产登记之日起 3 个

---

[1] ［德］曼弗雷德·沃尔夫：《物权法》，吴越、李大雷译，法律出版社 2002 年版，第 232 页。

月内未申请登记的，预告登记失效。

如果债务人破产后，对预告登记有何影响呢？按照德国《支付不能法》第106条的规定，登记的债权人可以为自己的请求权请求由支付不能财团履行。按照我国《物权法》的上述规定，既然登记就具有物权效力，当然应该作出如同德国法上的理解，对于这样的买卖合同，管理人不能随意行使解除权。

第四节　对债务人在破产宣告前已成立的契约关系及对债权人的影响
——管理人对双务合同解除权及其后果

一、破产管理人合同解除权的价值、立法例及规范解读

（一）制度价值

所谓破产管理人的合同解除权是指在破产程序开始后，法律赋予破产管理人对于债权人与债务人在程序开始前签定的、双方均未履行或者均未履行完毕的双务合同，按照破产财产利益最大化的标准行使的是否解除的权利。

法律赋予管理人以合同解除权的意义在于：公平地保护债权人的一般利益而非个别债权人利益。它与"破产程序一经开始，所有债权都视为到期"的规则是一致的，都在于将债务人的现有财产公平地分配给所有债权人。如果没有这一原则，对一般债权人的公平保护将难以实现。

法律赋予管理人以合同解除权的价值在于：通过管理人的这种解除权的行使，使可供债权人分配的债务人的财产只增不减，以最大程序地保护一般债权人的利益。因此，包括我国破产法在内的几乎所有国家的破产法都规定了管理人的合同解除权。例如，我国《破产法》第18条规定："人民法院受理破产申请后，管理人对破产申请受理前成立而债务人和对方当事人均未履行完毕的合同有权决定解除或者继续履行，并通知对方当事人。管理人自破产申请受理之日起2个月内未通知对方当事人，或者自收到对方当事人催告之日起30日内未答复的，视为解除合同。管理人决定继续履行合同的，对方当事人应当履行；但是，对方当事人有权要求管理人提供担保。管理人不提供担保的，视为解除合同。"

（二）立法例及规范解读

从立法例上看，各个国家的破产法对此一般都有规定。例如，德国《支付不

能法》第 103 条规定："在支付不能程序开始时,双务合同未为债务人和另一方当事人履行,或者未为其完全履行的,支付不能管理人可以替代债务人履行合同,并向另一方当事人请求履行。管理人拒绝履行的,另一方当事人只能作为支付不能债权人主张不履行的债权。另一方当事人催告管理人行使其选择权的,对于自己是否打算请求履行这个问题,管理人应当毫不迟疑地作出表示。管理人不作出表示的,其不得坚持要求履行。"根据日本现行破产法第 53 条及 54 条的规定,①在破产程序开始之时,若破产人的双务合同中双方均未履行完各自义务,破产管理人有权解除合同,或代为履行、请求相对方履行债务;②前项情形下,合同相对方享有催告权。破产管理人超过指定期间未作意思表示者,视为解除合同;③在解除合同的情形下,合同相对方的损害赔偿请求权归入破产债权;④破产人所接受的对待给付,若现存于破产财团中,相对方可以请求返还;如果现时已不存在,相对人可以就其价额作为财团债权人行使其权利。[1]美国破产法也承认破产管理人(受托人 trustee)的尚未履行完毕的合同解除权[2]。我国《破产法》第 18 条也规定了管理人的合同解除权。

虽然各国破产法都规定管理人对于尚未履行完毕的合同有解除权,但合同未履行完毕,存在多种情况,有的是双方没有履行完毕,有的是一方没有履行完毕。这些都需要分别讨论。

1. 一方未履行或者未履行完毕合同的情况。在双务合同中,合同关系中的一方当事人被开始破产程序时,一方已经履行完毕而另一方未履行或者未履行完毕合同义务的情况下,问题较为简单,也没有管理人行使合同解除权行使的余地:如果被开始破产程序的一方未履行或者未履行完毕的,对方因此而生的请求权作为破产债权;如果被开始破产程序的一方已经履行完毕,而对方未履行或者未履行完毕的,该未履行的部分构成破产财产的一部分,应由破产管理人继续请求履行。以动产买卖为例,如果卖方在交付标的物后而未收到价款时被开始破产程序的,则价金为破产财产,应由破产管理人请求买受人交付。如果卖方在交付标的物后而未收到价款时买方被开始破产程序的,则该价金请求权为破产债权,应依

---

[1] 日本破产法的这一规定,与日本民法不承认物权行为与债权行为的独立性及无因性有关。我国《物权法》是否承认物权行为的独立性与无因性,在理论上是存在很大争议的。但我始终从立法规范的角度坚持,我国《物权法》与德国民法一样,是承认物权行为与债权行为的相互独立性的,故不能在我国法上作出与日本法相同的解释。

[2] [美]大卫·G. 爱泼斯坦等:《美国破产法》,韩长印等译,中国政法出版社 2003 年版,第 226～271 页。

破产程序向破产管理人主张。

2. 双方均未履行或者均未履行完毕的情况。当合同关系的一方当事人被宣告破产时，双方的合同义务均未履行或者均未履行完毕，问题就较为复杂，各国破产法均围绕该问题规定了许多政策，下面详细论述之。

（1）破产管理人就解除合同或者继续履行合同有选择权。各国破产法一般赋予破产管理人对于在破产宣告时双方均未履行或者未履行完毕的合同之履行或者解除以选择权，如上述日本破产法、德国《支付不能法》及我国破产法都有专门的规定，即关于双务合同，破产人及合同对方在破产程序开始时未履行完了时，破产管理人得依其选择解除合同、履行破产人的债务或者请求合同对方履行债务。根据美国《联邦破产法典》第 365 条的规定，受托人（trustea）有权决定保留或者解除任何有效合同。根据美国学者的解释，所谓"有效合同"（executory contract）是指在破产时仍有留待合同当事人履行义务的合同[1]。

根据我国 2006 年《破产法》的规定，法院受理破产申请后，管理人对破产申请受理前成立而债务人和对方当事人均未履行完毕的合同有权决定解除或者继续履行，并通知对方当事人。

但是，破产管理人在行使继续履行或者解除合同的选择权时，应尽到善良管理人的注意，并且向债权人委员会报告或者在没有设立债权人时向法院报告（我国《破产法》第 69 条）。否则，应对因解除合同或继续履行合同给债权人造成的损失承担赔偿责任。

（2）如果破产管理人选择解除合同时，对方权利的处理。按照合同法的一般原理，解除合同使双方恢复到缔约前的状态，最直接的法律后果应是恢复原状。在不能恢复原状时，应当赔偿。因解除合同而造成的损失，可依缔约过失责任作为请求权的基础而提出赔偿请求。这种原则，在破产法上也应贯彻。故在破产管理人解除合同的情况下，对方要求恢复原状的权利，应作为共益债权（财团债权）而非破产债权。在此情况下，学理一般认为，对方有同时履行抗辩权，即在破产管理人因解除合同而使得发生双方返还的效力时，破产管理人向对方主张返还时，对方得对之行使同时履行抗辩权。德国《民法典》第 348 条规定，当事人双方因解除合同而生的义务，应同时履行。这一原则在破产法上也应适用。

除此之外，各国破产法还规定，因破产管理人解除合同而给对方造成的损害

〔1〕 George M. Treister, J. Ronald trost, Leon S. Forman, Kenneth N. Klee, Richard B. Levin, *Fundamentals of Bankruptcy Law*, ALI – ABA, 1993, p. 259.

也应赔偿。但对方的损害赔偿请求权只能作为破产债权而非共益债权。如我国2006 年《破产法》第 53 条规定，管理人或者债务人依照本法规定解除合同的，对方当事人以因合同解除所产生的损害赔偿请求权申报债权。

在这里有一个引起讨论的问题：如果合同双方在被解除的合同中明确规定了违约责任或者违约金条款，那么管理人解除合同时，对方的破产债权的数额是按照合同中的约定计算，还是应当按照实际损失来计算呢？例如，A 与 B 签订了一个买卖合同，约定无论合同任何一方违约都应当按照合同价款的 5% 承担违约金。之后，作为买方的 A 提起破产申请而被开始破产程序，A 的破产管理人解除了该买卖合同。合同被解除后，B 的实际损失并没有达到合同价款的 5%。这时，法院在确定 B 的破产债权时，是应按照合同约定的 5% 计算，还是应重新评估？

对这一问题的讨论是具有意义的，因为破产法在对待合同中的"定金"和利息问题上的政策就是根据实际损失而不是合同约定来计算的。这一问题的解决方法是否也应当按照对"定金"和利息的方法处理？对此，无论是学者还是判例有不同观点。

有的学者指出，在正常的民事活动中，合同的违约责任有支付违约金、赔偿金等多种形式。但在破产案件中，对方当事人因管理人解除合同受到损害时可作为破产债权受偿的仅限于赔偿金，不包括违约金。因为合同约定的违约金数额与实际损害通常并不一致，违约金的支付也不以当事人受到实际损害为条件，如允许以违约金作为破产债权，就会在解除合同未给对方当事人造成实际损失时损害其他债权人的利益。但管理人解除合同致使对方当事人因无法履行对他人的合同而支付的违约金，依《合同法》的规定属于实际损失，应列入破产债权的范围。[1] 从立法例看，我国台湾地区破产法第 103 条也规定，因破产宣告后之不履行所生之损害赔偿及违约金不属于破产债权。我国台湾地区学者在解释这一规定时说，破产宣告后破产人对其一定之财产丧失管理权与处分权。凡履行期在宣告破产之后者，破产人均无从履行其财产上之给付，咎不在破产人，乃法律之规定使然；且同样情形之债权人，均遭到相同之损害，为求破产程序之简化与圆滑进行，乃有本款规定。[2]

日本《破产法》对此虽然没有明确的规定，但从其规范中可以看出其所规定的意思。按照该法第 99 条及 97 条的规定，破产程序开始后因不履行合同而产生

---

[1]　王欣新：《破产法学》，中国人民大学出版社 2007 年版，第 267 页。
[2]　耿云卿：《破产法释义》，五南图书出版公司 1992 年版，第 303 页。

的损害赔偿请求权或者违约金请求权为"劣后债权"。而按照该法第 54 条及 97 条之（8）的规定，在合同解除的情况下，合同相对方的损害赔偿请求权归入破产债权。由此可见，因解除合同而产生的损害赔偿请求权是可以列为破产债权的，而约定的违约责任或者违约金是不能够作为破产债权的。

美国判例也存在不同的观点。1987 年在审理在德克萨斯州的一个破产法院审理的（Trans American Cas Corp.）一案中，债权人主张按照违约金条款来估算该债权额，但法院拒绝在该待履行的合同被拒绝的情况下适用该合同中的违约金条款。为表决的目的而被估算的债权是 1500 万美元而非 3800 万美元。法院在裁决中的理由是："如果待履行的合同被拒绝，那么，其中的违约金条款也就同时被拒绝了。强制执行被正当拒绝的合同中的违约金条款实际上就等于强制执行该待履行的合同。"

也有的美国学者不同意（Trans American Cas Corp.）一案的判例理由，认为强制执行情况被正当拒绝合同中的违约金条款并不等于强制执行情况该待履行的合同。合同被拒绝后，合同的履行不再是破产财团的义务，相对方也无对破产财团的优先债权，也不享有管理费用优先权。但是，强制执行情况被正当拒绝的待履行合同所规定的违约金条款正是基于这样的认识，即对于待履行合同的拒绝并不废除或者取消合同本身。第 365 条（g）视拒绝为"违约"，而不是取消或者终止合同。《美国破产法》第 365 条（g）和第 502 条（g）更进一步规定，源于合同拒绝的违约将产生被确认的无担保的债权。违约的损害赔偿数额以及该被许可债权的数额将由州法来确定。我们认为，即使违约金条款所属的待履行的合同被拒绝，只要该条款根据州法是有效的和可以被强制执行的，那么它的效力就应该在破产法中得到认可。[1]

我认为，无论是反对或支持将被解除（美国法上称为被拒绝）的合同中约定的违约责任作为破产债权，实际上是在解决一个逻辑和价值上的问题。有些制度与规则的逻辑与价值是一致的，而有些却不一致。我个人主张，无论从我国法的逻辑和价值上看，都具有否定将被解除的合同中约定的违约责任作为破产债权的充分理由。①从逻辑上说，在我国《合同法》上，一个被法定解除的合同[2]，其合同约定的违约责任还存在吗？破产法上的管理人合同解除权，应被视为破产

---

〔1〕 ［美］大卫·G. 爱泼斯坦等：《美国破产法》，韩长印等译，中国政法出版社 2003 年版，第 243 页。

〔2〕 我国《合同法》上有协议解除与法定解除之分，协议解除的合同其责任是约定的，不具有讨论的意义。因此，在这里专门就法定解除进行讨论。

法赋予管理人的法定解除权。一个合同的解除，自然包括约定责任条款的解除。因此，尽管我国合同法规定，合同解除后，当事人可以要求恢复原状、采取其他补救措施，并有权要求赔偿损失（我国《合同法》第 97 条），但是这里所指的"赔偿损失"，显然不是指合同中约定的违约责任或者赔偿数额或者违约金，而是指实际损失。而恰恰是这一"赔偿损失"使许多国家或者地区的破产法允许作为破产债权的请求权。②从价值判断来说，许多国家的破产法实践都将定金规则进行改变，即不一般地承认当事人关于双倍返还定金的惩罚性规则，而是将定金与实际损失相联系。因此，也不能一概地承认约定的违约责任或者违约金钱，而应以实际损失作为标准来计算。这样才能贯彻统一的理念。③对于美国有些支持合同中约定的违约金的观点，我们不能一概地照搬。因为，美国破产法第 365 条（g）规定了拒绝待履行合同的法律后果，并设置了两条规则：一是拒绝构成违约；二是该违约被视为发生在破产申请前。这样一来，从逻辑上就可以说，美国的管理人（受托人）拒绝履行合同就构成违约，当然，合同中的约定责任就被视为违约责任。约定责任也就当然成为破产债权。但我国的破产法没有这样的规定，也就不能作出如同美国法一样的解释。④至于学者所谓"管理人解除合同致使对方当事人因无法履行对他人的合同而支付的违约金，依《合同法》的规定属于实际损失，应列入破产债权的范围"的说法，也应区分具体场合，它要受到我国合同法关于"可预见性规则"的限制，即如果这种违约金是违约方可以预见的，就应当赔偿，否则，就不应列入破产债权。

（3）如果破产管理人选择继续履行合同时，对方权利的处分。如果破产管理人选择继续履行合同，那么这种合同效力为民法一般法上的效力，而非破产法上的效力。在此情况下，民法赋予合同对方当事人的权利，不应受到破产法的影响或限制。为贯彻民法上的合同效力，各国破产法将对方的合同权利作为共益债权而非破产债权。如日本《破产法》第 55 条就作了这样的规定。在美国破产法上，债务人根据租约或者合同将承担的义务变成破产财团的义务，对承担后的租约或者合同的违约行为，会产生管理费用优先权，合同相对方对于申请前及申请后的债权都享有管理费用优先权。[1]

除此之外，笔者认为，民法上的不安抗辩权也应适用，特别是在双方均未履行，而合同又约定非破产方先为履行时，应认为非破产方有不安抗辩权。根据我

---

〔1〕〔美〕大卫·G. 爱泼斯坦等：《美国破产法》，韩长印等译，中国政法大学出版社 2003 年版，第 237 页。

国现行合同法第 68 条的规定，应当先履行债务的当事人，有确切证据证明对方有下列情形之一的，可以中止履行：①经营状况严重恶化；②转移财产、抽逃资金，以逃避债务；③丧失商业信誉；④有丧失或者可能丧失履行债务能力的其他情形。当事人没有确切证据中止履行的，应当承担违约责任。该法第 69 条规定，当事人依照本法第 68 条的规定中止履行的，应当及时通知对方。对方提供适当担保的，应当恢复履行。中止履行后，对方在合理期限内未恢复履行能力并且未提供适当担保的，中止履行的一方可以解除合同。根据我国合同法这两条的规定，在合同一方破产而破产方的破产管理人选择继续履行合同时，对方有权行使不安抗辩权，即中止自己的履行，除非对方同时履行或者提供相当的担保，对方有权在合理的期限内解除合同。

另外，在实践中，即使管理人选择了履行合同，对方当事人也不可能在没有任何保障的情况下同意履行，除非：①管理人先履行；②提供足够的担保。为此，我国 2006 年《破产法》第 18 条第 2 款规定，管理人决定继续履行合同的，对方当事人应当履行；但是，对方当事人有权要求管理人提供担保。管理人不提供担保的，视为解除合同。

（4）非破产合同方的催告权。由于破产法将合同解除或者继续履行的选择权赋予破产管理人，而对方没有选择权。如果破产管理人迟迟不作出选择，会使对方处在十分不安的状态中。故法律应规定对方有催告破产管理人在合理期限内作出选择的权利。如果破产管理人在合理期限内仍未进行选择的，对方有权解除合同。如日本《破产法》第 53 条就规定，合同相对方享有催告权。破产管理人超过指定期间未作意思表示者，视为解除合同。

根据我国 2006 年《破产法》第 18 条的规定，管理人自破产申请受理之日起 2 个月内未通知对方当事人，或者自收到对方当事人催告之日起 30 日内未答复的，视为解除合同。

二、从规范的角度看管理人合同解除权的标准

从破产法的规范目的看，法律赋予管理人以合同解除的特别权利，显然是为了最大限度地扩充破产财产的范围，以最大限度地保护一般债权的整体利益而限制个别债权人获得破产程序外的利益，从而实现破产法概括清偿的目的。在这种立法规范目的下，管理人解除合同的标准就应该是：解除合同与继续履行合同何者能够使破产财产获得更大的利益。

对此，我国破产法没有明确的规定，美国破产法上的判例规则或许能够为我

们提供一些借鉴。在美国破产法的历史发展中，出现过两种判断标准：一是"沉重负担"标准，一是"商业判断"标准。从《破产法典》适用将近30年的判例来看，"商业判断"标准显然是绝大多数人的观点。所谓"沉重负担"标准，即是如果不拒绝某和合同，它将给破产债务人带来极大的负担。而商业判断标准，美国人很少讨论这一标准的含义[1]。但从正常的理解，应是最大利益判断标准。

我认为，破产财产的利益最大化标准应是管理人解除合同的限制，也只有在符合这一标准的的前提下，管理人才能行使合同解除权。

三、从利益平衡看对管理人合同解除权的限制——以一个案例分析

管理人在行使合同解除权时是否应考虑交易相对方的利益和安全？对此，我国《破产法》第18条并没有作出限制，似乎管理人对任何双务合同都可以解除。其实不然，否则会严重损害债务人破产前的交易相对人的利益。北京市海淀区法院受理的一起破产案件引起了人们对这一问题的思考。案情大致如下：2004年4月28日北京凯鸿房地产开发有限公司（以下简称"凯鸿公司"）与北京市京门房地产开发公司（以下简称"京门公司"）签定了位于北京市海淀区羊坊店路9号京门大厦商业写字楼底下一层到地上四层的商业用房买卖合同，该商业写字楼总面积22 600m²，合同总价23 700万元。合同签定后，"凯鸿公司"按照买卖合同的约定履行了付款义务，向"京门公司"支付了13 600万元，"京门公司"于2004年7月交付了房屋。"凯鸿公司"尚欠"京门公司"10 100万元。"凯鸿公司"入住京门大厦后，发现房屋实际情况与合同约定有许多不符之处，诸如买卖标的有担保问题；商场内空调、电力、消防、电梯等设施不能自成体系独立运转；停车也达不到合同约定的240个车位；房屋产权纠纷不断，"京门公司"存在严重的一房多卖的情况，不断有人来主张权益；买卖合同约定的是商场，而"京门公司"产权证办理的却是办公和车库等，致使双方在合同履行中出现了争议。2007年2月9日，因"京门公司"与北京城建集团的欠款纠纷，北京市第一中级人民法院将买卖标的物的底下一层至二层全部查封，并公告拍卖。2008年11月10日，北京市海淀区人民法院受理了"京门公司"的破产申请。"凯鸿公司"得知后，于2008年12月15日向"京门公司"的破产管理人提交了书面函，表示愿意履行10，100万元的债务。2008年12月26日，"京门公司"的破产管理人

---

[1]　参见：［美］大卫·G. 爱泼斯坦等：《美国破产法》，韩长印等译，中国政法大学出版社2003年版，第245页。

回复称："是否继续履行买卖合同事关全体债权人利益，影响巨大，管理人决定将该事提交债权人会议表决，并根据表决结果确定是否继续履行合同。如果贵公司有诚意继续履行合同，请于 2009 年 1 月 10 日前将履约保证金 10 100 万元存入北京市海淀区人民法院指定账户内。如此操作，一方面贵公司可以向'京门公司'及其债权人、管理人证明有继续履约的能力，另一方面如债权人会议表决结果为解除合同，贵公司可以请求取回上述保证金。""凯鸿公司"按照管理人的要求于 2009 年 1 月 9 日将 10 100 万元打入北京市海淀区人民法院指定账户。在以后的时间内，"凯鸿公司"一直与北京市海淀区人民法院、破产管理人沟通。2010 年 9 月 26 日，"京门公司"的破产管理人向"凯鸿公司"发出解除房屋买卖合同的通知。

从上述"京门公司"破产一案中可以看出，如果解除合同，对全体债权人有利，因为房屋从 2004 年涨价幅度惊人，因此现在的价格远远不止 23 700 万元。这样一来，债权人可以分得更多的财产。但从购买人"凯鸿公司"来看，情况却十分不利：房屋不仅得不到，而且已经交付的 13 600 万元将作为破产债权人按照比例接受分配。假如分配比例是 10% 的话（这一比例在破产实践中已经是相当高了），损失将十分惨重。

在该案中，管理人的行为有不当之处。例如，按照我国破产法的规定，是否解除合同本来就不需要债权人会议表决，而是管理人的职权，因此，债权人表决的程序是违反破产法的。另外，由于利益关系的巨大化，债权人会议的表决结果开始就一定是确定的——解除。如果抛开管理人的种种不当行为，那么，管理人的合同解除权是否应当从利益平衡的角度进行限制？在美国，早在 1979 年，莫里斯·申科（Morris Shanker）教授就极力主张在适用商业判断标准时，应注意合同的拒绝对相对人的影响。现在已经有一些判例开始运用这种平衡的方法。但也有的学者认为，在允许合同的拒绝中，对于买方明显缺乏公平，是无关紧要的，对于待履行合同的另一方当事人不应给予平衡或者其他特别的考虑。待履行合同或者租约的相对人因为合同被拒绝而成为无担保的债权人。[1]说明这一问题，在美国是有争议的。在我国，这一问题似乎并没有引起理论和实务的注意。从"凯鸿公司"案中，"凯鸿公司"是有履行买卖合同的能力的，而且都已经将剩余款项打到法院指定帐户。又解除合同将对"凯鸿公司"造成以一般公平观念难以接受

---

〔1〕〔美〕大卫·G. 爱泼斯坦等：《美国破产法》，韩长印等译，中国政法大学出版社 2003 年版，第 246 页。

的后果，故管理人应当是催收债权而不是解除合同。

我认为，在不动产买卖中，出卖人为破产债务人的，对方已经履行了大部分付款义务，而破产人尚未办理房屋所有权登记转移，但却已经将房屋交付给买受人使用的，破产管理人的合同解除权应当受到限制，理由是：①对于买受人、债权人来说，就对方交付不动产的请求权通常是不设定担保的，也就是说，按照我国通常的做法，房屋买卖的时候，一般是房屋的出卖人要求购买人就价款设立担保，而对方一般不要求出卖人就交付房屋的义务设立担保。因此，应特别予以考虑。②虽然破产法的基本目的在于保护债权人的一般利益，使之最大化，但也不能不考虑对方的利益。从公平的角度看，如果这种不平衡程序达到难以令人接受的程度，也应限制管理人的合同解除权。

四、对租赁契约的影响

因租赁契约涉及双方当事人，在出租人和承租人破产的不同场合，影响也有所不同。

（一）承租人破产

在承租人破产的情况下，首先需要解决的问题是：何人具有合同解除权。根据德国《破产法》第 109 条的规定，债务人作为承租人所缔结的不动产租赁合同，出租人已经将租赁物交付使用的，破产管理人有合同解除权。若不动产尚未交付使用，破产管理人及合同对方均有权解除合同。针对此种情形，日本学理有不同观点。一种观点认为，应采取不同情况而作不同的理解。当租赁关系涉及破产财产时，应认为破产管理人有解除权；若不涉及破产财产时，应将其视为破产人同出租人的关系来处理而否认破产管理人的解除权。另一种观点认为，破产法上的规定优先于民法典上的规定而认为破产管理人有解除权[1]。我国破产法没有就租赁关系作出特别的规定，故应视为一般双务合同而认为管理人具有合同是否履行的选择权。

这一问题在我国因破产法不适用于个人而不存在，但就一般理论来说，笔者认为，日本学理上的第一种观点对处理此类问题较为合理。如果租赁关系仅仅涉及破产人个人时，如破产人一般居住房屋的租赁关系，不应认为破产管理人有解除权，而应将此种租赁关系视为民法上的一般租赁而同破产程序区分开来。而此

---

〔1〕　［日］石川明：《日本破产法》，何勤华、周桂秋译，上海社会科学院出版社 1995 年版，第 60 页。

时，出租人只能按照民法上规定或者当事人约定的事由解除契约。如果破产人能够以自己的自由财产支付租金的且无其他违约事由的，出租人无当然解除租约的权利。

第二个问题是：因解除租赁契约而给对方造成的损失是否应属于破产债权？根据德国《破产法》第 109 条的规定，属于破产债权。根据我国《合同法》第 26 条的规定，在我国破产法上也应属于破产债权。

（二）出租人破产

在关于出租人破产对租赁关系的影响问题上，德国《支付不能法》第 108 条作出了明确规定："债务人关于不动产标的物或者关于房屋的使用租赁关系和收益租赁关系，以及债务人的雇佣关系，以对支付不能财团具有效力的方式存在。对于债务人以使用出租人或者收益出租人的身份缔结的使用租赁关系和收益租赁关系，以这些标的物已经作为担保转移于为购买或者制造这些标的物融资的第三人为限，也适用这种规定。"该法第 111 条规定，破产管理人将债务人出租的不动产或者房屋出售，买受人取代债务人在租赁关系中的地位。由此可见，出租人破产不影响租赁关系。日本学理上曾经存在三种观点：①法律既然没有明确规定，就应当视为一般契约，而应认为破产管理人有选择权；②出租人的破产不应影响租赁关系，租金构成破产财产；③在具备对抗要件的不动产租赁关系中应排除破产管理人的选择权，而在未登记的不动产租赁关系上应承认破产管理人的选择权。[1]但是，大部分国家均采取第二种观点。日本《破产法》第 55 条也采取相同的观点。

笔者认为，出租人破产的，不应影响租赁契约的效力。在破产管理人对租赁标的物的处理上，应适用"买卖不破租赁"的原则。但是，这种观点从我国破产法的规定看，难以成立，因为我国破产法对此没有明确规定，其仅仅对双务合同作出了规定。而这种双务合同，管理人有解除权。

五、对承揽契约的影响

（一）定作人破产

学理上一般认为，根据民法关于承揽合同的一般规定，工作物未完成前，定作人得随时终止契约。例如，我国现行《合同法》第 268 条规定，定作人可以随时解

---

〔1〕〔日〕石川明：《日本破产法》，何勤花、周桂秋译，上海社会科学院出版社 1995 年版，第 63 页。

除承揽合同，造成承揽人损失的，应当赔偿损失。故破产管理人在认为必要时，可终止承揽契约。未完成的工作结果归破产财产。承揽人因完成部分工作而应当取得的报酬以及因破产管理人解除合同而生的损害赔偿请求权作为破产债权。

但是，承揽人的请求权在定作物上有无留置权？根据各国民法典的规定，定作人的报酬请求权在工作物上有留置权，如我国现行《合同法》第 264 条规定，定作人未向承揽人支付报酬或者材料费等价款的，承揽人对完成的工作成果享有留置权。那么，民法上的这种担保物权在破产法上是否具有效力？笔者认为，民法上的留置权在破产法上仍然存在，承揽人对定作物享有别除权。

（二）承揽人破产

对于承揽人破产时的合同效力问题，有三种不同的主张：①否认在承揽人破产时破产管理人对合同效力的选择权。因为承揽是以承揽人个人提供劳务为目的，其契约关系不被契约关系所吸收，而作为定作人和破产人的关系保留下来。因此，成为破产人的承揽人履行其义务。在破产宣告后已完成的工作，其报酬请求权不属于破产财团，而成为破产人的自由财产。故破产管理人对承揽合同既不能选择履行也不能选择解除。但是，如果破产管理人能够提供材料让破产人完成工作的从而使破产财团增值的，法律才例外地认可破产管理人对承揽合同的介入权。这是传统理论。②区别不同情况而有解除或者履行的选择权。这种观点认为，即使同为承揽契约，可以区别以承揽人个人提供劳务为内容的契约和除此之外的契约。对于前者，应认为破产管理人无解除契约或者履行的选择权；而对于后者，则应认为破产管理人无此选择权。③全面肯定破产管理人对承揽契约的解除或者履行的选择权。该主张认为，以上两种主张中认为承揽契约以提供个人劳务为内容而否认破产管理人的选择权是没有说服力的。毫无疑问，破产管理人不能强制承揽人提供劳务，这是破产管理人选择履行中所出现的问题。但这不能构成否定履行选择权本身的理由。而且，承揽人已经完成一定比例的工作，如果按完成量取得报酬请求权，该请求权当然属于破产财团。若依传统见解，该报酬当然属于自由财产。暂不论政策上是否恰当，作为法解释理论，可以说其结果并不适当。假定承揽人自己无意完成工作，破产管理人也必须解除契约，报酬请求权并入破产财团。这一点，无论承揽人是法人还是自然人，或者其义务是否以个人提供劳务为目的，应不会有任何变化。[1]

---

[1] ［日］伊藤真：《破产法新版》，刘荣军、鲍荣振译，中国社会科学出版社 1995 年版，第 161～162 页。

笔者认为，全面肯定破产管理人选择权的作法较为可取。因为债务人被宣告破产后，其一切财产均构成破产财产，统归破产管理人管理和处分，承揽契约也不应例外，破产管理人理应行使解除或者履行的选择权。至于有时破产管理人需要继续完成契约中尚有存留的工作，因破产人有协助的义务，故应继续完成。当然，有时承揽契约具有特殊性，即不能强制破产人完成，则是另外一个问题。破产管理人认为有必要时，可由第三人代为完成；若不可替代的，应选择解除合同。如果破产管理人认为承揽契约对于破产财产无任何积极意义的，也可以明确表示放弃该契约。若定作人愿意同破产人继续保持契约关系的，法律也应承认这种契约的法律效力。至于破产人因此而取得的财产是属于破产人的自由财产，还是属于破产财产，要看具体国家的立法政策。

六、对雇佣合同的影响

（一）雇佣者破产

在雇佣者破产的情况下，首先需要解决的问题是，何人对雇佣合同拥有解除权。根据许多国家的破产法的规定，破产管理人及受雇人均具有契约解除权。例如，根据德国《破产法》第113条的规定，在雇佣人破产的情况下，破产管理人及另一方得不顾自己已约定的合同期限或者排除合同解除权的约定而宣布解除合同。但是，如果员工认为，破产管理人解除其工作关系所根据的理由不在解约保护法所规定的理由之内，可在收到解除合同的通知后3周内向劳动法院提起诉讼。根据日本《民法典》第631条的规定，劳动者及破产管理人均有权解除劳动契约关系，劳动者有契约解除权，却无契约继续履行选择权。而破产管理人则不同，他具有解除权及履行选择权。

在选择雇佣契约解除或者继续履行的情况下，工资债权应如何处理？一般说来，在选择契约解除时，破产程序开始前的工资债权作为破产债权，但是，在破产程序开始后到契约正式解除这段期间内的工资债权应作为共益债权（财团债权）。在选择契约履行的情况下，破产程序开始前的工资债权为破产债权，而破产程序开始后的工资债权为共益债权（财团债权）。这种情形多发生在债权人会议决定继续债务人的营业的情况下。

对于破产程序开始前工资债权的法律地位，在许多国家中，过去的做法同今天的做法有较大的不同。例如，在日本，虽然破产法仍然将工资债权作为优先债权而对待，但学理上的反对声颇高。在德国，过去的《破产法》一直采取如同日本法的做法，但1999年生效的《破产法》将工资债权的优先地位取消，而将其视为一般债权。根据德国联邦司法部参事兰弗尔曼的解释，德国新《破产法》将工人的工资债权的优先性取消，而通过所谓的"破产补偿金"而得以补偿。[1]我国 2006 年《破产法》将工资债权按照不同时间而区分其效力：一般将其视为第一顺序的普通债权。但是，《破产法》施行后，破产人在本法公布之日前所欠职工的工资作为特别优先权对待。关于此点，我们将在"破产债权"的有关章节中详细论述。

（二）劳动者破产

劳动者破产并不影响劳动契约关系，但是，劳动者在破产宣告后的劳动收入能否作为破产财产，则要视各国破产法的不同规定而定。在我国因破产法不适用于个人，故不发生这一问题。

七、对于交互计算契约的效力

交互计算是以相互信用为基础的当事人之间在一定期间内交易的总债权额与总债务相互抵销的计算。这种信赖关系因破产程序开始而终止。根据终了后计算的结果，如果余额归破产人所有，则由破产管理人将其作为破产财产的组成而主张；如果余额归非破产方所有，则对方作为破产债权而主张。

八、对于通过交易所而进行的买卖契约的影响

在这种交易中，由于买卖标的物价格变化频繁，只要债务不履行，民法一般认为无需催告而解除。在证券交易所中所交易的有价证券或者商品交易所中所进行的商品交易等，均属于此类。只要交易所没有特别规定，以破产程序开始时的价款和交易时价款之间产生的差额作为损害赔偿额。例如，根据日本《破产法》第 58 条的规定，关于有交易所市价的商品买卖，该合同在程序开始后不得履行。在此场合，损害赔偿额依在履行地或者作为市价标准地进行同种交易、且在同一时期应履行者的市价与买卖价格的差额确定。德国《破产法》第 104 条规定，对有市场价格或者股市价格的商品约定在某一确定时间或者在某一确定期限内交割而该时间或者期限的到期日发生在破产程序开始之后时，不得要求履行交割而仅得主张因未履行而发生的债权。

我国破产法对此虽然没有明文规定，但也有这种交易，也应作出相同的解释。

---

〔1〕　资料来源于德国联邦司法部参事兰弗尔曼博士在 1997 年由人大财经委组织的在北京"王府饭店"召开的"中德破产法研讨会"上的发言：《德国新破产法的特征》一文。

九、对委托契约的影响

根据我国现行《合同法》第 396 条的规定，委托合同是委托人和受托人约定，由受托人处理委托人事务的合同。委托合同既可以是有偿的，也可以是无偿的。在委托合同中，无论是委托人破产，还是受托人破产，均会发生使委托合同终止的效力。如根据日本《民法典》第 653 条的规定，无论委托合同的任何一方被宣告破产，委托合同当然终止。德国《破产法》第 115 条规定，债务人发生的涉及破产财产的委托，因破产程序的开始而失效。我国《合同法》第 411 条规定，委托人或者受托人死亡、丧失民事行为能力或者破产的，委托合同终止。

但是，在委托人破产时，被委托人不知破产宣告的事实而继续为委托人处理事务的，由此产生的报酬请求权得作为破产债权而行使。如日本《破产法》第 57 条、德国《破产法》第 115 条均作了如此的规定。有的学者认为，若破产宣告后委托人继续处理委托事务是为了破产财团的利益时，应作为财团债权（共益债权）而非破产债权。[1]这种主张实为合理。

我国 2006 年《企业破产法》第 54 条规定："债务人是委托合同的委托人，被裁定适用本法规定的程序，受托人不知该事实，继续处理委托事务的，受托人以由此产生的请求权申报债权。"

十、对破产债权人的效力

1. 债务人一经被宣告破产，债权人对破产人享有的所谓债权均视为到期。若不如此规定，就无法实现对所有债权人的平等清偿的目的。当然，在破产债权数额计算时，对期限利益应当扣除。

2. 债权人不得在破产程序外向债务人主张个别清偿，仅得以破产债权人的身份向破产管理人主张权利。

3. 债权人的抵销权因破产程序的开始而改变民法上抵销的性质，变得更加严格，受到的限制也将更多。关于此点，我们将在抵销权的部分详细论述。

4. 对于以债务人的财产为标的的担保物权，也会变为"别除权"而以破产法上的特别规则行使。

---

〔1〕［日］伊藤真：《破产法新版》，刘荣军、鲍荣振译，中国社会科学出版社 1995 年版，第165 页。

第五节　我国破产法的受理开始主义模式反思与补救

一、问题的提出及意义

按照我国现行《破产法》的规定，破产程序自人民法院受理破产案件开始，而破产程序一经开始，就发生一系列针对债务人的财产及人身的效力，如指定管理人接管债务人财产、债权申报、未到期债权到期、债务人的法定代表人及其他管理人员未经法院许可不得离开住所地，民事案件的管辖也会因破产案件的开始而改变民事诉讼法关于管辖的一般规定，所有与债务人有关的民事诉讼均由破产案件的受理法院管辖，执行程序没有开始的不得开始、已经开始的中止执行、民事保全措施解除等。但是，按照我国《破产法》的制度设立和安排，法院受理破产案件后，还要进行如同民事案件的审理，[1]并不一定意味着宣告债务人破产而进入清算程序，或者开始和解、重整等程序。那么，必然会产生下列问题：如果法院受理破产案件但却未宣告债务人破产或者进入和解程序或者重整程序，受理后对债务人、债权人产生的效力后果如何解决？为此，法院在审查是否受理破产案件时是否应进行实质审查？另外，破产程序开始后的法律效力，在破产清算、和解与重整程序中是否一致？此二问题的研究对解读破产法及司法实践具有重大意义。

二、补救措施

如上所述，如果法院受理了破产案件后，经审理认为，并不具有破产原因，从而不宣告破产或者进入其他程序，破产程序就要终止。这时出现的问题大概有以下几种：①对于取得执行名义的债权人的损害。因为破产程序因受理而开始后，未经开始的执行不得开始，正在进行的执行应当中止；②对担保债权产生影响；③产生许多费用，如聘任管理人的费用、债权申报的费用、公告的费用等。

---

〔1〕　王欣新："破产案件的申请与受理"（下），载中国民商法律网，http://www.civillaw.com.cn，访问日期：2003 年 6 月 22 日。我国现行破产法仍然沿用这一设计。但国外的破产法一般都规定，破产程序自破产宣告开始。

那么，应如何处理？我认为：

1. 对于民事执行应当恢复。我国《破产法》第 19 条规定："人民法院受理破产申请后，有关债务人财产的保全措施应当解除，执行程序应当中止。"这里对于民事执行程序用的是"中止"而非"终止"。因此，法院应当依职权恢复。最高人民法院的司法解释对此已经作出了明确的规定（上面已经提到）。

2. 对于民事保全措施，应给因破产程序开始而解除保全的债权人以优先权。按照《破产法》第 19 条的规定，对于民事保全措施是"解除"，解除后若法院并不宣告债务人破产而废止破产程序时，法院难以依职权恢复保全，但若不给先前有保全措施的债权人以优先权，再按照申请的前后顺序进行，显然，对于先前有保全的债权人是不利的。[1]当然，也应当对其优先权进行期限限制，即在一定期间内（在破产程序因不具备破产原因而废止后的 3 个月内），若先前有保全措施的债权人申请保全的，享有优先权。这样做，体现了法律的公平，也避免给"地方保护主义"留下空间。

3. 对于担保债权应扣除期限利益。在正常情况下，只有债权到期，有担保的债权人才能实行担保。但是，由于破产程序的开始，有加速债权到期的效力，那么担保债权人就有可能提前获得清偿，因此而获得期限利益。未到期债权有附利息与不附利息两种。对附利息的未到期债权，破产程序开始后的利息停止计算即可，其债权额为债权本金加上破产程序开始前的利息，较为简单。对于未附利息的债权，应当减去自程序开始后至债权到期时止的法定利息。因为未到期的债权在不附利息时，债务人的提前清偿，必然使债权人获得期限利益，故应减去提前受偿的法定利息。我国 1986 年《破产法》（已失效）第 31 条规定："破产宣告时未到期的债权，视为已到期债权，但是应当减去未到期的利息。"我国现行《企业破产法》仅仅于第 46 条规定："未到期的债权，在破产申请受理时视为到期。附利息的债权自破产申请受理时起停止计息。"但对于不附利息的债权，则不扣

---

〔1〕 有的学者也提出了类似的问题，如刘子平法官就提出："一些没有申请对债务人财产进行保全的债权人，很可能以申请债务人破产为由解除其财产保全措施，以争夺债务人的财产。由此滋生出一个法律问题，如果债务人最终没有被宣告破产，或者被人民法院驳回破产申请，解除保全措施的损失由谁承担？"他认为："破产申请人应对解除债务人财产保全措施导致权利人的损失承担损害赔偿责任。"——见刘子平："破产程序与债务人财产诉讼、执行程序的协调"，载中国民商法律网，http://www.civillaw.com.cn，访问日期：2007 年 3 月 3 日。

减期限利益。当时的立法本意是不要使债权人"破本受偿"[1]。但是，即使扣减期限利益，债权人也不会食本，因为期限利益就是利息问题，早受偿后存入银行即可得到利息。因此，现行《企业破产法》与1986年《破产法》比较，对债权人更为有利，尤其是对于担保债权人来说，更加如此。因为没有担保的债权人即使不扣除期限利益，因其比例受偿，影响并不太大。但是，有担保的债权人几乎可以百分之百地受偿。

4. 对损失的分担。破产程序开始却未被依法宣告债务人破产，必然会造成损失。对于这些损失，我认为，应区别不同情况而定：

（1）如果由个别债权人恶意申请，而法院按照程序通知债务人，而债务人没有提出异议的，对于债务人自身的损失，其应自行承担；而对于其他债权人的损失，恶意债权人承担故意侵权责任，而债务人应承担过失责任。

（2）如果是由债务人与债权人恶意串通，则对于债务人的损失，由债务人自行承担；对于其他债权人的损失，则由恶意债权人与债务人承担连带责任。

（3）如果人民法院与债务人、个别债权人串通以实行地方保护主义或者其他非正当目的的，由债务人、个别债权人、法院对受到损害的债权人承担连带责任。

---

[1] 按照日本破产法的规定，这些期限利益不是简单地扣除，而是作为"劣后债权"——见〔日〕伊藤真：《破产法新版》，刘荣军、鲍荣振译，中国社会科学出版社1995年版，第100页；〔日〕石川明：《日本破产法》，何勤华、周桂秋译，上海社会科学院出版社1995年版，第103页。

第四章　破产程序中的必设和任设机构

在破产程序中，利益的冲突和矛盾十分明显。为保证破产程序的正常进行及对各债权人的公平清偿，必须设立一套有效的机构。由于各国的立法及司法不同，所设机构也就有所不同。但是，债权人会议及破产财产管理人这两个机构是各国法上均存在的机构。因为，破产程序一经开始，应立即剥夺破产债务人对财产的管领，以避免恶意处分而损害债权人利益。而法院或债务人本身充当此一角色均不合适，故应有一专门的机构来完成这一使命。这一专门的机构在大陆法系国家中一般称为"破产财产管理人"或"管理人"；而在美国破产法上被称为"破产受托人"（trustee）；在我国现行破产法上被称为"管理人"。破产程序是一种在法院监督下的债权人自治程序，故必须有债权人的自治机构来决定有关重大事项；而债权人会议并非常设性机构，要实现债权人对破产程序的监督，有的国家破产法还规定了一个监督机构。

从我国2006年破产法的规定看，破产法上的机构主要有：①债权人会议。这是一个必须设立的机构。2006年《破产法》第7章第1节专门规定了这一机构；②债权人委员会。这是一个非必须设立的机构，是否设立由债权人会议决定。1999年的德国《支付不能法》与日本平成16年（2004年）的《破产法》也都将这一机构规定为非必设机构。我国2006年《破产法》之所以设立这一机构，是因为在考察国外的实践及总结我国实践经验的基础上，起草组认为，在有许多破产案件中，有时债权人会议难以召开，而且效率比较低，故应设立一个常设机构，但这一常设机构是由债权人会议自由决定是否设立，而不是必设机构。我国1986年破产法只有债权人会议而没有债权人委员会，从1994年开始的前期的破产法草案中也没有设立这一机构。我国2006年《破产法》上没有设立监督机构，但监督机构的许多职责由债权人委员会行使；③管理人（2006年《破产法》第3章）。这是一个必须设立的机构，几乎所有国家的破产法都规定有这一机构，而且是必设机构。

下面我们就从比较法的视角并结合我国2006年《破产法》的规定，详细论述上述机构在破产程序中的地位和作用。

至于现在广泛流传的"管理人中心主义"还是"债权人中心主义"，本身并不是严格的破产法意义上的确切术语。例如，有的学者指出，所谓管理人中心主义，是指破产程序的事务性工作通过管理人来进行，管理人在破产程序开始后依法对于债务人的财产进行接管、清理、保管、运营以及必要的处分，以更好地保护债权人利益。[1] 这些职能很难理解为"管理人中心主义"，因为这些仅仅是事务性工作，有关破产程序的重大问题均由债权人会议决议，因此也可以说是"债权人中心主义"。这一点，很像公司法上的究竟是股东中心主义还是经理人中心主义的争议一样，完全脱离法律的视角去看现象。在破产法上，债权人会议与管理人各有其不同的职能和角色，不能说谁是中心。如果是有中心，那么债权人与债务人的合法权益才是破产法的中心。

第一节　债权人会议

一、债权人会议的法律地位

债权人会议是破产程序中全体债权人的意思表示机构，通过对破产程序中重大决议的决定和对破产程序的监督，维护自身利益。正如日本学者所言，由于破产程序是满足债权人的需要，所以有必要在程序上将债权人的意思、要求反映出来。总结这种意思和要求的集会就是债权人集会[2]。债权人会议在破产程序中具有何种法律地位呢？

债权人会议的法律地位与债权人会议的性质密切相关，而关于债权人会议的性质，大致有以下几种观点：

（一）债权人会议是债权人团体的机关

这种主张认为，债权人在破产程序进行中有一致的基本利益、共同利害关系，债权人对于是否同意和解、对于破产财产的增加或减少、破产费用的拨付、破产财产的变价和分配等事项形成一致决议，是表达债权人意愿的法定机构，故

---

[1] 林恩伟："论我国破产管理人"，载中国民商法律网，http://www.civillaw.com.cn，访问日期：2009 年 7 月 26 日。

[2] ［日］石川明：《日本破产法》，何勤华、周桂秋译，上海社会科学院出版社 1995 年版，第 112 页。

债权人会议是债权人团体的机关。[1]也就是说，债权人全体成员构成的债权人团体是一个法人，债权人会议是该法人的机关。[2]

（二）债权人会议属于按不同日期成立的债权人事实上的集合体，也即是债权人于必要时召开的临时性集会

这种主张认为，债权人团体机关的主张不能成立，因为：①债权人团体的法律地位难以认可；②债权人的利益未必一致，例如，某个债权人获得更多的清偿，那么其他债权人就会减少分配，在债权调查和审查方面，债权人之间也存在不同利益。故将债权人的集团视为统一性的团体或法人未必妥当。所以，只能是必要时临时召开的债权人集会[3]。

（三）债权人会议是不具有法人资格的债权人团体

这种主张认为，将债权人会议说成是临时性召开的债权人集会的主张有不妥之处。虽然债权人会议进行活动有不同日期，但债权人活动的自身始终存在。所以，应将其理解为不具有法人资格的团体。另外，虽然作为团体成员的债权人的利害关系并非共通，但这也是各种团体常见的现象，不能据此否认团体的成立。至少在期待进行正常的财产管理这一点上其利益是一致的，因此可认为团体的成立。但是，认可其法律主体性是困难的，因为债权人团体自身与外部第三人并无法律关系，也无授予其法律主体资格的必要。[4]

（四）债权人会议是具有独立地位的意思表示机关

这种主张的主要理由是：

（1）债权人会议是债权人参加破产程序表达其意思、行使权利的基本形式。

（2）债权人会议在破产程序中具有独立的意思表示能力。债权人会议不是民法上的权利主体或者非法人团体，不能从事民事活动；债权人会议也不具有诉讼法上的诉讼能力，不是民事诉讼法所认可的可以起诉和应诉的其他非法人组织。但是，债权人会议却在破产程序中具有独立的意思能力，相对于债务人而言，它是成立和解的一方当事人；相对于破产财产管理人而言，它是监督的专门性机

---

〔1〕 梁慧星主编：《民商法论丛》（第2卷），法律出版社1994年版，第162~163页。

〔2〕 〔日〕石川明：《日本破产法》，何勤华、周桂秋译，上海社会科学院出版社1995年版，第112页。

〔3〕 〔日〕伊藤真：《破产法新版》，刘荣军、鲍荣振译，中国社会科学出版社1995年版，第75页；〔日〕石川明：《日本破产法》，何勤华、周桂秋译，上海社会科学院出版社1995年版，第112页。

〔4〕 〔日〕伊藤真：《破产法新版》，刘荣军、鲍荣振译，中国社会科学出版社1995年版，第75~76页。

构；相对于法院而言，它是债权人表达意愿的自治共同体。所以，债权人在民法实体法和程序法上无能力，并不足以说明其在破产程序上无能力。实际上，债权人会议具有独立的意思表示能力。[1]

笔者认为，债权人会议在破产程序上是代表债权人这一特殊利益群体的专门机构，其独特的法律地位应从以下几个方面加以理解：

第一，在破产程序中，债权人会议是全体债权人的自治性组织，在整个破产程序的进行中，具有自己自治的权限和范围。破产程序中的所有重大事项，均应经债权人会议集体决议，如对破产财产的管理、变卖、分配与债务人的和解等，可以委派监督机构监督破产财产管理人有关破产财产的行为。特别是在和解或重整程序中，可作为协议的一方当事人。破产财产管理人虽然不向债权人会议负责并报告工作，但却受债权人会议的监督。

第二，债权人会议虽然是代表全体债权人这一利益群体的特殊机构，但这里所说的"代表全体债权人的利益和要求"是指它代表全体债权人的一般利益，而不是个别债权人的特殊利益。否则，就不能理解为什么债权人之间也会发生利益上的矛盾和冲突，如对债权人之债权的核查和异议等。也正因为如此，债权人会议的工作机制是多数表决有效制度。

第三，债权人会议不具有民事一般主体资格，这主要表现在：

首先，它不能像破产财产管理人那样，直接作为诉讼的原告或被告，即不具有民事诉讼法上的诉讼能力；不能独立承担民事责任，即不具有民法上的权利能力。

其次，债权人会议就有关重大问题的决议不能直接发生法律效力，须经法院认可。例如，和解协议、重整计划、对个别债权人债权的否定、破产分配方案等决议，必须经法院批准方生效力。

二、债权人会议的组成

一般地说，债权人会议由全体债权人组成，所有债权人，无论其债权的性质如何、数额多寡、是否申报债权，均为债权人会议的当然成员。但有的债权人虽然是债权人会议的成员，却没有表决权，主要存在于债权尚在诉讼中而未决的债权人，除人民法院能够为其行使表决权而临时确定债权额的外，不得行使表决权；对债务人的特定财产享有担保权的债权人而未放弃优先受偿权利的，对特定

---

〔1〕　梁慧星主编：《民商法论丛》（第2卷），法律出版社1994年版，第162～163页。

事项不享有表决权等。由此可见，虽然所有债权人均为债权人会议的组成成员，但却未必均有表决权。关于表决权的问题，我们将在下面详细论述。

我国 2006 年破产法在债权人会议的组成方面，与其他国家并不相同，该法第 59 条第 1～3 款规定："依法申报债权的债权人为债权人会议的成员，有权参加债权人会议，享有表决权。债权尚未确定的债权人，除人民法院能够为其行使表决权而临时确定债权额的外，不得行使表决权。对债务人的特定财产享有担保权的债权人，未放弃优先受偿权利的，对于本法第 61 条第 1 款第 7 项、第 10 项规定的事项不享有表决权。"由此可见：①没有申报债权的债权人就不能成为债权人会议的成员。我认为此规定有失得当，是否申报债权，不应成为阻却债权人成为债权人会议成员的理由，但没有申报债权可以成为不能表决的理由。同时，我们还应该注意到，即使对于涉及职工的债权问题，即使没有申报也可以成为债权人会议成员。因为 2006 年《破产法》第 48 条规定："债务人所欠职工的工资和医疗、伤残补助、抚恤费用，所欠的应当划入职工个人账户的基本养老保险、基本医疗保险费用，以及法律、行政法规规定应当支付给职工的补偿金，不必申报，由管理人调查后列出清单并予以公示。"②对债务人的特定财产享有担保权的债权人只要申报债权，就可以成为债权人会议的成员，但在未放弃优先受偿权之前，对于其表决权有所限制。③债权尚未确定的债权人，只要申报债权，就可以成为债权人会议的成员，仅以人民法院能够为其行使表决权而临时确定债权额为限行使表决权。如果其债权额无法确定，就不能享有表决权。

在民法一般法上，债权人可以分为享有优先权的债权人、有财产担保的债权人、附条件和附期限债权的债权人、一般债权人和代位求偿权人。下面分别加以说明。

（一）债权人

1. 享有优先权的债权人。优先权亦称为先取特权，按《法国民法典》第 2095 条所下的定义，"优先权是指按债务的性质，而给予某一债权人先于其他债权人，甚至抵押权人，而受清偿的权利。"优先权制度起源于罗马，法国民法典采用并加以改进，法国法系大多仿效法国之立法例。优先权有担保物权的性质，故日本破产法将之称为"准别除权"。有的国家将优先权规定于民法典中，如法国，日本等；有的国家将之规定于特别法中，如我国《海商法》就规定了这种优先权。

优先受偿权多系对于特种债权而设，有的是基于公共利益而创设，如司法费用；有基于保存费用而创设，如动产保管人的费用；有基于债务人财产增加而创设，如不动产出卖人的价金；有基于推行社会政策保护弱者而创设，如雇员及劳工的薪金；有为债务人的利益而创设，如医疗丧葬费等；有为债权人而创设者，例如，我国《合同法》第 286 条规定："发包人未按照约定支付价款的，承包人可以催告发包人在合理期限内支付价款。发包人逾期不支付的，除按照建设工程的性质不宜折价、拍卖的以外，承包人可以与发包人协议将该工程折价，也可以申请人民法院将该工程依法拍卖。建设工程的价款就该工程折价或者拍卖的价款优先受偿。"有为国家利益而创设者，如国库各种捐税等。由此可见，优先权有维护公共利益、主持公平、表达正义的功能。

在一般民事执行程序中，优先权人可就债务人的动产或不动产享有优先受偿的权利。在破产程序中，享有优先权的债权人为债权人会议的组成人员。

2. 担保债权人。担保分为人的担保与物的担保。前者主要是指保证，而后者则是指担保物权，即抵押、质押及留置。根据我国担保法的规定，担保方式有保证，抵押，质押，留置与定金。在破产程序中，担保权人是指对债务人的特定财产享有担保权的人，即物的担保。破产程序不限制债权人在参加程序的同时，于程序外向保证人行使权利。因为债权人向保证人行使权利并不影响破产财产。

在一般破产程序中，有财产担保的债权人是债权人会议的组成人员，但根据我国 1986 年《破产法》第 13 条的规定，担保债权人在放弃以担保物权优先受偿的权利之前，不享有表决权。但德国破产法、日本破产法均规定，只有在通过和解协议时，才不具有表决权。我国 2006 年《破产法》第 59 条的规定基本与德国、日本相同，即仅仅对通过和解协议与破产分配方案时，才不享有表决权。

3. 附期限或附条件的债权人。附条件债权与附期限债权在性质上有极大的不同。附期限的债权是确定的债权，因为期限的到来是任何主观或客观的因素均阻挡不了的。而附条件债权则是或然债权，即债权的成立与否尚不能决定，取决于将来某种条件的成就或不成就。根据大部分国家破产法的规定，这两种债权人均为债权人会议的成员，只是其在债权的清偿上有所限制。

4. 普通债权人。普通债权人是指除以上所指的三种债权人以外的债权人。普通债权人系关系人会议的当然成员，在破产程序开始后，应依法申报债权，享有表决权。但诉讼未决或数额未定的债权的债权人虽系关系人会议的成员，但其表决权受到条件限制。

（二）代位求偿权人

1. 代位求偿权的概念。代位清偿，亦称代位或法律上的债权转移，是指第三人或共同债务人中的一人因向债权人为清偿，债权人的债权转移于清偿人。清偿人就债权人的债权在其求偿的限度内，以自己的名义代位行使的制度[1]。

代位求偿权源于罗马法。罗马法素有所谓"权利让与利益制度"（Beneficium Cedendarum Actionum），连带债务人的一人或保证人为清偿时，得对于债权人请求其权利的让与。现代各国法在继受罗马法的同时，对这一制度进行了改进，即连带债务人或保证人为清偿时，不须对于债权人请求，债权人的权利当然转移于清偿人，即代位制度。代位制度的目的在于确保第三人给予债权人满足的同时，获得对于债务人的求偿权。对债权人来讲，代位制度比债权转移更为便利，对于债务人亦无不利。因为，代位只不过使其改向第三人负担同一债务。故各国民法典均设有代位制度，使清偿人能承受债权人的权利。

2. 代位清偿的种类。代位清偿有法定代位与约定代位两种，法国民法典和日本民法典均规定了这两种代位制度。德国民法典及我国台湾地区民法典仅承认法定代位制度。我国民法通则也仅承认法定代位。

（1）法定代位。法定代位是指依照法律规定当然发生的代位。然何人得为法定代位，历来有三种立法例：一种为列举主义，即将代位权人——列举。德国及法国民法典采取这一立法例。如德国民法典列举了四种，即连带债务人，保证人，物上保证人以及有利害关系的任何第三人。[2]法国民法典也列举了四种发生法定代位的情形，即债务人的其他后顺序债权人即本人为债权人，向因享有优先权或抵押权而权利优先于自己的另外的债权人清偿者，担保不动产的第三取得人，与他人共负或有为他人清偿的义务者以及清偿遗产债务的继承人；第二种为概括主义，日本民法典采此主义。该法第 500 条规定："就清偿有正当利益者，因清偿当然代位债权人。"第三种为混合主义，我国台湾地区民法典采此主义，即就共同债务人采取列举主义，就共同债务人以外的第三人采取概括主义。

法定代位的代位权人有以下几种：

第一，共同债务人。一是连带债务人。按照民法的一般原理，债权人有权就债权全额向连带债务人中的一人请求履行，连带债务人有义务就全额债务为履行。连带债务人履行超过自己份额的债务后，有权就超过部分向其他连带债务人求偿，即在求偿范围内，承受债权人的权利。共同保证人、共同继承人均负有法定连带责任，均适用清偿代位的原则。如我国《担保法》第 12 条规定："同一债务有两个以上保证人的，保证人应当按照保证合同约定的保证份额，承担保证责

---

[1] （台）史尚宽：《债法总论》，荣泰印书馆 1978 年版，第 763 页。
[2] 《德国民法典》第 462、774、1143、1150 条及第 268 条。

任。没有约定保证份额的，保证人承担连带责任，债权人可以要求任何一个保证人承担全部保证责任，保证人都负有担保全部债权实现的义务。已经承担保证责任的保证人，有权向债务人追偿，或者要求承担连带责任的其他保证人清偿其应当承担的份额。"二是不可分债务人。不可分债务是指以同一不可分给付为标的物的复数债务。[1] 不可分之债一般以法律行为或法律规定而发生，前者如合同等，后者如我国《民法通则》第 122 条、《侵权责任法》第 43 条规定的制造商和销售商的不可分债务[2]。不可分债务的履行，原则上适用连带债务的规定，但由于给付的不可分性，债务人一人清偿债务时，必须为全体债务人进行全部清偿，部分给付不发生部分债权消灭的效力。不可分债务因同一债务人给付而消灭后，为给付的债务人对其他债务人享有求偿权。三是保证人。保证人向债权人为清偿后，债权人对于主债务人的债权，在其求偿的限度内，移转于保证人。如我国《民法通则》第 89 条规定："保证人向债权人保证债务人履行债务，债务人不履行债务的，按照约定由保证人履行或者承担连带责任；保证人履行债务后，有权向债务人追偿。"《担保法》第 31 条规定："保证人承担保证责任后，有权向债务人追偿。"

第二，就债的履行有利害关系的第三人。所谓就债的履行有利害关系，是指因债务的清偿当然受到法律上的利益。纵使就清偿有事实上的利害关系而非当然受法律上的利益者，不能称为有利害关系的第三人。因为利害关系人若不为清偿，则自己法律上的利益受到损害[3]。有法定代位利益的第三人，主要有以下几种：

第一类，物上保证人。以自己的财产为他人债务的履行提供担保者，就债务的履行有利害关系，因清偿债务而当然代位。如我国台湾地区"民法典"第 879 条规定："为债务人设定抵押权的第三人，代为清偿债务或因抵押权人实行抵押权致失抵押物之所有权时，依关于保证人的规定，对于债务人有求偿权。"我国《担保法》第 57 条规定："为债务人抵押担保的第三人，在抵押权人实现抵押权后，有权向债务人追偿。"

第二类，担保财产的第三取得人。第三人取得有担保负担的财产时，为消灭财产上的担保权而向担保权人为清偿时，依法取得担保权人对债务人的求偿权。如《法国民法典》第 1251 条第 2 款规定："购买债务人不动产者，以价金向在不

---

[1]　张俊浩主编：《民法学原理》，中国政法大学出版社 1991 年版，第 571 页。
[2]　但在民法理论上，这种债务在很多学者看来，为不真正连带债务。
[3]　史尚宽：《债法总论》，荣泰印书馆 1978 年版，第 766 页。

动产上有抵押权的债权人作清偿者，代位权当然成立。"

第三类，共有人。财产共有（Co – ownership）有两种形式，一种是共同共有，即两人或数人在同一期间共同享有同一财产，财产的所有权属于全体共有人；另一种为按份共有，即两个以上的权利主体按照预先确定的份额对共有财产分享权利并分担义务的共有关系。共有人均可就共有债务进行清偿而取得代位求偿权。如合伙人就合伙财产为共同共有人，就合伙债务，有清偿利益，可代位清偿。如我国《物权法》第 102 条规定："因共有的不动产或者动产产生的债权债务，在对外关系上，共有人享有连带债权、承担连带债务，但法律另有规定或者第三人知道共有人不具有连带债权债务关系的除外；在共有人内部关系上，除共有人另有约定外，按份共有人按照份额享有债权、承担债务，共同共有人共同享有债权、承担债务。偿还债务超过自己应当承担份额的按份共有人，有权向其他共有人追偿。"

（2）约定代位。约定代位，又称意定代位，是指经债权人或债务人承诺的代位。根据法国《民法典》第 1250 条的规定，下列两种情况为意定代位清偿：一是债权人如受领第三人的清偿，使该第三人行使其对债务人的权利，诉权，优先权或抵押权，此种代位必须明示并在清偿的同时进行；二是债务人如向第三人借款，以清偿其债务，并使该第三人代位行使债权人的权利。为使此种代位有效，借贷证书以及受领收据应由公证人作成。借贷证书中应说明借款人系为清偿债务之用，且在受领收据中应说明债系以新债务人所提供的金钱清偿。此种代位，无须债权人的同意。

代位制度的设立系为确保清偿人的求偿权，故无求偿权者，无代位。因对债务人的赠与而为清偿或将求偿权抛弃者，则不发生代位。代位权以求偿权的存在为前提，故代位人不得超过其实际给付对债务人行使权利。但是，代位求偿权无论是已经发生的，还是将来发生的，其债权人均是债权人会议的组成成员，但其表决权会因是否为已经发生的现实债权而有不同。已经取得代位求偿权的第三人依其所清偿的债权额享有表决权。但是，恶意取得代位求偿权的债权人，不得行使表决权。至于将来求偿权人，因其债权的或然性，故原则上不能行使表决权。但经法院批准，也可行使表决权，但以何种债权额行使，由法院根据实际情况确定。

三、债权人会议的职权

（一）关于债权人会议职权的概述

各国破产法对债权人会议的职权均有明确规定，但规定的方式各有不同。有的国家的破产法采取集中规定的方式，如我国破产法即是如此。大多数国家的破产法是采取分别规定的方式，即将债权人会议的职权分别规定于相关事项中，德国破产法、日本破产法及我国台湾地区破产法均是如此。例如，根据我国台湾地区破产法的规定，债权人会议具有以下职权：①选任监查人、议决破产财团的管理方法、决定破产人营业的继续或者停止（第 120 条）；②调查债权及债权人的资产状况（第 119 条）；③讨论通过债务人提出的和解协议（第 132 条）；④讨论破产财团的变价方案（第 138 条）；⑤选任破产管理人或申请法院撤换破产管理人（第 119 条）等。

根据大多数国家的破产法的规定，债权人会议的职权大致如下：

1. 选任和撤换监督机构。债权人会议虽然是破产程序中的重要机构，但它却不是一个常设性机构，不宜于对破产程序的进行为有效的监督。而且，债权人会议直接监督破产程序的进行，即使可能，成本也十分巨大。所以，各国破产法均规定，在必要时，应由债权人或法院决定设立一监督机构，在债权人会议闭会期间，代表债权人会议及债权人全体的一般利益，监督破产程序的进行。我国破产法上也设有债权人委员会，债权人会议有权选任和撤换债权人委员会成员（第 61 条）。

2. 讨论和通过对债务人财产的管理、变价和分配方案。破产程序开始后，债务人的全部财产属于破产财产，成为债权人利益分配的基础，与每一个债权人的利益相关。故对破产财产的管理、变价及分配应由债权人自治。当然，在债权人会议闭会期间，对财产的具体处分可经债权人会议的代表机构——监督机构的同意。对破产财产的管理，应包括对债务人营业的继续或停止。

3. 审查债权。许多国家的破产法，如日本破产法、德国破产法等均规定债权人会议可审查各债权人的债权。根据我国 1986 年《破产法》第 15 条的规定，债权人会议有权确认债权的性质和数额。我国有的学者对此提出了疑问，因为，①确认债权应当为司法审判行为。债权是否成立、数额多少、有无担保等均涉及债权人的民事实体权利，实体权利的争议应通过诉讼予以解决。债权人会议仅仅为债权人自治的意思表示机关，对他人的实体权利作出确认，不符合其地位；②债权人会议确认债权，与其表决制度相冲突[1]。因此，我国 2006 年《破产法》第 61 条规定，债权人会议有权"核查"债权的性质和数额而不是"确认"。

笔者认为，债权人会议调查债权，实际上是在债权人会议上让每个债权人对

---

[1]　梁慧星主编：《民商法论丛》（第 2 卷），法律出版社 1994 年版，第 186 页。

已经申报的债权提出异议，是法院确认债权的一个步骤，即如果在债权人会议上无人对已经申报的债权的数额或性质提出异议，法院就可以根据现有的证明材料确认债权。对债权的确认权在法院而非债权人会议。例如，根据德国《破产法》第178条的规定，在债权审查日，法院对破产债权进行书面审查，若破产管理人或债权人对某项债权的异议被驳回时，视为债权确定。但破产法院必须在债权表中记载每项债权的数额、位次、债权是如何确定的以及何人曾提出过异议。即使债权人会议对某项债权以决议的形式进行否定，也不生法律上的效力，该债权的债权人可以向法院起诉，请求确认债权。

4. 讨论和通过与债务人的和解协议。因和解关涉每一个债权人的利益，且有时涉及与债务人的妥协和让步，故应由债权人会议作出决议。但对和解协议的通过，并非是每一个债权人与债务人的协议，而是债权人集体作为一方与债务人的协议。故在决定程序上，仍然是多数表决通过的工作机制。

5. 法律规定的其他职权。除以上所列举之外，债权人会议还有接受破产财产管理人对执行职务的报告的权利、对于不称职的破产管理人请求撤换的权利等。

（二）我国破产法关于债权人会议职权的规定

我国2006年《破产法》第61条规定的债权人会议的职权主要有：

（1）核查债权；

（2）申请人民法院更换管理人，审查管理人的费用和报酬；

（3）监督管理人；

（4）选任和更换债权人委员会成员；

（5）决定继续或者停止债务人的营业；

（6）通过重整计划；

（7）通过和解协议；

（8）通过债务人财产的管理方案；

（9）通过破产财产的变价方案；

（10）通过破产财产的分配方案；

（11）人民法院认为应当由债权人会议行使的其他职权。

四、债权人会议的工作机制

（一）债权人会议的召开与召集

债权人会议的召开分为法定召开与任意召开两种。法定召开是法律规定必须召开的债权人会议，而任意召开是破产程序进行中经有关利害关系人申请或者法院以职权决定召开的债权人会议。下面分别予以说明。

1. 法定债权人会议。第一次债权人会议是法定债权人会议，是在破产程序开始后在法律规定的期限内必须召开的债权人会议。法定债权人会议在破产程序中占有十分重要的地位，许多事项均在第一次债权人会议上产生。故各国破产法均规定第一次债权人会议是必须召开的债权人会议，例如，德国《破产法》第 29 条规定，第一次债权人会议召开的日期自破产宣告之日起不应少于 6 周，但不得超过 3 个月。应当特别指出的是，日本 2004 年破产法与以前破产法的一个重大不同是，取消了债权人的定期会议制，改为必要时召开，人数过多或者过少时可以不召开[1]。

在我国 2006 破产法上，第一次债权人会议也是法定必须召开的。该法第 62 条规定，第一次债权人会议由人民法院召集，自债权申报期限届满之日起 15 日内召开。而根据该法第 45 条的规定，人民法院受理破产申请后，应当确定债权人申报债权的期限。债权申报期限自人民法院发布受理破产申请公告之日起计算，最短不得少于 30 日，最长不得超过 3 个月。而根据该法第 14 条的规定，人民法院应当自裁定受理破产申请之日起 25 日内通知已知债权人，并予以公告。人民法院应当将第一次债权人会议召开的具体日期、地点在公告中载明。

根据大陆法系各国破产法的规定，第一次债权人会议的召集，应由法院为之。我国 2006 年破产法也不例外，该法于第 62 条规定了第一次债权人会议由人民法院召集。

2. 任意召开。除第一次债权人会议外，在破产程序的进行中，可根据实际需要，并应有关机关或人员的请求或法院依职权决定召开债权人会议。根据大多数国家破产法的规定，在必要时有权请求召开债权人会议的机构或人员大致有以下几种：①法院依职权决定召开债权人会议；②破产管理人、监督机构可申请召开债权人会议；③债权人会议主席决定召开债权人会议；④占一定比例的债权人可申请召开债权人会议。例如，我国 2006 年《破产法》第 62 条规定，第一次债权人会议由人民法院召集，自债权申报期限届满之日起 15 日内召开。以后的债权人会议，在人民法院认为必要时，或者管理人、债权人委员会、占债权总额 1/4 以上的债权人向债权人会议主席提议时召开。

德国《破产法》第 75 条规定，债权人会议得应下列人员请求而召开：①破

---

〔1〕　陈国奇："日本破产法最新修改述评"，载中国民商法律网，http://www.civillaw.com.cn. 访问日期：2005 年 9 月 8 日。

产管理人；②债权人委员会；③至少 5 位别除债权人或者非次位破产债权人，其别除权和债权须依破产法院估计达到所有别除权值及所有非次位破产债权人的债权总额的 1/5；④一个或者数个别除债权人或者次位破产债权人，其别除权和债权依法院的估计达到所有别除权值及所有非次位破产债权人的债权总额的 2/5 时。根据日本《破产法》第 135 条的规定，法院认为必要时，可以以职权召集债权人会议；下列人员之一向法院提出申请时，法院必须召集债权人会议：①破产管理人；②债权人委员会；③持有法院裁定的破产债权总额 1/10 以上的破产债权人（如果法院认为不当，也可以不召集债权人会议）。

应当指出，在有关机构或个人申请而召开债权人会议时，应由法院批准方可召开。但是，根据我国 2006 年破产法，只要在或者管理人、或者债权人委员会、或者占债权总额 1/4 以上的债权人向债权人会议主席提议时就应当召开。

3. 债权人会议的召集。第一次债权人会议，即法定召开时由法院召集。但关于任意召开的债权人会议的召集，各国破产法规定不同。在破产法上不设债权人会议主席这一职务的国家中，债权人会议均由法院召集并主持，例如，德国《破产法》第 76 条第 1 款规定，债权人会议由破产法院主持。该法第 74 条规定，债权人会议由破产法院召集。日本《破产法》第 137 条也作了相同的规定。但在设立债权人会议主席一职的国家中，应由债权人会议主席召集。从我国 2006 年《破产法》第 60、62 及 63 条的规定可以看出：任意召开的债权人会议的召集由债权人会议主席为之，由管理人通知。

4. 债权人会议召开的法定出席人数。为保护多数债权人的利益，使债权人会议不为少数债权人所控制，有的国家的立法特别规定出席债权人会议的债权人必须达到法定人数，才可以召开债权人会议。例如，加拿大《破产法》第 106 条规定，召开债权人会议必须有 3 人以上的债权人出席；债权人不足 3 人的，须全体出席。我国 2006 年的破产法未明确规定出席债权人的法定有效人数，但根据债权人会议的工作机制，债权人会议之一般决议的形成应由有表决权的债权人人数过半、且代表的债权额达到总债权额的过半的规定，应当认为间接地规定了债权人会议召开的法定有效人数，即出席债权人会议的债权人人数至少为 2 人；否则，债权人会议应延期召开。[1]另外，不仅人数应达到通过决议的基本条件，而且所代表的债权额也应符合通过决议的要求。如果达不到这种条件，就不应召开债权人会议。江苏省南京市中级人民法院在处理"华飞彩色显示系统有限公司破产

---

［1］ 邹海林：《破产程序和破产法实体制度比较研究》，法律出版社 1995 年版，第 137 页。

案"〔（2011）宁商破字第 4 - 3 号〕中的做法就值得探讨。

在该案中，由于多数大债权人不满意法院在程序方面的一些做法，包括债权人会议主席在内的几乎所有大债权人愤然离场。当时留下来的债权人所代表的债权数额已经不能达到《破产法》第 64 条规定的"所代表的债权额占无财产担保债权总额的 1/2 以上"的要求，法院在此情况下仍然坚持召开债权人会议，结果显然是不可能通过任何决议。而法院则适用《破产法》第 65 条之规定，强行裁定认可对破产财产的管理和变价方案。这种做法是否符合我国破产法之精神？我认为，显然不符合立法精神和具体规定，因为：①破产程序从根本上说，是债权人的自治程序，如果债权人会议根本就不具备通过任何决议的条件，这种召开是没有任何实质意义的，而法院的强行通过实质上是损害了债权人的自治，进而损害债权人利益。因此，我国《破产法》第 65 条的规定，应理解为债权人会议的出席人数及所代表的债权额是通过决议的实质要件，但债权人不能按照法定程序通过协议时，法院是特别手段。②从第 65 条第 2 款的规定也可以看出来，债权人会议的召开是需要具备实质要件的。第 65 条第 2 款规定："本法第 61 条第 1 款第 10 项所列事项，经债权人会议二次表决仍未通过的，由人民法院裁定。"既然要求经过第二次表决，显然是具备通过的条件而没有通过，否则法律的这种规定岂不是多余？

（二）债权人会议的工作形式——决议

1. 决议的形成。

（1）决议形成的一般原则。由于债权人会议是代表债权人的一般利益的组织，其对外的意思表示必然是少数服从多数的民主机制，即任何一项决议的形成，必须由多数债权人同意。但是，在一般性决议的形成与特殊性决议的形成上，又有不同的要求。

（2）一般性决议的形成。对于一般性决议的形成，有两种不同的立法例，即所谓单一标准和双重标准。

单一标准是指在债权人会议的决议形成上仅仅以债权人人数或债权额作为标准，例如，英国《破产法》第 167 条规定，通过一般性决议，仅仅由代表无担保的债权总额 1/2 以上即可通过。

所谓双重标准，是指通过一般性决议时，不仅有人数的要求，也有债权额的要求。例如，德国《破产法》第 76 条规定，债权人会议的决定，由出席债权人会议的人数过半且代表的债权额占债权总额的一半时方可成立。我国 2006 年《破产法》第 64 条规定，债权人会议的决议，由出席会议的有表决权的债权人过半数通过，并且其所代表的债权额占无财产担保债权总额的 1/2 以上。大部分国家均采取双重标准，这样有利于保护小额债权人利益，以避免大额债权人操纵程序。

（3）特殊决议的形成。特殊决议主要是指关于和解协议或重整协议的决议。在通过特殊决议时，各国均采取双重标准。我国 2006 年《破产法》第 97 条规定，债权人会议通过和解协议的决议，由出席会议的有表决权的债权人过半数同意并且其代表的债权额占无财产担保债权总额的 2/3 以上。根据我国最高法院 1991 年的司法解释[1]，债权人会议决议的表决，以出席会议的有表决权的债权人计算票数，以其代表的债权额计算表决的债权额。"半数以上"、"2/3 以上"均包括本数，"过半数"不包括本数。这一司法解释对于 2006 年破产法也应适用。

但是，应当指出，破产案件涉及的债权人众多，若个别债权人所拥有的债权额巨大，而不能依上述规定取得过半数的债权人同意形成决议，就会影响破产程序的进行，从而可能给其他债权人造成损失。对于这种情况，法律不能不考虑救济办法。除接受和解协议的特别决议外，有些国家的立法创立了"经裁判而视为形成决议"的救济制度。当出席会议的有表决权的债权人不能以半数形成决议时，但是同意债权人会议所议事项的债权人所代表的债权额，超过出席会议的有表决权的债权人的债权总额半数的，法院可以裁定视为形成决议。[2]这种规定在破产程序中有其现实意义，值得借鉴。因此，我国 2006 年《破产法》第 65 条规定："本法第 61 条第 1 款第 8 项、第 9 项所列事项，经债权人会议表决未通过的，由人民法院裁定。本法第 61 条第 1 款第 10 项所列事项，经债权人会议二次表决仍未通过的，由人民法院裁定[3]。"同时，为了保障债权人的利益，该法在第 66 条规定："债权人对人民法院依照本法第 65 条第 1 款作出的裁定不服的，债权额占无财产担保债权总额 1/2 以上的债权人对人民法院依照本法第 65 条第 2 款作出的裁定不服的，可以自裁定宣布之日或者收到通知之日起 15 日内向该人民法院申请复议。复议期间不停止裁定的执行。"

2. 债权人的表决权。在债权人会议决议的形成中，有表决权的债权人的人数

---

[1] 《最高人民法院关于贯彻执行〈中华人民共和国企业破产法（试行）〉若干问题的意见》第28、29 项。

[2] 梁慧星主编：《民商法论丛》（第 2 卷），法律出版社 1994 年版，第 195 页。

[3] 我国 2006 年破产法第 61 条第 1 款规定："债权人会议行使下列职权：①核查债权；②申请人民法院更换管理人，审查管理人的费用和报酬；③监督管理人；④选任和更换债权人委员会成员；⑤决定继续或者停止债务人的营业；⑥通过重整计划；⑦通过和解协议；⑧通过债务人财产的管理方案；⑨通过破产财产的变价方案；⑩通过破产财产的分配方案；⑪人民法院认为应当由债权人会议行使的其他职权。"

及其所拥有的债权额是决定性因素之一，所以确定何种债权人拥有表决权，就具有十分重要的意义。前已论及，虽然所有债权人均为债权人会议的成员，但并非任何债权人均具有表决权。一般说来，已经申报债权并经法定程序确认的债权之债权人具有表决权。但下列债权人的表决权将受到限制：

（1）有财产担保权益的债权人。限制有财产担保权益的债权人的表决权的理由主要是为了防止此种债权人作出不利于无担保债权人的表决行为。另外，由于有财产担保的债权人一方面有财产担保作为满足自己债权的基础，另一方面又允许其享有表决而决定他人之事项，有欠妥当。对于有财产担保权益的债权人的表决权进行何种限制，各国破产法规定不同：

例如，根据德国《破产法》第 77 条、日本《破产法》第 141、108 条的规定，具有担保权益的债权人无表决权（只能就行使别除权不能受偿的部分行使表决权）。根据台湾学者的观点，台湾破产法也作相同的解释。[1]根据我国 2006 年《破产法》第 59 条的规定，具有担保权益的债权人仅仅在通过和解协议、通过破产财产的分配方案时不享有表决权。

（2）债权尚未确定的债权人。债权尚未确定，有两种情形：一是债权已经发生，但数额尚未确定；二是债权为或然债权，是否发生尚难以确定。例如，附停止条件的债权、将来求偿权以及有争议或者诉讼未决的债权。无论是哪种债权，因不确定，就难以计算其所代表的债权数额，所以一般不能享有表决权。但是，如果债权人会议同意或者法院可确定数额者，可以债权人同意或者法院确定的数额享有表决权。如日本《破产法》第 182 条规定，依未确定的债权、附停止条件的债权、将来请求权或者不能行使别除权而受清偿的债权额，如破产管理人或者破产债权人有异议时，由法院确定其应否行使表决权或者应就何种数额行使其表决权。而根据德国《破产法》第 77 条的规定，争议债权的债权人，若在债权人会议上破产管理人与出席债权人会议的有表决权的债权人的意见一致时，给予其表决权；不一致时，由法院裁定。

至于附停止条件的债权人，在破产程序宣告时条件尚未成就的，视为一般债权人而享有表决权。如德国《破产法》第 42 条规定，附解除条件的债权，只要所附的条件尚未发生，则在破产程序中视同为无条件的债权对待。

根据我国 2006 年《破产法》第 59 条的规定，债权尚未确定的债权人，除人民法院能够为其行使表决权而临时确定债权额的外，不得行使表决权。如何理解

---

〔1〕　（台）陈荣宗：《破产法》，三民书局 1986 年版，第 174 页。

"人民法院能够为其行使表决权而临时确定债权额"？法院应当综合考虑多种因素来确定，例如，A 与 B 发生债务纠纷，原告 A 向法院对 B 主张 1000 万债权，而被告 B 在答辩或者庭审中仅仅承认对 A 负有 700 万债务。这时，虽然没有判决，但法院可以确定 700 万作为行使表决权的债权额。

（3）有重大利害关系的债权人。关于债权人会议的决议，有重大利害关系者，能否行使其表决权？许多学者认为，应作否定性回答。但何为"有重大利害关系"？学理上存在争议。有人认为，当债权人被提名为监督人而表决时，该债权人不享有表决权。但也有人反对，认为作为监督人本身并不给他本人带来任何利益，不应否认其表决权。正确的解释应当是：有利害关系的人是指因有利害关系而不能公正地行使表决权的人，例如，作为破产人的财产或营业的受让人就此项营业的转让表决时，该债权人就不应享有表决权[1]。

笔者认为，在判断何为"有重大利害关系"时，应根据具体情形而为认定。我国破产法未作如此的规定，但"有利害关系的人是指因有利害关系而不能公正地行使表决权的人"的解释是比较妥当的。

3. 债权人会议的出席及表决权的行使。根据各国破产法的规定，债权人可以自己出席债权人会议，也可以委托他人代理出席。委托代理人出席的，应当向法院或者债权人会议主席提交有关证明材料。如日本《破产法》第 143 条规定，破产债权人可以让代理人行使其表决权。在此情形，代理人应当提出代理权证书。我国 2006 年《破产法》第 59 条第 4 款规定："债权人可以委托代理人出席债权人会议，行使表决权。代理人出席债权人会议，应当向人民法院或者债权人会议主席提交债权人的授权委托书。"

4. 债权人会议决议的效力。依法定程序形成的决议，对所有债权人均有约束力，包括未申报债权的债权人、未出席债权人会议的债权人、放弃表决权的债权人、在表决中反对决议的债权人、不享有表决权的债权人。但是，对于有财产担保的债权人是否具有约束力呢？

对此，我国有的学者持否定意见，认为债权人会议的决议，对有财产担保的债权人不应有约束力，理由如下：①有财产担保的债权人，对担保物权享有优先受偿权，属于物权请求权的范畴。债权人会议的决议若约束有财产担保的债权人，则有财产担保的债权人势必会受到破产程序的支配，这与民法创设担保物权

---

[1] [日]伊藤真：《破产法新版》，刘荣军、鲍荣振译，中国社会科学出版社 1995 年版，第 78 页。

的目的相悖，也不符合破产法所承认的别除权的精神；②有财产担保的债权人不享有表决权，如其担保物权也受债权人会议的约束，则债权人承受了双重损失，显失公平。[1]

笔者同意以上学者的理由，但却不赞成其结论。债权人会议的决议，对有财产担保的债权人也应当具有约束力。这是因为，有财产担保的债权人具有双重身份：一是物权人身份，二是债权人身份。债权人会议的决议对其债权人身份仍然有约束作用，但不能限制和约束其物权的行使。说"债权人会议决议对有财产担保的债权人有约束力"并不是指对其担保物权有约束力，而是对其债权人身份而言。也就是说，当有财产担保的债权人以债权人的身份出现时，就不能不受到债权人会议决议的约束。故德国《破产法》第78条规定，债权人会议决议违背破产债权人的共同利益时，享有别除权的债权人得请求法院撤销之。由此可见，债权人会议决议对其具有约束力。

但是，在此应当注意，如果债权人会议的决议与监督人或者监查人（在我国2006年《破产法》上应为债权人委员会）的决议相矛盾时，以债权人会议的决议为先。由于债权人会议并非常设性机构，故债权人要选任监督机构，在债权人会议闭会期间代表债权人会议行使对破产程序的监督权。许多国家的破产法均规定，破产管理人的许多重大行为均应由监查人同意。如果监查人的批准与债权人会议的决议不一致时，以债权人会议的决议为先。

5. 债权人会议决议的禁止执行。由于破产程序的基本目的在于公平地保护债权人全体的一般利益，故当债权人会议的决议违背该目的时，法院应禁止此类决议的执行。例如，我国台湾地区破产法第124条规定，债权人会议的决议与破产债权人的利益相反者，法院得依破产人、监查人或者不同意的破产债权人的声请，禁止决议的执行。根据台湾学者的解释，所谓与破产债权人的利益相反，系指与破产债权人的一般利益而言，如对于破产财团显然不利的继续债务人营业的决议。至于决议与个别债权人的个人利益相反者，不在禁止执行之列。[2]德国《破产法》第78条规定，债权人会议决议违背破产债权人的共同利益时，享有别除权的债权人、非次位债权人或者破产管理人在债权人会议上请求变更时，法院得撤销其决议。

对于这一问题，我国2006年《破产法》第64条第2款规定："债权人认为债

---

[1] 邹海林：《破产程序和破产法实体制度比较研究》，法律出版社1995年版，第153页。
[2] （台）陈荣宗：《破产法》，三民书局1986年版，第177页。

权人会议的决议违反法律规定，损害其利益的，可以自债权人会议作出决议之日起15日内，请求人民法院裁定撤销该决议，责令债权人会议依法重新作出决议。"这一规定实际上存在问题：从该条的规定看，似乎应当得出这样的结论，即债权人会议的决议违反法律规定并损害债权人利益的，债权人才有权请求人民法院裁定撤销该决议，责令债权人会议依法重新作出决议。但是：①债权人会议的决议虽然没有违反法律规定，但却损害债权人利益的，债权人是否可以请求法院撤销该决议？答案当然是肯定的；②如果债权人会议没有损害债权人利益但却违反法律规定时，任何债权人都可以请求法院确认决议无效而不是撤销。

第二节　债权人委员会[1]

一、债权人委员会的法律地位及设置的必要性

（一）法律地位

"债权人委员会"是债权人会议的代表机关，在破产程序中代表债权人全体之利益监督破产程序的进行。例如，我国台湾地区破产法第120条规定，债权人会议得选任1人或数人，代表债权人监督破产程序的进行。各国破产法虽有这一机构的设置，但称谓却不相同。我国2006年《破产法》及德国破产法、美国破产法称之为"债权人委员会"；我国台湾地区破产法称之为"监查人"；日本现行破产法（2004年破产法）称之为"债权人委员会"，而2004年以前的破产法称为"监查委员"。

在关于其法律地位问题上，虽然也有不同的见解，但"债权人委员会"代表债权人全体利益这一点上却无争议。"债权人委员会"是债权人会议的代表机关，由债权人会议选任，向债权人会议负责。当其决议与债权人会议的决议不一致时，应服从债权人会议的决议。从这一点上看，"债权人委员会"仅仅是附属于债权人会议的代表机构。

---

　〔1〕　对于这一机构，有的国家称为"债权人委员会"，而有的国家称为"监查人"，有的国家称之为"检查人"，有的国家还称为"监察委员"等。我国2006年破产法称为"债权人委员会"。在本章中这些概念可以通用。

（二）设置的必要性

破产法上虽有债权人会议这一代表债权人利益的机构，但其人数众多，集体共同监督，困难颇多。且债权人会议并非常设机构，对于破产程序进行中发生的事务无法实施监督工作。因此为兼顾实际需要，于债权人会议之外，另设监查人制度，专司对破产程序的监督工作。[1]"债权人委员会"由债权人会议选任，并对其负责。

另外，让债权人会议选任"债权人委员会"以替代其监督破产程序的进行，也体现了破产程序的债权人自治的特征。这一点，从日本商法的变化中可以清楚地表现出来。在历史上，监查委员制度是伴随着废止旧商法破产编中的破产主任官制度而引进的新制度。破产主任官代表破产法院对破产财产管理人进行一般性监督。鉴于该制度不能充分地起到保护债权人利益的作用，立法基于债权人自治的理念，把监督破产财产管理人的任务交给债权人选任的监查委员[2]。

但是，日本学理及实务上也有人对监查委员制度持消极态度，其理由如下：①法律规定监查委员的人数为3人以上，要支付其费用就会使破产财团的财产减少；②监查委员和破产财产管理人的意见冲突时会发生并阻碍破产财产管理人工作的正常进行，有导致程序长期化的可能；③监查委员的业务会偏离法院的监督，使法院无法正确把握财产管理的业务；④作为监查委员的债权人之债权有撤销的理由而成为诉讼中的相对方时，破产财产管理人难以行使撤销权；⑤有时候，法院的意见或许可可替代监查委员的同意，难以体现债权人自治的立法意图。也有人认为，这些理由不能成立，允许债权人会议根据实际情况选任监查委员是必要的。[3]也正因为如此，许多国家的破产法规定，是否选任债权人委员会（有的国家为监查人）以及由何人担任，均由债权人会议依法定方式决定。

二、债权人委员会（或监查人）的选任

（一）债权人委员会的法定设立与任意设立

债权人委员会（监查人）虽是代表债权人会议对破产程序进行监督的机构，但其是否是破产程序中的必设机构，各国法律却有不同的规定。

---

〔1〕（台）陈荣宗：《破产法》，三民书局1986年版，第178页。

〔2〕〔日〕伊藤真：《破产法新版》，刘荣军、鲍荣振译，中国社会科学出版社1995年版，第72页。

〔3〕〔日〕伊藤真：《破产法新版》，刘荣军、鲍荣振译，中国社会科学出版社1995年版，第72～74页。

有的国家的破产法规定,监查人机构是破产程序中的必设机构,债权人只能就具体的人选作出决定,但就是否选任没有决定权。例如,我国台湾地区《破产法》第120条规定,债权人会议得决议选任监查人1人或者数人,代表债权人监督破产程序的进行。对该条规定,学者解释说,台湾学理及司法均认为,债权人会议无权决定免设监查人,故应理解为必设机构。[1]

而有的国家的破产法规定,是否选任以及由何人担任,均由债权人会议决定。例如,按照日本现行破产法第144条的规定,法院依利害关系人申请,可以批准由破产债权人组成的符合法定条件的债权人委员会参与破产程序。按照该条的规定,债权人委员会的成员由破产债权人过半数同意。由此可见,日本破产法上的债权人委员会是否选任、由何人担任均应由债权人会议决定。

美国破产法上的债权人委员会也是采取任意设立的政策,根据美国法官斯蒂芬·鲁本(Stephen J. Lubben)的统计,仅10%的小型破产案件设立了债权人委员会,40%的中型破产案件设立了债权人委员会,却有97%的大型破产案件设立了债权人委员会。[2]而所谓大中小案件的划分标准,则是6000万美元以上者为大型案件;280万美元以上者为中型案件;不足280万美元者为小型案件。[3]

德国《破产法》对债权人委员会的设置也采取任意设立的政策,但在具体程序上与其他国家略有不同。根据该法第67条、第68条的规定,破产法院在第一次债权人会议前可以任命成立债权人委员会。但是,在召开第一次债权人会议时,债权人会议仍然有权对是否设立债权人委员会作出决议,对破产法院任命的债权人委员会决定是否保留。

我国2006年《破产法》采取如同德国《破产法》与日本《破产法》的规定,于第67条规定:"债权人会议可以决定设立债权人委员会。"即采取任意设立的立法例。

(二)债权人委员会的任职资格、人数

对于债权人委员会的人数,各国或者地区的破产法规定不同。有的国家破产法明确规定了最低人数限制,例如,日本现行《破产法》第144条规定,债权人委员会的人数应不少于3人。而我国台湾地区《破产法》第120条则规定,监查

---

〔1〕 (台)陈荣宗:《破产法》,三民书局1986年版,第179页。

〔2〕 Stephen J. Lubben: "The Types of Chapter 11 Cases", *American Bankruptcy Law Journal*, 84 (2010).

〔3〕 Stephen J. Lubben: "The Types of Chapter 11 Cases", *American Bankruptcy Law Journal*, 84 (2010).

人得为 1 人或数人。德国《破产法》没有规定具体人数，但根据其工作机制，至少应不少于 3 人，否则便无法形成有效的决议。根据我国 2006 年《破产法》第 67 条的规定，债权人委员会的人数既有最低限制，也有最高限制，即最低不得少于 3 人，最高不得超过 9 人。因为虽然该法没有明确规定最低人数，但却规定"债权人委员会由债权人会议选任的债权人代表和一名债务人的职工代表或者工会代表组成"。但两人无法形成决议，因此应理解最低为 3 人。

关于债权人委员会的任职资格，一般认为，无论是自然人还是法人均可担任。但是，委员会成员是否必须是债权人呢？对此各国破产法规定不一。有的国家破产法规定，应由债权人担任，如英国《破产法》第 20 条规定，第一次债权人会议或者以后的债权人会议均可通过决议选举产生监查委员会，应选人数 3~5 人。监查委员会成立应当是具有表决权的债权人，或者有表决权的债权人的代理人。有的国家的破产法则仅规定，应由债权人会议选任，而由何人担任，法律并没有明确规定。理解上，应认为任何人均可担任。例如，1877 年的德国《破产法》[1]规定，债权人及其他人员均可被选为债权人委员会成员。而根据德国现行破产法第 67 条的规定，非债权人也可被任命为债权人委员会的成员。但是，债权人委员会中应当有别除权人、享有最大债权的破产债权人及小额债权的债权人代表。若企业职工为具有重要债权的债权人时，则债权人委员会中应由一名职工参加。根据我国 2006 年《破产法》第 67 条的规定，债权人、破产企业职工代表或者工会代表才有资格进入债权人委员会，非债权人无此资格。

笔者认为，债权人委员会的成员不应仅仅限于债权人之范围，只要能够胜任这一职务，均可被选任为委员。也许一个与破产程序没有任何利害关系的人担任债权人委员会成员，更有利于对程序进行公正监督。

债权人委员会委员选任后，应由法院批准。如根据日本现行破产法第 144 条规定，债权人选任债权人委员会后，应申请经法院许可。我国 2006 年《破产法》第 67 条第 2 款规定，债权人委员会成员应当经人民法院书面决定认可。

法院在决定认可或者不认可债权人委员会成员时，应参考下列因素：①债权人委员会成员是否有能力履行监督职责以及本身有无不宜担任债权人委员会成员的行为，如品行不端、难以公正履行职责等；②债权人委员会成员与破产债务人是否具有相互参股或者商业竞争关系。因为债权人委员会成员在履行职责时，可

---

[1]　该破产法虽然制定于 1877 年，但在 1999 年 1 月 1 日前才因新的破产法生效而废止。该破产法被誉为"百年经典"。

能接触到有关债务人的商业秘密信息，而这些信息一旦泄露给竞争对手，将对破产财产造成不利的后果，特别是债务人有继续营业的行为时，更是如此。

（三）工作机制

当债权人委员会的成员为 3 人以上时，其工作机制如同债权人会议一样，仍然是多数表决制。如德国《破产法》第 72 条规定，债权人委员会以多数成员参加时的多数票表决通过的决定为有效。

三、债权人委员会的职权

（一）比较法上的参考

根据许多国家破产法的规定，债权人委员会具有以下职权：

1. 代表债权人会议监督破产程序的进行。如我国台湾地区《破产法》第 120 条就作了这样的规定，这是监督人的概括性职责。

2. 有权随时调查破产财产的状况，并有权随时要求破产财产管理人报告有关破产财产的情况。如我国台湾《破产法》第 121 条的规定，监查人得随时向破产管理人要求关于破产财团的报告，并得随时调查破产财团的状况。日本现行破产法第 146 条也作了相似的规定。

3. 有权出席债权人会议，并有权申请召开债权人会议。关于此点，我们已经在有关债权人会议的章节中作了说明。

4. 监督破产管理人的有关破产财产的行为。这是债权人委员会的主要职责。如德国《破产法》第 69 条规定，债权人委员会应支持并监督破产管理人履行经营管理的职责。而根据许多国家破产法的规定，破产管理人从事许多有关破产财产的重大行为，必须经过监查人的同意。如日本 2004 年前的《破产法》第 146 条规定，破产管理人的下列行为，必须经监查委员同意：①关于不动产物权、应登记的日本籍船舶及外国籍船舶的任意变卖；②矿业权、渔业权、专利权、外观设计权、实用新型权、电路布局利用权、著作权及著作邻接权的任意变卖；③营业的转让；④商品的全部变卖；⑤借款；⑥第 9 条第 2 款规定的继承抛弃的承认、第 10 条规定的包括遗赠抛弃的承认及第 11 条第 1 项规定的特定遗赠的抛弃；⑦动产的任意变卖；⑧债权及有价证券的转让；⑨第 59 条第 1 项规定的履行的请求；⑩提起诉讼；⑪和解及仲裁的契约；⑫权利的抛弃；⑬财团债权、取回权及别除权的承认；⑭别除权标的物的收回。但是，对于以上行为中财产的价额在 10 万日元以下的，不须经监查委员同意。我国台湾地区破产法第 92 条几乎规定了与之相同的内容。

5. 有权申请法院撤换破产管理人。因在债权人会议闭会期间，债权人委员会是代表债权人会议监督破产程序进行的机构，主要是监督破产管理人的行为，故他对破产管理人是否胜任工作，有深入的了解。所以，当他发现有撤换破产管理人的理由时，应赋予其申请法院撤换破产管理人的权利。

（二）我国破产法上的规定

根据我国 2006 年《破产法》第 68 条的规定，债权人委员会行使下列职权：①监督债务人财产的管理和处分；②监督破产财产分配；③提议召开债权人会议；④债权人委员会执行职务时，有权要求管理人、债务人的有关人员对其职权范围内的事务作出说明或者提供有关文件；⑤债权人会议委托的其他职权。而根据第 69 条的规定，管理人实施下列行为，应当及时报告债权人委员会：①涉及土地、房屋等不动产权益的转让；②探矿权、采矿权、知识产权等财产权的转让；③全部库存或者营业的转让；④借款；⑤设定财产担保；⑥债权和有价证券的转让；⑦履行债务人和对方当事人均未履行完毕的合同；⑧放弃权利；⑨担保物的取回；⑩对债权人利益有重大影响的其他财产处分行为。未设立债权人委员会的，管理人实施前款规定的行为应当及时报告人民法院。管理人、债务人的有关人员拒绝接受监督的，债权人委员会有权就监督事项请求人民法院作出决定；人民法院应当在 5 日内作出决定。按照债权人委员会的性质，其应向债权人会议报告，而这里破产法之所以规定向人民法院请求作出决定，是因为：①管理人是法院任命的；②债权人会议并非常设机构，从实际上说，这时债权人委员会无法向债权人会议报告。

四、债权人委员会成员的权利义务

（一）领取报酬的权利

债权人委员会成员在执行职责的同时，有权领取报酬。如德国《破产法》第 73 条规定，债权人委员会成员有权得到劳动报酬。我国 2006 年破产法没有明确规定，但也应作相同的解释。

从性质上说，债权人委员会成员的报酬属于共益费用，应从破产财产中随时支付。

（二）善良管理人的注意义务

根据各国破产法的规定，债权人委员会成员执行职责应对债权人的共同利益尽到善良管理人的注意。债权人委员会成员违反此义务者，应对债权人负赔偿责任。如德国《破产法》第 71 条规定，债权人委员会成员得因其过失违反本法规定的义务，向别除权人及破产债权人承担赔偿责任。我国 2006 年破产法没有明确规定，但也应作相同的解释。

五、债权人委员会成员的解任

关于对债权人委员会成员的解任，各国法律规定不尽相同。有的国家破产法规定，仅法院有权解任债权人委员会成员。如德国《破产法》第 70 条规定，破产法院得因重大事由解除债权人委员会成员的职务。此种解任可依职权，依债权人委员会成员或债权人会议的请求而作出。法院作出决定前应听取债权人委员会的陈述意见。对法院的决定，委员会成员有立即上诉的权利。根据德国法的规定，无论是依职权还是依有关当事人的请求，对监查人的解任权均在法院。

2004 年前的日本《破产法》第 174 条规定，债权人会议可以以决议的方式解任监查委员，法院可依利害关系人的申请解任之，但法院无权以职权解任监查委员。由此可见，日本法将对监查委员的解任权赋予债权人会议而非法院。而 2004 年的《破产法》第 144 条则规定，法院可以随时依申请或者职权取消债权人委员会成员的资格。

笔者认为，应当把对债权人委员会成员的解任权赋予法院，即使债权人会议以决议的方式解任债权人委员会成员，也应经法院的许可。因为多数国家的破产法均规定，债权人会议通过设置债权人委员会以及具体人选的决议，也应经法院许可。所以，在解任时，也须经法院许可。

根据我国 2006 年《破产法》第 61 条的规定，债权人会议有权选任和更换债权人委员会成员，但根据该法第 67 条的规定，债权人委员会成员应当经人民法院书面决定认可。由此可见，在债权人会议作出更换债权人委员会成员的决议时，也须经法院许可。

第三节　破产管理人

一、破产管理人概述

（一）破产管理人的概念

为了对债务人的财产实行有效的管理以避免债务人对财产的恶意处分，在破产程序开始后，应当由一专门机构来管理、处分债务人的财产。这一专门机构在许多国家的破产法上被称为破产财产管理人或破产管理人。而在美国破产法上称为受托人（trustee）。具体地讲，破产管理人是指在破产程序进行过程中负责破产财产的管理、处分、业务经营以及破产方案拟定和执行的专门机构。

这一机构在我国1986年《破产法》上称为"清算组"，而在2006年《破产法》上称为管理人。之所以称为"管理人"而不直接称为"破产管理人"，是因为我国2006年破产法规定，自法院受理破产案件开始就指定，而这时债务人还没有被宣告破产，因此，不能称为"破产管理人"，只能称为"管理人"。[1]而在国外，只有在债务人被宣告破产时才指定，故可直接称为"破产管理人"。在我国破产法上，实际上在债务人被宣告破产后，就是破产管理人。

破产管理人是破产法上的重要机构，自破产宣告开始（在我国自法院受理开始）到破产程序的终止，所有有关破产财产的管理和处分均经过破产财产管理人。它是所有利益冲突的焦点，它的地位是独特的，既为债权人利益而工作但又不代表债权人；既代表破产人起诉应诉，但又不代表破产人。关于此点，我们在下面还要详细论及。

（二）破产财产管理人的选任

1. 关于破产财产管理人选任的立法例。

（1）法院选任。法院为体现在破产程序中的主导地位，便于对破产程序的控制，在裁定开始破产程序时，选任破产财产管理人。但是，若债权人或者其他利害关系人对法院所任命的破产管理人有异议时，可提出异议，请求法院变更破产财产管理人。但选任破产管理人的权利在法院而不在破产债权人。如日本现行《破产法》第74条规定，破产管理人由法院选任。第75条规定，当破产管理人对破产财团财产未尽到适当管理与处分的义务时，或基于其他重要理由，法院可依职权或利害关系人申请，经过审查和询问之后，解任破产管理人。我国2006年的《破产法》采用这一体例，该法第22条规定："管理人由人民法院指定。债权人会议认为管理人不能依法、公正执行职务或者有其他不能胜任职务情形的，可以申请人民法院予以更换。"

（2）债权人选任与法院选任相结合。从许多其他国家的立法看，因法院在裁定债务人破产之际，债权人会议尚未召开，而对债务人财产的接管必须进行，故

---

[1] 我国《破产法》第24条规定，管理人可以由有关部门、机构的人员组成的清算组担任。必须指出，这仅仅是说管理人可以由清算组担任，但性质上仍然是管理人，而不是1986年破产法意义上的清算组。

应由法院先行选任一破产财产管理人，以避免破产财产的失控。但为体现债权人的自治，应允许债权人选任破产财产管理人。德国破产法及我国台湾地区破产法即采取这一立法例。如德国《破产法》第 27 条规定："破产程序开始时，破产法院任命一名破产财产管理人。"第 57 条规定："债权人在破产财产管理人受托后的第一次债权人会议上，可选任另外的破产财产管理人以替代法院的任命。法院仅在被推举者不适合担任此职务时方可否认此项选举。对法院的否认，每个债权人均可立即上诉。"我国台湾地区"破产法"第 64 条规定："法院为破产宣告时，应选任破产财产管理人。"该法第 83 条又规定："前项破产管理人，债权人会议得就债权人中另行选任。"这种作法，受到了学者的批评，他们认为这种双轨制的缺点颇多。按照破产管理人的法律地位，他并非是全体破产债权人的代理人。破产管理人所代表的利益既非专为破产债权人，也非专为破产人，是具有特殊法律地位的人，故破产管理人选任不宜由债权人会议决定之。又破产管理人必须于法院宣告破产时进行选任，且将其姓名及处理事务的地址公告，使所有利害关系人有所知悉。法院选任的破产管理人若非有不胜任工作之情形，自应由破产管理人自始至终负责，以求事权统一，不宜由债权人会议于中途另行选任其他破产管理人。如发现法院选任的破产管理人有不胜任工作的情形，法院得以职权或因债权人会议的决议或监查人的申请将破产管理人撤换。[1]

笔者认为，在以上两种立法例中，应以法院选任为优。但是，应当给予债权人以异议权，即如果债权人认为法院任命的破产管理人不能胜任或不能公正地执行职务，可向法院提出异议。法院认为理由成立，应另行选任，也可由债权人会议直接选任而由法院批准。但债权人会议不得自行选任另外的破产管理人以替代法院选任的破产管理人。我国破产法即是按照这种思路设计的。

2. 破产管理人的资格。破产管理人的资格分为积极资格与消极资格。所谓积极资格，是指何人可以担任破产管理人；消极资格是指何人不能担任破产管理人。

对于破产管理人的积极资格，许多国家的法律均有规定。一般要求具有专门知识与技能的人才能充任。如根据德国《破产法》第 56 条的规定，破产管理人应由具有专业知识的自然人担任。何为必要的专业知识，一般应认为具有法律知识、管理经验或经济知识。但从各国的破产司法实践看，大部分破产管理人由律师或会计师担任。

关于破产管理人的消极资格，一些国家的破产法规定较为原则。其认为，与

---

〔1〕 （台）陈荣宗：《破产法》，三民书局 1986 年版，第 147～149 页。

债务人或债权人有利益冲突的人不得为破产管理人。如德国《破产法》第 56 条即有此规定。日本破产法对此无明确规定，但日本实务上也认为如此[1]。各国法律在规定破产管理人的任职资格时，多采取消极的排除方式，即规定何人及具备何种条件不能担任破产管理人的方式。如英国法规定，管理人（破产管理人）必须不是尚未解除债务责任的破产人；不是经法院判决宣告犯有精神病或无行为能力的人。按照法国 85 - 98 号法律第 10 条的规定，企业主或法人企业领导人的第四等亲以内的任何亲属或姻亲，均不得担任破产管理人。我国 2006 年《破产法》草案也采取这种消极规定的方式。

我国 2006 年《破产法》第 24 条第 3 款规定："有下列情形之一的，不得担任管理人：①因故意犯罪受过刑事处罚；②曾被吊销相关专业执业证书；③与本案有利害关系；④人民法院认为不宜担任管理人的其他情形。"该条第 4 款规定："个人担任管理人的，应当参加执业责任保险。"

何为"与本案有利害关系"？根据我国《最高人民法院关于审理企业破产案件指定管理人的规定》第 23、24 条的规定，首先，社会中介机构、清算组成员有下列情形之一，可能影响其忠实履行管理人职责的，人民法院可以认定为企业破产法第 24 条第 3 款第 3 项规定的利害关系：①与债务人、债权人有未了结的债权债务关系；②在人民法院受理破产申请前 3 年内，曾为债务人提供相对固定的中介服务；③现在是或者在人民法院受理破产申请前 3 年内曾经是债务人、债权人的控股股东或者实际控制人；④现在担任或者在人民法院受理破产申请前 3 年内曾经担任债务人、债权人的财务顾问、法律顾问；⑤人民法院认为不能影响其忠实履行管理人的其他情形。

其次，清算组成员的派出人员、社会中介机构的派出人员、个人管理人有下列情形之一，可能影响其忠实履行管理人职责的，可以认定为企业破产法第 24 条第 3 款第 3 项规定的利害关系：①具有本规定第 23 条规定情形；②现在担任或者在人民法院受理破产申请前 3 年内曾经担任债务人、债权人的董事、监事、高级管理人员；③与债权人或者债务人的控股股东、董事、监事、高级管理人员存在夫妻、直系血亲、三代以内旁系血亲或者近姻亲关系；④人民法院认为可能影响其公正履行管理人职责的其他情形。

凡是具有我国《企业破产法》第 24 条、上述最高人民法院司法解释第 23、

---

[1]　[日] 伊藤真：《破产法新版》，刘荣军、鲍荣振译，中国社会科学出版社 1995 年版，第 63 页。

24 条规定之情形者，不得担任管理人。已经进入指定程序的，相关当事人应主动提出回避；债权人会议也可以作出决议向法院提出更换；根据上述最高人民法院的司法解释第 34 条的规定，法院发现管理人与本案有利害关系的，可以依据职权主动更换。因此，个别债权人也可以向法院反映有关情况。在实践中，法院应认真对待管理人与"本案有利害关系"的情况并及时更换，否则就会影响案件的顺利进行，甚至是利害关系人的利益。我国第一家航空公司破产案——2009 年 8 月 26 日武汉中级人民法院受理的东星航空公司破产案就是一个很好的例证。

东星航空有限公司（以下简称"东星航空"）是由中国东星集团有限公司下属湖北东星国际旅行社有限公司、湖北东盛房地产有限公司、湖北美景旅游投资有限公司共同投资组成的。2005 年 5 月 16 日在湖北省人民政府、武汉市人民政府的支持下，经中国民用航空总局批准筹建，是中国民用航空总局第 4 家获准筹建的民营航空公司，也是华中及中南地区第一家民营航空公司。东星航空主要经营的是航空干线客货运输业务。2006 年 5 月 19 日东星航空班机首航武汉－上海航线。东星航空一度是国内发展最快的民营航空公司。从 2008 年下半年起，媒体先后多次报道东星航空资金链紧张问题。2009 年初，意欲扩张华中地区航空市场的中国航空集团公司与东星航空进行了深入谈判，拟收购东星航空的全部股权，后因种种原因谈判破裂。2009 年 3 月 15 日，武汉市政府以东星航空"无力偿还欠债，且内部管理薄弱"为由，申请民航局暂停了东星航空有限公司的航线航班经营许可，东星航空全面停飞。2009 年 3 月 30 日，应境外飞机租赁公司通用公司等对东星航空的破产清算申请，武汉市中级人民法院（以下简称"武汉中院"）立案受理了东星航空破产清算，并任命武汉市法制办、市总工会、市交通委等政府部门及其行政人员组成清算组作为破产管理人。2009 年 4 月 7 日，东星航空破产管理人（以下简称"管理人"）解除了与通用公司等的飞机租赁合同，并同意通用公司等取回飞机。2009 年 4 月 8 日，中国航空油料有限责任公司（以下简称"中国航油"）等向武汉中院提起对东星航空进行重整的申请。2009 年 6 月 5 日，中国航油向管理人发出异议函，对管理人同意通用公司取回飞机的决定表示异议，认为管理人的决定违反破产法，严重损害了债权人的利益。2009 年 6 月 12 日，武汉中院作出不予受理中国航油破产重整申请的裁定。理由主要是"东星航空重整无事实基础、中国航油无权提出重整申请"。2009 年 6 月 19 日，中国航油向湖北省高级人民法院提出上诉。上诉中从"一审法院对破产法第 70 条第 2 款的理解和适用是错误的；东星航空的破产重整是更优的选择、有利于各方利益的保护；东星航空具备重整的事实基础"三个方面论证了上诉的理由。2009 年 6 月 23

日，破产管理人向媒体明确表态：破产重组不存在任何基础，也不可能。2009 年 7 月 27 日，东星航空破产管理人通过《长江日报》发表了一篇标题为"三问东星航空破产案"的文章，论述了"东星航空重整不具备客观基础"。在这篇文章中，管理人指出其已"严重资不抵债"，并称东星航空的"航线许可和经营许可的价值根本不能纳入企业资产评估范围"。管理人还直指，"作为东星航空债权人的有关航油企业、机场，不具备重整的法律资格"，并援引相关规定称，"航油、航信企业目前具有垄断地位，而且与航空公司相互关联，他们之间的控股也容易造成市场不公平竞争"。2009 年 7 月 28 日，中国航油旗下的三油料公司向湖北省高级人民法院提起上诉。2009 年 7 月 28 日，湖北省高级人民法院召集东星航空破产重整案当事方举行听证会，中国航油、新郑机场、东星国旅参会，主张重整的债权人及股东与管理人激辩东星航空是清算还是重整、重整是否具有事实基础。最后被湖北高级人民法院驳回上诉。但是，坚持到最后的意向投资人北京信中利集团向武汉中级人民法院提交了修改后的重整计划并提交 1 亿多元的资金证明，但以政府为主导的管理人坚持清算并最终被清算。

这一案件引人深思的问题很多，主要有：①管理人是否与本案有利害关系？据查，作为清算组成员之一的武汉市交通委员会与东星公司的大股东东星集团存在商业纠纷[1]，法院驳回东星集团请求撤换管理人的申请。这似乎也违反破产法的规定；②为什么东星公司的债权人不具备重整申请资格？法院的这一理由似乎与我国现行破产法不符；③管理人的职权是什么？它是否有权说重整不可能，并在公开刊物上发表文章论述"东星航空重整不具备客观基础"？这种行为似乎已经走得很远了，严重损害了公司关系人利益。因此，当政府决定支持一个企业重整时，法院任命由政府各个部门组成的清算组作为管理人，是一个福音；但当政府不支持企业重整时，法院任命由政府各个部门组成的清算组作为管理人，就可能是灾难。我们在检讨我们的法律制度时，也为东星公司的命运不济感到惋惜。

何为《破产法》第 24 条第 3 款规定的"人民法院认为不宜担任管理人的其他情形"？根据我国《最高人民法院关于审理企业破产案件指定管理人的规定》第 9 条的规定，社会中介机构及个人具有下列情形之一的，即视为"人民法院认为不宜担任管理人的其他情形"：①因执业、经营中故意或者重大过失行为，受到行政机关、监管机构或者行业自律组织行政处罚或者纪律处分之日起未逾 3 年；②因涉嫌违法行为正被相关部门调查；③因不适当履行职务或者拒绝接受人民法

---

〔1〕 李曙光、郑志斌主编：《公司重整法律评论》（第 1 卷），法律出版社 2011 年版，第 24 页。

院指定等原因，被人民法院从管理人名册除名之日起未逾 3 年；④缺乏担任管理人所应具备的专业能力；⑤缺乏承担民事责任的能力；⑥人民法院认为可能影响履行管理人职责的其他情形。

至于破产管理人为自然人或法人，各国法的规定不尽相同。有的国家，如德国《破产法》第 56 条规定破产管理人仅为自然人；尽管日本学者认为，破产管理人仅仅指自然人而不包括法人[1]，但 2004 年的日本《破产法》第 74 条明确规定，法人也可以担任破产管理人。而有的国家，如美国司法实务认为，受托人既可以由个人担任，也可由公司担任。[2]我认为，自然人和法人均可担任破产管理人。

对此，我国 2006 年《破产法》第 24 条第 1 款与第 2 款规定："管理人可以由有关部门、机构的人员组成的清算组或者依法设立的律师事务所、会计师事务所、破产清算事务所等社会中介机构担任。人民法院根据债务人的实际情况，可以在征询有关社会中介机构的意见后，指定该机构具备相关专业知识并取得执业资格的人员担任管理人。"从这一规定可以看出：①自然人或者非自然人都可以担任管理人；②由有关部门、机构的人员组成的清算组可以充任管理人。这实际上是保留了 1986 年破产法上的痕迹，特别是在对国有企业进行破产清算时，使用得更多。③这一规定实际上是将团体优先于个人充任管理人作为出发点，即使是在个人充任管理人时，也是"人民法院根据债务人的实际情况，可以在征询有关社会中介机构的意见后，指定该机构具备相关专业知识并取得执业资格的人员担任管理人"。也就是说，该个人仍然是某个中介机构中的个人，而且该个人还要参加职业责任保险。我认为，这种做法是不妥当的，法律有什么理由认为，中介机构比个人更合适或者更有信誉？

在此，有一个疑问必须澄清：即有许多人认为我国 2006 年《破产法》保留了 1986 年《破产法》上的"清算组"。其实，这种认识是不全面的。从表面上看，2006 年《破产法》是保留了清算组，但性质上与 1986 年《破产法》有所不同，2006 年破产法规定"管理人可以由有关部门、机构的人员组成的清算组担任"，但它的性质仍然是管理人，它要承担 2006 年《破产法》规定的管理人的职责。2006 年破产法之所以还规定清算组这一特殊组成形式，是考虑到有些破产案件（如大型国有企业的破产案件）的复杂性，需要一个非常强有力的协调机构，

---

〔1〕 ［日］伊藤真：《破产法新版》，刘荣军、鲍荣振译，中国社会科学出版社 1995 年版，第 63 页。

〔2〕 潘琪：《美国破产法》，法律出版社 1999 年版，第 143 页。

在中国目前的情况下，清算组因其由政府有关部门组成，具有特殊的优势。

3. 破产管理人的人数。破产管理人可以为 1 人，也可为数人。关于人数的确定，应由法院根据破产案件的复杂程度，予以确定。如日本《破产法》第 76 条规定，破产管理人有数人时，共同执行职务。但经法院许可，可以分管职务。破产管理人有数人时，第三人的意思表示，对其中一人为之即可。

我国 2006 年《破产法》对于管理人的人数没有明确规定，应当认为可以为 1 人，也可为数人。

4. 破产管理人的任职证书及公告。法院在任命破产管理人后，应当发给其书面证书，以确认其地位。德国《破产法》第 56 条也规定，法院在选任破产管理人时，向其发放委任证书。任期届满时将其交还法院。日本 2004 年前《破产法》第 159 条规定："法院必须向财产管理人交付证明其选任的书面文件。财产管理人在执行职务时，在利害关系人请求出示时，必须出示书面证书。"但在制定初期，并无此类规定，由于在法律颁布后的实施过程中，经常遇到此类问题，故于 1965 年修订时，特加了该条。但日本 2004 年破产法就不再规定有这一内容。

法院选任破产管理人后，应当公告。对破产管理人有关事项的公告，具有十分重要的意义。债权人、破产企业的债务人以及企业财产的持有人均应知道破产管理人的姓名或名称及工作地址，以便行使权利或履行义务。根据我国 2006 年《破产法》第 14 条的规定，人民法院应当自裁定受理破产申请之日起 25 日内通知并公告管理人的名称或者姓名及其处理事务的地址。根据我国《最高人民法院关于审理企业破产案件指定管理人的规定》第 27 条的规定，人民法院指定管理人应当制作决定书，并向被指定为管理人的社会中介机构或者个人、破产申请人、债务人、债务人的企业登记机关送达。决定书应与受理破产申请的民事裁定书一并公告。

二、我国管理人指定的具体问题

我国最高人民法院对于如何指定管理人，专门制定了《最高人民法院关于审理企业破产案件指定管理人的规定》（下称《指定管理人的规定》），详细规定了如何指定管理人的问题。

（一）指定的范围和时间

根据《指定管理人的规定》第 1 条的规定，人民法院审理企业破产案件应当指定管理人。除企业破产法和本规定另有规定外，管理人应当从管理人名册中指定。那么，该管理人名册如何编制的呢？

根据《指定管理人的规定》第 2 条至第 14 条的规定，高级人民法院应当根据本辖区律师事务所、会计师事务所、破产清算事务所等社会中介机构及专职从业人员数量和企业破产案件数量，确定由本院或者所辖中级人民法院编制管理人名册。任何社会中介机构及个人如果达到法定条件都可以申请编入管理人名册，向所在地区编制管理人名册的人民法院提出，由该人民法院予以审定。

律师事务所、会计师事务所申请编入管理人名册的，应当提供下列材料：①执业证书、依法批准设立文件或者营业执照；②章程；③本单位专职从业人员名单及其执业资格证书复印件；④业务和业绩材料；⑤行业自律组织对所提供材料真实性以及有无被行政处罚或者纪律处分情况的证明；⑥人民法院要求的其他材料。

破产清算事务所申请编入管理人名册的，应当提供以下材料：①营业执照或者依法批准设立的文件；②本单位专职从业人员的法律或者注册会计师资格证书，或者经营管理经历的证明材料；③业务和业绩材料；④能够独立承担民事责任的证明材料；⑤行业自律组织对所提供材料真实性以及有无被行政处罚或者纪律处分情况的证明，或者申请人就上述情况所作的真实性声明；⑥人民法院要求的其他材料。

个人申请编入管理人名册的，应当提供下列材料：①律师或者注册会计师执业证书复印件以及执业年限证明；②所在社会中介机构同意其担任管理人的函件；③业务专长及相关业绩材料；④执业责任保险证明；⑤行业自律组织对所提供材料真实性以及有无被行政处罚或者纪律处分情况的证明；⑥人民法院要求的其他材料。

编制管理人名册的人民法院应当组成专门的评审委员会，对于申请者进行评审得出初步名单，然后向社会公示。公示期满后，人民法院应审定管理人名册，并通过全国有影响的媒体公布，同时逐级报最高人民法院备案。人民法院可以根据企业破产案件受理情况、管理人履行职务以及管理人资格变化等因素，对管理人名册适时进行调整。人民法院发现社会中介机构或者个人有《企业破产法》第 24 条第 3 款规定情形的，应当将其从管理人名册中除名。

人民法院应当分别编制社会中介机构管理人名册和个人管理人名册。由直辖市以外的高级人民法院编制的管理人名册中，应当注明社会中介机构和个人所属中级人民法院辖区。

指定管理人的时间，我国《破产法》有明确的规定。该法第 13 条规定："人民法院裁定受理破产申请的，应当同时指定管理人。"这是我国破产法与其他大陆法系国家破产法的一个很大的不同：其他国家大都采取破产程序的"宣告开始主义"，即破产程序自法院宣告债务人破产时开始，因此，只有破产宣告后才指定管理人。而我国破产法一直坚持破产程序的"受理开始主义"，即自法院受理破产申请时就开始破产程序并指定管理人。因此，我国破产法上并没有诸如日本破产法上的临时财产管理人等机构。根据日本《破产法》第91条及德国《破产法》第21条的规定，在破产受理、破产申请而未宣告债务人破产前，如有保全的必要，则要任命一保全管理人（临时财产管理人）。有的国外学者因不了解中国破产法的具体程序结构，故利用大陆法系其他国家的法律来评判中国破产法，并认为这是中国破产法的一个缺陷。[1]这其实是对中国破产法的误解。

（二）指定的方法

1. 属地原则。根据《指定管理人的规定》第15条、第21条、第22条的规定，受理企业破产案件的人民法院指定管理人，一般应从本地管理人名册中指定。对于商业银行、证券公司、保险公司等金融机构以及在全国范围内有重大影响、法律关系复杂、债务人财产分散的企业破产案件，人民法院可以从所在地区高级人民法院编制的管理人名册列明的其他地区管理人或者异地人民法院编制的管理人名册中指定管理人。对于商业银行、证券公司、保险公司等金融机构或者在全国范围有重大影响、法律关系复杂、债务人财产分散的企业破产案件，人民法院可以采取公告的方式，邀请编入各地人民法院管理人名册中的社会中介机构参与竞争，从参与竞争的社会中介机构中指定管理人。参与竞争的社会中介机构不得少于3家。

采取竞争方式指定管理人的，人民法院应当组成专门的评审委员会。评审委员会应当结合案件的特点，综合考量社会中介机构的专业水准、经验、机构规模、初步报价等因素，从参与竞争的社会中介机构中择优指定管理人。被指定为管理人的社会中介机构应经评审委员会成员1/2以上通过。采取竞争方式指定管理人的，人民法院应当确定一至两名备选社会中介机构，作为需要更换管理人时的接替人选。对于经过行政清理、清算的商业银行、证券公司、保险公司等金融机构的破产案件，人民法院除可以指定清算组作为管理人外，也可以在金融监督管理机构推荐的已编入管理人名册的社会中介机构中指定管理人。

2. 根据具体案件指定。根据《指定管理人的规定》，法院在指定管理人时，

---

〔1〕　Thomson Reuters："Administrator in China's New Enterprise Bankruptcy Law：Objective Standards to limit discretion and expand market controls"，*American Bankruptcy Law Journal*，2008.

应当根据具体情况来指定中介机构、个人或者清算组担任管理人。

（1）受理企业破产案件的人民法院，一般应指定管理人名册中的社会中介机构担任管理人。

（2）对于事实清楚、债权债务关系简单、债务人财产相对集中的企业破产案件，人民法院可以指定管理人名册中的个人为管理人。

（3）企业破产案件有下列情形之一的，人民法院可以指定清算组为管理人：①破产申请受理前，根据有关规定已经成立清算组，人民法院认为符合本规定第19条的规定；②审理企业破产法第133条规定的案件；③有关法律规定企业破产时成立清算组；④人民法院认为可以指定清算组为管理人的其他情形。

清算组为管理人的，人民法院可以从政府有关部门、编入管理人名册的社会中介机构、金融资产管理公司中指定清算组成员，人民银行及金融监督管理机构可以按照有关法律和行政法规的规定派人参加清算组。

3. 指定的具体方法。为了保障公平和公正，避免人为因素，根据《指定管理人的规定》第20条的规定，人民法院一般应当按照管理人名册所列名单采取轮候、抽签、摇号等随机方式公开指定管理人。

（三）回避原则

在进入指定管理人程序后，社会中介机构或者个人发现与本案有利害关系的，应主动申请回避并向人民法院书面说明情况。人民法院认为社会中介机构或者个人与本案有利害关系的，不应指定该社会中介机构或者个人为本案管理人（《指定管理人的规定》第25条）。

（四）无正当理由不得拒绝原则

管理人无正当理由，不得拒绝人民法院的指定（《指定管理人的规定》第28条）。当然，如果管理人被指定后，有合理理由的，可以向法院提出不宜担任管理人的理由，经法院批准后方可另行指定。如果无正当理由拒绝指定，后果如何呢？《指定管理人的规定》第39条规定，管理人有前款规定行为或者无正当理由拒绝人民法院指定的，编制管理人名册的人民法院可以决定停止其担任管理人1年至3年，或者将其从管理人名册中除名。

（五）亲自履职原则

由于管理人的指定涉及到许多因素，特别是对管理人本身的信任和依赖，故一旦被指定，必须亲自履行职务而不得转给他人。故《指定管理人的规定》第28条规定，管理人一经指定，不得以任何形式将管理人应当履行的职责全部或者部分转给其他社会中介机构或者个人。

在这一问题上，日本 2004 年《破产法》上的一个变通性规定值得我们思考，即该法第 77 条的规定。按照该条的规定，如果破产管理人临时有事故而不能履行职务时，可以预先选任代理人。该代理人必须经过法院许可，且其行为后果由破产管理人承担。

三、破产管理人的变更与解任

（一）概述

破产管理人一经法院选定后，一般不予变更或者解任。引起破产管理人的变更或者解任的事由，一般具有下列几项：①利害关系人申请。例如，我国《破产法》第 22 条规定："债权人会议认为管理人不能依法、公正执行职务或者有其他不能胜任职务情形的，可以申请人民法院予以更换。"在德国破产法上，债权人会议和债权人委员会可以申请撤换管理人。该法规定："支付不能法院可以因重大事由而免除支付不能管理人的职务。此项免职可以依职权进行，或者依管理人、债权人委员会或者债权人会议的申请进行。在法院裁判之前，应当听取管理人意见。"日本 2004 年《破产法》第 75 条也规定了相似的内容。②法院依据职权撤换。如日本 2004 年《破产法》第 75 条、德国《支付不能法》第 59 条。按照我国《破产法》第 22 条的规定，法院仅仅依据申请撤换管理人，而没有关于依职权撤换的规定。但最高人民法院关于《指定管理人的规定》第 33、34 条的规定，在特殊情况下，法院可以依职权更换管理人（关于具体的情形，我们将在下面阐述）。③管理人主动辞去职务。一般来说破产管理人无正当理由，不得辞去职务。破产管理人由法院选任，在辞职时，应向法院为之。若法院认为辞职的理由不够充分时，应不准辞职。所谓正当事由，是指使破产管理人不能执行职务或不能公平执行职务的事由，如重病、与破产企业或债权人有重大利害关系等，经法院查实后，可准与辞职。根据我国 2006 年《破产法》29 条规定，管理人没有正当理由不得辞去职务。管理人辞去职务应当经人民法院许可。

（二）我国司法解释关于管理人更换的特别规定

1. 债权人申请更换。按照大陆法系许多国家的破产法的规定，利害关系人可以申请法院更换管理人。我国《破产法》也规定，债权人会议可以申请更换管理人。但是，根据我国《破产法》及上述《指定管理人的规定》之规定，法院依据申请更换管理人应具备下列条件和程序：

（1）申请人应为债权人会议。按照我国《破产法》第 22 条的规定，债权人会议认为管理人不能依法、公正执行职务或者有其他不能胜任职务情形的，可以申请人民法院予以更换。因此，申请法院更换管理人的仅仅是债权人会议而不是个别债权人。因此，《指定管理人的规定》第 31 条规定："债权人会议根据企业破产法第 22 条第 2 款的规定申请更换管理人的，应由债权人会议作出决议并向人民法院提出书面申请。"也就是说，债权人会议必须按照企业破产法的规定程序作出决议，以债权人会议的名义申请法院撤换管理人。这种决议必须按照破产法第 64 条的规定，由出席会议的有表决权的债权人过半数通过，并且其所代表的债权额占无财产担保债权总额的 1/2 以上。

当然，申请法院撤换管理人是由债权人会议以决议的方式作出决定然后由债权人会议提出，而不是债权人个人申请，但根据我国《破产法》第 62 条的规定，占债权总额 1/4 以上的债权人向债权人会议主席提议时召开债权人会议来决议是否更换管理人。

（2）管理人的说明。人民法院在收到债权人会议的申请后，应当通知管理人在 2 日内作出书面说明。这一点，同德国《支付不能法》第 59 条的规定几乎相同，该条规定在法院作出裁判撤换管理人之前，应听取管理人的意见。

（3）法院决定。人民法院在听取管理人的说明后，综合分析后认为申请理由不成立的，应当自收到管理人书面说明之日起 10 日内作出驳回申请的决定。人民法院认为申请更换管理人的理由成立的，应当自收到管理人书面说明之日起 10 日内作出更换管理人的决定。

如果管理人对于法院作出的撤换其决定不服，或者债权人会议对于法院作出的不撤换管理人的决定不服的，该怎么办？对此，我国破产法和相关司法解释并没有规定，应理解为不能得到救济。但德国《破产法》第 59 条却规定，在此情况下，管理人对于免职有权立即抗告，债权人会议对于驳回其申请的裁定，也可以立即抗告。

2. 特殊情况下的更换。根据上述《指定管理人的规定》第 33 条、第 34 条的规定，在特殊情况下，法院可以依据职权或者债权人会议决议申请决定更换管理人。社会中介机构管理人有下列情形之一的，人民法院可以根据债权人会议的申请或者依职权迳行决定更换管理人：①执业许可证或者营业执照被吊销或者注销；②出现解散、破产事由或者丧失承担执业责任风险的能力；③与本案有利害关系；④履行职务时，因故意或者重大过失导致债权人利益受到损害；⑤社会中介机构有重大债务纠纷或者因涉嫌违法行为正被相关部门调查的 。

个人管理人有下列情形之一的，人民法院可以根据债权人会议的申请或者依职权迳行决定更换管理人：①执业资格被取消、吊销；②与本案有利害关系；

③履行职务时，因故意或者重大过失导致债权人利益受到损害；④失踪、死亡或者丧失民事行为能力；⑤因健康原因无法履行职务；⑥执业责任保险失效；⑦有重大债务纠纷或者因涉嫌违法行为正被相关部门调查的。

3. 管理人主动辞职。按照我国《破产法》第29条的规定，管理人没有正当理由不得辞去职务。即使有正当理由辞职，也必须经过法院批准。何为正当理由呢？按照上述《指定管理人的规定》第35条的规定，管理人无正当理由申请辞去职务的，人民法院不予许可。正当理由的认定，可参照适用本规定第33条、第34条规定的情形。

如果管理人向法院提出辞职申请，经法院审查认为具有正当理由而许可的，法院必须更换管理人。同时，如果人民法院对管理人申请辞去职务未予许可，管理人仍坚持辞去职务并不再履行管理人职责的，人民法院也应当决定更换管理人。因为，如果管理人坚持辞职而又无正当理由，法院虽然不许可其辞职，但继续强迫其履行职务，肯定会影响债权人利益，从而妨碍破产程序的进行。

4. 更换的法律后果。

（1）通知与公告。人民法院决定更换管理人的，应将决定书送达原管理人、新任管理人、破产申请人、债务人以及债务人的企业登记机关，并予公告。

（2）事务移交义务。人民法院决定更换管理人的，原管理人应当自收到决定书之次日起，在人民法院监督下向新任管理人移交全部资料、财产、营业事务及管理人印章，并及时向新任管理人书面说明工作进展情况。原管理人不能履行上述职责的，新任管理人可以直接接管相关事务。

人民法院决定更换管理人后，原管理人拒不向新任管理人移交相关事务，人民法院可以根据《企业破产法》第130条的规定和具体情况，决定对管理人罚款。对社会中介机构为管理人的罚款5万元至20万元人民币，对个人为管理人的罚款1万元至5万元人民币。管理人不服罚款决定的，可以向上一级人民法院申请复议，上级人民法院应在收到复议申请后5日内作出决定，并将复议结果通知下级人民法院和当事人。

（3）说明义务。在破产程序终结前，原管理人应当随时接受新任管理人、债权人会议、人民法院关于其履行管理人职责情况的询问。

四、破产管理人的法律地位

（一）大陆法系国家关于破产财产管理人法律地位的立法与学理

破产财产管理人的法律地位问题，在大陆法系的许多国家的破产法学理上一直是一个十分重要但却存在争议的问题。因为，破产财产管理人的行为涉及债权人、债务人以及第三人的利益。它有时与他们的利益一致，有时又与他们的利益对立。所以，如何解释破产财产管理人的法律地位，进而从根本上说明破产财产管理人在实体法和程序法上的行为性质，是一个重要的理论问题。在破产法的发展历史上，形成了不同的学说，大体有以下几种：

1. 职务说。这种学说从破产程序的性质入手，强调破产程序是为全体债权人的利益所进行的概括性强制执行程序，认为破产财产管理人就是强制执行机关的公务员。破产财产管理人是基于职务而参与破产程序，既不代表债权人，也不代表债务人。破产财产管理人是执行公务的人员，对于破产财团的诉讼，得基于职务而为原告或被告。

职务说又分为公法上的职务说和私法上的职务说。公法上的职务说认为，破产财产管理人在对财产进行管理、变价方面类似于公法上的执行机关，故为公法上的职务。而私法上的职务说认为，破产财产管理人虽然系基于公务而管理变卖破产财产，但他却是在私人名义下进行，故为私法上的职务。这种学说曾经是日本的通说。

2. 债权人代理说。该学说认为，基于破产宣告，全体债权人取得对破产财团的扣押质权，破产财产管理人乃代理行使该权利。

3. 债务人代理说。该说认为，虽然破产程序开始而使得债务人失去对其财产的管理处分权，但仍是财产的所有人。而破产财产管理人虽然由法院任命，但仍不失私法上的代理人的地位。所以，破产财产管理人是破产人的法定代理人。

4. 破产财团代理说。该说认为，破产程序一经开始，债务人就失去了对自己财产的管理和处分权，该财产即成为具有独立法律地位的法人主体，以破产财产管理人为其代表。这种观点具有不以特定利害关系人为背景而能够说明破产财产管理人的权能，而且能够合理地说明破产财产管理人的种种行为的优点[1]，故为许多大陆法系的学者所推崇。但是，这种学说必须以民法一般法或特别法承认破产财产的法人资格为基础。

5. 管理机构人格说。该说认为，将破产财团作为具有法人地位的主体资格并不恰当，而应赋予破产财产管理人以法人资格。具体说来，应将破产财产管理人的概念分为管理机构及其执行者两种，而对于作为管理机构的破产财产管理人应

---

[1] ［日］石川明：《日本破产法》，何勤华、周桂秋译，上海社会科学院出版社1995年版，第156页。

承认其法人资格，并认可其对财团的管理处分权。这一学说为日本目前的通说。[1]

6. 信托关系说。在美国破产法上将财产法上的信托关系引入破产法中，受托人（Trustee）在法律上具有独立于法院之外的独立地位，仅以受托人的名义为法律行为，因而避免了理论上的纠纷。为了使破产受托人能够更好地执行职务，美国《联邦破产法》第 544 条赋予受托人三种假设的身份（three different hypothetical standings）：具有司法担保权益的债权人（judicial lien creditor）、善意不动产的购买人（Bona fide purchaser of real estate）、无担保权益的债权人权利的承继者（successor to the rights of creditors）[2]。

法律赋予受托人以司法担保权益的债权人，使其被视为在破产申请之日对债务人的全部财产取得完善担保权益的担保债权人。这意味着受托人可以撤销那些在破产申请之日尚未完善的担保权益。

法律之所以赋予受托人以善意不动产购买人的身份，是因为美国法上的司法担保权益的优先效力仅仅对动产有效，而许多州的不动产法着重保护的是不动产的善意购买人。因此，根据这些州的法律，通过司法扣押而取得担保权益的人不能撤销已经抵押的不动产，尽管这种抵押的手续并不完善。也就是说，尽管这种抵押并未到有关部门办理登记手续，善意取得抵押的人还是享有比司法担保权益的持有人更加优先的权利。为了对付这些州的法律，破产法专门规定，受托人具有善意购买人的身份。原因在于，在上述这些州，善意取得抵押的人，如果不进行登记，就不能对抗随后以善意购买不动产的人。因此，受托人在根据破产法取得不动产善意购买人的身份后，就可以撤销这些未经登记的抵押。

无论是司法担保权益的债权人身份，还是善意不动产的购买人身份，在涉及破产申请前已经取得完善担保权益时，或者已经作出转让的财产时，就无能为力了。所以，应当赋予受托人以无担保权益的债权人权利承继人的身份，使其可以撤消有法定理由的转让或担保权益。[3]

（二）对破产财产管理人法律地位问题的思考

大陆法系理论对破产财产管理人之法律地位的说明和争议，无非是想从理论

---

〔1〕［日〕石川明：《日本破产法》，何勤华、周桂秋译，上海社会科学院出版社 1995 年版，第 156 页。

〔2〕George M. Treister, J. Ronald trost, Leon S. Forman, Kenneth N. Klee, Richard B. Levin, *Fundamentals of Bankruptcy Law*, ALI – ABA, 1993, pp. 145 ~ 153.

〔3〕潘琪：《美国破产法》，法律出版社 1999 年版，第 144 ~ 149 页。

上对破产财产管理人在实体法和程序法上的行为作出一致的说明，但无论那种说明均有某一侧面的说服力，但却有其不足。这也从一定意义上看出概念法学在灵活性上远远不如英美法，逻辑的一致和完善在很大程度上制约了法律的灵活性。笔者认为，破产管理人是由法院指定或认可的在破产程序中具有独立法律地位的执行破产事务的人，其法律地位一般由法律直接规定。不论是哪种立法例，均承认破产管理人对外代表破产企业，可以破产企业的名义起诉与应诉，其结果由破产企业承担。如美国《联邦破产法》USCS323 规定，破产受托人（bankruptcy trustee）在案件中为破产财团（bankruptcy estate）的代表（representative）；破产受托人在程序中有权起诉与应诉（to sue and be sued）。根据英国法第 14 条 5 的规定，管理人（破产管理人）行使其职权时，视为公司的代理人行事，因此对于管理人的行为或不行为应由公司承担责任，尤其是对于他以公司的名义成立的新合同或不遵守持续生效的合同项下的义务而使公司违约。这些合同除包括与公司外的第三人订立的合同外，还包括与公司内部职工订立的雇佣合同。而这种代理关系不同于一般民法意义上的代理，公司（被代理人）无权予以终止，他也不受公司的监督，他对公司承担的是信托关系中的受托人的义务。因而，用信托关系来解释破产管理人与破产企业的关系是最为恰当的，笼统地称为代理关系，从理论上往往有难以自圆其说之嫌。

在大陆法系国家的破产法上，也规定破产财产管理人在有关破产财产关系的诉讼中，以财产管理人为原告或被告（如日本破产法）。

在理解破产管理人与破产企业的关系时，应注意以下几点：①管理人与破产人的关系。在破产法上，管理人虽然接管了破产人的财产，但其关系如何，确实是值得讨论的。有的国家的法律明确规定，管理人对外代表破产人，如日本《破产法》第 80 条规定："关于破产财团的诉讼，以破产管理人为原告或者被告。"在我国破产法上恐怕难以作出这样的理解。从我国破产法的整体规定看，当企业进入破产程序后，其主体资格并没有消灭，其标志是没有在工商部门被注销。因此，仍然可以作为原告或者被告出现。这时的管理人是不能作为原告或者被告的。②管理人因行使职权而产生的民事权利义务，由破产企业负担。但不能因此说他是破产企业的代表人或者代理人。③从破产管理人在破产程序中所扮演的角色看，他并不仅仅代表破产企业单方面的利益，他也代表债权人的利益。例如，当破产企业在破产程序开始前法律规定的期限内，曾为损害债权人利益的行为时，他有权请求法院撤销等。④破产管理人在执行职务过程中，向法院报告工作，接受债权人会议或者债权人委员会的监督。这一点，恰恰是我国破产法与其他国家破产法的不同。德国《支付不能法》第58条规定："支付不能管理人受法院监督，法院可以随时向其要求告知事务现状及执行情况，或者要求提供有关报告。"日本《破产法》第75条也规定："破产管理人由法院进行监督。"法院监督与债权人监督比较，哪个更加合理？在德国与日本，管理人由法院指定，且债权人会议主席由法院担任，从逻辑上讲似乎由法院监督更合理。但是，管理人执行情况职务的结果与债权人密切相关，债权人有监督的积极动机，而且债权人委员会这一机构可以充当这一职能，因此，我们认为，由债权人监督更加可行。⑤因执行职务而致他人的人身或财产权利损害时，在对外关系上，与破产企业对被侵害人负连带赔偿责任；在对内关系上，对破产企业负个人赔偿责任。

有些外国学者在解读中国破产法时，因对破产管理人的地位的理解不同，错误地解读了我国法上的管理人的地位。如美国学者汤姆森·路透（Thomson Reuters）就指出，法律（中国破产法）似乎要求破产管理人既要站在债务人的角度，又要作为保护所有当事人的。立法不明确也不知道为什么这样规定。[1]中国法对管理人的这种角色定位恰恰是一种在大陆法系很有代表性的理论，而不是美国法上受托人的概念。

五、破产管理人的职责

许多国家的破产法都对管理人的职责进行明确规定，如我国2006年《破产法》第25条规定："管理人履行下列职责：①接管债务人的财产、印章和账簿、文书等资料；②调查债务人财产状况，制作财产状况报告；③决定债务人的内部管理事务；④决定债务人的日常开支和其他必要开支；⑤在第一次债权人会议召开之前，决定继续或者停止债务人的营业；⑥管理和处分债务人的财产；⑦代表债务人参加诉讼、仲裁或者其他法律程序；⑧提议召开债权人会议；⑨人民法院认为管理人应当履行的其他职责。本法对管理人的职责另有规定的，适用其规定。"

日本现行破产法第78条详细规定了管理人的职责。一是管理与处分破产财团的财产，但破产管理人的以下行为须经法院许可：①任意变卖不动产物权和应登记船舶；②任意变卖矿业权、渔业权、专利权、外观设计权、实用新型权、设计权、商标权、集成电路利用权、著作权及其邻接权。③转让营业或事业；④总括

---

[1]　Thomson Reuters，"Administrator in China's New Enterprise Bankruptcy Law：Objective Standards to limit discretion and expand market controls"，*American Bankruptcy Law Journal*，2008.

变卖商品；⑤借款；⑥承认依 238 条第 2 项规定表示的继承抛弃；承认依第 243 条规定表示的概括遗赠抛弃；承认依第 244 条规定表示的特定遗赠抛弃。⑦任意变卖动产；⑧让与债权及有价证券；⑨请求第 53 条第 1 项规定的履行；⑩提起诉讼；⑪缔结和解及仲裁合同；⑫抛弃权利；⑬承认财团债权、取回权及别除权；⑭收回别除权标的；二是法院指定的其他行为。

结合大多数国家破产法的规定，破产管理人的职责大致有以下几种：

（一）主要职责

1. 接收债务人移交的财产及与其财产有关的一切簿册文件。破产程序一经开始，债务人所有的财产便成为破产财产，债务人失去对其管理与处分权，应由破产管理人接收。未经破产管理人的同意，任何人不得管理和处分债务人的财产，即使破产管理人所接收的财产中有属于取回权的标的物，取回权人也必须经破产管理人才能行使权利。法国 85 - 98 号法律第 26 条第 1 款规定："管理人就任后应当立即要求企业主或亲自出面采取一切必要的措施保护企业的权益不受债务人侵害和保护企业的生产力。"根据美国《破产法》第 1106 条的规定，破产受托人拥有接管债务人财产的权利。对破产管理人接受财产及簿册的权利，债务人有移交的义务。违反此义务者应承担法律责任。

当债务人拒绝交付财产及有关财产的簿册时，破产管理人能否直接凭法院对债务人开始破产程序的裁定及任职书，向法院请求强制执行？申言之，破产程序开始的裁定是否有执行力？有的学者主张，在破产的情形下，破产程序开始的裁定有执行力，破产管理人可依破产裁定，请求法院强制债务人交付，无需另为起诉。德国学理通说也认为宣告破产的裁定有执行名义，破产管理人可依此名义申请法院对债务人强制执行。因破产程序开始的裁定有如破产宣告同样的性质，故依此主张，破产裁定也应有执行力。例如，德国《破产法》第 148 条规定："破产管理人得依据可执行的破产宣告决定抄件通过强制执行方式要求债务人交出其所保管的财物。《民事诉讼法》第 766 条的规定，以破产法院替代该条所称的执行法院，相应适用。"但是，如果认为破产程序开始的裁定有执行力，会给执行机关带来执行上的困难。因为破产程序开始的裁定的确发生债务人应向破产管理人交付财产及簿册的效力，但就具体交付的内容并不像具有执行名义的判决规定得具体明确，仅凭破产程序开始的裁定，执行机关难以判断执行的具体内容。另外，不交付财产应分为全部不交付与部分不交付，若债务人认为，拒绝交付的部分为自由财产时，那么，破产管理人也只能向法院提出诉讼，取得执行名义后，才能请求强制执行。就如第三人持有债务人财产拒绝交付时，破产管理人也不能仅凭破产裁定而向法院申请强制执行，而必须进行诉讼一样。因而，当债务人拒不移交财产或有关财产的簿册时，破产管理人应向法院提起诉讼，请求交付。

2. 管理、清理、处分债务人的财产。债务人的财产乃是破产程序进行的物质基础，在破产程序中占有举足轻重的地位。因而，对债务人财产的管理，也自然成为破产管理人的一项重要的职责。财产的管理，即对财产的保全，其目的在于防止财产被侵害或发生意外的损失。为保管债务人的财产，破产管理人应尽善良管理人的注意，采取积极妥善的措施。若因破产管理人的过错而致财产受损的，应负赔偿责任。如有必要，可聘任辅助的工作人员。

对破产债务人财产的清理，是破产管理人掌握债务人财产真实状况的重要手段，是拟定破产分配方案的重要前提。虽然在破产程序开始的裁定前，也令债务人提交财产状况说明书，债权债务清册等，特别是债务人主动申请时，为必备的文件之一，但债务人所提交的以上文件往往同债务人的实际财务状况出入较大，仅凭债务人提供的文件，难以辨明债务人的真实财产状况，故破产管理人必须清理债务人的财产。对债务人财产的清理，应包括对积极财产及消极财产的清理两种。积极财产包括有形资产，无形资产与债权；消极财产主要是指债务人的负债。破产管理人对债务人财产的清理，应作成财产目录表。根据美国《破产法》第1106条（2）的规定，受托人应提交财产清单。例如，日本《破产法》第79条规定："破产财产管理人就任后，必须立即着手占有及管理属于破产财团的财产。"根据我国台湾地区《破产法》第148条的规定，破产财产管理人如在清理债务人财产时发现破产财产不足以清偿破产费用及共益费用时，应向法院申请废止破产程序。这是破产财产管理人的一项重要职责。

破产管理人在清理债务人的财产时，有权为下列行为：①询问债务人，公司董事，经理或其他有关人员。破产管理人为清理债务人的财产，有权随时询问债务人。债务人对破产管理人的询问有如实陈述与回答的义务，债务人违反此义务时，应承担法律责任。日本《公司法》第98条之二规定："财产管理人得向公司的董事，监事、经理及其他人员索取有关公司业务和财产状况的报告。"②接受第三人对债务人的财产给付。破产程序一经开始，破产债务人的债务人不得再对债务人进行偿付，恶意清偿的，不得对抗破产管理人。例如，德国破产法规定，破产程序开始的裁定应告知对债务人负有义务的人不得再向债务人而应向破产管理人履行义务。我国2006年《破产法》第17条规定，人民法院受理破产申请后，债务人的债务人或者财产持有人应当向管理人清偿债务或者交付财产。债务人的债务人或者财产持有人故意违反前款规定向债务人清偿债务或者交付财产，使债权人受到损失的，不免除其清偿债务或者交付财产的义务。因而，债务人的债务人只能向破产管理人给付。接受第三人的给付，既是破产管理人的职权，也是其法定义务。如果因破产管理人迟延接受履行而给义务人造成损失的，义务人有权就此损失作为破产债权而参加破产程序。但破产管理人对破产财产负有赔偿责任。③共有财产的分割请求权。当破产管理人在清理债务人的财产时，发现债务人与其他人就某一财产有共有关系时，有权请求就共有财产进行分割。根据我国《物权法》第 99 条的规定："共有人约定不得分割共有的不动产或者动产，以维持共有关系的，应当按照约定，但共有人有重大理由需要分割的，可以请求分割；没有约定或者约定不明确的，按份共有人可以随时请求分割，共同共有人在共有的基础丧失或者有重大理由需要分割时可以请求分割。因分割对其他共有人造成损害的，应当给予赔偿。"这一规定同样适用于破产程序，破产程序一经开始，即使共有人约定不得分割共有财产，也可以请求分割。④债务人为公司时，破产管理人应不问其社员或股东的出资期限，而令其交纳所认的出资。股东分期交纳其所认出资，是"授权资本制"所允许的，但当破产程序开始时，其交纳出资的义务即届履行期，股东有交纳的义务，故破产管理人应令其交纳所认的出资。

破产管理人对债务人的财产享有处分权。这里所讲的财产处分权应包括不动产物权的转让，矿业权、渔业权、著作权、专利权的转让，存货或营业的转让，动产的转让，债权及有价证券的让与。此种行为因关系重大，破产管理人不宜擅自做主，应征得法院的许可或监督人的同意。例如，根据我国台湾地区破产法第 92 条的规定，破产人应征得监查人的同意或法院的许可，为不动产物权的让与、矿业权、渔业权、著作权、专利权的让与、全部存货及营业的让与、债权及有价证券的让与。破产管理人违反此义务而作的处分，不得对抗善意受让人，即不得对善意受让人主张无效或撤销。因此而给破产企业造成损失的，应负赔偿责任。

笔者认为，法律应赋予破产管理人以紧急处分权，即当发生某种紧急情况，需要对企业债务人的财产作紧急处分又不能征得法院或监督人许可时，破产管理人应有处分权，如债务人所持的股份，按行情应立即抛出，或食品即将变质应立即出售且对方出价较高时，为了当事人的利益，应允许紧急处分，但破产管理人应就紧急处分的合理性负举证责任。

3. 营业管理权。各国法律均赋予破产管理人以经营管理权，如法国 85 - 98 号法律第 31 条规定："管理人可监督管理债务人的经营管理活动或协助债务人进行全部或部分经营活动或独立承担企业的全部或部分的管理。"如日本《破产法》第 78 条规定，破产财产管理人经法院许可，得让破产人继续营业。我国 2006 年

《破产法》第 26 条规定："在第一次债权人会议召开之前，管理人决定继续或者停止债务人的营业或者有本法第 69 条规定行为之一的，应当经人民法院许可。"

破产管理人在行使管理权时，可进行与之相关的下列行为：

（1）决定债务人双务合同的解除或继续履行。各国法均赋予破产管理人对是否履行双务合同以选择权，如法国 85 - 98 号法律第 37 条第 1 款规定："管理人有权单方面要求履行有效合同，同时他得执行债务人向对方当事人承诺的给付。"德国《破产法》第 103 条规定，破产开始时的双务合同，在债务人或者另一方当事人未履行完毕时，破产管理人可代替债务人履行合同并要求另一方履行合同。破产管理人拒绝履行的，另一方当事人仅得以破产债权人的身份主张其因未履行合同而生的债权。我国 2006 年《破产法》第 18 条规定，人民法院受理破产申请后，管理人对破产申请受理前成立而债务人和对方当事人均未履行完毕的合同有权决定解除或者继续履行，并通知对方当事人。

（2）借款。当企业的经营需要资金而需借款时，破产管理人可以借款。但是，当企业处于破产的境地时，往往难以按平常的方式筹措资金，因而往往需要给借予人提供担保。破产管理人在决定借款或为借款提供担保时，必须经法院许可或经债权人委员会（监督人）的同意。在我国，按照《破产法》第 69 条的规定，必须报告债权人委员会。

4. 撤销权的行使及对抵销权和取回权的承认。撤销权是指对破产债务人在破产程序开始前法律规定的期间内所为的减少财产或其他有害于债权人的有关财产的行为，请求法院予以撤销并使因该行为转让的财产或权益收归破产财产的权利。在破产程序中，撤销权的行使，属于破产管理人。

抵销权是指破产债权人在破产程序开始时，对债务人负有债务的，有权要求予以抵销的权利。与一般民法上的抵销权不同的是，破产管理人一般不能主动向破产债权人主张抵销。但破产债权人欲主张抵销时，应向破产管理人为之。

取回权是指在破产债务人的财产中，有属于他人的财产或财产权利时，该权利人得请求取回的权利。取回权的权利人欲行使权利时，必须经过破产管理人的同意。

当破产管理人行使撤销权时，必须以诉讼的方式请求法院予以撤销。当破产管理人承认抵消权或取回权时，必须经法院认可或监督人的同意。

5. 诉讼权。破产程序开始后，与破产债务人有关的一切民事诉讼程序均应中止。其目的在于防止债务人恶意放弃权利或作出不利于债权人的妥协。待破产管理人被选任后，诉讼程序应继续进行，原债务人的诉讼地位由破产管理人继受。

如日本《破产法》第 80 条规定，就关于破产财团的诉讼，以破产财产管理人为原告或者被告。根据德国《破产法》第 85 条及第 86 条的规定，破产宣告时债务人的主动诉讼与被动诉讼均由破产管理人承受。

除此之外，在破产管理人执行职务期间，若发生关于破产债务人的财产或对债务人的债权发生争议时，破产管理人可以主动提起诉讼。但破产管理人在提起诉讼时，必须征得法院的批准或监督人的同意。

6. 拟订和提出破产分配方案。各国法律一般均规定破产分配由破产管理人拟订并提交债权人会议讨论通过。如我国台湾地区《破产法》第 139 条规定，破产管理人应于第一次债权人会议后破产财团的财产可分配时，作成分配表，记载分配比例及方法，经法院认可并公告。德国《破产法》第 188 条规定，分配前，破产管理人应编制受分配的债权人清册。该清册应置于办公地点供有关人员查阅。破产管理人应公告债权总额及可供分配的破产财产的总额。我国 2006 年《破产法》第 111 条规定："管理人应当及时拟订破产财产变价方案，提交债权人会议讨论。"

应当特别指出的是，我国目前的司法实践中，存在管理人严重超越职权范围而损害利益管理人的行为，特别是在由政府各个部门组成的以清算组形式出现的管理人的情况下，更是如此。例如，本章前面提到的武汉市中级法院受理的东星航空公司破产案中，管理人就表示不能重整，并且在《长江日报》上发表文章公开阐述不能重整的原因等，这些行为显然十分令人震惊。

（二）破产管理人职责的执行

1. 破产管理人在执行职务过程中，根据实际需要，聘任必要的工作人员，并应向其支付报酬。受聘人员的报酬为破产共益费用，从破产管理人的财产中随时支付。我国 2006 年《破产法》第 28 条、第 41 条对此做了规定。

2. 个人交易的限制。破产管理人在执行职务期间，为保证其公正地执行职务，禁止个人与破产企业之间的交易，也禁止破产管理人介绍第三人与破产企业进行交易。从理论上讲，此乃破产管理人之当然的义务。因为，破产管理人对外代表破产企业，若允许其代表破产企业与自己进行交易，极有可能造成有损破产企业的情形发生。

3. 破产管理人为数人时，应共同执行职务。一般地说，当破产管理人为数人时，应以共同执行职务为原则，而以分别执行职务为例外。如日本《破产法》第 76 条规定，破产财产管理人为数人时，共同行使其职务。但经法院许可，得分掌职务。

所谓共同执行职务，是指各破产管理人之间在执行职务中互为代表，第三者的意思表示，对其中一人表示即发生对全体的效力。如日本《破产法》第76条规定，破产财产管理人为数人时，第三人的意思表示对其中一人作出即可。因破产管理人执行职务给第三人或破产企业造成损害的，各破产管理人负连带责任。在单独分别执行职务时，破产管理人个人的行为无需征得其他破产管理人的同意，同时，第三人对破产管理人个人的意思表示，对其他破产管理人不生效力。因破产管理人个人执行职务而给第三人或破产企业造成损失的，由其个人负责。

4. 善良管理人的注意。善良管理人的注意，是一个较为抽象的概念，是对行为人为某种行为时，是否达到合理要求的一种抽象的判断或评价标准。有的学者将之概括为，依一般的观念，认为有相当知识经验且诚实的人，在为某种行为时所采用的注意。有的学者则将其归结为，行为人在进行交易时应当具有的注意，用于评价具有相当知识或经验的人在为具体行为时的注意程度，并以此衡量其有无过失的一般观念。破产管理人在执行职务时，应尽善良管理人的注意，这是各国法对破产管理人的要求。若破产管理人欠缺此种注意，为轻过失；若欠缺一般常人的注意，则为重大过失。无论哪种过失，给债权人造成损害的，应负赔偿责任。如德国《破产法》第60条规定，破产管理人负有善良管理人应尽的义务。破产管理人因其犯有过失违反本法规定的义务，向所有相关人承担赔偿责任。日本《破产法》第85条也作出了相似的规定。

我国2006年《破产法》第27条规定："管理人应当勤勉尽责，忠实执行职务。"因违反这一义务而给利害关系人造成损失的，应当赔偿。

5. 向法院报告的义务。一般地说，破产管理人由法院指定，故应向法院负责并报告工作。破产管理人在执行职务过程中，应当主动或经法院要求而向法院报告有关企业破产的重大事项。法院或者债权人会议、债权人委员会有权要求管理人作出相关报告。如德国《支付不能法》第58条规定："法院可以随时要求管理人告知事务现状及事务执行情况或者请求提出有关报告。"

按照我国《破产法》第61条的规定，债权人会议有权监督管理人，那么当然有权要求管理人随时报告破产程序进行的有关状况。同时，按照我国《破产法》第68条的规定，债权人委员会执行职务时，有权要求管理人、债务人的有关人员对其职权范围内的事务作出说明或者提供有关文件。管理人、债务人的有关人员违反本法规定拒绝接受监督的，债权人委员会有权就监督事项请求人民法院作出决定；人民法院应当在5日内作出决定。

6. 须经法院或监督人许可的事项。为加强对破产管理人的监督与制约，在破产管理人处理有关破产企业的重大事务时，须经法院或监督人的同意。各国法对这些事项的规定，不尽相同。如我国台湾地区《破产法》第 92 条规定，破产管理人为下列行为时，应得监查人之同意：①不动产物权之让与；②矿业权、渔业权、著作权、专利权之让与；③存货全部或营业之让与；④借款；⑤非继续破产人之营业，而为 100 元以上动产之让与；⑥债权及有价证券之让与；⑦寄托之货币、有价证券及其他贵重物品之取回；⑧双务契约之履行请求；⑨关于破产人财产上争议之和解及仲裁；⑩权利之抛弃；⑪取回权、别除权、财团债务及第 95 条第 1 款费用的承认；⑫别除权标的物之收回；⑬关于应行收回破产财团之财产提起诉讼或进行其他法律程序。日本《破产法》第 78 条作了相似的规定。

根据我国 2006 年《破产法》第 69 条的规定，管理人实施下列行为，应当及时报告债权人委员会：①涉及土地、房屋等不动产权益的转让；②探矿权、采矿权、知识产权等财产权的转让；③全部库存或者营业的转让；④借款；⑤设定财产担保；⑥债权和有价证券的转让；⑦履行债务人和对方当事人均未履行完毕的合同；⑧放弃权利；⑨担保物的取回；⑩对债权人利益有重大影响的其他财产处分行为。未设立债权人委员会的，管理人实施前款规定的行为应当及时报告人民法院。

7. 取得报酬的权利。破产管理人执行职务，有权取得报酬。破产管理人的报酬属于共益费用，由破产企业的财产随时支付。关于报酬的数额，大多数国家的法律规定，由法院决定。例如，德国《破产法》第 63 条规定，破产管理人有权得到报酬及补偿垫款。

至于破产管理人费用的具体数额，有的国家规定较为原则，即由法院确定。如日本《破产法》第 87 条规定，破产财产管理人享有垫付费用请求权与报酬请求权，报酬数额由法院确定。有的国家规定得较为具体，如德国《破产法》第 63 条规定，报酬的一般标准根据破产程序结束时破产财产的价值计算。破产管理人的经营范围及难度偏高在计算报酬时应予以考虑。根据该法第 64 条的规定，法院以决定的形式确定破产管理人的报酬，被确定的数字不予公告，但债务人及债权人均可到法院办公室查看。对法院的决定不服的，可以上诉。在美国实务上，对破产受托人的收费规定了一个最高界限，收费不得超过破产财产总额的 3% ~ 15%。法院也有权根据实际情况确定更低的收费。[1]

根据我国 2006 年《破产法》第 22 条的规定，指定管理人和确定管理人报酬

---

[1] 潘琪：《美国破产法》，法律出版社 1999 年版，第 143 页。

的办法，由最高人民法院规定。因这一问题十分复杂，故我们在下面专门讨论。

六、管理人与债权人委员会的关系

与德国和日本破产法一样，债权人委员会在我国破产法上也是一个非必设机构，是代表债权人会议监督管理人对破产财产的处分和管理的机构。这一点，从我国《破产法》第68条的规定，就可以清楚地看出来。但是，我国《破产法》第69条的规定在用语上显然存在争议：管理人实施第69条规定的行为，应当及时"报告债权人委员会"。这里的"报告"是什么意思？是否可以理解为"知会"？更通俗地说，就是告诉你一声就可以了，至于你是什么态度，根本不影响管理人的行为？还是说，告诉债权人委员会的意思就是看债权人委员会是什么态度，如果不反对，管理人就可以继续处分；如果反对，管理人或者债权人委员会就要提请召开债权人会议讨论？还是说，管理人的行为不仅要及时报告债权人委员会，债权人委员会还有决定的权利？

如果我们再看第69条最后一款的规定："未设立债权人委员会的，管理人实施前款规定的行为应当及时报告人民法院。"这里也仅仅规定报告"人民法院"，难道这里也仅仅理解为"告诉法院一声就可以了"吗？从比较法的角度看，日本《破产法》第78条规定的是要经过法院许可；按照《德国支付不能法》第158条的规定，如果设立了债权人委员会，像停止营业等行为要经过债权人委员会同意；未设立债权人委员会的，经过法院同意。因此，对"未设立债权人委员会的，管理人实施前款规定的行为应当及时报告人民法院"的理解，大概不能仅仅解释为"知会"而是许可。在设立的债权人委员会时，应理解为报告债权人委员会，如果不反对，管理人就可以继续处分；如果反对，管理人或者债权人委员会就要提请召开债权人会议讨论。

七、管理人的报酬

（一）管理人收取报酬的依据

管理人收取报酬的依据主要是我国破产法及最高人民法院根据破产法制定的《最高人民法院关于审理企业破产案件确定管理人报酬的规定》。

管理人有权收取报酬，根据我国《破产法》第22条的规定，确定管理人报酬的办法，由最高人民法院规定。最高人民法院根据这一法律授权，制定了《最高人民法院关于审理企业破产案件确定管理人报酬的规定》（下称《报酬的规定》），并于 2007 年 6 月 1 日施行。

但是，当管理人由各个部门的人员组成的清算组来担任时，不收取报酬。

（二）报酬的具体标准和方法

1. 计算的财产基础。根据《报酬的规定》第 2 条，法院应当根据债务人最终清偿的财产总值为基础（担保权人优先受偿的担保物价值，不计入财产价值总额），按照规定的比例计算。这与德国《支付不能法》第 63 条的规定基本上是一致的。

这种规定会出现一个这样的问题：等到管理人整理了财产和债权债务后，破产企业可能没有任何财产，其现实掌握的所谓财产，可能都是破产企业通过租赁等方式占有的，都属于取回权的标的。那么，管理人也可能什么报酬也不能取得。这种情况在任何国家都存在，因此，在制定报酬标准时，应适当提高标准，以补偿这种时常出现的无法收费的情况。

2. 收取的比例。按照我国最高人民法院的上述《报酬的规定》，采取按比例分段收取的方式，具体来说：①不超过 1 百万元（含本数，下同）的，在 12% 以下确定；②超过 1 百万元至 5 百万元的部分，在 10% 以下确定；③超过 5 百万元至 1 千万元的部分，在 8% 以下确定；④超过 1 千万元至 5 千万元的部分，在 6% 以下确定；⑤超过 5 千万元至 1 亿元的部分，在 3% 以下确定；⑥超过 1 亿元至 5 亿元的部分，在 1% 以下确定；⑦超过 5 亿元的部分，在 0.5% 以下确定。

高级人民法院认为有必要的，可以参照上述比例在 30% 的浮动范围内制定符合当地实际情况的管理人报酬比例限制范围，并通过当地有影响的媒体公告，同时报最高人民法院备案。

律师事务所、会计师事务所通过聘请本专业的其他社会中介机构或者人员协助履行管理人职责的，或者破产清算事务所通过聘请其他社会中介机构或者人员协助履行管理人职责的，所需费用从其报酬中支付，不在另行收取费用。

3. 收取的方式。人民法院可以根据破产案件的实际情况，确定管理人分期或者最后一次性收取报酬。无论采取哪种方式，都应当写入管理人的报酬方案。

（三）程序

1. 管理人报酬方案的初步确定。人民法院受理企业破产申请后，应当对债务人可供清偿的财产价值和管理人的工作量作出预测，初步确定管理人报酬方案。管理人报酬方案应当包括管理人报酬比例和收取时间。

2. 听取债权人会议的意见。人民法院应当自确定管理人报酬方案之日起 3 日内，书面通知管理人。管理人应当在第一次债权人会议上报告管理人报酬方案内容。

管理人、债权人会议对法院初步确定的管理人报酬方案没有意见的，法院应确定之；如果有意见的，可以进行协商。双方就调整管理人报酬方案内容协商一致的，管理人应向人民法院书面提出具体的请求和理由，并附相应的债权人会议决议。

3. 法院的确定。人民法院经审查认为管理人的上述请求和理由不违反法律和行政法规强制性规定，且不损害他人合法权益的，应当按照双方协商的结果调整管理人报酬的初步方案，确定协商后的方案。

4. 列入分配方案。最终确定的管理人报酬及收取情况，应列入破产财产分配方案。在和解、重整程序中，管理人报酬方案内容应列入和解协议草案或重整计划草案。

5. 债权人的异议。按照我国《破产法》第61条的规定，债权人会议有权审查管理人的费用和报酬，而且有权通过破产财产的分配方案。因此，债权人有权对管理人的报酬提出异议。

按照我国最高人民法院的上述《报酬的规定》，债权人会议对管理人报酬有异议的，应当向人民法院书面提出具体的请求和理由。异议书应当附有相应的债权人会议决议。人民法院应当自收到债权人会议异议书之日起3日内通知管理人。管理人应当自收到通知之日起3日内作出书面说明。人民法院认为有必要的，可以举行听证会，听取当事人意见。人民法院应当自收到债权人会议异议书之日起10日内，就是否调整管理人报酬问题书面通知管理人、债权人委员会或者债权人会议主席。

但这里的问题是：管理人报酬的方案在列入分配方案前，已经向债权人会议报告，可以进行协商。如果协商一致的，法院就已经按照双方的协商确定了。列入分配方案后，一般不发生异议的问题，除非债权人会议发现有报酬与案件的复杂程序和管理人的责任等不对等。这里主要是指管理人与债权人会议不能达成协议的情形，最后由法院作出是否调整的决定。

（四）法院对管理人报酬的调整

人民法院确定管理人报酬方案后，可以根据破产案件和管理人履行职责的实际情况进行调整。人民法院决定对管理人的报酬进行调整的，应当自作出调整管理人报酬方案决定之日起3日内，书面通知管理人。管理人应当自收到上述通知之日起3日内，向债权人委员会或者债权人会议主席报告管理人报酬方案调整内容。

人民法院确定或者调整管理人报酬方案时，应当考虑以下因素：①破产案件的复杂性；②管理人的勤勉程度；③管理人为重整、和解工作做出的实际贡献；④管理人承担的风险和责任；⑤债务人住所地居民可支配收入及物价水平；⑥其他影响管理人报酬的情况。

债权人会议也可以根据这些因素对管理人的报酬提出异议，请求法院作出调整。

这里有一个这样的问题：如果法院主动或者根据债权人会议的异议确定的管理人的报酬太低，管理人因此而辞去职务的，是否属于有"正当理由辞去职务"？我认为，答案应该是否定的。

（五）管理人报酬的支付

管理人的报酬属于破产共益费用，应当由破产财产优先支付。债务人财产不足以支付管理人报酬和管理人执行职务费用的，管理人应当提请人民法院终结破产程序。但债权人、管理人、债务人的出资人或者其他利害关系人愿意垫付上述报酬和费用的，破产程序可以继续进行。

八、管理人的法律责任

（一）概述

我国 2006 年《破产法》同大陆法系许多国家的破产法一样，将管理人规定成为一个"责权利"兼有的独立机构，有职权范围，有报酬请求权，也有法律责任。因此，在不履行职责或者履职不当时，就要承担责任。这种责任，既有民事责任，也有非民事责任。

但在我国破产法上，有一个需要特别讨论的问题：清算组的责任如何界定？因为我国破产法保留了清算组，而这一个清算组虽然在性质上与 1986 年《破产法》上的清算组不同，但在组织形式上可以说是一样的，也是由各个部门的人员组成的。而且，按照我国最高人民法院的《报酬的规定》，清算组是不能收取报酬的，那么，其是否承担责任？如果承担责任的话，是由这些个人承担还是由派出单位承担？这一问题在 1986 年《破产法》中一直是一个问题，而 2006 年《破产法》保留清算组的做法使这一问题又重新提出来。

我认为，虽然清算组不能收取报酬，但也应当承担与非清算组管理人同样的责任。因为，我国的《破产法》在规定管理人的"勤勉义务"时，并没有将清算组排除。另外，在其派出单位与其个人的责任分担方面，应适用民法上的"雇主责任"。在德国等国家，雇主应对雇员的行为承担责任，但如果能够证明自己在选派和监督雇员方面已尽到相当的注意的除外。但是，按照我国《侵权责任法》第34条的规定，用人单位的工作人员因执行工作任务造成他人损害的，由用人单位承担侵权责任。劳务派遣期间，被派遣的工作人员因执行工作任务造成他人损害的，由接受劳务派遣的用工单位承担侵权责任；劳务派遣单位有过错的，承担相应的补充责任。那么，究竟是应适用"用人单位"的责任规定还是适用"劳务派遣"的责任规定？我认为，应适用"派遣单位"的责任规定更加合理。

（二）管理人责任的标准和依据

在大陆法系国家，一般将管理人履行责任的标准定为"善良管理人的注意"。例如，德国《支付不能法》第60条规定，管理人应以通常并认真的支付不能管理人的注意负责任。日本2004年《破产法》第85条规定，破产管理人负有善良管理人应尽的注意义务。我国《破产法》第27条规定："管理人应勤勉尽责，忠实执行职务。"

如果管理人违反上述义务，就应当承担民事责任及非民事责任。民事责任主要是指民事赔偿，非民事责任包括法院的罚款、警告，甚至刑事处罚。

（三）民事责任

一般国家的破产法都规定，管理人违反善良管理人应尽的注意义务，应当对债权人或者债务人承担民事赔偿责任。如根据我国《破产法》第130条的规定，管理人未依照本法规定勤勉尽责，忠实执行职务的，人民法院可以依法处以罚款；给债权人、债务人或者第三人造成损失的，依法承担赔偿责任。

在破产程序中，管理人违反善良管理人注意的情况是经常发生的。例如，债权人申报债权被管理人遗漏或者登记错误、对于破产债务人对他人的债权请求权没有及时中断时效、应该收回的财产没有收回、对于财产的管理疏忽导致不必要的损毁等，都属于管理人没有勤勉尽责。

当然，如果管理人与个别债权人或者第三人恶意通谋，以使其获得超出程序的利益，除了应当负民事赔偿责任外，还有非民事责任。

（四）其他责任

其他责任包括很多，最常见的就是法院的罚款。如根据我国《破产法》第130条的规定，管理人未依法规定勤勉尽责，忠实执行职务的，人民法院可以依法处以罚款。从比较法上看，根据德国《支付不能法》第58条的规定，管理人不履行自己义务的，法院在先警告之后可以对其罚款。

如果出现管理人与个别债权人通谋，使个别债权人获得程序外利益的，该个别债权人的非正当利益不仅应当收回，而且管理人应当根据我国《破产法》第

131 条的规定承担刑事责任。在我国多年的破产法实践中，这种情况比较常见。另外，在管理人处分财产时，往往以损害破产财产从而使债权人利益损害为代价，使第三人获得利益。这种情况当然也应依法承担刑事责任，这方面的案例已经很多。

（五）管理人对于雇佣人的责任

各国的法律一般都规定，管理人在执行情况职务时，可以聘任必要的工作人员，有时这些工作人员就是破产企业原来的职工。那么，管理人对于这些人的行为承担什么责任呢？对此，我国的《破产法》没有任何规定。但德国《支付不能法》对此有规定，可以参考。根据该法第 60 条第 2 款的规定，如果管理人在其履行职务的界限内使用债务人的雇员，如果这些雇员的行为没有显著的不合适时，管理人不负担《民法典》第 278 条规定的过失责任。但是，如果管理人在监督这些雇员方面有过失，要承担责任，或者作出决定让这些雇员从事某些行为时，也对过失负责。

那么，德国《民法典》第 278 条是如何规定的呢？该条规定的是债务人对履行辅助人的责任，即债务人对其法定代理人或者其为履行债务而使用的人所有的过失，应与自己的过失负相同的责任。也就是说，如果该条规定适用于管理人的话，那么管理人为履行职责而使用的这些人的任何过失都被视为管理人的过失而由管理人负担责任。德国《支付不能法》第 60 条恰恰是排除管理人的这种责任。

但是，德国《支付不能法》并没有排除德国《民法典》第 831 条的责任，即在侵权法领域的责任。该条规定，雇佣他人执行事务的人，对于受雇人在执行事务时不法地加害于第三人的损害，负赔偿责任。但雇佣人在受雇人的选任、对装备和监督已尽相当的注意，或者纵然已尽相当的注意也难免发生损害者，不负担赔偿责任。具体到破产程序中，管理人亲任的工作人员，应当由管理人监督使用。如果管理人符合德国《民法典》第 831 条的规定时，就可以不承担责任，否则就应当承担责任。

我国《侵权责任法》第 34 条规定："用人单位的工作人员因执行工作任务造成他人损害的，由用人单位承担侵权责任。"显然，我国法的规定思路与德国法不同。按照我国侵权责任法，管理人亲任的工作人员造成他人损害的，先由破产企业支付。但管理人对于这种责任负担什么责任呢？应当参考德国法上的规定，看管理人是否对之尽到管理和监督义务来定其责任：如果已经尽到监督管理义务，就免除责任。否则，就应承担赔偿责任。

第五章　破产债权及其申报

第一节　破产债权的概念

一、破产债权的含义

破产法既有程序性规定，也有实体性规定。因而，破产债权从不同的角度，便有不同的意义。从程序意义上看，破产债权是依破产程序申报并受偿的财产请求权，学理上称为形式意义上的破产债权。若从实体意义上看，破产债权是在破产程序开始前成立的对债务人享有的金钱债权或得以金钱评价的债权，学理上称为实质意义上的破产债权。它反映了破产债权的实质，即破产债权是基于民法上的合同、侵权行为、无因管理、不当得利或其他法律上的原因而发生的财产请求权，而不是由破产法新承认的权利。当然，破产债权也非基于破产法上的原因而生的债权，基于破产法上的原因而生的债权为共益债权，不属于破产债权。形式意义上的破产债权揭示了破产债权的外部特征与最终目标，即破产程序是债权实现的唯一途径，破产债权非依破产程序不得受偿。违反此规定而受偿者，不得对抗其他债权人。从破产债权的形态上看，实质意义上的破产债权反映了其静的形态，即债权的内容与本质，而形式意义上的破产债权揭示了其动的形态，即债权实现的方式。从范围上看，实质意义上的破产债权概括了其全部，而形式意义上的破产债权是对债权的约束，即不依破产程序申报债权或被否认者，便不得以破产程序行使。形式意义上的债权以实质意义上的债权为基础，实质意义上的债权以形式意义上的债权为实现途径，后者是前者依破产程序转化的结果。若实质意义上的破产债权不依破产程序转化为形式意义上的破产债权，则不能依据破产程序实现其权利，也就失去了在破产程序中的意义。

由此可见，破产债权在不同的场合有不同的意义。各国破产立法对破产债权所作的定义一般是指实质意义上的破产债权。例如，根据美国《破产法典》第101条的规定，破产债权（claim）是指金钱支付请求权，而不论该请求权是普通法还是衡平法上的权利，也不论该请求权有无担保、是否已经诉诸法律、已然或者或然、到期或者未到期、有没有争议。[1]根据德国《支付不能法》第38条的规定，破产债权是指在支付不能程序开始时对债务人享有的财产请求权。根据我国现行《破产法》第44条的规定，破产债权是指人民法院受理破产申请时对债务人享有的财产请求权。

二、破产债权的特征

（一）破产债权为财产请求权

破产程序是以不同于债法一般法的特殊方式概括对债权人进行清偿，但破产债权却必须以债法上的请求权为基础。因此，债权人的债权必须是以能请求债务人为财产给付时，才能接受清偿。财产请求权是指直接以金钱给付为内容或者虽不直接表现于金钱但得以金钱计算的请求权，前者如价金给付请求权，损害赔偿请求权等；后者如请求交付货物的请求权。纯粹以不作为为内容的请求权，不能作为破产债权。因为，此类债权以债务人不作为为直接内容，无财产上给付的请求，从而不能作为破产债权。但是，若债务人违反不作为的义务而给债权人造成损害时的损害赔偿请求权，可以作为破产债权。

（二）破产债权限于破产程序开始前成立的财产请求权

破产程序是一种概括性程序，其目的之一是对债权人进行公平地清偿，故必须划定一时间界限，使破产债权的范围固定化。这一时间界限便是破产程序的开始。在此界限以前成立的债权为破产债权，否则不是破产债权。在破产程序开始后成立的债权一般来说具有优先于破产债权的地位，德国法和日本法上称为"财团债权"，而我国破产法上称为"共益债务"。

所谓"成立于破产程序开始前"，是指债权的成立之原因于破产程序开始前已有效存在，而不论该债权在破产程序开始时是否已发生效力。故附条件债权及附期限的债权以及其他原因存在于破产程序开始前而生效于程序开始后的债权均为破产债权。

作为这一原则的例外，法律承认某些虽成立于破产程序开始后的债权仍不失为破产债权，以示公平。他们主要是：①票据发票人或背书人被开始破产程序，

---

[1] George M. Treister, J. Ronald trost, Leon S. Forman, Kenneth N. Klee, Richard B. Levin, *Fundamentals of Bankruptcy Law*, ALI – ABA, 1993, p. 287.

而付款人或承兑人付款或承兑，因此而产生的债权为破产债权。[1]②破产程序开始后，破产管理人因解除双务合同而使对方当事人产生的损害赔偿请求权，为破产债权。

（三）破产债权必须是能够予以强制执行的债权

从实质上说，破产程序是一种概括的强制执行程序，参加破产程序的债权必须是受法律保护的且能够予以强制执行的债权。如果依请求权的性质，无法利用强制执行的方法予以执行时，则该请求权不能作为破产债权而依破产程序受偿。不能予以强制执行的债权主要包括基于不法原因所产生的债权以及无效债权等。从财产性质看，债权的标的物为禁止执行的财产时，该债权也属于不能强制执行的债权。不能强制执行的债权，已丧失了受国家强制力保护的可能性，[2]因而不能通过破产程序而获得清偿。

关于已过诉讼时效的债权是否能作为破产债权，学理上颇有争议。有人认为，债务人未就消灭时效为抗辩前，债权人仍得请求受偿，故应能作为破产债权申报；有人认为，罹于消灭时效的请求权，在债权审查时，多因时效的抗辩而拒绝给付，无受偿的机会，从而不能作为破产债权。[3]笔者认为，从实质上看，已过诉讼时效的债权，并没有丧失债权的基本属性，而是给予债务人以抗辩权，因此该债权在民法上是可以诉讼的，当然在破产法上就应作为破产债权。至于能否受到破产程序清偿，有待于管理人或者其他债权人提出抗辩或者异议。

（四）破产债权是必须依破产程序进行申报并行使的债权

破产债权必须在法律规定的期限内进行申报。若债权人未依法律规定申报债权，便不能行使表决权等程序上的权利，也不能依破产程序实现债权。除此之外，债权人也不能请求法院对债务人之财产强制执行，也不得单独请求债务人清偿。债权人违反此规定所受的清偿，不能对抗其他破产债权人。但其实体法上的权利并不因未申报而消灭。

---

[1]　我国《破产法》第 55 条；我国最高人民法院关于贯彻执行《中华人民共和国企业破产法（试行）》若干问题的意见第 62 项。

[2]　张卫平：《破产程序导论》，中国政法大学出版社 1993 年版，第 200 页。

[3]　（台）陈荣宗：《破产法》，三民书局 1986 年版，第 295 页。

第二节　破产债权的范围

一、成立于破产程序开始前的债权

　　成立于破产宣告前的债权可以分为两种：一是有财产担保的债权，二是无财产担保的债权。对于成立于破产程序开始前的无财产担保的债权为破产债权，任何人没有疑问。但对于成立于破产程序开始前的有财产担保的债权，是否可为破产债权，学理上尚存争议。

　　对债务人的财产享有担保物权的人有两种：一是债务人自己的债权人对债务人的特定财产享有担保物权；二是债务人为他人的债权人提供担保而使该债权人对债务人的特定财产享有担保物权。在第一种情况下，债权人兼有两种身份：他既对债务人享有债权请求权，又对债务人的特定物享有物的请求权。这两种身份既相互联系由相互独立，故其破产债权人的地位不应因其享有担保物权而受到影响。我国1986年《企业破产法》以法律明文规定的方式[1]将有财产担保的债权排除在破产债权大门之外的做法是没有道理的，这无异于强迫有财产担保的债权人行使担保物权，对破产财产及其他债权人并非有利。因此，我国2006年《破产法》第44条不再以是否具有财产担保来定义是否为破产债权。而且，从我国2006年《破产法》的规定看，有财产担保的债权与无财产担保的债权，仅仅在特别规定时才有区别，在大多数情况下并无区别，包括申请债务人破产的权利方面也无差别。

二、税收债权

　　税收债权是一种特殊债权，其与一般债权的不同主要表现在：其一，它据依产生的法律基础乃是公法而非私法，即税收债权是公法权利。它所体现的不是平等主体之间的交易关系，而是管理者和被管理者之间的隶属关系；其二，权利主体的特殊性。税收债权的权利主体是公法主体；其三，从其性质和用途上看，税收为公法主体行使管理职能所必需，具有公益性。

　　关于税收债权在破产程序中的法律地位，各国法律规定不同，即使在同一国

---

　　[1]　我国1986年《企业破产法》第30条规定："破产宣告前成立的无财产担保的债权和放弃优先受偿权利的有财产担保的债权为破产债权。"

家也因不同的历史时期而有不同。有的国家将其列为共益债权，如日本破产法第148条；有的国家将其列为优先破产债权，即承认其为破产债权，但优先于一般破产债权，如我国1986年《破产法》第37条及现行《破产法》即是如此；德国旧《破产法》与我国现行《破产法》的做法是一致的（德国旧《破产法》第61条），但德国现行《破产法》不再将其列为优先破产债权，而是将其作为一般债权对待。就像德国波恩大学教授瓦格尔·格哈德博士指出的，德国在原则上取消了破产优先清偿权。[1]我国台湾地区有的学者主张，公司破产前所欠的税款，充其量为无担保的破产债权。其依据是我国台湾地区"司法院"1947年9月6日院字第3578号解释。该解释称，纳税人受破产宣告时，其在破产前所欠税款为破产债权，应与其他破产债权平均分配。公司法准用破产法，则公司于破产程序开始前所欠的税款应解释为一般破产债权。[2]

笔者认为，税收债权虽是一种特殊债权，其特殊地位在破产法上应有所体现。当然，像日本法将之列为共益债权，未免过甚，故多受到学者的批评。并且，从世界各国破产法的发展趋势看，也越来越淡化税收债权的清偿地位，如上述德国现行破产法、澳大利亚破产法[3]。我国现行破产法将其列为一般债权但又将其在清偿顺序上优先于一般破产债权的做法是可行的。这样既保证了其他利害关系人的利益，又体现了税收债权的特殊性。

三、附期限的债权

附期限债权是指以将来确定事实的到来为条件决定债权的发生或消灭的债权。附期限的债权可分为附始期的债权和附终期的债权。附始期的债权于期限到来时发生效力，而附终期的债权在期限届至时失去效力。除此之外，学理上还将附期限债权分为附确定期限的债权与附不确定期限的债权。前者是指债权据以发生或消灭的事实或时间均是确定的；而后者是指债权据以发生的事实或时间的其中之一是不确定的，如甲乙双方约定，甲于其父死亡时，将房屋卖与乙。甲之父

---

〔1〕　资料来源于波恩大学教授瓦格尔·格哈德博士在1997年由人大财经委组织的在北京王府饭店召开的"中德破产法研讨会"上的发言：《德国新破产法——破产法改革的原因和破产法的基本特点》，未公开发表。

〔2〕　黄川口：《公司重整之研究》，载《铭传学报》第25期。

〔3〕　Keturah Whitford, "First among Equals：Priority Creditors on Winding up in China and Australia", present at China – Australia Links Symposium on Rerom of PRC Securities and Insolvency Laws Held at The China University of Politics and Law, Beijing, 21～22 September 1998.

死亡是必然发生的事实，但于何时死亡，则是不确定的。

附期限债权与附条件债权的最大不同在于期间是必然到来的，债权一定会发生或消灭，故附期限的债权虽也是一种期待权，但这种期待权较附条件债权更为确定。附有终期的债权在破产程序开始时所附的期限未届至的，就构成破产债权，即使在程序开始后期限届满时，也不影响其权利的行使。附有始期的债权，不论程序开始时所附的条件是否届至，均为当然的破产债权，在程序开始时始期未届至的，将来必定产生；当程序开始时，期限届至的，自然应为破产债权。在民法上，附期限的债权于期限到来前，为不能请求履行的债权，然在破产法为对债务人财产概括执行程序，若不许债权人依破产程序行使权利，将使其失去受偿的机会，故各国法均将其列为破产债权。

四、附条件的债权

附条件债权是指以将来不确定的事实的成就或不成就决定生效或消灭的请求权。附条件债权包括附停止条件的债权与附解除条件的债权两种。附停止条件的债权是指当条件成就时发生效力的债权，于条件成就前债权虽已有效成立，但尚不发生效力，即效力处于停止状态，故称附停止条件的债权。附解除条件的债权是指当所附条件成就时，即告消灭的债权，申言之，债权虽已发生法律效力，但因条件的成就而失去法律效力，故称附解除条件的债权。

附停止条件的债权在破产程序开始时，条件尚未成就的，尚属期待权，因法律对期待权的保护，故附停止条件的债权应作为破产债权。附解除条件的债权为已生效的债权，故只要在破产程序开始时条件尚未成就时，与一般不附条件的债权并无不同，故附条件的债权应作为破产债权。如根据日本《破产法》第103条规定，附条件债权以其全额为破产债权。德国《破产法》第42条也规定，附解除条件的债权，只要其所附的条件尚未发生，则在破产程序中视为无条件的债权。我国现行破产法第47条也规定，附条件债权人可以申报债权。

但是，附条件债权和附期限的债权与一般债权毕竟不同，对其清偿及计算有特殊的规则。关于此点，我们将于下面的有关章节中讨论。

五、债权人对连带债务人的债权

根据民法的一般原理，连带债务人对债权人均负有清偿全部债务之义务，债权人得要求任何连带债务人清偿其全部债务。在连带债务人破产的情况下，债权人当然可以以其债权作为破产债权行使权利。当连带债务人中仅有一人被裁定开始破产程序时，债权人可以以其债权全额作为破产债权申报并行使权利，也可不申报债权，而直接向其他连带债务人要求清偿，而其他连带债务人再以其对破产债务人的求偿权作为破产债权行使权利，当无问题。然而，当连带债务人中有数人或全部被裁定开始破产程序时，债权人如何行使其债权呢？即以何种债权额向何人行使？对此，日本《破产法》第104条规定："在数人各自承担全部义务的情况下，其全员或其中的数人已受破产宣告时，债权人得就破产宣告时所有的债权全额，对各破产财团作为破产债权人行使权利。"各国法均规定了相同的原则。但何为"债权全额"？各国法却有不同的解释。大致有三种立法例：

1. 瑞士法主义。即债权总额是指债权成立时的总额，故不论其是否已受到清偿，以及已受到多少清偿，只要在其债权未受全部清偿之前，得以其成立时的全额行使权利。日本现行《破产法》第104条也规定，如果其他债务人在破产宣告后对债权人清偿债务，除非是全额清偿，否则债权人仍可就破产宣告时所享有的债权全部行使权利。

2. 法国法主义。法国法认为只有任意清偿才能减少债权总额，故债权总额是指债权成立时的总额减去已受连带债务人的任意清偿额。这里所言的"任意清偿"是指非依破产或破产程序所受的清偿，即是指依一般民法方式所受的清偿。

3. 德国法主义。无论所受的清偿为何种性质，均发生使债权额减少的效力，即债权总额是指债权成立时的总额减去已受到的所有性质的清偿。德国《破产法》第43条规定，数人对其就同一债务负全部责任的债权人，在破产程序中可向每一位债务人要求就其在破产程序开始时所享有的债权全额补偿。

例如，A、B、C三人对债权人甲共同负连带债务100万元，A已对债权人甲作了20万元的任意清偿。之后，B被宣告破产，其分配率20%。现在C被裁开始破产程序。在对债权人甲的破产债权额之计算上，若依瑞士法立法例，债权人甲的债权额仍然为100万元；而依法国立法例，债权人的破产债权额为100万－20万＝80万元；但依德国法立法例，债权人甲的债权额为：100万－20万－（100万－20万）×20%＝64万元。

显然，以上三种立法例，对债权人的权利之影响有极大的差别。瑞士法对债权人的保护最为有利，法国法次之，德国法最弱。然而，从公平的角度言之，德国法最为合理。因为它能使所有债权人之间保持平衡。日本学理也认为，成为破产债权的不是原来债权全额，而是破产宣告时的现存额。[1]

我国现行《破产法》第 52 条规定："连带债务人数人被裁定适用本法规定的程序的，其债权人有权就全部债权分别在各破产案件中申报债权。"那么，这里的所谓"全部债权"是指什么呢？我国最高人民法院以前的司法解释没有明确规定，但我认为应作与德国法相同的解释。

六、连带债务人及保证人的求偿权

连带债务人均负有清偿全部债务的义务，履行了债务的债务人有权要求其他负有连带债务的人偿付其应当承担的份额。因而，当连带债务人中的一人或数人被裁定开始破产程序时，其他连带债务人可以以其代替破产债务人清偿债务的求偿权或将来代替其清偿债务的求偿权，作为破产债权。但是，债权人已就其债权全额作为破产债权行使权利者，不在此限。

连带债务人的求偿权分为现实的求偿权与将来求偿权。现实的求偿权是指债权人已要求债务人为清偿，而债务人已作了实际清偿的。该实际清偿额即是债务人对破产债务人的求偿权额。将来求偿权是指连带债务人尚未对债权人作清偿，但债权人将来可能要求其清偿。因为债权人就其债权以何种方式行使有选择权，他既可作为破产债权而申报，也可不作为破产债权而直接向其他连带债务人请求履行。而且破产程序的开始不影响债权人对连带债务人及保证人追偿的权利。该可能被追偿的债权额即为破产债权额。法律允许连带债务人以将来求偿权作为破产债权行使权利，对保护连带债务人有十分重要的意义。若不许其以将来求偿权作为破产债权行使权利，便等于剥夺了其依破产程序受补偿的机会，待将来债权人向其要求清偿时，他有清偿的义务，但清偿后无法向破产债务人追偿，对其甚为不公。但是若债权人已将其债权全额作为破产债权行使时，不会发生将来求偿权的问题，否则，对于破产人来说，无疑等于被请求偿还了两次，即一项债权被要求两次履行。

在保证关系中，当被保证人破产时，对于连带债务人求偿权的规则对于保证人同样适用。我国现行破产法第 51 条规定："债务人的保证人或者其他连带债务人已经代替债务人清偿债务的，以其对债务人的求偿权申报债权。债务人的保证人或者其他连带债务人尚未代替债务人清偿债务的，以其对债务人的将来求偿权

---

[1] ［日］伊藤真：《破产法新版》，刘荣军、鲍荣振译，中国社会科学出版社 1995 年版，第 108 页。

申报债权。但是，债权人已经向管理人申报全部债权的除外。"根据我国担保法的规定，保证有两种：一为连带责任保证，二为一般责任保证。在连带责任保证的情况下，被保证人破产时，对于保证人适用连带债务人的求偿权自不必说。即使是一般责任保证，当被保证人破产时，也应适用这一规则。因为，连带责任保证与一般责任保证之间的最大区别就是后者有先诉抗辩权。但在被保证人破产的情况下，这种先诉抗辩权已经没有任何意义。所以，在被保证人破产的情况下，保证人的求偿权应当作为破产债权。根据我国破产法的上述规定，凡被保证人被宣告破产的，保证人替代被保证人清偿债务的，保证人有权以其清偿数额作为破产债权向人民法院申报并参加分配；凡被保证人被宣告破产前，保证人未替代被保证人清偿债务的，分别以下面两种情况对待：①债权人可以作为破产债权人参加破产程序，以其全部债权额作为破产债权申报并参加分配，还可以就不足受偿部分向其追偿。②保证人在申报债权的期限届满前得知债权人不参加破产程序的情事后，可以其保证的债务数额作为破产债权申报并参加破产程序。[1]也就是说，如果债权人全额申报债权并参加破产程序的，保证人不得再以破产债权人的身份申报债权并参加破产程序。这样对保证人的实际利益没有任何影响；反之，则有权以保证责任为限申报债权并参加破产程序。这种规定建立在这样一种假定之上：如果债权人没有申报债权，则意味着他有可能放弃以破产程序受偿的权利，而决定就全部债权向保证人行使权利。所以，虽然保证人这时的保证责任并非现实的，也应允许其申报并参加破产程序。否则，如果将来债权人对其主张权利，其将来履行保证责任后，再无法向破产人（被保证人）追偿。

七、因票据关系所生的债权

（一）因票据资金关系所生的债权

在票据法上，资金关系是指存在于汇票的发票人与付款人之间或支票的发票人与付款人（银行）之间的基础关系，又称票据资金关系。汇票或支票的发票人之所以委托付款人付款，而付款人之所以愿意付款或承兑，这是因为他们之间有一定的约定。这种约定有以下数种：①付款人处有发票人的资金（发票人已预先将资金交存于付款人处），此点支票最为普遍；②付款人对发票人负有债务，借此以为清偿；③发票人与付款人之间订有信用合同，付款人允诺为发票人垫付资

---

[1]《最高人民法院关于贯彻执行〈中华人民共和国企业破产法（试行）〉若干问题的意见》第61条也如此规定。

金（对于支票，这种合同称为透支合同）；④发票人与付款人之间订有其他合同，如交互计算合同，继续供应合同等；⑤付款人愿意为发票人付款（无因管理）。在前两种情况下，不发生付款人向发票人的追偿问题。但在后几种情况下，付款人已向持票人承兑或付款后，便有权对发票人请求补偿。这种求偿权若发生在破产程序开始前，为破产债权，当无疑问。然如破产程序开始后，付款人为承兑或付款时，能否为破产债权？按破产法的一般原则，债权发生于破产程序开始后者，不得作为破产债权。但票据关系则有特别之处，因发票行为完成于破产程序开始之前，票据为流通证券，其债务人为特定，而债权人为非特定人，故有可能发生持票人随时要求债务人（付款人）承兑或付款。此时，若付款人已知发票人开始破产程序时，除非以恶意承兑或付款者外，一般不会承兑或付款而自招损失。但是在付款人不知发票人开始破产程序而为承兑或付款的，若不允许其申报债权而依破产程序行使权利，显然有欠公允，不利于保护票据的流通，故法律例外地允许付款人不知破产程序已开始的事实而为之者，因此而生的债权为破产债权。例如，2004 年前日本《破产法》第 57 条规定："对于作为汇票的发票人或背书人受破产宣告的情况下，付款人或预备付款人因不知该事实而承兑或付款时，该付款人或预备付款人因此而产生的债权，得作为破产债权行使权利。"我国最高人民法院 1991 年的关于破产法的司法解释也认为：票据（汇票、本票、支票）发票人或背书人被宣告破产，而付款人或承兑人不知其事实而付款或承兑，因此所产生的债权为破产债权，付款人或承兑人为债权人。[1]

但是，我国 2006 年《破产法》第 55 条规定："债务人是票据的出票人，被裁定适用本法规定的程序，该票据的付款人继续付款或者承兑的，付款人以由此产生的请求权申报债权。"仔细阅读该条就会发现，该条取消了日本法上的"付款人或者承兑人不知其事实而付款或者承兑"作为破产债权的条件。我同意这种做法，因为知道或者不知道似乎并不影响付款人或者承兑人的权利作为破产债权，仅仅是付款人或者承兑人受到了损失而已。如果破产人作为出票人在付款人或者承兑人处有资金，那么付款人或者承兑人知道出票人破产而仍然付款或者承兑的，确实应当负非善意的责任，即破产管理人应向其主张损害赔偿。但如果出票人在付款人或者承兑人处无资金，那么付款人或者承兑人知道出票人破产而仍然付款或者承兑的，仅仅是自己对出票人的求偿权受到重大损失。因此，2006 年

---

[1] 《最高人民法院关于贯彻执行〈中华人民共和国企业破产法（试行）〉若干问题的意见》第62 条。

《破产法》取消该条件是有意义的。日本现行《破产法》第60条仍然规定："汇票出票人或者背书人被宣告进入破产程序时，如果付款人或者预备付款人不知其事实而承兑或者付款的，因此产生的债权为破产债权。"而德国现行的支付不能法不再要求"知或者不知"作为破产债权的要件。

除汇票与支票外，其他以给付金钱或其他物品为标的的有价证券的发行人或背书人开始破产程序时，给付物品或金钱的人，于给付时不知该事实时而为给付者，因此产生的债权，得作为破产债权依破产程序行使权利。

（二）因背书关系而发生的债权

在票据法上，持票人为债权人、而发票人、背书人等为债务人。票据债务人又分为第一债务人与第二债务人。第一债务人是负有付款义务的人，主要是指承兑人，本票的发票人，保付支票的付款人。第二债务人是负有担保付款义务的人，主要是指发票人、背书人等。持票人（债权人）只有在向第一债务人行使权利遭到拒绝时，才能向第二债务人行使追索权。在票据的背书关系中，前手（背书人）为债务人，而后手（被背书人）为债权人。在保证与参加关系中，保证、参加实现后，保证人或参加人为债权人，被保证人或被参加人为债务人。另外，在票据法上，只有付款人的付款才是票据法上真正意义上的付款，其他人的付款均不消灭票据关系，而只发生追索权的移转。因而，当对背书人开始破产程序时，就票据关系而言，能对其行使的债权只能是追索权，即其后手（包括直接后手与间接后手）或保证人或参加付款人。而该追索权无论发生于程序开始前抑或之后，均得作为破产债权行使。但背书人在转让票据时，已作了"禁止转让"之文义记载的，只有其直接后手可对其行使追索权，而其间接后手已无权对其行使追索权。追索权人向破产背书人行使权利后，破产背书人便取得了对发票人的追索权。其实，当背书人开始破产程序时，鲜有追索权人向背书人申报并行使追索权，因为与其自招损失，不如直接向发票人追索更为方便，且能获得全额清偿。

根据我国《票据法》第70条的规定，追索权包括下列金额与费用：①被拒绝付款的汇票金额；②汇票金额自到期日或者提示付款日起至清偿日止，按照中国人民银行规定的利率计算的利息；③取得有关拒绝证明和发出通知书的费用。追索权人得以其追索权额向背书人行使权利。但关于利息，应理解为自到期日或者提示日起到破产程序开始时止。因为，自破产程序开始时，所有债权均应停止计算利息。

八、因交互计算关系而生的债权

交互计算（current account）是指当事人约定以其相互间因交易而产生的债权债务进行定期计算并相互抵消，而仅支付其差额的契约。[1]交互计算与票据制度一样，均为信用制度，既可免除当事人因现金交易带来的繁琐，避免资金呆滞，又可简化当事人间交易关系，故为各国所采用。如《德国民法典》，《日本商法典》，《瑞士债务法》及我国台湾地区民法典均规定有交互计算制度。

交互计算的一方当事人开始破产程序时，交互计算关系应当停止。对方当事人因交互计算而产生的差额，得作为破产债权向破产方行使权利。如日本《破产法》第59条规定，相互计算，在当事人一方被宣告进入破产程序时终止。在此情况下，各当事人得截止计算，请求支付余额。该项请求权为对方享有时，为破产债权。

九、因解除双务合同而产生的债权

根据各国破产法的规定，对于尚未履行的双务合同，破产管理人有权决定继续履行或解除。对方当事人因合同解除而受到的损失，可作为破产债权。我国《破产法》第53条明确规定："管理人或者债务人依照本法规定解除合同的，对方当事人以因合同解除所产生的损害赔偿请求权申报债权。"

十、保证人破产时债权人之被保证的债权

在保证人破产时，被保证的债权是否得作为破产债权行使权利？日本学理认为，保证人被宣告破产时，其对债权人的先诉抗辩权消灭。债权人可以其在保证人被宣告破产时拥有的全部债权额作为破产债权行使权利。这是因为，如果保证人的这种抗辩权仍然存在的话，在对抗过程中保证人的破产程序正在进行，债权人最终有可能失去主张保证责任的机会。设立保证也就没有什么意义了[2]。故日本《破产法》第105条规定，保证人受破产宣告时，债权人得就破产宣告时拥

---

〔1〕（台）史尚宽：《债法各论》，荣泰印书馆股份有限公司1981年版，第103页。

〔2〕〔日〕石川明：《日本破产法》，何勤华、周桂秋译，上海社会科学院出版社1995年版，第97页。

有的债权全额作为破产债权行使权利。

根据我国最高法院的司法解释[1]，债务人为其他单位担任保证人的，应当在收到人民法院破产立案通知后5日内转告有关当事人。债权人得知保证人（债务人）破产的情事后，享有是否将其债权作为破产债权的选择权。债权人既不参加破产程序又不告知保证人的，保证人（债务人）的保证义务即自此终止；债权人参加破产程序的，债权人在破产宣告时所享有的债权额即为破产债权，参加分配后仍然可就其未受清的债权向被保证人求偿。

十一、其他债权

除以上所列债权外，在破产程序开始后，还会发生某些费用与债权，其中，除共益债权和共益债务外，尚有破产程序开始后的利息、程序开始后债务不履行所生的损害赔偿金及违约金、参加程序的费用及因破产程序开始后的原因而生的对破产企业的非为共益债权的财产请求权。此类债权能否作为破产债权？各国的立法有不同的规定。有的国家将之称为劣后债权，意指在受偿位次上劣于一般债权，但尚有受偿的机会，即属于破产债权。例如，根据日本《破产法》第99条的规定，以下请求权后于其他破产债权：①破产程序开始后的利息请求权；②破产程序开始后因不履行合同而产生的损害赔偿请求权或违约金请求权；③破产程序开始后的迟延税、利息税或滞纳金；④破产程序开始后基于破产财团而产生的租税请求权（指根据国税征收法和国税征收条例的税收权）；⑤加算税（包括过少申告加算税、不申告加算税、不缴纳加算税和重加算税。见国税通则法第2条第④号）和加算金（包括过少申告加算金、不申告加算金和重加算金。见地方税法法第1条第1项第14号）请求权；⑥罚金、罚款、刑事诉讼费用、追征金或过料请求权（以下简称"罚金请求权等"）；⑦参加破产程序支出的费用请求权；⑧若定期债权系无利息且期限于破产程序开始之后届满，则以破产程序开始至债权期限届满时依法定利率计算而得的利息额的相当部分为劣后性破产债权。但是，如果破产程序开始与期限届满之间时差不足1年，则不计；⑨若债权系无利息且为不定期，其债权额与破产程序开始时估价额的差额的相当部分为劣后性破产债权等。

德国现行《破产法》第39条几乎作了相同的规定。

---

[1] 《最高人民法院关于贯彻执行〈中华人民共和国企业破产法（试行）〉若干问题的意见》第16条。

有的国家或地区则将其排斥在破产法之外，称为除斥债权。例如，我国台湾地区《破产法》第 103 条明确规定了除斥债权，下列各款债权不得作为破产债权：①破产宣告后的利息；②参加破产程序所支出的费用；③因破产宣告后的不履行所生的损害赔偿及违约金；④罚金、罚锾及追征金。根据法国 85－98 号法律第 55 条的规定，自破产程序裁定开始之日起，法定和协议利息以及所有迟付利息和滞纳金均停止计算。故也将之列为除斥之列。

2002 年我国《最高人民法院〈关于审理企业破产案件若干问题的规定〉》第 61 条规定："下列债权不属于破产债权：①行政、司法机关对破产企业的罚款、罚金以及其他有关费用；②人民法院受理破产案件后债务人未支付应付款项的滞纳金，包括债务人未执行生效法律文书应当加倍支付的迟延利息和劳动保险金的滞纳金；③破产宣告后的债务利息；④债权人参加破产程序所支出的费用；⑤破产企业的股权、股票持有人在股权、股票上的权利；⑥破产财产分配开始后向清算组申报的债权；⑦超过诉讼时效的债权；⑧债务人开办单位对债务人未收取的管理费、承包费。"但 2006 年破产法没有列举哪些不属于破产债权，只于第 46 条规定，附利息的债权自破产申请受理时起停止计息。这一规定表明"破产申请受理"后的利息不属于破产债权。由于我国 2006 年《破产法》的一些规定与上述司法解释已经不同，特别是 2008 年最高人民法院颁布了关于诉讼时效的司法解释，从这一解释看，诉讼时效经过后的债权显然不能说当然不属于破产债权。因此，哪些债权属于"除斥债权"，有待最高人民法院新的司法解释。

但笔者认为，以上所列债权在破产程序中有受到保护的必要性与合理性，应列为"劣后债权"而不是"除斥债权"。因为此类债权虽产生于破产程序开始后，但毕竟是因合法原因而生的债权，应给予其受偿的机会。而且，将之列为劣后债权，并不影响其他债权人的权利，又有何妨？

第三节　破产债权的申报

一、破产债权申报概说

债权申报，是指债权人在破产程序开始后法律规定的期限内，向法院或法院指定的机关呈报债权，以表明其依破产程序行使权利的意思表示。债权申报是破产程序中的一项重要制度，是债权人参加破产程序并行使权利的前提。正如有的学者所指出的，未申报债权的债权人，即使是实质上的破产债权人，也不被视为程序上的破产债权人。[1]凡未在法律规定的期限内申报债权者，便不能行使破产程序赋予的各项权利。故法院在裁定开始破产程序时，必须同时公告，对已知债权人还应通知送达，告知债权申报的期限与地点，以及逾期不申报债权的后果。

二、债权申报的期限

债权申报的期限是指法律规定或法院指定的债权人向法院或其指定机关申报债权的期间。各国破产法中均有关于债权申报期间的规定，但期限的长短及决定期限的方式各有不同。大致可分为两类：法定主义与法院酌定主义。

所谓法定主义，是指债权申报的期限是由法律直接规定的。目前采取法定主义的国家已为数不多了。我国1986年《破产法》采取法定主义，根据该法第9条的规定，人民法院受理破产案件后，应当在10日内通知债务人并发布公告。人民法院在收到债务人提交的债务清册后10日内，应当通知已知的债权人。债权人应当在收到通知后1个月内，未收到通知的债权人应当自公告之日起3个月内，向人民法院申报债权。对于我国1986年破产法区别已知与未知破产债权人而规定不同债权申报期限的做法，受到了学者的批评。他们认为，这种做法至少在程序上没有做到债权人平等，除了限制已知的债权人申报债权及参加破产程序以外，没有什么实际的意义。破产程序是一种绝不同于一般民事诉讼的程序，在构建破产程序上的期间时，一定要避免与民事诉讼程序上的期间相类比。因为民事诉讼程序上的公告送达之功能在于弥补其他送达方式适用不能的缺陷，是一种补充性的方式。而破产程序上的公告送达是一种必须的基本形式，债权人不论是否已知，破产程序的效力均应当自公告之日起发生。所以，我国破产法的这种做法是没有根据的。这种批评颇有道理，我国现行破产已经改变这种做法，采取以公告之日为准的统一期限标准。

所谓法院酌定主义，是指债权申报的期限由法院根据具体情况加以确定。美国、日本、法国、我国台湾地区等均采取法院酌定主义。如法国85－98号法律第53条规定："债权人在最高行政法院命令规定的申报期限内不申报，将不能参与财产的分配。"根据日本《破产法》第142条的规定，债权申报的期间由法院决定，但必须在破产宣告后2周以上4个月以下。

我国2006年《破产法》在这一问题上采取一种折衷的方式，该法第45条规

---

[1]　邹海林：《破产程序和破产法实体制度比较研究》，法律出版社1995年版，第116～117页。

定："人民法院受理破产申请后，应当确定债权人申报债权的期限。债权申报期限自人民法院发布受理破产申请公告之日起计算，最短不得少于 30 日，最长不得超过 3 个月。"由此可见，我国采取的是法定加酌定的方式。

三、债权申报的方式与内容

债权申报的方式，是指债权人以口头或以书面形式为债权申报。关于申报的方式，有的国家破产法明确规定必须以书面形式，如德国现行《破产法》第 174 条第 1 款就明确规定债权人必须以书面形式向破产管理人申报债权。有的国家虽未于法律中明文规定，但从立法的精神看，应认为适用书面形式。例如，根据我国现行《破产法》第 49 条的规定，债权人申报债权时，应当书面说明债权的数额和有无财产担保，并提交有关证据。这些显然是口头不能解决的。日本破产法也没有明确规定口头或者书面，但在实践中口头的申报不被允许。实际惯例是，法院对于已知的债权人送达破产宣告书时一并送达申报书，由债权人填写后连同债权的证明文件一并提交[1]。

关于申报的内容，各国法的规定大致相同，即要求申报债权人的姓名、住址、债权的内容和原因、债权的性质并提供有关证据。如德国现行《破产法》第 174 条规定，债权人申报债权时应附上债权证明材料复印件。申报债权时应说明债权的理由及金额。我国《破产法》第 49 条也规定了相似的内容。

这里需要指出的是，法律要求申报人提供关于债权有效成立的证据，并非要求债权人负举证义务。这种要求是为嗣后的债权调查提供方便。若债权人在申报债权时，不能提供证据证明其债权的存在，或所提出的证据不能完全证明其债权的存在，或接受申报的机关对证据存有异议时，均不能以此为由而拒绝申报人申报债权。因为债权的申报只是债权人要求参加破产程序以行使权利的意思表示，债权人申报债权对其本人权利的行使具有至关重要的意义，但对其他债权人并非已构成当然的影响或损害，它毕竟不是债权的审查与确认，只有经审查与确认的债权，才会真正影响其他债权人，故任何债权人均可表示异议。但在债权申报时，债权人（申报人）无需举证，其他债权人或接受债权申报的机关也无需提出异议。待债权调查日，有异议的债权由法院裁定。

---

[1] ［日］伊藤真：《破产法新版》，刘荣军、鲍荣振译，中国社会科学出版社 1995 年版，第 251～252 页。

四、接受债权申报的机关

各国立法对接受债权申报的机关有不同的规定。有的国家立法规定债权的申报机关为法院，如日本、美国等；有的国家规定向债权人代表申报债权，如法国85 – 98 号法律第 50 条规定"自程序开始裁定公告之日起，除雇员外，所有持有程序开始前发生的债权的债权人均应向债权人代表申报他们的债权。"有的国家规定向破产管理人申报债权，如德国现行《破产法》第 174 条规定，债权人应向破产管理人书面申报债权。根据我国《破产法》第 48 条的规定，债权人应当在人民法院确定的债权申报期限内向管理人申报债权。

债权人申报债权，应向法律规定的机关为之，否则不生债权申报的效力。

于债权申报期满后，接受债权申报的机关应制作债权表。债权表应记载债权人的姓名与住址、债权的数额和性质、债权发生的原因等，交由法院或法院指定的其他机关，以供嗣后债权人查阅。债权表的制作仅依据债权申报的资料，至于申报的债权是否存在或数额是否确定，制表人因无审查决定权，故不得剔除或减少数额。此类问题待债权调查日，经异议人提出，由法院裁定。

根据各国立法，债权表由负责债权申报的机关制作。按照日本《破产法》第115 条的规定，法院书记官必须制作债权表并按权利的性质适当分类。书记官必须将债权表抄件交付财产管理人（破产管理人）。债权表必须备置于法院，以供利害关系人查阅。法国 85 – 98 号法律第 100 条规定："债权人代表在征求债务人意见之后，整理出债权申报清册，并附上自己对债权认可、拒绝或移送管辖法院裁定的意见。债权人代表在拟定债权清册后，应及时交给法官监督人。"德国现行《破产法》规定的程序与日本《破产法》的规定几乎相同，只是债权表的制作人为破产管理人（德国现行《破产法》第 175 条）。我国《破产法》第 57 条规定："管理人收到债权申报材料后，应当登记造册，对申报的债权进行审查，并编制债权表。债权表和债权申报材料由管理人保存，供利害关系人查阅。"

五、债权申报的效力

债权申报发生两方面的效力：

（一）取得参加破产程序并行使权利的资格

大部分国家的破产法均规定，债权人不申报债权，不得参加破产程序，其债权非依破产程序不得行使。故债权申报使债权人能参加破产程序并行使法律赋予的债权人的各项权利，如表决权、依破产程序接受债权清偿的权利等。

（二）债权的诉讼时效因债权申报而中断

债权申报是债权人参加破产程序的意思表示，破产程序为一种审判上的程序，故申报债权与提起诉讼并无二致，故有中断诉讼时效的效果。但债权申报后又撤回申报的，不发生时效中断的效力。

六、债权申报的撤回与变更

债权申报后能否撤回？法律一般无明文规定。但应认为，在债权申报期间届满前，债权人可撤回申报。撤回申报的理由多种多样，或者是因为该债权人有人的担保，或者有与破产债务人负连带责任的债务人，撤回申报以向保证人或其他连带债务人追偿，或欲放弃权利，不一而足。

关于申报内容的变更，笔者认为，在债权申报期间届满前，申报人可随时变更其申报债权的内容；若在债权调查日后提出变更者，应按逾期申报处理。

七、未申报债权的后果

如果债权人未依法律的规定申报债权时，会发生何种法律后果呢？关于此问题，各国立法及理论颇不一致。有一种理论认为，债权人未申报债权的，程序法与实体法上的权利均归于消灭，即债权不复存在。我国 1986 年《破产法》即采这一原则。该法第 9 条规定："逾期未申报债权的，视为自动放弃债权。"法国 85 –98 号法律（《法国困境企业司法破产与清算法》）也采此原则。该法第 53 条规定："逾期不申报，又未准予恢复申报债权的债权归于消灭。"另一种理论认为，债权申报期限只具有程序上的除斥效力，债权人逾期未申报债权的（包括超过补充申报期），只发生不能参加程序的结果，即诉权的丧失，而不具有消灭民事实体权利的效力。大多数国家的立法采取这一理论。

这两种理论相比，笔者认为，无论从法理上，还是从保护债权人的角度看，除斥效力说较实体权利消灭说更为合理。因为从实质上看，破产程序是一种特别程序，债权人申报债权，具有提起诉讼以保护其权利的效力，其实体权利并不因债权人是否要求以诉讼保护而消灭。故债权人未申报债权的，只表明放弃或丧失诉权，其实体法上的权利，不应因权利人未申报而归于消灭。但债权人有放弃债权的意思表示时，则是另外的问题。

从理论上讲，债权人未申报债权仅丧失程序法上的权利，即不能在债权人会议上行使表决权与异议权，不能依破产程序接受分配，债权人的实体权利并不因此而消灭。但从实际上看，债权人未申报债权时，在破产法上的实体权利之存在仅有理论上的意义。因为破产程序为特别法程序，其效力优于普通民事执行程序，在破产程序进行过程中，禁止程序外清偿与债权的行使，债权人于程序外接受的清偿不能对抗其他债权人。于破产程序终结后，债务人若被免责的，则当然免除继续清偿的义务，未申报的债权理应在免责之列。否则，会产生对债务人不利的后果，即债权人为避免债权受比例分配，故意不申报债权，而在程序终结后，再向债务人以一般民事程序请求履行。这样不仅不利于债务人的破产，而且造成了债权人之间的极大不公。故未申报的债权实际上失去了受偿的机会。

债权申报属于程序法上的制度，它体现了破产程序为概括执行程序的特点，当债权人未在法定或指定期限内申报债权时，应给予适当的救济。大多数国家的破产制度均规定有债权补充申报制度。

债权人未于法律规定或法院指定的期限内申报债权，分为两种情况：①债权人因不可归责于自己的原因而未申报；②债权人无不可归责于自己的事由而未于规定期间内申报，各国立法对此两种情况有不同的规定。大致有三种立法例：

1. 只有当债权人因不可归责于自己的事由而未申报时，才允许申报。而无此事由时，不准申报。我国台湾地区公司法第 297 条第 3 款规定，申报人因不可归责于自己的事由，致未依限申报者，得于事由终止后 15 日内补充申报。

2. 只允许债权人在不可归责于自己的事由而未申报者补充申报，但债权人在补充申报前，必须以诉讼恢复自己的申报权。法国法采此立法例。法国 85－98 号法律第 53 条规定："债权人在最高行政法院指定的期限内不申报债权，将不能参与财产分配。除非法官监督人确认债权人逾期不申报属不能归责于他的原因，并恢复其权利。在此情况下，债权人只能参与提出恢复申报权请求以后的财产分配。请求恢复申报权的诉讼时效为 1 年，自程序开始裁定之日起计算。"在实务上的做法是，未能在法定期间内申报的债权人，必须证明不申报是由不能归责于他的原因造成的，经受命法官撤销未遵守法定期间的失权制裁后，才能参与分配[1]。

3. 无论债权人因何种原因未申报债权，均允许其申报。我国现行破产法采取这一立法例。该法第 56 条规定："在人民法院确定的债权申报期限内，债权人未申报债权的，可以在破产财产最后分配前补充申报；但是，此前已进行的分配，不再对其补充分配。为审查和确认补充申报债权的费用，由补充申报人承担。"

---

〔1〕　沈达明、郑淑君：《比较破产法初论》，对外贸易教育出版社 1993 年版，第 216～217 页。

笔者认为，对于债权的补充申报应采取较为宽松的政策，应采取如我国《破产法》规定的方式，即不论债权人处于何种原因未申报债权，均应允许其补充申报。若在债权调查日之前补充申报的，不发生债权的调查费用问题。但若在债权调查日之后再为申报者，由此产生的债权调查费用由补充申报的债权人负担，即使债权人未申报债权是因不可归责于他的原因，也不例外。因为这种费用若不由其承担，而由同样没有过错的破产债务人（更确切地说，是由其他债权人）负担，显然不合理。实际上，许多国家的破产法也是如此规定的。例如，德国现行《破产法》第177条规定，在审查债权的日期后申报的债权，破产法院得决定对其审查的另外日期。由此而产生的费用由债权人负担。

八、无需申报的债权

为保护劳动者利益，有的国家将雇员的工资债权或雇佣人员的退职津贴请求权等与劳动者切身利益相关的债权，列为无需申报的债权，以免劳动者未依法律规定申报债权而失去受偿的机会。法国法与日本法均有相应的规定。如法国85－98号法律第50条第1款规定，自破产程序开始之日起，除雇员外，所有持有程序开始前发生的债权的债权人应向债权人代表申报债权。在1985年法国法修改前，职工应申报工资债权，但1985年修改后的法国法为避免职工因不遵守申报期限而失权，取消了申报义务。在实务上，应由债权人代表在听取债务人陈述后，根据他所占有的书面材料以及管理人、职工和他们的代表所提供的信息，编制工资统计表，送交雇员代表审查。工资债权的全部或一部没有被列入上述统计表的职工得向处理劳资争讼的劳资争端委员会申请处理争端，并以债务人或管理人为被告。

笔者认为，法国法关于劳动债权的规定值得借鉴，因为劳动者于社会及经济上处于弱者的地位，有特别保护之必要。若因其未能依法律规定申报或补充申报而失去依破产程序受偿的权利，会影响其生计，有违社会公平。因此，我国《破产法》第48条规定："债务人所欠职工的工资和医疗、伤残补助、抚恤费用，所欠的应当划入职工个人账户的基本养老保险、基本医疗保险费用，以及法律、行政法规规定应当支付给职工的补偿金，不必申报，由管理人调查后列出清单并予以公示。职工对清单记载有异议的，可以要求管理人更正；管理人不予更正的，职工可以向人民法院提起诉讼。"

目前，在我国，由政府或者其他主体垫付给职工的债权的性质及申报问题值得注意。为了稳定，也为了解决职工的困难和后顾之忧，各级政府提前将破产企业职工的欠薪垫付，然后再向企业主张破产财产。这种债权在清偿顺序上是否享有《破产法》第113条规定的第一顺位？是否需要申报？第四章中提到的江苏省南京市中级人民法院在处理"华飞彩色显示系统有限公司破产案"中这一问题就突出表现出来。华飞彩色显示系统有限公司破产后，公司的股东主动垫付职工债权，但却没有按照债权申报程序申报，其他债权人就提出异议。我认为，从中国目前的实际情况看，垫付职工债权应适用债权转让之规定，应该享有《破产法》第113条规定的清偿顺位，但应当申报，不享有职工债权不需要申报的优惠。因为，职工债权不需要申报，一是保护职工利益，避免职工一旦没有申报就受到损失；二是申报成本也比较高。但债权转移后，这一原因就不存在了，应按照破产法的规定申报债权。当然，从范围上看，职工债权的转移，不应扩大债权的范围，不得超出破产法规定的职工债权的范围。

另外，税收债权是否需要申报？对此，有学者认为，税收债权是因行政关系而产生的债权，而且如无债务人提供的纳税申报材料，税务机关往往无法认定欠税数额，难以准确申报债权，故也可以考虑由管理人根据企业会计账目直接列入债权表，并且向债权人公布。利害关系人无异议时，债权即得到确定，有异议时则通过债权确认之诉解决。[1]我认为，税收债权还是应当申报，理由是：①我国破产法没有明确规定税收债权不需要申报；②不能确定具体数额不能成为免除申报的理由，既然在非破产的情况下能够征收，就应当知道和能够确定税收数额。另外，需要申报也有另外一个作用，即如果税务机关能够确定破产债务人财产极少，申报及实现的费用大于破产清算后获得的数额，就可以不再申报。如果让管理人来调查和确认，则有可能增加破产费用，从而损害一般债权人利益。

第四节　破产债权的调查

一、破产债权调查概述

在法律规定或法院指定的期限内申报的债权，是否为破产债权、其性质如何、数额多少、是否有表决权，均不以申报为准，须经法律规定的机关调查确认后，方获得破产债权的地位。故对申报债权的审查与确认是对债权人是否得为破

---

[1]　王欣新：《破产法学》，中国人民大学出版社2008年版，第243页。

产债权人并参加破产程序，以破产程序行使权利的认可。

债权调查的基本程序是：在债权调查日，破产管理人、破产人、破产债权人陈述意见。如果对于已经申报的债权没有异议，就按照申报的内容确定；如果存在异议，就通过对债权的确定诉讼解决。

二、债权调查的方式

（一）负责债权调查的机关

关于负责债权调查的机关，各国破产法的规定并不一致。根据德国现行《破产法》第 178 条及日本《破产法》第 116 条的规定，负责债权调查的机关为法院。根据法国法的规定，负责债权调查的机关为债权人代表和法官监督人（法国 85 - 98 号法律第 50 条）。而根据我国 1986《破产法》第 15 条的规定，负责债权调查和确认的机关为债权人会议。有人认为，这种立法的原因主要是：①我国破产法实行破产程序的受理开始主义，申报债权时破产管理人机构尚未成立，不可能由破产管理人来审查和确认债权；②我国法院没有设立破产法庭，破产案件由人民法院经济庭处理，如果审查债权由法庭负责，会加重法院的负担，不利于破产程序的迅速、顺利进行。[1] 有学者对我国的这种立法体例提出批评，认为我国 1986 年《破产法》关于债权人会议确认债权的规定，很有探讨的必要：①确认债权应当为司法审判机关的行为，而债权人会议仅仅为债权人自治的意思表示机关，对他人的实体民事权利予以确认，不符合其地位，并且模糊了其与法院的关系；②债权人会议确认债权，与其工作机制，即表决制度相矛盾；③事实上，债权人会议确认债权的效果，仍然停留在债权调查阶段。债权的最终确定取决于法院的裁定。故规定债权人会议确认债权实无必要。[2]

我国现行破产法改变了 1986 年《破产法》的规定，详细规定了债权确认的程序：①先由管理人将依法申报的债权进行初步审查，登记造册并制作债权表（第 57 条）；②债权人会议进行核查。管理人应将上述债权表交给债权人会议核查，并由管理人报告初步的审查意见（第 58 条）；③如果债务人、债权人对债权表记载的债权无异议的，由人民法院裁定确认。债务人、债权人对债权表记载的债权有异议的，可以向受理破产申请的人民法院提起诉讼（第 58 条）。

---

〔1〕 柯善芳、潘志恒：《破产法概论》，广东高等教育出版社 1988 年版，第 129 页。

〔2〕 邹海林：《破产程序和破产法实体制度比较研究》，法律出版社 1995 年版，第 147 页。

（二）调查的内容和日期

关于债权调查的内容，各国法律的规定基本相同，即调查债权是否为有效债权，是否符合破产债权的条件、债权的数额、性质（有无担保，是否为附条件或附期限的债权等），债权发生的原因，债权人的姓名、住址等事项。但关于调查的日期，各国法却有不同的规定。

根据日本破产法第116条和德国现行《破产法》第176～177条的规定，债权调查由法院负责。法院首先应指定债权调查的日期，对债权的调查日期又分为一般调查日期与特定的调查日期。对于在法定期限内申报的债权及担保债权等原则上应在一般调查日内进行。但法院也可对某些债权决定特定调查日。对于补充申报的债权，当破产管理人、债权人无异议时，应在一般调查日内进行；有异议时，法院应确定特定调查日。对补充申报债权另行调查时，由此产生的费用，由补充申报人负担。

法院确定调查日及场所后，应以公告和通知的方式对当事人送达。在债权调查日，债务人必须出面陈述意见。破产管理人必须参加债权调查，无破产管理人参加时，不得进行债权调查。已申报债权的债权人，应在调查日出面，对其他债权提出异议。债权人也可派代理人出席。法院应在更生债权表上记载债权调查的结果。对于无异议的债权，即为确定。法院书记官应在确定的债权和担保债权上记载确定的内容并加盖法院印章。对有异议的债权，由法院另行裁定。

根据法国法的规定，申报的债权由债权人代表作初步审查。当债权人代表对申报债权有异议时，书面通知相关的债权人，要求其予以说明。债权人应在收到通知后30天内给予答复。债权人代表在征求债务人意见后，制作债权申报清册，并附上自己对债权认可、拒绝或应移送管辖法院的初步审查意见，及时交给法官监督人。法官监督人根据债权人代表的意见，对债权作出认可、拒绝、有待审理决定或不属其管辖的决定。对法官监督人之决定不服者，可以提出上诉。但如果在债权人代表通知其异议后30天内未作答复的债权人，对法官监督人的拒绝或认可的决定无上诉权。[1]

我国现行破产法没有对债权的调查日期作出特别的规定，以上国家的破产立法对于我国破产法的实际操作具有重要的参考价值。因为，我国许多法律的程序性较差，对实体权利产生了重大影响。

---

[1]　法国第85－98号法律第50条。

三、对异议债权的处理

对债权的认可或拒绝，是对债权人权利的承认或否定，对其他债权人有极大的影响，故各国法均允许债权人就对其债权的拒绝或数额、性质等认可有误而向法院提起诉讼。

根据法国 85－98 号法律的规定，当事人对法官监督人承认或拒绝债权的决定不服时，当该争议按一般管辖原则属破产法院管辖时，可向上诉法院提起上诉。若法官监督人已宣告对该争议无管辖权时，债权人应在法官监督人宣告无管辖权的决定之日起 2 个月内，请求有管辖权的法院确认，逾期将丧失诉权。法官监督人关于认可或拒绝债权或者无管辖权的决定应记载于财产状况说明书中，由法院书记官保存。任何利害关系人均可查阅，并可在最高行政法院法令规定的期限内提出异议。法官监督人在听取债权人代表和当事人各方的陈述或按规定通知他们到场后，对异议进行裁定。不服法官监督人裁定的，可向上诉法院申诉。但是，当争议的债权额不超过程序开始裁定法院的管辖权限额时，法官监督人的决定为终审决定。按照法国司法实务，商事法院的最终审管辖金额为 13 000 法郎，超过此限额时，可向上诉法院上诉。

根据日本《破产法》第 116～126 条及德国现行《破产法》第 179 条的规定，在债权调查时，如果利害关系人对债权的存在与否、性质如何、数额多少等提出异议的，应通过确权诉讼解决。关于此种诉讼的起诉责任，分为两种不同的场合：对于已经具有执行名义的债权[1]的异议，由异议人一方承担起诉责任。对于这种诉讼，日本《破产法》第 129 条规定，关于有执行名义的债权或者终审判决的债权，异议人仅得依破产人进行的诉讼程序，主张其异议。对于无执行名义的债权的确认诉讼，由被异议的债权人负诉讼责任，被告为异议人。如果异议人为多数时，多数异议人为共同被告。

我国破产法虽然没有规定起诉的责任归属，但在实务中，对于有执行名义的债权诉讼，也只有异议人具有诉讼的积极性；而对于无执行名义的债权，因有异议而面临不被承认的危险，故被异议的债权人有提起确认诉讼的积极动因。

四、对债权的确认

经调查后无异议或异议经法院裁决后，债权即为确定。确定后的债权即为破

---

[1] 所谓有执行名义的债权，一般是指已经被法院的判决确定并附有执行文件的债权。

产债权，该债权的权利人可据此参加破产程序并行使法律赋予的各种权利。法院应当在债权表中记载债权调查的结果。经法院认可的债权是否具有如同判决同样的效力？即是否有执行力？有的国家法律明文规定具有如同判决同样的效力。如德国现行《破产法》第178条第3款规定，在债权表上对已确定债权的金额及位次的登记，如同已发生法律效力的判决，对破产管理人及所有破产债权人有效。笔者认为，在法律无相反规定的情况下，应当认为经法院认可后的债权有如判决的效力，尤其是法院对异议裁定后的债权，更是如此。

五、无需调查的债权

无需调查的债权一般是指取得执行名义或诉讼未决或仲裁未决的债权。取得执行名义的债权是指经过仲裁或法院判决确定的债权，该债权人只须提交仲裁书或判决书等法律文件即可，无需为调查。按我国台湾地区司法实务，具有执行名义的债权，即使逾期申报而无不可归责于自己的事由时，也得行使。法国85－98号法律第50条也作了相似的规定。

对具有执行名义的债权有异议者，不能按照对一般债权提出异议的方式进行，应按诉讼程序进行。

对诉讼或仲裁未决的债权也无需调查。首先是因为该债权尚在诉讼或仲裁过程中，该债权是否存在，其数额多少，均未确定，故无从调查；其次，待仲裁或判决确定，债权即有执行名义，无需调查。故尚在诉讼或仲裁中的债权无需调查。

除此之外，有的国家法律明文规定，对国家税收及职工工资债权的审查也不同于一般债权。如法国85－98号法律第106条规定："普通税法或海关法所涉及的债权只能按该法规定的条件提出异议，在争议期间，债权视为假认可。"同时，根据该法第123～127条的规定，因劳动合同所生的债权由债权人代表负责审查，在听取债务人陈述后，并在按劳动法L－143－11－7的规定的期间内制定债权清单。该债权清单交由雇员代表核实，经法官监督人签署后，交法院书记官，并按最高行政法院命令规定的条件予以公布。如果雇员认为他的债权未记入或未完全记入债权清单时，可自公告之日起2个月内，向劳资调解法院提出诉讼。雇员可以请求雇员代表协助或代理他参与劳资调解委员会的审理。劳资调解委员会在程序开始前已经受理的诉讼，在程序开始以后，应在债权人代表和管理人（破产管理人）的参与下，或直接通知他们到庭进行。债权人代表须在破产程序开始后10天内将司法破产程序开始的消息通知诉讼委员会和作为诉讼当事人的雇员，提请劳资委员会审理的文件，直接移送裁判庭。经法官监督人签署的无争议劳动债权或经劳资调解委员会裁定后的劳动债权即为确定。

法国法的规定对我们具有参考价值。对税收这种特殊债权的审查程序与方式应有别于一般债权，即应按有关税法的规定对之提出异议。对于工资和涉及职工个人其他方面的债权，如上所述，我国破产法已经明确规定了不同于一般债权的审查程序。

第五节　破产债权的计算

一、破产债权计算概说

破产程序的目的之一是依破产程序清理债权债务关系。而对债务的清偿以金钱清偿与公平清偿为原则。但在破产程序中，不仅存在非金钱债权，而且还存在附条件、附期限债权及外币债权。另外，破产程序的开始有加速债权到期的效力，未到期的债权也视为到期债权。故为求公平清偿，必须将非金钱债权转化为金钱债权；将未到期债权扣除提前受偿所得的期限利益；将外币债权换算为以本国货币表示的债权以及确定附条件或附期限债权的数额等。故可将破产债权的计算定义为：依法将债权额不确定的债权和未到期的债权，以破产程序开始为界换算为数额确定的债权的过程。

关于换算的标准有二：一为金钱标准，即将所有非金钱债权转化为金钱债权；二是本国货币标准。下面分别加以论述。

二、未到期债权的计算

破产程序允许未到期债权于期限届至前行使权利，但在计算时应减去债权人因提前受偿所得到的期限利益。未到期债权有附利息与不附利息两种。对附利息的未到期债权，破产程序开始后的利息停止计算即可，其债权额为债权本金加上破产程序开始前的利息，较为简单。对于未附利息的债权，应当减去自程序开始后至债权到期时止的法定利息。因为未到期的债权在不附利息时，债务人的提前清偿必然使债权人获得期限利益，故应减去提前受偿的法定利息。我国《破产法》第46条规定，未到期的债权，在破产申请受理时视为到期。由于破产程序的开始，具有加速债权到期的效果，客观上使债权人获得了期限利益，故应当减去。但究竟如何计算？根据德国破产法理论所提供的方法大致有三种，即卡尔蒲佐夫式，莱布尼智式及霍夫曼式。不同的计算方式，对当事人权利影响不同。

（一）卡尔蒲佐夫式（carpzovsche methode）

此种计算方式是从原债权额中，直接扣除破产程序开始时起至到期时止的法定利息。假如以 X 代表债权额，以 T 代表未到期的年限，P 代表法定利息率，S 代表原债权额，则 $X = S - (S \times P \times T)$

假如原债权额为 10 万元，法定年利率为 5%，自破产程序开始至到期日为 20 年。则破产债权额 $X = 10 - (10 \times 5\% \times 20) = 0$。假如未到期的年限为 25 年，则债权额 $X = 10 - (10 \times 5\% \times 25) = -2.5$ 万元。由此可见，这种方式虽然简便易行，但若期限过长，计算结果对债权人显然不利，不仅使债权可能被扣为零，而且还有可能出现负数。

（二）莱布尼智式（leibnizsche methode）

此种计算方法系以原债权额为本息之合，以待计算的破产债权额为本金，按复利计算破产债权的方法。按以上所设各项，则破产债权 $X = (1 + P)^T$。假定原债权额为 10 万元，法定利率为 5%，年限为 20 年，则破产债权 $X = (1 + 5\%)^{20} = 29530.29$ 元。这种计算方式较卡尔蒲佐夫式对债权人有利。但此种计算方式不仅算法复杂，而且以复利为基础计算债权的方式与一般经济生活不相符合，当事人之间无特别约定时，应按单利计算。故此种计算方式鲜为各国立法所采。

（三）霍夫曼式（hoffmannsche methode）

此种计算方式是按单利计算本利之合。将原债权额列为本息之合，以待计算的破产债权额为本金而推算的方式。仍按以上所设各项，破产债权额 $X = S/(1 + P \times T)$。假定原债权额为 10 万元，利率为 5%，未到期的年限为 20 年，则破产债权额 $X = 10/(1 + 0.05 \times 20) = 5$ 万元。假定期限为 25 年，则债权额 $X = 10/(1 + 0.05 \times 25) = 4.44$ 万元。

霍夫曼式的计算方式为单利计算中间利息，符合经济生活的一般习惯，计算方法简单，计算结果较为合理，故为大多数国家法律所采用。

三、定期金债权

所谓定期金债权，是指债务人在确定期日支付债权人一定金额的债权。定期金债权有金额及存续期均已确定者，如 10 年间每年支付生活费 1 万元的债权，即金额与期间均已确定；有数额确定而期间不定者，如有生之年每年给予生活费 1 万元，即为此类债权；有的是期限确定而数额不确定者，如 10 年间每年给付生活费。因破产程序的开始，使得定期金债权人必须将其全部债权一次申报并请求清偿，故出现提前清偿的情形。对定期金债权额的计算，应区别不同情况进行：

1. 债权期限及数额均确定者，先以每期定期金为本利之合，扣除中间利息，求出每期之债权额，再合并各期债权额而所得总额，为破产债权额。德国现行破产法第 46 条规定："债权以定期给付为内容，并且给付的金额及期限确定的，债权应当以将尚未履行的给付合并计算同时扣除第 41 条规定的中间利息所得的金额主张。"

2. 当金额或存续期间不确定或二者均不确定时，应以破产程序开始时的评价额为破产债权额。其评价方法，由法院根据实际情况，推定其可能存续的期间及评定各期金额，扣除各期的中间利息，合并计算各期已扣除中间利息的各期债权额，便是破产债权额。如德国现行破产法第 46 条规定，定期金债权的金额不确定时，以破产宣告时的评价额为破产债权额。

四、非金钱债权

非金钱债权是指非以金钱给付为内容的债权。非金钱债权若不转换为金钱债权并确定其数额，便不能依破产程序受分配，故应当以程序开始时的债权评价额，为破产债权额。如德国现行《破产法》第 45 条规定，债权的标的非为金钱时，以破产宣告时的评价额为破产债权额。至于评价债权的标准，应按法院受理案件之裁定之日的债务履行地的平均市场价格计算债权额。

五、外币债权

以外币表示的债权，必须换算为以本国货币计价的债权后，方可依破产程序受偿。因本国货币与外国货币的比价处于经常的变化之中，故对外币债权的评价应以法院裁定开始破产程序之日的外汇市场的中间价计算。

第六节　破产债权的行使

一、破产债权行使的一般规则

破产债权行使的一般原则为破产债权非依破产程序不得行使。此一原则应包括以下涵义：

1. 债权经法院确认的破产债权人均应按破产分配方案确定的数额或比例接受清偿。

2. 破产债权人不得于程序外执行其债权，即使该债权人在破产程序开始前已取得执行名义或正在执行过程中，也不例外。

3. 破产债权非依破产程序不得行使权利，是指不得行使实体权利，至于程序上的权利，债权人仍得行使。比如，破产债权人认为管理人或者债权人会议对自己的债权审核有误，仍可向法院按诉讼法的规定提出异议。

4. 这一原则不影响债权人自破产债务人的保证人或连带债务人获得清偿的效力。但是，按照破产程序的一般原则，若债权人已就其全部债权额向法院申报时，不得同时向其他连带债务人要求全额清偿。但是，即使债权人已将其债权全额申报，在债权申报期满前，债权人仍可撤回申报，而转向其他连带债务人或保证人求偿。

5. 这一原则并不影响以物权为基础的取回权、别除权或抵销权的行使。假如所有权人的所有物、占有权人的占有物及使用权人的使用物被破产债务人占有时，权利人应通过破产管理人将之取回。严格地说，抵销权的行使是破产债权行使的特殊方式，也是依破产程序行使债权的方式之一，是民法上的抵销权在破产程序中的反映与折射。抵销权人之权利的行使不受破产分配方案的影响，他只需向破产管理人为抵销的意思表示即可。

二、附条件债权的行使

附条件债权分为两种，即附停止条件的债权与附解除条件的债权。附停止条件的债权为已有效成立的债权，惟于破产程序开始时，尚未发生效力。但在破产程序的进行过程中，随时有因条件的成就而发生效力的可能。对此种债权若不给予其依破产程序受偿的机会，待日后条件成就而债权发生效力时，便无受清偿的可能。故法律允许其以破产程序开始时的债权全额为破产债权行使权利。但附停止条件的债权毕竟为或然债权，其是否生效要视将来条件的成就与否而确定。故附停止条件的债权在接受破产分配时尚未确定的，应提存其分配额。

附解除条件的债权，于破产程序开始时，为已有效成立的债权且处于可行使状态，自然应视为破产债权而依破产程序行使权利。但附解除条件的债权在破产程序的进行过程中，随时有可能因条件的成就而失去效力。因而对附解除条件的债权在程序中的行使，不能不加以限制。附条件债权在接受破产分配时尚未确定的，应提供相应的担保；若不能提供担保的，应提存其分配额。我国《破产法》第 117 条规定："对于附生效条件或者解除条件的债权，管理人应当将其分配额提存。管理人依照前款规定提存的分配额，在最后分配公告日，生效条件未成就或者解除条件成就的，应当分配给其他债权人；在最后分配公告日，生效条件成就或者解除条件未成就的，应当交付给债权人。"

破产债权从申报到行使的整个过程可用下列图表表示：

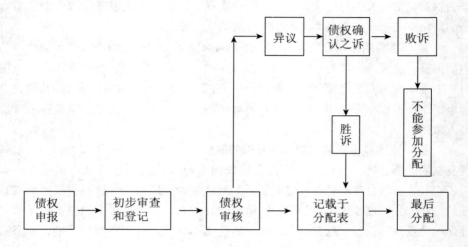

第六章　破产费用与共益债务

第一节　破产费用与共益债务的概念

一、破产费用与共益债务的基本含义

原则上，破产程序一经法院裁定而开始，所有债权债务关系的清理均应按破产程序行使。然而，在破产程序进行过程中随时会发生需要支付的费用与债务。例如，各种破产机构的工作人员的报酬，破产管理人为管理、处分及其他有关破产债务人的财产而雇佣工作人员、租用场地，为收回财产而进行诉讼、转让财产等行为需要的费用，均需随时支付，否则破产管理人便无法工作，破产程序也就不能顺利进行。除此之外，破产管理人为全体债权人利益，有继续营业的必要时，继续营业必然会发生新的债权债务关系，而这种新的债权不能同破产债权处于同一法律地位，否则其他主体均不愿同破产债务人进行交易，企业的继续营业也必定会发生困难，故此类债权也应随时偿付。随时需要支付的费用与随时需要偿付的债权便是破产费用与共益债权。

具体地讲，破产费用是指在破产程序进行过程中，为破产程序的顺利进行以及为破产财产的管理、处分等而必须随时支付的费用。简言之，是为全体破产债权人的共同利益所支出的费用。共益债务是指在破产程序开始后，为全体债权人的共同利益而对第三人所负担的债务。对共益债务的相对人来说，即为共益债权。

关于共益债权与共益债务的名称，许多国家立法规定不一。日本破产法统称为财团债权；我国台湾地区"破产法"称之为财团费用与财团债务；法国法称之为"程序开始后的合法债权"；美国破产法称为"管理费用"。若仅从共益债务或破产费用负担的角度看，无论是共益债权，还是破产债务均为破产债务人所承担的义务，由破产债务人财产随时支付，故统称为破产债务或共益债务或破产费用或者共益债权，并无不可。但是在将共益债务和破产费用区别对待的国家中，即赋予破产费用和共益债务不同的法律地位，当二者并存而财产不足清偿时，应首

先清偿破产费用以保障破产程序的进行，此时对二者的区别便有了重要的意义。德国破产法便是采取区别主义。当然，在采取平等清偿主义的国家，如英国、美国、日本等国，这种区分是毫无意义的。[1]我国《破产法》称为"破产费用"与"共益债务"，下面为论述的方便，我们将"破产费用"与"共益费用"通用，将"共益债务"与"共益债权"通用。

虽然许多国家立法对共益债权与共益债务所采取的用语不同，但其所包含的内容并无多大差别，主要包括：①破产管理人、监查人（有的国家为债权人委员会）及其所聘任的工作人员的报酬；②基于债权人的共同利益所支出的诉讼费用；③破产程序开始后，为破产债务人的继续及财产管理处分所生的费用；④执行破产分配方案所需要的费用；⑤在破产程序开始后，基于无因管理或不当得利而对破产债务人产生的财产请求权；⑥破产管理人于破产程序开始后，为破产债务人的继续营业或增加财产，借入资金或其他行为而产生的请求权；⑦因破产管理人请求相对人履行双方尚未履行的契约，使对方因此而产生的债权；⑧其他应支出的费用。我国《破产法》第41条与42条详细规定了破产费用与共益债务的范围，我们下面将详细论述。

二、破产费用与共益债务存在的理由和理论基础

法律之所以规定破产费用与共益债务，并区别于一般债权和一般优先债权，理由主要有以下几个：①保证破产程序的进行。如果没有破产费用，破产程序将无法进行。例如，破产程序开始后，需要聘任保管债务人财产的人员，其报酬如果没有特别优先的破产费用作为保证，将没有人愿意承担这种工作，破产财产将无法管理；破产程序开始后，需要聘任会计师或者审计师清理企业的财产，其报酬也必须具有随时从破产财产中支付的优先地位，否则也没有人愿意承担这种工作。②有利于债权人的一般利益。破产程序的设计，从一般意义上说，主要是围绕着如何保护债权人的利益而进行的。无论是法院在破产程序开始后指定管理人接管债务人的财产、决定继续营业，还是清理债权债务关系、追回财产、行使撤销权、召开债权人会议、通过分配方案等都是为了债权人的一般利益，在这些过程中，都需要支出费用或者负担债务，必须给这些费用或者债务以随时清偿的优先地位，才能更好地保护债权人的一般利益。

因此，美国学者指出，只要稍加思索，我们仍然可以找到破产费用优先受偿

---

[1] 但日本学理及司法判例认为，在有的情况下区别二者也是有意义的。

的理论基础，立法赋予管理费用以优先权是为了促进破产托管人或者经营债务人作出复兴企业的努力，从而有利于破产财团的所有债权人。国会认为，如果不赋予重整过程中发生的债权相对于其他债权的优先地位，人们就不会愿意与债务人发生经济上的往来，这样就会阻止企业的复兴，从而最终损害债权人利益。[1]美国法院将"债权人利益标准"作为是否为破产费用和财团债权的判断标准，法院在审理（Trustees of Amalgamated Insurance Fund V. McFarlin's）一案中，拒绝将雇员的联合养老金债权确认为破产债权，因为该基金的分配是以雇员在破产申请前履行服务作为对价的，因此该分配对于财团的债权人并无利益。[2]

三、破产费用与共益债务的基本特征

共益费用和共益债权均是为了破产程序的进行而必须支出的项目，具有以下基本特征：

（一）共益债务与共益费用均发生于破产程序开始后

破产程序开始后，破产债务人所负债务分为两大部分：之前产生者为破产债权；之后发生者为共益债权或共益费用。这是以时间为标准所作的基本划分，许多国家法律均以此为标准对之进行界定。按照美国破产法，构成破产费用必须满足两个条件，其中之一就是该费用必须发生在破产申请提出之后。在破产之前尚不存在需要维持的破产财团，自然不会产生管理费用。[3]但这一界线不是绝对的，有些债权虽然发生于破产程序开始之后，但仍然为一般债权，如因票据承兑或付款关系而产生的债权、因解除双务契约而致对方当事人受损失而产生的损害赔偿请求权等。有些债权与费用虽然发生在破产程序开始之前，但也可能是共益债权或共益费用，如破产申请提出后于破产程序开始前所为的对破产债务人财产的保全所需要的费用。

（二）共益债务或共益费用系为债权人的共同利益而发生

因债权人的共同利益而发生，是共益债权与共益费用的核心与实质特征，也是法律规定的基本出发点。债权或费用虽然发生在破产程序的进行过程中，但并

---

[1]　[美]大卫·G.爱泼斯坦等：《美国破产法》，韩长印等译，中国政法大学出版社2003年版，第467页。

[2]　[美]大卫·G.爱泼斯坦等：《美国破产法》，韩长印等译，中国政法大学出版社2003年版，第467页。

[3]　[美]大卫·G.爱泼斯坦等：《美国破产法》，韩长印等译，中国政法大学出版社2003年版，第467页。

非为债权人的共同利益，而仅为个别债权人的利益所为时，不能列为共益债权或共益费用。例如，个别债权人未在法律规定或法院指定的期限内申报债权而后补充申报时，对债权的调查费用、债权人参加破产程序的费用等均不能作为共益债权或共益费用。只有为全体债权人的共同利益而支出的费用或负担的债务，如为维护破产债务人的财产而进行诉讼的费用、为继续营业而生的费用或负担的债务、为调查与确认债权或股权而生的费用、为执行破产分配方案而生的费用等，才能列为共益债权或共益费用。

（三）共益债务或共益费用以破产债务人的全部财产为担保

从性质上说，共益债务与共益债权均为非担保债权，故不以破产债务人的特定财产为担保标的，而是以破产债务人的全部财产为一般担保。但是，当破产程序开始后，向他人负担债务，而他人要求破产管理人提供财产担保而破产管理人应此要求提供者，则是另外一个问题。

（四）共益债务和破产费用由破产财产随时支付

共益债权和共益费用因发生于破产程序开始后，故无需申报，并不依破产程序而可以随时受偿，这是其区别于破产债权的重要特征之一。破产债务人出售财产或有其他收益时，应首先支付共益债权和共益费用。这种特殊性体现了共益债务和破产费用的特别优先地位，在我国法上优先于职工的劳动报酬和税收。

第二节 破产费用与共益债务的范围

一、破产费用与共益债务的立法例

破产费用与共益债务的的范围是指破产费用与共益债务所涵盖的事项。在具体立法体例上，大致可分为两种：

（一）合并制

日本破产法、美国破产法、法国破产法均采取合并制。根据日本《破产法》第148条至150条的规定，下列请求权为财团债权：①为破产债权人的共同利益而支出的裁定上的费用；②破产财团的管理、变价及分配费用；③依国税征收法和国税征收条例可以征收的租税债权。但是，基于破产程序开始之后的原因而产生的请求权，应限于就破产财团所发生者；④因破产管理人就破产财团实施的行为而产生的请求权；⑤因无因管理、不当得利而对破产财团产生的请求权；⑥于委任终止或代理权消灭后，因急迫的必要行为而对破产财团产生的请求权。⑦于破产管理人依第 53 条第 1 项规定履行义务情形，相对人所有的请求权。⑧因破产宣告而有双务契约的解约申告时，至其终止间所产生的请求权。⑨破产管理人接受附负担遗赠的履行请求时，应得到负担利益的请求权，在不超过遗赠标的价额的限度内，为财团债权。⑩保全管理人对债务人财产依职权行为所产生的请求权，为财团债权。⑪破产程序开始前 3 个月内，破产人职员的工资，为财团债权。⑫破产程序终了前退职的破产人职员的退职金请求权（若该请求权全额为破产债权，则为扣除劣后性债权以外的部分），其中相当于退职前 3 个月工资（若该工资数额少于破产程序开始之前 3 个月，则为后者）的部分，视为财团债权。⑬社债管理公司为管理破产债权的社债而支出的费用，法院为破产程序顺利进行，可将之纳入财团债权。⑭即使社债管理公司的管理费用未被纳入财团债权，法院亦可根据其管理事务对破产程序顺利进行的贡献程度，将适当部分的费用请求权纳入财团债权。⑮社债管理公司基于破产程序开始之后的原因所生的报酬请求权，法院可以认可其中的适当部分为财团债权。

（二）分别制

德国破产法及我国台湾地区"破产法"均采取分别规定制度。如我国台湾地区"破产法"第 95 条规定，下列各款为财团费用：①因破产财团的管理、变价及分配费用。②因破产债权人的共同利益所需的审判上的费用。③破产管理人之报酬。④破产人及其家属之必要生活费及丧葬费。第 96 条规定，下列各款为财团债务：①破产管理人关于破产财团所为行为而生之债务。②破产管理人为破产财团请求履行双务契约所生之债务，或者因破产宣告后应履行双务契约而生的债务。③为破产财团无因管理而生的债务。④因破产财团不当得利所生的债务。

我国现行《破产法》第 41 条与第 42 条分别规定了破产费用与共益债务的范围，并且于第 43 条规定了分别清偿的规则，因此，应当认为我国《破产法》采用的是分别制。

我们认为，分别制比合并制具有明显的优势。因为，区别破产费用与共益债务，并赋予其不同的法律地位，对破产程序的顺利进行有实际意义。破产费用比共益债务于破产程序的进行更具有直接性和迫切性。

二、破产费用的范围

从破产费用的性质及作用看，它基本上是因与破产债务人财产有关的行为而为的成本性支出，大多因消极的维持行为而发生。共益债务则是在破产程序中，为使债权人共同受益而承担的义务，多因契约、侵权行为及不当得利等积极行为而产生。根据我国《破产法》第41条的规定，人民法院受理破产申请后发生的下列费用，为破产费用：①破产案件的诉讼费用；②管理、变价和分配债务人财产的费用；③管理人执行职务的费用、报酬和聘用工作人员的费用。具体来说：

（一）对破产财产的管理费用

按破产制度的一般规则，破产程序开始后，债务人便失去对财产的管理及控制权，而由破产管理人为之。破产管理人为管理与处分企业财产必然会产生费用，其管理费用主要包括以下几项：①为保管物品的仓储费用；②雇佣保管人员所支出的报酬；③运输费用；④对不动产的保护与维护费用；⑤其他管理费用。

对财产的处分费用包括两种，一为积极处分费用，二为消极处分费用。所谓消极处分是指因财产发生质的变化，若不处分将会发生毁损灭失或丧失价值的后果，故需要立即处分，因此产生的费用为消极处分费用；积极处分费用是指企业破产因资金需要而处分财产时所发生的费用。

除此之外，对财产的处分发生的税收是否为共益费用？从理论及国外司法实务看，应为共益费用。

（二）为债权人的共同利益而进行诉讼的费用

这里所称的诉讼费用范围极广，它包括自破产程序开始时起至终结时止所需要的审判上的一切费用，例如，破产债权的受理费、法院否认申报债权及进行债权调查的费用、公告费、财产保全费、行使撤销权的费用、为收回破产财产而必须提起诉讼的费用等。但是，这些费用必须是为债权人的共同利益而支出，否则不属此列。例如，虽为破产程序开始的申请，但法院并未受理而支出的费用；为确认自己的债权提起诉讼而支出的费用；补充申报债权后的调查费用等，均不能为共益费用。如果债权人对某个债权人权利提出异议之诉而使破产债务人的财产受益时，提出异议者因此而支出的费用，仍可为共益费用。除此之外，为全体债权人进行诉讼而支付给律师的所有必要费用，也应属于共益费用。

（三）管理人及相关人员的报酬及聘任必要工作人员的费用

许多国家破产法均规定，管理人、监查人（我国破产法上的债权人委员会委员）及法律规定或法院指定的其他机构的工作人员依法执行职务，有取得报酬的权利。他们为债权人的共同利益而工作，故其报酬应列为共益费用。另外，他们为执行职务而聘用工作人员而应支付的报酬也为共益费用。

（四）为执行破产分配方案所生的费用

破产分配方案经债权人会议通过并经法院认可后，需要付诸执行。因该执行而生的费用应为共益费用。

（五）来自之前开始的重程序或和解释程序的共益费用

若破产程序系由和解程序或者重整程序转换而来，在重整程序或和解程序中已发生的共益费用，也应为破产程序中的共益费用。

三、共益债务的范围

根据我国《破产法》第42条的规定，人民法院受理破产申请后发生的下列债务，为共益债务：①因管理人或者债务人请求对方当事人履行双方均未履行完毕的合同所产生的债务；②债务人财产受无因管理所产生的债务；③因债务人不当得利所产生的债务；④为债务人继续营业而应支付的劳动报酬和社会保险费用以及由此产生的其他债务；⑤管理人或者相关人员执行职务致人损害所产生的债务；⑥债务人财产致人损害所产生的债务。

结合我国破产法的整体规定，共益债务应包括下列几项：

（一）为破产债务人的继续营业而与第三人交易所负担的债务

为继续破产债务人的营业，破产债务人必然要与第三人发生交易行为，因该行为产生的债务，应从破产债务人的现有财产中按一般民法规定支付，而不适用破产程序对破产债权的规定。否则，无人会与处于"危险"状态的破产债务人发生交易关系。

在此情况下，交易对方常常会要求破产债务人提供物的担保或人的担保。当破产债务人提供特定财产为担保标的时，债权人的该担保物权也不受破产程序的限制。当破产债务人不履行债务时，担保物权人可执行担保物权。

（二）在破产程序进行过程中应支付给雇员的工资和社会保险费用

虽然有的国家未将破产程序开始前所欠雇员的工资或薪金列为共益债务，但是，在破产程序进行过程中所发生的工资债权及社会保险费用应为共益债务，由破产债务人的财产随时支付。因为雇员的劳动为破产债务人继续经营所需要，系为关系人的共同利益，故毫无疑问地应列为共益债务。

（三）因要求履行双务契约所生的债权

破产人与他人订立的双务契约于破产程序开始时已有效成立而双方未履行完毕时，法律并未赋予相对人以当然解除契约的权利，故管理人有权要求其继续履行。若破产管理人要求相对人履行而不为对等给付或对其权利给予充分保护时，对方当事人会行使同时履行抗辩权或不安抗辩权而拒绝履行。为使双务契约当事人的利益得到保护，使破产管理人能达到履行双务契约的目的，包括我国破产法在内的许多国家法律均规定，双务契约的对待债务为共益债务。

这里所指的双务契约是指破产程序开始前已有效成立而双方未履行完毕的契约，若于破产程序开始前双方已经履行完毕的契约，自不生此问题。至于契约有效成立于破产程序开始前，但于破产程序开始时尚未履行完毕的，应具体分析。

1. 在破产程序开始时，如果破产人已履行完毕而对方尚未履行的，对方当事人有当然履行的义务，不发生破产债权或共益债务的问题。

2. 于破产程序开始时，如果对方已履行完毕而破产人尚未履行完毕的，对方当事人应以债务人尚未履行完毕的债务为限，依破产程序申报债权，作为破产债权依破产程序接受清偿，亦不发生共益债务的问题。

3. 当破产程序开始时，双方均未履行完毕的，于破产程序开始后，破产管理人要求对方继续履行时，应将其债权分为两部分：即将破产程序开始前已履行完毕的部分作为破产债权，依破产程序申报并依破产程序行使；未履行完毕的部分而破产管理人要求履行的部分作为共益债权。

4. 双务契约成立于重整程序开始前，于破产程序开始时，双方均未履行时，若破产管理人于程序开始后要求对方继续履行的，对方当事人的全部债权应作为共益债权。

法律之所以规定此种债务为共益债务，主要是基于以下理由：①此种债务发生于破产程序开始之后，且破产债务人负担此种债务系为全体债权人之共同利益；②为保护契约对方当事人的利益。当破产程序开始后尚未履行的契约，对方当事人可以破产程序开始为由行使不安抗辩权或同时履行抗辩权，以避免给自己造成损失。此时，破产管理人要求继续履行时必须给对方当事人的利益以充分的保护，将其作为共益债权以区别于一般破产债权。即使在此情况下，对方当事人也未必使对方当事人消除疑虑，因为破产债务人的财产不足清偿共益债权和共益费用的情形并不少见，故他往往还要求破产管理人提供担保。

（四）破产程序开始后因无因管理而对破产债务人享有的债权

按照民法的一般原理，无法定或约定的义务，为避免他人利益受损失而进行管理或者服务的，有权要求受益人偿付因此而支出的必要费用。该原则适用于破产程序中对破产债务人进行无因管理的情形。第三人若无法律上或契约上的义务，就属于破产债务人的财产或事务进行管理或服务的，该第三人为此所支出的必要费用或负担的债务及所受的损害为共益债权，从破产债务人的财产中随时支付。但应该注意的是，该无因管理必须发生于破产程序开始之后，方为共益债务，若发生于破产程序开始之前，只能作为一般破产债权而依破产程序受偿。

（五）破产程序开始后因破产债务人之不当得利而产生的债务

不当得利是指没有合法根据而使他人受损，自己受益的行为。不当得利为债权产生的根据，受到损失的人有权要求获得不当利益的人返还该不当得利。受损人为债权人，而受益人为债务人。这一民法原则适用于破产制度。若破产债务人无法律上的原因获得利益而致使他人受到损害时，应将该不当得利返还给受损人，受损人因此而产生的对不当得利的返还请求权为共益债权。但是，破产债务人的不当得利必须发生于破产程序开始之后，才能列为破产债权。若受损人的不当得利的返还请求权发生于破产程序开始之前，则为一般破产债权，只能依破产程序行使权利。

在破产程序开始后，破产债务人取得不当得利，使破产债务人的财产增加对所有关系人均有利，故因此产生的债务理应列为共益债务而从企业财产中随时支付。例如，无效合同的对方当事人在破产程序开始后向破产债务人履行债务时，破产债务人将因此而产生的利益，作为共益债务，返还给对方当事人。又如，破产管理人误将附条件债权人为参加破产分配而提供的担保物处分时，债权人为此而产生的请求权为共益债权。

（六）破产程序开始后因管理人与相关人员的侵权行为而对破产债务人产生的债权

在破产程序的进行过程中，均为破产债权人的共同利益而执行职务，若因与执行职务有关的行为产生的后果，应由破产债务人负担。破产管理人及相关人员等在执行职务时，因故意或过失造成第三人人身或财产损害的，应负赔偿责任。该赔偿责任为共益债务，但破产管理人或监查人应与破产债务人负连带赔偿责任。

如果管理人或其他相关人员因故意或过失造成他人财产或人身伤害与执行职务无关时，虽在执行职务期间，也应由其个人负责，而不应列为共益债务。

（七）因债务人（破产人）财产致人损害的债务

侵权实际上就包括人的侵权和人管理或者拥有的财产的侵权。《法国民法典》及《德国民法典》等对此都有明确的规定，我国《民法通则》对此也有规定。因此，因债务人拥有或者管理下的财产造成他人损害的，当然也应负赔偿责任。而该损害发生在破产程序开始后，故应为共益债务。

第三节 破产费用与共益债务的清偿

一、破产费用与共益债务清偿的一般原则

关于破产费用与共益债务的清偿，许多国家法规定的一般原则为：从破产财产中随时支付。我国《破产法》第43条第1款规定："破产费用和共益债务由债务人财产随时清偿。"我们认为，破产费用与共益债务是不受破产程序限制的。所谓"不受破产程序限制"应包括如下含义：①破产费用与共益债务不按破产分配方案受偿，以示其与破产债权的区别。但其并非不受破产程序的影响，其本身就发生于破产程序进行的过程中；②破产费用与共益债务有民事强制执行力。当破产管理人不为共益债权和共益费用的偿还时，权利人可通过诉讼获得执行名义后申请法院为强制执行。③对共益债权或共益费用的清偿应通过破产管理人，而破产管理人承认与清偿破产费用与共益债务应经法院或监督人的同意。④由债务人的财产随时支付而不受破产程序中关于对一般债权清偿的规则的限制，随时发生随时支付，其实就是按照民事程序支付。⑤对破产费用和共益债务的清偿不得损害担保物权人及其他特别优先权人的利益。破产费用和共益债务无论如何都属于债权范畴，而担保物权在破产程序中具有优先于债权的地位，故破产费用和共益债务不得优先于担保物权。同时，许多国家的民法典或者其他特别法还规定了一些特别保护的权利，通常称为"优先权"，如我国《海商法》第22条规定的优先权，破产费用和共益债务的清偿也不得损害这些权利人的利益。因此，日本现行破产法第152条规定，破产财团明显不足以清偿财团债权时，则不论法定优先性如何，一律按比例受偿。但不妨碍抵押权、质权、留置权、特别先取特权的效力。

权利人对管理人否认其权利或承认的数额有异议时，可请求法院裁定。管理人也可提起诉讼，但管理人在提起诉讼前，必须经过监督人的同意。经法院确认的破产费用与共益债务，对破产债务人的财产有强制执行力。

二、破产费用与共益债务清偿中的顺序问题

虽然破产费用与共益债务以从破产财产中随时支付为原则，但是当破产财产不足清偿破产费用与共益债务时，应如何处理？从许多国家的立法例看，有两种不同的清偿方法：一是不分破产费用与共益债务而实行平等清偿主义，日本、美国等实行这一原则。例如，日本《破产法》第152条规定，破产财团明显不足以

清偿财团债权时，则不论法定优先性如何，一律按比例受偿。二是对破产费用与共益债务实行区别对待、顺序清偿的原则，即当财产不足以清偿破产费用与共益债务时，应先支付破产费用，而后支付共益债务，当不足清偿同一顺序时，按比例清偿。德国法实行这一原则，德国《破产法》第 209 条就规定共益费用的清偿顺序优先于共益债权。我国《破产法》第 43 条第 2 款规定，债务人财产不足以清偿所有破产费用和共益债务的，先行清偿破产费用。

从理论上看，顺序清偿主义较平等清偿方式更为合理，它能保证程序的顺利进行。所以，日本破产法虽然规定了平等主义，但实际上，日本的司法判例也认为，在不足的情况下，应当优先清偿共益费用。[1]但在实际操作中，破产费用与共益债务是无规则交替发生的，有可能是共益债务先于破产费用而发生。按随时支付的原则，应对先发生者先支付。因此，这种顺序主义只有当破产费用与共益债务并存，且财产不足以支付时，才有意义。

另外，也有可能发生债务人的财产同是破产费用也不足以支付的问题，或者仅仅发生了共益债务，债务人的财产也不足以支付的问题，这时应如何处理？我国《破产法》第 43 条第 3 款规定，债务人财产不足以清偿所有破产费用或者共益债务的，按照比例清偿。

三、债务人财产不足以清偿破产费用或者共益债务时的后果

在司法实践中，有可能发生债务人的财产不足以支付破产费用的问题，或者能够支付破产费用，但不足以支付共益债务的问题，这时应如何处理？

对此，我国《破产法》第 43 条第 4 款规定："债务人财产不足以清偿破产费用的，管理人应当提请人民法院终结破产程序。人民法院应当自收到请求之日起 15 日内裁定终结破产程序，并予以公告。"但是，并没有规定债务人财产不足以支付共益债务时应如何处理。我们认为，也应同债务人财产不足以清偿破产费用发生相同的后果。

---

〔1〕　〔日〕石川明：《日本破产法》，何勤华、周桂秋译，上海社会科学院出版社 1995 年版，第170 页。

第七章　破产财产

第一节　破产财产的一般概述

一、破产财产的概念

破产法的基本价值在于将破产债务人的财产以概括的方式公平分配给债权人，所以破产人的财产是破产程序开始的基础之一。债务人可供分配的财产的缺乏，将构成法院终止破产程序的法定理由。破产法上的许多制度均围绕着对债务人的财产分配而展开。

从一般意义上说，破产财产是破产程序开始时由债务人所有的财产及财产权利所构成的财产性集合体。在许多国家的破产法上，如德国、日本、美国等，又将我国立法和学理上所称的破产财产称为"破产财团"[1]。按照学者的分类，这种财团可分为三种：一是法定财团。法定财团是指由法律规定的应属于破产财团的财产所构成的财产性集合体。各国破产法所明确规定的破产财团的范围就属此列。例如，日本《破产法》第2条规定："本法所称'破产财团'，是指破产人财产或者继承财产中，在破产程序中其管理权和处分权专属于破产管理人的那部分财产。"该法第34条规定"①破产人在破产程序开始之时所拥有的一切财产，无论是否在日本国内，均列入破产财团。②破产人基于破产程序开始之前的原因而获得的期待性财产请求权，属于破产财团。"也就是说，破产人在破产程序开始时所拥有的一切财产，作为破产财团，破产人基于破产宣告前的原因拥有的一切得在将来行使的请求权，属于破产财团。德国现行《破产法》第35条规定，破产程序所涉及的债务人在破产程序开始时所拥有的以及在破产程序进行过程中所发生的全部财产为破产财团。我国现行《企业破产法》第30条也规定，破产申请

---

〔1〕　破产财产与破产财团称谓之间的区别，不仅仅是术语上的差别。其所指的性质并不相同。在日本等国，破产财团被认为具有法人资格或者具有民事主体性地位。

受理时属于债务人的全部财产，以及破产申请受理后至破产程序终结前债务人取得的财产，为债务人财产。二是现有财团。现有财团是指在破产程序开始后由破产管理人实际管理控制下的财产所构成的财团。现有财团与法定财团之间的区别甚为明显：在现有财团中，有属于他人所有的应当由他人取回的财产；有些财产或者权利虽然为债务人所有，但却被他人持有而尚未被破产管理人收回，例如，所有物、债权等。所以，现有财团仅仅是对破产管理人管理下的财产状态的描述，在破产法上并没有任何意义。三是分配财团。分配财团是指由破产管理人就法定财团变价而优先清偿共益债务及共益债权后，应当分配给破产债权人的财产所构成的财团。

笔者认为，这种对破产财团的分类缺乏逻辑上的一致性，现有财团难以与法定财团及分配财团放在一起作统一的说明，它在法律上没有任何意义。德国旧破产法仅仅规定了法定财团与分配财团，而没有现有财团。[1]德国破产法的这种规定反映出破产程序进行中不同阶段的财产构成与范围，至少具有司法上的意义。

二、破产财产的性质

关于破产财产的性质，与其他国家比较，在我国法上具有完全不同的意义。因为我国民事立法上并没有社团法人与财团法人的基本分类，因此破产财产是否是主体的问题就难以形成讨论。但是，在许多国家的立法和理论上，却有十分重要的意义。关于破产财团的性质，实质上是指破产财团究竟为权利主体，抑或权利客体的问题。对此，学理上大致上有两种对立的学说：

（一）客体说。

这种主张认为，破产财团为权利客体，而其所有人为破产人。破产人虽因破产宣告而丧失对其财产的管理处分权，但尚不失其所有人的地位。破产财团虽然独立存在，且与破产人的自由财产相区别，但破产财团并未成为权利主体，其法律性质仍为权利客体[2]。

（二）主体说

主体说又分为两种：一为非法人团体说；二为财团法人说。

1. 非法人团体说。该说认为，虽然破产法或者民法并没有明确规定破产财团为权利主体，但从破产法规定的法律关系上考察，只有承认破产财团具有权利主

---

[1]　见德国旧破产法第1、117条。

[2]　（台）陈荣宗.《破产法》，三民书局1986年版，第197页。

体的性质时，始能作出合理的解释。因为，在有关破产财团的诉讼中，虽然以破产管理人为原告或者被告，但并非为破产管理人的权利义务而诉讼。诉讼的结果归破产财团。另外，破产管理人所为的行为所获得的利益直接归于破产财团。由此可见，破产财团具有权利主体的特性。破产财团系为在债权人之间公平分配的债务人所有的财产性集合体，具有一定的存在目的。且由破产管理人管理与处分，符合非法人团体的法律地位。[1]

2. 财团法人说。该说认为，虽然民法上没有承认破产财团的法人地位，但是以法人为前提的种种法律效果在实体法上的承认，可以说在实际上假定了破产财团法人人格。例如，对于破产财团所发生的请求权、破产财团所享有的利益、因破产财团而发生的损害等，均是以破产财团为法人作为前提的[2]。

从我国现行破产法的规定看，这一问题尚不存在。因为我国现行企业破产法不适用于个人。这一问题恰恰是针对自然人破产而言的。但随着我国破产法适用于自然人的趋势看，这一问题也会在我国出现。笔者认为，法律应当赋予破产财团一种特别的法律地位，以便使其能够在逻辑上对破产财团得以承受权利义务作出合理的说明。这其实也是我国民法理论及实践中的一个空白，即使在民法上也确实有"财团"存在的必要。例如，一个人死亡后，其无继承人，其债权人诉讼时究竟以何人为被告？另外，与社团法人相对应的财产集合体法人，许多国家都称为"财团法人"，但我国尚未有这种形式意义上的法人。

第二节　法定破产财产的构成

一、破产财产构成的时空限制

（一）空间限制——属地主义与普及主义对破产财产构成的影响

在本书前面的有关章节中，我们曾经详细论述了破产宣告效力的属地主义与普及主义。在属地主义原则下，在一国宣告的破产，在破产财产的构成上仅仅以破产人位于破产宣告法院所在地国的财产为破产财产，而对位于国外的财产并不

---

〔1〕（台）陈荣宗.《破产法》，三民书局1986年版，第197～198页。

〔2〕［日］石明川.《日本破产法》，何勤华、周桂秋译，上海社会科学院出版社1995年版，第143页。

当然具有效力。而在普及主义原则下，因实行"一人一破产"，在一国对债务人的破产宣告，对破产人位于其他国家的财产发生效力，即债务人在世界各国的财产均构成破产财产。

（二）时间限制——固定主义与膨胀主义的影响

固定主义与膨胀主义是对于破产财产构成的两种不同的立法政策。在固定主义下，破产财产仅仅以破产人在破产宣告时所拥有的财产为限而构成；而在膨胀主义下，破产财产不仅包括债务人在破产宣告时所拥有的财产，而且应当包括债务人在破产宣告后至破产程序终结时所取得的财产。

采取固定主义的主要根据是：①有利于破产程序迅速终结。因为固定主义原则有利于对破产财产的界定；②有利于保护新的债权人。破产宣告后债务人取得的新的财产，成为宣告后新债权人的担保财产，因而有利于保护新债权人；③有利于破产人的再生；④可以促进债务人主动申请破产[1]。

采取膨胀主义的根据主要是：①对破产债权人的利益提供充分的保障。在膨胀主义原则下，实际上是扩大了破产财产的范围，故对破产债权人有利；②能够避免对破产人实行强制执行程序或者再实施破产程序。因为破产人在破产宣告后至破产程序终结前所取得的财产，并入破产财产，便没有可供其他债权人请求法院强制执行的基础，也不能再次申请法院宣告债务人破产。[2]

许多国家在破产立法上，选择了不同的立法政策，有的采取固定主义，有的采取膨胀主义。美国破产法采取固定主义，该法第541条（a）（1）规定："破产财产包括破产程序开始时债务人一切普通法或者衡平法上的财产利益。"因此，破产财产既包括不动产，又包括动产；既包括有形财产，又包括无形财产；既包括债务人自己占有的财产，又包括他人占有的但债务人仍享有一定利益的财产。[3]英国破产法也采取固定主义。[4]我国现行破产法及德国现行破产法从规定上看，采取膨胀主义。这种不同立法政策的选择，最终将影响破产财产的构成。

---

〔1〕［日］伊藤真：《破产法》（新版），刘荣军、鲍荣振译，中国社会科学出版社1995年版，第87页。

〔2〕邹海林：《破产程序和破产法实体制度比较研究》，法律出版社1995年版，第249～250页。

〔3〕［美］大卫·G.爱泼斯坦等：《美国破产法》，韩长印等译，中国政法大学出版社2003年版，第33～34页。

〔4〕［英］费奥娜·托米：《英国公司和个人破产法》，汤维建、刘静译，北京大学出版社2010年版，第297页。

二、法定财产的具体构成（以属地主义为假定模式）

（一）破产程序开始时债务人所拥有的财产及财产权利

在破产程序开始时债务人所拥有的全部财产构成破产财产，这不仅适用于固定主义立法原则，也适用于膨胀主义立法原则。但值得探讨的是，下列财产是否也构成破产财产。

1. 信托财产。信托财产是指作为信托关系的标的归受托人占有并由其为受益人的利益而管理和处分的财产。应该说，信托财产这一概念起源于英国衡平法。信托财产一开始在法律上就被用来表示这样一种财产：它由出让人交给受托人，受托人虽然取得了它的所有权，但却并不享有为自己的利益并按自己的意志进行支配的权利，而只是负有为了出让人或者其指定人的利益并按出让人的意志进行支配的义务。这就与大陆法系传统理论关于所有权的概念不相符合。[1]那么，当受托人破产时，其所享有名义上所有权的信托财产是否应当归为破产财产呢？

由于这一概念和制度起源于英国衡平法，那么就让我们来考察一下英国破产法是如何处理这一问题的。根据英国《破产法》第38条的规定，破产人名义上所有的动产归于破产财产。凡是下列动产无论何人具有真实的所有权，在破产程序中应视为破产财产：①破产人在经营或贸易中实际占有、使用或处分的动产；②经财产真正的所有人同意可列为破产财产的动产；（3）破产人以所有人的名义而支配的财产。但是，按照1986年英国《支付不能法》的规定，破产人因信托关系而持有的他人的财产，并不属于破产财产。[2]

在大陆法系各国，虽然也有信托制度，但是却远远不如英美法系国家发达。这主要是因为信托制度与大陆法系国家民法典上的虚假法律行为之间难以调和，并且信托制度与大陆法系传统的所有权制度不相融合。也许是大陆法系这种严密的逻辑体系使信托法难以找到自己合适的法律空间。但既然大陆法系国家也有信托制度，就不能摆脱这一问题：受托人破产时信托财产是否属于破产财产。对此问题，在学理上存在两种不同的观点：肯定说与否定说。肯定说从逻辑出发，认为信托既然转移所有权，那么在受托人破产时，就应属于破产财产。否定说从价值判断入手，认为这种财产所有权的转移仅仅是为了管理和处分的方便，而非真正转移所有权，就如信托让与担保制度一样，实际上是让担保权人以自物权人的

---

〔1〕 张淳：《信托法原论》，南京大学出版社1994年版，第99～100页。

〔2〕 ［英］费奥娜·托米：《英国公司和个人破产法》，汤维建、刘静译，北京大学出版社2010年版，第297页；沈达明：《衡平法初论》，对外经济贸易大学出版社1997年版，第120页。

身份行使他物权。故在受托人破产时，信托财产不应属于破产财产。

在立法上，有的大陆法系国家明确规定，在受托人破产时，信托财产不属于破产财产。例如，韩国《信托法》第 22 条规定，信托财产不构成受托人的破产财产。根据日本《信托法》第 15 条及第 16 条的规定，信托财产对于受托人而言，是不得继承、不得强制执行、不得假处分或者假扣押的财产。由此可见，也不属于破产财产。

笔者认为，信托财产对于受托人是否为破产财产的争论，实际上是逻辑判断与价值判断的不同结论。从逻辑上说，信托财产对于受托人应为破产财产；但从价值判断上说，如将信托财产归于破产财产，将违背信托关系的基本理念。所以，不应属于破产财产。从多数国家的立法上看，多以价值判断为准。根据我国《信托法》第 15 条及 16 条的规定，信托财产与委托人未设立信托的其他财产相区别。设立信托后，委托人死亡或者依法解散、被依法撤销、被宣告破产时，委托人是唯一受益人的，信托终止，信托财产作为其遗产或者清算财产；委托人不是唯一受益人的，信托存续，信托财产不作为其遗产或者清算财产。但作为共同受益人的委托人死亡或者依法解散、被依法撤销、被宣告破产时，其信托受益权作为其遗产或者清算财产。信托财产与属于受托人所有的财产（以下简称固有财产）相区别，不得归入受托人的固有财产或者成为固有财产的一部分。受托人死亡或者依法解散、被依法撤销、被宣告破产而终止，信托财产不属于其遗产或者清算财产。

2. 归债务人所有的担保物是否为破产财产。根据物权法的一般原理，当一物上设定担保物权后，其所有人并未失去对物的所有权。而根据破产财产的一般概念，在破产程序开始时属于债务人所有的一切财产均构成破产财产，所以在破产程序开始时担保物权尚未执行的担保物当然应归于破产财产。但是，我国 1986 年《破产法》第 28 条规定，债务人已作为担保物的财产不属于破产财产。这一规定显然不合逻辑。应该说，有担保物权的财产归属法定财产，但未必一定构成分配财产。因为，担保物权人可能会随时实行担保物权而使该财产相对破产财产而消灭。我国现行破产法已经改变 1986 年破产法的做法，不仅认为担保物属于破产财产，而且规定，担保债权人可以申请债务人破产。

3. 夫妻共同财产。一般说来，夫妻一方破产，将会引起夫妻共同财产分割。应属于破产方的部分纳入破产财产。但是，德国破产法的规定有特别之处。

对待夫妻共同财产的规定，德国破产法采取如同旧破产法同样的做法，即如果共同财产归夫（或妻）单独管理，则对该单独管理方开始破产程序时，共同财产属于破产财产，另一方不得请求对共同财产进行分割。对非管理方开始破产程序时，共用财产不受影响。但是，如果夫妻共同财产归夫妻双方共同管理时，则共同财产不因任何一方被宣告破产而受到影响。这主要是因为德国破产对夫妻共同财产规定有特别的破产程序。[1]

由于我国现行破产法并不将破产程序适用于个人，故这一问题在我国法律上尚不存在。

三、管理人依照破产法的规定行使撤销权而应收回的财产

这主要是针对破产人在破产程序开始前法定期间内以法律行为处分的财产。在破产程序开始时这些财产的所有权是否归破产财产所有，因是否承认破产程序开始的溯及力而有不同。如果承认破产程序开始的溯及力，则破产程序开始前法定的期间内所为的有害一般债权人的行为会归于无效，从而使得因此而处分的财产归破产财产所有。反之，如果不承认破产宣告的溯及力，则破产管理人可行使撤销权的选择权。在破产程序开始时，这些财产则不属于破产财产。只有当破产管理人行使撤销权后才能归于破产财产。

另外，无论是无效制度还是撤销权制度，在破产管理人行使返还请求权时，也会因是否承认物权行为而有不同的请求权基础。如果承认物权行为的独立性及无因性，那么返还请求权的基础就为不当得利的债权请求权，因为"即使是一个错误的交付也是有效的"。如果不承认物权行为的独立性及无因性，则请求权的基础为物上请求权。因为当撤销或无效后，所有权并未有效转移。

在实践中，特别是在我国的破产司法实践中，经常会发生"大船搁浅，舢舨逃生"的坑害债权人的行为。具体做法是：将企业中效益或设备好的部分剥离出去，重新设立一个或多个新的企业，而将所有的债务和没有旧址的设备留给空壳企业，然后申请破产，以达到摆脱债务损害债权人利益的目的。1993年尚志市人民法院审理的"一面坡葡萄酒厂"破产案就是典型的代表。由于"一面坡葡萄酒厂"连年亏损，1990年市工业局为摆脱债务，将"一面坡葡萄酒厂"一分为五，设立了干酒分厂、啤酒分厂、白酒分厂、果酒分厂、药酒分厂。"一面坡葡萄酒厂"以总厂的名义保留，留有个别领导，并负担债务。5个分厂则向总厂租赁设备，并在工商行政管理部门领取企业法人营业执照。经营1年后，5个分厂也亏损停业。"一面坡葡萄酒厂"总厂破产，分厂如何？尚志市人民法院认为，"一面

---

〔1〕 德国新破产法第37、333条；德国旧破产法第236条之一、之二。

坡葡萄酒厂"成立分厂时，并没有对企业的债权债务进行清理，所有的债务仍然由"一面坡葡萄酒厂"总厂负责，分厂租赁总厂的设备，没有自己独立的资产，缺乏承担民事责任的能力，虽然领取了企业法人营业执照，实际上不具有法人资格。分厂不破产，将损害债权人利益。故决定将5个分厂一并宣告破产，将所有的财产归于破产财产。[1]

尚志市人民法院处理"一面坡葡萄酒厂"的判例规则值得推广。实际上，在我国，将空壳企业破产而损害债权人利益，而将大量资产转移成立新的具有法人资格的企业的做法大量存在。由于照顾失业员工等问题，无法依法处理的非常普遍。这绝对不是一个立法问题，而是一个司法问题，应当引起我们的高度重视。

四、债务人（破产人）将来取得的财产

（一）破产人将来取得的财产归于破产财产是膨胀主义立法的必然结果

是否将破产人将来取得的财产归于破产财产，是固定主义立法与膨胀主义立法的分界点。有的国家的破产法明确规定，破产人于破产程序开始后至破产程序终结时所取得的财产归于破产财产。例如，德国现行破产法第35条及我国《破产法》第30条就作了这样的规定。

（二）何为破产人将来取得的财产

笔者认为，所谓债务人将来取得的财产，是指债务人根据破产程序开始后所发生的法律关系而取得的财产。虽然有些财产的收取是在破产程序开始后，但该财产或权利发生的原因是在破产宣告前发生的，则该财产不应属于将来取得的财产。故我国有的学者将债务人将来取得的财产列为下列各项的做法是不妥当的：破产企业的债务人清偿债务而取得的财产、继续履行双务合同而取得的财产、因破产宣告前的投资而取得的收益、破产财产的孳息等。

实际上，债务人将来取得的财产多是因继承、劳动收入及个人身份关系而取得的财产或者财产权利。从这一意义上说，规定将来取得的财产仅对破产的自然人有意义。也正因如此，我国现行破产法第30条规定的企业将来取得的财产或权利归于破产财产的规定的意义远不如实行个人破产的国家，实际上一个企业在破产程序开始后取得的财产是少见的，大多都是基于破产程序开始前的原因而在破产程序开始后取得。少数情况下，可能基于企业继续营业而取得财产。

---

[1]《国家法规数据库》，国家信息中心出品，1998年下半年WINDOWS版。

第三节　破产财产的例外——自由财产

一、自由财产的制度价值

（一）自由财产的概念

自由财产是指归破产自然人所有的、不受破产分配的财产。在理解概念时，应注意以下两点：

1. 自由财产仅仅对于自然人有意义，而对于法人没有任何意义。所以，像我国破产法这样不将破产程序适用于个人的国家，是不存在所谓自由财产问题的。

2. 自由财产与固定主义或者膨胀主义没有必然关系。也就是说，无论在固定主义还是在膨胀主义下均存在自由财产。但是，自由财产的范围却会因固定主义或膨胀主义而受到影响。在膨胀主义下，自由财产的范围要宽于固定主义。

（二）制度价值

破产法设立自由财产的目的仅仅是为了维持破产自然人的基本生计，还是将其再生也考虑在内？应该说，法律设置自由财产的最初目的，是为了维持破产债务人的基本生活。但在现代社会，这一目的应有所改变。例如，一个建筑设计师破产时，其个人使用的电脑究竟应列为破产财产，还是自由财产？这恐怕就要认真思考自由财产的制度价值问题了。正如日本学者在批评日本破产实务的做法时所指出的，将禁止扣押的财产作为自由财产的目的一直被作为维持债务人最低生活水准。但是，如果把该观点适用于实务，就会出现以最低生活水准并不需要为理由，连家用电气制品等微小价值的财产也不列入自由财产的情况。自由财产的目的不是保障最低的生活，而是保障宪法要求的"健康而富有文化性的最低生活"，必须使破产人作为有可能重新起步的健全的市民。破产法院、破产管理人在考虑自由财产将范围时，应牢记该目的。[1]也就是说，在界定自由财产时，不仅要考虑到债务人的生存，还要考虑到其发展。生存与发展是当代社会的主题。

---

〔1〕〔日〕伊藤真：《破产法新版》，刘荣军、鲍荣振译，中国社会科学出版社1995年版，第91页。

二、自由财产的构成

（一）关于自由财产的立法例

在关于自由财产的立法上，存在两种不同的立法体例：

第一，大陆法系之概括性立法，即仅仅规定不受强制执行或不可扣押的财产作为自由财产。如德国现行《破产法》第 36 条、日本《破产法》第 34 条均有如此的规定。而且，这些不受强制执行或不可扣押的财产的范围准用民事诉讼法的规定。

第二，英美法系国家列举式的立法，根据英国破产法的规定，下列财产为自由财产：① 破产人因受到人伤害或个人感情骚扰而生的请求权；② 破产人的信件。在黑格诉艾特肯（Haig V·Aitken 2001）一案中，破产人是一个前部长，破产托管人占有了一些破产人与议会、内阁及政府同僚之间的通信，认为具有价值。托管人为此请求法院批准为了债权人的利益而出售这些通信。法院认为，破产人的个人的通信具有特定的人身性质，因此依据 1986 年破产法的目的，这些通信不属于破产财产；③ 破产人受雇工作、从事商务或者职业必需的工具、书籍、交通工具和其他物品；④ 满足破产人及其家庭基本生活需要的衣物、床具、家具、家居用品和供给品；⑤ 破产人的养老金。但在上述③与④项中的物品的变卖价值超过合理替代品的价值，法院可以为其提供一个替代品而出售该物品。例如，汽车是破产人的职业工具，但如果破产人的汽车是一辆马莎拉蒂汽车，那么因其有较高的出卖价值，则管理人可以为其提供一辆普通汽车替代而出售马莎拉蒂汽车以获得更多的破产财产。[1]。

美国《破产法》典第 522 条（d）规定了下列财产属于破产人的自由财产：① 债务人以及其受抚养人存在所必需的价值不超过 7500 美元的动产，不动产或基地（PLOT）；② 为债务人所有的价值不超过 1200 美元的机动车；③ 债务人利用的单价不超过 200 美元的日常家什或累计金额不超过 4000 美元的家具食品，衣物，器具，书籍，牲畜及农作物，或为债务人及家属常用的音乐器械；④ 价值不超过 500 美元的珠宝；⑤ 单价不超过 400 美元或总价值不超过 3750 美元的其他物品；⑥ 为债务人或其受抚养人所必需的价值不超过 750 美元的职业必需品；⑦ 由债务人所有的未到期的人寿保险；⑧ 专门用于债务人及其受抚养人的健康方面的援

---

〔1〕〔英〕费奥娜·托米：《英国公司和个人破产法》，汤维建、刘静译，北京大学出版社 2010 年版，第 297～311 页。

助；⑨ 债务人接受的诸如社会保险金，失业补偿费，退伍救济金，赡养费，生活费，因失去劳动能力，疾病、失业等领取的救济金，抚恤金等的财产权利；⑩债务人有权接受的犯罪受害赔偿金，精神或人身伤害赔偿金等其他财产。[1]

（二）　自由财产是否可用来清偿非免责债务

自由财产是属于破产债务人所有的财产，如何支配是债务人的权利。所以，如果破产债务人自愿以自由财产清偿非免责债务的，法律自无干涉的必要。但是，债权人无权请求对自由财产为强制执行。

三、自由财产权利的行使

自由财产是归破产人所有的财产，不属于破产财产，故破产人应通过破产管理人以取回权的名义取回。当破产人与破产管理人就自由财产的归属发生争议时，应通过诉讼解决。

---

〔1〕 *Bankruptcy Code*, *Rules & Offical Forms*, The Lawyers Cooperative Publishing Company, 1994, pp. 172~173.

第八章　破产程序中的取回权

破产宣告后，由破产管理人所实际占有、管理的财产集合体并非全部是应分配给债权人的财产，即事实上分配给各破产债权人的财产集合体。乃因其中有应作为担保物权的标的物者，有自始不属于破产人所有者。前者由于担保物权的性质，权利人可不依破产程序而径直受偿，称为别除权，而后者应由权利人取回，乃破产程序中的取回权。取回权根据其所依据的法律关系及构成要件不同，分为一般取回权与特殊取回权。大陆法系国家的破产法一般也规定有这两种取回权，我国《破产法》第38、39条也分别规定了这两种取回权。下面就两种取回权分别考察分析。

第一节　一般取回权

一、一般取回权的概念与性质

取回权是指破产管理人占有不属于破产财产的他人财产，财产的权利人得不依破产程序，经破产管理人同意而直接取回的权利。

关于取回权的性质，学者间众所纷纭。有人认为，取回权乃是诉讼法上的取回权。[1] 有人认为，取回权乃破产法对在一般私法上已有的财产权利的承认与保护，并非破产法新创设的权利。[2] 笔者颇同意第二种观点。取回权的基础乃是所有权及其他物权或者物权性权利，而所有权在社会经济生活中，乃是"定物资之

---

〔1〕　齐藤秀夫：《破产法讲义》，青林书院新社1982年版，第92页。

〔2〕　（台）陈荣宗：《破产法》，三民书局1986年版，第219页；（台）陈计男：《破产法论》，三民书局1970年版，第209页。张卫平：《破产程序导论》，中国政法大学出版社1993年版，第229页。

归属，明人己之分界"的工具，是一种对物的完全支配权，具有占有、使用、收益及处分的权能。然而，所有权并非四种权能的简单相加，由于社会物资的匮乏，为发挥物的最大利用价值，法律赋予其某些权能可暂时与本权分离，以为他人所利用或者收益。但这并不意味着所有权失去了统一的支配力，由所有权的特质所决定，所有权的负担一经除去，便可回复其完全的状态。所有权的这种特性被称为所有权的弹力性。[1]因而，当所有权上的负担除去，而占有人被宣告破产时，所有权人有权取回。

此外，由所有权的消极权能所决定，所有物被他人非法占有时，所有人对所有物有返还请求权。此返还请求权的效力及于被侵占物的天然孳息和法定孳息。由此权利所决定，当非法侵占人被宣告破产时，所有人就被侵占物有权取回。

非但所有人，占有人的占有物、留置权人的留置物、质权人的质物被他人非法侵占后，于非法侵占人破产时，也有取回标的物的权利。因而，取回权并非破产法新创设的权利，而是在实体法上已存在的权利，物的权利人在实体法上的权利，不应因破产宣告由破产管理人将该项财产列为破产财产而影响其权利的原有性质。[2]物的权利人基于所有权或者其他物权，不仅对于一般加害人得主张返还请求权，对于破产管理人也得为相同的主张。只因此项权利的行使于破产程序中，故称为取回权而已。各国破产法对取回权均有规定，如日本《破产法》第62条规定："破产宣告不影响从破产财产取回不属于破产人的财产的权利。"德国现行《破产法》第47条规定："能够根据某项物权或者人身权主张某物不属于破产财产的，不是破产债权人。其取回该物的权利依据破产程序以外的法律确定。"我国现行《破产法》第38条规定："人民法院受理破产申请后，债务人占有的不属于债务人的财产，该财产的权利人可以通过管理人取回。但是，本法另有规定的除外。"

由取回权的性质所决定，取回权应具有以下特征：

（1）取回权的标的物非属破产人所有。这是取回权的基本特征，使之与别除权区分开来。成为别除权标的物的财产乃属于破产人所有，只因破产程序开始前为担保债的履行而于物上设定了某种负担，所以于债务人被宣告破产时，法律为保护债权人的优先受偿权，而赋予债权人不依破产程序就设定负担之物优先受偿，称为别除权。而成为取回权的标的物原不属于破产人所有，因而权利人得主

---

〔1〕（台）史尚宽：《物权法论》，荣泰印书馆1957年版，第56页。
〔2〕（台）陈荣宗：《破产法》，三民书局1986年版，第219页。

张返还。"不属于破产人所有"，可理解为破产人未就该财产取得所有权，或者曾经是该财产的所有权人，但后来因法律规定的原因丧失所有权。

（2）取回权据以存在的实体法上的权利，须于破产程序开始前业已存在。取回权所赖以存在的所有权以及其他物权，须于破产程序开始前已为权利人据实体法所取得，因而权利人有权要求返还。于破产程序开始后，由破产管理人借用或租用他人之物，该他人的返还请求权，非系此种意义上的取回权。特别是在该物毁损灭失时而不能取回时，在前种情形下，权利人只能按照普通债权依破产程序行使权利。而在后一种情形下，可作为共益债务，随时由破产财产清偿。

（3）取回权以所有权及其他物权为基础，具有物权特性。前已论及，取回权不是破产法新创设的权利，而是对权利人在破产程序开始前，依据民法或者其他实体法上业已存在的权利的承认与维护。根据民法的一般原则，物之所有人或者对物享有占有权或者使用权的人，得基于本权对非法占有人请求返还，而取回权正是这一物权原则在破产程序中的展现，因而取回权具有物权性。然而，取回权的物权性并不排除在特定条件下向债权转移的可能性。当取回权的标的物被破产人或者破产管理人有效转让给善意第三人时，据物权法之取得时效制度，取回权人对善意第三人无返还请求权，因而其取回标的物的权利在客观上归于消灭。在此情况下，取回权人之取回标的物的权利便变为破产债权，按破产程序受偿。于此情形，对取回权人极为不利，因而，德国破产法及日本破产法均规定有代偿取回制度[1]（容后述之），以期最大限度地保护取回权人的利益，避免取回权人落入与一般破产债权人同样的境地。

（4）取回权是不依破产程序行使的权利。不依破产程序行使，并非意味着与破产程序无关。事实上，取回权只能向破产管理人主张，特别是当取回权不能行使而转化为债权时，只能按破产程序申报债权，依照破产分配方案接受比例分配。此时，旨在说明下列含义：一是取回权与普通债权存在质的区别。普通债权只能依破产程序申报并接受清偿，非以破产程序行使的债权不得对抗其他破产债权人。而取回权人行使取回权，乃是取回自己的财产，故不需要依破产程序申报，也不需要等待破产财产的变价和分配，可直接向破产财产主张取回权利。二是取回权可直接向破产管理人主张，经债权人委员会或者法院同意（如德国法和日本法），直接由破产财产取回。根据我国现行破产法第38条的规定，取回权可通过管理人取回。

---

〔1〕　德国新《破产法》第48条、日本《破产法》第91条。

二、取回权的基础权利

取回权的基础权利，乃是取回权所赖以存在的法律基础。前已论及，取回权并非破产法所赐，而是实体法上的权利在破产程序中的反映和折射，具有物权性。对于取回权的基础权利，学者历来所见不一。笔者认为，取回权的基础权利有以下数种：

（一）所有权

取回权之基础权利最为普遍者为所有权。属于他人所有之物，不能成为破产人的责任财产，从而不能归于分配财团。属于他人所有的财产，由于租赁、使用、借贷、寄托、承揽、设定动产质权等原因而被破产人所占有，所有权人于契约终止后或者对质权所担保的债权清偿后，请求其返还的情形，为最典型的取回权。[1] 下面仅就所有权的几种特殊情形，作进一步探讨。

1. 所有权保留。所有权保留是指出卖人与买受人以契约的方式约定，由买受人占有、使用并就买卖标的物受益，而于支付全部价金前，出卖人仍为之所有权人的法律制度。随着商业经济的发展，分期付款的买卖方式被普遍承认，所有权保留契约广为流行。因其不仅益于保护交易安全，促进商业销售，而且于买受人颇为有利，使其能够在支付全部价金前，实现对物的占有、支配和收益，故此一问题不能为法律所忽视。在通常情况下，所有权 保留就买卖、互易等契约设立，但也不以此为限。附负担的赠与，赠与人有权在受赠与人完成全部负担前，保留其所有权。

由于出卖人对所有权的保留，使得买受人在支付所有价款前，对占有物并无所有权，因而在买受人被宣告破产时，该物不属于破产财产，当无疑问。但由于学者对保留所有权的性质尚有争议，使得出卖人如何行使权利变得十分重要。有人主张，所有权保留乃担保物权，其理由是：出卖人设定所有权保留的目的在于保障其出卖物的价款得到全部清偿，因而所有权保留相当于动产抵押。在买受人未支付全部价金而受破产宣告时，出卖人得非依破产程序行使别除权，即就保留所有权的动产拍卖而优先受偿。有人则主张，所有权保留乃是以受让人义务的履行为停止条件的所有权让与契约，其效力的发生取决于受让人义务的履行。[2] 笔者赞成后一种观点。在买受人尚未支付全部价款而受破产宣告时，即条件尚未成就时，所有权仍然属于

---

〔1〕（台）陈荣宗：《破产法》，三民书局1986年版，第221页。

〔2〕（台）史尚宽：《物权法论》，荣泰印书馆1957年版，第47页。

出卖人，则出卖人得以所有权人的资格将该物从破产财产中取回。反之，于出卖人受破产宣告时，所有权保留契约的标的物属于破产财产，但是买受人就其占有的标的物得行使以留置权为基础的别除权，这是因为，附条件买卖是出卖人为担保其债权的履行而在受清偿完毕前，约定由出卖人保留其所有权的契约。但是，买受人为担保其已经支付的价款不致落空，就出卖人转移占有的物有担保物权。但由于各国破产法均规定破产管理人就双务契约的履行有选择权，因而破产管理人有权接受买受人支付剩余的价款而使其取得标的物的所有权。

根据我国现行《合同法》第134条的规定，当事人可以在买卖合同中约定买受人未履行支付价款或者其他义务的，标的物的所有权属于出卖人。据此规定，在买受人破产时，出卖人有取回权。

与所有权保留制度相类似，英国《1979年货物买卖法》（Sale of Goods Act 1979）规定了租买制度。租买又称租购，是指根据租买合同，租买人同意以分期交纳租金的方式接受标的物，并且有选择取得购买人地位或者租用人地位的优先权，即租买人在分期支付了全部约定租金后，可以将租买合同转变为买卖合同支付购买价格而取得货物的所有权；也可以放弃优先购买权，使租买合同转变为租用合同，将货物返还给所有权人。但租卖人在租买人行使优先选择权的有效期间内，不得将该物另行出售。租买合同在法律上包含三层法律关系：其一，租用合同关系。根据这一关系，租买人在完全付清价款前，取得租买人对该货物的占有使用权，而租卖人仍保留着对货物的所有权。其二，优先权关系。据此关系，租买人在如期付清租金后，对货物具有优先购买权，而租卖人则有保障对方优先权的义务。其三，买卖合同关系。如果租买人行使优先购买权，买卖合同成立，租买人对其占有的货物取得所有权。租买交易是分期付款买卖的一种复杂形式，它与附条件买卖、赊欠买卖及信用买卖具有极其相似的特征。根据普通法惯例，在分期付款买卖中，出卖人可以约定保留所有权的条款，即在租购合同中规定，租买人于支付全部价金前，对货物不具有所有权。[1]此项制度颇似大陆法系各国民商法上的所有权保留制度，惟后者不承认买受人有租赁或者购买的优先权。

根据英国1914年破产法（The Bankruptcy Act 1914）关于名义所有权的规定，租购合同中尚未付清全部价款的财产可视为租买人具有名义所有权的财产。而据该法第38条的规定，名义所有权也属于破产财产。[2]。但根据1974年《消费者

---

〔1〕　董安生等编译：《英国商法》，法律出版社1991年版，第332～333页。

〔2〕　Christopher Berry, Edward Bailey, Bankruptcy: *Law and Practice*, London: Butterworths, 1987, pp. 62～63.

信用法》的规定，租卖人送达了未履行完毕的通知书，他仍然对财产具有法律上的所有权，而否认了租买人名义上的所有权。[1]因而，于租买人破产时，租卖人得以所有权人的资格主张取回权。

2. 让与担保。让与担保是意定担保的一种形式，在现代意义上的登记制度出现前，是担保最普遍的形式。让与担保源于罗马法上的信托让与，它作为实物担保的一种形式，在罗马时代是一种普遍的制度。它表现为以提供担保为目的而实行所有权转移，债务人保留在清偿债务之后向债权人请求返还物品的权利。在转移所有权的同时，一般不发生占有的转移。[2]大陆法系国家虽然未见诸于立法，但在一般交易上颇为流行。在让与担保制度下，于让与担保设定人破产时，让与担保权人行使别除权抑或取回权，则是有争议的问题。

有人认为，让与担保权人仅能行使别除权。其理由是：在信托人破产的情形，受托人仅有形式上的所有权，经济上真正的所有人仍是信托人。故受托人不能有取回权，而仅有别除权。[3]有人则认为，设定人破产时，让与担保权人有取回权。其理由是，让与担保的实质乃是附条件的所有权转移，当债务人不履行债务时，债权人即成为该物的所有人。在让与担保设定人破产时，债权人得基于物上请求权而行使取回权。[4]笔者认为，让与担保标的物的所有权人仍然是信托人，所以在让与担保的设定人破产时，让与担保财产属于破产财产。在前面"破产财产"的有关章节中，我们已经论述过，许多国家的信托法明确规定，在受托人破产时信托财产不属于破产财产，故破产管理人可以将其取回。但是，为保证受托人的利益，应认为受托人的债权在信托财产上有担保物权的存在，也即信托人对信托财产在因信托关系而生的债权的限度内有别除权。破产管理人在取回信托财产时，受到财产上的物权担保的负担之限制。

反之，在受托人破产时，信托人得以所有权人的名义行使取回权。但同样，信托人行使取回权时，也受到信托人在该物上的担保物权的限制。只有在信托人清偿了受托人的债权，才能取回信托财产。

3. 破产人的自由财产取回权。破产人的自由财产因属于破产人所有而非属破产财产，故破产人得以所有权人的身份而向破产管理人主张取回权。在就取回权

---

〔1〕 董安生等编译：《英国商法》，法律出版社1991年版，第341页。

〔2〕 ［意］彼德罗·彭梵得：《罗马法教科书》，黄风译，中国政法大学出版社1992年版，第341页。

〔3〕 （台）陈荣宗：《破产法》，三民书局1986年版，第223页。

〔4〕 （台）史尚宽：《物权法论》，荣泰印书馆1957年版，第388页。

发生争议时，应以诉讼解决。由于我国现行破产法没有将破产程序适用于个人，故不存在自由财产的取回问题。

4. 担保物权。担保物权一般为别除权的基础，但在特定情况下，也可以成为取回权的基础权利。这主要是指债务人已经履行了债务，从而使担保物权消灭，而债权人尚未返还标的物而破产的情形。例如，对于质权，债权人因对债务人（破产人）的债权而占有债务人的财产作为质物，后因债务人清偿了债务，但债权人没有将质物返还给债务人，在债权人破产时，债务人就有取回权。

5. 占有。包括我国《物权法》在内的几乎所有大陆法系国家的民法都保护占有，即将占有作为一种状态而非权利进行保护，即使是非法占有人，其占有状态也受法律保护而免受第三人的侵害，只有正当权利人才能请求其返还。因此，当非真正权利人侵害他人的占有状态而开始破产程序时，占有人也有权行使取回权。我国《物权法》第5编特别规定了占有的保护，该法第245条规定："占有的不动产或者动产被侵占的，占有人有权请求返还原物；对妨害占有的行为，占有人有权请求排除妨害或者消除危险；因侵占或者妨害造成损害的，占有人有权请求损害赔偿。占有人返还原物的请求权，自侵占发生之日起1年内未行使的，该请求权消灭。"

三、取回权的行使

取回权是不依破产程序而受偿的权利，因而取回权人可直接向破产管理人主张，并不以诉讼为必要。只有破产管理人否认其取回权，取回权人才必须通过诉讼解决，请求法院确认其权利。与此相适应，破产管理人也得以诉讼的方式请求法院否认主张者的取回权。除此而外，取回权的行使，还会受到下列因素的制约：

（一）法律对善意取得人的保护

善意取得也称即时取得，是动产所有权的一种特殊取得原因。它是指在动产所有权转移时，即使让与人无让与的权利，但受让人是以善意而受让其占有者，仍即时取得其所有权之谓。[1]罗马法素有"任何人不得以大于其权利的权利让与他人"的原则，故无权利者不能以权利与人，其受让者不受法律保护，真正所有人得追回之。由于这一原则使公信原则难以贯彻，不利于保护交易安全，因而少为后世所承继。而日尔曼法素有"以手护手的原则"，即所有权人任意让与他人占有其物，则只能对于该他人请求返还，对于第三人不得追回，只能请求该他人

---

〔1〕　郑玉波：《民法物权》，三民书局股份有限公司2009年版，第94页。

赔偿损失。这便是即时取得制度的由来。近代各国民法多采取这一原则，如瑞士《民法典》第 714 条规定："以善意将动产转移为自己所有，并受占有规定保护的，即使该动产的让与人无此转让权，该善意占有人仍取得该动产的所有权。"德国《民法典》第 932 条规定："物虽不属于让与人，受让人得因第 929 条的规定的让与成为所有人。"我国台湾地区民法典第 801 条也作了相似的规定。因而，当取回权的标的物被受法律保护的占有人转移于第三人时，第三人如为善意，所有权人不得向该善意第三人主张物权。但是，如果此时善意第三人尚未对让与人支付价款的，所有权人可行使代偿取回权，即成为取回权的标的物，如果在被宣告前由破产人，或者破产宣告后由破产管理人让与他人的，而使取回权人无法对破产财产行使取回权时，法律为保护取回权人的利益，特别规定取回权人得向受让人请求，就受让人应当给付于破产财产的请求权对自己为给付。此种以受让人的给付请求权代替原标的物的取回权，称为代偿取回权。

代偿取回权乃是民法上"物上代位权"原则在破产程序中的反映，德国现行破产法及日本破产法均有此规定。例如，德国现行破产法第 48 条规定："可要求取回的财产，在破产程序开始前被债务人或者在破产程序开始后被破产管理人不当出售的，取回权人可要求卖方转让对买方的受偿的权利。如果卖方已经受偿的，可以要求从破产财产中取回此项给付。"日本《破产法》第 64 条规定："破产人于破产宣告前将取回权的标的物让与他人时，取回权人可以请求转移对待给付请求权。破产管理人将取回权标的物让与他人时，亦同。"如果破产管理人已经受领了对待给付，取回权人有权要求破产管理人就该项给付为对自己的给付。但上述给付是否仅仅限于非金钱给付？以著名学者陈荣宗先生所见，仅限于非金钱债务。如有代偿取回权的发生，且给付为金钱并无法与破产财产为区别时，取回权人仅得以破产财产不当得利为由，以财团债务人的地位请求清偿。[1] 笔者认为，取回权的标的物应为特定物，若为非特定物，则不能行使取回权。即使是金钱给付，在破产程序开始前与开始后，取回权人的地位也有所不同。如果在破产程序开始前，取回权的标的物由破产人出售给第三人，且受领了对待给付的，取回权人只能以一般破产债权人的身份行使破产债权，而无特别的身份。在破产宣告后，由破产管理人出售给他人且受领了对待给付的，应作为破产财产的不当得利，取回权人应成为财团债权人。

我国《物权法》也规定了"善意取得"制度，该法第 106 条规定："无处分

---

〔1〕 （台）陈荣宗：《破产法》，三民书局 1986 年版，第 230 页。

权人将不动产或者动产转让给受让人的，所有权人有权追回；除法律另有规定外，符合下列情形的，受让人取得该不动产或者动产的所有权：①受让人受让该不动产或者动产时是善意的；②以合理的价格转让；③转让的不动产或者动产依照法律规定应当登记的已经登记，不需要登记的已经交付给受让人。受让人依照前款规定取得不动产或者动产的所有权的，原所有权人有权向无处分权人请求赔偿损失。"但是，我国破产法上却没有"代偿取回权"的规定，因此，《物权法》第106条规定的"原所有权人有权向无处分权人请求赔偿损失"，只能作为一般破产债权。

（二）标的物毁损灭失的情形

取回权标的物的毁损灭失，使取回权不能行使时，取回权人的权利能否转变为破产债权？这一问题不能不涉及民法上的风险转移制度，即标的物毁损灭失的责任何时转移于受让人。风险转移在各国立法上规定基本一致，大致可归为两种体例：一种是"物主承担风险的原则"，以所有权转移的时间作为标的物风险转移的时间。英国货物买卖法及法国民法典采取这一原则。如英国《货物买卖法》第20条规定："除非有相反的协议，在货物所有权转移于买受人之前，其灭失风险由出卖人承担。在货物的所有权转移之后，无论货物是否已经交付，其风险均由买受人承担。"法国《民法典》第1583条规定，当事人就标的物及其价金相互同意时，即使标的物尚未交付，买卖即告成立。而标的物的所有权亦于此时在法律上由出卖人转移于买受人，灭失风险由买受人承担。另一种做法是"交付转移风险"的原则，以标的物的实际交付作为风险负担转移的标志。美国统一商法典、德国民法典、我国台湾地区民法典均采这一原则。例如，德国《民法典》第446条规定："自交付买卖标的物之时起，意外灭失或者毁损的危险责任转移于买受人。"我国现行合同法也采用"交付转移风险"的原则。该法第142条规定，标的物毁损、灭失的风险，在标的物交付之前由出卖人承担，交付之后由买受人承担。两种不同的风险转移制度对取回权人之权利的行使有实质性的影响。按"物主承担风险"的原则，取回权的标的物灭失的责任由取回权人负担，于相对人破产时，取回权人之取回权不能转变为破产债权；而按"交付转移风险"的原则，则于相对人破产而取回权的标的物灭失时，取回权人的取回权可以转换为破产债权。

按照我国《合同法》的规定，我们采取的是"交付转移风险"的规定。《合同法》第142条规定："标的物毁损、灭失的风险，在标的物交付之前由出卖人承担，交付之后由买受人承担，但法律另有规定或者当事人另有约定的除外。"因此，如果当取回权的标的物灭失时，取回权人只能作为破产债权人申报债权。

（三）所有权因添附而归于消灭的情形

添附是所有权取得的方式，所有权保留或者其他物权不排除因添附由受让人取得所有权的情形。在此情况下，受让人破产时，所有权人无行使取回权的可能，只能作为一般破产债权受偿还。

（四）因未登记不能对抗第三人的情形

不动产及某些动产（如机动车、飞行器等）所有权转移的效力因不同国家的法律规定而有差别。例如，根据德国民法的规定，登记为所有权转移的生效要件；而根据法国和日本民法的规定，登记为所有权有效对抗第三人的要件。我国《物权法》在登记的效力问题上，实行"双轨制"，有的以登记为生效要件，如房屋所有权的变动、不动产抵押权的设立等；有的以登记为对抗要件，主要有《物权法》第24条的规定："船舶、航空器和机动车等物权的设立、变更、转让和消灭，未经登记，不得对抗善意第三人。"第129条的规定："土地承包经营权人将土地承包经营权互换、转让，当事人要求登记的，应当向县级以上地方人民政府申请土地承包经营权变更登记；未经登记，不得对抗善意第三人。"第158条的规定："地役权自地役权合同生效时设立。当事人要求登记的，可以向登记机构申请地役权登记；未经登记，不得对抗善意第三人。"第188条的规定："以本法第180条第1款第4项、第6项规定的财产或者第5项规定的正在建造的船舶、航空器抵押的，抵押权自抵押合同生效时设立；未经登记，不得对抗善意第三人。"第189条第1款的规定："企业、个体工商户、农业生产经营者以本法第181条规定的动产抵押的，应当向抵押人住所地的工商行政管理部门办理登记。抵押权自抵押合同生效时设立；未经登记，不得对抗善意第三人。"[1]

无论在哪种情况下，于破产程序开始前自破产人取走上述财产应登记而未登记的，不能以所有权人向破产财产主张权利。

反之，如果破产债务人自他人处取走上述财产，应登记而未登记的，情况却有不同。如果采取德国式的登记生效原则，则他人可以行使取回权；如果采取登记对抗原则的，则他人不可以行使取回权。

我国《物权法》采取登记生效与登记对抗的双轨模式，一般不动产采取登记生效原则，而机动车等采取登记对抗模式。在具体案件中，应区别不同效力而

---

〔1〕《物权法》第181条规定："经当事人书面协议，企业、个体工商户、农业生产经营者可以将现有的以及将有的生产设备、原材料、半成品、产品抵押，债务人不履行到期债务或者发生当事人约定的实现抵押权的情形，债权人有权就实现抵押权时的动产优先受偿。"

对待。

（五）因取得时效而丧失取回权

取得时效是指占有他人的动产或者不动产持续到达一定时间，即取得对该动产或不动产的所有权的事实。[1]有的国家的民法典只承认动产所有权的取得适用时效取得制度，如德国民法典；有的国家的民法典则承认不动产也适用时效取得制度，如瑞士民法典。当动产或者不动产被他人以所有的意思自主、公然、和平地占有，经过一定期间，该动产或者不动产的所有权人即丧失所有权。于占有人破产时，原所有权人不得以所有人的资格主张取回权。

由于我国的《民法通则》和《物权法》都没有规定取得时效制度，因此，在我国不存在这种情形下的取回权。

第二节　特别取回权

一、出卖人的取回权

（一）出卖人取回权的制度价值

出卖人的取回权一般是指出卖人已经将买卖标的物发送，买受人尚未收到，亦未付清全部价款而开始破产程序者，出卖人取回其标的物的权利。日本《破产法》第63条规定："于卖方向买方发送买卖标的物品情形，如买方未全额清偿其价金且未于到达地全部受领其物品期间受破产宣告，卖方可以取回其物品。但是，破产管理人不妨支付价金全额而请求交付其物品。"我国台湾地区《破产法》第111条也作出了相似的规定。此制度起源于英国，当时的英国衡平法法院认为，于隔地买卖，出卖人将标的物发送而丧失占有，而买受人尚未收到，亦未付清全部价款而陷入支付不能的情形时，如果不准出卖人将运送中的货物停止送交买受人，将来出卖人仅能按一般债权受偿。这样无异于以出卖人的财产清偿买受人对他人的债务，有失公平，故衡平法院赋予出卖人以停止发运权（right of stoppage in transit）。后来普通法也采用这一制度 。其后为法国法所继受（法国《民法典》第2102条、法国《商法》第576条），称为取回权，后被大陆法系广泛采用，称为追及权。由此可见，出卖人的取回权实际上是法律以公平的理念保护出卖人的

---

〔1〕　佟柔主编：《中国民法学·民法总则》，中国人民公安大学出版社1990年版，第307页。

利益而设。

我国现行《破产法》第39条也规定了这种出卖人的取回权，该条规定："人民法院受理破产申请时，出卖人已将买卖标的物向作为买受人的债务人发运，债务人尚未收到且未付清全部价款的，出卖人可以取回在运途中的标的物。但是，管理人可以支付全部价款，请求出卖人交付标的物。"但应特别注意的是，出卖人取回权中一个十分重要的前提是：所有权已经转移给破产债务人但对方没有支付完价款。那么，在买卖合同中，所有权什么时候发生转移？在英国法、日本法和法国法上，所有权从双方当事人意思表示一致时，即合同有效成立时发生转移。因此，当货物发运时，所有权已经是买受人的了。因此，规定出卖人的取回权特有意义。但是，像德国民法、我国台湾地区民法及我国物权法等都是规定交付才转移所有权，那么当出卖人货物发出后对方未收到前，货物所有权本来就属于出卖人，其行使取回权是取回本来就属于自己的东西，法律需要作出特别的规定吗？因此，德国1999年之前的《破产法》有这种规定，但之后的破产法（《支付不能法》）就不再规定所谓出卖人的特别取回权了，只要是自己的东西当然可以取回。而我国也是采取如德国法一样的规则，即交付转移所有权，因此，这种所谓的出卖人的取回权意义不大。但是，如果联系我国《合同法》关于买卖标的物转移的具体情况，只有一种情况下可能是有意义的，即《合同法》第141条的规定。该条规定："当事人没有约定交付地点或者约定不明确，依照本法第61条的规定仍不能确定的，适用下列规定：（一）标的物需要运输的，出卖人应当将标的物交付给第一承运人以运交给买受人；（二）标的物不需要运输，出卖人和买受人订立合同时知道标的物在某一地点的，出卖人应当在该地点交付标的物；不知道标的物在某一地点的，应当在出卖人订立合同时的营业地交付标的物。"在第一种情况下，即当事人对交付货物的地点没有约定或者约定不明时，出卖人将货物交付给承运人，对方尚未付清全部价款，出卖人可以取回。

（二）出卖人取回权的性质

关于出卖人取回权的性质，学理上颇有争议，大致可分为以下三种：①债权说。该说认为，出卖人的取回权是指出卖人得请求买受人返还所有权及回复占有的债权请求权。②物权说。该说认为，出卖人行使取回权，其所有权在物权效力上变为无效，故取回权的效力为物权。③履行撤回权说。该说认为，出卖人的取回权是出卖人将转移财产所有权及占有的买卖履行行为加以撤回的权利。[1]以上

---

〔1〕（台）陈荣宗：《破产法》，三民书局1986年版，第226页。

三种学说中，以债权说为通说。但笔者认为，特别取回权既不是物权，也不是债权，而是在买卖标的物已经发生所有权转移而对方尚未付清价款的情况下，为保护出卖人的利益而特别赋予出卖人的一种权利。

（三）特别取回权行使的条件

由于对出卖人取回权的性质认识各异，故学理上对其行使的条件也有不同的学说。占主导地位的学说认为，出卖人的取回权由下列要件构成：

1. 出卖人已将货物发送且所有权已经转移给买受人。买卖标的物已经脱离出卖人的直接占有，但尚未处于买受人的实际控制之中，即未转移占有是行使取回权的重要条件。如果破产人于破产程序开始时已经受领，则无行使取回权的余地。但何为"尚未收到"，各国判例与学理上的解释颇为不同。我国台湾学者认为，尚未收到是指买卖标的物尚在运输途中。[1]而根据日本《破产法》第64条的规定，尚未收到是指买受人未到到达地受领其物品。根据英国《货物买卖法》（Sale of Goods Act）所规定的"阻止发运权"，只有在货物处在运输过程中且买受人已经丧失支付能力的双重条件下，才能行使。所谓"货物处在运输过程中"是指自出卖人为向买受人送货而将货物交付承运人起，至买受人接受交付时止的整个期间。其中包括买受人拒绝交付的时间。在货物约定运往某中转地并由此继续向最终目的地发运的情况下，如果只有在新的指令送达中转地后货物才能继续发运的，应视为货物运输已经终止。根据同一条款，下述情况也视为运输终止：①在货物运达目的地之前，买受人已经取得货物的。②在货物到达目的地之后，承运人已经通知买受人，他将以买受人的名义代管货物。③在承运人错误地拒绝将货物交付给买受人的情况下，也应视为运输过程已经终止。另外，在货物已经交付买受人所订的船只发运后，承运人可能是作为船主的代理人占有货物，也可能是作为买受人的代理人占有货物。但无论承运人代理何人占有货物，出卖人均可行使阻止发运权，恢复对买卖标的物的占有或者通知承运人以出卖人的名义占有货物。承运人接到此通知后，必须将货物反转交付给出卖人，而出卖人应支付由此而生的费用。[2]

笔者认为，特别取回权行使的前提条件是作为买卖标的物的动产尚未交付，但所有权已经有效转移给买受人，因而应以买受人尚未实际控制为条件。破产法规定取回权的目的在于保护出卖人的利益，如果出卖人在发送前已知买受人开始

---

〔1〕　陈计男：《破产法论》，三民书局1981年版，第210～211页。
〔2〕　董安生等编译：《英国商法》，法律出版社1991年版，第317页

破产程序而买受人又未付清全部价款的，出卖人原本可以行使同时履行抗辩权而拒绝交付。但出卖人在发运时，买受人未开始破产程序而发运后开始破产程序的，于买受人未收到货物时，为保护出卖人免受损失，赋予出卖人在此期间有取回权。因此，取回权应以出卖人已将货物发送，但买受人尚未实际控制为条件。

至于买卖标的物于运输途中，买受人亲自或者派人提前在途中受领的情况下，出卖人有无取回权的问题，学者间颇有争议。有的学者认为出卖人应有取回权，[1]有的认为无取回权，[2]有的认为应折衷处理，即如果买受人已经知道自己开始破产程序，因知悉货物已在运输途中而派人或者亲自提前领取以排除出卖人的取回权的，应视为尚未收到，而出卖人有取回权。如果买受人提前受领后才开始破产程序的，出卖人无取回权。[3]笔者认为，在运输途中的标的物能否取回的问题，要看所有权是否已经转移给卖受人，如果没有转移，则出卖人当然可以取回自己的东西。

2. 买受人开始破产程序。这一时间界线极为重要，它意味着于破产程序开始时，买受人尚未实际控制货物，即可行使取回权。

3. 买受人或者破产管理人尚未付清全部价款。特别取回权的立法要旨在于保护出卖人免受损失，在买受人或者破产管理人已经付清全部价金时，出卖人自无任何损失可言，而有交付的义务。在此情况下，出卖人不仅无行使取回权的余地，如果迟延交付时，破产管理人得以此为由向出卖人主张违约责任。

4. 须为隔地买卖。从特别取回权的产生历史看，最初是为了避免异地交易的当事人因通讯不便而受到损失。所以，传统的破产法理论均认为，出卖人的取回权应以异地买卖为条件。但是，笔者认为，在今天交通和通讯已经发生了较大的变化，异地已经成为相对的概念，出卖人取回权的基础已经被大大地削弱了。另外，从理论上说，即使在非异地的情况下，也有可能发生出卖人已经将货物发出而买受人尚未收到而开始破产程序的情形。在此情况下，也应承认出卖人的取回权。

除此以外，契约解除权与取回权之间的关系，也是特别取回权制度的一个十分重要的问题。许多学者认为，取回权的发生是买卖契约解除的必然结果，而买受人于物品发运后未付清全部价款而被开始破产程序的，则是出卖人行使解除权

---

〔1〕 （台）刘清波：《破产法新诠》，台湾东华书局股份有限公司1968年版，第168页。

〔2〕 陈计男：《破产法论》，三民书局1981年版，第211页。

〔3〕 （台）陈荣宗：《破产法》，三民书局1986年版，第227页。

的法定原因。[1]其根据便是我国台湾地区《破产法》第 111 条的规定，出卖人已将货物发送，买受人尚未收到，亦未付清全部价款而受破产宣告者，出卖人得解除契约，并取回其标的物。笔者认为，这种观点值得探讨。因为①从理论上说，若取回权的发生乃是买卖契约解除的当然结果，则出卖人的特别取回权就没有存在的价值。因为根据债法的一般原则，契约一经解除，双方有恢复原状的义务，出卖人有权要求破产管理人返还买卖标的物。正因为取回权是基于特别权利，而标的物的交付乃基于买卖契约，因而当出卖人发送货物后买受人尚未收到，又未付清全部价款而开始破产程序时，才出现了两种权利的竞合：一是基于买卖契约的同时履行抗辩权而拒绝交付的权利，二是基于破产法的特别规定将所有权已经有效转移于买受人的物品取回。为保护出卖人的利益，法律便规定在买卖标的物未被破产人收到，所有权虽然已经有效转移于买受人，但破产程序的开始赋予出卖人特别的权利以取回。②从各国立法上看，出卖人将货物发送后，买受人尚未收到，又未付清全部价款而开始破产程序时，是否有当然解除契约的权利，亦甚有疑问。根据我国台湾地区《破产法》第 111 条规定的"出卖人得解除契约并取回标的物"的条文看，似乎出卖人有此权利。但是，该条的"但书"却规定，破产管理人得清偿全部价金而请求标的物的交付，破产管理人的这种请求，出卖人不得拒绝。由此可见，契约的最终解除权在破产管理人而非出卖人。根据德国 1999 年前的《破产法》第 44 条及日本《破产法》第 64 条的规定，出卖人行使取回权，并无先解除契约的必要。双方是否解除契约，适用破产法上关于双务契约解除的规定。由此可见，买受人开始破产程序并非出卖人解除契约的法定事由，取回权的行使与契约的解除是两个不同的过程。出卖人行使取回权后，契约也不妨继续履行，只要破产管理人支付全部价款或者提供相当的担保，仍可要求出卖人继续履行契约。因而，解除契约不是出卖人行使取回权的法定条件，出卖人的取回权也不是解除契约的当然结果。

二、行纪人的取回权

日本《破产法》第 63 条规定，行纪人的取回权准用关于出卖人取回权的规

---

[1]　钱国成：《破产法要义》，三民书局 1957 年版，第 141 页；（台）刘清波：《破产法新诠》，台湾东华书局股份有限公司 1968 年版，第 194 页；陈计男：《破产法论》，三民书局 1981 年版，第 205 页；张卫平：《破产程序导论》，中国政法大学 1993 年版，第 230 页；谢邦宇主编：《破产法通论》，湖南大学出版社 1987 年版，第 118 页。

定。然何为行纪人取回权的基础权利，则一直是颇有争议的问题。行纪人乃是据行纪合同，以自己的名义为他人（委托人）之利益实施一定法律行为并获得报酬的人。因而在通常情况下，行纪人在与第三人的交易中，直接自第三人取得标的物，而后交于委托人。但亦不妨约定，由第三人直接将标的物交于委托人，此种方式并非于行纪人的性质不容。在后一种情况下，便不发生特别取回权的问题。然而于前一种情况，即在委托购入之关系中，行纪人先从第三人取得标的物，而后交给委托人的关系中，标的物的所有权系先由行纪人取得而后转移于委托人，抑或委托人直接取得标的物的所有权？对这一问题的不同的回答，直接关系到行纪人取回权的基础是所有权还是留置权。通说为行纪人先取得所有权，而后交给委托人。如日本《商法》第552条规定："行纪人因为他人贩卖或者购入，而对相对人取得权利，自负义务。"因于交易关系中，对于第三人取得权利者，为行纪人而非委托人，故有人主张，行纪人将货物发送后，委托人未付清全部价款而尚未收到时受破产宣告的，行纪人得基于所有权行使取回权。也有人主张，对于委托人与行纪人之间的关系，应从利益的实质归属考察。委托人有实质的所有权，因而行纪人破产时，委托人有取回权。在相反的情况下，若委托人破产时尚未付清全部酬金而又未收到行纪人发送的物品时，行纪人得基于留置权之合法占有而行使取回权。[1]

笔者认为，行纪人的取回权是基于所有权抑或留置权，应从委托人与行纪人之间的实质关系而为考察分析。在行纪业务中，实际上涉及两个法律关系：一是行纪人与委托人的关系；二是行纪人为完成委托人的委托事项而与第三人的交易行为。在第二种法律关系中，行纪人有权以自己的名义为委托人的利益取得权利、承担义务。如我国《合同法》第421条规定："行纪人与第三人订立合同的，行纪人对该合同直接享有权利、承担义务。"按照第一种法律关系，行纪人有义务将取得的权利按合同规定交付于委托人，即行纪人先从第三人处取得所有权，然后再交给委托人。因此，行纪人取回权的基础是所有权。但是，从实质上看，法律之所以规定行纪人的取回权，乃是保证其酬金的取得。因此，瑞士《民法典》第402条规定："委托人于行纪人破产时，在不妨碍行纪人留置权的情况下，得要求行纪人以自己的名义为委托人的利益所取得所有权的动产的交付。"即委托人得支付全部报酬而要求受破产宣告的行纪人的管理人交付动产。

我国现行破产法上没有关于行纪人的取回权的规定，但是根据我国破产法的

---

〔1〕 （台）史尚宽：《债法各论》，荣泰印书馆股份有限公司1978年版，第463页。

立法精神及《合同法》的规定，这种取回权制度在我国也是适用的。但也必须指出的是，我国《合同法》上关于行纪人的地位及权利的规定是存在矛盾的：《合同法》第421条一方面说"行纪人与第三人订立合同的，行纪人对该合同直接享有权利、承担义务"，而另一方面，第422条却规定："行纪人完成或者部分完成委托事务的，委托人应当向其支付相应的报酬。委托人逾期不支付报酬的，行纪人对委托物享有留置权。"既然在交付前行纪人对交付物享有所有权，如何留置？自己对自己的所有物行使留置权？显然是存在问题的。因此，这里的正确理解，不应是"留置权"，而应是"留置"（拒绝交付）之意。这种矛盾规定也显然说明，行纪人的实际权利是取得报酬。

第九章　破产程序中的撤销权

第一节　撤销权概说

一、撤销权的概念与制度价值

撤销权是指破产程序开始后，管理人请求法院对破产债务人在程序开始前法律规定的期限内实施的有害于破产关系人利益的行为予以撤销，并使因此而转让的财产或利益回归破产财产的权利。[1]

撤销权制度起源于罗马法。在查士丁尼时代，即以保罗诉权（actio paoliana）承认债权人的撤销权，虽不为民法及破产法上的区分，然就债务人的行为分为有偿与无偿。有偿行为以债务人主观上有诈害债权人的意思与受益人明知诈害事实为构成要件。到 14 世纪，意大利诸州法首创不以债务人主观要件为必要的撤销权制度。法国在其商法典中的破产法上秉承意大利法制，而于民法上仍继罗马法之撤销权制度。这一立法例为德国法所继受，[2]日本沿袭此制，于民法上规定了撤销权，在破产法上规定了不同于民法的撤销权，称为否认权。

破产程序中的撤销权，是民法上撤销权制度在破产程序中的延伸，故两者在性质与宗旨上并无不同，均为保护债权人的利益而设。在民法上，无担保的债权人对债务人的财产无直接就特定财产的受偿权，仅能对债务人请求给付，债务人得自由处分其财产或任意为债权人设定物的担保。但是，债务人的总财产为担保债务的履行，如债务人无限制地处分其财产而减少担保债务履行的总财产，势必损害成立在先的债权人的利益，故法律赋予债权人以撤销权，当债务人任意处分其财产或无限制地负担债务而危及债权人利益时，债权人可请求法院予以撤销其行为，由此返还的财产回归债务人，以维持担保的资力。我国《合同法》第74

---

〔1〕　在日本破产法立法和学理上，通常将撤销权称为否认权。

〔2〕　（台）史尚宽：《债法总论》，荣泰印书馆 1975 年版，第 457 页。

条规定："因债务人放弃其到期债权或者无偿转让财产，对债权人造成损害的，债权人可以请求人民法院撤销债务人的行为。债务人以明显不合理的低价转让财产，对债权人造成损害，并且受让人知道该情形的，债权人也可以请求人民法院撤销债务人的行为。"《最高人民法院关于适用〈中华人民共和国担保法〉若干问题的解释》第69条规定："债务人有多个普通债权人的，在清偿债务时，债务人与其中一个债权人恶意串通，将其全部或者部分财产抵押给该债权人，因此丧失了履行其他债务的能力，损害了其他债权人的合法权益，受损害的其他债权人可以请求人民法院撤销该抵押行为。"以上这些法律及司法解释都是为了防止债务人损害债权人利益而为的。

在破产程序开始前，破产债务人的财产由债务人掌握，他有广泛的处分权，得为一切处分财产的行为。当其濒临破产或被宣告破产时，出于各种各样的原因，恶意处分财产而损害债权人的行为较为普遍，例如，转移财产，放弃财产权利，对未到期债务提前清偿等。若任其存在，对对其他债权人甚为不公，故破产法特规定撤销权制度，以维持各债权人之间的公平。

民法上的撤销权与破产程序中的撤销权虽然都是为保护债权人利益而设，但有显著的区别。对此，日本学者伊藤真指出，破产法上的否认权与基于民法上的撤销权在历史沿革上具有共同的起源，但在今天可以从其内容和机能上找出若干差异。两者的目的在责任财产的恢复这一点上具有共同性，但在实现其目的的权利内容这一点上存在相当大的差异。这主要表现在：其一，在破产程序中，成为否认对象的行为有诈欺行为与偏颇行为两种，[1]而民法上的撤销权，至少在传统民法上仅仅以诈欺行为作为对象。其二，就权利行使的要件来说，民法上的撤销权，债务人的诈欺意思这个主观要件是必需的，但破产法上的否认权有时并不需要。其三，民法上的撤销权在破产程序外由债务人行使，而否认权在破产程序内由破产管理人行使[2]。其四，可撤销行为产生的时间不同。民法上的可撤销行为必须产生于债权成立之后，在债权成立之前减少债务人财产的行为，债权人无

---

　　[1]　根据日本学者的解释，对债权人的所有损害行为可以分为两大类：一是诈欺行为，二是偏颇行为。诈欺行为是指债务人在支付能力不足时仍然处分自己的财产而使其一般财产减少，从而损害一般债权人的利益，例如，将财产无偿赠与第三人或廉价出售财产等。偏颇行为是指在债务人支付能力不足时，只对个别债权人进行清偿而损害其他债权人的利益，从而使债权人之间产生不平等的结果——［日］伊藤真：《破产法新版》，刘荣军、鲍荣振译，中国社会科学出版社1995年版，第219页。

　　[2]　［日］伊藤真：《破产法》（新版），刘荣军、鲍荣振译，中国社会科学出版社1995年版，第220页。

权提出撤销。而破产程序中的撤销权，则发生于破产程序开始前法律规定的期间内。

二、撤销权制度与无效行为制度

撤销权制度和无效行为制度，反映了破产程序的开始对债务人在程序开始前所为的有害于债权人之行为的效力，即程序开始的无溯及力主义及溯及力主义。

在破产法理论上，程序的开始有无溯及力，向来存在两种相互对立的立法主义。以德国法为代表的学者认为，程序的开始剥夺了债务人管理和处分其财产的权利，故程序开始的效力只能及于债务人在程序开始后所为的行为，对债务人在程序开始前所为的有关财产的行为，不生影响。这就是著名的无溯及力立法原则。这一原则对大陆法系各国的破产立法产生了深远的影响，为许多国家所推崇。以英国法为代表的学者提出了与之不同的另一种理论，即溯及力原则（doctrine of relation back），程序开始剥夺债务人管理和处分其财产的效力及于程序开始前法律规定的特定期间内债务人之有关财产的行为，并使之归于无效。[1]溯及力原则派生出无效行为制度，无溯及力原则派生出撤销权制度。撤销权制度与无效行为制度的主要区别是：

1. 它是不同的立法例在具体制度上的反映，如前所述，撤销权制度反映了无溯及力主义，而无效行为制度反映了溯及力主义的立法原则。法律否认程序开始的溯及力时，就不得不创立撤销权制度以纠正债务人在程序前所为的有害债权人的财产行为。当法律承认程序开始的溯及力时，就已经将剥夺债务人管理和处分财产的效力延伸于程序开始前的法定期间内，已经完整地保护了债权人的利益，无需设立救济制度。

2. 对债务人于程序开始前有关财产行为的影响不同。可撤销的行为在被依法撤销前，仍不失为有效行为。撤销权人出于各种考虑，可能永远不行使撤销权，其行为与一般法律行为便无区别。而在无效行为制度中，于破产程序开始前依法成立的行为，甚至是已发生效力的行为，因破产程序的开始而成为无效。无效为确定的不生效力，而且自成立时起便无效。

3. 权利行使之主体不同。在撤销权制度中，惟有撤销权的人方可主张撤销，其他任何人均无此权。在破产程序中，只有管理人能行使此项权利。而在无效行为制度中，当事人均可主张。除此之外，行使的程序也不同：撤销权人必须以诉

---

[1] 邹海林：《破产程序和破产法实体制度比较研究》，法律出版社 1995 年版，第 264 页。

讼的方式为之，而无效制度无须诉讼，但当事人对是否有效尚存争议时，也可提出确认之诉。[1]但是，撤销权一经行使，其结果与无效行为制度相同。

法国85－98号法律便采无效行为制度。该法第107条规定："自停止支付之日起，债务人所进行的下列行为无效：①无偿转让动产或不动产的所有权；②签订债务人一方义务大大超过对方的双务合同；③支付未到期债务；④使用下列以外的方式支付到期债务：现金商业票据，转帐，1981年1月2日第81－1号法律为方便企业信贷而规定的转让单或商务活动中允许的其他支付方式；⑤依民法第2075－1条规定而进行的款项保管或寄存；⑥为停止支付前的债务在债务人的财产上设立法定或约定抵押权，夫妻法定抵押权或其他质权。"

而在大陆法系的其他一些国家，如日本、德国等则实行撤销制度。如德国现行《破产法》第129条规定："破产程序开始前所为的损害债权人利益的行为，破产管理人得依本法第130～146条的规定予以撤销。"另外，美国破产法也采取撤销制度。

我国《破产法》采取了可撤销制度与无效制度的并存，在第31条规定了"可撤销制度"，而于第33条则规定了"无效"制度。第31条规定："人民法院受理破产申请前1年内，涉及债务人财产的下列行为，管理人有权请求人民法院予以撤销：（1）无偿转让财产的；（2）以明显不合理的价格进行交易的；（3）对没有财产担保的债务提供财产担保的；（4）对未到期的债务提前清偿的；（5）放弃债权的。"第33条规定："涉及债务人财产的下列行为无效：①为逃避债务而隐匿、转移财产的；②虚构债务或者承认不真实的债务的。"从立法的主要目的看，我国是想采取可撤销制度，但第33条规定的这两种行为，如果作为可撤销的行为，就会受到第31条规定的"程序开始前1年"的期限限制，这样就不足以矫正这两种行为。因此，在可撤销外将其单独规定。于是，形成了两种制度的并存。

三、撤销权的构成要件

（一）撤销权的一般构成要件

1. 存在债务人于破产程序开始前所为的有害于债权人利益的行为。所谓有害于债权人利益的行为，是指该行为引起了作为债务履行担保的一般财产的减少或

---

〔1〕　郑玉波：《民法债编总论》，中国政法大学出版社2004年版，第318页。

直接引起了破产程序的开始，或者该行为在日后开始的破产程序中影响债权人按破产程序所受的分配。这种行为既包括有偿行为，也包括无偿行为。前者如优惠转移财产等，后者如放弃财产权利、赠与等行为。

这里的有偿行为是指债务人在为该行为时，虽然得到了给付，但未得到十足的对价。对已得到十足对价的行为，即使对方主观上有过错，也不得撤销，实际上也无需撤销，因为这种行为无害于债权人。但根据日本《破产法》第161条的规定，即使是有偿行为，如果符合特定条件也可以撤销。该条规定："即使破产人处分财产时取得对价，但只要同时满足以下三种情形，破产程序开始后该处分行为均可被否认：（1）该处分行为变更了财产种类，如将不动产换价为金钱，有隐匿财产或无偿让与财产之嫌；（2）破产人在取得对价时有隐匿或无偿让与对价的意思；（3）相对方在行为当时明知破产人有前述主观意思。"这种规定对保护担保债权人较为有力，但对受让人及债务人未免过于残酷与苛刻。

除此之外，在对有害行为的认定上，还应注意以下两点：

（1）可撤销的行为必须是有效行为且其有害性于撤销权行使时仍然存在。若行为根本未成立，自不待言。若行为为无效行为或嗣后失去效力者，无需再为撤销权的行使。这种有害债权人利益的行为，于撤销权行使时，必须仍然存在。如果某行为在成立时，对债权人有害，但在行使撤销权时，该行为的有害性已不复存在时，行使撤销权也就没有意义了。例如，债务人在破产程序开始前3个月，将房屋以低于市场的价格卖于甲，在当时为有害于债权人的行为。但是，经过3个月后破产程序开始，破产人欲行使撤销权时，恰遇房地产价格暴跌，按现行房价出卖，价款远远少于债务人当时卖于甲的价款，此时行使撤销权已无任何意义。

（2）可撤销的行为必须是法律明确规定的。法律未明文规定者，不得行使撤销权。各国法均规定了可撤销的行为，但对撤销权规定的立法体例不尽相同，大致有两种：一是列举主义，二是概括主义与列举主义相结合。目前，单纯采取概括主义的立法例已不多见，而多采取第二种立法例，如《德国破产法》，日本《破产法》等便采概括主义与列举主义相结合立法例。这样，一方面从实质的角度，规定了一般可撤销行为的抽象内涵，另一方面又列举了常见的典型的行为。既避免了概括主义的高度抽象和难以操作性，又克服了列举主义挂一漏万的不完全性。

但从我国《破产法》第31条与32条的规定看，采取的是列举主义模式，即明确规定可以撤销的行为。

2. 该行为发生于破产程序开始前法律规定的期间内。破产程序开始后，债务人的财产归破产人占有管理，债务人失去了占有与处分权，其处分为无权处分，故不可能发生处分财产而有害债权人利益的行为。所以，可撤销的行为必然发生于破产程序开始之前。但并不是在程序开始前的任何时间内所为的行为均为可撤销行为，范围无限扩大会妨害交易安全，影响经济秩序的稳定。因此，各国法律均规定了一定期间，即在程序开始前法定期间内所为的行为，始得撤销。如美国《联邦破产法》第547条规定若该行为与一般人为之，在申请前90天内发生者，可以撤销；若该行为是与内部的人（insider）完成的，则为1年，自申请之日起计算。我国台湾地区《破产法》规定为破产程序开始前6个月。

根据我国《破产法》第33条的规定，对于该条规定的无偿行为或者不合理行为，必须发生在法院受理破产申请前的1年内；根据第32条规定，即使是正常的清偿行为，如果发生在法院受理破产申请前6个月内，也可以撤销（除非该清偿行为使债务人受益）。

3. 在有偿行为中，有时要求当事人须有主观上的恶意。[1]前已论及，一些国家的民法、破产法均将债务人的行为分为有偿行为与无偿行为，有偿行为的撤销，以恶意为要件，对于无偿行为，只要有害于债权人的利益，均得撤销，因为在债务人资力欠缺而难以清偿债务之际，尚为无偿行为而害及债权，应视为恶意。况且，对于受益人来说，撤销并不使其受积极的损失，而只是损失了无偿所得的利益。

对于债务人所为的有偿行为的撤销，以受益人有恶意为必要，即债务人在为该行为时，明知损害债权人的利益，受益人于受益时，亦知道该事实者为限。换言之，受益人之恶意为撤销权行使的要件。德国法及日本破产法的许多关于撤销权的规定，都要求受益人的明知。然而，受益人有直接受益人与间接受益人之分。前者在法国民法典称为第一取得人（le premier acquereur）。而由第一取得人直接或间接承受有害行为标的物之受益人，法国法称之为转得人（sous - acquereur）。许多国家的破产法规定了对转得人的撤销权，如《日本破产法》第170条规定："在下列情况下，对转得人亦得行使否认权：①转得者在转得的当时，对各位前者的否认原因已知道时；②转得人是破产人的亲属或者同居者时。但在转得的当时不知对于各转得人的前手有否认原因的，不在此限；③在转得者以无偿行为或与之同样看待的有偿行为转得的情况下，对各位前者有否认的原因时。"日本法实际上指出了两种情形：其一是当转得者无偿取得转让或相当于无偿转让时，不论其是否有主观上

---

[1] 我国破产法不要求主观要件。

的恶意，只要其前手有被否认的原因时，即得对之行使否认权；其二是在有偿取得时，只有当他知道其前手有被撤销的原因时，才能对之转得行使撤销权，即有主观恶意时，才能被撤销。若其在取得转得利益时为善意，则不得对之行使撤销权。这里所指的恶意，是指转得人明知债务人与其行为有损于债权人的利益。

对转得人的有偿行为的撤销，有两个问题值得注意：①转得人毕竟不是第一取得人，撤销权所撤销的是债务人的单独行为或债务人与第一取得人之间的行为。[1]当该行为为无偿行为时，不依受益人或转得人的恶意或善意为必要，一律撤销。但对于有偿行为，只要第一取得人为善意，即使转得人为恶意时，亦不能行使撤销权。只有第一取得人为恶意，转得人亦为恶意时，才能行使撤销权。如果转得人前后有数人时，数个转得人须全部为恶意，若其中一人为善意，其后的转得人纵为恶意，亦不能对之行使撤销权。②数人共同为转得人时，转得物为可分物的，仅能对恶意转得人行使撤销权。其数人为共有时，惟对恶意的共有人就其应有部分行使撤销权。

当然，无论是德国法、日本法或者美国法，并不总是要求受益人存在故意，如日本法上的危机否认与无偿否认就不要求主观要件。我国破产法上的撤销权，明确规定不要求主观要件。

（二）关于撤销权构成的立法例

1. 日本破产法。日本学理根据破产法的规定，将撤销权的构成要件分为一般构成要件与特殊构成要件。

（1）一般构成要件。日本学者认为，撤销权的一般构成要件有两个，一是行为的不当性；二是行为的有害性。

第一，行为的不当性。行为的不当性是指破产人的行为损害了破产债权人的利益。在评价何为不当性时，应根据行为的内容、目的、动机、破产人及受益人的主观状态以及其他情况为基础，以诚实信用原则为基准。例如，为了筹集生活费而变卖财产、为避免破产而贷款作出担保等，就不具备不当性，从而不能成为撤销的对象。[2]

第二，行为的有害性。既然撤销权具有实现债权人利益的目的，故撤销的对

---

〔1〕 （台）史尚宽：《债法总论》，荣泰印书馆 1975 年版，第 475 页。

〔2〕 ［日］石明川：《日本破产法》，何勤华、周桂秋译，上海社会科学院出版社 1995 年版，第174 页。

象应当对债权人具有有害性[1]，否则，撤销权就没有意义了。

从上面两个要件中我们可以看出，不当的行为一定是有害的，它主要是衡量债务人所为的行为、所得的利益与交易对方在此交易中所获得的利益，如果悬殊得令人不能接受，则被认为是不当的，进而对债权人来说是有害的。但是，并非所有的有害行为均是不当的。例如，在支付不能的情况下，为筹集流动资金而廉价出售积压商品是可接受得。

（2）特殊构成要件。日本学理根据日本破产法的规定，将否认权的类型分为故意否认、危机否认与无偿否认，从而认为不同的否认类型具有自己的特殊构成要件。根据日本《破产法》第160条及162条的规定，为了破产财团的利益，可以否认下列行为：①破产人明知有害于债权人而实施的行为。但是，因此而受到利益的人于其行为当时不知可损害破产债权人的利益者，不在此限；②破产人于停止支付或申请破产后所实施的有害于破产债权人的行为。但是，以因此而受到利益者于其行为当时明知有支付停止或破产申请者为限；③破产人于停止支付或破产申请后，或者其前30日内所实施的提供担保、消灭债务的行为，且其行为不属于破产人义务，或其方式与时间不属于破产人义务者。但是，债权人于行为时，不知有支付停止或破产申请或不知有害破产债权人的事实时，不在此限；④破产人于停止支付、破产申请前6个月内或者之后所实施的无偿行为及可视为无偿行为的有偿行为。

日本学者认为，第①款为"故意否认"，即是对破产者知道损害了债权人的利益的情况下行使的否认，不问其行为的时间，类似于民法上的撤销权。第②、③款为"危机否认"，即是以破产人在支付停止或破产申请后或者在此之前30日内行使的特定行为为否认对象的；第④款规定的是"无偿否认"，即是在破产的危机发生后或之前6个月内行使的无偿行为或等同于无偿行为的否认。[2]

对于不同的否认类型，其具体法律构成也不同。例如，日本学理认为，故意否认的构成有三个要件，即破产人的诈欺行为、破产人的诈欺意思及受益人的恶意。破产人的诈欺行为是指一切损害破产债权人利益的行为，不仅包括狭义的法律行为，也包括产生法律之效果的一切行为。包括作为和不作为两个方面，例如，时效中断的疏忽、不制作拒绝证书等均是以不作为的方式构成。破产人的诈

---

〔1〕　［日］伊藤真：《破产法新版》，刘荣军、鲍荣振译，中国社会科学出版社1995年版，第223页。

〔2〕　［日］石明川：《日本破产法》，何勤华、周桂秋译，上海社会科学院出版社1995年版，第173页。

欺意思是指破产人对加害行为有足够的认识。受益者的恶意，是指受益者在行为时知道该行为会损害破产债权人的利益这一事实[1]。根据日本判例，是否有诈欺行为以及诈欺意思的存在，属于破产管理人的举证责任，而受益人是否为恶意则是受益人的举证责任，即受益人应就其为善意而举证。

对于"危机否认"，则要区分具体情况。第一种情况是，对属于破产人之义务的担保提供、债务消灭的行为以及侵害破产债权人的偏颇行为的撤销，必须以受益者应当知道在行为当时有支付停止或者破产申请的情况为前提。对此，管理人有证明的责任。第二种情况是，在亲属等为受益人的场合，受益者必须证明自己具有善意。第三种情况是，关于不属于破产人的义务的担保、债务消灭的行为的否认，受益人必须证明自己为善意。[2]

对于"无偿否认"，只要证明破产者有支付停止或者破产申请后或者之前6个月以内所为的无偿行为或者等同于无偿行为的有偿行为即可[3]。

2. 德国破产法。根据1999年1月1日开始生效的德国《破产法》的规定，可撤销的行为及构成大体有以下数种：

（1）对直接清偿行为的撤销。根据德国《破产法》第130及第131条的规定，清偿行为是指在法律规定的特定期间内，为某些或某个债权人提供担保或直接清偿的行为。该行为的法律构成如下：

第一，有债务人的提供担保或直接清偿的行为。

第二，债务人在行为时已经陷入支付不能的状态。

第三，该行为必须发生在法律规定的期限内，即破产申请前的3个月内或者破产申请后。

第四，债权人为恶意，即债权人知悉债务人支付不能或者破产申请的事实。与债务人接近的人员推定其知情。根据情况推断出债权人对债务人的支付不能或破产申请的事实知道的，视为知道。

（2）对直接歧视性行为的撤销。所谓直接歧视性行为，根据德国《破产法》第132条的规定，是指无视债权人的利益而与第三人为非正当交易的行为。其构

---

〔1〕［日］石明川：《日本破产法》，何勤华、周桂秋译，上海社会科学院出版社1995年版，第174~176页。

〔2〕［日］石明川：《日本破产法》，何勤华、周桂秋译，上海社会科学院出版社1995年版，第183~185页。

〔3〕［日］石明川：《日本破产法》，何勤华、周桂秋译，上海社会科学院出版社1995年版，第185页。

成要件如下：

第一，债务人有直接歧视破产债权人的行为，包括因债务人的不行为或行为而使其失去利益，但另一方因此而取得利益的行为；

第二，债务人在行为时已经支付不能的；

第三，债务人的行为发生在法律规定的期限内，即破产申请前3个月内或破产申请后。

第四，相对方为恶意，即在交易时知道债务人已经陷入支付不能或已经提出破产申请的。

（3）对故意损害行为的撤销。根据德国《破产法》第133条的规定，故意损害行为是指债务人在破产申请后或者在在破产申请前10年内所为的故意损害债权人利益的行为。其法律构成如下：

第一，债务人有故意损害债权人利益的行为；

第二，债务人的行为必须发生在破产申请后或者破产申请前10年内；

第三，债务人必须为故意。这与上面所有的行为之主观要求均不相同，上面所言的可撤销的行为仅仅要求对方为故意，而不要求债务人也为故意。而在故意行为的撤销之法律构成方面，则特别要求债务人主观上为故意。也正因为这种行为对破产债权人的损害极大，故在行为的时间上规定为10年；

第四，相对方为恶意。根据德国《破产法》第133条的规定，这里所说的相对人的故意，是指相对人对于债务人的这种故意知情。

（4）对无偿行为的撤销。根据德国《破产法》第134条的规定，所谓无偿行为指的是破产申请前4年内发生的损害破产债权人利益的没有对价的交易行为，例如，赠与、对非为自己的债权人提供担保等。其法律构成如下：

第一，行为必须是无偿的。

第二，该行为必须发生在破产申请前4年内。

但是，该条同时规定了一种例外，即如果交易的数额较小而为习惯馈赠时，不可撤销。

（5）对资本替代性贷款的撤销。所谓资本替代性贷款，是指股东为达到退股的目的而恶意向第三人负债，而公司为此种负债提供担保或者直接进行清偿的行为。根据德国《破产法》第135条的规定，其法律构成如下：

第一，对这种债权的担保发生在破产申请后或者破产申请前10年内；

第二，清偿行为发生在破产申请后或者破产申请前1年内。

（6）对隐名合伙之退伙或免除其责任的行为的撤销。根据德国《破产法》第

136 条的规定，所谓隐名合伙之退伙或免除其责任的行为是指在合伙企业破产申请后或者破产申请前的 1 年内所为的全部或者部分退还隐名股东的投资或者全部或部分地免除其应当承担的责任份额的行为。但是，如果该约定发生在破产程序开始的理由产生之前的，不得撤销。

3. 美国破产法。根据美国破产法的规定，对所有纳入撤销权范围的行为统称为"转移行为（Transfer）"。根据美国《破产法典》第 101 条（58）的规定，所谓转移行为是指任何以直接的或间接的、绝对的或有条件的、自愿的或非自愿的方式处分财产或财产权利，包括担保权益（security interest）的保留和对衡平法上的救济权利的放弃[1]。

根据美国判例与学理，破产受托人如果欲撤销（recover）转移行为，必须具备下列要件：

（1）这种财产或利益的转移必须是债务人所为的行为；

（2）这种财产或利益的转移必须是针对或者是为了债权人的利益所为；

（3）这种财产或利益的转移必须是针对或者是为了债务人在转移前所附的债务所为；

（4）转移时债务人已经陷入支付不能（the debtor was insolvent）；

（5）这种转移发生在破产申请前 90 天内；

（6）如果债权人为亲近之人（insider），则这种转移发生在破产申请前 90 天到 1 年内均可撤销；

（7）转移的结果是使债权人得到了比没有这种转移时，即按破产法第七章程序清算时更多的清偿。[2]

至于美国破产法上的详细分类，我们在下面还会提到。

四、撤销权的性质

关于撤销权的性质，各国实务及学理上颇多分歧。大致有以下几种主张：

（一）返还请求权说（债权说）

此说认为，破产人行使撤销权的结果，对于行为相对人仅取得债的返还请求

---

〔1〕 *Bankruptcy Code*, *Rules & Official Forms*, The Lawer Cooperative Publishing Company, 1994, p. 14.

〔2〕 Sidney B. Brooks, *Principles of Bsankruptcy and Reorganization*, *Colorado*: Continuing Legal Education in Colorado, Inc. 1989, pp. 35 ~ 36.

权，破产债务人与相对人之间行为的有效性仍然存在。破产人于相对人不返还财产时，得以提起给付之诉或确认之诉，以取得执行名义后始得对相对人强制执行。破产人不能自始以变更之诉的形式直接请求法院判决系争财产回归破产债务人所有。[1]关于这种返还请求权基于何种原因生成，又有基于法律规定的返还请求权，基于侵权行为的返还请求权及类似于不当得利的返还请求权之争。

1. 法律规定说。该学说认为，返还请求权系基于破产法或破产法的特别规定。但是，不撤销债务人及第三人的法律行为，而认为因此而得到利益的第三人有返还的义务，未免有难以自圆其说之嫌。

2. 侵权行为说。此说认为，债务人为有害于债权人的行为，而相对人知其事实而受益时，对于债权人应负侵权行为之责，故该请求权系基于侵权行为而生。但是，这一学说破绽颇多。首先，第三人与债务人的行为仅使担保债务履行的一般财产减少，而未危及债权本身，不成立第三人侵害债权的问题；其次，从撤销权的目的看，在于恢复债务人财产，而非以债权人所受的侵害赔偿为目的，债务人的财产处分行为为权利的行使，并非不法，如其行为违反公序良俗，则为无效行为，不发生撤销权的问题；最后，对于无偿行为，不以债务人及第三人的主观要件为必要，特别在债务人的法律行为为单方法律行为时。例如，债权的放弃，受益人何以侵害债权？但撤销权人对这类行为也得行使。故侵权行为说有很大的片面性。

3. 不当得利说。此说认为，撤销权类似于不当得利返还请求权，即相对人因债务人诈害债权人的行为而取得的利益，类似于不当得利，应予以返还。但是，债务人与第三人之间的法律关系在撤销前，能否认为第三人所得的利益无法律上的原因？而且第三人的得利，并非直接以债务人财产上的损害而发生，故难以解释为不当得利。

（二）形成权说

此说认为，破产法上的撤销权与民法上的撤销权，并无不同。但撤销权行使的效果，不能同民法上的撤销权作相同的解释而使被撤销的行为绝对归于无效，仅能认为债务人与相对人之间的行为对于破产债权人或财团（estate）为无效。此说为日本之通说。日本学者多认为破产程序上的撤销权为特殊的形成权，不认其为请求权。[2]《破产法》均称之为否认权，而不使用与民法相同用语的撤销权，

---

[1]　（台）陈荣宗：《破产法》，三民书局1986年版，第251页。
[2]　（台）陈荣宗：《破产法》，三民书局1986年版，第252页。

以示二者的区别。

（三）形成权绝对无效说

此说以我国台湾学者陈荣宗为代表。他认为，撤销权的性质应解释为形成权，且宜采绝对无效说，以避免债务人与相对人为诈害债权人行为的肆无忌惮。[1]

（四）破产法上的特别权利说

日本学者伊藤真认为，关于否认权的性质，有的学说将其视为基于侵权行为的恢复原状请求权，有的则认为其是基于不当得利的返还请求权。然而，这些说法的难点在于缺乏实际意义，而且在理论上，成为否认的对象并不能立即视为违法，也不能说缺乏法律上的原因，故争论已经成为过去。现在，否认权可理解为破产法为了破产财团的恢复而特别认可的权利。[2]

（五）折衷说

此说认为，撤销权兼有请求权与形成权的性质。撤销权的行使，一方面使债务人与第三人的法律行为被撤销，另一方面又使因此而失去的利益返还于债务人。故有形成权兼请求权的性质。但在请求权与形成权之主次问题上，亦有不同主张。

1. 形成权与请求权同等说。即撤销诈害行为，为撤销权的内容之一，同时应命财产或利益的返还。此说为日本判例所采。

2. 请求权为主而形成权为从。此说认为，财产或利益的返还请求权为形成权的必然结果，以撤销诈害行为为主，必要时，破产人或破产管理人得要求返还财产。

以上数种学说中，以折衷说为通说，不仅为各国判例所承认，亦多为学者称道。[3]我也赞成此说。

第二节　撤销权的范围

各国立法和学理对撤销权的范围在观点有所不同，但根据各国破产法对撤销权的规定，可将撤销权的范围分为对非正常交易的撤销、对优惠的撤销及对无偿

---

[1]　（台）陈荣宗：《破产法》，三民书局 1986 年版，第 253 页。

[2]　[日] 伊藤真：《破产法》，刘荣军、鲍荣振译，中国社会科学出版社 1995 年版，第 219 页。

[3]　史尚宽、王伯琦、郑玉波、柯善芳等学者均认折衷说。

行为的撤销三种。

一、对非正常交易的撤销

所谓非正常交易行为，是指在破产程序开始前法律规定的期限内，按过低价值（under value）与他人进行交易而诈害债权人的行为。按照英国《破产法》第238条的规定，下述行为构成非正常交易：①与他人进行的交易使公司得不到约因（consideration）；②与他人进行的交易中对方提供的约因价值远远低于公司在金钱或金钱价值方面提供的约因。所谓约因，系指作为对价所给予的东西，可以是债务人获得法律上的利益，也可以是债权人受到法律上的损害。在大陆法系，合同的成立需要两个因素：要约与承诺。但在英美法系中则要求有三个因素：即要约、承诺与约因。仅有要约与承诺，合同不能成立。一方为对方的利益所作的提供某种给付的承诺，必须有约因作为其依据才有价值。约因对于债务人来说，必须是允诺将来的利益，而不是过去的利益。[1]这一点至关重要，即过去的约因不是约因。英美破产法均将是否具有约因或约因是否充分作为衡量是否为撤销行为的尺度。

按照英国《破产法》第238条（5）的规定，法院在下列情况下，不得作出撤销的裁定：①作该项交易时，公司曾经是善意的，并且是为了进行公司的业务行事的；②当时有合理的理由认为该项交易能使公司获得利益。

我国破产法对与非正常交易的规定主要体现在第31条规定的"以明显不合理的价格进行交易"之条款。何为"以明显不合理的价格进行交易"？我们可以参照我国最高人民法院关于合同法的司法解释上的规定。最高人民法院《关于适用〈中华人民共和国合同法〉若干问题的解释（二）》第19条规定："对于合同法第74条规定的'明显不合理的低价'，人民法院应当以交易当地一般经营者的判断，并参考交易当时交易地的物价部门指导价或者市场交易价，结合其他相关因素综合考虑予以确认。转让价格达不到交易时交易地的指导价或者市场交易价70%的，一般可以视为明显不合理的低价；对转让价格高于当地指导价或者市场交易价30%的，一般可以视为明显不合理的高价。"

---

〔1〕 沈达明：《英美合同法引论》，对外贸易教育出版社1993年版，第36页。

二、对优惠行为的撤销

（一）优惠行为的概念

优惠行为是指因债务人在破产程序开始前法律规定的期间内的行为，使债权人的地位得到了优于其他债权人的改善。在美国破产法上，优惠清偿的概念是：在破产申请提出前90天内并且是在债务人失去清偿能力的情况下，向某个债权人就已经存在的债务转让财产或财产利益，该转让使得该债权人获得大于在无此转让时依破产程序应受的清偿。[1]在我国破产法上，优惠行为主要体现在第31条规定的"对没有财产担保的债务提供财产担保"及"对未到期的债务提前清偿"。

优惠行为与非正常交易有严格的区别，这种区别主要体现在：

1. 这两种行为的对象不同。非正常交易行为是指债务人与相对人之间有损于其他债权人的行为。而优惠行为是指债务人给予个别债权人某种特殊待遇，使其债权利益优于其他债权人。申言之，优惠是针对既有债权人而言，而非正常交易可与任何人进行，包括既有的债权人。当债务人与既存债权人为非正常交易而使其得到某种额外利益时，是非正常交易行为而非优惠行为，应适用关于对非正常交易的规定。这种行为必须发生在破产程序开始前法律规定的期限内，如英国规定为6个月至2年。而在这段期间内，与债务人进行非正常交易的债权人对债务人先前享有的合法债权，不因该非正常交易行为而受到影响。

2. 判断标准不同。对这两种行为的判断是从两个角度进行的：对非正常交易行为的判断是根据交易是否公平，申言之，是否给破产企业的财产带来利益或损失；而对优惠行为的判断，则是根据是否使某债权人的地位得到了改善，即是否破坏了"债权人地位平等"这一民法上的基本原则。

3. 在对非正常交易行为进行撤销时，许多国家的法律给予相对人以善意抗辩权，而接受优惠的债权人一般不拥有此项权利，即使受优惠的债权人是善意的，也不影响对之行使撤销权。

（二）优惠行为的构成要件

破产程序中可对之行使撤销权的优惠行为，应具备下列要件：

1. 这种优惠行为是针对"先存之债"（antecedent debts）[2]，即在破产程序开

---

〔1〕 潘琪：《美国破产法》，法律出版社1999年版，第152页。

〔2〕 Sidney B. Brooks, *Prainciples of Bankruptcy and Reorganization*, Colorado：Continuing Legal Education in Colorado, Inc. 1989, p. 35.

始前成立的债权。

2. 这种优惠行为必须成立于破产程序开始前法律规定的期限内，如我国破产法规定为"法院受理破产申请前的 1 年内"；英国法规定为 6 个月至 2 年。根据美国破产法的规定，只有在破产申请提出前 90 天内所作的清偿才能构成优惠清偿。但是，如果债务人所清偿的债权人为债务人的亲近的人（insder），则这种撤销可在破产申请提出前 90 天至 1 年内的任何时候进行。[1]何为 亲近的人呢？根据美国《破产法》第 101 条的规定，亲近的人（insider）包括：

（1）如果债务人是个人的话，则下列人员可以成为亲近的人：①债务人的亲戚或债务人的合伙人；②债务人作为合伙人的合伙本身；③债务人作为经理、部门经理或管理人员的公司。

（2）如果债务人是公司，则下列人员可以成为亲近的人：①债务人的经理；②债务人的部门经理；③债务人的管理人员；④债务人的合伙人；⑤债务人作为合伙人的合伙；⑥以上所列人员的亲戚。

（3）如果债务人是一个合伙组织，则下列人员可以成为亲近的人：①各个合伙人；②各合伙人的亲戚；③债务人所在的合伙；④债务人的管理人员。

（4）如果债务人是市政当局，则被选举出来的官员或者其亲戚可以成为亲近的人。

（5）债务人的分支机构。

（6）债务人的管理性代理处。[2]

我国现行破产法所规定的优惠行为的发生时间为人民法院受理破产案件前 1 年内。

3. 优惠行为是针对一个或某些债权人作出的，若针对全体债权人所作等同的优惠时，自然不是可撤销的优惠。

英国《破产法》第 239 条规定，法院在具备下列条件时，才能对优惠行为作出撤销的裁定：①公司处于清理或管理程序（破产程序）中。即是指撤销权的行使是在清理或管理程序中，而不是指优惠行为发生在这两种程序中；②公司曾在有关时候给予优惠。所谓有关时候，是指在破产程序开始前 2 年内给予有关人员以优惠；③公司在为此项交易时，已无清偿能力或者由于这项交易而不能清偿债

---

[1] Sidney B. Brooks, *Principles of Bankruptcy and Reorganization*, Colrado: Continuing Legal Education in Colorado, Inc. 1989, p. 36.

[2] George M. Treister, J. Ronald trost, Leon S. Forman, Kenneth N. Klee, Richard B. Levin, Fundamentals of Bankruptcy Law, ALI－ABA, 1993, p. 164.

务。按该条第 4 项的规定，以下行为为可撤销的优惠行为，即对方为公司的债权人或者是公司金钱债务或其他债务的保证人，并且，公司作了某事或容许他人作了某事，其结果是使上述人所处的地位比公司在未为此项行为时得到了改善[1]。

正常业务中的支付是否会构成优惠性清偿呢？按照美国学理与判例，如果一项交易是在债务人正常的交易中发生的，便不是优惠性清偿。[2]在这里，所谓"正常业务"是指符合债务人一贯业务作法并从商业角度看也属合理的作法，具体来说有三条判断标准：其一，债务是在正常的业务中作出的；其二，对债务的支付是在正常业务中作出的；其三，支付符合正常的商业作法[3]。但是，根据我国《破产法》第 32 条的规定，即使是正常业务支付，如果发生在法院受理破产申请前的 6 个月内，也是可以撤销的，除非该支付或者清偿使债务人受益。这里的所谓"受益"并非是指"有对价"，而是指这种支付是否具有偿还以外的利益。例如，A 为破产债务人对 B 拥有债务 100 万元，按照正常的商业交往，应该偿还。但如果发生在破产申请前的 6 个月内，即使是这种正常的支付，也被破产法推定为"恶意支付"，从而可以撤销。但是，如果能够证明这种债务是对电力公司或者自来水公司的债务，如不清偿，就会被停电或者停水，从而使企业遭受更大损失的，可以认为"该支付或者清偿使债务人受益"。

对优惠行为撤销的目的在于防止个别债权人在破产程序开始前的法定期间内，获得不公正的利益。实际上是防止债务人在濒临破产或破产程序开始时，对某些强悍或与之有亲近关系的人给予好处，以损害其他债权人，故实际上是排除债务人的恶意。因而，便发生一个问题：法院在作出撤销的裁定时，是否应考虑债务人的主观恶意？按照英国旧法，优惠的撤销取决于债务公司给予优惠的用意而不是债权人得到优惠的事实。英国过去的判例也要求公司有给予优惠的用意。现行法，即 1986 年破产法改变了这一原则，放弃了"优惠"前的"诈欺性"（fraudulent）形容词，不再将债务人的用意作为撤销优惠的成因，所依据的事实只是债务人的行为是否改善了债权人在程序中的地位。对优惠的撤销，并不需要证明债务人有诈欺的意图。确定某一债权人是否得到优惠，最重要的检验标准是债务人所为的行为有没有打乱债权若处在清理程序时的法定分配顺序，即是否使

---

〔1〕 沈达明、郑淑君：《比较破产法初论》，对外贸易教育出版社 1993 年版，第 192 页。

〔2〕 George M. Treister, J. Ronald trost, Leon S. Forman, Kenneth N. Klee, Richard B. Levin, Fundamentals of Bankruptcy Law, ALI – ABA, 1993, p.173.

〔3〕 潘琪：《美国破产法》，法律出版社 1999 年版，第 159 页。

债权人或保证人处于比原来更有利的地位。[1]这里有一个假定的因素，即对债权人地位的改善是假定公司进入破产程序的清理分配时计算的，申言之，假如对公司财产按现状进行破产分配时，因债务人的行为使债权人能得到更多的分配或处于行为前更优先的分配顺位。

与英国旧法不同，美国破产法并不将债务人之主观用意视为对优惠行为撤销的构成要件。但并不是说债务人的主观意思在美国法上无任何意义。美国法仍然沿袭"诈欺性优惠"一词。该法第548条要求实际性诈欺（actually frauducent），即债务人在主观上有诈骗债权人的意思。但事实上很难用直接证据证明债务人有无实际诈欺的意思，往往只能以间接证据（circumstantial evidence）加以证明。例如，受优惠人与债务人有密切关系等，故具有实际意义的为推定（constractive）。最具说明力的实例为"杠杆购置公司"。杠杆购置系指购置公司股票的人，将公司的资产作为购置所需贷款的担保。例如，甲贷款给乙，使他能购置丙公司，而丙公司在自己的财产上为乙的贷款向甲作了担保。在这项交易中，丙公司的财产起了杠杆作用。这就是所谓的"杠杆购置公司"[2]。交易完成后不久，丙公司即申请破产或破产，丙公司的破产管理人或破产人能否撤销该项担保？假如丙为乙所作的担保，仅起到了使乙能购置丙公司成为可能，而没有使丙公司因股权的改变而获得与担保相当的利益，即不具有相当的约因时，应予以撤销。

在美国破产法上，还存在许多例外规定，主要有：

（1）担保贷款例外。如果一项担保是在破产申请提出前90天内作出的，就有可能构成优惠性清偿而被撤销。但是，破产法为了鼓励债权人在债务人财务困难的情况下仍向债务人提供贷款，因此特别对与贷款相连的担保权益作出例外的规定。这项例外是，如果债权人提供贷款的目的是供债务人购买财产，并且规定任何随后购买的财产均属于担保物，如果债务人确实购买了该财产，并且所设立的担保在债务人占有该财产后10天内获得完善，则这项担保就不属于优惠性担保。

（2）小额债权清偿的例外。在普通个人债务人破产的情况下，为了减少就小额优惠性清偿花费受托人过多的精力，破产法允许非商业性的个人债务人所作的不大于600美元的优惠性清偿，作为有效清偿而不为撤销。[3]

〔1〕　沈达明、郑淑君：《比较破产法初论》，对外贸易教育出版社1993年版，第192页。

〔2〕　沈达明、郑淑君：《比较破产法初论》，对外贸易教育出版社1993年版，第94页。

〔3〕　潘琪：《美国破产法》，法律出版社1999年版，第161～162页。

（三）优惠行为的种类

对优惠行为可从学理上及法律上进行分类。

1. 学理上的分类。在学理上，根据优惠的方式不同，可分为直接优惠和间接优惠两种。直接优惠是指债务人向债权人直接提供的优惠，它涉及两方面当事人，即债务人和受优惠的债权人。例如，为无担保债权人提供担保、对未到期的债务提前清偿等，均为直接优惠。间接优惠是指因债务人的行为而使某些债权人间接受到利益。它不是独立于直接优惠的一种形式，而是与直接优惠相关，也可以说，它是直接优惠所产生的必然结果，无直接优惠便无间接优惠。比较典型的实例为保证。例如，对某个有保证担保的债权提前清偿，从表面上看，它使债权人得到了提前清偿的额外利益，但同时受益的并非只有债权人，保证人也因此得到了免除担保的责任的利益，否则，保证人会因债权人的求偿而以其代位求偿权参加破产程序而受到比例分配，遭受损失。

间接优惠之所以有重要意义，是因为，虽然在多数情况下，对债权人的优惠是在直接给予某个债权人利益的意志驱使下进行的，但不可否认，在有的时候，债务人对某个债权人的优惠并非意在给予该债权人以优惠，而是针对间接优惠人而为。在此时，债权人表面上是直接受益人，但实际上是"间接"的直接受惠人。例如，公司在银行设立的账户曾由公司的董事作保证人。公司成为无清偿能力时，董事促使公司清偿欠银行的债务，其真正目的不是改善银行的地位，而是免除自己对银行的保证责任。[1]在这里，银行实际上充当了"跳板"与"杠杆"的作用，而董事欲消灭自己的保证责任，必须使主债务消灭而使银行为表面上的直接受惠人。

间接优惠并不仅限于保证。连带债务人或担保债权人均有可能成为间接受惠人。如债务人有甲乙两个债权人，甲的债权为 10 万元，在债务人的土地上有第一位的担保权益。乙的担保债权为 20 万元，在乙的土地上有第二位的担保权益，土地的价值为 15 万元。假如债务人向甲清偿 3 万元，那么他并未改变债权人甲的地位，因甲的担保是充分的，但却对乙构成了优惠。因为债务人对甲的清偿，使其在债务人土地上的担保权益降到了 7 万元，而使乙本来在土地上只有 5 万元的担保权益上升到现在的 8 万元。[2]

对于间接优惠，英美法及判例均认为破产人得向直接或间接受优惠的人

---

[1] 沈达明、郑淑君：《比较破产法初论》，对外贸易教育出版社 1993 年版，第 197 页。
[2] 沈达明、郑淑君：《比较破产法初论》，对外贸易教育出版社 1993 年版，第 47 页。

请求返还财产。根据英国 1986 年破产法，法院应分不同情况作出裁定：①法院得直接对保证人作出付款裁定或恢复他对债权人的保证责任；②如果仅为优惠保证人而清偿债务的，法院得命令债权人返还所受的清偿；③如果仅为优惠债权人而清偿时，受间接优惠的保证人可主张善意抗辩而拒绝返还。[1]

对间接优惠的撤销具有极其重要的意义，正如法律对转得人的撤销一样。特别是在直接受优惠的人被裁定开始破产程序时，赋予对间接受优惠人不法利益的撤销权，扩大了法律对债权人共同利益的保护范围。英美法的这一规定对我国破产立法有极重要的参考价值。这里的问题是，在何种情况下，才能对间接优惠人实施撤销权？法律是否给予间接受优惠的人以善意抗辩权？笔者认为，在某些情况下给予间接受惠人以善意抗辩权，更符合撤销权的立法本意而不使债权人的共同利益受到损害，故：①当债务人所为的优惠行为，仅在于使个别债权人得到优惠，而客观上使保证人得到了间接的优惠时，应给予保证人以善意抗辩权。但他应就其善意负举证责任。若保证人的善意一经确定，即应免除其保证责任。②当债务人所为的优惠行为系针对保证人等作出时，该保证人无善意抗辩权。此时，不仅应令直接受优惠的债权人返还所受的清偿，该保证人之保证责任理应恢复。若受直接优惠的债权人破产或被裁定开始破产程序时，该债权人所受的清偿，应由保证人返还。

2. 法律上的分类。各国法对优惠行为均有具体规定。一般说来，有两种具体行为：一是对原来没有担保的债权提供财产担保，二是对未到期债务提前清偿。我国破产法第 31 条规定了这两种情形，下面分述之。

（1）对原来没有财产担保的债权提供财产担保，如我国《破产法》第 31 条、法国《破产法》第 107 条（6）、日本《破产法》第 162 条。此项规定强调了在破产程序开始前法定期间内债权与担保物权成立的同步性。即在破产程序开始前法律规定的期间内，为本来无担保的债权设定担保的，才能对之行使撤销权。若债权与担保同时成立时，不构成可撤销的优惠行为。按照英美法之"约因"理论，对无约因的担保才能行使撤销权，而约因理论很重要的一项原则便是"过去的约因不是约因"。因此，无担保的债权人日后取得担保权益，该担保权益的取得是没有约因的。因为原先的合同上没有担保权益的规定，现在设定的担保权益可视为新的交易，而在这项交易中担保设定人（债务人）为他人之利益于自己财产上设定了担保权，但自己没有得到任何交换的对价。

---

〔1〕　沈达明、郑淑君：《比较破产法初论》，对外贸易教育出版社 1993 年版，第 197 页。

这里所指的对无担保的债权设定担保，是指债务人对自己的债权人设定，而不是为他人之无担保的债权人设定担保。后者为无偿行为而非优惠行为，容后述之。

在重整程序中，因担保权益非依重整程序不得行使为一般原则，故其给债权人的共同利益所造成的损害较在破产清算程序或和解程序中要差得多。但是，这并非说于重整程序中担保物权无任何意义。相反，重整程序为保护担保债权人的利益设定了各种制度，如质物的取回、替代担保、分组表决等均体现了对担保物权的保护，故对其行使撤销权仍有意义。况且，在衡量是否优惠时，并不是以其能否在重整程序中行使为尺度，而是假定在破产分配时其所得到的利益为标准来衡量。显然，若对某债权人设定了担保物权，那么他在破产程序中即可行使别除权而优先于其他债权人。

有一个值得检讨的问题是，当事人的约定能否对抗这一原则？换言之，担保物权虽然成立于破产程序开始前法律规定的期限内并后于债权成立，但关于设定担保的约定在债权成立时即已有效存在，这种约定是否有效？我国台湾地区破产法第79条规定，对其现有债务提供担保，虽于破产程序开始前6个月内，但债务人对于该项债务已于破产程序开始前的6个月前，曾对债权人承诺提供担保时，不得对之行使撤销权。这一规定对我国破产实践有极高的参考价值。其虽然成立于债权发生后，但关于设定担保的约定却于债权成立时，即已成立，并不违反同步性原则。这种约定在民法上是有效的，在破产程序中就不应对其否认。

另外，当第三人对债权提供物的担保时，是否属于可撤销行为？笔者认为，撤销权行使的目的在于维护债权人之间的公平，避免因债务人于程序开始前财产处分权的滥用而导致一般担保财产的减少。但是，当担保由第三人提供时，无论是人的担保还是物的担保，仅仅使债权发生了移转，即本应由债权人行使的债权转为保证人或提供担保物的第三人行使，并没有因此改变债权的受偿顺位、性质等而影响其他债权人的利益，故不能认为是被撤销的行为。

以上关于对担保物权撤销的规定，仅适用于约定担保物权，而不适用于法定担保物权，如对于留置权即不适用。若对债权人提供担保或对未到期债务提前清偿行为被撤销后，相对人（债权人）应将取得的担保或接受的清偿返还给破产人，然后以其债权为破产债权按破产程序行使权利。在此情况下，相对人不得主张同时履行的抗辩或抵销。

（2）对未到期债务提前清偿；如我国《破产法》第31条、日本《破产法》第160条。在民法上，对未到期债务的清偿是被允许且有效的行为，认为是债务人放弃期限利益。但若在破产法上，则会使之因程序的开始变为决定无效或相对无效的行为。这里所指的未到期债务，是指债务人在清偿时，该债务的清偿期尚未届至，债权人无权请求履行，债务人亦可拒绝履行而言。因该项清偿而使得债权人之间发生了不平等，即受偿的债权人得到了全额清偿，而其他债权人则须按破产程序接受比例削减，延期或分期支付，停止计算利息等，遭受损失。

另外，对未到期债务的提前清偿必须发生在破产程序开始前法律规定的期限内，才构成撤销权行使的原因。因为撤销权的行使本为保护公平，若法律不在时间上作出界定，对维护交易安全反倒不利。故不应过分强调对债权人利益的保护而漫无限制地行使，以致使权利长期处于不确定状态。因此，我国破产法将之限定在"法院受理破产申请前的1年内"。

三、对无偿行为的撤销

无偿行为系指无对价的行为，债务人在破产程序开始前法律规定的期限内所为的无偿行为，足以使债务人财产减少而危及债权人利益，远较非正常交易与优惠为甚，故各国法律规定，对此行为的撤销只需有客观上的无偿行为即可，无需行为人主观上有诈害债权人的意思。我国《破产法》第31条规定的"无偿转让财产"及"放弃债权"的行为即属于这种情形。债务人所为的无偿行为，泛指有关财产与权利的一切行为。例如，赠与、债务免除、放弃权利、对消灭时效完成后的债权之清偿或承认、无偿设定用益物权、不为诉讼时效的中断、撤回诉讼、对诉讼标的的舍弃等均属之。[1]下面择其要者而作简要论述。

（一）无偿转让财产或财产权利

这种情况主要是指赠与而言。赠与是将自己的财产或权利无偿地转移于他人，是一种积极的减少财产而损害债权人的行为。按照一般民法理论，在债务人财务状况正常情况下，债务人所为的赠与为有效行为。但在债务人财产状况恶化时，便有可能是债务人于破产或破产申请前，以利于亲近之人或其他目的而故意转让财产，以损害债权人的行为。故各国法均视之为恶意行为而予以撤销，对此受赠人无善意抗辩权。根据英国判例，原则上任何受赠人均无善意抗辩权（defence of receipt in good faith），即使是向慈善机构所作的捐赠。但是，有时也对这一原则作例外的改变。第一种是给职工的各种雇佣合同上没有根据的奖金，如果公司继续营业，且产额不大，一般不加以撤销。关于向慈善机构的捐赠，法院在行使撤销权时，考虑全

---

〔1〕　陈荣宗：《破产法》，三民书局1986年版，第256页。

部情况，包括受领者的善意〔1〕，也就是说，受领者的善意在法律上无意义，但在司法实务上并非没有价值。

（二）放弃权利

债务人以法律规定的有效方式免除其债务人债务的行为。这种行为在民法上为有效，但在破产法上，则是可撤销的行为，若其发生在程序开始前法律规定的期限内的话。因为对债权的放弃直接减少了债务人的收入，当然也构成对债权人的损害。放弃自己的债权，有作为与不作为之分。作为即是积极的放弃，如明示免除自己债务人的清偿责任等；不作为的放弃，即是消极的放弃，如对即将过诉讼时效的债权，不依法律规定的方式中断诉讼时效等。

对积极的放弃行为，应予以撤销，当属无疑。但对消极放弃的撤销，应以债务人及相对人均有主观恶意为必要。例如，由于债务人的疏忽而忘记行使诉讼时效中断而使相对人免除责任的，不应在被撤销之列。

（三）为他人债务设定担保

这里所说的担保有两种：一为物的担保，二为人的担保，即保证。为他人设定担保的行为，为有偿抑或无偿，学者间尚有争议。有人认为是无偿行为，其理由是债务人为他人所作的担保并无任何经济利益可言，且于担保契约成立时，债务人并未获得任何求偿权，故应认为是无偿行为。有人认为是有偿行为，因为债务人提供担保可以以将来的求偿权对被保证人行使追偿权〔2〕。笔者认为，应以无偿行为说为宜，因为即使债务人可取得代位求偿权，但清偿责任在先，求偿权在后，能否得到清偿，要视主债务人有无清偿能力而定，一旦债权人向保证人主张权利，多系主债务人无清偿能力，故求偿权的实现也是凶多吉少，徒有虚名，故应解释为无偿为宜。

四、撤销权行使的限制

（一）对到期债务的清偿撤销

对到期债务的清偿是否构成可撤销的行为？这是一个十分值得探讨的问题。各国立法及学理上颇不一致。大致有两种主张：一种主张是，对到期债务的清偿，不构成撤销权行使的原因。我国台湾地区、英美等国家和地区的立法采此主张，即不分债权人或债务人有无主观恶意，对到期债务的清偿均不构成可撤销的行为。如我

〔1〕 沈达明、郑淑君：《比较破产法初论》，对外贸易教育出版社1993年版，第187页。

〔2〕 陈荣宗：《破产法》，三民书局1986年版，第257页。

国台湾学者陈荣宗认为，若债务清偿期已届至，债务人对该项债务的清偿，即使发生在程序开始前法律规定的期间内，亦不得对之行使撤销权。因为债务人对到期债务的清偿，为债务人法律上的义务，债务人或债权人的主观认识并不重要。[1]在日本，从前的通说认为，对到期债务的清偿不构成否认的原因，其理由是：① 如果清偿既存债务，则积极财产会减少，但同时消极财产也会变少，作为总财产并没有增减，因此对到期债务的清偿不属于有害行为；②在通常的场合，领受各自清偿的权利是当然的权利[2]。根据英美约因理论，对到期债务的清偿为有相当约因的行为，当然不属于被撤销的行为，否则便构成对该债权人利益的损害。

另一种主张是，对到期债务的清偿之撤销权，只有在受清偿的人有主观恶意时，方可行使。换言之，只有当债权人得知债务人已出现财务困难，即将开始破产或破产程序时，其所接受的清偿才不得对抗其他债权人，即视为可撤销的行为。若债权人在不知该事实时，则有善意抗辩权。法国法即采此原则。法国85－98号法律第108条规定："任何人在已知债务人停止支付的情况下接受债务人对到期债务的支付或与债务人签定有偿合同，法院可宣告其无效。"这里法国法特别强调债权人的主观恶意，而不问债务人于清偿时的主观意思。现在日本学理及判例的通说认为，如果在债务人支付停止或破产宣告后，对到期债务的清偿也构成否认的对象。因为，在债务人实质上已经无资力的状态下对到期债务的清偿违反债权人平等的理念，损害债权人的一般利益，故必须推翻其效力。[3]日本判例采此观点。日本最高法院1967年的判决作了这样的论述：即使是本意清偿[4]，其清偿如是在知道了会侵害其他债权人的情况下进行的，受领了其清偿的债权人知道了侵害其他债权人的情况时，根据第72条[5]的规定，则解释为可进行否认的判断是合适的[6]。德国《破产法》第130条也作了几乎相同的规定。但这里的关键是，受领人必须有主观上的恶意，即知道债务人的清偿将损害其他债权人的利益。

两种主张相比，笔者赞同第二种观点。因为第一种主张只强调对到期债务清

---

〔1〕　陈荣宗：《破产法》，三民书局1986年版，第263页。

〔2〕　[日]石明川：《日本破产法》，何勤华、周桂秋译，上海社会科学院出版社1995年版，第177页。

〔3〕　[日]伊藤真：《破产法》，刘荣军、鲍荣振译，中国社会科学出版社1995年版，第226页。

〔4〕　本意清偿，即是对到期债务的清偿。

〔5〕　日本学者引用的是2004年以前的《破产法》条文，现在的条文应是第160条。

〔6〕　[日]石明川：《日本破产法》，何勤华、周桂秋译，上海社会科学院出版社1995年版，第176页。

偿在民法上的合法性，而忽略了破产和破产程序的特殊性。当债务人明知自己将被开始破产或破产程序时，可能与关系较近的债权人恶意串通，等其债权到期时先为清偿，然后再申请破产或破产程序，或对某些到期债务的债权人为清偿，而后申请破产或破产程序。这样，对公平保护一般债权人显然不利。特别是当法律没有规定债务人在出现破产或破产原因时，具有法定申请义务时，更是如此。显然当事人的主观意思是必须考虑的重要因素。但是，在此有意义的是债务人的主观意思抑或债权人的主观意思呢？笔者认为，债权人的主观恶意是构成对到期债务清偿撤销的重要要件。因为，诚如陈荣宗先生所言，债务人对到期债务的清偿系履行法定义务，一个毫无主观恶意的债权人接受债务人对其届期债务的清偿，即是接受合法的债务履行，何以构成被撤销的原因？何况，法律并不能要求债权人在接受债务清偿时，查明债务人有无主观恶意。但是，若债权人在接受清偿时为恶意者，即明知债务人即将开始破产或破产程序或与债务人串通而诱使债务人对其清偿时，若不对其撤销，则难显法律之公平。故第二种观点较为可取。

但是，我国《破产法》第 32 条显然是比较严苛的，没有直接规定以债权人的主观要件为条件，而是直接推定。与第 31 条不同的是，其要求的期限限制是法院受理破产申请前的 6 个月内，以示与第 31 条规定的非正常行为的区别。

（二）对根据适当的价格所为的交易的撤销

从一般国家的立法和学理上讲，对以适当价格出售财产的行为不能成为撤销的对象。但是，在日本判例及 2004 年后的《破产法》中，对以正常的适当价格出售不动产的行为，也可以撤销。这种判例理论成为学理上的通说。其理由是：不动产是确保作为债务抵押的实际存在的物件，但是，如果出售而成为金钱，则破产人容易消费、隐藏。因此，在出售行为不是在所谓债权人的监督下公正进行，并且金钱未被严格管理时，其应成为否认的对象。但必须以交易对方具有恶意为条件，否则会影响交易安全。反对者也指出，以破产人的价金使用方法左右买主的地位，妨碍了交易安全。[1]但日本判例持肯定的态度。[2]2004 年的《破产法》修订后，直接采用这种规则，第 161 条即是。

笔者认为，日本学理及判例的这种对正常交易的作法确有一定道理，但未免对于债权人过于苛刻，所以我国法不应借鉴。

---

〔1〕 ［日］石明川：《日本破产法》，何勤华、周桂秋译，上海社会科学院出版社 1995 年版，第 181 页。

〔2〕 日本最高法院 1971 年 7 月 16 日判决，《民事判例集》第 25 卷第 5 号第 779 页。

（三）对票据付款受领的撤销

根据德国《破产法》第 137 条及日本《破产法》第 163 条的规定，对于债务人所支付的票据付款，如果债权人不受领，则丧失其票据权利时，不得撤销之。这里所说的票据权利主要是指追索权。因为，从票据持票人的角度看，如票据到期而担心被否认，从而不提示票据而接受付款或作成拒绝证书，将失去对背书人的追索权。同样，如果提示票据而接受付款，但日后却被否认，同样也会失去对背书人的追索权。这就存在二难选择：一方面为了保全追索权而不得不请求支付，另一方面即使得到了支付，但日后被否认则又会失去追索权。为解决此问题，法律必须作出这样的限制性规定。

但是，为了防止对其他破产债权人的损害，德国《破产法》第 137 条和日本《破产法》第 163 条均规定，如果最后偿还义务人或者委托发票人，在发出票据的当时已经知道或应当知道债务人已经停止支付或破产申请的事实，破产管理人可以请求其偿还破产人支付的票据金额。

我国《破产法》没有作出这样的规定，但我国的《票据法》同日本的《票据法》及德国《票据法》几乎是相同的。因此，在司法实践中，也应作相同的解释。

（四）对执行行为的撤销

对于已经取得执行名义或者以执行行为为基础的行为能否撤销？日本《破产法》第 165 条、德国《破产法》第 141 条均规定，破产撤销不因该行为已经取得执行名义或者该行为是通过强制执行所取得的而被排除。这种规定，实值得我国破产法借鉴。

（五）对权利变动的对抗要件的撤销

这主要指的是日本《破产法》的规定。该法第 164 条规定，在支付停止或破产申请提出后，实施以权利的设定、转移或者变更而对抗第三人的行为时，其行为如果是在权利设定、变更或转移后经过 15 日后且为恶意时，可以予以否认。日本破产法之所以作这样的规定，是因为日本民法同法国民法一样不承认物权行为，物权的变动不需要公示，所以，作为登记或交付就不具有权利产生的效力，而仅仅是对抗第三人的要件。所以，日本法特别作这样的规定，以防止交易相对人以恶意设定对抗要件而损害破产债权人的利益。

但是，在承认物权行为的国家，如德国等，就不需要作这样的规定，因为物权的变动需要登记或交付，否则不发生效力。由于我国《物权法》采取的是"双轨制"，即有的物权采取登记或交付为物权变动的生效要件，而有的物权则以登记为对抗要件，甚至最高人民法院的几个司法解释都将交付作为对抗要件。这样一来，其实在我国也会发生像日本同样的问题，但破产法并没有对此作出规定。因此，日本的作法是可以借鉴的。

第三节　撤销权的行使与效力

一、撤销权行使的方式

大多数国家的法律规定，撤销权由破产人以诉讼的方式请求法院为之。我国破产法也不例外。但在撤销权诉讼中，应以何人为被告呢？因对撤销权性质上有不同的认识，故在此问题上，亦有不同的主张。大致有以下几种：

1. 如该撤销行为为单方行为，仅须以债务人为被告即可；若系双方行为亦仅得以行为相对人为被告，不必以债务人及行为相对人为共同被告。若同时请求返还利益而另有受益者时，则自应以受益人为被告。

2. 无论应撤销的行为为双方行为抑或单方行为，均须以债务人为被告，决无列相对人为被告之理。[1]

3. 仅以受益相对人为被告，债务人不为被告，因为撤销原则上应向相对人为之。[2]

4. 撤销之诉仅为形成之诉，以债务人为被告，并有给付之诉时，以受益人或转得人为被告。[3]

笔者认为，撤销权之诉的性质为形成之诉与给付之诉的合并，故应以债务人为被告，在存有转得人时，该转得人也为被告。

二、撤销权行使的期间

破产管理人行使撤销权，应在法律规定的期间内进行。法定期间经过后，破产人不得再行使撤销权。各国法均规定有撤销权行使的期间。如《日本破产法》第 176 条规定："否认权，自更生破产宣告之日起 2 年内不行使的，因时效而消灭。自行为之日起已超过 20 年的，亦同。"德国《破产法》第 146 条也规定，撤

---

〔1〕（台）刘清波：《破产法新论》，台湾东华书局股份有限公司 1984 年版，第 232 页。
〔2〕（台）陈荣宗：《破产法》，三民书局 1986 年版，第 267 页。
〔3〕（台）史尚宽：《债法总论》，荣泰印书馆 1978 年版，第 477 页。

销权自破产程序开始时起 2 年后失效。我国破产法没有专门规定撤销权的行使期间，应如何确定，实为问题。是否能够适用《合同法》关于撤销权的规定？甚有疑问。因为形成权的行使期间都是由法律明确规定的。

三、撤销权行使的效力

破产管理人向法院起诉行使撤销权，一经法院确定，即发生与判决同等的效力。债务人同行为相对人之间的法律关系恢复行为成立前的状态。债务人未为给付的，不再给付；对方已取得利益或财产的，应返还给债务人。如相对人已将受领的财产转让给善意第三人时，应当将因转让财产取得的对价返还给债务人。如日本《破产法》第 167 条规定："否认权的行使，恢复破产财团的原状。"

至于相对人的法律地位，若相对人是因无偿取得的，因无对价给付，自不生破产债权的问题。若撤销行为为有偿行为，相对人已为对价给付后将如何？

对此，德国《支付不能法》第 144 条规定："（1）可撤销给付的受领人返还取得物时，其债权恢复。（2）以对待给付在支付不能财团中尚可区分为限，或者以财团因得利而使自己的价值得到增加为限，应当由支付不能财团返还对待给付。除此之外，可撤销给付的受领人只能作为支付不能债权人主张返还对待给付的债权。"日本《破产法》第 168 条规定："（一）依据第 160 条第（一）、（三）项或第 161 条第（一）项规定否认破产人行为时，相对方依以下情形分别行使权利：（1）若破产人所接受对待给付现存于破产财团之中，可请求返还该对待给付。（2）若破产人所接受对待给付不存在于破产财团之中，则可作为财团债权人请求偿还对待给付的价额。（二）前项第（2）号情形下，作为特例，若破产人在取得对价时有隐匿或转移财产的主观意思，且相对方知道该意思，则相对方在以下情形下分别行使相应权利：（1）若破产人接受对待给付所生的利益现存于破产财团之中，则相对人可作为财团债权人请求返还全部现存利益；（2）若破产人接受对待给付所生利益不存在于破产财团之中，则相对方可作为破产债权人请求偿还对待给付的价额。（3）若破产人接受对待给付所生的利益部分存在于破产财团之中，则相对方可就现存利益行使财团债权，并就对待给付与现存利益的差额行使破产债权。（三）前项情形下，若该相对方符合第 161 条第（二）项规定情形，则推定为知道破产人的主观意思。（四）破产管理人依第 160 第（一）、（三）项规定或第 161 条第（一）项规定否认破产人行为时，可以要求相对方返还扣除财团债权部分价额后的剩余部分。"[1]

我国破产法显然没有考虑到撤销权行使后，相对方的权利如何保护问题。德国法及日本法的规定，具有重大的参考意义。

---

[1] 日本《破产法》第160条规定："（一）在破产程序开始后，为破产财团利益，可以否认以下行为。但提供担保或清偿债务行为除外。（1）破产人明知有害于债权人而实施的行为。但是，因此而受利益者于其行为当时不知可损害破产债权人的事实时，不在此限；（2）破产人于支付停止或破产申请后实施的有害于破产债权人的行为。但是，因此而受利益者于其行为当时不知支付停止或破产申请的事实，以及可损害破产债权人的事实者，不在此限；（二）若破产人实施的债务清偿超过了其应承担债务额，则只要满足前项任何一号规定，在破产程序开始后，对于超过部分可为破产财团利益而否认其效力。（三）破产人于支付停止或破产申请之前6个月内，以及之后时间内，所为的无偿支付财产或视为无偿支付的有偿行为，均可为破产财团利益而否认之。"

日本《破产法》第161条规定："（一）即使破产人处分财产时取得对价，但只要同时满足以下三种情形，破产程序开始后该处分行为均可被否认：（1）该处分行为变更了财产种类，如将不动产换价为金钱，有隐匿财产或无偿让与财产之嫌；（2）破产人在取得对价时有隐匿或无偿让与对价的意思；（3）相对方在行为当时明知破产人有前述主观意思。（二）适用前项规定时，若相对方具有以下任何一种情形，则推定为明知破产人有隐匿或无偿让与对价的意：（1）破产人为法人时，相对方为理事、董事、执行董事、监事、监查员、清算人或类似人员；（2）破产人为法人时，自身符合以下任何一种情形者：（イ）其他破产公司的母公司；（ロ）子公司持有其他破产公司过半数股份表决权或股东表决权时，该子公司的母法人；或者母法人与子公司共同持有其他破产公司过半数股份表决权或股东表决权时的母法人。（ハ）破产人为股份公司或有限公司以外的法人时，类似于前两款所示法人者。（三）破产人的亲族或同居者。"

第十章　破产程序中的抵销权

第一节　抵销权概述

一、抵销权的概念

抵销权是指破产债权人在法院裁定开始破产程序时，对债务人负有债务的，无论给付种类是否相同，履行期限是否届至，得不依破产程序，以其对债务人的债权抵销其对债务人所负债务的权利。各国关于破产的立法对抵销权均有规定，例如，日本《破产法》第67条规定："破产债权人在破产宣告的当时对破产人负担债务的，得按破产程序予以抵销。"我国《破产法》第40条也规定："债权人在破产申请受理前对债务人负有债务的，可以向管理人主张抵销。"美国《联邦破产法》第553条也规定了抵销（set-off）。按照美国学者的解释，抵销（set-off）是指对债务人享有债权并负有债务的债权人被允许其以对债务人的债务抵销其对债务人的债权，以使他比没有抵销权的债权人得到更好的清偿。[1]

在抵销权的概念中，有一个值得注意的问题是，多数国家的立法均规定"不依破产程序而为抵销"，然何为"不依破产程序"？是否可理解为不受破产程序的影响而行使权利？从抵销权的行使程序上看，破产债权人欲为抵销时，应向管理人为之，而且其行使的期间也受破产程序的影响，故不能简单地理解为不受破产程序的支配或影响。笔者认为，将之理解为"不受破产分配程序的影响"，即不必申报、不必接受审查、不必按照分配方案接受分配等，较为恰当。

---

〔1〕　George M. Treister, J. Ronald Trost, Leon S. Forman, Kenneth N. Klee, Richard B. Levin, *Fundamentals of Bankruptcy Law*, ALI – ABA, 1993, p. 189.

二、抵销权的价值理念

抵销制度起源于罗马法，但早期的罗马法不承认抵销制度。保罗曾说"请求不须返还的物等于诈欺"。即不履行自己应履行的债务而主张自己的债权等于诈欺，就是指抵销而言。随着法律的发展，罗马法最终承认了抵销权制度。至共和时期，已有三种类型的抵销，即因诚信契约所生债务的抵销；银行商的抵销及财产买受人和负债者之间的抵销。[1]如果说抵销制度最初的设计者是为了节省互为给付和互受给付所生的徒劳和费用的话，那么在后来，随着商业的巨大发展及风险的急剧增加，抵销便有了更重要的制度价值。

的确，若债权人双方均有清偿能力时，即使互相不为抵销，亦仅仅是增加互为给付和受领的程式而增加费用而已，不致有不公平的结果发生。但是，如果一方的资力减弱，有破产之虞或已经开始破产程序时，一方当事人已无法为完全给付，而强求他方为完全给付，显失公平。故法律允许破产债权人不依破产程序就互负之债务为抵销，旨在保护对破产债务人负有债务的债权人。

破产程序中的抵销权实际上是破产债权人以其债权与其对破产债务人所负的债务互为抵销的形成权，此种权利的行使，对债权人颇为有利，对债权人来说，等于用属于破产企业的债权清偿自己的债权，而不必依破产分配方案受"损失清偿"。

三、抵销权的特征

破产法是一种有别于民法的特别法，故破产程序中的抵销权也就必然有别于民法上的抵销权。笔者拟在与民法上的撤销权的比较中，阐述破产程序中抵销权的特征。

应该说，各国民法均承袭了罗马法上的抵销权制度，并以法国《民法典》为直接蓝本。从现代各国民法上看，抵销分为"法定抵销"与"约定抵销"两种。由于约定抵销属于"契约自由"的范畴，因此，法律一般不对其进行具体的规范。因此，民法上规定的及学理上讨论的一般都是法定抵销。下面我们论述的民法上的抵销仅指法定抵销。

---

〔1〕 周柟：《罗马法原论》，商务印书馆1994年版，第834页。

民法上的法定抵销权之适用条件非常严格，它不仅要求双方所负的债务在性质上或依法可以抵销，而且要求债务的给付须为同种类，且债务均处于已能请求履行的状态，即已届清偿期。如我国《合同法》第 99 条规定，当事人互负到期债务，该债务的标的物种类、品质相同的，任何一方可以将自己的债务与对方的债务抵销。若在破产程序中仍坚持这些条件，必然对破产债权人造成不利。故有必要弱化民法上关于抵销的适用条件，以更有利于保护债权人之利益及体现公平原则。与民法上的抵销权相比，破产程序中的抵销权有以下特征：

1. 破产债权人的债权为主动债权，换言之，破产程序中的抵销权人以债权人为限。破产债务人或破产管理人均不得主张抵销。

与民法上双方当事人均得主张抵销不同，破产程序开始后，破产债务人的财产由破产管理人占有并管理，破产债务人无权再为有效处分，故破产债务人自不得再为有效的抵销。而破产管理人之所以不能主张抵销，这是因其法律地位使然。破产程序开始后，由法院任命的破产管理人接管债务人的财产及财产权利，债权人对破产债务人的债属于破产财产，应由破产管理人受领并归于破产财产。破产管理人为全体债权人利益而执行职务，必须尽善良管理人的注意，不得随意放弃财产或财产权利或谋利于少数债权人而害及债权人多数。如果破产管理人主张抵销，实际上等于破产管理人主动放弃要求破产债权人向破产企业履行义务的权利，造成了破产财产的消极减少，却使有抵销权的债权人避免了依破产程序受清偿所受的损失，当然对有抵销权的债权人有利，但损害了其他破产债权人的权利。因此，为了债权人的一般利益，在享有抵销权的破产债权人不主动抵销时，破产管理人不得抵销。

但这一原则也不是绝对的，在下列情形下，应允许破产管理人主张抵销：

（1）破产债权人本身亦被宣告破产或被裁定开始破产程序时，应有条件地允许破产管理人主张抵销。因为，如果对破产债权人开始的破产分配率较低或依破产计划对债权人的债权削减比例较大，若不允许破产管理人主张抵销，对债权人全体并非有利。故在此时，应允许破产管理人衡量各种利弊而决定是否主张抵销。但是，若破产管理人之抵销对破产企业不利时，则难辞未尽善良管理人的责任。

（2）依破产分配方案的规定，对破产债权人的债权额已经算定，而债权人未提出抵销时，破产管理人得以破产企业破产债权人的债权与债权人依破产分配方案算定的债权为抵销。于此种情形，有抵销权的破产债务人的债权已受到破产分配方案的调整，且其实际应受分配的债权额已经算定，故无害于其他债权人，且能简便清偿程序，节省履行费用。因此，不限制破产管理人主张抵销的理由。

需要指出的是，日本破产法虽然不允许管理人提出抵销，但却规定了管理人的催告权。该法第73条规定："①破产管理人在第31条第1项第3号所规定期间经过或日期终止后，可以指定一个月时间为催告期，供抵销权人确定是否行使抵销权。但仅限于破产债权人所承担债务的清偿期内。②前项情形下，破产债权人逾期不得再主张抵销权。"我国破产法没有如此规定，显然不能作相同的解释。

2. 破产程序中的抵销权，无论给付的种类是否相同，均得主张抵销。这与民法上的抵销权大为不同。民法上的抵销权仅限于给付种类相同的债权。在破产程序中，即使是给付种类不同的两个债权，也可抵销。这是因为在破产程序中，以金钱分配为原则，所有债权在算定债权额时，均以金钱为评价标准，即应质化为金钱。故给付种类不同的债权在这里的区别已被消除。

3. 与民法上抵销相比，破产法上的抵销既有扩张，也有限制。也就是说，种类不同、履行期限未到的债权可以抵销；但因抵销损害全体债权人利益的，则不能抵销。具体情况，我们将在下面详细分析。

第二节　抵销权的适用范围

破产程序开始后，债权人对破产债务人的债权可分为三种：一为破产债权；二为共益债权和共益费用；三为除斥债权。破产债务人的债权，因破产程序适用范围的不同而有所不同。若将破产程序适用于公司或法人，破产债务人的债权即是应归属破产财产的债权，我国破产法即属此例；若将破产程序的适用范围及于个人，则破产债务人的债权可分为属于破产财产的债权及属于债务人个人的自由财产的债权两种，大部分国家破产法均属此例。破产程序中的抵销权就是指破产债权人对破产债务人的债权与破产债务人对破产债权人的债权相抵销，抵销权的适用范围即是指这两种债权的相互对应关系问题，下面分别加以论述。

一、破产债权与属于破产财产的债权的抵销

这种抵销是破产程序中最为典型、最为常见的抵销，各国破产法所规定的抵销，多指这种抵销。前已论及，这种抵销权仅能由破产债权人行使，破产管理人不得主张。

二、共益费用及共益债权与属于破产财产的债权之抵销

法律既然允许破产债权与属于破产财产的债权相互抵销，对于共益费用及共益债权与属于破产财产的债权之抵销，自无限制的理由。但是，根据民法的一般理论，共益费用和共益债权应随时从破产财产中支付，而不受破产程序的约束，故从性质上说，共益费用和共益债权与属于破产财产的债权之抵销仍为民法意义上的抵销，而不是破产程序意义上的抵销。故不受破产程序关于抵销限制的约束，双方当事人均可主张抵销，破产管理人亦可主张抵销。

三、除斥债权与属于破产财产的债权的抵销

这两种债权在破产程序中不得抵销。除斥债权在大多数国家的立法上是指不属于破产债权的债权，只有在日本破产法中被承认为破产债权，但其受偿的顺序劣后于一般债权，故特称劣后债权，以示其与一般债权的区别。但无论是将其视为除斥债权的大多数国家，还是将其称为劣后债权的日本，均规定此种债权与属于破产财产的债权不得抵销。

我国破产法根本不承认"劣后债权"，一律将这些所谓的"劣后债权"称为"不属于破产债权"的权利，因此，也不发生这种情况。

四、破产债权与属于破产债务人自由财产的抵销

这种抵销发生在将破产程序适用于自然人的国家的司法实务中。破产债权能否对属于破产债务人个人之自由财产的债权为抵销，学说上认识不一。大致有三种学说：

（一）积极说

该说认为，各国关于破产制度的立法并未禁止破产债权与破产债务人的自由财产获得清偿。自由财产不属于破产财产，破产债务人可自由处分，故无论由破产债权人主张抵销，还是破产债务人主张抵销，均无不可。只是这种抵销为一般民法意义上的抵销而非破产意义上的抵销，抵销条件应适用民法的规定。

（二）消极说

该说强调债务人的自由财产为专属债务人的权利或不得扣押的财产，此类财产或权利为破产债务人及其家属生活所必需，故不许对之强制执行。如允许对属于自由财产的债权为抵销，不仅与立法精神相悖，而且也违背公序良俗，故不得抵销。

（三）折衷说

该说认为，当破产债权人主张抵销时，应不许抵销，但破产债务人出于自己的本意主张抵销时，应无不许抵销的理由。因为自由财产系属于债务人的财产，得自由处分。但这种抵销为民法意义上的抵销而非破产法意义上的抵销。我赞成折衷说，它既符合自由财产的立法宗旨，也符合民法的基本原理。

五、除斥债权与属于自由财产之债权的抵销以及共益费用与共益债权与属于自由财产的债权的抵销

这两种抵销均不属于破产法上的抵销，应由双方当事人依民法的规定，自由抵销。

第三节　抵销权的限制与扩张

一、抵销权的扩张

前已论及，破产程序中的抵销权与民法上的抵销权之最大的不同，就在于其意旨不同：民法上的抵销旨在简便清偿程序，节省费用，而破产程序中的抵销旨在公平保护债权人之间的利益，故其适用条件就不能不异于民法上的抵销权，申言之，必须将民法上对之规定的严格条件加以弱化。故从本质上讲，破产法上的抵销是民法上抵销权的扩张。其扩张的情形主要表现在以下几个方面：

（一）给付种类不同的债权亦能抵销

这是对民法上抵销条件的扩张之一，前面已经提到，由于在破产法上所有债权必须以金钱等质化，故民法上的这一限制，在破产法上已经没有实际意义。

（二）关于附条件与附期限债权的抵销

民法上附期限与附条件的债权均不得为抵销，因其尚处于不能请求履行的状态，故若允许抵销，无异于强迫权利人放弃期限或条件利益。但是，附条件与附期限债权也能与债权人对破产财团的债务抵销，是各国破产法均承认的原则。但在破产程序中，各国的规定却有极大的不同。根据法国 85 - 98 号法律（《法国困境企业司法破产与清算法》）第 56 条的规定，附条件与附期限的债权不能为主动债权而主张抵销；日本《破产法》第 67 条规定，破产债权人的债权在破产宣告

的当时附期限或附条件时，亦不妨抵销。债务附期限或附条件或是关于将来的请求权时，亦同。日本学理认为，附条件、附期限的债权因其为主动债权抑或被动债权而有不同。

1. 主动债权。

（1）主动债权附期限的场合。如果附期限的债权为主动债权，即使在破产宣告时期限尚未届至，也不妨碍抵销权的行使。但是，对于债权额的计算，应扣除期限利益。

（2）主动债权附解除条件的场合。在主动债权附解除条件的场合，因债权业已发生，故可以其全额作为抵销的主动债权。但是，如果在破产程序进行过程中，所附的条件满足，就会失去债权。结果就会使主动债权人为不当得利，其必须向对方返还。但如果对方处于无资力的状态时，就会陷入不能返还的危险。故应要求主动债权人提供相当的担保或提存清偿额。

（3）主动债权附停止条件的场合。附停止条件的债权因债权尚未发生，故不得立即抵销。但如果不允许抵销，则若日后条件成就，会对债权人不利。故法律规定，主动债权人应履行自己的债务，但为了将来抵销之目的，在其对债务人的债权的限额内，提存自己的履行（日本破产法第69～70条）。

2. 被动债权。作为被动债权，无论是附条件或附期限或将来的请求权，均可成为被动债权而抵销。也就是说，作为破产债权人，可以放弃被动债权的期限利益或放弃条件具备与否的机会，或放弃将来请求权不发生的可能性，而进行抵销[1]。

我国破产法虽然对附条件债权的抵销问题没有如日本《破产法》那样明确规定，但我国《破产法》第47条已经承认附条件债权作为债权可以申报，并且在第117条规定附条件债权可以参加破产分配，故日本破产法规定的附期限、附条件债权的基本制度和价值，在我国法上也是可参考适用的。

二、对抵销权的限制

民法上的抵销权，只是为了避免重复履行而增加费用，不发生不公正的问题，故不依债权成立的时间为构成要件。但破产或破产程序上的抵销权，却与之不同。准允抵销，则意味着被全额清偿；不允许抵销，则意味着依程序受损失分

---

〔1〕〔日〕伊藤真：《破产法新版》，刘荣军、鲍荣振译，中国社会科学出版社1995年版，第209～210页。

配。这对破产抵销权人及其他债权人关系极大。况且，当债务人出现财务困难时，多有债权人不择手段地竞相对债务人负担债务或债务人的债务人设法低价收购债权人的债权，以供抵销。故不能不对之进行限制，以维护债权人之间的公平。各国立法对此均规定有限制条件。日本《破产法》第 71 条及 72 条规定了"禁止抵销"。该法第 71 条规定："（一）于下列情形，不得实行抵销：（1）破产债权人于破产宣告后对破产财团负担义务。（2）破产债权人明知有支付不能，而仍与之签定债务抵销合同，或与第三人签定债务承担合同。（3）破产债权人明知有支付停止，而对破产人承担债务，且该支付停止后来演变为支付不能。（4）破产债权人明知有破产申请而对破产人承担债务。（二）前项第（2）至（4）号所载债务负担若有以下情形者除外：（1）法定之债。（2）债务负担是基于破产债权人知道支付不能、支付停止或破产申请之前的原因。（3）债务负担是基于破产申请 1 年前的原因。"第 72 条规定："（一）于下列情形，不得实行抵销：（1）破产债务人于破产宣告之后取得他人的破产债权。（2）破产债务人明知有支付不能而取得债权。（3）破产债务人明知有支付停止而取得债权，且该支付停止后来演变为支付不能。（4）破产债务人明知有破产申请而取得债权。（二）前项第（2）至（4）号所载债权取得若有以下情形者除外：（1）基于法定原因。（2）债务负担是基于破产债权人知道支付不能、支付停止或破产申请之前的原因。（3）债务负担是基于破产申请 1 年前的原因。（4）破产人的债务人与破产人订立合同。"德国现行破产法第 96 条也作了类似的规定。

美国《联邦破产法》也规定了对抵销的限制。该法第 533 条规定："（a）除本条及本法第 362 及 363 条规定者外，本法并不限制债权人以其在案件开始前对债务人所负的债务依本法主张抵销的权利。但下列情形除外：

（1）该债权人的请求权是除本法第 502 条（b）（3）规定者外未被承认的债权；

（2）该请求权是在下列情况下，由他人转让给债权人而非从债务人处直接获得的：

第一，案件开始后；

第二，①在申请前 90 天内；②当时债务人已处于支付不能时（insolvent）；

（3）债权人对债务人所负担的债务是在下列情况下发生的：

第一，申请前 90 天内；

第二，当时债务人已处于支付不能时（insolvent）；

第三，以抵销为目的而对债务人负担债务的[1]。"

我国《破产法》第40条规定："债权人在破产申请受理前对债务人负有债务的，可以向管理人主张抵销。但是，有下列情形之一的，不得抵销：（一）债务人的债务人在破产申请受理后取得他人对债务人的债权的；（二）债权人已知债务人有不能清偿到期债务或者破产申请的事实，对债务人负担债务的；但是，债权人因为法律规定或者有破产申请1年前所发生的原因而负担债务的除外；（三）债务人的债务人已知债务人有不能清偿到期债务或者破产申请的事实，对债务人取得债权的；但是，债务人的债务人因为法律规定或者有破产申请1年前所发生的原因而取得债权的除外。"

综合以上各国法律的规定，具体言之，大约有以下几种情形：

（一）破产债务人在程序开始前法定期限内，对未到期债务放弃期限利益而与债权人抵销的

在民法上，债权人放弃期限利益而主张抵销时，为法律所允许。但在破产法上，则不允许债务人放弃期限利益而与债权人为抵销。因为，债务人的这种行为，无疑是对个别债权人之未到期的债权提前清偿。根据各国破产法的规定，这种行为也属可撤销的行为。因为我国《破产法》第31条明确规定，提前清偿债务的，为可以撤销的行为，故债务人放弃期限利益而与债权人为抵销在我国法上可以理解为提前清偿债务。

但各国法对程序开始前的期限规定不同，如日本破产法规定为1年，法国85－98号法律规定为停止支付前的6个月内。我国破产法为法院受理破产申请前的1年内。

（二）破产债权人在破产程序开始后对破产债务人负担债务的

破产程序开始后，所有债权人应申报债权，依破产程序行使债权。一般来说，若按破产程序受偿，极有可能接受破产分配方案对债权的比例削减，质言之，受到损失分配。而在抵销的情况下，实际上是对债权人百分之百的全额清偿。正因为如此，若法律不作严格地限制，必然使债权人在程序开始后纷纷向破产债务人负担债务以供抵销，而损害善良债权人的利益。故各国法均明确规定，债权人在破产程序开始后对破产债务人所负的债务，不能为抵销的被动债权，如上述日本法及美国法。

---

[1]　*Bankruptcy Code*，*Rules & Official Forms*，The Lawyers Cooperative Publishing Company，1994，p. 233.

（三）破产债务人的债务人在破产程序开始后取得他人的破产债权，或破产债权人在破产程序开始后为债务承担

在破产程序开始后，对破产债务人只负债务而无债权的债务人，应向破产人履行给付义务，该给付构成破产财产。对破产债务人只有债权而无债务的债权人，应依破产程序申报而依破产计划接受清偿。但极有可能发生两者恶意结合的两种情形：一是破产债务人的债务人为谋利而低价收购他人的债权，以求抵销。例如，债务人 A 已经申请破产并为法院受理，B 为 A 的债权人并享有 1000 万债权。C 为 A 的债务人并对 A 负担 900 万债务。正常情况下，C 应向 A 履行 900 万债务，属于全体债权人的可以分配的财产。B 应按照破产程序申报债权，按照破产分配方案接受分配。假如分配方案确定的分配比例为 5%，则 B 应受的分配额为 1000 万 ×5% ＝50 万。但这时，如果法律不作出上述禁止性规定，则会出现不正常的情况，即 C 与 B 协商，以 200 万元的代价收购 B 对 A 的债权。收购后的情况是 C 对 A 享有 1000 万的债权并负担 900 万债务，C 向 A 的管理人主张抵销后，还对 A 享有 100 万债权，再申报并按照破产分配方案获得 100 万 ×5% ＝5 万。结果是 B 获得了比破产分配多出 150 万的利益；C 获得了 705 万的利益；其他债权人损失了可以分配的财产 900 万。二是破产债权人恶意为有偿的债务负担，即取得他人对债务人的债务，以供抵销。无论何种情形，均会减少破产债务人的财产而损害一般债权人的共同利益。故为法律所禁止。

（四）破产债务人的债务人在已知债务人停止支付或有破产申请而取得债权的

这种债权的取得虽发生于破产程序开始之前，但破产债务人之债务人的主观目的及客观效果与发生于破产程序开始后取得的债权并无二致，故应在禁止之列。

至于债权取得的方式，既可以是破产债务人的债务人直接对破产债务人取得债权，也可以是自第三人取得债权。无论以何种方式取得，均不许抵销。但是，若此债权的取得系基于法定原因或知其事实前的原因时，应例外地准许抵销。例如，破产债务人的债务人在已知停止支付或申请破产的事实后，因债务人的不当得利而对其取得的债权者。此类因法定原因而取得的债权，并非出于取得人的主观恶意，换言之，不依其主观意志为转移。故应准许抵销。另外，取得债权的事实虽发生在取得人知悉事实之后，但发生的原因却在知悉前已存在者，也应例外地准允抵销。

这里有一个值得注意的问题是，破产债务人的债务人取得他人债权既然发生

于程序开始之前，则有可能在破产程序前已向债务人为抵销的意思表示，即已抵销。此时效力如何？依我国破产法的规定精神和原则，应属于可以撤销的行为。

（五）破产债权人已知债务人有停止支付或破产申请之事实而对债务人负担债务的

这是对上述（二）的延伸性限制，其用意不言自明。但是，债权人因法律规定或知其事实前的原因而对之负担债务的，不在此限。

因破产程序中的抵销权无非是民法上抵销权的扩张与限制，故除以上几种限制外，民法上关于抵销权的某些限制条件于破产程序中也适用，例如，依债的性质或法律规定不准抵销者，在破产程序中也应认为不得抵销。

第四节　抵销权的行使

自罗马法以来，各国民法虽均承认抵销为债之消灭的制度，但对抵销的方式却有不同的规定。有的国家的民法典采取当然抵销主义，如法国《民法典》第1290条规定："债务人双方虽均无所知，根据法律的效力仍可发生抵销。两个债务自其共同存在起，在同等的数额范围内互相消灭。"正因为法国法采取当然自动抵销主义的立法例，所以法国《困境企业司法破产与清算法》并未就抵销的方式作出规定。应认为，法国破产法采取当然自动抵销主义。

有的国家采取单独行为说，认为因有债权相互对立的事实而产生抵销权；因抵销权的行使而产生债之消灭的效果。如德国《民法典》第388条第1款规定："抵销应以意思表示向他方当事人为之。"瑞士《债务法》第124条和日本《民法典》第506条规定了相似的内容。我国民法通则未作规定，但《合同法》第99条第2款规定："当事人主张抵销的，应当通知对方。通知自到达对方时生效。"这一规定反映到破产法上，应由有抵销权的债权人向破产人为抵销的意思表示。

在破产法上关于抵销权的行使，有一个颇有争议的问题是：破产债权人行使抵销权，是否必须依破产程序申报债权？有的国家的法律明确规定不需申报，如旧的德国《破产法》第53条规定："债权人在抵销权的范围内，无需申报债权。"台湾破产法对此是否申报并无明文规定，故在学理上歧义颇多，大致可归结为积极说，消极说与折衷说。

（一）积极说

积极说认为，债权人欲行使抵销权，必须先经破产程序申报债权并接受调查确认后，始可行使。其主要理由是，抵销权无非是债权行使的一种方式，破产程序一经开始，所有债权人均应申报债权，并应经调查程序确认而使其取得破产债权的地位。未申报的债权，不能依破产程序受偿，也不应以抵销的方式变相受偿。甚至对债务人的特定财产享有担保物权的债权人亦应申报，故抵销权人自无不申报的理由。

（二）消极说

消极说的主张者认为，破产债权人无需依破产程序申报债权，即能有效行使抵销权。破产人与破产债权人就抵销的的主张有争议时，由破产人提起给付之诉请求清偿被动债权，破产债权人在诉讼中为抵销的抗辩即可解决；或者破产债权人提出抵销的主张后，提起被动债权不存在之诉，便能解决。此说的主要论据是，债权人是否参加破产程序，系其权利而非义务，无强迫抵销权人参加申报债权的理由；抵销权的行使向破产管理人为之，而破产管理人对抵销权的承认问题，仅涉及对破产管理人的信赖问题，即破产管理人承认抵销权是其职务行为，不能以此断定破产债权人行使抵销权应当申报债权。更何况法律明文规定不依破产程序为抵销。

（三）折衷说

该说认为，于破产债权人行使抵销权而与破产人就破产债权的存在及数额等问题有争议时，债权人始有申报债权的必要。若破产人就抵销权的行使无异议时，抵销即有效成立，更无申报之必要。

在以上诸说中，笔者倾向于消极说。抵销权的行使仅需向破产人以意思表示的方式即能生效，何求债权人必须申报债权？若破产人与债权人就抵销权的行使有争议时，可以以诉讼的方式解决。若债权人的债权大于其对债务人的债务时，就其超出部分，可按破产程序申报并依破产程序受偿。但若有抵销权的债权人欲全额申报债权时，法律自无限制的必要。享有抵销权的债权人欲全额申报其债权时，大致有以下原因：

第一，债权人放弃抵销权而依破产程序受偿。

第二，债权人对于被动债权的存在与否存有异议时。换言之，债权人对于自己对债务人所负的债务存有异议。从实质上说，用于抵销的债权，即主动债权仍为一般债权，其依破产程序受偿的前提是申报债权。若债权人对被动债权的存在存有异议，经法院确认被动债权不存在时，债权人只能通过破产程序得到清偿。假如其未申报债权，则难以破产程序接受清偿。故在此情况下，为保全其权利，债权人应申报债权。特别是在对债权的补充申报采取严格限制的国家中，如法国法，非有法官监督人确认的充足理由不允许申报时，更是如此。

抵销权的行使是否需要期限限制？有的学者认为，破产财产分配方案必须经全体债权人讨论通过，并经人民法院裁定认可，对全体债权人具有相当于生效判决的强制执行力。因此，对债权人在破产财产分配方案公告前还没有主张抵销权的，可视为债权人对自己抵销权利的放弃。此后，债权人再主张抵销的，管理人可以不许可。[1] 我认为，这种观点值得商榷：为什么具有生效判决的强制执行力的债权就不能抵销？难道法院以判决方式确定的债权就不能抵销吗？恰恰相反，法院通过判决或者对分配方案裁定后的确定债权，属于无争议债权，更应适合抵销。因此，这种理由从逻辑上不能推导出不能抵销的结论。如果说，为了避免程序上的麻烦，倒是一个理由。因为，如果分配方案已经确定再抵销，势必会影响分配财产的数额，分配方案需要重新改动。但是，我国破产法并没有作出这样的对实体权利的限制，更没有如日本破产法上的明确规定，因此，应理解为在破产程序终结前，可以进行抵销。

抵销权一经破产债权人以意思表示向破产人为之，即发生在同等的数额内，溯及于抵销权成立时双方的债务归于消灭。这是因为抵销权的成立与行使在时间概念上是不同的。抵销权的行使或与抵销权的成立同时进行或晚于其成立，但其行使的效力溯及于抵销权的成立时。

---

〔1〕 吴庆宝等主编：《破产案件裁判标准规范》，人民法院出版社 2009 年版，第 169 页。

第十一章 破产程序上的担保物权——别除权

第一节 别除权概述

一、别除权的概念

别除权是指就属于破产财团的特定财产，不依破产程序而优先受偿的权利[1]。对这一概念应作如下理解：

（一）别除权是就破产财产[2]所行使的权利

别除权的标的属于破产财产，这是别除权区别于取回权的特征之一。由于别除权的基础权利是担保物权，而担保物权为对物的支配权，故根据各国担保法的规定，担保物既可由债务人提供，也可由第三人提供。如果担保物系由第三人提供时，则因该财产不属于破产财产，故债权人的担保物权不是破产法上所说的别除权，而是民法上的担保物权。

另外，如果破产人以自己的特定财产为他人的债权人提供担保时，虽然该债权人非为破产人的债权人，但该债权人对属于破产的特定财产所享有的担保物权仍不失为别除权。

（二）别除权是仅就破产财团的特定财产而行使的权利

由物权法的"物权客体特定原则"所决定，担保物权的标的物必须特定。所以，破产程序上的担保物权——别除权仅仅能够对破产财团的特定财产行使。如

---

[1] [日] 石明川：《日本破产法》，何勤华、周桂秋译，上海社会科学院出版社1995年版，第80页。

[2] 在我国破产法上称为"破产财产"，但在日本破产法、德国破产法上称为"破产财团"。我国民法及商法上没有所谓"破产财团"的概念，在本书中有时引用破产财团的称呼仅仅是为了叙述的方便，可以将其理解为我国破产法上的"破产财产"。

非存在于特定财产上的权利，不是别除权。例如，共益债权与共益费用、某些优先权等因存在于债务人的一般财产之上，故在破产程序上只能视为优先受偿权，而非别除权。

但是，这一原则也有例外。这主要是因为大陆法系国家民法典或特别法承认财团抵押，而英美法系承认浮动担保制度的缘故。根据我国《物权法》与《担保法》的规定，我国也承认财团抵押（下面详细阐述）。在财团抵押的情况下，即使民法上的担保物权存在于非特定物上，也应认为担保权人有别除权。当然，当法律对某些特定财产设定抵押规定为"登记对抗"时，若不登记，则不能成为别除权。

（三）别除权是不依破产程序而行使的权利

不依破产程序受偿，是针对别除权的物权性而言的。也就是说，别除权的行使仍依民法一般法的程序为之，而不受破产程序开始后债权人不得个别行使权利的限制。但是，由于别除权的标的物属于破产财产，与其他破产债权人的利益有关，而其行使又是在破产程序进行中，故也会被破产管理人及破产债权人所关注。这主要表现在以下几个方面：

1. 别除权必须是能够对抗其他破产债权人的担保物权。该担保物权必须是有效成立的。如为不动产抵押，则应当登记；如为质权，应转移标的物的占有；如为留置权，则必须符合我国《物权法》第130条至第132条的规定。若非为有效成立的担保物权，不能对抗其他破产债权人。

根据我国《物权法》和《担保法》的规定，动产可以成为抵押权的标的物，但却采用任意登记制度。如果当事人没有登记的，即使动产抵押合同成立，在标的物的所有人破产时，该抵押人也不得主张对抗破产债权人的抵押权。

2. 对别除权标的物的处分必须符合法律规定的程序。因别除权的标的物属于破产财产，因而它涉及其他破产债权人的利益，故对别除权标的物的处分必须符合法定程序。对别除权标的物的处分为破产债权人所关注，因为如果别除权人行使别除权后的余额归于破产财产，而当别除权没有完全清偿债权人的债权时，则余额债权仍作为破产债权行使，故其直接涉及破产债权人的利益。

二、制度价值

在民法上，由于债权的平等性，使债权人对于自己权利的实现顾虑重重，故极力寻找债权外的保障，而物权担保就是其中的一种。从设立担保物权的基本目的看，是为了保障自己的债权不因债务人的过度负债而受影响，其中包括无力偿还的情形。破产法虽为特别法，但对于民法上的担保制度的价值不应改变。故应该说，破产法上的别除权，实际上是民法上的担保物权在破产程序上的折射。从性质上说，别除权是破产法对民法担保物权的承认，而非为破产法新成立的权利。

各国破产法对于民法上的担保物权均采取承认和保护的态度，如日本《破产法》第 65 条规定，拥有在破产财团的财产上的特别先取特权、质权或者抵押权者，对于其标的物的财产拥有别除权。德国《破产法》第 50 条规定，对于破产财团中的财产享有质权、抵押或者法定抵押权的债权人，有权依照本法的规定就主债权、利息和费用从担保物中优先受偿。我国现行破产法也规定了这一制度，但具体规定却与其他国家不同。具体差异，我们将在下面详细论述。

三、我国破产法上的别除权制度

我国破产法上的别除权制度，与大陆法系国家有较大的区别。我们先来看具体规定，然后再分析。

（一）规范体系

由于我国《破产法》实际上是分为"总则"与"分则"的，第一章到第七章可以说是关于"总则"的规定，从第八章开始，为"分则"的规定，分别规定了"重整"、"和解"、"清算"三种程序。从这种结构来看，凡是涉及三个程序共用的部分，都规定在"总则"部分。但如果仔细阅读我国《破产法》后就发现，大陆法系国家传统破产法规定的"四大权利"，即取回权、抵销权、撤销权和别除权，仅仅前三种规定在了"总则"部分，但在"总则"部分却没有规定别除权，而以担保权为基础的别除权分别规定在"分则"中的三种不同程序中。

1. 重整程序中的担保权。我国《破产法》第八章"重整"中的第 75 条规定了别除权制度，该条第 1 款规定："在重整期间，对债务人的特定财产享有的担保权暂停行使。但是，担保物有损坏或者价值明显减少的可能，足以危害担保权人权利的，担保权人可以向人民法院请求恢复行使担保权。"

2. 和解程序中的别除权制度。我国《破产法》第九章"和解"中的第 96 条规定了别除权制度，该条第 2 款规定："对债务人的特定财产享有担保权的权利人，自人民法院裁定和解之日起可以行使权利。"

3. 清算程序中的别除权制度。我国《破产法》第十章"破产清算"中的第 109 条和 110 条规定了别除权制度。该法第 109 条规定："对破产人的特定财产享有担保权的权利人，对该特定财产享有优先受偿的权利。"第 110 条规定："享有本法第 109 条规定权利的债权人行使优先受偿权利未能完全受偿的，其未受偿的债权作为普通债权；放弃优先受偿权利的，其债权作为普通债权。"

（二）成因分析

别除权制度本来应该是三种程序共用的部分，应该规定在"总则"部分，而我国破产法却在三种不同的程序中分别予以规定，原因何在？

其原因在于，立法者主要是考虑"重整"制度的需要。因为，美国法式的重整制度是限制担保物权行使的，在债务人的资力发生困难时，如果再不限制担保物权的行使，债务人重整成功的希望就很小，因此法律采取限制担保权人的方式来拯救债务人。美国法上并不限制在和解和清算中的担保物权，仅仅是有一个破产保护期，即只要有人申请债务人破产或者债务人自己申请自己破产，从法院接受申请开始的一段法定期限内，任何权利都不能行使，包括担保物权。我国破产法在起草过程中，曾经考虑借鉴这一制度，但后来发现，因申请的需要，我国法要求在申请时就要写明启动什么程序，即当事人在申请时就必须明确是对债务申请重整、和解还是破产清算。在这三种程序中，对担保物权的态度当然不同，因此不能规定在"总则"部分而统一适用。正是因为这种原因，就出现了现在这样的格局。故可以说，我国破产法的重整程序中只存在担保物权而不存在别除权；和解程序中存在受到限制的别除权；只有在清算程序中才有完整意义上的别除权。

但需要指出的是，在和解程序中，这种"自人民法院裁定和解之日起可以行使"是没有道理的，因为和解与重整有着完全不同的意义和目的。

第二节　别除权的基础权利

一、抵押权

根据我国《物权法》第179条的规定，抵押是指债务人或者第三人不转移担保财产的占有，而将该财产作为债权的担保，当债务人不履行债务或者发生当事人约定的实现抵押权的情形时，债权人得依照法律的规定就该财产优先受偿的权利。对于抵押权的标的物，我国《担保法》第180条、第184条从正反两个方面做了规定。根据第180条的规定，可以抵押的财产为：①建筑物和其他土地附着物；②建设用地使用权；③以招标、拍卖、公开协商等方式取得的荒地等土地承包经营权；④生产设备、原材料、半成品、产品；⑤正在建造的建筑物、船舶、航空器；⑥交通运输工具；⑦法律、行政法规未禁止抵押的其他财产。而根据第 184 条的规定，下列财产不得抵押：①土地所有权；②耕地、宅基地、自留地等集体所有的土地使用权，但法律规定可以抵押的除外；③学校、幼儿园、医院等以公益为目的的事业单位、社会团体的教育设施、医疗卫生设施和其他社会公益设施；④所有权、使用权不明或者有争议的财产；⑤依法被查封、扣押、监管的财产；⑥法律、行政法规规定不得抵押的其他财产。

从我国及国外的担保制度看，抵押权分为两种：一为意定抵押权，二为法定抵押权。

（一）意定抵押权

意定抵押权是根据当事人的合意而产生的担保物权。一般说来，抵押权为意定担保物权。根据我国物权法的规定，抵押权的设定必须有当事人关于抵押权设定的合同，并经公示登记方生效力（动产抵押除外）。

（二）法定抵押权

法定抵押权是指当事人依照法律规定而直接取得的抵押权[1]。法定抵押权为意定抵押权的例外，所以，必须由法律直接规定。然而在何种情况下民事主体依法取得抵押权，各国法的规定并不相同。

依照瑞士《民法典》的规定，法定抵押权包括：①依照公法关系对于土地所有人课定义务而对该土地的法定抵押权；②为出卖人的债权就出卖的土地具有法定抵押权；③为共同继承人及其他共同权利人因分割而生的债权，对于该共同体的土地具有法定抵押权[2]。

我国台湾地区"民法典"第 513 条规定："承揽之工作为建筑物或者其他土地上之工作物，或为此等工作物之重大修缮者，承揽人得就承揽关系报酬额，对于其工作物所附之定作人之不动产，请求定作人为抵押权之登记。"德国《民法典》第 648 条规定："①建筑工程或建筑工程之一部分的承揽人，就其由承揽契约所生的债权，对定作作的建筑物用地得请求让与保全抵押权；②如工作物尚未完成，承揽人得为了与给付的劳务相符的一部分报酬和在报酬中未计算在内的垫款，请求让与保全抵押。"我国合同法上也有类似的规定，《合同法》第 286 条规定：发包人未按照合同约定支付价款的，承包人可以催告发包人在合理期限内支付价款。发包人逾期不支付的，除按照建设工程的性质不宜折价、拍卖的以外，

---

[1] 许明月：《抵押权全制度研究》，法律出版社 1998 年版，第 173 页。

[2] 见瑞士《民法典》第 836 条、第 837 条。

承包人可以与发包人协议将该工程折价，也可以申请人民法院将该工程依法拍卖。建设工程的价款就该工程折价或者拍卖的价款优先受偿。由此可见，我国合同法也规定了建筑工程的承包人就承包工程价款对于建筑工程的法定抵押权。

由于法定抵押权因法律的直接规定而产生，如果某物上已经设立了抵押权的，就会发生数个抵押权之间的效力冲突问题。那么，法定抵押权与意定抵押权的效力问题如何确定呢？对此，学理上有不同的观点。①法定抵押权优先说。此说认为，法定抵押权乃法律为保护特定债权人的利益而设定的一种抵押权，其效力应优先于一般抵押权。否则，若抵押人以抵押物为他人设定抵押权，法定抵押权人的利益就处于不利的境地，法定抵押权的规定期间失去意义。②约定抵押权优先说。此说认为，法定抵押权未经公示，故不得对抗其他抵押权人。经登记公示的约定抵押权应优先于法定抵押权。③效力平等说。此说认为，无论是法定抵押权或是约定抵押权，应依设立的先后决定其效力顺位。④根据具体情况而定。此说认为，法定抵押权与约定抵押权的效力应根据不同案件的具体情况来决定，不应有统一的标准。例如，对于承揽人的法定抵押权，仅就承揽人的承揽行为使定作物的增加价值部分优先于一般抵押权人。[1]

笔者认为，法定抵押权应优先于一般意定抵押权。因为，法定抵押权既然规定某种请求权在某特定物上具有抵押权，必有特别保护的目的，故法律这一目的不应被当事人的意定抵押权所改变。

二、法定优先权

法定优先权一般是指法律规定的某些请求权在债务人的一般或者特别财产上所具有的优先受偿的权利。由此可见，法定优先权分为一般优先权与特别优先权。由于一般优先权存在于债务人的一般财产之上，它难以成为担保物权，也就不能成为别除权，故仅仅具有优先于一般请求权的清偿地位。而特别优先权存在于债务人的特定财产之上，故可就特定物行使别除权。

在日本民法典上，法定优先权称为"先取特权"，而先取特权又分为一般先取特权与特别先取特权。一般先取特权包括：①共益费用对于债务人总财产的先取特权；②受雇人的报酬对于债务人总财产的先取特权；③债务人或者债务人应当抚养的亲属的殡葬费对于债务人的总财产上的先取特权；④债务人或者债务人亲属的生活所需要的最后6个月的日用品费用对于债务人总财产的先取特权。特

---

[1]　许明月：《抵押权制度研究》法律出版社1998年版，第176页。

殊先取特权包括动产先取特权和不动产先取特权。动产先取特权包括：①不动产租赁的债务对于承租人动产上的先取特权；②旅店住宿费用对于旅客寄存于旅店中的动产上的先取特权；③因运输发生的债权对于运输物上的先取特权；④因公务人员侵权行为而发生的请求权对于公务人员保证金上的先取特权；⑤对动产的保存费对于该动产的先取特权；⑥动产出卖的价金就该动产上成立的先取特权；⑦农业用种苗与肥料的购买费用对于土地孳息的先取特权；⑧农业劳务人员最后1年、工业工人最后3个月的工资债权对于因其劳务而生的制品上的先取特权。不动产先取特权包括三种：①不动产保存的费用对于保存不动产上的先取特权；②不动产承揽人的费用对于该承揽不动产上的先取特权；③不动产出卖的价款对于该不动产上的先取特权。根据日本《破产法》第65条的规定，仅仅在债务人特定财产上成立的特别先取特权才能行使别除权。

我国民法通则及担保法没有规定特别优先权，但海商法上有船舶优先权的规定。该法第21条规定，船舶优先权，是指海事请求人依照本法第22条的规定，向船舶所有人、光船承租人、船舶经营人提出海事请求，对产生该海事请求的船舶具有优先受偿的权利。该法第22条规定：下列各项海事请求具有船舶优先权：(1) 船长、船员和在船上工作的其他在编人员根据劳动法律、行政法规或者劳动合同所产生的工资、其他劳动报酬、船员遣返费用和社会保险费用的给付请求；(2) 在船舶营运从发生的人身伤亡的赔偿请求；(3) 船舶吨税、引航费、港务费和其他港口规费的缴付请求；(4) 海难救助的救助款项的给付请求；(5) 船舶在营运中因侵权行为产生的财产赔偿请求。根据该法第25条的规定，船舶优先权先于船舶留置权受偿，船舶抵押权后于船舶留置权受偿。由此可见，当船舶所有人破产时，上述请求权人对于船舶在自己请求权的限度内得行使别除权。

三、质权

根据我国物权法的规定，质权分为"动产质权"与"权利质权"。动产质权是指债务人或者第三人将其动产移交债权人占有，将该动产作为债权的担保。债务人不履行债务时，债权人有权依照法律规定的程序就该动产优先受偿的权利。权利质权的概念与动产质权相同，仅仅是担保物不同。如果该动产或者权利属于破产财产，则应是别除权的标的物。如果质权的标的物为第三人所有，则不被视为别除权，而是民法上的一般担保物权。

四、留置权

根据我国物权法的规定，留置权是指债权人合法占有债务人的动产，债务人不按照合同约定的期限履行债务的，债权人有权依照法律规定留置该财产，并经法定程序就该动产优先受偿的权利[1]。但是，留置权是否能够无条件地成为别除权的基础，各国法的规定不尽相同。有的国家不承认民法上的留置权在破产法上成为别除权的权利基础，仅仅将留置权视为债权效力，这种立法例以法国与德国民法典为代表。在德国与法国民法典，留置权只是债权效力的延伸，债权人在相对人履行债务前，对其已经占有的相对人的财产有拒绝给付的权利，但没有直接的支配权。[2]法国学者认为，留置权只是一种不完全的简单的纯粹自卫性的担保权，因为它既不包含追及权，也不包含优先权。由于缺乏追及权，如果债权人放弃了对物的持有，其担保权也归于消灭。[3]《法国民法典》中没有统一的留置权制度，而是分散在各个条文之中，如第 570、862、1612、1613、1673、1749、1748、2280 条等。在这些条文中，有的属于我们视野中的同时履行抗辩权，如第1612 条规定："如买受人不支付标的物的价金，且出卖人并未同意其延期支付时，出卖人无交付标的物的义务。"有的非常类似于我们所说的"留置权"，如第 862条规定："实物返还财产的共同继承人，可以留置占有受赠的财产，直至其为改进或者保管该财产所支出的费用得到全额偿还。"但是，从实质上看，法国民法典却不承认其为物权性的留置权。德国民法典则将留置权直接规定于"债编"（总则部分第 273 条、第 274 条），以基于同一债的关系而产生的两个相对的债权之间的结合关系，如果其中一项债权没有得到履行，另一项债权也没有必要履行[4]。即德国民法典不认为留置权为物权，仅仅认为其为债权的一种特殊效力。在一定条件下，债权人在其相对人未为给付时，得拒绝自己的给付。即使在双务契约之外，若两债间具有一定的牵连关系，也得为之。例如，在合同无效后，双方当事人负相互返还的义务，若一方不履行返还义务，另一方有同时履行抗辩的权利。此拒绝给付类似于同时履行抗辩权。该同时履行抗辩权不仅可用于债的请求权，对于物上请求权也得适用。

---

〔1〕　我国《物权法》第 230 条。

〔2〕　蔡永民：《比较担保法》，北京大学出版社 2004 年版，第 282 页。

〔3〕　尹田：《法国物权法》，法律出版社 1998 年版，第 451 页。

〔4〕　［德］迪特尔·梅迪库斯：《德国债法总论》，杜景林、卢谌译，法律出版社 2004 年版第172 页。

由于民商分离的传统，民法上的留置权与商法上的留置权是不同的，例如，日本《破产法》第66条、德国现行破产法第51条均规定，依据商法成立的留置权才能成为别除权的基础，而民法上的留置权则不属于别除权的基础权利。

但是，我国担保法及现行破产法并没有作出任何限制性的规定。故应认为，在我国，无论是根据民法一般法成立的留置权，还是根据民法特别法成立的留置权，均可成为别除权的基础权利。应当特别注意的是，我国物权法区分民事留置权与商事留置权，这种区分主要表现在《物权法》第231条。该条分不同主体而规定了不同的牵连关系：如果是一般债权人之间，则限制在动产与债权属于同一法律关系中（《物权法》第231条）。而这些牵连关系通常但不限于：①加工承揽合同中的加工、定作、修理等合同产生的费用与加工物、定作物、修理物之间的牵连关系；②保管、仓储合同产生的保管费、仓储费与保管物之间的牵连关系；③运输合同产生的运输费用与运输物之间的牵连关系；④行纪等委托合同中，因物之购入或者卖出的委托，受托人的报酬与购入或者卖出物之间的牵连关系。[1]如果是企业之间的留置，则不限于"同一法律关系"之中，因不同的法律关系产生的债权与占有的动产，也可以留置。

另外，应当特别注意的是，根据我国《海商法》第25条的规定，当船舶留置权与船舶优先权、一般抵押权并存时，应当首先由优先权人行使别除权，然后由留置权人行使别除权，最后是抵押权人行使别除权。我国海商法上所指的船舶留置权，是指造船人、修船人在合同另一方未履行合同时，可以留置所占有的船舶，以保证造船费用或者修船费用得以偿还的权利。

五、让与担保

让与担保是指债务人为担保自己的债务，将债务人或第三人所有的财产之所有权转移给债权人，在债务人履行债务后，标的物的所有权复归设定人；如果债务人不履行债务，债权人以标的物受偿的担保——基于担保法及其司法解释。[2]对于让与担保的受偿方式上，有两种模式：一是由受托人处分标的物，而以处分所得的价款与债权清算；二是将标的物归属于自己，对标的物进行估价后，进行价款与被担保债权的清算。前者称为处分型让与担保，后者称为归属清算型。

---

〔1〕 曹士兵：《中国担保诸问题的解决与展望——基于担保法及其司法解释》，中国法制出版社2001年版，第333页。

〔2〕 陈华彬：《物权法原理》，法律出版社1998年版，第761页。

　　由于让与担保与大陆法系传统民法关于所有权的概念不合，故对于让与担保是否有效的问题，学理上争论不已。共计有以下观点：①虚伪表示说。该观点认为，让与担保是当事人的通谋的虚伪意思表示，应当无效。让与担保设定人将担保物的权利转移于担保权人，仅仅具有形式上的意义，实质上并没有转移担保物的意思，构成双方通谋而为虚伪转移所有权的意思表示。②脱法行为说。该理论认为，因为立法严格地禁止当事人订立流质契约，而让与担保违反法律的禁止性规定，为脱法行为，当属无效。③新型物权行为说。该理论认为，让与担保为法律没有直接规定的新型物权，设定让与担保违反物权法定主义原则，应当无效。④让与担保肯定说。该理论认为，让与担保是设定人为了达到清偿债务的经济目的，依照让与担保契约将标的物的权利转移于债权人的非典型担保，并没有创设法律没有规定的新型物权，不违反物权法定主义；就担保物的权利转移而言，当事人为担保债务的清偿，确有转移标的物权利的意思，不属于通谋的意思表示的范围。让与担保的设定使得担保权人取得标的物的受偿权，并不以担保人取得担保物的占有为内容，况且在债务人不履行债务时，担保权人并非确定地取得担保物的所有权，应当以担保物估价或者变价以清偿债务，故不存在违反法律关于流质禁止的规定，故应有效。[1]

　　应该说，让与担保起源于罗马法上的信托制度。从历史发展的进程看，最初的担保均转移担保物的所有及占有，后发展为仅转移占有而不转移所有，最后才出现既不转移占有也不转移所有的担保形态。由此可见，让与担保为历史的陈迹。从实际效果上看，实质上是赋予债权人以自物权人的身份行使他物权，对于债权人较为安全。但在现代各国立法上几乎找不到它的明文规定，但学理及判例作法不一。日本、德国、瑞士学理及判例承认其存在；而在法国，倘若当事人采取"权利转移"的动产让与担保来担保债权的实现，即构成脱法行为而被判决无效[2]。在我国，立法上未规定让与担保制度（在物权法的起草中就是否规定曾经有过争议），根据"物权法定原则"，故应认为我国不承认其物权效力。在破产法上也就不存在以让与担保为基础的别除权，但我认为不应否定其合同法上的效力。

---

〔1〕　梁慧星主编：《中国物权法研究》，法律出版社1998年版，第1060～1061页。
〔2〕　陈华彬：《物权法原理》，法律出版社1998年版，第763页。

六、动产抵押

在我国目前《物权法》确定的基本框架下，又承认动产抵押。而根据该法第181、187、189条的规定，动产抵押自抵押合同生效时设立，未经登记不得对抗善意第三人。但从物权的基本原则和性质看，动产抵押面临以下法律障碍：一是动产抵押与传统公示公信原则相矛盾。因动产抵押为物权，而按照物权法原则，必须公示。但动产抵押与大陆法系传统公示公信原则相矛盾。因为，按照传统公示公信原则，动产以转移占有为公示方式，不动产以登记为公示方式。如果动产设定抵押以契约方式而无须登记，则一般不能对抗第三人，效力较弱；如果以登记方式设立而且能够对抗第三人时，就会难以兼顾与平衡抵押人与善意第三人利益，进而危害交易安全：①因动产抵押设立后，抵押物仍然留在抵押人手中，他仍然可以以转移占有的方式出卖标的物。而按照传统公示公信原则，动产上不可能存在登记物权，善意第三人可以取得标的物的所有权，而且属于原始取得。原始取得的动产上不可能存在负担。这时若动产抵押权能够对抗善意取得人，那么动产所有权转移中的公示公信原则将难以存在，进而危害交易安全。结果是，任何一个购买动产的人都要到有关部门查阅动产有无抵押；②如果动产抵押登记后不能对抗善意第三人，动产抵押权人的利益难以保障。二是增加交易成本，破坏交易快捷。如果允许动产设立抵押并且登记对抗善意取得人，那么任何购买动产的人为了避免购买物被抵押权人追及，必须查阅动产抵押设立情况。但动产变换较快，而且种类繁多。传统民法也意识到动产以转移占有为公示方式不如登记安全，从逻辑上说，动产交易以登记为公示方式并非不能，但如果采取登记为动产物权变动的公示方式，成本巨大，人们将不堪重负。所以，不得已采取转移占有的方式（如《法国民法典》第2279条）。动产抵押以登记为公示方式，又重复了传统民法抛弃的东西。这样，就会增加交易成本，破坏交易快捷。三是如果一项不能对抗第三人的"物权"是真正的物权吗？

但是，我国《物权法》及《担保法》既然已经规定了动产可以成为抵押权的标的物，就可以认为动产抵押仍然可以成为别除权的基础性权利。但问题是：仅仅有抵押合同而没有登记的动产抵押在破产程序中的效力如何？按照我国《物权法》及《担保法》的规定，既然没有登记就不能对抗善意第三人。那么，这一个"善意第三人"如何界定？我认为，这一个"善意第三人"与善意取得制度中的"善意第三人"的概念不同，善意取得制度中的"善意第三人"是指"交易的善意第三人"，而动产抵押制度中不能对抗的"善意第三人"是指任何与破产债务人的财产有关的任何第三人，包括一般破产债权人、对动产抵押的特定财产享有质权的第三人、对动产抵押的特定财产享有留置权的第三人、对负担动产抵押的特定财产取得所有权的第三人、取得用益权的第三人（我国《物权法》第117条承认动产上可以设立用益权）、租赁合同的承租人〔1〕、以该动产为标的设立抵押权但登记的担保权人、破产财团的所有债权人（在我国破产法上为破产费用债权人、共益债务的债权人），等等。

至于说，在破产程序开始后，在所有的债权人中，有的人为善意第三人，而有的债权人为非善意第三人（即知道或者应当知道该动产抵押权存在的债权人），则动产抵押的效力是否可以对抗非善意第三人？我认为，因破产程序为概括程序，故动产抵押如果不登记，应理解为不能对抗破产财团（破产财产），即使在所有债权人中有知道该动产抵押存在的，也不能对抗这些债权人，应将债权人作为一个整体。

七、财团抵押（包括浮动抵押）

（一）财团抵押的意义

1. 定义。所谓"财团抵押"，是指以财团为抵押权标的的抵押制度。而所谓"财团"是指由企业的部分或者所有财产和权利组成的集合体，在此集合财产上所设定的抵押权即是财团抵押。所以，财团抵押的标的物不是单纯的动产或不动产或权利，而是他们的集合。

2. 制度价值。抵押权完全可以存在于企业的各种动产或不动产或权利上，为何要将之视为一个整体而抵押？这主要是从经济价值上来考虑的，即一个企业只有在将各种财产整体配置的情况下，其价值会较高。如果将其分解为各个单独的财产，则其价值会降低。故将企业的所有财产和权利合在一起而设定抵押权，有其合理性，因而各国的财团抵押制度均有发生。

（二）财团抵押的分类

从各国法律规定看，在世界上存在有两种财团抵押制度：一是英国式的财团抵押制度，二是德国式的财团抵押制度。

1. 英国式的财团抵押制度。英国的财团抵押制度为衡平法上的产物，又称为

---

〔1〕　我国《物权法》第190条规定："订立抵押合同前抵押财产已出租的，原租赁关系不受该抵押权的影响。抵押权设立后抵押财产出租的，该租赁关系不得对抗已登记的抵押权。"

浮动担保（floating charge）。其特征是：①标的物为企业现在或者将来的总财产；②在担保权实行之前，担保人可以对担保财产自由使用收益或者处分；③担保标的物的具体范围在设定抵押权时是不确定的，于抵押权实行时方确定[1]；④浮动担保只能是特定主体才能适用，如在英国注册的公司适用，个人、独资企业和合伙均不能提供浮动担保；而在日本仅为股份有限公司可适用[2]。

2. 德国式的财团抵押制度。德国财团抵押制度的特点是：①担保标的物限于企业现在的财产；②抵押财产在抵押权设立时就已经确定；③即使在抵押权实行前抵押人的财产的处分就受到限制[3]，除非抵押权人同意，抵押人不得随意处分抵押财团的财产。

3. 两种财团抵押制度的比较。

（1）英国式的财团抵押制度对抵押人比较有利，因为它不影响企业的正常经营，只有在抵押权实行时才确定抵押财产的范围，不影响企业财产的正常流动；德国式的财团抵押制度有利于保护债权人，但抵押人对抵押财团财产的处分受到严格限制。

（2）由于英国式的财团抵押制度对抵押人比较宽松，因此，是信用力相当高的企业的担保手段，能够设立这种担保的企业仅仅是少数公司[4]，在日本为股份有限责任公司，在英国为注册公司。从日本的经验看，这种担保方式利用率相当低，而且随着无担保公司债券的发行，这种担保手段基本上不用。[5]

德国式的财团抵押制度虽然不限定适用主体，但从各国的制度看，只有法律规定的特种行业财产适用，因此，适用范围也非常狭窄。[6]

（3）英国式的财团抵押制度程序简便，成本较低；而德国式的财团抵押制度需要作成财团目录，还需要登记，程序复杂，成本较高。例如，1950年日本八幡制铁公司为了制成财团目录，使用了5万人次，费用1.7万亿日元，耗时一年半时间。[7]

---

〔1〕（台）史尚宽：《物权法论》，荣泰印书馆1979年版，第298页。

〔2〕蔡永民：《比较担保法》，北京大学出版社2004年版，第157页。在日本，"企业担保"实际上相当于英国的浮动担保，按照日本学者的观点，企业担保是以英国的浮动担保为基础设立的制度。——见〔日〕近江幸治：《担保物权法》，祝娅等译，法律出版社2000年版，第217页。

〔3〕（台）史尚宽：《物权法论》，荣泰印书馆1979年版，第298页。

〔4〕（日）近江幸治：《担保物权法》，祝娅等译，法律出版社2000年版，第218页。

〔5〕〔日〕近江幸治：《担保物权法》，祝娅等译，法律出版社2000年版，第217页。

〔6〕陈华彬：《物权法》，法律出版社2004年版，第523页。

〔7〕〔日〕近江幸治：《担保物权法》，祝娅等译，法律出版社2000年版，第218页。

4. 大陆法系相当于财团抵押的其他制度。其实，大陆法系国家民法典上的许多优先权制度（先取特权制度），非常类似于英国式的财团抵押制度。也是债权人对债务人的一般财产而非特定财产上具有优先权，这种优先权也不影响企业的正常经营，只有在实行优先权时才确定企业财产。只不过，这些优先权不是当事人约定的，而是由法律直接规定的。

（三）财团抵押的效力

1. 德国式的财团抵押的效力。

（1）财团抵押设立后，抵押人对构成财团中的任何财产的处分，必须经过抵押权人的同意。

（2）财团抵押的组成财产上有法定抵押权时，财团抵押不能对抗法定抵押权。

2. 英国式财团抵押的效力。

（1）财团抵押设立后，抵押人对构成财团中的任何财产得自由处分而不必经过抵押权人同意。

（2）财团抵押不能对抗民事个别执行，不能对抗在个别财产上设立的一般抵押权、不能对抗法定优先权。

（四）、我国法上的财团抵押制度

自《担保法》颁布以来，我国法上是否存在财团抵押制度就一直存在争议，即如何理解《担保法》第34条的规定[1]，即如何解释"抵押人可以将前款所列财产一并抵押"（《物权法》第180条从之）？从字面上看，似乎我国法承认财团抵押，但若分析该法的其他条文就会发现，其实不然。因为《担保法》第42条已经明确规定了各种不同财产的登记部门，却没有将这些财产作为一个整体规定登记部门，更没有将这些财产作为一个不动产对待。因此，难以说我国《担保法》上存在财团抵押制度。

但是，《物权法》规定了一种颇似英国式的抵押制度，也有人将之称为浮动抵押。该制度主要由三个条文构成：一是《物权法》第181条规定："经当事人书面协议，企业、个体工商户、农业生产经营者可以将现有的以及将有的生产设

---

[1]　《担保法》第34条规定："下列财产可以抵押：（一）抵押人所有的房屋和其他地上定着物；（二）抵押人所有的机器、交通运输工具和其他财产；（三）抵押人依法有权处分的国有的土地使用权、房屋和其他地上定着物；（四）抵押人依法有权处分的国有的机器、交通运输工具和其他财产；（五）抵押人依法承包并经发包方同意抵押的荒山、荒沟、荒丘、荒滩等荒地的土地使用权；（六）依法可以抵押的其他财产。抵押人可以将前款所列财产一并抵押。"

备、原材料、半成品、产品抵押，债务人不履行到期债务或者发生当事人约定的实现抵押权的情形，债权人有权就实现抵押权时的动产优先受偿。"二是《物权法》第 189 条规定："企业、个体工商户、农业生产经营者以本法第 181 条规定的动产抵押的，应当向抵押人住所地的工商行政管理部门办理登记。抵押权自抵押合同生效时设立；未经登记，不得对抗善意第三人。依照本法第 181 条规定抵押的，不得对抗正常经营活动中已支付合理价款并取得抵押财产的买受人。"三是《物权法》第 196 条规定："依照本法第 181 条规定设定抵押的，抵押财产自下列情形之一发生时确定：（一）债务履行期届满，债权未实现；（二）抵押人被宣告破产或者被撤销；（三）当事人约定的实现抵押权的情形；（四）严重影响债权实现的其他情形。"由上述规定可以看出我国《物权法》规定的这一浮动性抵押的特点：

1. 抵押标的的流动性与可变性。如果抵押标的是原材料、半成品、产品，则这些东西随时可能因为加工、买卖而变化。而且，第 181 条明确规定"债权人有权就实现抵押权时的动产优先受偿"，这就说明，债权人仅仅能够就抵押权实现时存在的上述标的实现抵押权。另外，第 189 条已经规定，即使上述标的已经登记，也不得对抗正常经营活动中已支付合理价款并取得抵押财产的买受人。这就足以看出，抵押标的的流动性与可变性。

2. 登记作为对抗要件。以生产设备、原材料、半成品、产品抵押时，抵押权自抵押合同生效时产生，未经在抵押人住所地的工商行政管理部门登记不得对抗善意第三人。

但是，如何登记？是抵押标的的目录登记还是其他方式登记？标记方式是什么？《物权法》并没有作出规定。这也是法律需要完善的地方，否则无法具体执行。

3. 抵押权实行时抵押财产范围的确定时间由法律明确规定，即债务履行期届满，债权未实现；抵押人被宣告破产或者被撤销；当事人约定的实现抵押权的情形；严重影响债权实现的其他情形。

（五）财团抵押在破产程序中的效力

如果未经登记，则不能对抗破产债权人全体；如经登记，则可以作为别除权行使。

第三节 别除权的行使

一、别除权行使的一般规则

别除权行使的一般规则是：别除权不依破产程序而行使。虽然如此，因别除权与破产程序相关，就不能不受其影响。故为正确理解，应注意以下几点：

（一）经破产管理人承认

别除权人要行使别除权，应当经破产管理人承认。而根据其他国家破产法的规定，破产管理人承认别除权，必须经监查人（债权人委员会）同意。如果破产管理人对于别除权无争议，别除权人可依法定程序行使。但是，如果破产管理人就别除权与债权人发生争议的，应通过诉讼程序并经法院确认后，方可行使。

由于我国《破产法》没有将别除权规定在"总则"中，而是分别予以规定在各个具体程序中。故从该法第 25 条及第 69 条的规定，也属于管理人的职责，并应报告债权人委员会。

（二）行使别除权依一般民事程序为之

破产法规定别除权不依破产程序受偿的核心意思，是指这种权利的具体行使程序为民事程序而非破产程序。因各国民法典或特别法均规定有对于不同担保物权的行使程序，故应以此程序行使。以我国现行担保法为例，其对于抵押权、质权及留置权规定了不同的行使程序。

（1）担保法关于抵押权、质权的实行程序。根据我国《物权法》第 195 条及《担保法》第 53 条、第 63 条的规定，对于抵押权及质权的行使有两种方式：一是通过抵押人与抵押权人达成协议的方式，以担保物折价而归抵押权人所有的方式；二是通过拍卖或变卖的方式将担保标的物出售，债权人从卖得的价款中优先受偿。在破产程序中，因为抵押人已经失去对财产的管理处分权，故抵押权人或质权人应与破产管理人协商。而破产管理人在作出决定后，应征得监查人的同意。

（2）对于留置权的实行程序。由于留置权为法定担保物权，故其行使程序与意定担保物权不同。最大的区别在于留置权的发生原因为债务的不履行，而对于意定担保物权，债务的不履行是担保物权行使的原因而非发生的原因。当债务人不履行债务而留置权人留置债务人的财产后，必须履行催告程序而未果后，才能实行留置权。例如，我国《物权法》第 236 条规定："留置权人与债务人应当约定留置财产后的债务履行期间；没有约定或者约定不明确的，留置权人应当给债务人 2 个月以上履行债务的期间，但鲜活易腐等不易保管的动产除外。债务人逾期未履行的，留置权人可以与债务人协议以留置财产折价，也可以就拍卖、变卖留置财产所得的价款优先受偿。"

笔者认为，在债务人破产的情况下，留置权人的催告义务应免除，即债权人可不经催告而经行对留置物行使权利。

（三）受偿债权的范围

根据我国担保法第 46 条的规定，抵押担保的范围包括主债权及利息、违约金、损害赔偿金和实现抵押权的费用。抵押合同另有约定的，按照约定。质押担保的范围包括主债权及利息、违约金、损害赔偿金、质物保管费用和实现质权的费用。质押合同另有约定的，按照约定（第 67 条）。留置的担保权范围包括主债权及利息、违约金、损害赔偿金，留置物保管费用和实现留置权的费用（第 83 条）。但是，民法一般法上的这种担保范围是否会受到破产程序的影响呢？例如，破产宣告后到担保权实行时的利息是否包括在担保范围之内？许多学者认为，别除权是不依破产程序而受偿的权利，所以，对其所担保的债权的范围不应受到破产宣告的影响和限制。所以，在破产宣告后到别除权行使时的利息应在担保范围之内。[1]笔者赞同这种观点。

二、别除权行使的法律效力

别除权行使的效力主要表现在：别除权行使后，如果别除权标的物的价值大于其所担保的债权，剩余部分应当交回破产财产；如果别除权标的物的价值小于被担保的债权，则别除权人行使别除权后剩余的债权额可作为破产债权而依破产程序行使。例如，根据我国现行破产法第 110 条的规定，享有别除权的债权人行使优先受偿权利未能完全受偿的，其未受偿的债权作为普通债权；放弃优先受偿权利的，其债权作为普通债权。

应当特别指出，如果别除权人未申报债权或未补充申报的，若就担保物行使优先权后不能完全受偿的，则剩余债权不得依破产程序行使。

---

〔1〕 ［台］陈荣宗：《破产法》，三民书局 1986 年版，第 244 页；邹海林：《破产程序和破产法实体制度比较研究》，法律出版社 1995 年版，第 342 页。

第十二章　重整程序

第一节　重整程序概述

一、重整的概念和种类

（一）重整的概念

学理上对重整的概念有不同的解释：有的学者直接将之概括为公司的重整（corporate reorganizition），认为重整即是股份有限公司因财务发生困难，暂停营业或有停止营业的危险时，经法院裁定予以整顿而使之复兴的制度[1]。这种解释从某些国家的立法看，无疑是正确的，但从另一些国家的立法看，则是不全面的，例如，美国《破产法》第11章规定的重整程序不仅适用于公司，而且也适用于合伙及个人；法国重整法适用于所有的商人，手工业者，农业经营者和私法人。故我认为，应将重整定义为：重整（reorganization）是指对已具破产原因或有破产原因之虞而又有再生希望的债务人实施的旨在挽救其生存的积极程序。其目的不在于公平分配债务人的财产，从而有异于破产程序；其手段为调整债权人、股东及其他利害关系人与重整企业的利益关系，并限制担保物权的行使，故又有异于和解程序。换言之，重整程序不像破产程序那样，将债务人的财产公平分配给债权人而使其从经济活动中简单地消灭，也不像和解程序那样，只是消极地避免债务人受破产宣告，而是一种积极的拯救程序。它具有以下基本特征：

1. 重整对象的特定化。因重整程序社会代价巨大，耗资惊人，因而除美国，法国等少数国家法律所规定的重整对象较宽外，其他国家均将重整对象限制在较小的范围内，比如，我国台湾地区公司法将重整对象限制在公开发行股票或公司债的股份有限公司（公司法第282条），而我国2006年破产法将重整对象规定为

---

[1]　邹海林：《破产程序和破产法实体制度比较研究》，法律出版社1995年版，第9页。

企业法人。

2. 重整原因宽松化。重整原因并不像破产或和解原因那样单一严格，债务人、债权人或股东申请重整程序的开始，并不以债务人已具不能清偿届期债务的事实为必要，只须证明其有不能清偿之虞即可，换言之，财务发生困难即可申请或被申请重整。有的国家，如英国法认为，当债务人提出申请时，其申请本身即被推定为已具重整原因。按照我国2006年《破产法》第2条的规定，重整原因也比破产清算与和解原因为宽。

3. 程序启动多元化。破产申请由债务人或债权人提出，而和解申请，按照包括我国2006年破产法在内的许多国家的破产法或和解法的规定，只能由债务人提出。但重整可由债权人提出，也可由债务人提出，在一定条件下也可由公司的股东提出。程序的启动呈多元化状态。

4. 措施多样化。重整计划内容丰富，措施多种多样，不仅包括债权人对债务人的妥协与让步，还包括企业的整体出让、合并与分离、追加投资、租赁经营等。应当特别指出的是，这里所讲的企业转让与租赁经营，并不是破产程序上之财产的简单出售或出租，它是指原有法人资格不变，企业作为包括各种生产要素在内的"活的整体"出让或出租。简言之，只是易主经营，只有这样才不致使企业消失，工人失业，给社会造成消极后果。

5. 程序优先化。重整程序不仅优于一般民事执行程序，而且也优于破产程序和和解程序。故当重整程序一经开始，不仅正在进行的一般民事执行程序应当中止，而且正在进行的破产程序或和解程序也应当中止。当破产申请，和解申请与重整申请同时并存时，法院应当优先受理重整申请。

6. 担保物权的非优先化。与破产及和解程序不同，重整程序的效力及于担保物权（如我国2006年《破产法》第75条）。重整程序的开始限制担保物权的行使，故重整程序中所指的重整债权人包括有担保物权的债权人。这是对传统民法之"物权优于债权"原则的变通，充分体现了重整程序将社会利益放在首位，而将债权人利益及其他因素放在次要位置的价值取向。

7. 参与主体的广泛化。在破产程序或和解程序中，主体仅限于债权人与债务人，股东只能被动地接受破产或和解的事实而无任何发言权。在重整程序中，规定了股东的法律地位，股东不仅可以申请企业重整，而且对重整计划的通过有表决权。关于此点，我们下面还要详细论及。

（二）重整的种类

根据不同的标准，可以将重整分为不同的种类。根据我国现行破产法的规定，可以将重整分为两个大类。

1. 直接开始的重整与转换而来的重整。这种分类的标准是重整程序是在债务人具备法定条件时直接由申请人申请开始的，还是在破产程序进行中转换而来的。

按照我国《破产法》第 2 条及第 70 条的规定，如果债务人具备了破产法规定的原因，债务人或者债权人可以直接向法院申请对债务人开始重整程序。这种重整就是直接开始的重整。

如果债权人申请对债务人进行破产清算的，在人民法院受理破产申请后、宣告债务人破产前，债务人或者出资额占债务人注册资本 1/10 以上的出资人，可以向人民法院申请重整。这种重整就是转换而来的重整。

2. 由管理人主持的重整与债务人自己主持的重整。根据我国《破产法》第 73 条第 1 款的规定，在重整期间，经债务人申请，人民法院批准，债务人可以在管理人的监督下自行管理财产和营业事务。也就是说，一般情况下，由管理人主持重整事务；如果债务人申请并经法院批准，债务人可以自行重整，相当于美国法上的债务人自行重整。

二、重整制度的立法例

由于各国的法律制度及立法背景不同，形成了不同的关于重整制度的立法例。大致可归纳为以下三种：

（一）将重整制度规定于公司法中

这一立法例首创于英国。英国 1929 年于其公司法中首创管理人（receiver）制度，被后来学者认为是公司重整制度的开端。后被我国台湾地区立法所接受并沿用，于公司法"股份有限公司"一章中特设"重整"一节，是为台湾公司重整制度。

（二）将重整制度规定于破产法中

此一立法例首创于美国，并以其为代表。美国的重整制度起源于美国早期衡平法上的管理人制度（equity receivership），嗣后几经修订，逐成今日完整的重整制度。其内容主要体现在破产法典（bankruptcycode）第十一章"重整"（reorganization）及第十二章"有固定年收入的家庭农场主的债务调整"[1]（adjustment of debts of a farmer with regular annual income）。其特点是申请手续简便，适用范围较广，程序之间的转换较为灵活，被称为当代重整制度的典型代表，对各国立法影响较大。典型意

---

[1]　有人认为，美国《破产法》第 13 章也是重整，但实际上，美国《破产法》第 13 章是关于有固定收入的自然债务人的和解程序。

义上的重整仅仅是指第 11 章。

我国 2006 年破产法采取这种立法例，于"总则"编后的第八章规定了重整程序。

（三）单独制定重整法

此一立法例以日本为代表。日本最早于 1938 年仿照英国公司法中的管理人制度于其商法典中规定了"公司整理制度"，但收效甚微。于战后为吸引外资，保护外国企业利益，由以美国为代表的占领军总部发出命令，于 1952 年仿照美国联邦破产法第十一章程序单独制定了《公司更生法》。1967 年国会对其重新修订，成为"公司更生法"。2004 年以后，日本又大规模地修订其倒产制度，在破产法和公司更生法之外，废除其和解法而制定民事再生法。

三、重整制度的产生与历史沿革

（一）重整制度产生的历史必然性

要考察重整制度产生的历史必然性，应从社会背景及固有法律制度的缺陷两方面进行分析。

首先，重整制度的产生有着深刻的社会背景。从历史发展的角度看，重整制度的产生远远迟于破产及和解制度，它是在公司制度产生以后才出现的。公司制度自产生后迅猛发展，成了许多国家社会经济繁荣或衰败的晴雨表。如果说在自由竞争时代的单个商人的破产被认为是"兵家常事"的话，那么垄断时代大型公司的破产却不能使统治者处之泰然。因为公司的破产或倒闭产生的最直接的后果便是生产力的浪费与工人的失业，而失业大军的扩大不仅造成社会的负担，而且是社会极不安定的因素。特别是在 20 世纪 30 年代资本主义社会普遍爆发了经济危机，造成了大批企业破产，工人大量失业，反映了生产资料的私人占有与生产的社会化这一矛盾。要解决这一矛盾，最直接的办法便是限制个人主义的绝对膨胀，加强与扩大政府的控制与干预机能。换言之，应将社会利益放在首位。这便是重整制度产生的社会背景及客观基础。重整制度产生的理论基础便是凯恩斯的经济理论。凯恩斯认为，现代资本主义的一切弊端均归因于个人主义的绝对膨胀。要根除这些弊端，政府的机能不能不扩大，这虽然是对个人主义的极大侵犯，但是，现代社会的经济就其本质特征而言乃是整体、社会化、规模化的经济，各个经济活动主体之间的关系日趋密切化和一体化。此一经济组织的崩溃或解体，往往给彼一经济组织带来灾难性的影响。各经济组织间的这种多米诺骨牌效应，对国民经济的发展影响巨大。[1]因此，防止各大经济组织的破产与倒闭无疑成了国家政策首先调整的目标。但因个人的破产对经济的发展难以构成威胁，这便是为什么许多国家的重整只适用于公司而不适用于个人的真正原因。

其次，重整制度的产生还有既存制度不完善的因素。在企业大批倒闭，工人大量失业的残酷事实面前，西方国家当时的既存制度显得苍白无力。为避免企业倒闭工人失业的最佳方案便是限制个人权利，动员利害关系人共同谋求企业的生存，使其恢复生机，以企社会整体利益的实现。且不说旨在清算的破产程序无此功能，即使是和解制度，因其自身的诸多缺陷，也爱莫能助。这是因为：

第一，从和解程序的性质上看，和解程序中的和解协议无非是一个偿债计划。债务人通过与债权人达成延期支付或分期支付或减免债务的协议，可得到喘息的机会，在此期间有可能生还。但生还只是和解制度的客观结果，也就是说，和解协议所体现的仍然是债权人的团体利益，和解协议能否通过，完全取决于债权人会议。债权人所关心的是能够得到比在破产程序中更多的清偿，而不关心企业的生与死，假如债权人通过破产程序能够取得比和解更多的清偿的话，那么债权人所选择的肯定是破产而非和解，即使在此情况下，和解能实现更多的社会整体利益。况且，和解协议的执行完毕，也可能使企业走向消亡，即债权人可以与债务人达成协议，通过和解协议清偿债务而使企业走向解体。这样做的目的有二：①减少程序成本，使债权人得到更多的清偿，故为债权人所乐意接受；②可避免因破产宣告给有关人员带来的某些私权上的限制，如在法定期间内不得担任公司经理、董事长、律师、清算人等，故为债务人所乐意接受。因而，和解制度不能实现人们所期望的价值目标，它只能消极地避免债务人受破产宣告，而不能胜任积极挽救的角色。

第二，从效力上看，和解程序不能限制担保物权的行使，故常常使企业在因和解协议的通过与认可而得到的"喘息"过程中生还的希望化为乌有。此一制度源于传统民法上的"物权优于债权"的原则，当破产程序开始后，有担保物权的债权人即可行使别除权。然在担保物权相当发达的今天，担保物权往往覆盖了债务人的全部或大部分财产，而别除权的行使无疑使企业赖以生存的物质基础分崩离析。故随和解程序的开始，担保物权的行使，企业也就失去了赖以生产经营的物质基础，也就失去了复苏的可能性。1977年4月27日西德商务公报发表题为《破产法走向破产》的文章，该文指出："企业到了破产之际，其90%的资产已成

---

〔1〕　汤维建《破产程序立法研究1995年》，现藏于中国政法大学图书馆，第150页。

为银行债权人的别除担保或抵押物，而所余的 10% 的财产中，职工工资，社会保险和劳动局可得 39%；财政机构可得 21%，诉讼费及共益费用占 30%，一般债权人仅得 8%。"[1]我国司法实践得出的结论与之基本相同。因而，和解制度难以积极挽救困境企业，不能通过限制个人权利的方法，谋求社会整体利益的实现。

正是因为客观的需要，而既存制度因自身的缺陷又无法满足这一需要，故一种具备积极挽救功能的新的制度 ——重整制度也就必然产生了。

（二）重整制度的历史沿革

由于各国历史上经济及文化发展不平衡，法律制度也就有极大的差别。就重整制度的产生和历史发展来说，各国的差异较大，故仅仅从纵的方面难以说明重整制度历史沿革的全貌，必须从纵横两个方面加以阐述。而纵横论述之最明了、最直接的方式便是将各国的情况分开来研究。

1. 我国台湾地区。我国台湾地区的重整制度制定于 1966 年 7 月 19 日，这一制度的制定源于一偶然事件。1960 年 1 月间，台湾唐荣铁厂股份有限公司资金周转发生困难，向金融机构贷款遭到拒绝，后向政府请求救济。政府鉴于该厂为本省最大的钢铁公司，一旦破产，不仅员工面临失业，债权人利益也难以保障，经济将遭受莫大损失。而当时法律无关于公司重整的规定，但根据"国家总动员法"第 10 条规定："本法实施后，政府于必要时，得对货币流通与汇兑之区域及人民债权之行使，债务之履行，加以限制。"第 18 条规定："本法实施后，政府于必要时，得对银行、公司、工厂及其他团体、行号之设立、合并、增加资本、变更目的、募集债权、分配红利、履行债务及其资金运用，加以限制。"据此两条规定，行政院便于同年 11 月 24 日颁布《重要生产事业救济令》，此项救济令虽因唐荣事件而颁布，但可用于类似事件。但《国家总动员令》为特别法，不宜常引，故仿英国立法例，于 1966 年 7 月 19 日修订公司法，增订公司重整制度于公司法第五章。1970 年再度修改，是为现行的公司重整制度[2]。

2. 英国。英国公司重整制度首创于 1929 年，嗣后经 1948 年、1985 年及 1986 年几经修改，为现行的公司重整制度。按英国《统一破产法》，有四种可供选择的处理公司不能支付的程序：一是管理程序，二是管理接管程序，三是清理程序，四是和解程序。其中，管理程序类似重整制度。管理制度的实质是由管理人为无担保权益的债权人和公司本身的利益经营公司，阻止债权人强制执行公司财

---

[1] 刘小林译：《联邦德国经济法规选》，中国展望出版社 1986 年版，第 144 页。
[2] 黄川口："公司重整之研究"，载《铭传学报》1988 年第 25 期。

产，限制有担保权益的债权人执行担保物权，同时，采取措施使公司改善经营，按与债权人达成的协议清偿债务，以使公司恢复支付能力而得以生存。

3. 日本。日本历史上的倒产制度由五种程序构成，即破产程序，和解程序，公司整理程序，特别清算程序与公司重整制度（公司更生法）。由于日本各种倒产制度产生的时期不同，缺乏通盘考虑，故出现了制度间相互交叉的局面。在明治维新后，先是受法国法影响，制定了只适用于商人的旧破产法；后受德国法的影响并以德国法为蓝本，于1922年制定了现行《破产法》。为了使债务人免于破产清算，仿德国法及奥地利法例，于1922年颁布了《和解法》；受英国法的影响，于1938年修订《商法典》时，又特别规定了公司整理与特别清算制度。在二战后，为吸引外资，按以美国为首的占领军总部发出的命令并以美国《破产法典》第十一章为蓝本，于1952年制定了《公司更生法》，其目的是为保护在日本的外国企业，当他们出现破产原因时，并不是一概立即使之消灭，而是进行挽救以达到再生的目的。1967年日本国会又重新对之进行了修改，称为《公司更生法》。1999年为了振兴日本经济，修改以前和解法之适用少、效果差的现象，1999年颁布《民事再生法》，替代并废除了实施近80年的《和解法》。《民事再生法》是日本1999年12月22日公布的一部旨在振兴日本经济的法律，是为取代传统的和解程序而制定的用以规范再建型倒产处理程序的基本法。该法颁布后，在日本社会各界引起了强烈的反响，日本新闻媒体称之为"经济复苏法律制度"[1]。2006年（平成18年）日本又颁布了其修订后的《公司更生法》，从而并从此形成了日本特殊的"倒产"法律体系，即由破产清算、公司整理、公司更生和民事再生、特别清算五部分组成。

4. 美国。美国的公司重整制度来源于衡平法上的管理人制度（equity receivership）。按美国早期破产法，公司一旦陷入困境而不能清偿届期债务时原《联邦破产法》并无管理人的规定，只能按破产程序对公司进行清算。为解决债务人与债权人之间的关系，保护债权人的利益，所采取的救济措施便是联邦法院衡平管理人制度，以防止其受破产宣告，使公司将其财产授予债权人，免除旧债务的约束，债权人则以受偿的财产为实物出资，代之以股东受领。因这种管理人制度费时且费用较高，法院对于有异议的债权人又无法约束，弊端丛生，以致未能达到公司重整的目的。

---

〔1〕 胡健："日本立法研究资料（六）日本破产法律制度"，载豆丁网，http://www.docin.com，访问日期：2012年10月22日。

破产法

　　为防止公司因破产而走向解体，美国便于 1874 年对 1867 年的《破产法》加以修改，增加了和解制度。和解制度乃是以多数债权人约束少数债权人的原理，使债务人与债权人会议达成协议，弥补了衡平管理人制度不能拘束少数有异议的债权人的不足。但是，按美国《宪法》第 1 条第 10 项第 6 款的规定，无论何州，不得通过公权剥夺令，溯及既往的法律或损害合同义务的法律。故各州欲变更少数人合同上的权利，有许多困难，因而此项和解制度于 1879 年废止，而又重新沿用衡平管理人制度。1898 年通过的《联邦破产法》特许衡平法庭裁定，设置财产管理人，在法院监督下继续营业，免于强制执行，对公司进行重整。1933 年及 1934 年两次对《破产法》中的重整制度加以修订。1938 年又对重整部分进行了重大修改，在破产法中正式加入了第十章及第十一章，史称"陈达勒法案"（the Chandler Act）。其中，第十章适用于发行各种证券及具有担保债务的大型公司，当然适用于股份有限公司。其他公司、合伙或不具有法人资格的社团及受托人经营的事业，均包括在内。第十一章适用于银行及赊销商品债权人等债权债务清楚的案件。嗣后于 1984 年、1986 年又相继对该法典作了几次重大修改，将第 10 章与第 11 章合并，即现行破产法中的第十一章重整程序，它既适用于公司，也适用于个人、合伙。有美国学者这样总结美国重整程序的历史：第十一章商事重整实际上是总结 1898 年破产条例长达 80 年实践经验的产物。[1]破产重整的相关法律在 1980～2010 年间不断完善精进。20 世纪 90 年代中叶以前，破产法最多每 10 年修订 1～2 次，但是此后，在过去的 15 年里，没有一届国会不积极修改破产法或者形成新的破产规则[2][3]

---

〔1〕　〔美〕大卫·G. 爱泼斯坦等：《美国破产法》，韩长印等译，中国政法大学出版社 2003 年版，第 729 页。

〔2〕　〔美〕Harvey R. Miller，"Bankruptcy and Reorganization through the Looking Glass of 50 Years（1960～2010）"，张钦昱译，载李曙光、郑志斌主编：《公司重整法律评论》（第 1 卷），法律出版社 2011 年版，第 409 页。

〔3〕　虽然现在美国的破产法成为世界上破产法的榜样并成为许多国家立法的蓝本，但从历史上看，美国法的发展和完善也经历了一个过程，而这一个过程也许能够给我们一些启示。美国学者 Harvey R·Miller 回忆了这一段历史：在美国的 20 世纪 40 年代，破产法不受大众欢迎，大多数知名法学院甚至对破产法嗤之以鼻，不予开设课程。而大多数律师事务所和会计事务所对破产法不屑一顾，私人与公众也惟恐不及地与破产法划清界限。联邦法院更是高举形式主义大旗，对破产法在商业案件中的普及敬而远之。破产法院那时是一个奇怪的地方——里面居然没有任何法官，破产案件被诉至美国地方法院，由破产受托人（referee）审理。破产受托人任期 5 年，办公条件也很糟糕。全国没有统一的破产法报告，法院的判决居然只依据两本专著……。在一些地方，还存在一些与破

· 324 ·

5. 法国。法国破产法起源较早，但其真正意义上的近代破产制度却始于 1807 年法国商法典的颁布。该法典第三编特设破产编，规定了许多近代破产法的制度。嗣后几经修改，其中在 1889 年修改时设立了司法清理程序，作为辅助的破产程序。可以说，法国的重整制度始于此间。但在 1967 年以前，法国的重整制度一直规定在其商法典中，其间，虽在 1955 年将其独立于商法典而成为特别法，但 1958 年复又纳入商法典中。直到 1967 年的破产法律改革时，才将其从商法典中独立出来。正是因为如此，破产法带有十分明显的商法痕迹。在 1967 年以前，其破产法仅适用于商人。1967 年法律的改革，扩大了破产法的适用范围，将其运用于商人以外的非商人性质的私法人。对于自然人，保留着传统的清理与重整两种程序，对于私法人则适用清理、清算与中止诉讼三种程序。

1967 年《破产法》规定了一系列有利于企业重整的措施，如果企业有复苏的可能，则可适用暂时中止诉讼程序与司法重整程序；如无复苏的可能，则适用财产清理程序。1967 年《破产法》还加强了法官及检察官的权限，当企业处于停止清算状态时，他有权决定适用司法清理程序或司法重整程序，而这项决定将决定企业的命运，检察官在破产程序中有权向法院提出意见或通过上诉程序干预破产程序。然而，1967 年《破产法》规定的司法清算程序不能很好地解决困难企业的重整问题。法律没有规定预防制度，且暂时中止对债务人的追诉时间太短，没有充分的时间考虑有无复苏的可能。司法清理程序的目的为确保有复苏可能的企业得以更生，但这一程序的许多规则却与其目的背道而驰。例如，附期限的债权立即到期，有担保物权的债权人在一经进入司法清算程序而其债权被确认后，可立即行使物权，合同的相对人获得解除合同的权利等，所有这些均不利于企业的康复。鉴于此，从 20 世纪 80 年代起，法国成立了省和部一级的直接或间接的支援困难企业的机构。[1]

产受托人类似的兼职人员，他们每周只有 2～3 天受理破产案件，其余时间则充当其他案件的律师……另外，破产法声名狼藉，而且一般被认为属于公共服务的一种。由于破产程序中处理破产案件的专业人士所获得的报酬远少于其他一些私人诉讼，所以，破产在法律圈内并不被认为是一个法律人的理想执业领域……到 20 世纪 60 年代，虽然是一个追求人性解放的时代，可是令人遗憾的是，破产法却依然没有被广大公众所熟知，甚至未进入广大公众的视线。——摘自 ［美］Harvey R. Miller，"Bankruptcy And Reorganization through the Looking Glass of 50 Years（1960～2010）"，张钦昱译，载李曙光、郑志斌主编：《公司重整法律评论》（第 1 卷），法律出版社 2011 年版，第 401～405 页。

〔1〕 沈达明、郑淑君：《比较破产法初论》，对外贸易教育出版社 1993 年版，第 216～217 页。

1985 年对破产法所作的修改，在法国破产法历史上具有重要意义；它将破产法易名为《法国困境企业司法重整与清算法》，第 1 条开宗明义地规定了立法的目的在于"挽救企业，维持生产经营和企业就业，以及清理债务"。从整个法律程序的规定看，立法者的这一思想在各种措施中得到了极好的贯彻和落实，与其他国家的重整制度相比，它更重视企业的挽救与生产经营的继续，以此维护社会的经济秩序，保障就业。换言之，法律所考虑的主要是经济与社会问题，法律所关注的是为企业的前途及职工的就业找到妥善的解决办法，把了结过去的债务放到了次要的地位。总之，1985 年法把救活企业放在了第一位。

6. 中国。应该说，我国真正意义上的重整制度开始于 2006 年的《破产法》。尽管有人认为，我国 1986 年破产法上的所谓"整顿"就是其他国家的重整，但在我看来，其实 1986 年破产法上的所谓"整顿"根本就不是法律意义上的重整，其混淆了和解与重整的基本区别，将和解与整顿混在一起。根据该法第 17 条和 18 条的规定，企业由债权人申请破产的，在人民法院受理案件后 3 个月内，被申请破产的企业的上级主管部门可以申请对该企业进行整顿，整顿的期限不超过 2 年。整顿申请提出后，企业应当向债权人会议提出和解协议草案。由此可见，1986 年《破产法》是将和解作为整顿的手段。而且，整顿往往使人们想到为一个行政手段而非法律手段。

应该说，我国 2006 年《破产法》之前，就有许多行政法规已经在对国有企业进行"重整"，甚至在实务界有所谓"债务重组"的存在。2006 年《破产法》规定重整的原因与历史背景是：①重整已经成为大多数国家破产法中对企业进行挽救的程序，这一程序在当今社会中已经成为需要；②我国实际存在设立这一程序的必要性，许多大的企业出现危机而没有重整程序遵循，导致挽救措施的缺乏，如著名且在当时具有代表性的"郑百文"事件就是一个例证。尤其是我国大型国有企业的破产，尽管有关部门采取行政措施，但却因存在法律障碍而收效甚微。

四、重整制度的适用范围

(一) 重整制度适用范围的概述

重整制度的适用范围即是对何人适用重整程序的问题，这是重整程序和任何法律制度必须首先解决的问题。它的意义在于确定被申请人的资格或自我申请的有效性问题，当不是重整制度适用的对象申请自己重整或被他人申请重整时，法院可驳回其申请。这种适用范围是由重整制度本身规定的，如法国《困境企业司法重整及清算法》第 2 条规定："司法重整适用于所有商人，手工业者，农业经营者及私法人。"

假如说最典型或经典意义上的破产是个人（自然人）破产的话，那么经典意义上的重整则是法人的重整。在谈到重整制度发展的历史时，我们曾看到，重整的目的在于避免因企业破产造成工人失业以及企业间的连锁反应，给社会经济带来损失，减少社会震荡，故主要适用于法人。对一般的自然人即消费自然人不适用重整程序，因为其破产不会出现巨大的社会负效应，对其适用和解程序足以达到同样的目的。于和解不能而被宣告破产后，再给予免责的优惠，便使其能够重新开始，以达自我更生的目的。但对于从事商业经营的人，许多国家规定适用重整程序。因为从事商业经营的自然人在性质上与私法人并无二致，只是规模的不同，有时他也有雇员，其破产清算也会给社会造成不同程度的影响，因而规定他们成为重整制度的对象，也有积极意义。如法国《困境企业司法重整及清算法》第 2 条规定："雇员不超过 50 人，税外营业额低于最高行政法院规定标准的自然人或者法人，适用本法第二编规定的简单程序。"当然，在雇员超过 50 人时，则应适用一般程序。在理论上，个人合伙的法律地位也同于自然人，承认自然人为重整对象，则就承认了合伙也为重整的适用对象。

法人是重整程序适用的对象，但是也有例外与排除。在此，我们不得不与破产程序中规定的法人的破产能力加以对比。在破产法上，一般来说公法人不具有破产能力[1]，也不是重整的对象。因为公法人是为履行社会管理职能而创设的机构，它主要包括国家、政府机关及其他公共团体，如果法律规定公法人具有破产能力而对其宣告破产，无疑会给社会政治带来危机。况且，其债务以国库作为担保，一般不会发生支付不能，此点与重整相同。

对公益法人和对国计民生有重要影响的各种行业是否具有破产能力的问题，各国破产法的规定及学理上的主张甚为不同。公益法人是指以社会公共利益为目的而成立的法人，如学校、医院、慈善机关、基金会、工会、农会以及民间商会等。所谓的社会公共利益，是指追求不特定的多数人的利益，而且一般是非经济利益。但这并不是意味着公益法人不进行任何营利性的活动，相反，营利活动往往是某些公益法人的重要内容，但与营利法人不同的是，这种营利不是公益法人的最终目的，所获得的盈利并不分配给其成员，而是完成其目的的手段或途径。例

---

[1]　美国及个别国家的破产法除外，它们认为公法人是可以适用破产法进行债务处理的，其实践中也确实有公法人破产的案例。

如，基金会为了维持或扩大资助科研基金而将其财产用于投资；贫民院或养老院等为维持自身生存或扩大慈善事业而兴办企业或从事其他经营等。[1]我认为，对于这种法人，不仅应适用破产程序，也应适用重整程序。因为，公益法人既然从事营利性活动，就应该按民事主体一律平等的原则，承担责任与经营风险。

至于一些事关国计民生的特种行业，如银行、保险、铁路、邮政通讯等是否具有破产能力，各国立法规定也不同，如美国、加拿大等国的破产法均规定其不适用破产程序；有的国家的破产法则明确规定适用破产程序，如1992年的俄罗斯破产法。按照我国2006年《破产法》第134条的规定，商业银行、证券公司、保险公司等金融机构有本法第2条规定情形的，国务院金融监督管理机构可以向人民法院提出对该金融机构进行重整或者破产清算的申请。笔者认为，与国计民生有关的特种行业不应等同于一般企业法人而应适用特殊清算程序，以免对社会经济秩序带来混乱，给人民生活带来影响，但应适用重整程序。如美国联邦破产法第十一章"重整程序"第3节便专门规定了对铁路的重整程序。

（二）重整适用范围的立法比较

1. 我国台湾地区及英国。我国台湾地区及英国的重整制度仅适用于股份有限公司，其中，我国台湾地区公司法对适用范围有更严格的限制，根据该法第282条的规定，以公开发行股票或公司债的股份有限公司为限。其立法理由是，公司重整如果范围太宽，则很可能发生以重整为手段达到规避破产或拖延债务履行目的的流弊，公司法之所以规定公开发行股票或公司债之股份有限公司为重整的对象，则表示重整在谋求保障社会整体利益，而不是仅因企业个体的需要，充分说明公司重整对社会经济发展与社会安全的积极的政策意义。而非公开发行股票或公司债的公司，可能是家族公司，自无重整的必要。即使为非家族公司，若不是公开发行股票或公司债的股份有限公司、无限公司、两合公司影响社会大众利益较小，也无适用重整程序的必要。[2]

2. 美国。根据美国破产法的规定，个人、合伙、公司均能援引第十一章程序，但证券经纪人，商品经纪人或铁路都不能主动申请适用第十一章程序对自己进行重整。除此之外，能作为第十一章重整对象的债务人仅限于在美国有住所或居住的人以及在美国有营业所或财产的人。

法律上虽然如此规定，但在美国每个财政年度的破产案件总数中，适用第十

---

〔1〕　江平主编：《法人制度论》，中国政法大学出版社1994年版，第53～54页。

〔2〕　杨建华：《商事法要论》，三民书局1984年版，第155页。

一章重整程序的只有 0.7% 左右[1]，从具体对象看，能够真正适用重整程序的也仅仅是大公司。美国学者对此是这样分析的，从有关第 11 章案件实施成败的粗略统计数来看，第 11 章的适用情况区分为两个部分：第一部分由中小公司组成，这些公司通常是股票不上市公司，从资产规模上从数十美元到几百美元不等。第二部分主要由大型的上市公司组成。由于某些我们不十分清楚的原因，大型公司几乎总能提出从某种意义上来说是成功的重整方案，根据重整方案，一些企业在第十一章程序终结后继续经营过去的业务。小企业却通常不能将程序进行到方案批准的阶段，甚至在许多判例中都没有提出重整方案。因此，将中小企业提出第十一章程序申请看作是几乎必然导致清算的挣扎阶段，是十分贴切的。与此相反，大型企业提出第十一章重整申请通常是成功的。原因大致有三：①许多中小企业本来就没有重整的希望，但却提出第十一章程序而非第七章程序，主要是想不花费任何代价就摆脱危机或者保留他们的职位；②大型企业与中小企业适用第十一章程序的区别在于程序的费用问题。在第十一章重整期间经营企业所需要的费用，要比在正常情况下经营企业高得多。经济实力相对雄厚的大型企业比小型企业更容易承受这样的经济负担；③银行债权人和其他债权人面对大型企业重整和小型企业重整所持的态度会有所不同，他们出于维护自身利益的考虑会为重整中的大型企业注入更多的资金，以避免惨重的损失[2]。

也有的美国学者提出自己不同的观点，指出对小企业适用第 11 章的学术批评集中在它的低成功率和提供拖延机会这两个方面。但事实绝非如此，首先，现今重整成功的企业数量远远超出我们的想象。其次，最近的学术争论所缺失的是：没有对典型案例中的重整程序收益进行更为直观的探讨。在绝大多数并不存在资产出售的判例中，第 11 章的作用不在于挽救企业或者保证员工不失业，而在于使那些因个人担保或者不能履行个人纳税义务而破产的 600 万个体经营业主中的 1 万人能够更加容易地继续保持经营的状态。也就是说，第 11 章并非要解决持续经营的是否问题，而是确保他们持续经营更为容易。[3]这一观点恰恰说明，小企业重整的社会意义远不如大公司，大公司的重整不仅能够解决自身的生存与继续经

---

〔1〕　［美］大卫·G．爱泼斯坦等：《美国破产法》，韩长印等译，中国政法大学出版社 2003 年版，第 6 页。

〔2〕　［美］大卫·G．爱泼斯坦等：《美国破产法》，韩长印等译，中国政法大学出版社 2003 年版，第 732～733 页。

〔3〕　（美）Douglas G·Baird，"The New Face of Chapter 11"，张钦昱译，载李曙光、郑志斌主编：《公司重整法律评论》（第 1 卷），法律出版社 2011 年版，第 392 页。

营，而且能够解决社会问题，如失业等。

但总的说来，多数美国学者都认为，美国破产法的第 11 章重整成本和费用过于高昂，甚至有的学者对比美国与大陆法系的荷兰在重整程序费用方面的差别，指出自 1978 年以来，破产法第十一章经常因其成本而受到指责。在绝对意义上，大量的破产重整案件毫无例外地导致了专业费用处在一个非常高的水平，平均成本是荷兰的 5～8 倍。而在这些费用中，多达 60% 的费用是与破产重整中的核心程序无关的。[1]并且，这一成本费用还在不断上升，自 1998 年至 2007 年 10 年间，每年上升 9.5%。[2]而且，在美国，存在大量的违规收费问题，而且法院难以控制，原因有二：一是对费用的控制是一个艰苦枯燥的工作；二是挑选法院和法院之间的竞争，在竞争中领先的法院如果控制了费用，挑选法院的专业认识会引导后人去选择那些没有采取控制措施的法院。这种高昂的费用引起了高的重整失败率。破产界的主流观点是应当终止这种选择法院的行为，不幸的是似乎没有人去启动这项改革。[3]因此，在这一点上，我国的重整程序不应学习美国破产法。幸运的是，从我国重整实践来看，我国的重整费用相对来说是比较低的。

3. 法国。根据法国 1985 年 1 月 25 日第 85 - 98 号法律，即《法国困境企业司法重整及清算法》第 2 条的规定，重整程序适用于所有商人、手工业者、农业经营者及私法人。

对于商人，司法重整程序的开始必须具备两个条件：一是停止支付必须发生于债务人吊销商事登记册上的登记之前；二是程序必须在吊销后 1 年内开始。

在司法实践中，没有在商事登记册上登记而从事商业活动的人，被视为商人。以自己的名义为他人从事商业或手工业活动的人，也同样被视为商人或手工业者，但判例不容许通过他人从事商业活动或手工业活动而逃避司法重整程序，所以对他同样适用司法重整程序。[4]除此之外，法院得对在停止付款状态中死亡的商人或手工业者宣告重整程序的开始，但申请必须是在死亡后 1 年内提交法院（例外的情况是，法院也能以职权宣告重整程序的开始）。

司法重整程序适用于各种私法人，但主要适用对象为商事公司，包括无限公

---

〔1〕 Stephen J. Lubben, "the Costs of Chapter 11 in Context: American and Dutch Business Bankruptcy", *American Bankruptcy Law Journal*, 2010.

〔2〕 Lynn M. LoPucki, Joseph W. Doherty, "Routine Illecalty Redux", *American Bankruptcy Law Journal*, 2010.

〔3〕 Lynn M. LoPucki, Joseph W. Doherty, "Routine Illegality Redux", *American Bankruptcy Law Journal*, 2010.

〔4〕 沈达明、郑淑君，《比较破产法初论》，对外贸易教育出版社 1993 年版，第 229 页。

司，两合公司，有限责任公司与股份有限公司。处在下列特殊情况下的公司仍能成为重整的对象：①曾经在商事和公司登记册上登记而之后被宣告登记无效的公司；②清理中的公司；③根据《法国困境企业司法重整及清算法》第一编第一章第 17 条的规定，当私法人停止支付后出现下列情况时，得在自发生之日起 1 年内对之开始司法重整程序：一是注销公司与商业登记。如果是法人企业，期限则从清理结束公告后的注销之日起算；二是清算结束公告；④根据法国判例，对于虚假公司，即公司与公司主持人的财产不加区别，法院可直接对公司主持人适用重整程序。法院在确定公司是否为虚假公司时，主要是根据下列事实：资产与会计不合；公司与其主持人从事同样的活动。即使公司在成立初期确为法人，后来公司的资产才与其主持人的财产合并时，也不妨碍对虚假公司的认定。⑤在政府机关监督下进行清理的公司，例如，对保险公司实行重整的申请只能由政府部门提出。

法国 1985 年第 85－98 号法律，即《法国困境企业司法重整与清算法》对于就企业债务承担无限责任及连带责任的经理或股东规定了极其严厉的制裁。根据该法第 17 条的规定，对企业开始的司法重整的效力及于就企业债务承担连带责任或无限责任的股东及其他人。除此之外，对企业的债务承担无限责任的成员或合伙人宣告从企业和商业登记中撤出是在法人企业停止支付之后时，得在自宣告撤出之日起 1 年内对之开始司法重整程序。当然，若以上人员的撤出是发生在企业处于停止付款之前时，则不能对之适用重整程序，除非能证明撤出的目的在于诈欺性地逃避对之适用重整程序。

我们在前面讲到法国重整法的发展史时已经提到，1967 年法国法将司法重整程序及司法清理程序的适用扩大到非从事商业行为的私法人，1985 年 1 月 25 日第 85－98 号法律，即现行法保留了 1967 年法的这一改革成果。

4. 我国。在我国现行破产法的起草中，对于重整制度的适用范围问题存在较大的争论。有人主张应当对重整程序的适用范围作出严格的限制，最好是限制在股份公司甚至是上市公司。因为，重整程序是一种成本高，社会代价大，程序复杂的制度，它更多的是保护社会整体利益，而将债权人的利益放在次要位置。与和解制度相比，重整程序中的公力干预较强，对债权人的限制及债权人所作出的牺牲较大，故它要求重整对象必须是有社会价值的企业。另外，如此大的社会代价，一旦重整不成，会给债权人及股东造成极大的损害，尤其是担保债权人最不愿援用此程序。因而，立法应当严格限制其适用的范围，而且，法院在审查重整申请时，应严格谨慎，除非确认债务人确有"重建"的希望，不能轻易许可开始重整程序。也有人认为,立法不宜对重整程序的适用范围作出过于狭窄的规定,而是由法院在具体适用过程中,根据具体情况进行掌握。2006 年通过后的破产法显然采取了最后一种主张,于第 2 条规定其为企业法人。按照我国 2006 年破产法的规定,重整与破产程序、和解程序的适用范围是一样的,即企业法人。因此,有充分的理由可以将我国的重整程序称为"商事重整"。但是,上面提到的美国重整司法实践的经验值得我们注意:按照美国破产法第十一章的规定,适用的主体可以分为两大部分:一部分是中小型企业,另一部分是大型股份上市公司。中小型企业通常不能将程序持续到批准方案的阶段就陷入破产的深渊。而大型企业提出第十一章的申请通常导致某种形式的公司重整,而且成功率较高,因此,在实践中,我国的法院应严格掌握适用范围,以避免不必要的程序成本。

五、程序之间的比较与转换

(一)重整制度与和解制度的比较与转换

第一,重整制度与和解制度的联系与区别。

1. 联系。

重整制度与和解制度有许多交叉与共同点:二者都是清理债权债务关系的制度;均是为避免债务人受破产宣告或破产分配而设;二者均为强制性的集体程序,即在通过和解协议或重整计划时,都采取少数服从多数的表决原则。一经通过,和解协议或重整计划对全体债权人均有约束力;二者的生效均以法院批准为必要;二者的实施均在监督机构的监督下进行;无论是重整还是和解,其成功的结果,都会在客观上使债务人免受破产清算,同时,都会使债权人受到程度不同的损失;重整与和解的原因有交叉之处:债务人不能履行到期债务。

2. 区别。

(1)目标不同。和解虽然也是为避免债务人受破产宣告或受破产分配,但它只能消极地避免而不能积极地预防。从实质上说,和解制度与破产制度一样,重在清偿,有时债务人(非自然人)与债权人通过和解的方式解决完债权债务关系而使债务人消灭。其与破产宣告不同的是,通过和解解决债权债务关系,对债务人的名誉有利,况且,和解费用较破产费用为少,债权人可得到更多的清偿,因而在实践中,债权人更愿意适用和解程序。但是,这也恰恰反映出和解制度的局限性:债权人主观上并不关心债务人的生与死,对债权人来说,债务人(法人)生存只是为了对其债权进行更多的清偿。和解协议执行完毕而企业能继续生存下来,是和解的客观结果而非债权人的主观愿望。除此之外,和解制度并不像重整制度那样对各类债权人有极强的约束力。和解对于有担保物权的债权人无任何约束力，和解程序开始，担保物权人可直接行使担保物权，即别除权。在实务中，往往是担保物权一经执行，企业财产便所剩无几，从客观上使企业的复苏的可能变为乌有。故和解制度不能积极地挽救企业。

重整制度则与之不同：重整的目的即在于拯救企业，是积极地挽救而非消极地防止与避免。法国重整法与日本公司更生法于第 1 条均开门见山地指出了重整的目的在于拯救企业。正是围绕着这一目的，重整制度规定了比和解制度更强的效力。重整程序一开始，不仅所有的民事执行程序均应中止，禁止债务人向个别债权人为清偿，而且对债务人的特定财产享有担保物权的债权人也不能按一般民法程序行使其担保物权，须按重整计划的安排行使。这一规定使得重整，即对债务人的拯救在客观上有了物质保障。

（2）适用对象不同。关于和解的适用对象，与破产的适用对象相同，既适用于自然人，也适用于法人及合伙。一般说来，其适用对象较重整为宽。关于重整的适用对象，我们在上面已经作了讨论，各国法律对之规定不尽一致。有的国家规定较宽，如美国，法国等规定为公司与自然人；有的国家规定较窄，如日本为股份公司；有的则更窄，如我国台湾地区规定为上市公司。但实际上，将重整程序适用于个人，并无多大意义。因为，首先，重整之目的是为了拯救对社会经济有重大影响的企业，防止其破产造成的工人失业，生产要素的浪费，减少社会震荡，而个人破产无此后果；其次，重整是以公力使债权人的利益损失为代价的，而这种牺牲债权人利益以拯救债务人个人与重整制度的价值理念是否相符？然后，对单个债务人来说，尚有和解制度与破产免责制度可资运用，可使债务人以较小的社会代价获得更生的机会。最后，重整费用十分高昂，有的国家的破产法或重整法虽规定及于个人，但在司法实务上却鲜有用于个人者，即使是公司，也难以支付巨额费用。正如日本学者宫川知法所言："公司更生存在多重程序，从申请到终结，最少也需要 1000 万日元的费用及 7～8 年的时间，如此费用与时间与其他法律整理相比，其负担是非常大的……。公司更生只能用于有再建价值的企业。"故当事人在选择适用重整程序时，都十分谨慎。以日本为例，1992 年的破产案件总数为 45658 件，适用和解程序审结的为 292 件，适用重整程序的仅为32 件，其中大多为上市公司[1]。

（3）程序开始的原因不同。和解程序与破产程序开始的原因相同，即为不能

---

〔1〕［日］宫川知法："日本倒产法制的现状与课题"，载《外国法译评》1995 年第 2 期。

清偿到期债务或债务超过。而重整原因较之为宽，即使债务人尚未不能支付，但有不能支付的危险和可能时，即可对之开始重整程序。有的国家，如美国、英国等国的破产法规定更宽，只要债务人认为自己财务困难，即可提出申请。债务人的申请，即被认为其有不能清偿之虞。笔者认为，重整的目的在于挽救，当债务人出现支付不能的危险时进行重整，远比其出现不能支付时再开始重整的成功率高，要求债权人所作的让步也较小，债权人所受的损失也就较小，故对债权人和债务人均无不利。

（4）程序开始的申请人不同。从世界各主要国家的和解制度看，和解申请是法律赋予债务人的特权，只有债务人才得以提出。债权人不能提出和解申请，法院也不能依职权宣告和解程序的开始。

重整程序的开始原则上也是以申请为依据，但申请人的范围较和解广泛，不仅债务人可以提出，债权人、公司股东在具备一定条件时也可提出。根据法国1985年85-98号法律，法院可以依职权或经共和国检察官的请求宣布重整程序的开始。根据我国2006年破产法之规定，不仅债务人、债权人可以提出重整申请，而且，债权人申请对债务人进行破产清算的，在人民法院受理破产申请后、宣告债务人破产前，出资额占债务人注册资本1/10以上的出资人，可以向人民法院申请重整。

（5）效力不同。根据各国的和解制度，和解协议经法院认可后，对担保物权不产生效力，对于就债务人的特定财产享有担保物权的债权人可以直接行使担保物权以获得满足。而重整则不同，重整程序一经开始，对所有的债权人，包括有担保物权的债权人产生效力，担保权人不得依一般的民事程序行使担保物权，必须依法申报债权并参加重整程序，其担保物权的行使或债权的受偿必须按重整计划的规定。

在与破产程序及和解程序的关系中，当破产申请、和解申请及重整申请并存时，法院应首先受理重整申请。重整程序一经开始，尚未开始的破产或和解程序不得开始，已经开始的，必须中止。故重整程序的效力优于破产或和解程序。

（6）措施不同。单就措施而论，和解制度的措施较为单调，它主要是靠债权人的让步，即债权人减免债务或延期支付的方式，给债务人以喘息的机会而获得清偿手段，而重整措施较为丰富，除债权人的减免或延展偿付期限外，还可以将企业整体或部分转让、租赁经营等。正像宫川知法所说的那样："公司更生是以大股份有限公司为对象的再建型程序……是一个对公司业的继续和再建具有强有力的手段且手段丰富的制度。"[1]

（7）利害关系人不同。无论是破产程序、和解程序，还是重整程序，均充满了现实的与潜在的利益冲突。在破产和和解程序中，仅有两方面的利益冲突，即债权人与债务人的利益矛盾，股东在破产和和解程序中无法律地位，没有任何发言权。而重整程序不仅规定了债权人及债务人的法律地位，而且对股东的法律地位也做了规定，因而重整程序中的利益关系就更为复杂。

（8）自治机关不同。破产程序，和解程序与重整程序虽已不是传统意义上的自力救济的制度，但在不同程度上反映着债权人自治的特性。在破产程序和和解程序中的自治机关为债权人会议，而重整程序中的自治机关为关系人会议。这不仅仅是名称的不同，其成员的组成及工作程序也有极大差别。债权人会议的组成人员为债权人，而关系人会议的组成人员除债权人外，还有股东。另外，在工作程序上，债权人会议议决问题，是采用少数服从多数（以债权额计算）的原则，而关系人会议议决问题则是采用分组表决的方法，即根据不同的标准将债权人及股东分为若干小组，各个小组再按少数服从多数的原则进行表决。

我国 2006 年破产法虽然明确规定重整程序中的自治机关为债权人会议，但也规定了在有的情况下股东对特定事项的表决权，即根据该法第 85 条的规定，重整计划草案涉及出资人权益调整事项的，应当设出资人组，对该事项进行表决。

3. 制度价值的比较。作为两种相互联系而又相互独立的法律制度，重整程序及和解程序各有其意义及作用。但任何事物均有其积极与消极两个方面。当事物获得一种价值的时候，就意味着失去了另一种价值。我们拟从制度的积极与消极两个方面，对重整及和解制度的价值进行比较。

从各种制度的历史发展看，破产制度出现较早，其次是和解制度，最后出现的才是重整制度。在历史上和解制度的出现，可以说是为了弥补破产制度的不足。如果说破产制度在自由资本主义时期是一种清理个人债权债务关系的有效制度的话，那么到了 19 世纪后期随大量新型经济活动的主体——公司法人制度出现后，它却有了很大的局限性。其中最大的不足是，当债务人不能支付到期债务时，简单地对其进行破产清算而将其淘汰，往往造成极大的社会震荡——生产力浪费，工人失业。正是认识到这一问题后，人们便纷纷寻找解决办法。1883 年，英国首先将和解制度引入破产程序，规定债务人与债权人达成和解协议后，可不受破产宣告，并规定当事人在申请开始破产程序前，必须先行和解，后世学者将

---

[1]　[日] 宫川知法："日本倒产法制的现状与课题"，载《外国法译评》，1995 年第 2 期。

之称为"和解前置主义"。和解前置主义表明了英国法尽力避免破产的立法目的。1886 年比利时颁布了以预防破产为目的的和解法,即于破产法之外,另行制定和解法,在和解程序与破产程序的关系上,和解优于破产,即当事人有权选择适用和解程序抑或破产程序,但当关于和解程序开始的申请与破产申请同时存在时,法院应优先受理和解申请。英国的和解制度及比利时的和解立法分别对英美法系及大陆法系国家产生了深远的影响,以至后世形成了两种关于和解的立法例:英美法多将和解并于破产程序中,而大陆法多将和解制度单独立法,如日本及韩国均有和解法。但两大法系所共认的一点是:和解制度的效力优先于破产制度。

虽然说和解制度创设的初衷在于避免破产宣告给社会带来的消极影响,但因其制度本身有诸多不足,救济手段贫乏,故只能消极地避免而不能积极地预防与拯救。和解协议的执行过程,既是对债权人债权的满足过程,往往也是债务人(法人)走向消亡的过程。通过和解协议能生存下来的企业极少。因为此时债务人的信誉极差,难以筹集资金,而且有的国家破产法要求债务人在和解协议达成后的法定期限内,必须偿还一定比例的债务,以示债务人有和解的诚意及执行和解协议的能力。如俄罗斯 1992 年《破产法》第 4 条规定:"在法院批准和解协议后的两周内,债务人应清偿不少于总债务额的 35% 的债权。"和解协议又不能限制担保物权人行使担保物权,这样,债务人便无从复苏。

重整制度是一种积极挽救困境企业的法律程序,它采用各种各样的措施使企业走出困境,避免因企业破产给社会带来的许多不利因素,是一种较为理想的制度,也是为各国目前所重视的法律制度。可以说,自第一次世界性的经济危机以来,是再建型程序的发展和完善的时期。各国的重整制度多在此间产生。最近一次大规模的世界性的修改破产法的运动始于美国。美国 1978 年首开修改破产法运动的先河,进而在世界范围内引起了一场大规模的修改运动,其主要内容为强化和解与重整立法。

各国之所以如此重视重整立法,是因为重整制度所采取的各种措施,确能从客观上保证债务人的复苏,而这些措施在和解制度中是没有的:①限制担保物权的行使;②使股东参加重整程序,可对企业的亏损资本进行填补;③公司可依法发行新的股票,筹集资金;④可将企业部分转让以取得重整资金;⑤在企业不能募集资金时,可将企业整体转让,易主经营,以使企业获得新生。重整制度手段的多样性,增强了其使企业复苏的有效性。如日本自 1964 年以来,有 80 家上市公司倒产,其中 66 家选择了重整程序。通过重整,获得新生。故日本学者指出:"可以说,公司更生一方面抑制处于社会经济地位的强者(担保权者,租税债权者）行使权利，另一方面对在社会经济地位上的弱者给予一定的保护，并且促进事业的继续、再建，把因大企业倒产所造成的恶性影响控制在最小的限度内。"[1]也就是说，重整制度将社会利益放在第一位，也许正是因为如此，重整程序中的价值冲突比和解制度更为严重。

在和解程序中，只有两方面当事人：债权人与债务人，虽然也有社会利益的存在，但体现得不十分明显。和解制度与破产制度相比，虽然更多地保护债务人的利益，但主要还是围绕着债权人如何实现其债权这一目标而展开的。只要对和解制度的各种措施略作研究，便不难发现，和解制度的所有手段均是为了如何保证债务人按和解协议偿还债权而设。债务人稍有不慎，便会有立刻被拖回法场的危险。正是因为它是以对债权的保护为中心，故它不限制担保物权的行使，并把公司的真正主人——股东排除在程序之外。和解程序有很强的自治性，债权人会议的权力较大。和解协议能否通过，完全取决于债权人会议。即使法院有理由认为，和解对避免企业破产、工人失业及社会整体利益的实现有利，也难以进行干预。虽然在和解程序中，也有少数债权人被迫放弃权利的情形，即在表决中，少数不同意的债权人必须接受多数债权人的决议，但与重整制度相比要小得多。另外，和解程序的费用较少，程序较为简单，社会代价相应的较小。

与此不同的是，重整程序是一种成本高、社会代价大、程序复杂的制度，它更多的是保护社会整体利益，而将债权人的利益放在次要位置。重整程序中的利益冲突更加复杂：它有更多的冲突方，即债权人与债务人，债权人与股东，股东与债务人的对立关系。它限制担保物权的行使；用分组表决的方式削弱了债权人的发言权，以有利于重整计划的通过。与和解制度相比，重整程序中的公力干预较强，例如，根据美国破产法第1126条（f）的规定，如果债权人的债权未受重整计划的削减，而该债权人反对计划的通过时，其反对不生效力。甚至无需征求其对计划通过的意见。法国1985年85－98号法律更允许法院以职权宣告重整程序的开始。这样，对债权人的限制及债权人所作出的牺牲就较大，故它要求重整对象必须是有社会价值的企业。另外，如此大的社会代价，一旦重整不成，会给债权人及股东造成极大的损害。尤其是担保债权人最不愿援用此程序。因而法院在审查重整申请时，应严格谨慎，除非确认债务人确有"重建"的希望，不能轻易许可开始重整程序。正是因为这个原因，在世界各国实务中，重整程序是适用最少的一种程序。

---

〔1〕　〔日〕宫川知法："日本倒产法制的现状与课题"，载《外国法译评》1995年第2期。

第二，重整制度与和解制度的转换。

和解程序与重整程序之间能否转换？对于这一问题，绝大多数国家的立法持肯定的态度。例如，根据法国《困境企业司法重整与清算法》第2条及第4条的规定，以非商业公司的形式从事的农业经营者，在适用重整程序之前，须首先适用和解程序，在和解不成时，再适用重整程序。除此之外，任何债务人根据84－148号法律与债权人达成和解协议，但不按和解协议向债权人履行财产义务时，均可适用重整程序。即使和解协议已经达成，但尚未履行或正在履行过程中，根据日本重整法及美国破产法，也允许利害关系人提出重整程序开始的申请。其理由是：①和解程序与重整程序具有共同的开始原因，这一点无论是我国2006年破产法，还是国外的破产法或者其他法律都持肯定态度；②和解程序与重整程序具有完全不同的制度目标与价值。因此，大部分国家的破产法的设计思路是：

中国2006年破产法禁止程序在和解与重整之间进行转换，这也可以看成是中国破产法的一个特色。主要是考虑到和解与重整都属于再建型程序，当事人在程序开始时就应当进行理性的选择，一旦选择某一程序，就不能再进行转换，以减少程序性成本。当然，这不是理论上的问题，也不是技术上存在困难，而是我国立法政策的选择。

（二）重整制度与破产清算制度的比较与转换

第一，重整制度与破产清算制度的联系与区别。

1. 联系。

作为债权债务的清理制度，重整程序与破产清算程序有许多相同与交叉之处。首先，二者性质相同，同为特别程序而非一般民事诉讼程序；其次，无论破产清算程序，还是重整程序，均体现了债权人待遇公平这一原则，不允许给予个别债权人以额外利益；再次，两种程序的开始均以申请为原则；然后，程序开始后的效果是一致的，即发生与债务人财产有关的一切民事诉讼程序及执行程序中止的效果，债务人均损失对其财产的管理处分权；最后，重整程序与破产清算程序开始的原因有重叠之处——债务人不能支付到期债务。

正是因为破产清算程序与重整程序有许多相同或相似之处，所以有的国家，如我国与美国等将破产清算与重整放在一部法律中加以规定，统称"破产法"

（Bankruptcy Code）。

2. 主要区别。

（1）宗旨不同。重整程序的目的在于挽救处于困境的债务人；而破产清算程序的宗旨重在公平地将债务人的财产分配给债权人。

（2）程序开始的原因不尽相同。重整原因较破产清算原因为宽。当债务人有不能支付之虞时，即可开始重整程序，但破产清算程序的开始须以债务人不能清偿到期债务为必要。故可以说，破产清算原因必为重整原因，但重整原因不一定是破产清算原因。

（3）适用范围不尽一致。一般地讲，重整程序适用的范围较破产清算为窄，破产清算程序既适用于法人，也适用于自然人（我国破产法为例外），而重整一般适用于法人（公司）。

（4）重整程序开始的申请人较破产清算程序为宽。（参见上述有关重整与和解的比较）。

（5）重整程序与清算程序的参与主体不同。破产清算程序的参与主体主要为债权人和债务人，而重整程序的参与主体为债权人、债务人和股东。

（6）重整程序与破产清算程序的效力不同。重整程序一经开始，一般民事执行程序，破产清算程序或和解程序必须中止。另外，对债务人的破产宣告，对其无疑是死刑宣告，也即是其走向消灭的开始，而重整程序的开始则是债务人走向新生的起点。

3. 价值比较。

破产清算程序的最大宗旨在于使全体债权人公平受偿。这一制度最初是为了弥补民事执行程序的不足，即当债务人的财产不足清偿全部债务时，取得执行名义在先的债权人往往能获得全额清偿，而在后的债权人可能无法获得清偿，于债务人之间产生了不公平。为了平衡债权人间的利益冲突便产生了破产清算。它可以将债务人的财产在债权人之间进行公正合理地分配。正是从公平受偿的角度，许多学者认为多个债权人的存在是破产清算程序开始的要件，若只有一个债权人，不存在公平受偿的问题。在破产清算程序中，各债权人必须按法定程序进行债权申报，其债权非经破产清算程序不得受偿。债务人不得对个别债权人进行清偿，债权人也不得以执行名义或其他方法强行要求债务人为清偿。在此情况下，实际上包含着债权人共同分担损失的意义，因而有人将公平分配，称为损失分配。破产清算发展至今天，除固有的公平清算外，尚有以下两种功能：

（1）赋予债务人"重新开始"的机会。现代各国破产法均采取与破产法之产生初期不同的指导思想与立法原则。在保护债权人利益的同时，也注意保护债务人的利益。当债务人一旦因不幸而陷入困境，不是简单地将其置于死地，而是给予其以重新开始的机会。从整个破产清算程序的设计看，主要表现在以下几个方面：

首先，免责。现代各国破产法都采取非惩罚主义的立法原则，严格区分破产犯罪与破产有罪的界限，不再将破产行为本身视为当然的犯罪。若债务人因不幸而陷入不能清偿债务的泥潭时，其全部财产按法定程序公平分配给全体债权人之后，若债务人是诚实的，就能免除清偿剩余债务的责任。这样就使债务人在客观上摆脱了债务负担，获得了重新开始的机会。

其实，正是破产免责制度的创立，才使得债务人对自愿的破产清算申请产生了兴趣。债务人积极申请破产的最大目的，便在于获得免责的优惠。以日本为例，据日本东京商工部统计，1992 年申请免责的案件达 18 060 件，获得免责为17 414件，约占 96%。不可否认，在免责制度中，不乏权利滥用而不当免责的情形。

其次，自由财产。自由财产一般是指专属破产人本身的权利及禁止扣押的财产。这些财产为债务人的生计所必需，故破产法一般不将这些财产列为破产财产。

（2）切断债务膨胀以减少社会代价。随社会分工及协作地不断加强，现代企业之间的联系已十分紧密，企业间形成了较强的相互依赖关系，任何企业都不是孤立存在的组织。一旦某一企业已支付不能，若不及时用破产清算程序加以清理而任其存在，必然会导致债务的进一步膨胀，受潜在危险影响的企业会更多，如此下去，必然形成恶性的连锁反应，给社会经济造成巨大损害。因而当企业具有破产清算原因时，应及时予以破产宣告，清理其债权债务关系，以免贻害更多的企业。从这一角度看，破产清算制度具有减少社会代价的功能。

破产清算制度虽有以上种种功能，但它却有其本身无法避免的缺陷。这主要表现在：

（1）偿债率低，于债权人不利。虽然破产清算程序具有将债务人财产公平分配给债权人的功能，但从债权人实际所受的分配看，往往受偿率较低，于债权人十分不利。这是因为，一方面，企业财产在出售时，是以消极的方式出售，而不是作为经营中的企业财产出售，换言之，财产是以静态而非动态的方式出售，无形中降低了其价值，企业信用损失殆尽，债权人对这种损失不得不承担。另一方面，破产清算程序费用高昂，而这些费用须优先于债权人的债权而随时拨付，再加上担保物权人行使担保权利，对一般债权人来讲，更是雪上加霜。据日本商工部提供的数字表明，通过破产清算程序处理的案件，债务人保有的资产极少，债权人的平均分配率只有2%～3%左右。据德国1977年统计资料表明，依破产清算程序处理的案件，在担保物权人行使别除权后，债权人只能得到债务人在破产宣告时拥有财产的8%的清偿。[1]在其他国家的司法实务中，超过10%的清偿率的极少。在我国通过破产清算程序处理的案件中，债权受偿率也在10%左右，如在1993年重庆针织厂破产案件中，债权的受偿率为11%。[2]

（2）破产分配消灭了债务人赖以经营的经济基础，对债务人不利。破产清算程序的终结，意味着债务人的财产被完全分配，当债务人为法人时，则意味着法人的当然解散。即使自然人能获得免责，也往往因其缺乏经济能力而难以东山再起。

（3）破产清算往往造成工人失业，生产力浪费，还会引起连锁反应，于社会不利。破产清算制度虽有切断债务，减少社会代价，避免扩大连锁反应的功能，但从消极的角度换句话说，若一个债务人已成为社会经济活动的主体，而与其他经济主体已形成了相互依赖的联系后，一旦破产清算，可能会引起连锁反应，给社会经济秩序带来混乱。另外，企业的破产清算，会造成大量工人失业及各种社会问题，如社会救济、重新就业等。这一问题在我国目前尤为突出，有相当比例的国营大中型企业已处于困境或已具破产原因，若一律对其破产宣告，势必造成社会难以承受的结果。

破产清算制度的不足，使和解制度应运而生。但和解制度并未达到人们所期望的结果，于是便出现了第三种制度——重整制度。

前面已经论及，重整制度虽具有积极挽救企业的功能，但其费用较高，社会代价较大，小型企业不宜适用。简言之，重整程序是一种很好的制度，但它毕竟不是包医百病的灵丹妙药，不能代替破产清算程序或和解程序，它是以巨大的社会代价为前提的，故在适用时，应严格掌握适用条件。破产清算，和解与重整为三种功能各异的程序，相互不能代替。当重整失败或和解不能时，最终还要用破产清算程序清理债务；当有和解或再建的希望时，不能用破产清算程序简单地将民事主体加以消灭。但当企业确无再建希望而强行重整时，便会因其极高的费用及极强的效力严重损害债权人利益。美国加利福尼亚洲中区联邦破产法官巴里·拉塞尔博士指出："可以清楚地看出，第十一章程序是迎合了债务人的需要。债

---

[1]　刘小林译：《联邦德国经济法规选》，中国展望出版社1986年版，第144页。
[2]　秦昌典主编：《重庆针织总厂破产纪实》，重庆出版社1993年版，第318页。

务人可以从自动中止执行中获得收获,借以摆脱严重的经济状况所造成的危机。举例说,通过提起第十一章规定的诉讼,有些公司如约翰·曼维尔公司和阿·汉·罗宾斯公司因生产石棉和控制生育的产品造成严重损害,涉嫌有严重的侵权行为,他们就根据第十一章的规定,把成千上万宗诉讼冻结了。其他一些大公司也利用中止执行程序来解决他们的劳工组织问题……因此,他们蜂拥到第十一章中去寻找避难所。"[1]拉塞尔博士的话道出了重整制度的滥用及由此引起的对债权人的不利后果。这些教训应当吸取。

第二,重整制度与破产清算制度之间的转换。

1. 一般概述。我们在前面已经提到,重整原因与破产清算原因有重叠之处,当债务人不能支付到期债务或停止支付债务时,利害关系人有权就申请适用重整程序或破产清算程序作出选择。但问题是,一旦作出选择,这两种程序能否转换以及具备何种条件才能转换呢?

(1)破产清算程序转换为重整程序。破产清算程序的开始并不排除向重整程序的转换。这是各国或者地区法均承认的原则,但关于转换的条件及程序有所不同。根据我国台湾地区公司法的规定,由破产清算程序向重整程序的转换只能在破产宣告前为之,若破产宣告的裁定确定时,法院可驳回关于重整程序开始的申请。

在美国,转换的条件更为宽松。债务人享有从一种程序转换为另一种程序的绝对的、无条件的权利。法院经利害关系人的申请,经过听审,可以在任何时候将第七章程序(破产清算程序)转换为第十一章程序(重整程序)。但前提是,后一种程序必须能适用于前一种程序的债务人。根据美国破产法第107条的规定,能作为第七章程序的债务人的个人、公司、合伙均能申请转入第十一章程序,但证券经纪人、商品经纪人不能主动申请转换为第十一章重整程序。

这里有一个重要的问题需要思考:在一个倒产案件中是否只能适用一次重整程序?这一问题的提出是基于法律的规定,因为重整的终止或失败并不意味着当然转入破产清算程序,只有具备破产原因时,才当然转入破产清算程序。若债务人尚不具备破产原因,即出现支付不能之虞时,债务人提出重整申请而由法院裁定开始了重整程序,但债务人未能就重整计划同债权人及股东达成一致而终止重整程序,但因不具备破产原因而未被法院宣告破产。之后债务人或债权人提出破

---

[1] 摘自美国加利福尼亚中区联邦破产法官巴里·拉塞尔博士1994年在中国最高人民法院的报告。

产申请，此时，债务人可否再次提出重整申请？

我们认为，法律应对此作出必要的限制。因为重整与和解毕竟不同，其社会代价与费用昂贵，制度间的多次转换势必会造成财力的大量浪费，于债务人和债权人均不利，若债务人在破产清算程序开始前已提出重整的，在破产清算程序进行中，便不得再提出转换的申请，但债权人或股东可以提出转换的申请。破产宣告后提出重整程序开始的申请，已无实际意义。此时，有担保物权的债权人均已行使了别除权，各种共益费用与共益债务也基本支付，债务人的财产已所剩无几，债务人实际上已失去了重整的物质基础，除非此时公司的股东提出重整申请，愿继续追加资本，以充实财力。但这种情况较少。因而，我国台湾地区公司法的规定更为合理，即重整申请只能于破产清算程序开始前为之。

按照我国现行破产法的规定，重整申请只能直接提出或者在破产清算程序中提出，破产宣告后不能提出重整申请。重整程序不能直接由法院以职权宣告债务人破产，不可能发生再一次申请重整的问题。

（2）由重整程序向破产清算程序的转换。重整申请的驳回或重整因重整计划未被通过或重整失败而终止时，是否必然由法院依职权转换为破产清算程序，因不同国家的立法规定不同而有不同：在有的国家，法院直接依据职权转换为破产清算程序。例如，我国破产法；而在有的国家并不当然转换为破产清算程序。这一点与和解不成立而当然转换为破产清算程序不同，因为重整原因较破产原因为宽，重整不成，并不意味着已当然具备破产清算原因。而和解程序开始的原因与破产清算程序相同，故和解不成，法院可依职权宣告债务人破产，是顺理成章之事。

（3）由重整程序向破产清算程序转换时共益债权的计算。债务人因公司重整程序的终结而被宣告破产时，重整程序开始的决定，因重整程序开始而失去效力的其他程序而产生的共益债权为破产清算程序中的共益债权。

在驳回公司重整的申请或废止重整程序或重整计划不被认可的场合下，在此过程中产生的共益债权，在破产宣告时，为共益债权。

2. 我国破产法中的转换。

（1）破产清算向重整程序的转换。我国《破产法》第70条规定："债务人或者债权人可以依照本法规定，直接向人民法院申请对债务人进行重整。债权人申请对债务人进行破产清算的，在人民法院受理破产申请后、宣告债务人破产前，债务人或者出资额占债务人注册资本1/10以上的出资人，可以向人民法院申请重整。"对于该条，应理解如下：①债权人或者债务人可以直接向人民法院申请对债务人进行重整，但股东无此权利；②在有的债权人提出对债务人破产清算而法院受理情况下，债权人不能再提出对债务人重整，只有债务人或者出资额占债务人注册资本 1/10 以上的出资人，可以向人民法院申请重整；③提出的时间是在人民法院受理破产申请后、宣告债务人破产前。

（2）重整程序向破产清算的转换。重整程序开始但具备法定事由的，可以直接转换为破产清算程序，具体来说有以下几种情况：其一，在重整期间有下列行为之一的：①债务人的经营状况和财产状况继续恶化，缺乏挽救的可能性；②债务人有欺诈、恶意减少债务人财产或者其他显著不利于债权人的行为；③由于债务人的行为致使管理人无法执行职务；④债务人或者管理人未按期提出重整计划草案的（第78条、第79条）。其二，重整计划未获通过或者没有获得法院的强行批准（《破产法》第87条、第88条）；其三，已经被关系人会议通过的重整计划未获得法院的批准（《破产法》第88条）；其四，债务人不能执行或者不执行重整计划（《破产法》第93条）。

从我国的破产法可以看出，即使在对债务人开始重整程序后而因各种不同原因导致不能时，不管是否已经具备破产清算的原因，均转换为破产清算。因为，从理论上说，重整程序开始的原因比破产清算为宽，也许重整不能时，尚不具备破产清算的原因。

第二节　重整程序的制度结构

一、重整程序的基本流程

> 申请

　　↓——申请人可以是债务人、债权人或者具备一定条件的出资人。[1]

> 法院受理裁定开始重整

---

[1] 应当特别予以说明的是：根据我国《破产法》第70条的规定，重整程序既可以是在债务人具有破产原因时直接申请开始，也可以是在破产清算程序进行中申请转换为重整程序。如果是直接申请开始的，申请人为债务人或者债权人；如果破产清算程序已经根据债权人的申请而开始但未宣告债务人破产前，债务人或者出资额占总注册资本 1/10 以上的出资人，可以申请对债务人重整。

↓——法院对申请进行审查后受理，受理后重整程序开始，重整期间开始。

重整计划提出

↓——重整人或者债务人自法院裁定开始程序后6个月内提出（可延长3个月）。

重整计划的讨论通过

↓——由债权人及出资人分组按照法定程序讨论通过。

法院认可已经通过的重整计划

↓——上述关系人讨论通过的重整计划必须经过法院认可才有法律效力。

重整程序终结

↓——按照我国破产法的规定，法院认可重整计划的，重整程序终结。

重整计划的执行

↓——重整计划由债务人负责执行，由管理人进行监督。

不执行重整计划的法律后果

↓——包括转入破产清算、债权让步失去效力、担保物权限制解除等。

重整计划的执行完毕，重整结束

↓——在我国重整计划的执行不属于重整程序，法院认可重整计划的程序终止，与其他国家不同。

二、重整的模式

关于重整的模式，各个国家规定不同，大致有三种模式：①完全由重整人（管理人）主持下的重整模式。这种模式以我国台湾地区、日本作为代表；②以债务人自我重整为原则，而以重整人（管理人或者受托人）重整为例外。这种模式以美国破产法为代表；③以重整人（管理人）重整为原则，而以债务自我重整为例外。这种模式以我国2006年破产法为代表。因为根据该法第73条的规定，在重整期间，经债务人申请，人民法院批准，债务人可以在管理人的监督下自行管理财产和营业事务。在此情况下，已接管债务人财产和营业事务的管理人应当向债务人移交财产和营业事务，管理人的职权由债务人行使。根据这一规定，只有债务人申请自我重整且人民法院认为合适时，才能批准其自我重整，而一般情况下，由管理人负责重整。

三、重整期间

（一）重整期间的概念

在有的国家法律上存在"重整期间"或者类似名词，如法国破产法与美国破产法。但我国破产法上的"重整期间"有自己独特的含义，从该法第72条~87条的规定看，我国法上的"重整期间"是指债务人或者管理人提出重整计划、债权人和出资人讨论通过重整计划、法院认可重整计划的时间。因此，不能将"重整期间"理解为"自重整程序开始到重整计划执行完毕"的期间。这一期间，也可以看成是对重整债务人的保护，因为按照2006年《破产法》第75条的规定，在重整期间，对债务人的特定财产享有的担保权暂停行使。除此之外，债权人也不得向债务人要求个别履行。

至于重整期间的具体长短，根据我国2006年《破产法》第72条的规定，自人民法院裁定债务人重整之日起至重整程序终止，为重整期间。该期间的长短大致可以计算如下：按照2006年《破产法》第79条的规定，债务人或者管理人应当自法院裁定债务人重整之日起6个月内，同时向人民法院和债权人会议提交重整计划草案。该期限届满，经债务人或者管理人请求并有正当理由的，人民法院可以裁定延期3个月。第84条规定，人民法院应当自收到重整计划草案之日起30日内召开债权人会议，对重整计划草案进行表决。第86条规定，自重整计划通过之日起10内，债务人或者管理人应当向人民法院提出批准重整计划的申请。人民法院经审查认为符合本法规定的，应当自收到申请之日起30日内裁定批准，终止重整程序，并予以公告。到此为止，可以大致推算出具体时间，即6个月+30日+债权人会议开会时间+10日+30日，大概是8个月零十几天。遇到特殊情况，可以延长3个月。但是，如果遇到破产法第87条规定的情况，需要与部分表决组协商的，还可能推迟几天。

根据美国破产法典第1121条的规定，在第十一章救济程序发布之后的120天内，债务人享有提出第十一章方案的专有权利。从救济裁定发布之后第180天内，债务人需要寻求每一类受到方案损害的债权人接受方案。这个期间通常被称为"专有期间"。根据利害关系人的申请，法院可以延长或者缩短这一期间。在实践中，绝大多数第11章债务人都要求延长这个专有期间，而且实际上他们这种要求也都得到了法院的批准。[1]

---

〔1〕〔美〕大卫·G.爱泼斯坦等：《美国破产法》，韩长印等译，中国政法大学出版社2003年版，第811页。

（二）在重整期间重整程序向破产清算程序的转化

按照我国 2006 年《破产法》第 78 条的规定，在重整期间，有下列情形之一的，经管理人或者利害关系人请求，人民法院应当裁定终止重整程序，并宣告债务人破产：①债务人的经营状况和财产状况继续恶化，缺乏挽救的可能性；②债务人有欺诈、恶意减少债务人财产或者其他显著不利于债权人的行为；③由于债务人的行为致使管理人无法执行职务。

四、重整期间的担保物权与取回权

（一）重整期间的担保物权的效力

我们在前面已经提到，重整程序与其他破产程序的一个最大不同是限制担保物权的行使。因为，在现代社会，企业的大部分财产都已经作为担保标的物，如果允许担保权人行使担保物权，那么，债务人再生的可能性就难以达到，重整程序的目的也就难以实现。因此，许多国家的法律都限制担保物权的行使。我国 2006 年《破产法》第 75 条规定："在重整期间，对债务人的特定财产享有的担保权暂停行使。但是，担保物有损坏或者价值明显减少的可能，足以危害担保权人权利的，担保权人可以向人民法院请求恢复行使担保权。"对于该条规定，可以作如下解读：

1. 在重整期间，担保物权暂停行使，但重整程序并不消灭担保物权。

2. 在特定条件下可以行使。这种条件就是：①担保物有损坏或者价值明显减少的可能并且足以危害担保权人权利；②经过人民法院许可。

（二）在重整期间取回权的行使

重整程序并不限制取回权的行使，因此我国 2006 年《破产法》第 76 条规定："债务人合法占有的他人财产，该财产的权利人在重整期间要求取回的，应当符合事先约定的条件。"但与破产清算与和解不同的是，这里的取回权如果涉及约定的法律关系的话，必须满足约定的条件。例如，如果债务人是根据与他人的租赁合同而占有他人财产的，那么，该他人就不能仅仅因为重整程序的开始就主张取回权，必须等到租赁合同期满才能取回。但是，如果债务人占有他人财产是非权利占有的话，如因不当得利、侵占等原因而占有时，就无所谓"符合事先约定的条件"问题。

五、重整程序中的机构

重整程序中究竟应该有那些机构？我国破产法在"总则"（即前7章）规定的债权人会议、债权人委员会等机构在重整程序中是否仍然存在？

（一）我国破产法规定的重整程序中的机构

由于我国破产法实际上规定了两种重整模式，而在这两种不同的重整模式中，机构应该是不同的。我们分别来论述之。

1. 在管理人主持下的重整模式中的机构设置。在管理人主持下的重整模式中，程序的机构有：

（1）债权人会议及由债权人会议的决定设置债权人委员会。

（2）管理人。

2. 债务人主持下的重整模式。债务人主持下的重整模式下，根据该法第73条的规定，债务人可以在管理人的监督下自行管理财产和营业事务。在此模式下的机构主要是：

（1）债权人会议及由债权人会议的决定设置债权人委员会。

（2）监督机构——管理人。

在这种模式下，管理人的职责发生了巨大的变化：它不再行使破产法规定的职权，而是。行使监督职能。那么，在这种情况下，还有没有必要设置债权人委员会？因为，债权人委员会是在管理人行使职权时的监督机构，以保护债权人的一般利益的。现在的管理人根据我国破产法的规定，已经成为监督自行重整的债务人的机构，它能否替代债权人委员会呢？我认为，在这种情况下，有两点需要注意：①债权人会议是否认为有必要设置这一机构；②如果债权人会议同意设置，法院是否应当认可？根据我国《破产法》第67条的规定，债权人委员会成员需要法院书面许可。那么法院是否在债权人作出设置的决议后就一定被动许可呢？我认为，如果重整程序复杂，债权人认为确实有必要设置的，法院应当认可；如果程序并非复杂，管理人的监督足以保护债权人的利益的，就没有必要认可，毕竟设置债权人委员会是有成本的。

（二）美国破产法中重整程序机构设置的比较考察

其实，我国破产法在起草过程中，关于重整的程序和模式更多地是参考了美国破产法的第十一章。而美国破产法的第十一章实际上也有两种模式，即债务人自行重整与托管人主持的重整。与我国破产法不同的是，美国破产法上的托管人主持重整是例外而以债务人自行重整为原则。根据美国破产法规定及司法实务，法院仅仅在特殊情况下才任命托管人重整。请求任命托管人必须有正当的理由和令人信服的证据，法院任命托管人可以基于以下两个理由：一是当前的管理层在破产程序开始前或者之后有欺诈、无法律资格或者有重大的经营决策失误等行为；二是法院认为有必要保护债权人、股权持有人或者破产财团的利益。[1]

是否任命托管人来主持债务人重整，要有法院作出利弊衡量。一方面，由托管人来替代现在的管理层将无法保证在提出第十一章的时候出具适合公司的专家意见。另外，托管人行使法定权力所消耗的成本可能要比现在的管理层高得多，托管人要花费很大的时间和精力来了解公司的现状。但另一方面，托管人却可以使各方当事人与他齐心协力一起工作。这一点，是现在的管理层无法做到的。[2]因此，是否任命托管人，要作出妥善的考量。

1. 债务人自我表现重整中的机构设置。

（1）债权人会议。这是一个松散但现实存在的机构。

（2）监察人。按照美国破产法的规定，如果法院不任命托管人重整，就可以根据利害关系人的申请任命一名监察人。其主要职责是：对债务是否存在不法行为进行调查，包括债务人是否有欺诈行为、不诚实行为、不正当行为、经营管理不善或者债务人管理混乱等行为的调查。

但任命监察人必须具备两个条件：①这种任命是为了维护债权人、任何股权持有人的利益及破产财团的其他利益；②债务人固定的、已经折算成金钱的、无担保的债务超过了 500 万美元，但债务人因货物、劳务、税收或者拖欠内部人员的款项而发生的债务不计算在内[3]。

（3）无担保债权人委员会。根据美国破产法的规定，一旦提起第十一章程序，联邦托管人就应及时组建无担保债权人委员会。参加无担保债权人委员会的主体应当符合下列三个条件：一是自然人；二是债权人；三是债权是无担保的。

无担保债权人委员会的职责总体上来说，是维护债权人的利益。具体来说，有权就下列问题与托管人或者自我表现重整的债务人进行磋商：①日常管理、调查债务人及相关事项；②参与制定重整方案并就方案的接受或者否决向债权人或

〔1〕［美］大卫·G．爱泼斯坦等：《美国破产法》，韩长印等译，中国政法大学出版社 2003 年版，第 744 页。

〔2〕［美］大卫·G．爱泼斯坦等：《美国破产法》，韩长印等译，中国政法大学出版社 2003 年版，第 747 页。

〔3〕［美］大卫·G．爱泼斯坦等：《美国破产法》，韩长印等译，中国政法大学出版社 2003 年版，第 746 页。

者利害关系人提出建议；③委员会可以请求任命托管人或者监察人；④为维护其所代表的债权人或者股东的利益而提供其他服务；⑤在特定情况下提出重整方案。[1]

（4）其他委员会。除了无担保债权人委员会是必须组成的以外，联邦托管人或者法院还可以组成其他委员会，如担保债权人委员会、股权持有人委员会、债券持有人委员会等。这些委员会在美国破产程序中的组成是任意的，但必须经过法院批准。法院会考虑其组成对重整程序的影响和对利益相关人的维护而决定是否批准。[2]其职责与上述无担保债权人委员会的职责几乎是相同的。

2. 托管人主持下的重整的机构设置。与债务人自我表现重整中的机构设置比较，托管人主持下的重整的机构设置中仅仅是少了监察人这一机构。

（三）对比结论

与美国破产法上的机构设置比较，我国破产法上的机构应该说更具有实用性，因为：一是保留了债权人会议及由其决定是否设立债权人委员会这一机构，二是在债务人自我重整时，必须由管理人担任监督人。我国法没有规定法院可以决定设立代表某一特殊群体的委员会，而从美国的经验来看，按照惯例，这些委员会的所有经费和报酬都由破产财团支出，而这些支出是比较高昂的。因此，我国法不设立这些委员会是明智的选择。

第三节　重整程序的具体流程

一、重整程序的开始

（一）重整程序开始的实质条件

1. 债务人必须具有重整原因。重整原因的存在是重整程序开始的基本条件，而关于重整原因我们在前面已经作了介绍。按照我国2006年《破产法》第2条的规定，重整原因为企业法人不能清偿到期债务，并且资产不足以清偿全部债务或者明显缺乏清偿能力或者有明显丧失清偿能力之可能。

---

〔1〕〔美〕大卫·G. 爱泼斯坦等：《美国破产法》，韩长印等译，中国政法大学出版社2003年版，第748页。

〔2〕〔美〕大卫·G. 爱泼斯坦等：《美国破产法》，韩长印等译，中国政法大学出版社2003年版，第748～751页。

2. 债务人须有重建的希望。与破产程序不同，重整程序的目的在于挽救企业。因而，当债务人具备重整原因时，尚不能开始重整程序，法院还应当审查债务人是否有挽救的希望。如果债务人无挽救的希望而开始重整程序，最终也要转入破产程序，也就使得开始实行重整程序徒劳无益。根据我国台湾地区公司法第288第1款第7项的规定，公司营业状况，依合理财产费用负担标准，无经营价值者，为法院驳回开始重整程序申请的事由之一。

3. 债务人应当适法。这主要是指债务人必须依法能够适用重整程序。前已论及，各国法律关于重整程序的适用对象，相去甚远。按照我国2006年破产法的规定，重整仅仅适用于企业法人。实际上，相当于传统民法上的营利性法人。

（二）重整程序开始的形式要件

1. 重整程序的申请。重整申请是债务人、债权人或者具备一定条件的股东等请求法院对债务人开始重整程序的意思表示，是法院裁定对债务人适用重整程序的重要依据。在世界大多数国家，均将重整申请作为重整程序开始的唯一依据，即非有申请，法院不得裁定对债务人开始重整程序，如日本，美国等。但法国为例外，据法国重整法，法院可以依职权直接宣告对债务人及责任人员开始司法重整程序。

笔者认为，重整申请应作为重整程序开始的唯一依据。若债务人已具重整原因，但利害关系人不提出重整申请时，法院不宜依职权裁定重整程序的开始。正如和解程序的开始必有债务人的申请一样，法院不能依职权宣告和解程序的开始。因为重整程序与破产清算程序不同，重整的目的在于挽救企业，故要求债务人必须有再建的希望。而债务人是否有再建的希望，只有债务人、公司股东或债权人清楚，而法院在为一般民事执行程序中虽发现债务人有重整原因，但债务人是否有再建的希望，难以查明，故不宜依职权裁定对债务人开始重整程序。我国2006年破产法坚持了这一原则。

重整程序可以从破产程序进行中转换而来，即在破产程序的进行中，由有关当事人申请转换而来。

第一，债务人。当债务人陷入不能支付到期债务或财政发生困难，有不能支付之虞时，各国重整法或破产法或公司法均允许债务人提出对自己进行重整的申请。其理由无非是：①债务人最了解自己的财务状况，最清楚自己有无再建的希望及继续营业的价值；②债务人提出重整申请，在很大程度上反映出债务人对重整的诚意，而这种诚意在重整程序中是至关重要的。特别在美国，对债务人自我重整（debtor in possession）时，更为必要。③当债务人出现重整原因时，特别是出现不能支付的危险时，只有债务人最清楚，而债权人难以知晓，故允许债务人提出重整申请，能及时开始重整程序，以达到挽救企业，避免工人失业等目的。法国《困境企业司法重整及清算法》第3条规定："债务人应在停止支付后的15天内申请开始该程序。"由此可见，法国法将申请重整程序的开始作为债务人的一项义务而规定的。但大多数国家的破产法或重整法是将之作为债务人的一项权利而非义务而规定的，因此在不为申请的情况下，债务人不承担任何法律责任。在我国现行法上就是作为权利而非义务来规定的。

债务人的申请资格与重整程序的适用范围密切相关，依法不适用重整程序的债务人不能提出重整申请。

我国2006年破产法规定，债务人可以提出重整申请，并且债务人的重整申请并非是其义务，其是否申请由其自己自由决定。但是，只有企业法人作为债务人时，才有申请资格。

第二，债权人。债务人的债权人均可提出对债务人开始重整程序。但是，许多国家的重整法或者破产法对债权人提出重整程序有限制条件。如美国破产法对债权人提出重整的限制条件与提出破产申请时的限制条件相同（前面已有详细介绍）。

第三，股东。所谓股东是指因出资，继承或受赠与而取得公司股份，成为公司成员的自然人或法人。各国重整制度均允许公司之股东提出重整申请，但由于各国法律规定不同，故对股东具备何种条件才能提出申请的规定也就不尽一致。

根据我国台湾地区公司法第282条规定，连续6个月以上持有已发行股份总额的10%以上的股东可提出重整申请。然而，对股东作何种解释，学者间有不同观点。我国台湾学者黄川口认为，应将股东解释为记名式股票的股东为宜，并以股东名簿上之记载为标准。但根据我国台湾地区公司法第129条，第156条及第282条的规定，似乎不能得出如此的结论。股份总额及每股金额为公司章程之绝对必要记载的事项，且发行条件一律，若只准记名式股东提出申请而不许不记名式股东提出申请，似乎没有任何道理。因而，应解释为持有公司股份达1/10以上的任何股东。

允许股东提出重整申请，这是重整制度与破产清算、和解制度的一个很大不同，充分反映了重整程序旨在调动各方面积极因素以实现挽救企业的目标。其实，股东与公司的利益基本是一致的。虽然股东只就其出资对企业承担风险责任，但当企业陷入困境时，其股票价格一落千丈，可能分文不值，对其甚为不利。在破产清算或和解制度下，股东被视为路人，其不能发挥积极作用。但在重整制度下，股东可利用其法律地位，发挥积极的作用。而且，公司的生存在某种意义上，于股东也有利，因此，股东往往也有拯救公司的积极性而追加新的资金。这种新资金的投入对公司的重整至关重要。实际上，若在重整程序中，只限制担保物权的行使而无新资金的投入，往往难以达到重整目的。俄罗斯1992年破产法对重整所下的定义中，特别强调了这一点。该法在开始部分的名词解释中规定："重整是一种由企业的所有者、债权人或其他第三人为债务人提供资金帮助以企其复兴的程序。"正是基于这一原因，许多国家的重整制度均将股东的再投资作为一种重要的手段。如我国台湾地区公司法第304条第1款规定了与股东有关的两种措施：①按比例减少股东的股份；②发行新股份或公司债。在公司正常运营的情况下，公司可按法律规定的程序及条件向社会公开募集资金，也可向原股东募集。但在企业处于困境时，恐怕只有向原股东募集最为可行。当股东认为企业的复苏确有希望，出于对自己利益的考虑，也愿意再认购新股。事实上，股东提出重整申请时，便表明其有此意思。而且，当股份有限公司之占股份发行总额1/10的股东有此愿望时，那么，就能提供相当数额的资金。

我国2006年破产法也对股东的重整申请进行了明确的规定，该法第70条第2款规定："债权人申请对债务人进行破产清算的，在人民法院受理破产申请后、宣告债务人破产前，债务人或者出资额占债务人注册资本1/10以上的出资人，可以向人民法院申请重整。"这一规定实际上规定了股东申请的三个条件：①前提是债权人申请对债务人进行破产清算；②股东的出资额占债务人注册资本1/10以上。这里所谓的"出资人"可以是一个出资人，也可以是几个出资人联合达到注册资本1/10以上；③申请的时间是法院受理破产申请后、宣告债务人破产前。

2. 重整案件的受理法院应有管辖权。重整申请应向有管辖权的法院为之，受理案件的法院依法应有管辖权，否则，重整申请不会发生应有的法律效果。

3. 申请的形式与内容。不管申请由何人提出，均应采取书面形式。许多国家的重整制度对这一问题均作了相同的规定，如我国台湾地区公司法第283条第1款规定："公司重整之声请，应由声请人以书状连同副本5份，载明左列事项。向法院为之。"根据我国2006年《破产法》第8条的规定，申请重整应当向法院提交书面申请书，并提供相应的证据。申请书的内容主要是：①申请人、被申请人的基本情况；②申请目的；③申请的事实和理由；④人民法院认为应当载明的其他事项。

如果债务人提出申请的，还应当向人民法院提交财产状况说明、债务清册、债权清册、有关财务会计报告、职工安置预案以及职工工资的支付和社会保险费用的缴纳情况等。

（三）法院对重整申请的受理

法院接到重整申请后，应在法律规定的期限内，对重整申请进行审查，以作出受理或不受理的决定。我国 2006 年《破产法》第 71 条规定："人民法院经审查认为重整申请符合本法规定的，应当裁定债务人重整，并予以公告。"但是，何为"重整申请符合本法规定"？对此，我国破产法及判例规则并没有明确，因此，法院在是否受理问题上有很大的自由裁量的空间，在实践中造成了大量的问题：有些企业符合受理的实质要件与程序要件的规定，但法院不受理。故对"重整申请符合本法规定"为何，就显得十分重要。对此，应结合破产法的规定来分析之。

1. 重整申请的审查。人民法院对重整申请的审查分为形式审查与实质审查两种。形式审查主要是指：

（1）法院的管辖权问题。法院收到重整申请后，必须查明其对案件有无管辖权。如果重整案件不应由收到申请的法院管辖，法院应将这一事实告知申请人，并同时告知其有管辖权的法院。若无管辖权的法院在受理后才发现自己无管辖权的，应适用民事诉讼中有关移送管辖的规定。

（2）申请人与被申请人是否适格的问题。重整申请应由有申请权的人提出。在前面我们已经论及，各国的重整制度一般均规定债权人、债务人及股东有申请权，并对债权人的债权额及股东的股份额有一定的要求、因而，当法院收到申请后，应审查申请人是否是具备法定条件的债权人、债务人或股东。如果申请人不是符合法律规定的债权人、债务人或股东，或其债权额或股份额未达到法定数额，法院应驳回其申请。

被申请人是否适格是指债务人是否是重整程序的适用对象。前已论及，各国法律对重整程序的适用范围的规定不同，如我国 2006 年破产法规定重整程序仅适用于企业法人，如果申请对非企业法人、自然人或合伙人开始重整程序，法院可以被申请人不适格为由而驳回其申请。

（3）重整申请的形式是否合于法律规定。这里所讲的形式是指申请是否是以书面的形式提出的，申请书所记载的内容是否符合法律的要求，申请人是否已提交法律规定或法院要求提交的文件。一般地说，重整申请的形式不合法律规定或法院的要求时，不当然构成法院驳回申请的事由，法院可要求当事人补正。经补正后符合规定的，应当裁定受理；申请人未按补正通知规定的期限作出补正的，或经补正仍不符合规定的，应当裁定驳回申请。

人民法院对重整申请的实质审查，主要是指：①债务人是否具有重整原因。重整原因是重整程序开始的基础。申请人对债务人是否具有重整原因负有举证责任，如果申请人不能证明债务人确已具备重整原因或法院认为其证明不够充分时，可驳回其申请。②债务人是否具有挽救的希望。重整的目的在于挽救处于困境的企业，但挽救的前提是债务人有再建的希望。若明知债务人已无挽救的希望而开始重整程序，其结果只能是徒劳无益，与重整的目的背道而驰。法院经审查或调查认为债务人确无再建的希望时，应驳回重整申请。

2. 法院的调查。法院在对重整申请进行审查时，可依职权作必要的调查。调查的形式多种多样，主要是征求各方面意见或直接对债务人进行调查。如法国85－98号法律第6条规定："法院作出程序开始的决定前，必须听取债务人、企业委员会代表或职工代表的陈述。法院还可以听取他认为必要的其他人的陈述。如果债务人是以非商事公司从事农业经营者，法院在作出裁定前，须听取主持和解协议签定的调解人的陈述或按规定通知他们到场。"除此之外，根据法国实务，如果法院认为必要，可指定法官一人收集有关企业的财务、经济、劳资关系情况、职工人数、营业额等情况的信息。但调查是任意的，其目的是便于衡量是否具备开始司法重整程序的条件，债务人是否确实停止付款、法院是否有管辖权以及适用一般重整程序还是简易重整程序。

根据我国台湾地区公司法规定，调查方法主要有以下几种：

（1）征询主管机关意见。法院收到重整申请时，应将申请书状副本，检送主管机关、目的事业主管机关，并征询意见。这是因为公司有无重整的必要与价值，主管监督机关因平日对之监督，比较熟悉了解，而目的事业监督机关及证券管理机关就公司营业及业务状况，更知之深切，故法院应征询其意见，作为是否开始重整程序的参考，但法院并不受其意见的拘束。

（2）如果重整申请是由公司股东或债权人提出的，法院应检送申请书副本，通知该公司（被申请人），可令其提供相应的文件。

（3）选任检查人。法院应否为重整的裁定，除应征询各有关机关的意见外，并得选任检查人调查公司业务及财务状况，以供法院决定是否裁定开始重整程序为参考。选任的检查人，限于对公司业务有专门学识，经营经验而又与公司重整无利害关系的人。被选任的检查人，应就下列事项在就任后30天内调查完毕并报告法院：①公司业务，财务状况与资产估价；②公司营业状况依合理财务费用负担标准，是否尚有经营价值；③公司负责人在执行业务时，有无怠忽或不当及应负的责任；④申请事项有无虚伪不实的情形。检查人对于与公司的业务及财务有关的一切簿册、文件及财产得加以检查。公司的董事，监察人，经理人或其他职员对于检查人的询问，有如实回答的义务，无正当理由拒绝回答或作虚伪陈述的，应负刑事责任。

（4）根据我国台湾地区公司法第 286 条的规定，法院作出开始重整程序的裁定前，得命令公司负责人于 7 日内就公司债权人及股东，依其权利的性质，分别造报名册，并注明其住所或居所及债权或股份的总额。

3. 程序开始前的处分。因法院接到申请到作出重整程序开始的裁定前有一个期间，在此期间内，有可能发生债务人转移财产或其他影响债权人利益的行为，故许多国家的法律对此规定了救济措施，最为常见的是中止其他民事执行程序及财产保全。

（1）企业财产的保全处分。当企业被申请重整时，特别是在非自愿申请的情况下，企业负责人有可能将企业财产处分或为他人之债权或为自己的无担保的债权人设定财产担保。为防止此类情况的发生，有必要对财产进行保全。

（2）对企业业务及企业履行债务或对企业行使债权的限制。企业自己或被他人申请重整时，表明企业经营已经处于困境或将要发生破产清算的危险，因而法院接到重整申请时，为保证将来重整程序的顺利进行，应对企业的经营业务，企业向债权人履行的债务或债权人对企业行使的权利，作必要的限制。这里所指对企业业务的限制，并非指停止企业经营，而是指限制企业经营业务范围继续扩大，使其维持现状，以避免债务的增加而使企业陷入更加不利的地位。

另外，企业重整的实施，旨在维持企业的存在，清理债务，故法院自收到重整申请时，应限制企业的债权人纷纷前来行使债权，增加企业的财务困难，难达重整目的，造成债权人之间的不平等受偿。这是对"履行债务或行使债权非依重整程序不得为之"的当然解释与贯彻。

（3）破产清算、和解与一般民事执行程序的中止。如果在重整申请提出后，不中止破产清算程序、和解程序或一般民事执行程序的话，有可能造成重整申请尚未被法院受理而被宣告破产或成立和解或财产被执行完毕，使重整程序无从开始，故有必要中止其他程序。

（4）公司记名式股票转让的禁止。当公司被申请重整时，表明公司财务已发生显著的困难，若允许记名股票的转让，必然会导致公司股票价格大幅度下降，给公司财务增加困难，使公司重整难以进行，故应限制记名式股票的转让。记名股票转让的禁止是指停止办理过户手续，至于不记名股票，仅以交付而转让，难以禁止。

以上限制，是在法院接到申请而尚未作出受理之裁定的期间内的限制，具有临时性，故时间不宜过长。根据我国台湾地区公司法第287条的规定，除法院准予重整外，期间不得超过90日；必要时，法院可依据利害关系人的申请或依职权裁定延长之。

我国2006年《破产法》第77条规定："在重整期间，债务人的董事、监事、高级管理人员不得向第三人转让其持有的债务人的股权。但是，经人民法院同意的除外。"但是，我国法规定的不是程序开始前的处分问题，而是在程序开始后的效力问题。

4. 重整申请的驳回。法院对重整申请进行审查或调查后，应在法律规定的期限内，作出驳回或受理申请的裁定。各国法律对驳回申请的事由规定不同，大致可归为以下几种：

（1）重整申请的目的是为了逃避破产或企业担保物权的施行。即重整的目的在于损害一般债权人或担保债权人的利益时，法院应驳回重整申请。

（2）债权人或股东以申请重整程序为目的而取得对公司的债权或股份。此类申请为恶意申请，法律当然不予以支持。但在司法实践中，举证十分困难。况且，申请人在取得公司之债权或股权时是合法有效的，即使其取得债权的目的是为了申请公司重整，但这并不影响其债权的有效成立。有效债权的债权人有权选择债权实现的方式，而重整为其实现债权的方式之一，假如法律限制其运用重整程序实现债权，债权人运用一般民事诉讼程序岂不更有损其他债权人的利益？

（3）已开始的破产程序、和解程序正在法院进行，而且该程序更适合债权人的一般利益时。"债权人一般利益原则"，实际上也是重整制度的一项重要原则，重整程序应能保证债权人能获得不少于按破产或和解程序所受的清偿。

（4）无重整希望时。如果债务人企业无任何重整的希望，法院不应批准开始重整程序，而应驳回申请。

（5）申请不够诚实。申请的诚实，特别是债务人申请的诚实，是重整计划能否顺利实施，债权人利益能否得到实现的重要前提。若债务人的申请是为了避免受破产宣告而带来的私权上的限制或阻止担保债权人实现其权利或为逃避租税债务的履行时，法院应驳回其申请。

（6）申请人或被申请人不适格。提出重整申请的人必须是依法有申请权的人，被申请人必须是依法能适用重整程序的人。例如，根据我国台湾地区公司法的规定，假如是董事会、债权人或股东以外的人提出申请，或对非依法公开发行股票或公司债的公司提出申请，均构成驳回的事由。

（7）申请的形式不合法律要求，法院令其补正而未能在规定期限内补正的。

（8）债务人已被宣告破产或法院已认可和解协议。这是我国台湾地区公司法的规定，而日本等国并非采取此一原则。我国现行破产法也认可这一规则。

（9）不具重整原因。重整申请驳回的后果。根据美国破产法第303条的规定，若法院驳回非自愿申请人的申请时，申请人应赔偿债务人的律师费用及其他费用。在申请人恶意（bad faith）申请时，还应赔偿因此而给债务人造成的损失及惩罚性损失。

5. 重整申请的受理。人民法院接到申请后，经审查认为符合法律规定的实质要件与形式要件的，应裁定予以受理。法院裁定受理重整申请的，应对相关人进行通知并公告。根据我国2006年《破产法》第14条规定："人民法院应当自裁定受理破产申请之日起25日内通知已知债权人，并予以公告。"但第71条却规定："人民法院经审查认为重整申请符合本法规定的，应当裁定债务人重整，并予以公告。"此两条应如何理解？是否在重整程序中仅仅有公告而无须通知？如果从我国2006年破产法的基本结构来解释的话，第14条属于"三种程序"的共同适用部分，而第71条仅仅是重整程序的特别规定，故应解释为特别优先适用。但从实际需要出发，我认为，应当通知并公告。

关于公告与通知的内容，各国法律的规定略有不同。根据我国2006年《破产法》第14条第2款的规定，通知和公告应当载明下列事项：①申请人、被申请人的名称或者姓名；②人民法院受理申请的时间；③申报债权的期限、地点和注意事项；④管理人的名称或者姓名及其处理事务的地址；⑤债务人的债务人或者财产持有人应当向管理人清偿债务或者交付财产的要求；⑥第一次债权人会议召开的时间和地点；⑦人民法院认为应当通知和公告的其他事项。

根据我国台湾地区公司法第291条的规定，公告应当载明下列事项：①重整裁定之主文及其年、月、日；②重整监督人、重整人之姓名或名称，住址或处所；③申报与审查债权，股权之期间场所及第一次关系人会议之期间及场所；④公司债权人及持有无记名股票之股东怠于申报权利时、其法律效果。此际应载明如不依法定期限申报权利，若为债权人，即不得就重整程序受偿；若为股东，则不得依重整程序行使股东权。

但是，应当特别指出的是，法院在裁定开始重整程序时，是否任命重整人，在不同的国家有较大的不同。根据美国破产法的规定，在重整程序中，原则上不任命受托人，以债务人自我重整为常规。只有在个别情况下，才任命受托人。这种个别情况主要是指债务人存在诈欺行为或者不当行为，或者严重缺乏业务能力，或者任命受托人符合债权人及其他利害关系人的利益。[1]德国破产法也借鉴美国破产法规定了债务人的"自行管理"，但任命管理人为一般原则。我国 2006 年破产法虽然也规定了两种重整的模式，但法院在受理重整申请时，必须指定管理人。即使在重整期间由债务人申请而法院批准，在债务人自我重整时，重整计划通过后，也由管理人负责监督。因此，在我国法上任命管理人为一般原则。

二、重整计划及其制定

（一）重整计划的概念

从比较法的角度看，重整程序中存在两种计划，一为重整计划，二为清算计划。重整计划是指以旨在维持债务人的继续营业，谋求债务人的再生并清理债权债务关系为内容的协议。它规定债权人、股东及债务人的权利义务关系以及对企业的挽救手段等，是重整程序进行的指针。在这一意义上，它类似于和解程序中的和解协议。清算计划是指以偿还债权为目的的计划。美国联邦破产法规定了这种计划，称为清理计划（plan of liquidation）[2]。重整计划与清算计划的主要区别是宗旨不同，即重整计划的宗旨在于挽救企业使其再生，对债权债务关系的清偿，只是其中内容的一项；而清算计划则以清偿债务为唯一目的。法律之所以如此规定，是为节省程序间相互转换所需要的成本。若不许清理计划的存在，一旦重整计划不能通过或执行不能或因其他原因废止程序时，则可能转为破产程序或和解程序。这样，需要诸多成本，故不如在重整程序中直接解决这一问题。因而，从功能上说，清算计划类似和解协议，即以清理债权债务关系为目的的协议。但清算计划在重整程序中不具实质意义，我国 2006 年破产法没有规定清算计划，故本章不作详细讨论，在未特别说明时，仅指重整计划。

重整计划与和解协议虽有交叉之处，但相异之处甚为明显。主要表现在以下几个方面：

1. 宗旨不同。和解协议重在债务清偿，即用债权人与债务人合意的方式解决债权债务关系，以代替破产清算。而重整计划重在挽救，虽然也有债权债务关系的清偿，但不是其主要目标。正因如此，和解协议中，一般不规定拯救债务人的具体措施，但重整计划则要求必须规定，且须详细列明。

2. 制定人与提出人不同。一般国家的破产法或和解法规定，和解协议草案由

---

〔1〕　潘琪：《美国破产法》，法律出版社 1999 年版，第 195 页。

〔2〕　沈达明、郑淑君：《比较破产法初论》，对外贸易教育出版社 1993 年版，第 86 页。

债务人制定并提出。实际上债权人因对债务人偿还债务的能力、经营前景及资金来源等不甚了解，故难以提出和解协议草案。但重整计划则有不同，它可以由债务人提出，也可以由重整人或者其他人制定并提出。我国破产法上根据不同的重整模式而有不同：如果债务人自行重整，则由债务人提出；如果由管理人主持重整，则由管理人提出。

3. 通过的机构及条件不同。和解协议由债权人会议讨论通过，一般由出席债权人会议的人数过半数，且代表的债权额为债权总额的 2/3 同意时，即为通过；重整计划草案由利害关系人按照采取分组表决的方式通过。关于具体表决方式，我们将在下面详细论述。

除此之外，在和解程序中，法院不能强令债权人接受和解协议草案，但在重整程序中，法院可在具备法定条件时强制许可重整计划，假如法院认为这样作并没有损害债权人之一般利益，且对担保债权人的权利作了充分的保护。

4. 执行方式不同。和解协议一经法院许可后，债务人重新掌握了对财产的管理处分权，只是按协议规定的方式及期限偿还债务而无监督机构。当重整计划被许可后，即使由债务人自我重整（debtor in possession），也应有监督机构，在美国破产法上为监察人，而在我国破产法上由管理人负责监督。

（二）重整计划的制定

1. 关于重整计划制定的立法例。关于重整计划的制定，各国法有不同的规定。大致有以下几种立法体例：

（1）由重整人制定。重整计划由法院任命的重整人负责制定。我国台湾地区的公司法即采此立法例。

（2）一般由重整人负责制定，但在特殊情况下，其他人也可提出。日本《公司更生法》即采此立法例。

（3）一般由债务人制定，但在特殊情况下，也可由其他人制定。美国联邦破产法即采此立法例。该法第 1121 条规定："①债务人可以在自愿申请（voluntary petition）的同时或在非自愿申请（unvoluntary petition）之后的任何时候提出重整计划；②除非本法有特别规定，在依本章的免责之后的 120 天内，只有债务人可以提出重整计划。"但在特殊情况下，重整计划也可由其他人提出。美国《联邦破产法》第 1121 条（c）规定："在下列情况下，任何利害关系人，包括债务人、破产受托人、债权人委员会、股东委员会、债权人、股东均可提出计划：①已根据本章任命了受托人（trustee）；②债务人依本章规定的免责令之后 120 天内曾提出计划；③在依本章的免责令之后 180 天内，债务人未曾提出得到债权或股权受到削减的权利人接受的计划。"

2. 我国法上采取的模式。由于我国 2006 年破产法采取了两种重整模式：一是由债务人自我重整，二是在管理人主持下的重整。相应地，重整计划的制定也有两种模式，即债务人自行管理财产和营业事务的，由债务人制作重整计划草案；管理人负责管理财产和营业事务的，由管理人制作重整计划草案（2006 年《破产法》第 80 条）。

我认为，即使是由管理人制作重整计划草案，也应当由债务人配合或者协助才能完成。而按照我国 2006 年破产法的基本规定，债务人也有协助的义务。另外，我国破产法在债权人申请对债务人进行破产清算时，股东也可以提出重整申请。因此，也应该允许股东提出重整计划。

（三）债务人或者管理人未能按期提出重整计划的后果

按照我国 2006 年《破产法》第 79 条的规定，债务人或者管理人应当自人民法院裁定债务人重整之日起 6 个月内，同时向人民法院和债权人会议提交重整计划草案。前款规定的期限届满，经债务人或者管理人请求，有正当理由的，人民法院可以裁定延期 3 个月。债务人或者管理人未按期提出重整计划草案的，人民法院应当裁定终止重整程序，并宣告债务人破产。

这里有一个问题是：债务人或者管理人请求法院延期的"正当理由"是什么呢？我国破产法并没有对此作出明确的规定。但从比较法上看，美国破产法也没有规定什么是延期的"正当理由"，但法院的判例确定了三个主要的理由：①案件规模大、案情复杂。这是债务人申请延期的最常见的原因和理由，而且美国破产法院通常也基于这种理由来批准延期。在大多数案件中，债务人仅仅提出这一理由就能够得到法院的批准；②为各方接受方案的协商所需要，也被称为"为接近成功提供避难所"。申请人可以提出，已经进行了相当长时间的协商正处在一个敏感期，专有期间的延长可以保证双方当事人把谈判继续进行下去，直到达到预期目的；③债务人正陷入一场诉讼之中，这一场诉讼必须在提出方案之前审结[1]。

我认为，美国法上的这些理由，也可以参照。的确，像案件规模大、案情复杂的重整，确实要花费很长时间，在美国的司法判例中，有的延期较长，有的几次延期。因此，这一理由也可以成为我国法上的理由；债务人的诉讼未决，确实也影响债权人的投票态度，即债务人在诉讼中的胜败直接关系到重整的成功问

---

[1]　[美]大卫·G. 爱泼斯坦等：《美国破产法》，韩长印等译，中国政法大学出版社 2003 年版，第 815 ~ 817 页。

题，故也可以成为正当理由；与各方利害关系人的协商需要更多的时间，也是一个正当理由，因为，重整方案的接受是需要在私下作很多的工作，并不仅仅是一次简单的投票。因此，美国学者指出："重整是一个协商、迁就和妥协的过程，大量的工作都是在法庭之外完成的。"[1]另外，像不可抗力等因素也应成为延期的理由。

三、重整计划的内容

重整计划虽名为计划，但实际上它是一个协议。在未经关系人会议讨论通过前，它是一个由重整人或债务人提出的协议草案，是由重整人或债务人向关系人会议发出的要约。经关系人会议通过后，便是一个正式的关于债权债务关系的清偿及其他重整事务的契约。在契约关系中，应遵循"意思自治"的原则，即契约内容由双方协商决定。但是，任何一个关于订立契约的要约，应有确定的内容，但各国法律规定不同。如根据德国《破产法》第219条规定，重整方案由陈述性部分与设计性部分构成。而根据该法第220条的规定，陈述性部分是指说明破产程序开始后已经采取何种措施或者将要采取何种措施来保证各权利人的权利。在美国的重整实践中，一般来说方案必须包括以下内容：对各种请求权和利益进行分类，明确指出哪些类别的请求权和利益没有受到削弱，并解释将为那些受到削弱的请求权类别提供什么样的待遇。破产法典要求必须给予所有同一类别的请求权和利益以相同待遇，除非个别权利人同意接受较低待遇。[2]根据我国2006年《破产法》第81条的规定，重整计划草案应包括下列内容：①债务人的经营方案；②债权分类；③债权调整方案；④债权受偿方案；⑤重整计划的执行期限；⑥重整计划执行的监督期限；⑦有利于债务人重整的其他方案。下面结合我国法的规定进行具体分析。

（一）债权分类

债权分类不仅涉及到各种债权人的利益满足方式、协商的难易程度、分组表决，同时，更重要的是为了贯彻"必须给予所有同一类别的请求权和利益以相同待遇"的原则及保护特别类型的债权人。例如，如果将有担保的债权人与无担保

---

〔1〕 ［美］大卫·G.爱泼斯坦等：《美国破产法》，韩长印等译，中国政法大学出版社2003年版，第754页。

〔2〕 ［美］大卫·G.爱泼斯坦等：《美国破产法》，韩长印等译，中国政法大学出版社2003年版，第757页。

的债权人分在同一组，无担保权的债权人的表决就有可能损害有担保的债权人的利益。因此，我国法实际上在债权分类这一问题上，是采取强制分类的方式。根据我国 2006 年《破产法》第 82 条的规定，债权的分类如下：

1. 对债务人的特定财产享有担保权的债权；

2. 债务人所欠职工的工资和医疗、伤残补助、抚恤费用，所欠的应当划入职工个人账户的基本养老保险、基本医疗保险费用，以及法律、行政法规规定应当支付给职工的补偿金；

3. 债务人所欠税款；

4. 普通债权。人民法院在必要时可以决定在普通债权组中设小额债权组对重整计划草案进行表决。

（二）债权调整方案与债权受偿方案

债权债务关系的调整与清偿，是主要及重要的内容，因为它关系到所有关系人的切身利益。如果重整计划草案不就债权债务的调整与清偿作出规定，就无法交付关系人会议讨论通过，或者说交由关系人会议讨论通过就无任何意义，也无法得到其通过。

法律要求重整计划就此作出规定的目的无非有二：一是将债务人对重整债权人债权的偿还以书面示众，防止债务人给予个别债权人以额外利益，即在债权人之间进行非平等性清偿；二是对债权人作出保证与承诺，利于债权人的监督。若债务人不按计划规定偿还债务，则构成对计划的违反，债权人可据此请求法院废止重整计划的执行。

1. 债权及股权调整。重整程序必然或者说有极大可能对全部或部分债权或股权作出变更，即削减其数额。在此情况下，重整计划草案必须明确规定。如根据美国联邦破产法第 1123 条（a）(3) 的规定，无论其他法律有何规定，计划应当列明因计划而受到削减的债权或股权的种类。而根据该条（b）(1) 的规定，重整计划可以削减任何种类的债权而不论其是否有担保，以及股权。

在对债权或股权作出削减的情况下，应对同类债权采取相同的条件。但在某种特殊情况下，为利于重整计划的通过，在不损害债权人共同利益的情况下，可以对某类债权人或股东作出让步，即不削减他们的债权或股权。为此美国《联邦破产法》第 1123 条均规定，当债权人、担保债权人或股东的债权或股权有不因重整计划而受影响者，必须明确该人的权利。我国 2006 年《破产法》第 87 条的规定也体现了这一精神。

重整人或债务人在制定重整计划草案时，于削减债权或股权的问题上，应充分考虑到各种情况，以利于重整计划的通过。比如，经削减后，债权人依重整程序所受的分配额不应少于他依破产清算程序所能受到的清偿额，否则，他有充分的理由不同意或不接受重整计划，而使之搁浅；对于担保债权人，一般是重整计划通过的反对者，其债权也一般难以削减，相反，还要保证其延期行使担保权的利益，这也是债权调整的内容。

在我国破产法理论上，就重整程序能否强制削减股东股权这一问题，理论上存在争议：有的人认为，除非股东自愿同意，重整计划及法院不得强行削减股权。否则，股东的有限责任将变为无限责任，从而违反公司法的一般原则；有的人认为，股东的权利是可以强制削减的，因为公司到了资产不足以清偿全部债务时，股东的权益实际上已经不存在了。如果没有强制手段，新的投资人难以进入，重整的资金将无法落实。故应有强制手段。我赞成前一种观点。因为，无论是强制削减股东股权，还是强制转让股权（除非是强制执行），在我国公司法或者破产法上并没有法律依据。但是，在制定重整计划时，可以通过增资扩股的方式，引进投资方且改变公司股权结构，以达到引进投资人的目的。那么，如何理解我国《破产法》第87条的规定呢？从我国《破产法》第87条的规定看，当出资人未通过重整计划时，如果重整计划草案对出资人权益的调整公平、公正时，法院可以强行批准重整计划。表面看起来，出资人的权益是可以被强行调整的，实则不然。实际上，这里是对于非强制调整而言。因为，法院在批准重整计划时，无论是对债权人，还是股东，即使是自愿接受，法院在通过时也要考虑公平公正。从我国的司法实践看，强行调整股东股权成为重整企业引入新的投资人的重要手段，这是应该引起我们注意的。

2. 债务清偿的期限。期限在债的关系中具有重要的意义，其与债权人及债务人利益相关，故在重整计算中应明确规定。在重整程序中，除具有一般民法上的意义外，若重整债务人提前对部分重整债权人清偿的，为法律所禁止，构成对个别债权人的优惠。若不按计划规定的期限偿还债务的，则构成对计划的违反，是债权人请求法院废止重整程序的法定事由。故重整计划应对之明确规定。

3. 债务履行的担保。这里所指的担保，并非指以重整人的特定财产为债权人设定的担保，而是指其他第三人为重整债务人履行债务所提供担保的情形。在此情况下，重整计划应明确规定提供担保的人及担保权的内容。在没有担保的情况下，重整计划应明确清偿资金的来源。

4. 偿还的条件。重整计划所规定的对同类债权的清偿条件应当平等，但在不同性质及种类的债权之间，在不妨碍公平的情况下，可以有所差别。因此，在分组时，如何认定同类债权意义重大。

（三）债务人的经营方案

经营方案也可以称为"重整措施"或者重整手段，它是重整人提出的旨在维持企业营业，摆脱危机以达再生目的的方法。重整手段直接关系到债务人之生死，在重整程序中至为重要。法律赋予重整人在计划中规定各种各样的措施的权利，以达再生的目的。故措施的丰富多样是重整程序的特点之一，但我国2006年破产法并没有提供具体措施，而这一问题并不是一个法律问题，更多的是一个经营性经验。由于我国缺乏这一方面的经验，也是将来事关我国重整程序使用中个案成败的关键。对此，可以参考比较法上的做法。

各国法在规定重整措施时，多采取列举及概括相结合的方式，即列举重要的手段，并以概括地授权重整人运用其他法律允许的手段。结合其他国家的立法看，大致有以下几种情形：

1. 企业的转让或合并。当企业按现有方式维持营业时，重整计划可以规定企业的全部或部分转让，合并或新设企业。

这里的所谓转让并不是仅仅指财产转让，而是包括各种生产力要素在内的转让。如果仅将企业作为财产转让，则与重整之目的不符。如法国85－98号法律第81条的规定："法院根据管理人的报告批准企业的转让。转让的目的在于维持可能独立经营的业务，维持部分或全部就业和清理债务。转让可以是全部的，也可以是部分的。在后一种情况下，所转让的必须是整体经营要素，构成一个或数个完整而独立的营业项目。"该法第82条又进一步指出："只有当所转让的是第81条意义上的整体经营要素时，法院才批准转让。"如果对"转让"作一通俗的解释，即是易主经营。当然，各国法均允许在必要的情况下，作适当的裁员。如法国85－98号法律第63条规定："如果计划作出因经济原因的裁员，须按劳动法L321－1条第2款和L320－10条的规定通报和咨询企业委员会或职工代表及行政主管机关，然后该计划才能获得法院的批准。"根据该法第81－93条的规定，所有欲购买企业者须在重整人规定的期限内，将报价交予重整人。报价应包括下列内容：①经营和投资预算；②出让金额和支付方式；③转让日期；④就业人数及前景；⑤为保证履行报价义务所提供的担保。法院应接受能在最佳条件下最持久地维持就业和保证债权人获得支付的报价。

企业转让对债权人产生何种法律效果呢？根据法国85－98号法律第91~93条的规定，批准转让计划裁定产生立即清偿未到期债务的法律效力。如果企业全部转让，当实现转让的所有手续办理完毕之后，法院依职权宣告程序终结，计划执行监督人将转让的价金按顺序分配给债权人。如果转让的财产中设有特别优先权、质权或抵押权，法院须按各项担保财产从总价金中划出用于分配和履行优先权的款项。

如果企业的转让有困难，计划还可以规定一定时间内的租赁经营。但是，租赁人对重整企业负有何种法律责任呢？法国法规定了具体的责任。法国 85 – 98 号法律第 61 条规定："计划在规定企业全部或部分转让时，可以安排一段时间的全部或部分营业资产的租赁经营。在这种情况下，租赁经营合同须规定租赁者在合同期满时购买该企业。"而根据该法第 97 条的规定，租赁者必须在计划批准后 2 年内购买该企业。该法第 98 条规定："如果租赁经营者不按计划规定的条件和期限履行购买企业义务，计划执行监督人、共和国检察官或任何利害关系人可请求对他开始司法重整程序，而无需证明其停止支付。但是，如果租赁经营者能证明不按原先规定的条件购买企业系因不可归责于他的原因时，在合同有效期内，经通知计划监督人之后，可请求法院变更条件。"

除转让外，重整企业还可以与其他企业合并。合并的方式有两种：一种是吸收合并，另一种是新设合并。前者是指重整企业与其他企业合并后，其中一方继续存在。新设合并，是指重整企业与其他企业合并后，创设新的企业。重整计划草案还可以通过新公司的设立挽救企业。

2. 资金的募集。资金的募集，对重整之成败攸关。一个已开始重整程序的企业，即一个已濒临破产的企业，若无新资金的注入，则难达再生之目的。但对一个重整企业来说，通过通常的方法筹集资金是非常困难的，故法律赋予重整人不拘一格的募集方式。一般来说，重整人在制定计划时，资金的来源往往是他首先要考虑的问题，常常左右其提出方案的类型。从资金筹集的角度讲，可以把重整人提出的方案分为以下几种：

（1）鞋带圈方案（boots trap）。即方案所需要的资金来自重整债务人持续经营所得的收入。用重整企业继续经营所取得的收入清偿债权，可一次或分期对方案所确认的债权额进行清偿。这种方案的特点是不注入新的资金。

（2）与其他公司合并方案。即方案所需的资金可以通过与其他公司合并的方式，即以取得后一公司股票或债券为交换的条件；也可以与属于同一集团的公司合并，由后者承担债务公司的债务。

（3）资本结构调整方案（recapitalization）。即通过追加借款、增加资本出资、发行股票等方式筹措资金。

（4）清理方案（plan of liquidation），即如果分析表明，公司已不能继续经营，就只能提出清理方案，将全部资产出售，分配给债权人。[1]

其实，在资金筹集上，有效的方式有三种，一是借入资本，二是出售部分财产以换取资金，三是进行资本结构的调整。

企业在重整的条件下，借入资金是十分困难的，因为其偿还能力的可疑性是显而易见的。除非他尚有可供担保的财产或者有人愿为其作担保。但是，此时，鲜有人愿为其担保，故较为可行的是以企业的财产作物的担保。但是，若某项财产已有担保负担时，即不得再为担保。也就是说，借款的前提是重整企业尚有未作为担保标的的财产。

在借款不能的情况下，出售企业的部分财产以换取资金，是实务中常见的方式。但是，假如债务人的全部财产已作了担保，且除担保利益外无余额时，财产出售便无任何意义。

当债务人为公司时，还可以用调整资本结构的方式解决资金问题，即用发行新股票而从购买股票的投资者手中取得现金或用股票交换债权人的债权，或者用发行公司债的方式取得资金。这里有一个值得注意的问题是，许多国家公司法对发行新股票及公司债均作了明显的条件限制。例如，我国2006年5月8日起施行的《上市公司证券发行管理办法》第二章专门规定了公开发行证券的条件。一是上市公司的组织机构健全、运行良好，符合下列规定：①公司章程合法有效，股东大会、董事会、监事会和独立董事制度健全，能够依法有效履行职责；②公司内部控制制度健全，能够有效保证公司运行的效率、合法合规性和财务报告的可靠性；内部控制制度的完整性、合理性、有效性不存在重大缺陷；③现任董事、监事和高级管理人员具备任职资格，能够忠实和勤勉地履行职务，不存在违反公司法第148条、第149条规定的行为，且最近36个月内未受到过中国证监会的行政处罚、最近12个月内未受到过证券交易所的公开谴责；④上市公司与控股股东或实际控制人的人员、资产、财务分开，机构、业务独立，能够自主经营管理；⑤最近12个月内不存在违规对外提供担保的行为。二是上市公司的盈利能力具有可持续性，符合下列规定：①最近3个会计年度连续盈利。扣除非经常性损益后的净利润与扣除前的净利润相比，以低者作为计算依据；②业务和盈利来源相对稳定，不存在严重依赖于控股股东、实际控制人的情形；③现有主营业务或投资方向能够可持续发展，经营模式和投资计划稳健，主要产品或服务的市场前景良好，行业经营环境和市场需求不存在现实或可预见的重大不利变化；④高级管理

---

[1] 沈达明、郑淑君：《比较破产法初论》，对外贸易教育出版社1993年版，第87页。

人员和核心技术人员稳定，最近 12 个月内未发生重大不利变化；⑤公司重要资产、核心技术或其他重大权益的取得合法，能够持续使用，不存在现实或可预见的重大不利变化；⑥不存在可能严重影响公司持续经营的担保、诉讼、仲裁或其他重大事项；⑦最近 24 个月内曾公开发行证券的，不存在发行当年营业利润比上年下降 50% 以上的情形。三是上市公司的财务状况良好，符合下列规定：①会计基础工作规范，严格遵循国家统一会计制度的规定；②最近 3 年及一期财务报表未被注册会计师出具保留意见、否定意见或无法表示意见的审计报告；被注册会计师出具带强调事项段的无保留意见审计报告的，所涉及的事项对发行人无重大不利影响或者在发行前重大不利影响已经消除；③资产质量良好。不良资产不足以对公司财务状况造成重大不利影响；④经营成果真实，现金流量正常。营业收入和成本费用的确认严格遵循国家有关企业会计准则的规定，最近 3 年资产减值准备计提充分合理，不存在操纵经营业绩的情形；⑤最近 3 年以现金或股票方式累计分配的利润不少于最近 3 年实现的年均可分配利润的 20%。四是上市公司最近 36 个月内财务会计文件无虚假记载，且不存在下列重大违法行为：①违反证券法律、行政法规或规章，受到中国证监会的行政处罚，或者受到刑事处罚；②违反工商、税收、土地、环保、海关法律、行政法规或规章，受到行政处罚且情节严重，或者受到刑事处罚；③违反国家其他法律、行政法规且情节严重的行为。

上述条件对于重整中的企业是无法达到的，而我国 2006 年破产法没有对此作出特别的规定，因而，在我国重整企业不可能发行新股票和公司债。重整企业要发行新股或公司债，重整法必须作出变通性规定。

（四）重整计划的执行期限与监督期限

由于我国 2006 年破产法规定，重整计划通过后由债务人执行，由管理人监督。因此，重整计划必须对执行期限与监督期限作出明确规定，以便于将来的实施。

四、重整计划的通过与认可

（一）重整计划的通过

重整计划的通过是指将重整计划草案交由关系人会议讨论并同意的过程。各国破产法对于重整计划的通过都设定了一定的条件和程序，并且对法院批准重整计划也规定了条件。但是，重整程序充满了利益矛盾和冲突，如果想要顺利地通过重整方案，并不是一件很容易的事情。为了重整计划的顺利通过，往往重整人要在私下做很多工作。因此，美国学者指出，如果认为第十一章程序（重整程序）主要是在法官控制下的诉讼程序那就大错特错了。在第 11 章程序中提出的方案和采纳方案几乎总是协商而非诉讼的结果。[1] 利益关系人之所以愿意协商，主要是因为以下几个原因：①债务人的财务已经出现问题，债权人的债权的全额清偿几乎是不可能的。如果不愿意重整，那么将面临破产清算。而破产清算的程序费用很高，而且所获得的清偿可能不如重整程序高。特别是债务财产状况特别糟糕，而无担保的债权人几乎难以得到清偿时，无担保的债权人愿意协商；②法律为了拯救企业，规定了许多强制措施，而赋予法院一些特别的权力，也使得债权人，特别是担保债权人也愿意协商。因为，如果不协商，法院有强制许可的手段。与其如此，还不如协商以求更大的利益。因此，有的美国学者说，协商通常是在法律的"影子"下进行的。[2]

在我国的司法实践中，许多法院并没有完全从最高人民法院于 2002 年的司法解释中规定的主动角色中解脱出来，控制、指挥和操控重整程序的现象十分严重，无论是管理人还是法院，都不注重与利害关系人协商的过程。

重整计划的通过是以协商作为基础的，但通过的过程却体现在对重整计划草案的分组表决的过程中。

1. 表决的分组。重整方案表决方式颇具特色，它并不是采取如债权人会议式的集体表决的方式，而是采取分组表决的方式。所谓分组，是指将债权人及股东按不同标准分为若干小组，再以小组为单位进行分别表决，然后按各组表决的结果计算表决的结果。根据美国《破产法》第 1123 条的规定，如果债权或者利益"与该类别当中的其他债权或者利益实质上相似"，那么他们就能够被划归到一个类别中去。该规定和判例对该条的解释限制了债务人对债权或者利益进行分类的权利，以防止债务人为了优待某类债权人或者使某类债权人或者股东的投票权无效而在分类的时候做手脚。[3] 例如，如果重整人为了损害担保债权人利益，将担保的债权人分别与无担保的债权人分在一组，使担保债权人的债权额和人数都低于法律规定的形成有效反对意见的界线，就会使得担保债权人不能形成有效的投票，从而维护自身利益。因此，许多国家的破产法规定分组应具有强制性标准。

---

〔1〕 ［美］大卫·G. 爱泼斯坦等：《美国破产法》，韩长印等译，中国政法大学出版社 2003 年版，第 731 页。

〔2〕 ［美］大卫·G. 爱泼斯坦等：《美国破产法》，韩长印等译，中国政法大学出版社 2003 年版，第 731 页。

〔3〕 ［美］大卫·G. 爱泼斯坦等：《美国破产法》，韩长印等译，中国政法大学出版社 2003 年版，第 733 页。

当然，作为重整人在分组时，其基本目标是有利于重整计划的通过。这也是法律分组的目标之一，但它必须于保护债权人利益联系起来，而不能仅仅使分组有利于重整计划的顺利通过。

然各国对分组的标准规定并不一致，大致可分为强行性分组与任意性分组两种。

（1）强行性分组。所谓强行性分组，是指法律明确规定了分组的标准，法院及重整人无改变的余地。此种立法体例以我国台湾地区公司法为代表。根据该法第 298 条及 302 条的规定，有表决权的债权人及股东分为以下 4 组：①优先债权人；②有担保的债权人；③无担保的债权人；④ 股东 。

根据德国《破产法》第 222 条的规定，德国法上的分组，也是强制性分组。

根据我国 2006 年《破产法》第 82 条第 1 款的规定，也属于强行性分组。这种强行性分组如下：下列各类债权的债权人参加讨论重整计划草案的债权人会议，依照下列债权分类，分组对重整计划草案进行表决：①对债务人的特定财产享有担保权的债权；②债务人所欠职工的工资和医疗、伤残补助、抚恤费用，所欠的应当划入职工个人账户的基本养老保险、基本医疗保险费用，以及法律、行政法规规定应当支付给职工的补偿金；③债务人所欠税款；④普通债权。

（2）任意性分组。所谓任意性分组，是指法律虽然规定了分组标准，但同时赋予法院或重整人根据实际情况改变分组标准的权利。美国破产法是任意分组的典型代表，其分组方式非常灵活，只要分组有利于重整计划的通过，并符合衡平法的原则，即不给予某一类债权人或股东造成不公平待遇即可。该法第 1122 条（USCS 1122 classifi cation of claims or interests）规定：“①除本条②的规定外，计划可以把某一类债权或股权纳入某一特定的种类，只要该债权或股权实质上类似于该类中的其他债权或股权即可；②计划可以规定一个单独的请求权类别（seporate class of claims），仅由无担保的债权组成，且该债权小于或被削减至法院认为合理及便于管理需要的数额。”在美国重整实务中，常作如下分类：①担保债权；②优先请求权；③无担保债权；④ 次位债权（subordinaced claims）；⑤股权。必须指出的是，美国破产法虽然规定了任意分组，但分组不得违反公平公正原则，即类似债权不得获得不同对待。

我国 2006 年《破产法》第 82 条第 2 款仅仅是赋予法院在普通债权组中再分组，该款规定人民法院在必要时可以决定在普通债权组中设小额债权组对重整计划草案进行表决。

2. 对重整计划的表决。各国法对表决条件的规定宽严不一，如我国台湾地区公司法要求在通过重整计划时，必须有各组表决权的 2/3 以上同意，即为通过；美国破产法要求在通过重整计划时，必须有每类债权中得到承认的确定的债权人人数过半数，且持有的债权数额至少占该组债权额的 2/3 时，该组视为通过计划；而关于股东组的表决，必须是各类被承认的占该组股份 2/3 的股东同意时，视为该类股东通过计划。

由此可见，对表决方式的规定有两种：一种是美国法规定的方式，即双重标准，不仅规定了人数标准，而且规定了债权额标准；另一种是我国台湾地区及日本法采用的方式，即仅以表决权额计算的单一标准。何为表决权额呢？按照我国台湾地区公司法第 298 条的规定，重整债权人之表决权，以其债权之金额比例定之，股东表决权，依公司章程之规定。按公司法的规定，每一股有一个表决权。股东所持股份的数额即是表决权的数额。但特别股股东或某一股东已有发行股份总额的 3% 以上者，其表决权应受到限制。关于债权人的表决权如何计算呢？一般是由法院每一表决权所代表的债权额基数，债权人所持有的债权额除以该基数即等于该债权人的表决权。例如，法院确定 1000 元代表一个表决权，债权人的债权为 100000 元，其表决权则为 100 个。在这一制度中，债权人的债权数额无论多小，至少应享有一个表决权，除非法院对其立即支付其债权而排除其参加重整程序。故法院在确定每一表决权所代表的债权额基数时，要么以数额最小的债权人的债权为基数，要么规定另外的基数，但同时表明当债权人的债权额不达基数时，视为有一表决权，要么规定当债权人的债权额不足一表决权所代表的债权额时，应全额支付以排除债权人的表决权。

在单一制与双标准制的比较中，我们不难发现，双标准制较单一制合理。因为单一制实际上是以债权额或股权额为标准计算表决结果，在实际上会发生少数大的债权人或股东左右局面的状况。假如一个债权人的债权额占整个小组的 1/2 或更多时，其同意与否直接关系到小组的表决结果，其他债权人形同虚设。在双标准制中，采用人数与债权额的双重标准，在很大程度上起到了减少弱肉强食的作用。即使少数债权人的债权额很大，但无其他债权人的附和，他也难以左右表决局面。

我国 2006 年破产法采取的是"双标制"，该法第 84 条第 2 款规定，出席会议的同一表决组的债权人过半数同意重整计划草案，并且其所代表的债权额占该组债权总额的 2/3 以上的，即为该组通过重整计划草案。第 86 条规定，各表决组均通过重整计划草案时，重整计划即为通过。

（二）重整计划的认可

经表决通过的重整计划也不具有法律效力，只有当其被法院认可后，才成为发生法律效力的文件。

美国法院批准重整方案有两种情况：第一种情况是在所有的债权分组和股东组都接受方案的情况下，法院也必须在满足破产法典第 1129 条（a）规定的标准下，才能批准方案。第 1129 条（a）规定了两个标准第一个标准为"可行性标准"。所谓"可行性标准"是指不能在批准方案之后紧接着就有可能被清算。债务人如何保证方案具有可行性呢？他可以通过制定详细的商业计划，向法院提供由财务官员、会计师、商业顾问或者其他专家出具的证明意见来证明通过重整债务人完全有能力使其财务状况恢复正常。第二个标准是"债权人最大利益标准"。所谓"债权人最大利益标准"是指对方案持反对意见的债权人从重整中所获得的分配不能少于从破产清算中可能获得的分配。它为债务人提供给反对重整计划的债权人的待遇设定了底线。提出方案的人证明方案符合最大利益标准的方式，是通过清算分析公布债务人的资产价值，这些资产上所负担的担保请求权，预计的第十一章和第七章的费用，优先权和无担保请求权，以及提供给每类请求权的分配数额统计。与商业规划一样，清算分析也是主观的东西。[1]

第二种情况是并非所有表决组都通过了重整计划时，法院强行批准重整计划的标准。这些标准我们将在下面讨论。

根据我国 2006 年《破产法》第 86 条第 2 款规定："自重整计划通过之日起

---

[1] ［美］大卫·G. 爱泼斯坦等：《美国破产法》，韩长印等译，中国政法大学出版社 2003 年版，第 734～759 页。根据美国联邦破产法第 1129 条（a）的规定，只要计划具备下列条件，法院应批准计划：①计划符合破产法的有关规定；② 重整计划是由法律规定的有资格的人诚实地提出的，没有规避法律；③支付的与案件或计划有关的劳务费或服务费和其他开支已得到法院的批准或将由法院以合理为由许可；④ 计划的提出者已经透露了拟在计划获准后担任债务公司董事，高级职员，受托人或债务人之继受者的情况。对这些人的任命或留任符合债权人，股权持有人及公共政策。同时，计划的提出者透露了内部人员的受雇情况及对他们的补偿；⑤ 在计划批准后主管债务人税收的政府管理委员会已经批准了计划所规定的税收调整或者该税收调整是明显符合被批准条件的；⑥受到重整计划削减的请求权或股权的权利持有人已经完全接受了计划或者于计划生效之日他将得到不少于若按第七章清算程序所能得到的金额。⑦每类债权或股权或者完全接受了计划或者未受到计划的削减；⑧除非某一债权人同意接受不同待遇，于计划生效之日，本法第 507 条规定的特别优先权应得到清偿；⑨假如计划对债权作了削减，则至少有一类债权已接受计划，但内部人员的接受不计算在内；⑩计划批准之后，显然不需再对债务人进行清算或者对债务人或其继受者财务重整，除非该清算或重整是计划所建议的；⑪ 根据第 1930（28 USCS 1930）条应支付的，由法院在批准计划的审理中确定的所有的费用均已支付或计划规定将在计划生效之日全部支付这些费用。⑫计划规定在其生效之后，将按本法第 1114 条所限定的条件以及标准，继续支付所有的退休保险费。

10 日内，债务人或者管理人应当向人民法院提出批准重整计划的申请。人民法院经审查认为符合本法规定的，应当自收到申请之日起 30 日内裁定批准，终止重整程序，并予以公告。"但是，我国法却没有明确规定什么是"符合本法规定"。我认为，美国法的规定条件值得借鉴。

五、未通过重整计划时的强行许可

当重整计划未被关系人会议通过，若符合一定条件，法院也可许可重整计划。对于重整计划的许可，各国法律规定的条件不同。

在美国破产法上，如果并非所有表决组都通过了重整计划，法院强行批准重整计划的标准被规定在美国破产法典的第 1129 条（b），也就是我们上面提到的第二种情况。根据该条款的规定，法院强行批准重整计划的前提是：①至少有一类根据方案其债权会受到削弱的债权人接受了方案；②方案没有获得所有类别的债权人或者股东接受。法院在此情况下批准重整计划要符合两个条件：第一个条件是"填满"（cram—domn）；第二个条件是"绝对优先规则"。

所谓"填满"标准，是指如果方案对没有接受方案且权利受到削弱的请求权或者利益没有不公平的待遇，而且是公平公正的。这一标准实际上有两个内容：一是"同类债权应等同对待"，同类债权不得有差别待遇（除非受到不公平待遇的债权人同意）；二是"公平公正"。这一标准实际上同表决组的分类直接相关，如果债务人想照顾某一个债权人，他就会在对看似相似的请求权分类时做手脚，将要照顾的债权人分为一组，对他们使用"同类债权应等同对待"规则，实际上使他们获得比其他债权人更好的分配。因此，美国法院坚持要求把所有类似的请求权都分到一个类别中去。但在美国，对这一问题的看法和法院的实际案例并不相同，有的法院认为，法院应根据实际情况，对这一问题行使广泛的自由裁量权，调查的重点应当是两个类似的请求权是否在结果上得到了相同的待遇。

所谓"绝对优先规则"，是指如果一类无担保请求权人拒绝接受方案，那么，债务人就不能在方案中向那些清偿顺序比这类无担保请求权靠后的任何次级请求权或者利益提供任何清偿，除非这类持反对意见的无担保的请求人获得了财产分配，而且分配财产的当前价值等于他们被确认的请求权数额。如果债务人在较长的时间内完成清偿，那么请求权人获得的清偿必须是当前被确认的请求权数额加上完全获得清偿期间的利益。例如，一个无担保债权人有 10 万美元的票据没有兑现，而现在重整方案中规定的清算比例为 33%，清偿的期间为 5 年，即他未来 5 年中从重整程序中能够获得 33 333 美元的清偿。这时，如果该债权人反对重整计划，如果想要抵销其反对而适用"绝对优先规则"，必须在未来 5 年内支付 10 万美元加利息。[1]

　　根据我国 2006 年《破产法》第 87 条的规定，部分表决组未通过重整计划草案的，债务人或者管理人可以同未通过重整计划草案的表决组协商。该表决组可以在协商后再表决一次。双方协商的结果不得损害其他表决组的利益。未通过重整计划草案的表决组拒绝再次表决或者再次表决仍未通过重整计划草案，但重整计划草案符合下列条件的，债务人或者管理人可以申请人民法院批准重整计划草案：①按照重整计划草案，本法第 82 条第 1 款第 1 项所列债权就该特定财产将获得全额清偿，其因延期清偿所受的损失将得到公平补偿，并且其担保权未受到实质性损害。什么叫"担保权未受到实质损害"？美国破产法的规定可资借鉴。美国《破产法》第 1129 条（2）规定了三条可供选择的标准用于在某类担保债权人反对的情形下批准方案，第一个标准是如果该类别的成员能保留他们在担保财产上的担保，并且（按照重整计划）得到现金清偿，得到现金清偿的账面数额至少等于被确认的担保请求权数额；第二个标准是该类别的担保请求权可以通过债务人提供的"确实等价物"来冲抵（替代）；第三个标准是出售财产，将出售财产所得的价款作为债权人请求权的担保[2]；②按照重整计划草案，本法第 82 条第 1 款第 2 项、第 3 项所列债权将获得全额清偿；③按照重整计划草案，普通债权所获得的清偿比例，不低于其在重整计划草案被提请批准时依照破产清算程序所能获得的清偿比例；④重整计划草案对出资人权益的调整公平、公正；⑤重整计划草案公平对待同一表决组的成员，并且所规定的债权清偿顺序不违反本法第 113

---

　　[1]　[美]大卫·G. 爱泼斯坦等：《美国破产法》，韩长印等译，中国政法大学出版社 2003 年版，第 762～766 页。根据美国联邦破产法第 1129 条（b）的规定，只要计划对于受到削减的没有接受计划的债权或股权没有不公正的对待，而其他认可的条件已经具备时，法院可不顾其反对而许可计划。1129（b）（2）规定，在本条意义上，计划对于每一类债权或股权的公正和平等的条件包括下列要求：①对于有担保的债权，债权人在该债权得到承认的数额内，保留其担保权，而不论该财产是由债务人保留还是转让于他人，而且该债权人所得到的延期支付不少于他对该财产所享有的权益。或出卖担保财产而将其在该财产上的利益对其支付，或者该债权的持有人明确无疑的实现了其担保权；②对于无担保的债权，该债权人应收到其被承认的请求权于计划生效日请求权价值的现金清偿，或者顺序在后的债权人或股权人得不到清偿或分配；③对于股权，计划规定该类股权的持有人接受或保留一定财产，其价值在计划生效之时等于下列中最大者：该持有人有权享有的任何确定的清算优先权的数额，该持有人有权享有的任何确定的补偿价格或该利益的价值，或者次位的权益持有人将得不到任何财产分配。④计划的主要目的不是规避纳税或者适用 1933 年证券法第五条的规定。

　　[2]　[美]大卫·G. 爱泼斯坦等：《美国破产法》，韩长印等译，中国政法大学出版社 2003 年版，第 762 页。

条的规定；⑥债务人的经营方案具有可行性。我国破产法没有对什么是"可行性"作出规定，可以参照美国法上的标准，即所谓"可行性"，就是指不能在批准方案之后紧接着就有可能被清算，且计划的内容和保障措施的分析可论证是可靠的。

如果仔细分析我国破产法的上述规定，实际上就是美国破产法确认的三大原则的体现，即"最大利益标准"、"填满标准"和"绝对优先规则"。但这些规定有些应引起注意：①对于担保债权人的利益保护与普通债权人的利益保护存在差别：第87条第2款①规定："按照重整计划草案，本法第82条第1款第1项所列债权就该特定财产将获得全额清偿，其因延期清偿所受的损失将得到公平补偿，并且其担保权未受到实质性损害"，而该款③却规定："按照重整计划草案，普通债权所获得的清偿比例，不低于其在重整计划草案被提请批准时依照破产清算程序所能获得的清偿比例"。问题就在于：普通债权所获得的清偿比例不低于其在重整计划草案被提请批准时依照破产清算程序所能获得的清偿比例，但其权益难以说得到充分的保障或者说其利益没有受到伤害，因为他们现在所受的清偿是立即得到，而按照重整计划的清偿，可能是几年以后的事情。虽然从表面上看，按照重整计划普通债权所获得的清偿比例，不低于其在重整计划草案被提请批准时依照破产清算程序所能获得的清偿比例，但如果清算是很快得到的，但如果是重整则期限很长，则期限利益难以保障。所以，我认为，应像担保债权人那样，因延期的损失也应得到充分的实现。

另外，在适用第87条时应当特别注意的是：①法院的强行许可毕竟是例外，应当慎重对待，并认真审查适用条件；②上述六项条件必须同时具备，才能强行许可。③如果所有表决组都没有通过重整计划的话，法院不能适用强制许可措施。

六、重整计划认可的效力

法院认可重整计划后，对所有关系人均有约束力。如美国《联邦破产法》第1141条（a）规定："计划经批准后，对于债务人，任何根据计划发行证券或取得财产的人，以及所有债权，股东或受计划削减的合伙人，均有约束力，而不论其是否同意计划。"我国《破产法》第92条也作了类似的规定，即经人民法院裁定批准的重整计划，对债务人和全体债权人均有约束力。经认可的重整计划对关系人的效力表现在：

（一）对债务人的效力

对债务人而言，重整计划经法院认可后，除重整计划规定的或法律承认的债权、担保权或股权外，免除其对其他债务的清偿责任。美国《联邦破产法》第1141条（d）规定："除计划和认可计划的裁定承认的债权或股权外，对计划的认可使债务人从产生于计划认可日前的任何债务，以及本法第502条（g）、502条（h）或502条（i）规定的任何种类的债务中免责。"但是，债务人是否有权放弃被免责的优惠呢？一般说来，免责既然是一种权利，当然可以放弃，但是，若在重整计划的执行期间放弃免责，则会影响对其他债权人的清偿，故应解释为不许。当然，在计划执行完毕后，自无不许之理。美国《联邦破产法》第1141条虽然规定债务人可向法院申请放弃免责，但前提也应是不损害其他债权人或股东的权利。

我国2006年《破产法》第92条第1款也规定，经人民法院裁定批准的重整计划，对债务人和全体债权人均有约束力。虽然没有明确规定对债务人的具体效力，但从规范的体系中可以看出，在我国重整计划被法院许可后，对债务人也产生上述效力。

（二）对债权人和股东的效力

对债权人和股东来讲，重整计划经法院认可后，其权利仅以计划规定者为限，非为计划所承认的权利，不得再向债务人请求。美国《破产法》第1141条即对此作出了明确的规定。

我国2006年《破产法》第94条也规定，按照重整计划减免的债务，自重整计划执行完毕时起，债务人不再承担清偿责任。但是，对未申报债权的债权人却规定了另外的规则，这一问题我们将在下面讨论。

（三）对重整程序本身的效力

根据我国《破产法》第86条及87条的规定，法院许可重整程序后，终止重整程序。这一规定与其他国家的破产法或者重整法有较大的不同，其他大部分国家的法律规定，重整计划执行完毕，重整程序才终止。

（四）对保证人及其他连带债务人的效力

对债务人开始的重整程序，不应影响债务人的债权人对保证人或者与债务人承担连带责任的债务人的请求权。对此，我国2006年《破产法》第92条第3款规定，债权人对债务人的保证人和其他连带债务人所享有的权利，不受重整计划的影响。

（五）重整对公司治理的影响

在现代公司法的立法和理论及司法实践中，对公司治理的讨论始终是最重要的问题。但无论如何，从公司的一般治理结构看，股东会（大会）是公司的最高权力机构和决策机构，董事会是执行机构，监事会是代表股东利益的监督机构。那么，在公司重整的情况下，这些机构在公司法上的那些被法律赋予的权力是否受到限制？受到什么样的限制呢？例如，公司的股东会对公司的控制权是否会受到限制？例如，股东会是否有权像正常情况下通过决议而撤换管理层？监事会是否还有存在的必要？

在美国，虽然理论上认为，破产法院不应对公司的管理加以干预，只要法院没有发布任命管理人或者监察员的裁定，或者发布转换案件的裁定，我们就可以认为法院一般应当允许股东保留对公司的控制权，继续施加对公司管理层的影响并作出决策，即使是愚蠢的决策。但实际上，国会授权法院可以在破产程序中剥夺股东或者管理层对公司的控制权，甚至召开股东会都要经过法院批准，破产法和州公司法都赋予法院在公司董事会或者管理层出现辞职或者职位空缺时代替管理层的权力。但总体上说，关于这一问题，在美国的法律与判例层面没有提供明确的规则，强硬而有冲突的政策阻碍了有关公司治理的清晰的规则的形成。[1]

对此问题，我国破产法也没有提供与公司法不同的规则，但在司法实践中做法更是不一致。我认为，在重整程序中的公司治理结构应发生重大的变化，其中的核心原因是：在重整程序中公司的利益中心与一般情况下公司的利益中心是不同的。在一般情况下，公司的利益中心是股东利益最大化，即公司运营的中心任务是使基本利益最大化，即使公司股东利益最大化。但是，在破产重整的情况下，公司重整中的利益中心是使破产财产利益最大化而非股东利益最大化，股东与其他利益关系人一样，按照重整计划的规定获得应有的清偿或者分配。这一中心的变化必然会引起许多变化，也必然导致法律对股东会权力的限制。我们就以下问题作出分析讨论：

1. 股东会是否应当存在及职权是否受到限制？我认为，在重整的情况下，股东会应当存在。因为，既然是一个公司形式，其所有者是必须存在的。但是，其职权应受到特别的限制，尤其是在我国由管理人主持的重整模式下，股东会的权力应受到严格的限制。其职权仅仅是涉及股东整体利益时，通过股东会决议的方

---

〔1〕　〔美〕大卫·G. 爱泼斯坦等：《美国破产法》，韩长印等译，中国政法大学出版社 2003 年版，第 742～743 页。

式表达整体意思，而不能对公司的经营决策进行干预，也不能按照公司法的规定任意撤换经营管理层，更不能通过决议解散公司，更不能通过决议进行分配红利等。这些事项，在我国破产法上，应由债权人委员会和管理人同意方可执行。

当然，如果股东会认为管理层损害其利益而不执行重整计划的，可以向法院提出，要求终止重整计划而转入破产清算。也可以通过决议，向债权人委员会或者管理人提出或者法院要求更换管理层。

2. 监事会是否应当存在？我认为，从破产重整的基本目的看，监事会的存在是没有意义的。因为，监事会从公司法的设立目的看，是在股东会闭会期间，代表债权人利益监督管理层的行为。但在破产重整的情况下，有管理人监督重整计划的执行，因此，其职权已经不再与重整程序的目标一致了，所以没有存在的必要和意义。

但是，如果股东认为，监事会为了全体股东的利益而有存在必要时，可以请求法院批准保留监事会。但有两点必须注意：①监事会仅仅是为了股东利益而存在；②费用由股东支付而不能从破产财产中支付。

3. 公司管理层是否应更换？其职权如何？在重整程序中公司管理层是否应更换，取决于债权人会议及管理人而不取决于股东。如果债权人会议或者管理人认为，原来公司的管理层已经不适合继续管理债务人公司的，可以更换。可以全部更换，也可以部分更换。

但是，管理层的负责对象不再是股东，而是全体利害关系人，既包括股东，也包括债权人，但主要是债权人。正如美国学者所指出的，在提出破产申请后，所有者控制管理层的能力被削弱了，经营债务人与所有者不再是信托关系，他的信托义务被转移到了破产财团上。因此，经营债务人所采取的任何行动都必须以实现整个破产财团的最大利益为出发点，这是保护和公平对待各种破产财团享有债权的群体所必须的。

当然，我们必须看到的是，在公司重整的情况下，股东与管理层之间的矛盾必须会出现或者加剧。因为股东和管理层都会认识到，管理层的未来和行动都掌握在债权人手中，股东对管理层的控制已经很弱了。因此，法院或者债权人委员会在处理股东请求撤换管理层时，这一点就显得特别重要。

（六）其他效力

因重整程序优于其他程序，故当重整计划被法院认可后，曾因重整程序开始而中止的其他程序，应当终结。这主要是指重整程序是由破产程序或和解程序转换而来的情况。当破产程序或和解程序开始后，法律允许债权人、债务人或股东申请转换为重整程序，经法院批准的，已开始的破产程序或和解程序应当中止。至重整计划被法院认可时，法院应同时终结中止的破产程序或和解程序。当然，已中止的强制执行、临时冻结、拍卖等程序也应终结。

在我国 2006 年破产法上是否存在这一问题，是有解释余地的，因为我国法并没有明确规定在法院作出受理重整申请的裁定时，对已经开始的破产程序如何处理，是"中止"还是"终止"，而且在立法过程中也存在争议。我认为，在人民法院受理破产申请后、宣告债务人破产前，人民法院裁定受理从破产程序转换为重整程序的申请时，已经开始的破产程序应当中止，等到重整计划被法院许可后，重整程序与破产程序同时终止；如果重整计划不获得通过或者法院许可的，恢复破产程序。

七、重整计划的执行

（一）重整计划的执行人

重整计划的执行是对重整计划的具体实施，是重整程序的最终落脚点，也是能否达到重整目的的实际检验。而重整计划由执行人负责执行。执行人是重整计划必须规定的内容之一。各国对重整计划执行人的规定不尽相同。

我国台湾地区公司法第 290 条规定，重整计划由重整人执行。因我国台湾地区公司法规定的重整人原则上为公司的董事，故一般地说，由公司的董事负责执行，而由监督人进行监督。

美国破产法采取以债务人自我重整（debtor in possession）的原则，故重整计划应由债务人负责执行，而由监察人监督执行。即使在任命了受托人时，当重整计划被认可后，债务人也获得执行重整计划的权利，因为该法第 1141 条（b）规定："除非计划或批准计划的裁定另有规定，计划的批准使全部财团财产授予债务人。"

根据法国 85 - 98 号法律第 147 条的规定，在法院任命了重整人的情况下，计划执行人为重整人（管理人）；在未任命的情况下，由债务人在执行监督人的帮助下，执行计划。

我国 2006 年破产法采取的模式是债务人负责执行而由管理人监督。对此，第 89 条规定："重整计划由债务人负责执行。人民法院裁定批准重整计划后，已接管财产和营业事务的管理人应当向债务人移交财产和营业事务。"第 90 条第 1 款规定："自人民法院裁定批准重整计划之日起，在重整计划规定的监督期内，由管理人监督重整计划的执行。"我国的这一模式值得赞同：一方面，债务人比较熟悉经营业务，由其负责执行更加方便；另一方面，为了防止债务人经营中损害债权人利益，由管理人监督更为可行。

（二）对重整计划执行的监督

1. 监督期限。根据我国 2006 年《破产法》第 90 条、第 91 条的规定，管理人在重整计划规定的监督期限内监督重整计划的执行。该监督期限由重整计划规定，可以短于重整计划执行的期限。但是，根据管理人的申请，法院可以裁定延长重整计划执行的监督期限。

2. 监督职责。管理人应当以善良管理人的注意监督债务人对重整计划的执行，并有权请求债务人向其报告重整计划执行情况和债务人财务状况。如果未尽此义务而对债权人造成损害的，应当向债权人负赔偿责任。

（三）重整计划执行中的变更

在重整程序的执行过程中，如果出现了特殊事由，非经变更不能执行的，执行人是否可以申请法院变更？

按照日本法的规定，由于特殊事由的出现，使得重整计划必须变更后方能实施的，计划执行人可申请法院变更重整计划。对重整计划的变更程序，如通过计划草案的程序相同。但是，不受变更影响的关系人无须参加表决。对此，我国 2006 年破产法没有规定，也难以作出相同的解释。

（四）重整计划执行完毕的后果

1. 对债务人及申报债权的债权人的后果。重整计划执行完毕后，债务人对于按照重整计划减免的债务不再承担清偿责任。

2. 对未申报债权的债权人的后果。重整计划执行完毕后，对未申报债权的债权人所产生的法律后果，在我国与其他国家有较大的不同。按照我国 2006 年《破产法》第 92 条第 2 款的规定，债权人未依照本法规定申报债权的，在重整计划执行期间不得行使权利；在重整计划执行完毕后，可以按照重整计划规定的同类债权的清偿条件行使权利。但是，上面我们已经提到，在美国及日本法上，未申报债权，在程序结束后视为被免责的债权，债权人无权再向债务人主张。

我认为，我国法的这一规定值得商榷。因为：①重整程序终结后，为什么重整计划对债权人仍然具有约束力？其理论和法律基础是什么？②其未申报债权，其债权并没有纳入到调查、确认中来，程序结束后由何人负责这种"同等清偿条件行使权利"？是法院还是管理人？是民事执行问题还是诉讼问题？费用如何解决？③破产清算与和解、重整具有相同的性质，其实在许多国家当破产法适用于个人时，都发生免责的效力，不可能发生继续清偿的问题。在我国为什么特殊规定？这样一来，会导致一种倾向：债权人都不申报债权，等到程序结束后再按照程序中规定的条件要求债务人履行债务。基于上述疑问，笔者认为，2006 年破产法的上述规定实值思考。

（五）不执行重整计划的后果

债务人不执行或者不按照重整计划的规定执行，构成废止重整而转入破产清算的法定理由。对此，我国 2006 年《破产法》第 93 条第 1 款规定，债务人不能执行或者不执行重整计划的，人民法院经管理人或者利害关系人请求，应当裁定终止重整计划的执行，并宣告债务人破产，并同时产生下列效力：①人民法院裁定终止重整计划执行的，债权人在重整计划中作出的债权调整的承诺失去效力；②债权人因执行重整计划所受的清偿仍然有效，债权未受清偿的部分作为破产债权。只有在其他同顺位债权人同自己所受的清偿达到同一比例时，才能继续接受分配；③为重整计划的执行提供的担保继续有效。

八、重整程序的废止与终结

（一）重整程序的废止

重整程序的废止的概念与原因。重整程序的废止，又称重整程序的撤销，是指法院根据重整人或其他关系人的申请或依职权裁定废除已开始的重整程序。从比较法的角度看，重整程序的废止，可分为计划认可前的废止与认可后的废止。这两种废止的原因不尽相同。

重整计划认可前的废止。从比较法的角度看，根据我国台湾地区公司法及日本公司更生法的规定，在计划认可前，重整程序可因下列原因而废止：①在法院规定或延长的期限内，未提出重整计划草案，或者在该期限内所提出的更生计划草案，不足以交付关系人会议讨论表决。在此情况下，法院可不据关系人或重整人的申请而直接依职权裁定废止；②计划草案未被关系人会议通过，而且在延长期限内仍然未获得通过的。即在第一次关系人会议上未获通过，在以后另外召开的关系人会议上按法定程序表决时，仍未被通过的，法院可依职权裁定重整程序的废止；③在作出认可更生计划的裁定之前，重整债务人显然无重整希望的，法院可据关系人之申请或依职权裁定重整程序的废止；④在债权申报期间内，对所有已申报的债权能够全额清偿时，法院可根据重整人，债务人或其他关系人的申请，裁定废止重整程序。

从我国 2006 年破产法的规定看，因我国法是实行"重整计划被法院许可即终止重整程序"的模式，故程序在重整计划认可前的废止在我国法上有比较详细的规定。主要有下列事由：一是在重整期间，债务人有下列情形之一的，经管理人或者利害关系人请求，法院应当裁定终止重整程序，并宣告债务人破产：①债务人的经营状况和财产状况继续恶化，缺乏挽救的可能性；②债务人有欺诈、恶意减少债务人财产或者其他显著不利于债权人的行为；③由于债务人的行为致使管理人无法执行职务（第78条）。二是债务人或者管理人未按期提出重整计划草案的，法院应当裁定终止重整程序，并宣告债务人破产（第79条）。三是债权人或者股东未通过重整计划而又不具备法院强行许可的条件的，法院应当裁定终止重整程序，并宣告债务人破产（第87、88条）。四是已经通过的重整计划未获得批准的，人民法院应当裁定终止重整程序，并宣告债务人破产（第88条）。

重整计划认可后的废止。按照我国2006年破产法的规定，重整计划被法院许可即终止重整程序，因此，我国法上根本不存在"重整计划认可后重整程序的废止"问题，这一问题仅仅是比较法上的问题。

重整计划被法院认可后，被认可的计划显然无实现的可能或必要时，法院应依职权或当事人的申请，作出废止重整程序的决定。这里主要是指在管理人或者重整人负责执行重整计划的情况下的废止。

（二）重整程序废止后的效力

1. 比较法上程序废止后的效力。重整程序经法院依职权或据申请废止后，发生下列法律效力：

（1）非依重整程序不得行使的债权，均解除限制，即债权人可依一般民事程序要求债务人履行，如未依重整程序申报的债权或股权，均得要求债务人履行。

（2）债权人在重整计划中所作的让步，失去效力，可依一般民事程序要求债务人履行。

（3）若重整程序是在重整计划被认可前废止的，因重整程序的开始而中止的破产程序、和解程序或拍卖程序、一般民事执行程序、临时冻结程序等均恢复执行。

（4）重整人或自我重整的债务人在重整程序进行过程中所为的法律行为，仍然有效。与之进行交易的相对人所得的财产或权利，不因重整程序的废止而失去效力。同样，重整债权人因重整计划的执行而受的清偿，也不因程序的废止而失去法律效力。因为，程序的废止无溯及力，即向以后发生效力，而不是向以前发生效力。

（5）在重整程序废止后，若债务人具备破产原因时，法院可依职权宣告债务人破产。在此情况下，在重整程序废止前发生的共益债权和共益费用，在破产程序中仍然为共益债权和共益费用，由破产人的财产随时支付。

2. 我国法上的效力。按照我国 2006 年破产法规定，重整程序终止后法院以职权宣告债务人破产，因此，不会发生如上述要求债务人以民事程序履行等问题。

（三）重整程序的终结

重整程序的终结，是指重整计划的执行人按计划的规定完成重整工作。重整计划的执行完毕，是重整程序之圆满结局，重整目的达到，企业得以再生。重整计划的执行完毕，自然是程序终结的原因，但在计划执行完毕前，是否可以终结重整程序呢？按照日本《公司更生法》之规定，更生计划已完成，或者认为计划切实可行时，法院可依职权或据财产管理人的请求，作出更生程序终结的裁定。

但是，按照我国 2006 年破产法的规定，重整计划被法院许可就导致程序终结，故计划的执行完毕并非程序终结的标志。

第十三章 和 解

第一节 和解概述

一、和解的概念

(一) 和解的含义

和解是指为避免破产清算，由债务人提出和解申请并提出和解协议草案，经债权人会议表决通过并经法院许可的关于解决债权债务的一种特别法律程序。

破产法上的和解有别于民法上的和解，它不是每个债权人与债务人的和解，而是债务人同债权人会议的和解。从程序上说，这种和解并非需要每一个债权人的同意，而是由债权人会议以多数决制度通过的和解。法定多数决一旦通过且生效后，对于不同意和解的债权人也受其约束。因此，有人称其为"强制和解"。

(二) 和解的种类

1. 破产宣告前的和解和破产宣告后的和解。根据不同的标准可以将和解分为不同的种类，但若依破产宣告为界而分类，可将和解分为破产宣告前的和解和破产宣告后的和解。

破产宣告前的和解，是指未经开始破产程序而直接根据当事人的申请而开始的和解程序，即和解不是由破产程序转换而来的。

破产宣告后的和解，是指在破产程序开始后、最后分配前，根据债务人的申请而开始的和解程序。这种和解是在破产程序的进行过程中发生的，故与破产宣告前的和解有所不同。我国台湾地区破产法称之为"调协"。

但在笔者看来，这两种和解只是发生的时间不同而已。无论从表决方式、基本构造还是效力上，都是一致的。

我国现行破产法上的和解制度因采用与其他国家的多数表决一样的机制。但是，根据我国《破产法》第 95 条的规定，和解程序要么是债务人直接向法院申请开始，要么是由破产程序转换而来。而在后一种情况下，必须是"法院受理破产申请后、宣告债务人破产前"。所以，在我国，这种分类没有意义。但是，禁止债务人与债权人在破产宣告后进行和解，实际上是没有任何理由的。

2. 破产程序上的和解与程序外和解。这是以和解是否依据破产程序的规定而达成为标准所作的分类。如果和解是根据破产程序的规定条件和程序而达成者，为破产程序上的和解；如果和解是在破产程序外根据民法而达成者，为程序外和解。我们上面所说的"破产宣告前的和解和破产宣告后的和解"，其实都属于破产程序上的和解，其核心是要经过债权人多数同意（具体条件各国规定不同），即是债务人同债权人会议的和解。而程序外和解，是指债务人同每一个债权人的和解而不是采取"多数决"。如我国《破产法》第105条规定："人民法院受理破产申请后，债务人与全体债权人就债权债务的处理自行达成协议的，可以请求人民法院裁定认可，并终结破产程序。"这里规定的就是程序外的和解，也可以称为"庭外和解"。

（三）和解能力

和解能力是指何种民事主体可以适用和解制度的问题。对此，各国法的规定有所不同。

一般说来，在大陆法系国家，破产能力与和解能力是一致的，即能够依破产法的规定被宣告破产的自然人和非自然人，均可适用和解程序。

但是，美国破产法的和解制度适用于特殊主体。美国破产法规定了适用于不同主体的破产制度，债权人或者债务人在申请破产时，首先必须确定其所申请的破产程序是否是其被申请的主体能够适用的。美国破产法上的和解制度实际上就是其第十三章"有固定收入的自然债务人的债务调整"（Adjustment of debts of an individual with regular income）。根据该章的规定，具有下列条件的人方可申请：①债务人为自然人；②有正常的收入；③确定的无担保的债务不超过10万美元；确定的有担保的债务不超过35万美元。但股票经纪人及交易所经纪人不能申请适用该程序。美国法官拉塞尔博士指出，正像第十一章的重整程序着眼于大企业一样，第十三章程序则是为了小企业。如个人的主要收入来源是退休金、残疾福利、投资或其他来源，只要这种来源是固定的，即被认为是有固定收入的债务人。[1]第十三章程序与其他程序相比，其特点是：①提出申请的资格不同，如前所述；②程序启动的方式不同，第十三章必须是债务人以自愿的方式提出申请，

---

[1]　摘自美国加利福尼亚中区联邦破产法法官巴里·拉塞尔博士于1994年在中国最高人民法院的报告。

债权人没有申请权利；③清偿债务的财产来源不同，第十三章中的债务人是用未来的收入清偿债务；④破产财产的构成及托管人的作用不同，第十三章程序中，破产财团不仅包括破产程序开始时债务人的所有财产，也包括至程序终结时债务人获得的财产。另外，托管人不仅是破产财团的代表，而且是债务人的清偿代理人，债务人根据计划方案作出的清偿全部通过托管人转交给债权人，托管人有督促债务人依据方案清偿的义务；⑤免责的范围更加广泛；⑥程序开始后自动冻结的时间更长，受保护的人的范围更广。[1]

由于我国现行破产法不适用于自然债务人，法人的破产能力与和解能力是相同的。而且，只有债务人才能提出和解申请。

（四）和解的性质

关于和解的性质，有不同的学说。大致可分为以下几种：

1. 私法契约说。该说认为，和解是根据债务人的提议与债权人的承诺而成立，将法院的认可作为法定条件的私法上的契约。

2. 裁判说。该说认为，和解虽以债务人的申请及债权人会议的决议为基础，但法院对和解的认可是和解的关键。而法院的认可是其本来的职责，债权人会议的决议仅作为认定的资料，故和解实际上是裁判行为。

3. 结合行为说。该说认为，和解是由三种行为结合而成的：即债务人要求和解的申请、债权人的决议、法院的认可。[2]

笔者认为，和解是债务人与债权人会议的关于债权债务关系的契约，该契约具有私法的性质。虽然该契约的生效以法院的认可为条件，但这种外部的法律要求不能作为否定其私法性质的理由。这种认可主要是因为和解协议是债务人与债权人会议的契约，而不是与各个债权人的契约，而债权人会议的工作机制是多数决定制。故该契约要获得对全体债权人均有约束力的效力，应经过法院的许可。

二、制度价值

（一）传统和解制度的优点

许多国家破产法对和解制度均有规定，因为与破产制度相比，和解制度有其

---

〔1〕［美］大卫·G. 爱泼斯坦：《美国破产法》，韩长印等译，中国政法大学出版社 2003 年版，第 9～10 页。

〔2〕［日］石川明：《日本破产法》，何勤华、周桂秋译，上海社会科学院出版社 1995 年版，第226 页。

显著的优点，在许多情况下更能为债务人和债权人双方所接受。这种优点主要表现在：

1. 和解制度成本较小。由于破产程序时间长、耗资巨大、程序成本较大，往往在程序进行到实质性阶段——财产分配时，实际上能够供债权人分配的财产就所剩无几了。而和解制度成本低，往往能够使债权人得到比适用破产程序更多的清偿。而且由于和解能够给债务人带来再生的希望，债务人的再生也会给债权人带来更多的清偿，故为债权人所接受。

2. 债务人可避免因破产宣告带来的公私法上的限制。无论是破产宣告前的和解，还是破产宣告后的和解，均能使债务人摆脱因破产宣告而受到的公私法上的限制。

在破产宣告前的和解，能够避免债务人免受破产宣告，从而避免因破产宣告给其带来的公法与私法上的限制，甚至包括商业信誉的完全丧失。即使在破产宣告后的和解，债务人也能因破产程序的终结而摆脱公私法上的限制。而且，会因和解给债务人带来避免清算的益处，从而在客观上给债务人创造一个再生的条件。故在许多情况下，债务人有和解的原动力。

3. 有利于社会经济秩序的稳定。由于和解能够给债务人带来再生的希望，而债务人的再生对社会经济秩序的稳定有重大意义。不仅会避免因债务人的破产而发生连锁反应，当债务人为法人时，还会避免因企业破产而导致的员工失业给社会带来的不利因素。正因如此，各国法均规定和解具有优先于破产程序的法律效力。

但是，我们必须认识到，和解程序对于债务人的挽救是有限度的，它的直接目的并非为了债务人的再生，这与重整制度大有差异。和解制度虽然在客观上给债务人提供了一个喘息的机会，但实际上，和解是否成立，取决于债权人对自己利益的计算。只有债权人认为，和解能够使其比清算得到更多的清偿时，才能同意和解。如果相反，债权人则不会赞成和解。从这一意义上说，和解对债务人挽救的积极意义是有限度的，主动权掌握在债权人手中。

（二）对于传统和解制度的现代思考

传统的和解制度虽然有上述优点，但是，这些优点仅仅是当初的设计者从逻辑和理论上的设想，其当初的设计思想和制度价值在现实中受到了极大的挑战：许多国家的司法实践证明，和解制度的适用很少。因此，许多国家的立法就废除或者限制了和解制度，而通过扩大重整制度来达到更为有效的效果。如现行的德国《支付不能法》就没有独立的和解制度，而是将重整制度的程序和条件扩大以替代和解制度；日本也废除了和议法而制定统一的《民事再生法》。因美国破产法的第十三章有特别主体的限制，因此适用第十三章的案件占到全国总案件的29%。[1]我国在起草破产法的过程中，曾经对和解程序是否必要进行过讨论。有人提出，国外或者境外破产法虽然有和解制度的规定，但实际上适用者甚少，几乎没有用处，因此，建议破产法不规定和解，而是重点规定重整。后来，多数人认为，从我国目前的情况看，和解程序还是有其用处的，司法实践中也有应用。故我国现行破产法保留了这一制度，即现行破产法的第九章。

三、对于和解制度功能的特别说明

长期以来人们对和解制度有一个很大的误解，即认为和解能够导致债务人的再生。但是，就如上述所言，和解程序对于债务人的挽救是有限度的，一方面它没有重整程序中的强制措施，另一方面它的直接目的并非为了债务人的再生，而是为了解决债权债务关系，是否和解的决定权在债权人会议手中，法院没有强行通过权。因此，和解的结果有两种：一是通过和解不仅解决了债权债务关系，而且法人债务人生存下来；二是和解仅仅解决了债权债务关系，而法人债务人消灭。显然，我国破产法不允许破产宣告后的和解，就是认为和解能够导致债务人再生，或者和解不能再生，就转入破产清算程序。但实际上，和解的另外一种功能被忽略了。

我国现行《破产法》第106条规定："按照和解协议减免的债务，自和解协议执行完毕时起，债务人不再承担清偿责任。"这实际上是针对和解后债务人生存下来的情形。但对于第二种意义上的和解却没有规定，我认为，我们不能否认第二种意义上和解的有效性。如果能够通过和解来解决所有的债权债务关系并使法人消灭，也不违反法律的规定。

四、关于和解的立法例

在关于和解的立法形式上，大致有两种不同的立法形式：一是将和解制度（包括破产宣告前的和解与破产宣告后的和解）规定于一部统一的破产法中，如美国破产法及我国台湾地区破产法即是如此。二是将破产宣告前的和解单独立法，称为"和解法"，而将破产宣告后的和解规定于破产法中，如日本原来的和

---

〔1〕 〔美〕大卫·G. 爱泼斯坦：《美国破产法》，韩长印等译，中国政法大学出版社2003年版，第6页。

议法、韩国破产法均采此方式。

在此问题上，德国现行破产法与旧破产法有较大的不同。旧法采取日本式的立法体例，在破产法之外，尚有和解法。而现行破产法将和解融于其中。正如有的德国学者所指出的，新的德国破产法提出了适用于所有案件的统一的法律规定，即将迄今为止在德国破产法和和解法分开规定的解决手段统一起来。[1]

应当指出，将和解法与破产法统一起来的立法体例，是现代破产立法的趋势。日本已经废除和议法而制定了统一的民事再生法。我国现行破产法将三种程序规定在统一的破产法中，顺应了这一发展趋势。

五、我国破产法上和解制度的特点

我国破产法上的和解有以下几个主要的特点：

（一）和解申请只有债务人能够提出

这一规定为大多数国家的破产法所肯定，我国《破产法》第95条作了明确的规定。只有债务人才能启动和解程序，债权人不能申请与债务人和解。但是，这也仅仅是程序上的或者说是形式上的问题，在司法实践中，债权人愿意与债务人和解的，私下有此意愿的，可以由债务人提出。

（二）和解申请仅仅能够在破产宣告前提出

前面已经提到，在我国破产法上，不允许债务人在破产宣告后提出与债权人会议的和解申请。但是，我国破产上有一个值得探讨的问题是：民法意义上的和解，即非强制性和解，也就是债务人与全体债权人的自愿和解，是否也受到这种限制？我国《破产法》第105条规定："人民法院受理破产申请后，债务人与全体债权人就债权债务的处理自行达成协议的，可以请求人民法院裁定认可，并终结破产程序。"这里规定的和解实际上就是民法上的和解。我认为，这种和解不应受到"破产宣告前"的限制。

（三）和解程序自法院认可和解协议的裁定时终结

按照我国破产法的设计，和解的基本程序是：①债务人提出和解申请并提交和解协议草案；②法院受理该申请而开始和解程序；③债权人会议按照法定程序通过和解协议草案；④法院认可和解协议；⑤和解程序终结。

我国《破产法》第98条规定："债权人会议通过和解协议的，由人民法院裁

---

[1]　资料来源于德国波恩大学教授瓦尔特·格哈德博士在1997年由人大财经委组织的在北京"王府饭店"召开的"中德破产法研讨会"上的发言《德国新破产法》一文，未公开发表。

定认可，终止和解程序，并予以公告。管理人应当向债务人移交财产和营业事务，并向人民法院提交执行职务的报告。"和解协议的执行，不属于和解程序的问题。但如果债务人不执行和解协议，债权人或者其他利害关系人可以请求法院终结和解程序而直接宣告债务人破产。

第二节　和解的程序

一、和解申请的提出

（一）申请人

和解的申请只能由债务人向法院提出，其他任何利害关系人均不得提出和解申请，法院也不得依职权开始和解程序。这是各国破产法一致承认的规则。如我国现行《破产法》第95条规定："债务人可以依照本法规定，直接向人民法院申请和解；也可以在人民法院受理破产申请后、宣告债务人破产前，向人民法院申请和解。"有学者在解释各国之所以这样规定的原因时指出，和解程序与破产程序不同，在和解程序中，债务人期待能够藉以成立和解以维持其事业。和解有无成立的希望，债务人所提出的和解方案及所提出的清偿办法之担保有决定性的作用。债务人之事业有无维持之价值及可能，债务人最为清楚，而且和解所必须的方案及清偿办法的担保，只有债务人有提出的可能，债权人不能替代。[1]这种解释有一定的说服力。

其实，和解最为关键的是债务人的诚意，只有债务人具有诚意，债权人才能同意和解，也才能保障债权人的权利，和解才有可能达到制度之目的。而债务人提出和解申请，表明其诚意及原动力所在。在我国现行破产法的起草过程中，有人主张债权人也能提出和解申请，并一度写入条文之中。许多人认为，这种作法实为不妥，易使债务人顺水推舟，成立无债务人诚意的和解，最终损害债权人利益。后来通过的破产法还是采取了世界大部分国家的通例，规定只有债务人能够提出和解。

（二）和解提出的时间

前已论及，有的国家或者地区法律允许破产宣告前提出和解，也允许破产宣

告后提出和解申请。在破产宣告前的和解，只要债务人具备了破产原因，其在任何时候均可提出和解申请；而在破产宣告后的和解，和解提出的时间应在破产程序开始后最后分配前提出。

根据我国现行《破产法》第 95 条的规定，债务人可以直接向人民法院申请和解，也可以在人民法院受理破产申请后、宣告债务人破产前，向人民法院申请和解。我国破产法不允许在破产宣告后提出和解申请。

我认为，我国破产法的这种限制实无必要，因为：①和解制度的功能并不仅仅在于处理债权债务并促成债务人再生，还有一种功能是仅仅解决债权债务，即债权人会议与债务人仅仅就债权债务的处理达成和解协议，法院终止和解程序，最后债务人自行消灭。这样既节省程序成本，又能够使债权人获得更多的分配，为什么不允许呢？②如果我国法不允许破产宣告后再提出和解申请，就等于说再生无望，只能按照清算处理。结果是一个简单的问题被复杂化了。因此，应该允许债务人在破产宣告后提出和解申请，以多快好省地解决问题。

（三）债务人申请和解的条件

1. 债务人提出和解的条件。债务人提出和解申请，有两种情况：一是直接向法院提出和解申请而开始、破产程序；二是在破产清算程序已经开始、但未宣告债务人破产前，债务人提出和解申请。在这两种情况下，债务人提出和解的条件是不同的：

在第一种情况下，债务人提出和解的条件是具备破产原因，即具备我国破产法第 2 条规定的具体条件，就可以直接向法院提出和解申请。

在第二种情况下，因为是已经开始破产清算程序，因此，债务人提出从破产清算转入和解的前提条件已经具备，债务人可以申请和解。

当然，无论如何，我国《破产法》第 95 条第 2 款都要求债务人提出和解申请时，应当提出和解协议的草案。也可以理解为提出和解协议草案是和解的前提条件。

2. 和解协议草案的内容。债务人向法院提出和解申请时，应同时向法院提交和解计划（和解协议）草案。但和解协议草案的内容如何，我国现行破产法并没有明确规定。但根据我国最高人民法院对 1986 年破产法的司法解释，被申请整顿企业应当向债权人会议提交和解协议草案，和解协议草案应具备下列内容：①清偿债务的财产来源；②清偿债务的办法；③清偿债务的期限等。[1] 我国台湾地区

---

[1] 《最高人民法院关于贯彻执行〈中华人民共和国企业破产法（试行）〉若干问题的意见》第 33 条。

破产法第130条规定,调协计划应载明下列事项:①清偿的成数;②清偿的期限;③有可供担保者,其担保。

我认为,和解协议草案的内容应当包括:①债务人目前财产状况的详细说明;②清偿债务的财产来源;③清偿债务的办法;④清偿债务的期限;⑤清偿的比例;⑥协议内容落实的保证措施等。

其实,上述内容也是债权人所关注的实质性问题。如果在实质性问题上不能得到确切的说明,对于清偿的计划没有切实的保障,债权人难以同意和解计划。因为和解成立并经法院认可后,财产的管理处分权又重回到债务人手中,如果债权人得不到保障,就会使其蒙受财产继续恶化的危险,到那时再开始破产程序,就会使债权人所得的分配更少。所以,这些实质性的内容必须在和解计划中向法院作出书面说明。

和解的条件对于所有债权人应当平等,但自愿接受不平等条件者,也为法律所认可。

二、法院对申请的审查

(一)对于我国《破产法》第96条的法院审查条件的理解

我国《破产法》第96条规定了法院对于债务人和解申请的审查。该条分为两款,第1款规定:"人民法院经审查认为和解申请符合本法规定的,应当裁定和解,予以公告,并召集债权人会议讨论和解协议草案。"第2款规定:"对债务人的特定财产享有担保权的权利人,自人民法院裁定和解之日起可以行使权利。"对该条应如何理解?

首先我们来分析如何理解第一款的规定。该款中有三个问题:一是"人民法院经审查认为和解申请符合本法规定的"是指什么?二是"应当裁定和解"是指什么?三是该款规定仅仅是指债务人直接申请和解程序的开始,还是也包括从破产清算程序中债务人申请转换而来?

关于第一个问题,我国破产法虽然规定符合本法规定的条件,但却未指明是什么条件。我认为是指的几个方面的条件:①申请人必须符合法律的规定,即申请人必须是债务人;②债务人必须具备和解程序开始的原因,即破产法第二条规定的原因;③申请的形式必须符合法律的规定,即必须是书面申请,而且申请的格式和内容符合法律的规定(关于这一点,我们在前面"破产程序的开始"的有关章节中已经论述);④没有法院应当驳回申请的事由。

关于第二个问题,"应当裁定和解"是指以裁定的方式受理和解申请,从而开始和解程序。在这一点上，其与破产清算及和解并无不同。

关于第三个问题，我认为应当包括债务人直接申请和解程序的开始及从破产清算程序中债务人申请转换而来两种情况。因为，我国《破产法》第95条已经明确规定："债务人可以依照本法规定，直接向人民法院申请和解；也可以在人民法院受理破产申请后、宣告债务人破产前，向人民法院申请和解。"因此，第96条规定的和解申请当然应当包括这两种情况。

其次，我们来分析我国《破产法》第96条第2款的规定之含义。"对债务人的特定财产享有担保权的权利人自人民法院裁定和解之日起可以行使权利"这一规定，显然是指债务人依据破产法的规定直接向人民法院申请和解而言，因为《破产法》第109条已经规定了在破产清算中的担保权的行使问题。第109条规定："对破产人的特定财产享有担保权的权利人，对该特定财产享有优先受偿的权利。"在清算程序中，担保债权人可以随时行使别除权，没有必要等到法院裁定和解开始后行使。

（二）法院应驳回债务人和解申请的具体事由

我国破产法对法院应当驳回和解申请的事由没有作出具体规定，因此民事诉讼法上的规定及境外破产法上的规定，具有重要的参考价值。

根据我国台湾地区破产法第10条的规定，和解之申请，遇有下列情形之一时，应驳回之：①声请不合第7条之规定[1]，经限期令其补正而不补正者；②声请人曾因和解或破产，依本法之规定而受有期徒刑之宣告者；③声请人曾经法院认可和解或调协，而未履行其条件者；④声请人经法院传唤无正当理由而不到场，或到场而不为真实之陈述或拒绝提出关系文件者。

日本旧和解法对于必须驳回申请的情形与可以驳回和解申请的情形分别予以规定。根据日本《和解法》第18条的规定，在下列场合下，法院必须驳回债务人的和解申请：①申请和解的目的为避免破产宣告；②和解申请人所在不明的；③认定有诈欺破产犯罪的行为时；④和解条件违反法律规定时；⑤和解条件违反和解债权人的一般利益时。根据该法第19条的规定，在下列场合法院可以驳回债务人的和解申请：①没有预先交纳程序费用时；②债权人会议已经否决和解时；③撤回和解申请时；④已经作出和解不认可的裁定时；⑤已经作出和解撤销裁定时。

----

〔1〕 该法第7条规定，债务人声请和解时，应提出财产状况说明书及其债权人、债务人清册，并附具所拟与债权人和解之方案，及提供履行其所拟清偿办法之担保。

上述比较法上的具体事由，可以供我国司法实践参考适用。

法院在接到债务人关于开始和解程序的申请，经审查认为符合应批准和解的条件时，应作出批准申请的决定，并交由债权人会议依法定程序表决决定。

三、债权人会议对于和解协议草案的议决

债权人会议议决和解协议草案，应当按照特殊决议的表决方式进行。对此，各国法规定的具体条件并不一致。根据我国现行《破产法》第 97 条的规定，通过和解协议草案的决议，必须由出席债权人会议的有表决权的债权人的半数通过，并且所代表的债权额占无财产担保的债权总额的 2/3 以上。

关于债权人的表决权问题。对于和解协议草案的表决权与破产程序中的一般决议的表决权不同，许多国家的破产法规定仅一般破产债权人有表决权。我国破产法也采取相同的态度，于第 59 条规定："依法申报债权的债权人为债权人会议的成员，有权参加债权人会议，享有表决权。债权尚未确定的债权人，除人民法院能够为其行使表决权而临时确定债权额的外，不得行使表决权。对债务人的特定财产享有担保权的债权人，未放弃优先受偿权利的，对于本法第 61 条[1]第 1 款第 7 项、第 10 项规定的事项不享有表决权。债权人可以委托代理人出席债权人会议，行使表决权。代理人出席债权人会议，应当向人民法院或者债权人会议主席提交债权人的授权委托书。"第 97 条特别规定："债权人会议通过和解协议的决议，由出席会议的有表决权的债权人过半数同意，并且其所代表的债权额占无财产担保债权总额的 2/3 以上。"第 100 条第 2 款更明确地规定"和解债权人是指人民法院受理破产申请时对债务人享有无财产担保债权的人。"由此可见，我国现行破产法对于具有别除权及优先权的债权人所采取的原则是：只要未放弃别除权或者优先权，或者其别除权或者其优先权没有受到限制的，就不应对和解协议具有表决权。

如果债权人会议对于和解协议草案没有依法定条件通过时，是否应给予补救的机会呢？有的国家的破产法明确规定有二次表决制。我国现行破产法对此没有规定，但却在 65 条规定："本法第 61 条第 1 款第 8 项、第 9 项所列事项，经债权

---

[1] 我国《破产法》第 61 条规定："债权人会议行使下列职权：①核查债权；②申请人民法院更换管理人，审查管理人的费用和报酬；③监督管理人；④选任和更换债权人委员会成员；⑤决定继续或者停止债务人的营业；⑥通过重整计划；⑦通过和解协议；⑧通过债务人财产的管理方案；⑨通过破产财产的变价方案；⑩通过破产财产的分配方案；⑪人民法院认为应当由债权人会议行使的其他职权。"

人会议表决未通过的，由人民法院裁定。本法第 61 条第 1 款第 10 项所列事项，经债权人会议二次表决仍未通过的，由人民法院裁定。"从这一规定看，我国破产法对于和解协议采取的是否定二次表决的态度，因为和解协议不在二次表决的范围之内。

四、法院对于和解协议的认可或者否定

债权人会议通过的和解协议并不当然具有法律约束力，须经法院的许可。如我国现行《破产法》第 100 条规定："经人民法院裁定认可的和解协议，对债务人和全体和解债权人均有约束力。"法院应对债权人会议通过的和解协议进行审查，如果不存在不认可的法定事由时，应认可和解协议。但有法律规定的不许可的事由时，应作出不认可和解协议的裁定。法院不认可和解协议的事由一般为：①强制和解的程序或债权人会议的议决程序违反法律强行性规定，并且没有补救的余地的；②和解协议的决议是依不正当方式成立的；③和解协议违反债权人的一般利益的。何为违反债权人的一般利益呢？有的学者认为，存在以下三种情形时，应认为违反债权人的一般利益：一是债务人没有和解的诚意；二是和解对债权人的清偿少于破产清算的。和解是以使债权人得到比破产清算更有利的清偿为目的的。因此，在和解的条件比破产的条件更不利时，就违反了债权人的一般利益；三是和解条件的履行预测为不可能的场合。[1]我赞成这种观点。

在法院不认可和解协议时，应同时宣告债务人破产。经法院认可的和解协议应当公告，和解协议自公告之日起对所有债权人具有约束力。

五、和解程序的终结

前面已经提到，我国现行破产法对和解程序终结之规定的特点，即债权人会议经过法定程序通过并法院裁定认可和解协议时，破产程序终止。我国现行《破产法》第 98 条规定："债权人会议通过和解协议的，由人民法院裁定认可，终止和解程序，并予以公告。管理人应当向债务人移交财产和营业事务，并向人民法院提交执行职务的报告。"由此可见，和解协议的执行属于程序外事项。

---

〔1〕〔日〕石川明：《日本破产法》，何勤华、周桂秋译，上海社会科学院出版社 1995 年版，第 232 页。

第三节　和解协议的效力

债务人与债权人会议所达成的和解协议，经法院认可并公告后，会对债权人、债务人、破产程序及其他利害关系人发生一系列的法律效力。这主要表现在：

一、和解对于破产程序的优先效力

许多国家破产法均承认和解对于破产程序的优先效力，这主要表现在：有破产申请与和解申请同时并存时，法院应首先审查和解申请；在破产程序的进行过程中有和解许可的，应当终结或者中止破产程序。

二、和解协议对于债务人的效力

（一）因和解协议的生效，债务人取得对财产的重新支配权

我国现行《破产法》第98条规定："债权人会议通过和解协议的，由人民法院裁定认可，终止和解程序，并予以公告。管理人应当向债务人移交财产和营业事务，并向人民法院提交执行职务的报告。"

（二）因破产宣告而除去对债务人产生的公私法上的限制

从立法体例上看，对此问题的规定也不尽相同。例如，根据日本旧破产法第366条之21的规定，破产人于法院认可和解时当然复权；而根据我国台湾地区破产法第150条的规定，破产人在调协执行完毕后才能向法院申请复权。笔者认为，在认可和解的情况下，应对债务人实行当然复权制度较为合理。[1]

（三）债务人应严格执行和解协议

经法院认可的和解协议，对于债权人及债务人均有法律约束力，债务人应当严格按照和解协议履行义务。如我国现行《破产法》第102条规定："债务人应当按照和解协议规定的条件清偿债务。"否则，将构成取消和解的法定理由。

另外，债务人在履行和解协议过程中，不得给予个别债权人以和解协议以外的利益。这主要是因为，在和解协议的执行过程中，如果允许债务人给予个别债权人以超出和解协议的特殊利益，将产生两大弊端：①使得债权人之间产生不平

---

〔1〕　由于我国破产法不适用于个人，因此复权的问题在我国破产法上并不存在。

等，违反和解条件平等的原则；②可能会影响和解协议的正常执行。例如，在分期清偿的情况下，虽然债务人按照和解协议支付了第一期债务，但若允许债务人给予个别债权人以和解协议外的特殊利益，有可能导致下面各期债务的不能清偿。但是，如果是在和解协议执行完毕后，债务人给予债权人以特别利益的，不在此限。

我国现行破产法虽然没有规定"不得给予个别债权人以和解协议以外的利益"这一限制，但也应作相同的解释。

三、和解协议对于债权人的效力

和解协议一经债权人会议依法定程序通过并经法院许可，对所有债权人，包括不同意和解协议的债权人发生效力。我国现行《破产法》第100条规定："经人民法院裁定认可的和解协议，对债务人和全体和解债权人均有约束力。和解债权人是指人民法院受理破产申请时对债务人享有无财产担保债权的人。"债权人应按照和解协议中规定的债权额、清偿期等接受清偿，不得于程序外接受债务人的个别清偿。

在对债权人的效力问题上，值得讨论的是：和解协议对于抵销权是否具有效力？也就是说，在认可含有免除破产债权的和解条件中，抵销权人是否还能把以前的破产债权的全额作为主动债权向破产人主张抵销呢？对此，学说上有不同观点。有的学者认为，抵销权具有类似于担保权的机能，在破产程序中应重视这一机能，主张应按别除权的方法处理抵销权，即和解不应对抵销权造成影响，不能变更抵销权。但反对者认为，既然按照和解协议条件变更了自动债权，那么抵销权的范围也应维持在经变更后的债权数额内。[1]笔者认为，如果主动债权被减免的，债权人的抵销权应受到相应的影响，以维持和解协议对所有债权人的平等效力。因为既然和解协议经债权人会议通过、经法院认可，为何仅对无抵消权的人有效而对有抵销权的人无效呢？但问题是，有抵销权的债权人是否一定申报债权？如果法律没有强行规定抵销债权人一定申报债权的话，当然不应对之产生影响。例如，在我国现行破产法上，有抵销权的债权人可以按照一般民法上的规定行使抵销权，并不一定申报债权，当然不会对之产生影响。但是，如果抵销权人已经按照程序申报债权并出席债权人会议，接受和解协议的，之后又提出抵销

---

〔1〕〔日〕伊藤真：《破产法新版》，刘荣军、鲍荣振译，中国社会科学出版社1995年版，第290页。

的，应受到和解协议的影响。

但是，应当特别指出，和解协议对于在和解协议生效后发生的新债权不生效力。因为在和解协议生效后，债务人重新获得了对财产的支配权，为再生的需要，他必然在与他人发生新的交易，就要有新的债权人。和解协议对这些新的债权人不生任何效力，新债权人可以在和解协议外请求法院个别执行，债务人不能清偿债务的，甚至可以向法院申请债务人破产。

值得注意的是，我国现行《破产法》第100条第3款规定："和解债权人未依照本法规定申报债权的，在和解协议执行期间不得行使权利；在和解协议执行完毕后，可以按照和解协议规定的清偿条件行使权利。"这种规定，实际上是使没有申报债权的债权人在和解程序结束后，仍然有权利要求债务人清偿债务。这种规定是值得研究的，原因是：①和解程序终结并在和解协议执行完毕后，和解协议如何对未申报债权的债权人发生效力？②和解与破产一样，都适用免责制度。按照其他国家的破产法规定，如果在和解程序中未申报债权，实际上是没有受偿的可能性的。而我国现行破产法给予了其按照和解协议规定的清偿条件行使权利的可能性。

四、和解对于保证人、连带债务人的效力

和解协议的效力不及于保证人、连带债务人及物上保证人。也就是说，即使和解条件中就债权人的权利规定了延缓、免除等内容，破产债权人仍然能够按原来的内容对保证人、连带债务人及物上保证人行使权利。我国现行《破产法》第101条规定："和解债权人对债务人的保证人和其他连带债务人所享有的权利，不受和解协议的影响。"

五、和解协议所确定的债权的执行力

经法院认可的和解协议中记载的债权，对于债务人具有执行力。如日本《破产法》第328条规定，有确定债权的破产债权人，只限破产人在债权调查日未提出异议的场合，得在破产人、因强制和解而成为保证人或其他与破产人共同负担债务的人、为破产债权提供担保者，依债权表的记载实行强制执行。我国现行破产法没有作出明确的规定，但从学理上说，应作相同的解释。

第四节　和解及和解让步的取消

一、和解程序的取消

（一）和解程序取消的一般概述

和解程序的取消是指在和解协议生效后，由于出现了法律规定的事由，法院依利害关系人的请求或依职权裁定废止和解程序。

和解取消可分为法院依职权所为的取消以及依债权人的申请而为的取消。前者是指法院发现债务人有违反协议的行为以及其他法定事由，直接依职权裁定废止和解；后者是指债权人发现债务人有违反和解协议的行为的，申请法院废止和解的情形。我国现行《破产法》第103条及104条实际上规定了这两种情形。该法第103条规定："因债务人的欺诈或者其他违法行为而成立的和解协议，人民法院应当裁定无效，并宣告债务人破产。"第104条规定："债务人不能执行或者不执行和解协议的，人民法院经和解债权人请求，应当裁定终止和解协议的执行，并宣告债务人破产。"

应当特别需要指出的是，在债权人申请废止和解的场合，许多国家的破产法规定有严格的条件，即对申请者的人数及所代表的债权额均有要求。我国台湾地区破产法第52条规定，债务人不履行和解条件时，经债权人过半数而其所代表的债权额占无担保的总债权额2/3以上者之声请，法院应撤销和解。依和解已受全部清偿之债权人，不算入前项声请之人数。法律的这种规定对债权人是一种很大的限制，正如日本学者所指出的，实际的问题是，要获得这种法定多数的申请资格并不容易。所以，取消和解往往不能成为对抗债务人不履行和解协议的有效手段。[1] 我国现行破产法没有对此作出限制性规定，仅仅规定法院经和解债权人申请而由法院裁定即可。这里的所谓"和解债权人"是指"人民法院受理破产申请时对债务人享有无财产担保债权的人"[2]。

（二）和解取消的事由

1. 条件偏颇。这主要是指没有参加债权人会议或者虽然参加债权人会议但没有同意和解条件的债权人，如果认为和解条件偏向于其他债权人时，得向法院提

---

[1] ［日］伊藤真：《破产法新版》，刘荣军、鲍荣振译，中国社会科学出版社1995年版，第293页。

[2] 我国《破产法》第100条第2款。

出取消和解的申请。例如，我国台湾地区破产法第50条规定，债权人于债权人会议时不赞同和解之条件，或于决议和解时未曾出席亦未委托代理人出席，而能证明和解偏重其他债权人之利益致有损本人之权利者，得自法院认可和解或商会主席签署和解契约之日起10日内，声请法院撤销和解。我国现行破产法没有作出明确的规定，因此，难以作出相同的解释。

2. 债务人有破产诈欺行为。许多国家破产法对债务人的诈欺行为均有详细的规定，如果债务人在和解后被发现有诈欺行为时，构成债权人申请撤销和解的法定事由。例如，日本《破产法》第333条规定：对于债务人的诈欺破产的有罪判决确定时，法院根据破产债权人的申请或者依职权，得作出撤销强制和解的决定。我国台湾地区破产法第51条也规定，自法院认可和解或商会主席签署和解契约之日起1年内，如债权人证明债务人有虚报债务、隐匿财产，或对于债权人中一人或数人允许额外利益之情事者，法院因债权人之声请，得撤销和解。

我国现行《破产法》第103条规定，因债务人的欺诈或者其他违法行为而成立的和解协议，人民法院应当裁定无效。

3．债务人不履行和解协议。经法院认可的和解协议，对于债务人及债权人均有法律约束力，债务人应严格按照协议履行义务。如果债务人违反协议的规定，债权人有权请求法院撤销和解协议。我国《破产法》第104条对此也作出了规定，但与许多国家的破产法对此有严格的条件限制不同，我国现行破产法对债权人的人数和代表的债权额等无限制（上面已经提到）。

4. 和解因新的破产程序的开始而撤销。这里所说的新的破产程序的开始，是指由和解债权人之外的新的债权人因债务人不能履行到期债务而申请其破产的情形，并非由和解债权人申请而开始破产程序。这是因为，和解协议一经生效，债务人重新取得了对自己财产的管理处分权，并在与其他人的交易中产生新的债权，而这些债权并不受和解协议的约束。故当债务人不能支付这些债权时，该债权人也可以债务人具备破产原因为由向法院申请债务人破产。

在开始新的破产程序的情况下，就会使和解协议的履行变为不可能。所以，应视为取消和解程序的理由。

值得注意的是，根据我国1986年《破产法》第21条规定，如果存在《破产法》第35条规定的情形之一并严重损害债权人利益的，人民法院应裁定终结企业整顿。而当时第35条的规定的情形是：①隐匿、私分或者无偿转让财产的；②非正常压价出售财产；③对没有财产担保的债务提供财产担保的；④对未到期的债务提前清偿的；⑤放弃债权的。我认为，我国现行破产法虽然没有规定这些理由是法院依职权裁定和解协议终结的事由，但现行《破产法》第 31 条与第 32 条仍然规定了对债务人财产性行为的撤销与无效制度，具备这些行为的，也应当认为构成法院依职权裁定和解协议终结的事由。

（三）和解撤销的法律后果

1. 在有以上取消和解程序的法定事由时，法院应依职权取消和解程序而同时宣告开始破产程序。

2. 债权人让步的取消及受偿部分的保持力。因取消和解程序而使债权人在和解协议中所作的让步归于消灭，债权人的权利恢复到未为和解前的状态。但是，和解的取消对于债权人依照和解协议所受的清偿没有溯及力，即债权人依和解协议所受的清偿不因和解程序的取消而受影响，债权人对之有保持力。

在和解撤销后开始的破产程序中，债权人以未在和解程序中受偿的债权额参加破产程序。但是，为保持债权人之间的平衡，许多国家或地区的破产法明确规定受偿的条件。如我国台湾地区破产法第 40 条规定，在法院认可和解后，债务人尚未完全履行和解条件而受破产宣告时，债权人依和解条件已受清偿者，关于其在和解前原有债权之未清偿部分仍加入破产程序，但于破产财团，应加算其已受清偿部分，以定其应受分配额。前项债权人，应俟其他债权人所受之分配与自己已受清偿之程序成同一比例时，始得再受分配。日本《破产法》第 340 条也作了相似的规定。

我国现行《破产法》第 103 条与第 104 条对法院依职权范围裁定无效与债权人申请法院撤销的后果作了不同的规定。根据第 103 条规定："因债务人的欺诈或者其他违法行为而成立的和解协议，人民法院应当裁定无效，并宣告债务人破产。有前款规定情形的，和解债权人因执行和解协议所受的清偿，在其他债权人所受清偿同等比例的范围内，不予返还。"而根据第 104 条的规定，债务人不能执行或者不执行和解协议的，人民法院经和解债权人请求，应当裁定终止和解协议的执行，并宣告债务人破产。人民法院裁定终止和解协议执行的，和解债权人在和解协议中作出的债权调整的承诺失去效力。和解债权人因执行和解协议所受的清偿仍然有效，和解债权未受清偿的部分作为破产债权。前款规定的债权人，只有在其他债权人同自己所受的清偿达到同一比例时，才能继续接受分配。但为和解协议的执行提供的担保继续有效。

根据我国《破产法》第 103 条的规定，如果某个或者某些债权人因废止的和解程序受到的清偿比例高于其他债权人的，应当返还。这种规定在司法实践中能否落实，确实是一个很大的问题。其实，采取与第 104 条的规定同样的规则并无不妥。

二、和解让步的取消

（一）和解让步取消的概述

和解让步的取消，是指在债务人不执行和解协议时，债权人个别为撤销和解协议中对自己所作的让步的取消的意思表示。这种制度主要是弥补有的国家或者地区的破产法规定的对债务人不履行和解协议而申请撤销和解程序的条件过于苛刻而作的救济性措施。如前面所提到的日本旧破产法及我国台湾地区破产法的规定，在债务人不履行和解协议的情况下，债权人要申请法院终结和解程序，必须达到法定人数及债权额，实为不易。单个债务人根据无法针对债务人不履行和解协议的情况申请法院终结和解程序，故法律不得不对个别债权人规定补救性措施。于是，法律就允许个别债权人取消自己在和解协议中所作的让步，但和解协议仍然有效。

让步的取消与和解的取消有以下主要区别：①和解让步的取消由债权人以意思表示向债权人为之；而和解的取消须由债权人向法院申请，由法院以裁定撤销之。②和解让步的撤销，其效力仅及于行使撤销权的债权人个人，不及于其他债权人。但和解之撤销，其效力及于全体债权人。③和解让步的撤销，其撤销和解的债权范围仅仅及于被撤销部分的债权；而和解之撤销则及于一切债权人的债权，且转入破产程序受偿。[1]

我国现行破产法并没有规定和解让步的取消，仅仅规定了和解程序的撤销。

（二）撤销让步的事由及法律后果

从我国台湾地区破产法及日本破产的规定看，和解让步的撤销事由主要是债务人不履行和解协议。

让步撤销的法律后果是：债权人在和解协议中所作的让步消灭，回复其原债权额。但是，其已记载于和解协议中的债权具有执行名义；因撤销而回复的债权额，非于债务人对其他债权人完全履行和解条件后，不得对债务人行使。[2]这种限制性规定主要是保持债权人之间的公平。

---

〔1〕（台）陈荣宗:《破产法》，三民书局 1986 年版，第 111 页。
〔2〕 见我国台湾地区破产法第 56 条、日本破产法第 331 条。

第十四章 破产清算程序

第一节 破产清算程序概述

一、破产清算程序在破产法中的地位

应该说，破产清算程序是破产法的典型程序，和解程序与重整程序是在清算程序后发展起来的程序。从各国的司法实践看，适用破产清算程序的案件占有绝对的比例，以美国为例，在美国每个财政年度的破产案件总数中，适用第十一章重整程序的只有 0.7% 左右，而适用第七章清算程序的案件占 70% 左右，即使是适用第十三章个人债务调整程序的案件，也占全年的破产案件总数的 29% 左右。[1]从我国的司法实践来看，适用清算程序的案件也占有绝对多数。这主要是因为：①当债务人出现破产原因时，大部分是难以拯救的。因此，从客观上说，难以适用其他的拯救程序。另外，债权人也不愿意为无拯救希望的债务人浪费时间；②不能和解与重整的，最终要适用清算程序。而按照我国现行破产法的规定，当和解不能或者在重整程序中出现法律规定事由时，由法院直接宣告债务人破产而清算。因此，破产清算程序成为了最终解决问题的程序。因此，也增加了适用的数量和比例。

二、清算程序的适用

从比较法上的适用范围看，清算程序是适用最广泛的程序，既可以适用于法人，也可以适用于个人与合伙，而重整程序的适用对象比较狭窄（对此，我们已

---

〔1〕 〔美〕大卫·G. 爱泼斯坦等：《美国破产法》，韩长印等译，中国政法大学出版社 2003 年版，第 6 页。

在有关重整的章节中详细论述）。

另外，从程序启动来看，我国现行破产法上的破产清算程序主要有两个途径：一是因申请而启动，即债务人申请自己破产清算或者债权人申请债务人破产清算，或者金融机构的主管部门申请金融机构清算；二是从和解程序或者重整程序转换而来。根据我国现行破产法的规定，和解协议不能被债权人会议通过、法院不认可或者债务人不执行和解协议，都有可能被法院直接宣告破产清算。在重整程序中，被转换为清算的事由会更多。

但必须注意的是，因当事人申请而直接开始的破产清算程序与自其他程序转换而来的清算程序是不同的：①直接开始的清算程序中，债权申报、抵押权的行使、指定管理人等，都是在破产宣告前进行的。但自重整程序转换而来的清算，这些工作有可能在破产宣告后进行。例如，虽然破产法规定，在重整程序开始时，债权人申报债权。但有可能债权人未在重整程序中申报。那么，如果债务人自重整程序中转换而来时，就要重新申报债权。这时，在重整程序中没有申报债权的债权人就可以申报债权。另外，在重整程序中，有可能是债务人自行重整，管理人仅仅是监督人的角色。转换为清算程序时，法院有可能重新指定管理人。②清算规则不同。如果是从和解或者重整程序转换而来的清算，那么对债权人的清偿，就要根据债权人在这些程序中受到清偿的不同比例，进行平衡。如根据我国现行《破产法》第104条的规定，人民法院裁定终止和解协议执行的，和解债权人在和解协议中作出的债权调整的承诺失去效力。和解债权人因执行和解协议所受的清偿仍然有效，和解债权未受清偿的部分作为破产债权。但这些债权人，只有在其他债权人同自己所受的清偿达到同一比例时，才能继续接受分配。第93条对于重整程序的债权清偿也作了几乎相同的规定。

三、破产清算程序的基本流程

破产清算程序的基本流程大致如下：

申请 ——→债权人、债务人或者法律规定的其他人（如金融主管部门）。

↓

法院受理 ——→清算程序开始

——→ 法院指定管理人、对债务人财产与人身产生影响、民事执行程序中止、民事保全措施解除、与破产财产有关的案件归破产受理法院管辖、所有债权到期、别除权、抵销权、取回权、撤销权行使等。

↓

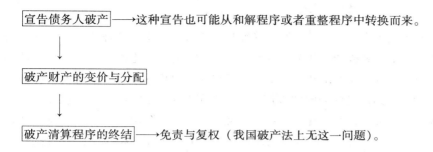

宣告债务人破产 ——→ 这种宣告也可能从和解程序或者重整程序中转换而来。

↓

破产财产的变价与分配

↓

破产清算程序的终结 ——→ 免责与复权（我国破产法上无这一问题）。

第二节　破产宣告

一、破产宣告的概念

破产宣告是法院依当事人申请或者依职权对于已经具备破产条件的债务人所作出的宣告其为破产人并对其财产依法进行分配的司法行为。根据多数国家的破产法规定，破产程序的开始以破产宣告为标志。而对债务人的破产宣告有的是根据利害关系人的申请而作出的，有的则是法院依据职权而作出的。这就是所谓的破产宣告的申请主义及职权主义。一般说来，各国法以申请主义为原则，以职权主义为例外。

在我国，破产宣告有不同于其他国家的特点：①破产宣告不是破产程序开始的标志，而仅仅是破产清算和分配的标志，因此，在其他国家，破产宣告后程序开始，法律规定的对债务人的人身和财产的限制才发生效力、债权人才申报债权等，而在我国这些效力在法院受理破产申请时就已经发生效力了。②在我国现行破产法上，一般是以当事人的申请而对债务人宣告破产，但法院也例外地按照破产法的规定，可不依申请而依职权直接宣告债务人破产，如在和解程序和重整程序中，有时不需要申请就可以宣告。例如，债权人会议不能通过和解协议或者法院不认可和解协议时即可宣告。也可以说，在我国现行破产法上，以申请主义为原则，以职权主义为例外。

（一）法院依申请而对债务人进行的破产宣告

根据绝大多数国家破产法的规定，法院应以根据申请而宣告债务人破产为原则，体现私法之"不告不理"的一般精神，避免公共权力对私人生活的过分干预。在前面我们已经提到，债务人、债权人等均可对债务人提出破产宣告的申请。前者称为自愿的申请，而后者称为非自愿的申请。

法院对有关当事人的申请进行形式审查和实质审查，认为符合破产宣告条件的，应作出宣告债务人破产的裁定。经审查后认为不符合宣告破产条件的，应驳回其申请。对于法院所作出的破产宣告的裁定或驳回申请的裁定，申请人或被申请人均可上诉。例如，根据美国的破产程序，在债权人提出强制清算的申请后，法院首先要通知债务人，使其有机会进行答辩。法院在受到债务人的申请后，只要申请表填写无误，即可向债务人发出通知。起诉通知中无非是说明已有债权人申请债务人破产的事实。债务人在收到通知后20天内作出答复，否则，即缺席宣告债务人破产。债务人在收到起诉通知后，有两种方式主张自己的意见：一是不对破产申请作实质性的答辩，而是根据联邦民事诉讼规则对破产申请本身及程序的适当性提出反对，如主张法院缺乏管辖权等；二是对申请本身作出实质性答辩。这种实质性答辩可以是提出抗辩事由，如没有破产原因等，也可以直接同意清算。如果债务人对破产申请本身或程序适当性提出异议，法院应当对之进行审查。如果异议成立，程序就要重新开始。如果债务人没有提出异议，法院就要进一步审理债务人提出的抗辩事由。如果法院认为不存在真正需要审理的事实问题，法院应当立即作出判决，宣告债务人破产或驳回申请。如果有需要审理的问题，法院就要按一般民事程序进行审理。[1]

在大陆法系国家，对破产申请的审查之具体程序虽与美国不尽相同，但却十分相似。例如，根据日本现行《破产法》第21条及第30条的规定，法院首先对形式要件进行审查。在形式要件不充分的情况下，法院可以命当事人补充。当事人未能补充的，其申请将被视为不适法而驳回。在认可了形式要件、当事人交纳了费用后，法院就要进一步审查实质要件。在审查中，可以不经过口头辩论，但必须给债务人陈述的机会。在实质审查后，法院认为存在破产原因的，即可宣告债务人破产，反之，则应驳回申请。

根据我国现行破产法的规定，债权人或者债务人都可以申请债务人破产清算。根据《破产法》第134条的规定，商业银行、证券公司、保险公司等金融机构有本法第2条规定情形的，国务院金融监督管理机构可以向人民法院提出对该金融机构进行重整或破产清算的申请。法院要对申请进行审查，是否具备我国现行破产法第2条规定的破产原因。如果具备破产原因，并且债务人未提出和解或者具备申请资格的人未提出重整申请的，又不具备破产法第108条规定的情形的，

---

〔1〕 潘琪：《美国破产法》，法律出版社1999年版，第444～445页。

法院应当宣告债务人破产清算。

（二）法院依职权宣告债务人破产

当出现某些特殊情况时，法律也例外地赋予法院依职权宣告债务人破产。如根据英国破产法及实施细则的规定，在下列情况下，法院可以宣告债务人为破产人：①债务人自请宣告破产的；②债权人会议以普通决议决定申请债务人破产的；③债权人未举行债权人会议的；④债务人没有提交债务清册的；⑤债务人没有按照和解协议分期支付款项的；⑥债务人在公开审查后 14 天，和解协议未得到批准的；⑦公开审查程序无期限中止的。[1]

大陆法系国家规定的职权宣告没有英国破产法这样宽泛，一般在下列情况下赋予法官依职权宣告债务人破产：

1. 在民事诉讼或者执行程序中，发现债务人有破产原因的。例如，我国台湾地区破产法第 60 条规定："在民事诉讼程序或者民事执行程序中，法院查悉债务人不能清偿债务时，得依职权宣告债务人破产。"

但是，根据我国最高人民法院关于 1986 年破产法的司法解释，在民事诉讼或者民事执行程序过程中，人民法院获悉债务人不能清偿到期债务的，应当告知债务人可以向其所在地人民法院申请破产。申请破产的，债务人所在地的人民法院应当依法宣告债务人破产；不申请破产的，不依职权宣告债务人破产。原诉讼或者执行程序可继续进行。[2]由此可见，我国司法不承认在此情况下的职权宣告。现行破产法对此没有规定，我认为，即使在民事诉讼或者民事执行程序过程中，人民法院获悉债务人不能清偿到期债务的，也不能告知债务人或者债权人申请债务人破产。

2. 债权人会议同债务人不能达成和解协议的，或者虽已达成协议但法院不认可的，法院也应依职权宣告债务人破产。我国现行破产法承认这种情况下的职权宣告。

3. 债权人会议与债务人已达成和解协议并被法院所认可，但债务人拒绝执行或违反和解协议的，法院可根据债权人、债权人会议或者监查人的申请或依职权撤销和解协议并同时宣告债务人破产。例如，我国台湾地区破产法第 54 条也规定，法院撤销和解时，应以职权宣告债务人破产。

根据我国现行《破产法》第 104 条第 1 款的规定："债务人不能执行或者不

---

〔1〕　董安生等编译：《英国商法》，法律出版社 1991 年版，第 540 页。

〔2〕　《最高人民法院关于贯彻执行〈中华人民共和国企业破产法（试行）〉若干问题的意见》第 15 条。

执行和解协议的，人民法院经和解债权人请求，应当裁定终止和解协议的执行，并宣告债务人破产。"对该条应如何理解？法院在这里的宣告债务人破产是依职权宣告还是依申请宣告？在实践中，债务人可能申请法院"终止和解协议并宣告债务人破产"，也可能仅仅申请"终止和解协议"而不申请"宣告债务人破产"，那么，法院都应宣告债务人破产。因此，这里应理解为：无论债权人是否申请债务人破产，法院都应该宣告债务人破产清算。故这里的宣告应理解为职权宣告更为合理。

二、破产宣告的法律性质

破产宣告是法院依职权宣告债务人破产的行为，其性质为司法审判行为，并发生破产法对债务人或债权人的法律约束力。其他任何机关对债务人破产或支付不能的认定，均不具有破产法上的意义。

在此应当特别指出的是，在我国现行破产法上，破产宣告的裁定不能上诉。

三、法院宣告债务人破产的原因

根据我国现行破产的规定，法院可以因下列具体原因或者依当事人申请或者依职权宣告债务人破产：

（一）破产法第 2 条规定的原因

即企业法人不能清偿到期债务，并且资产不足以清偿全部债务或者明显缺乏清偿能力。

（二）在已经开始的重整程序中宣告债务人破产的情形

1. 重整计划通过前的原因。

（1）债务人的经营状况和财产状况继续恶化，缺乏挽救的可能性。

（2）债务人有欺诈、恶意减少债务人财产或者其他显著不利于债权人的行为。

（3）由于债务人的行为致使管理人无法执行职务（以上三种情形为《破产法》第 78 条的规定）。

（4）债务人或者管理人未按期提出重整计划草案的，人民法院应当裁定终止重整程序，并宣告债务人破产（第 79 条）。

（5）重整计划草案未获得通过且未被法院强行批准，或者已通过的重整计划未获得批准的，人民法院应当裁定终止重整程序，并宣告债务人破产（第 88 条）。

2. 重整计划执行中的破产宣告。债务人不能执行或者不执行重整计划的，人民法院经管理人或者利害关系人请求，应当裁定终止重整计划的执行，并宣告债务人破产（第93条）。

（三）和解程序中被宣告债务人破产的情形

1. 和解协议草案经债权人会议表决未获得通过，或者已经债权人会议通过的和解协议未获得人民法院认可的，人民法院应当裁定终止和解程序，并宣告债务人破产（第99条）。

2. 因债务人的欺诈或者其他违法行为而成立的和解协议，人民法院应当裁定无效，并宣告债务人破产（第103条）。

3. 债务人不能执行或者不执行和解协议的，人民法院经和解债权人请求，应当裁定终止和解协议的执行，并宣告债务人破产（第104条）。

四、宣告债务人破产的法律阻却事由

债务人具有破产原因，仅仅是宣告债务人破产清算的基础，但并不一定在具备这些基础时一定被宣告破产。如果债务人具备了法律规定的阻却其宣告破产的事由，法院就不应宣告债务人破产。从我国现行破产法的规定看，阻却法院宣告债务人破产清算的具体事由是：

1. 在破产清算申请提出后，债务人提出和解申请并成功。

2. 在破产清算申请提出后，当事人提出重整申请并成功。

3. 第三人为债务人提供足额担保或者为债务人清偿全部到期债务的。

4. 债务人已清偿全部到期债务的。

五、破产宣告后法院应为的事项

我国现行《破产法》第107条规定："人民法院依照本法规定宣告债务人破产的，应当自裁定作出之日起5日内送达债务人和管理人，自裁定作出之日起10日内通知已知债权人，并予以公告。"根据该条规定，法院在对债务人破产宣告的同时，应为下列事项：

（一）公告

我国现行破产法上公告的内容与其他国家不同。根据许多国家的破产法，法院在裁定债务人破产后，应将破产裁定的主文，破产财产管理人的姓名，处理事务的地址，债权申报的时间，地点，债权调查的日期，第一次债权人会议召开的时间，对债务人负有债务及财产持有人的第三人应向破产管理人履行债务或者交付财产等事项，在专门的报刊上予以公告。例如，日本《破产法》第 32 条、德国《破产法》第 27 条、英国《破产法》第 18 条均规定了相关的内容。

但在我国现行破产法上，上述事项在法院受理破产案件的裁定公告中就已经载明了。因此，这里的公告仅仅是载明债务人被宣告破产清算的裁定的主文。如果是从和解或者重整程序转换而来的破产宣告，因有未在和解程序或者重整程序中申报债权的债权人，他们需要申报债权。因此，还应公告债权申报的时间、地点、破产财产管理人的姓名等。

（二）通 知

法院裁定债务人破产的，应将记载公告内容的文件以送达的方式通知已知的债权人、债务人及债务人的财产持有人。根据我国最高法院 2006 年前的司法解释，人民法院宣告债务人破产后，应通知破产企业的开户银行，限定其银行帐户只能供清算组使用。并可将宣告企业破产的裁定书副本抄送有关政府监察部门和审计部门。[1]

第三节　破产财产的管理

根据许多国家破产法的规定，破产宣告后对破产人财产的管理由破产人转移于破产管理人。如日本《破产法》第 79 条规定，破产管理人就职后，必须立即着手占有及管理属于破产财团的财产。按照我国现行《破产法》第 13 条及第 25 条的规定，法院在受理破产案件后，应指定管理人并接管债务人的财产。故对破产财产的管理，是破产管理人的重要职责。破产管理人在对破产财产进行管理时，应尽到善良管理人的注意。违反此义务者，应对全体破产债权人负赔偿责任。破产管理人对破产财产的管理分为积极管理与消极管理两种。

一、消极管理

对破产财产的消极管理是指对破产财产的维持性管理，主要包括对破产财产

---

[1]《最高人民法院关于贯彻执行〈中华人民共和国企业破产法（试行）〉若干问题的意见》第 42、47、48 条。

的清理、整理和登记，其中最重要的是对破产财产的评估和财产目录的制作。破产管理人在将财产转移到自己管理之下后，应及时对之进行评估，按评估结果制作财产目录和资产负债表。评估的目的在于获得有关分配财产的范围等有关事项，为制作分配方案（分配表）奠定基础。日本现行《破产法》第153条规定："破产程序开始之后，破产管理人应从速评定破产财团财产在破产程序开始时的价额。此时可以会同破产人共同评定。破产管理人完成价额判定后，应直接制成财产目录和资产负债表，提交给法院。"

按照我国现行《破产法》第25条的规定，管理人应接管债务人的财产、印章和账簿、文书等资料；调查债务人财产状况，制作财产状况报告；管理和处分债务人的财产等，但没有明确规定对财产的评估。但是，我国最高人民法院关于破产法的司法解释却规定，清算组接管破产企业后，应组织企业留守人员和清算组的工作人员，对破产企业的全部财产清点、登记造册、查明企业实有财产总额。清算组对破产财产应当重新估价，已经折旧完毕的固定资产，应对其残值重新估价，残次变质财产应当变价计算，不需要变价的，按原值计价。〔1〕由此可见，管理人"管理和处分债务人的财产、调查债务人财产状况，制作财产状况报告"这一职责的履行离不开对管理中的财产的评估。

但有疑问的是，别除权的标的物是否是评估的对象？对此，日本学理认为，即使是别除权的标的物，由于必须判定其与被担保债权额的关系，所以同样被作为评估的对象。〔2〕日本《破产法》第154条规定，破产管理人可以请求别除权人提示其权利标的财产，破产管理人对于别除权的标的物进行评价时，别除权人不得拒绝。根据德国《破产法》第152条的规定，别除权标的物也应在被评价之列。按照我国现行破产法的规定，担保财产也属于破产财产，因此也应当进行评估，否则就不清楚被担保债权与担保财产是否相等，担保财产对于破产财产是否具有意义以及具有什么样的意义。

根据德国破产法的规定，破产管理人在对破产财产进行评价的基础上，制作财产清单。在财产清单中，对每项财产均应载明其价值。特别疑难的评价，由专家完成。破产管理人应将记载每项财产价值的财产清单及其他情况在第一次债权人会议上报告。在报告前不迟于一周的期限内置于办公地点，供有关参与人查

---

〔1〕《最高人民法院关于贯彻执行〈中华人民共和国企业破产法（试行）〉若干问题的意见》第56～57条。

〔2〕［日］伊藤真：《破产法》，刘荣军、鲍荣振译，中国社会科学出版社1995年版，第268页。

阅。[1]

二、积极管理

1. 债权及财产的收回。破产宣告后，破产人对其他第三人的债权及由他人持有的破产债务人的财产构成破产财产的一部分，故破产人的债务人及财产持有人应向破产管理人履行债务或者交付财产，而破产管理人有接受的义务。如果第三人不履行义务或者不交付财产的，破产管理人应依法定程序收回债权或者财产。

2. 股东出资义务的履行接受。按照我国《公司法》第28条及31条的规定，股东应当足额缴纳公司章程中规定的各自所认缴的出资额。否则，应当向已经足额缴纳出资的股东承担违约责任。这属于出资的违约，共分为两种情况：一为承诺出资而未出资；二为未足额出资。如果在有限责任公司成立后，发现作为出资的实物、工业产权、非专利技术、土地使用权的实际价值显著低于公司章程所定价额的，应当由交付该出资的股东补交其差额。不能补交的，其他股东对其承担补充的连带责任。因股东的出资是公司对外承担责任的基础，故股东未出资或未足额出资的，实际上构成了对债权人的损害。在公司破产的情况下，股东的出资实际上构成了破产财产的一部分，故其出资义务必须履行。股东之间就出资义务向破产债权人承担连带责任。所以，破产管理人请求出资义务的履行时，所有股东为连带债务人。日本《商法》第126条规定，公司现有财产不足以清偿其债务时，清算人可以不受清偿期限的限制而令股东出资。日本《破产法》第182条规定，《商法》第126条的规定，对法人受破产宣告的场合准用。我国台湾地区破产法第93条规定，法人破产时，破产管理人应不问其社员或股东出资期限，而令其缴纳所认之出资。我国破产法虽然没有明确规定，但从公司法的规定看，也应作相同的解释。

同时，在隐名合伙中，如果经营人破产的，隐名合伙人应以其所应当负担的损失额为限承担出资义务。如日本《破产法》第183条规定，隐名合伙契约因营业人破产而终了时，破产管理人得请求隐名合伙成员，以其应承担的损失额为限而出资。但由于我国合伙法不承认隐名合伙，故在我国不存在这一问题。

3. 营业的继续。如果一项营业能够使破产财产增值，那么经法院许可或者经债权人会议同意，可继续债务人的营业以使破产财产的范围扩大。例如，经法院许可可对破产宣告前的双务合同决定继续履行，就是最常见的继续营业。按照我

---

[1] 见德国现行《破产法》第151条、第152条。

国现行《破产法》第 25 条、第 26 条的规定，决定继续或者停止债务人的营业是管理人的法定职责，但应征得债权人会议的同意。在第一次债权人会议召开之前，管理人决定继续或者停止债务人的营业的，应当经人民法院许可。

第四节　破产财产的变现

一、变现的意义

为了保证破产分配的公正性，多数国家的破产法一般都规定，破产财产的分配以货币分配为主，而以其他分配方式为辅。例如，我国现行《破产法》第 114 条就明确规定："破产财产的分配应当以货币分配方式进行。但是，债权人会议另有决议的除外。"为实现这一目的，分配的财产就必须以金钱的方式等质化。也就是说，分配财产必须变换为金钱。故破产财产的变现是破产分配的前提。

二、变现的原则与方法

（一）变现的原则——利益最大化与债权人自治

破产清算程序的基本目的在于将破产人现有的财产最大限度地对破产债权人为公平的清偿。故最大限度地增加分配资源，是破产管理人的基本义务之一。所以，破产财产变现的基本原则应是以最高的价格出售破产财产。但是，破产财产的分配毕竟涉及债权人利益，故利益最大化也必须与债权人的自治联系起来。因此，我国现行《破产法》第 112 条第 1 款规定："变价出售破产财产应当通过拍卖进行。但是，债权人会议另有决议的除外。"这款就体现了利益最大化原则必须服从债权人自治。我们在本书第四章提到的南京中级法院受理的"华飞彩色显示系统有限公司破产案"[（2011）宁商破字第 4 - 3 号] 中，法院在明知多数债权人已经退场，剩余的债权人所代表的债权数额不能达到破产法规定的债权人会议决议所需要的标准的情况下，仍然继续召开债权人会议，其目的就是为了适用《破产法》第 65 条"由法院裁定"未通过事项的目的，其直接结果就是违背了债权人的自治，进而损害了债权人利益。

在这一问题上，是否还需要考虑债权人自治的限制问题？像在我国现行破产法所规定的破产原因的前提下，这一问题是不需要考虑的。因为，我国现行破产法规定的这种破产原因，几乎已经没有债务人的任何利益。但是，如果是采取"现金流量标准"的国家，恐怕还需要考虑债权人会议的自治是否会损害债务人利益。

（二）变现的方法

我国现行《破产法》第111条规定："管理人应当及时拟订破产财产变价方案，提交债权人会议讨论。管理人应当按照债权人会议通过的或者人民法院依照本法第65条第1款规定裁定的破产财产变价方案，适时变价出售破产财产。"第112条规定："变价出售破产财产应当通过拍卖进行。但是，债权人会议另有决议的除外。破产企业可以全部或者部分变价出售。企业变价出售时，可以将其中的无形资产和其他财产单独变价出售。按照国家规定不能拍卖或者限制转让的财产，应当按照国家规定的方式处理。"通过这两条的规定可以看出：①破产财产一般应当按照拍卖的方式进行，因为拍卖一般来说比较公平且价格较高。但法律并不作强制性规定，债权人会议可以作出以其他方式变价出售的决定。②具体的变价方案由管理人提出，由债权人会议讨论通过。管理人在提出变价方案时，应当将包括拍卖在内的所有方式之利弊进行说明，以供债权人会议决定。如果债权人会议就变价方案不能按照法律规定的方式通过，可以进行第二次表决；第二次表决仍然不能通过的，由法院裁定。③其实，破产法规定"破产企业可以全部或者部分变价出售。企业变价出售时，可以将其中的无形资产和其他财产单独变价出售。按照国家规定不能拍卖或者限制转让的财产，应当按照国家规定的方式处理"，并没有意义，因为，"利益最大化"与"合法化"就已经包含了这一含义。

在我国，强调破产企业财产将整体出售，在以前的司法实践中，这种出售往往与对破产企业职工的安置联系在一起。例如，1993年由盐城市中级人民法院审理的盐城市针织总厂破产案中的财产整体出售，就是这种做法的典型。

盐城市针织服装总厂始建于1980年，隶属于盐城市纺织工业局，属于占有国家资产的大集体所有制企业。拥有固定资产828.78万元，并有80万美元的德国进口设备，是盐城市唯一的有化纤、纯棉两条生产线，从织造、染整到服装生产的针织服装企业。职工289人，大部分具有一定的技术技能。该厂从1981年投产以来，因受主客观因素的影响，生产经营连年亏损。至1993年8月，盐城市针织总厂向盐城市中级人民法院申请破产。盐城市中级人民法院经审理查明：该企业现有总债务13 734 446元；有应收回的债权498 476.51元；固定资产及库存货物价值11 677 785.35元。法院认为该厂已经严重资不抵债，根据我国民事诉讼法宣告其进入破产还债程序。

法院宣告盐城市针织总厂破产后，立即发布公告，作出破产还债的通知书，通知债权人申报债权并召开破产债权人会议，依法成立了清算组。共有 25 个债权人申报了债权，总额为 17 295 858.31 元。经核定实际债权人为 23 人，金额为 13 639 989.14 元。有 58 个债权人因金额小、路途远未申报债权。根据我国 1986 年《破产法》第 36 条的规定，清算组经与法院商定，对破产企业盐城市针织总厂的资产进行整体招标出售。标书提出的条件是：①接受并妥善安置破产企业的全部在册职工和离休人员；②购买该企业资产后，按盐城市劳动局有关调动人员工资处理办法，参考本企业同类人员的平均工资，给破产企业职工评定增发工资；③在购买的成交价款中，于成交之日起 5 日内先行支付 20% 的现金用于清偿小额债务和支付清算费用等，余款在 1993 年 12 月 30 日前办理结算。

拍卖公告发出后，1993 年 12 月 15 日，江苏新光集团申报购买；同月 16 日，盐城市纺织厂申报购买。经审查，江苏新光集团、盐城市纺织厂均有较强的经济实力和良好的信誉，具备竞买条件。1993 年 12 月 23 日下午举行拍卖。整体出售的底价为 500 万元。经过三轮竞价，盐城市纺织厂以 7 288 888 元中标。清算组与该厂签订了协定书。[1]

对于这种出售方式，有人这样评析：本案的处理特点在于对破产企业资产进行整体出售，并将接受和妥善安置职工作为招标的条件，成功地将破产破产企业的资产按招标条件拍卖出售。这样使得破产企业原有的设备和职工，在破产后仍能保持一个稳定的整体，既使其在新的企业中能够及时、有效发挥原有企业的有利因素和使用价值，又能保护债权人的合法权益，很好地解决了破产企业职工的重新就业问题，有利于社会的稳定和企业破产制度的实施。本案的处理为人民法院更好地审理集体企业破产案件探索出了一条新路[2]。笔者认为，这种做法违背了破产清算程序的基本理念，将安置职工的义务转嫁到了破产债权人身上，损害了债权人的利益。就该案来看，如果在招标中，不将安置职工作为招标的条件，相信拍卖的价格会远远高于该案的拍卖价格，无形中将计划经济的恶果转嫁给了债权人。现行破产法实施后，这种情况不应再继续存在。所谓"整体出售"，不应当包括职工在内。

但应当指出，许多国家的法律规定，破产财产的变价出售，由破产管理人为之。而且，为实现破产财产的价值最大化这一目的，在选择破产财产的具体出售

---

〔1〕《国家法规数据库》，国家信息中心出品，1998 年下半年 WINDOWS 版。

〔2〕《国家法规数据库》，国家信息中心出品，1998 年下半年 WINDOWS 版。

方法上，破产管理人应作谨慎的考虑。拍卖方式具有公平公正的特点，但由于其成本较高，故并不是在任何情况下均是理想的选择。所以，许多国家立法和司法并没有将财产的出售方式仅仅局限于拍卖方式。例如，在日本，一般实务上因任意变卖能以高价出售，所以，几乎不选择拍卖的方式[1]。按照德国破产的规定，一般的财产变价由破产管理人进行，而应取得债权人委员会的同意；只有在重大财产的处分时，应取得债权人会议的同意。例如，德国《破产法》第162条、第163条规定，需要债权人会议讨论通过的仅仅是企业出售给特殊利益人及低价出售企业这两种情形。

三、变现的程序

（一）由管理人拟定变现方案

按照我国现行破产法的规定，人民法院在受理破产申请后，就指定管理人。管理人的职责之一就是管理和处分债务人的财产。在破产宣告后，管理人的重要职责之一就是拟定破产财产的变现方案并提交债权人会议讨论。

至于方案的具体内容，学者之间有不同看法。有的学者认为，应当规定估定的待变价的财产价值总量、财产类别、分项财产的价值和坐落地点、变价财产的原则和方式、变价地点和预计时间、变价费用和支付等有关财产变价的内容。[2]有的学者则认为，方案应包括：①可供变现的破产财产的范围、数量、类别、现状及存放地点；②破产财产的变价方案；③破产财产变价的时间；④评估机构的选定和评估费用；⑤对拍卖机构的选定及拍卖费用；⑥其他应当说明的理由。[3]

上述学者之间的争议并没有很大的区别，范围大致是一致的。但问题是：拍卖财产是否需要评估？这一点，主要是与拍卖的方式直接相关，因为拍卖有的是有保留底价的拍卖，有的则是无保留底价的拍卖。如果是有保留底价的拍卖，当然事先要对拍卖财产作出评估；如果是无保留底价的拍卖，那么评估就是多余的。因此，究竟采取什么方式，需要债权人会议作出决定，然后再决定是否需要评估。

---

〔1〕 ［日］伊藤真：《破产法》，刘荣军、鲍荣振译，中国社会科学出版社1995年版，第271页。

〔2〕 李永军、王欣新、邹海林：《破产法》，中国政法大学出版社2009年版，第226页。

〔3〕 吴庆宝、王建平主编：《破产案件裁判标准规范》，人民法院出版社2009年版，第327～328页。

（二）提交债权人会议讨论

按照我国现行《破产法》第 111 条第 1 款的规定，管理人应当及时拟订破产财产变价方案，提交债权人会议讨论。

按照我国现行《破产法》第 61 条的规定，讨论并通过破产财产的变现方案是债权人会议的重要职责。按照我国现行《破产法》第 111 条及 64 条的规定，债权人会议关于破产财产变现方案的决议，由出席会议的有表决权的债权人过半数通过，并且其所代表的债权额占无财产担保债权总额的 1/2 以上通过，即为通过。如果破产财产的变现方案经债权人会议表决未通过的，由人民法院裁定。

债权人会议按照法定程序通过的破产财产的变现方案，是否还需要人民法院的裁定？有的人认为，在我国以前的司法实务上，最高人民法院 1991 年 11 月 7 日实施的最高人民法院关于贯彻执行《中华人民共和国企业破产法（试行）》若干问题的意见认为，破产财产的"处理"方案，经债权人会议讨论通过后，应当报请人民法院裁定后执行。但是，企业破产法对债权人会议以决议通过的破产财产变价方案，是否应当经法院裁定并具有执行效力，没有任何规定。在此情形下，法院不应当以裁定对债权人会议以决议通过的破产财产变价方案加以干预。因此，债权人会议以决议通过的破产财产变价方案，无须法院裁定，管理人应当按照债权人会议通过的破产财产变价方案进行变价。[1]我同意这种观点，因为这种观点符合我国现行《破产法》第 111 条第 2 款的规定："管理人应当按照债权人会议通过的或者人民法院依照本法第 65 条第 1 款规定裁定的破产财产变价方案，适时变价出售破产财产。"

（三）由管理人按照方案实施变现

一旦债权人会议按照上述程序通过破产财产的变现方案，管理人应按照这一方案及时实施变现。在变现过程中，如果出现有的破产财产按照债权人会议通过的方案或者法院裁定的方案不能实施变现时，应提议召开债权人会议重新讨论如何解决；如果破产财产的分配方案经债权人会议讨论未通过而是由法院裁定的，则应报告法院，由法院作出新的裁定解决。

四、对破产财产变现的限制

1. 时间上的限制。一般来说，在一般债权调查终结前，不能对财产进行变现。而且，在提出和解协议时，也不得将破产财产变现。这是因为，在一般债权

---

〔1〕　李永军、王欣新、邹海林：《破产法》，中国政法大学出版社 2009 年版，第 226 页。

调查日结束前尚未确定破产债权的总额，所以不清楚应当进行何种程度的变现。在和解申请提出时，只要有和解成立的可能性，对破产人的财产进行变现也是不妥的。[1]

2. 债权人会议的监督。破产管理人处分财产应当征得债权人会议或其常设监督机构的同意，例如，德国《破产法》第 160 条也规定，破产管理人欲从事对破产程序有特殊意义的法律行为时，应取得债权人委员会的同意。未设立债权人委员会的，应取得债权人会议的同意。根据该条第 2 款的规定，出售财产即为有特殊意义的法律行为之一。我国现行破产法则规定得更为严格。该法第 21 条规定"讨论和通过破产财产的处分方案"作为债权人会议的重要职权。但在具体财产的处分上，还必须报告债权人委员会（《破产法》第 69 条）。

五、破产财产的出售与民商法上的优先权制度

民商法上有各种各样的优先权，例如，共有财产人在对方出售共有财产部分的优先购买权、租赁关系中的承租人在出租人出售租赁物时的优先购买权、有限责任公司中的股东出售投资时其他股东的优先购买权、合伙人相互之间的优先购买权等。这些优先权在破产程序中是否继续有效？

根据《德国民法典》第 512 条的规定，对于以强制执行方式或破产管理人所为的买卖，不得行使优先权。但根据《德国民法典》第 1098 条的规定，先买权得在破产管理人任意出售土地时行使。由此可见，根据德国法，只有破产管理人任意出售土地不动产时得以行使。

我国现行破产法及相关立法并没有明确的禁止性规定。笔者认为，民商法上的优先权多是为保护特定主体的权利而设，且多附有"在同等条件下"优先购买，故不会对破产财产的出售构成危害。所以，民商法上的优先权不应因破产程序的开始而消灭。

六、对别除权标的物的变现

对于别除权的标的物能否变现的问题，各国破产法规定不同。日本《破产法》第 184 条规定："破产管理人得依民事执行法及其他强制执行法的规定，将别除权标的物的财产变现，别除权人不得拒绝。"对此条，日本学者有不同的解

---

〔1〕 ［日〕伊藤真：《破产法新版》，刘荣军、鲍荣振译，中国社会科学出版社 1995 年版，第 270 页。

释。多数人主张，只有在标的物的价额超过被担保的债权额时，即标的物对破产债权人有剩余价值时，才适用该条规定。也有人认为，即使不存在剩余价值，标的物能否妥善变现将左右别除权人的破产债权额的行使，在此点上也存在破产财产人的利害关系，故第 184 条的规定可普遍适用。[1]但根据日本《破产法》第 186 条的规定，破产程序开始时，在破产财团财产上附有担保权（包括抵押权、质押权、商事留置权、特别先取特权）的情形下，若任意出售该财产以消除担保权的行为符合破产债权人的一般利益，则破产管理人可以对法院提出任意出售申请，但该任意出售行为有损担保权人利益者除外。也就是说，日本破产法上实际上有两种涉及别除权标的物的出售：一是强制出售，二是任意出售。第 184 条规定的强制出售并不消灭担保物权；而第 186 条规定的是任意出售的条件和程序，任意出售则消灭担保物权。

德国《破产法》第 166 条规定，破产管理人得对其所占有的某项附有别除权的动产予以变现。而根据德国《破产法》第 165 条的规定，破产管理人得对附有别除权的不动产进行强制拍卖或者管理。根据德国《破产法》第 168 条的规定，破产管理人在将附有别除权的标的物出售给第三人之前，应通知别除权债权人计划以何种方式出售该物。他应给予债权人机会，在一个星期内提示另一种对债权人更为有利的变价方式。债权人在该期限内及时提示的，破产管理人应采取债权人所提示的变价方式或者使债权人得到若采取他所提示的方式所能够预计的利益。上述所说的"另一种变价方式"也可以是使债权人自己获得该项财产。如能节约费用，也为对债权人有利的变价方式。该法第 170 条规定，破产管理人将某项动产变价后，应从变价收益中首先扣除该财物的查证及变价费用，剩余价款应立即清偿别除权债权人。

在我国，由于现行破产法已经将担保物权的标的物包含在破产财产中，故破产财产的变现应当包括对别除权标的物的变现。但问题是，如何理解我国现行《破产法》第 109 条的规定，即"对破产人的特定财产享有担保权的权利人，对该特定财产享有优先受偿的权利"？我国通常理解的别除权实际上就是民法上的担保物权在破产程序中的再现，有"不依破产程序而优先受偿"的特征，如果像日本法和德国法上的这种规定，如何与别除权相协调？如果我们正确地理解担保物权就不难解释这一问题：如果是抵押权或者留置权等，因具有特别强大的对抗

---

[1]　[日]伊藤真：《破产法新版》，刘荣军、鲍荣振译，中国社会科学出版社 1995 年版，第 271 页。

性质，即使出售，也不消灭担保权。因此，这种出售对于有担保的债权人并没有任何的损害。因此，日本法与德国法上的对别除权标的物的出售，并不影响担保权人的利益。只有在任意出售且要消灭担保权人的担保物权时，才会涉及法院的同意。这时，需要通知担保债权人，而且出售的所得要先清偿担保债权人。

我国现行破产法对此并没有明确的规定，但从理论和规范层面上解释，如果管理人认为担保标的物的价值高于被担保的债权，当然可以通过司法程序实现拍卖标的物。但如果不与担保债权人协商，恐怕即使拍卖也不消灭担保物权。另外，按照我国担保法和物权法的规定，担保人要出售担保财产的，必须征得债权人同意。[1]因此，无论如何，在我国，管理人要出售担保财产，必须与担保债权人协商并取得其同意。如果是动产抵押，则因不登记不能对抗第三人，因此，管理人要出售这种财产并不使用上述规则。

第五节　破产分配

一、破产分配概述

破产分配是指管理人将破产财产（破产财团的财产）依照法定顺序和程序分配给已经确认债权的债权人的过程。破产分配是破产清算程序的关键性阶段，是所有破产法上的制度的终点。正如有的学者所指出的，分配的实施可以说是破产程序的首要目标，所以破产管理人从破产宣告起所进行的努力也将集中表现在分配的实施上。破产债权人的关心也集中于分配的时间和分配比例。所以，即使为了保持债权人对破产程序的信赖，实施合理的分配也是重要的。但是，高分配比例和分配的尽早实现并不能兼得。如果要使财团增值以尽量实现高分配率，那么实施分配之前的期间将长期化，相反，如果仅以破产管理人掌握的财产进行分配，虽然能够尽早分配，但却使分配率较低。破产管理人的任务在于取得两者的平衡，在可能的范围内实现高分配率和尽早分配。[2]故在分配问题上，可能会出

---

〔1〕《物权法》第191条；《担保法》第49条。

〔2〕〔日〕伊藤真：《破产法新版》，刘荣军、鲍荣振译，中国社会科学出版社1995年版，第271页。

现多次分配的情况。日本破产法上有中间分配和最后分配。〔1〕德国《破产法》第187条及第196条也对多次分配做了规定。根据英国《破产法》第62条和67条的规定，破产分配无须在全部财产变卖处分后进行。其中，第一次分配应当在第一次债权人会议后4个月内进行，但在检查委员认为必要时可以推迟这一期限。第一次分配后的各次分配之间不得超过6个月。最后一次分配则必须在全部破产财产变卖后才能进行。〔2〕由此可见，多次分配在许多国家的破产法上是十分普遍的事情。我国现行《破产法》第116条规定："管理人按照破产财产分配方案实施多次分配的，应当公告本次分配的财产额和债权额。管理人实施最后分配的，应当在公告中指明，并载明本法第117条第2款规定的事项。"由此可见，我国现行破产法也确认了多次分配。

另外，在破产程序终结后，发现债务人有应当分配给债权人的财产的，法院可许可追加分配。对此问题，我们将在下一节中详细论述。

二、破产分配的依据——分配方案

（一）破产分配的内容

分配方案是破产分配的法律依据，其内容应当记载破产分配的主要事项。按照我国现行《破产法》第115条的规定，破产财产分配方案应当载明下列事项：①参加破产财产分配的债权人名称或者姓名、住所；②参加破产财产分配的债权额；③可供分配的破产财产数额；④破产财产分配的顺序、比例及数额；⑤实施破产财产分配的方法。结合其他国家的法律规定，分述如下：

1. 可供分配的财产。破产分配方案中应当记载可供分配的财产的总额，即上面所提到的分配财产，以使得债权人了解其分配的基础财产。

2. 参加分配的债权人及其债权数额与分配顺位。破产分配方案中应当记载参加分配的债权人及其债权的数额与性质，特别是附条件债权应当记载清楚。另外，还应当依照法律的规定将债权人的受偿顺位记载清楚。关于债权分配的顺位，各国破产法规定不同。

根据我国台湾地区破产法的规定，破产债权的清偿顺位有三：第一顺位为高于抵押权的优先权；第二顺位为高于普通债权的优先权；第三顺位为普通债权。

---

〔1〕　［日］石川明：《日本破产法》，何勤华、周桂秋译，上海社会科学院出版社1995年版，第211页。

〔2〕　董安生等编译：《英国商法》，法律出版社1991年版，第555页。

因我国台湾地区不承认劣后债权，故其无受偿的地位。[1]

根据日本破产法的规定，破产债权的清偿顺位为：第一顺位的是优先破产债权，主要是指对于破产财团的财产持有的一般先取特权和其他一般的优先权的债权[2]；第二顺位是一般的破产债权；第三顺位为劣后债权[3]。

在破产债权的清偿顺位问题上，德国现行破产法与旧破产法有较大的不同。根据德国旧破产法的规定，破产债权的清偿顺位为：①因宣告程序前一年的迟付或者破产人死亡的不属于财团债务的债权。②帝国国库、各州金库、公务团体、乡镇、省、县级联合会按公法应纳税赋，且在破产宣告前一年已经到期。③教会、学校、公共团体和公共火灾保险机构按法律或者宪法在宣告程序前一年征收的税赋及酬金债权。④医生或护士在破产宣告前一年的医疗费债权。⑤破产人的未成年子女、被监护人或者辅助人在对其财产进行法定管理中所发生的债权。⑥所有其他破产债权。德国旧破产法第63条不承认劣后债权，将下列债权规定为不得在破产程序中提出的债权：①破产宣告后发生的利息；②个别债权人参加破产程序所发生的费用；③因违法而发生的罚款等；④因破产人生前慷慨赠与所发生的债权。

德国现行破产法对之进行了重大改革，取消了所有优先清偿权，被称为"没有等级的破产"[4]。同时，将旧破产法中不被承认的除斥债权重新请了回来，列为劣后债权。故德国新破产法中的顺位有二：一为一般破产债权，二为劣后债权。

根据我国现行《破产法》第113条的规定，破产财产在优先清偿破产费用和共益债务后，依照下列顺序清偿：①破产人所欠职工的工资和医疗、伤残补助、抚恤费用，所欠的应当划入职工个人账户的基本养老保险、基本医疗保险费用，以及法律、行政法规规定应当支付给职工的补偿金；②破产人欠缴的除前项规定以外的社会保险费用和破产人所欠税款；③普通破产债权。由于我国现行破产法不承认劣后债权，故其在破产程序中不具有受偿的法律地位。

应当特别指出的是，在许多发达国家，如在澳大利亚、德国、奥地利等国，已经将职工的工资债权从优先权中取消，而代之以社会保障体系来承担。而税收

---

[1] 陈荣宗：《破产法》，三民书局1986年版，第330页。

[2] 我们在前面已经介绍过，在日本，因特别先取特权存在于债务人的特定物之上，故在破产法上为别除权。

[3] ［日］伊藤真：《破产法新版》，刘荣军、鲍荣振译，中国社会科学出版社1995年版，第103页。日本现行破产法第194条也规定了这种分配顺序。

[4] 资料来源于德国波恩大学教授瓦尔特·格哈德博士1997年由人大财经委组织的在北京王府饭店召开的"中德破产法研讨会"上的发言《德国新破产法》一文，未公开发表。

也改为一般破产债权。其理由是，税收债权往往数额较大，一旦列为优先权将使得其他破产债权人难以得到清偿和分配，故从保护一般债权人利益看，应将之列为一般破产债权。就如在澳大利亚关于废除税收优先权的哈默报告（Harmer Report）中所指出的，很显然，将税收作为优先权是出于对公共利益的考虑以保证政府特派员能够以有效的手段收取税收，并不使国库的收入受到严重威胁。然而，没有任何迹象表明对税收优先权的废除会影响国库的收入。相反，却有许多债权人被迫放弃他们合理正当的请求权，以便使政府特派员能够得到优先清偿。[1]但由于中国国情的特殊，在现行破产法中，对职工工资债权及税收债权的顺序依然保留。

3. 分配方式。分配方式是指对破产财产进行一次性分配或者多次性分配的问题。实际上，在破产程序的进行过程中，由于客观条件的制约，如财产变现困难等，多次分配有时是不可避免的。一般分为破产程序进行中的分配——中间分配与破产程序终结时的分配——最后分配。

中间分配是破产程序进行中，因破产财产的变现而获得分配资金时，对债权人所进行的各次分配。其目的在于确保债权人能够得到及时分配，而不丧失期限利益。中间分配可能是一次，也可能是多次，这取决于破产财产变现的情况。

破产程序终结时的分配——最后分配是对所有破产财产变卖后对债权人所为的分配，这一分配的结束意味着破产程序的终了。但这种分配只是在破产程序中的最后分配，因为尚有程序结束后的追加分配。如果现有的破产财产已经变现完毕并全部分配给债权人，但有些财产是否属于破产财产尚在诉讼之中，这时也应该终结破产程序，而将该不确定的财产留给追加分配。

对破产财产进行一次性分配或者多次性分配，完全取决于灵活的选择。如果破产财产范围较大，不宜一次性出售的，可采取多次分配的方式；如果小额破产案件，则宜采取一次性的分配方式。例如，根据日本《破产法》第204条以下的规定，对小额破产，分配为一次性分配，依关于最后分配的规定进行，但不妨碍追加分配。在我国，这种选择权掌握在债权人会议手中。因为，按我国2006年《破产法》第61条的规定，破产分配方案由债权人会议讨论通过。

在分配的具体手段上，应当以金钱分配为原则，但债权人可以作出其他的决定。如我国现行《破产法》第114条规定："破产财产的分配应当以货币分配方

---

〔1〕 Keturah Whitford, "First among Equals: Priority Creditors on Winding up in China and Australia", present at China – Australia Links Symposium on Rerom of PRC Securities and Insolvency Laws Held at The China University of Politics and Law, Beijing, 21～22 September 1998.

式进行。但是，债权人会议另有决议的除外。"

（二）破产分配方案的制定与生效

1. 破产分配方案的一般制定与生效过程。因日本破产法对破产分配方案的制定与生效过程规定得最为详细，故我们以日本破产法为例（第 195～201 条）来说明破产分配方案的一般制定与生效过程。

（1）分配表的制作。根据日本破产法的规定，分配表由破产管理人制作。分配表中应当记载下列事项：应参加分配的债权人的姓名及住所；应参加分配的债权额；得予以分配的金额；应参加分配的债权人的分配顺位。

破产管理人将分配表制作完毕后，为便于利害关系人阅览，必须向法院提交分配表。

（2）分配表的公告。为了使破产债权人了解受分配的金额与顺位，破产管理人必须公告应参加分配的债权总额将以分配的金额。

（3）对异议债权及别除权人参加分配的排除。关于有异议的债权，其债权人应当在上述公告后 2 周内向破产管理人证明其已经提出关于确权诉讼或已进行诉讼的继受，否则，排除其参加分配。

对于别除权人，如果没有在公告后 2 周内向破产管理人证明已经着手其权利标的物的处分、且说明依照该处分未能获得的清偿额时，排除其参加分配。

如果在上述 2 周期间内，发生更正分配表的事由的，破产管理人应立即更正分配表。

（4）对分配表的异议。所有债权人在上述除斥期间经过后的一周内，可以向法院提出对分配表的异议申请。异议事由为分配表的记载、更正的不恰当。对异议的裁判由法院决定而进行。在异议成立的场合，法院应命令破产管理人更正分配表；在法院认为异议不成立的场合，则作出驳回异议的决定。对上述两种决定，当事人均可上诉。

（5）确定分配额。在异议期间过后，债权人没有提出异议，或者虽然提出异议被法院裁判为不成立的，破产管理人应立即确定分配额。

（6）分配的实施。分配额确定后，由破产管理人按照分配表的记载进行分配。破产管理人在分配时，必须在债权表及债权证书中记载已经分配的金额，且记名盖章。对于附条件的债权应提存或者令其提供担保而接受分配。

2. 我国现行破产法上破产方案的制定与实施过程。我国现行《破产法》第 115 条及 116 条规定，破产财产的分配方案由管理人提出，经债权人会议讨论通过后，报请人民法院裁定后，由管理人执行。需要指出的是，债权人会议通过破产分配方案，按一般决议的议事程序决定，即由出席会议的有表决权的债权人过半数通过，且代表的债权额必须占无财产担保的债权总额的半数以上，分配方案才能通过。

（三）破产分配方案的效力及具体实施

1. 破产分配方案的效力。由破产管理人制定，经债权人会议通过并经法院许可的破产分配方案，具有强制执行力。例如，日本现行《破产法》第221条规定："对于已经确定的债权人而言，分配表中的记载对于破产人具有与确定判决同等的效力。债权人在破产程序终结后，得依债权表的记载实行强制执行。"

2. 破产分配的具体实施。

（1）实施的原则。管理人在实施破产分配时，应按法律规定的顺序进行。只有在前一顺序的债权得到完全清偿后，才能进行后一顺序的清偿。当破产财产不足以清偿同一顺序的债权时，应按比例分配。例如，我国现行《破产法》第113条规定，破产财产不足以清偿同一顺序的清偿要求的，按照比例分配。

（2）实施中的问题。

第一，附解除条件的破产债权。附解除条件的破产债权的受偿，因采取一次性分配与多次性分配而有所不同。也就是说，在中间分配与最后分配中的受偿条件不同。

在多次分配，即中间分配时，应由破产债权人提供担保，方可接受分配；如无担保，应提存其分配额。然后，视最后分配公告后法定除斥期间内所附的条件是否成就而定其分配。如果在除斥期间内条件成就的，破产债权消灭，破产债权人无接受分配的权利。如果提供担保而接受清偿的，应由破产管理人请求其返还接受的分配。不能返还的，由破产管理人行使担保权。未提供担保而提存其分配额的，应由破产管理人将提存分配给其他破产债权人。例如，我国台湾地区破产法第140条规定，附解除条件债权受分配时，应提供相当之担保，无担保者，应提存其分配额。第143条规定，附解除条件债权之条件，在最后分配表公告后15日内尚未成就时，其已提供担保者，免除担保责任，返还其担保品。日本《破产法》第213条及214条即作了如此的规定。这主要是因为，附解除条件的债权，在条件成就时失去效力。故这种债权在接受分配时，应由其提供担保或提存其分配额，以确保在条件成就时能够及时返还分配额。

在采取一次性分配时，也就是采取最后分配时，附解除条件的债权在破产方案公告后的除斥期间内，所附的条件未成就的，可接受破产分配。如果在除斥期间内条件成就的，破产债权消灭，破产债权人不得参加破产分配。

但是，应当特别需要指出的是，按照德国破产法的规定，附解除条件的债权在破产宣告时条件尚未成就的，作为破产债权对待。该法第42条规定，附解除条件的债权，在破产宣告时只要所附的条件尚未发生，则在破产程序中视同无条件的债权对待。故不发生其提存或担保分配的问题。

我国现行《破产法》第117条规定："对于附生效条件或者解除条件的债权，管理人应当将其分配额提存。管理人依照前款规定提存的分配额，在最后分配公告日，生效条件未成就或者解除条件成就的，应当分配给其他债权人；在最后分配公告日，生效条件成就或者解除条件未成就的，应当交付给债权人。"

第二，附停止条件的债权。附停止条件的债权，因其在条件成就时发生效力，故许多国家破产法均允许其申报，但在受偿方面，也不同于一般的破产债权。附停止条件的债权，因破产分配方案采取一次性分配或多次性破产分配而有所不同。

在多次分配方案中，附停止条件的债权之债权人不能直接接受分配额，而是由破产管理人提存其分配额。例如，德国现行《破产法》第191条规定，对于附停止条件的债权，在预支分配时应全额考虑，分配时提存其分配额。我国台湾地区破产法第141条规定，附停止条件债权之分配额，应提存之。附停止条件的债权是否能够最终得到该提存额，应视其所附的条件在最后分配方案公告后的除斥期间内是否成就。如果成就的，应将该提存分配给该债权人；如果不成就的，则其债权消灭，破产管理人应将该提存额分配给其他破产债权人。如我国台湾地区破产法第142条规定，附停止条件之债权或将来行使之请求权，如最后分配表公告后15日内，尚不能行使者，不得加入分配。

在采取一次性分配时，附停止条件的债权若在破产分配方案公告后的法定期间内尚不能行使的，将不能参加分配。

第三，正在进行诉讼中的债权。此类债权，不受采取多次性分配或者一次性分配的影响，也不受除斥期间的影响。破产管理人在进行分配时，应提存其分配额。如果债权人胜诉，则接受分配；否则，应将提存额分配给其他破产债权人。但我国现行《破产法》第119条规定："破产财产分配时，对于诉讼或者仲裁未决的债权，管理人应当将其分配额提存。自破产程序终结之日起满2年仍不能受领分配的，人民法院应当将提存的分配额分配给其他债权人。"

第四，将来的请求权。所谓将来行使的请求权，是指与破产人处于同一地位的对债权人承担连带责任的债务人，或者保证人，尚未对债权人履行，而将来可能因债权人的请求而履行，从而得对破产人主张追偿的权利而言。该请求权在各国破产法上均允许其作为破产债权申报，但是否能够最终接受分配，要视其是否已经代替破产人对债权人进行清偿而定。该请求权在法律效力上，视同附条件债权。

三、债权人未能受领分配的法律后果

如果债权人应当受领分配而未能受领时，应当将其应受领的分配额给予其他债权人还是按照无主物处理？对此，我国《合同法》第104条第2款规定："债权人领取提存物的权利，自提存之日起5年内不行使而消灭，提存物扣除提存费用后归国家所有。"而现行《破产法》第118条规定："债权人未受领的破产财产分配额，管理人应当提存。债权人自最后分配公告之日起满2个月仍不领取的，视为放弃受领分配的权利，管理人或者人民法院应当将提存的分配额分配给其他债权人。"这显然是一种冲突，但是按照"特别法优于一般法"的原则，在破产问题上，应适用破产法的特别规定。即债权人自最后分配公告之日起满2个月仍不领取破产财产分配额的，管理人或者人民法院应当将提存的分配额分配给其他债权人。

第六节　破产程序的终结及法律后果

一、破产程序的终结及事由

破产程序的终结，又称为破产程序的终止，是指在破产程序进行过程中，发生法律规定的应当终止破产程序的原因时，由法院裁定结束破产程序。[1]各国破产法对此均有规定，根据我国现行破产法的规定，人民法院裁定终结破产程序的法定事由有：①先对债务人开始破产清算程序而后债务人申请和解程序被法院裁定批准的；②先对债务人开始破产清算程序而又有重整申请被法院裁定批准的；③破产财产不足以支付破产费用的；④破产财产分配完毕的。但其他国家的破产法还规定有另外的事由，结合其他国家法律的规定，引起破产程序终结的法定事由大体如下：

（一）破产程序因破产分配完毕而终结

破产分配是破产程序进行的主要目的，如果破产分配完毕，程序进行的目的

---

[1]　邹海林：《破产程序和破产法实体制度比较研究》，法律出版社1995年版，第382页。

就不再存在，故应终止破产程序。所以，破产管理人于最后分配完毕时，应向法院提出关于分配完毕的报告，法院接到破产管理人的报告后，应立即作出终结破产程序的裁定。此项裁定应当公告，而一经公告，破产程序立即终结。根据我国现行《破产法》第120条的规定，破产财产分配完毕后，由管理人提请人民法院终结破产程序。人民法院应当自收到管理人终结破产程序的请求之日起15日内作出是否终结破产程序的裁定。裁定终结的，应当予以公告。

破产程序因分配完毕而终结时，会对破产债权人、破产债务人产生一系列影响。对于债务人而言，因破产程序的终结，在破产分配后剩余的财产复归债务人支配。因程序进行中受到的公法或者私法上的限制，根据法律规定的程序而恢复。对于剩余的债务是否继续清偿，因各国法采取免责主义或不免责主义以及因免责条件的不同而有不同。在免责主义下，剩余的债务因破产程序的终结而免除继续清偿的义务；而在非免责主义下，对于在破产程序中没有清偿的债务继续清偿。但现在采取非免责主义的国家已经十分罕见，就连德国也在1999年的破产法中适用免责主义。由于我国现行破产法仅仅适用于企业法人，而免责只对自然人有意义，故在我国现行破产法上不存在免责或不免责的问题。

对于债权人而言，破产程序终结后，若在免责主义下，对于未依破产程序受偿的债权，不能请求债务人继续履行；而在非免责主义下，则可继续向债务人追偿。但是，即使在免责主义下，免责的效力也不及于破产人的保证人及连带债务人。

（二）破产程序因和解而终结

这里所说的和解，是指破产法程序意义上的和解与程序外意义上的和解。虽然这两种和解的性质与规则不同，但都能够引起破产程序的终结。破产法程序意义上的和解从性质上来说，是债权人会议与债务人的和解，这种和解的成立需要债权人会议以"多数决"方式而成立，不需要全体债权人同意。而后一种和解，从性质上说，属于民法意义上的和解，它是债务人同全体债权人之间的和解，需要全体债权人的一致同意。我国现行《企业破产法》第105条就是后一种意义上的和解，该条规定："人民法院受理破产申请后，债务人与全体债权人就债权债务的处理自行达成协议的，可以请求人民法院裁定认可，并终结破产程序。"

根据德国《破产法》第258条的规定，和解方案一经法院确定而生效，破产法院即决定撤销破产程序。也就是说，法院作出确认和解方案的裁定后，再以裁定的方式撤销破产程序。而根据荷兰破产法，法院确认和解协议的裁定生效后，破产程序终结，无须再为破产程序终结的裁定。根据意大利破产法，和解协议的认可并不终结破产程序而是中止破产程序，法院、破产管理人及债权人会议继续监督和解协议的执行。待和解协议执行完毕并经法院认可时，终结破产程序。[1]

按照我国现行破产法第95条的规定，债务人可以依照本法规定，直接向人民法院申请和解；也可以在人民法院受理破产申请后、宣告债务人破产前，向人民法院申请和解。关于和解程序与破产清算程序之间的关系，我国现行破产法并没有作出明确的规定。如果清算程序正在进行中而尚未宣告债务人破产，这时债务人提出和解申请而被法院受理的，已经进行的破产清算程序如何呢？我理解，这时应该是中止清算程序。如果和解协议被债权人会议按照法定程序和条件通过且得到法院的认可，破产清算程序就终结。如果债务人不执行和解协议，法院直接宣告债务人破产。

破产程序因和解而终结时，发生以下效力：①破产人因破产宣告而被剥夺的对财产的管理处分权，重归破产人；②因破产宣告而对债务人发生的公法或者私法上的限制，也因和解的成立而终结。

（三）破产程序因全体债权人同意废止而终结

破产程序因全体债权人同意废止而终结，是指破产程序开始后，破产人取得全体债权人废止破产程序的同意后，申请法院裁定终结破产程序。法院许可申请的，破产程序因此而终结。对于破产程序终结的原因，德国和日本破产法均有规定。德国《破产法》第213条规定，若债务人在申报期限届满后能够提供所有申报债权的破产债权人的同意撤销的证明，破产程序应债务人的请求而由法院撤销。破产程序得应债务人的请求在破产债权申报期限届满前撤销，若债务人能够提出所有债权人同意撤销的证明，而在这些同意的债权人之外，未知有其他债权人。根据日本《破产法》第218条的规定，破产人取得债权申报期间内提出申报的全体债权人同意时，或者对于不同意的债权人已经经其他破产债权人的同意由破产财团提供担保时，得提出破产废止的申请。

我国现行破产法没有就此种事由作出明确的规定，但从理论上讲，既然全体债权人同意废止，当无禁止的理由。因为从性质上说，破产债权人作出同意废止的行为，是对法院放弃继续进行破产程序的意思表示。[2]

因此种原因而终结破产程序的效力如下：①因破产宣告而对债务人所生的公私法上的限制因此而解除；②恢复破产人对于财产的管理处分权，但该恢复没有溯及力，所以，破产管理人在此前所为的行为的效力仍然有效；③对债权人"不依破产

---

〔1〕（台）陈荣宗：《破产法》，三民书局1986年版，第353页。

〔2〕〔日〕伊藤真：《破产法新版》，刘荣军、鲍荣振译，中国社会科学出版社1995年版，第282页。

程序不得行使债权"的限制被取消，债权人被允许对破产人个别行使权利，并可利用破产人未提出异议的债权表的记载作为有执行名义的债权，请求强制执行。破产宣告前开始的强制执行程序的中止恢复效力。[1]

（四）破产程序因破产财产不足而终结

因财产不足而终结破产程序的情形有两种：一为在破产宣告前发现债务人的财产不足以支付破产费用的，可终结破产程序；二是在破产宣告后，破产程序的进行过程中发现破产财产不足以支付全部费用的，法院可裁定终结破产程序。

对于第一种情形，即法院在破产宣告前发现债务人的财产不足以清偿破产费用的，各国的立法例并不一致。德国破产法采取驳回申请的做法，该法第26条规定，若预计债务人的财产将不足以偿还诉讼费用时，则破产法院可驳回其开始破产程序的申请。但若已经预付足额诉讼费的，不在此限。而根据日本《破产法》第216条及217的规定，法院认为破产财团不足以缴纳破产程序的费用时，法院可依职权或者管理人的申请，作出破产废止的决定。日本法这样做的理由是，只要破产原因存在，就有必要对债务人破产宣告。同时，从不应开始徒劳的程序而给关系人增加负担的理念出发，采取同时废止的制度。虽然不进行破产程序，但在宣告效力上，一旦发生，无须变更。在此意义上，它与分配终结一样，都是破产程序的一种形态。[2]

破产宣告后发现破产财产不足而终结破产程序的场合，因已经选任了破产管理人，故其在发现财产不足时，应及时报告法院，申请法院终结破产程序。我国现行《破产法》第43条规定，债务人财产不足以清偿破产费用的，管理人应当提请人民法院终结破产程序。人民法院应当自收到请求之日起15日内裁定终结破产程序，并予以公告。但没有区分宣告前与宣告后而规定不同的后果。

因财产不足而终结破产程序的，发生以下效力：①破产人因破产宣告受到的公私法上的限制，因各国破产法对免责和复权的规定条件不同，有的因破产程序的终结而当然结束，而有的国家则规定必须经一定程序。②当破产人为法人时，因破产财产不足而终结破产程序的，必须解散法人而实行公司法上的清算。③破产人可申请免责。有学者认为，在此情况下，破产人不能申请免责。其理由是破产程序因财产不足而终结，债权人未取得任何优惠，故破产人应对其所负的全部债务负继续清偿的责任。[3]

---

〔1〕 ［日］伊藤真：《破产法新版》，刘荣军、鲍荣振译，中国社会科学出版社1995年版，第283页。

〔2〕 ［日］伊藤真：《破产法新版》，刘荣军、鲍荣振译，中国社会科学出版社1995年版，第58~59页。

〔3〕 （台）陈荣宗：《破产法》，三民书局1986年版，第384页。

笔者认为，应给予债务人以免责的机会。因为，虽然债权人未得到任何清偿，但却对债务人进行了破产宣告。如果债务人是诚实的，应适用破产法上的免责制度。

二、追加分配

（一）追加分配的概念与财产来源

追加分配是指在破产财产的最后分配之后，又发现可供分配的财产时，经法院许可而实行的补充分配。[1]追加分配的制度价值在于保护债权人的利益，故各国破产法一般都有关于追加分配的规定。如日本《破产法》第215条规定，发出破产分配额的通知后，有新充作分配的相当的财产时，破产管理人经法院许可，必须办理追加分配。即使作出终结破产程序的决定后，亦同。德国《破产法》第203条规定，有下列情形之一的，破产法院得应破产管理人或者破产债权人的请求或者依职权宣布追加分配：①被保留的份额在最后日期内可供自由分配时。②在最后日之后从破产财产中所支付的款项重新回流到破产财产。③最后日期后，发现有应供分配的破产财产的。破产程序的撤销不妨碍追加分配。法院在考虑到财产的数量、价值较小及追加分配的费用过大时，可不宣布追加分配，而将可供分配的款项或者所发现的破产财产交给债务人处理。

我国现行《破产法》第123条规定了追加分配，该条规定："自破产程序依照本法第43条第4款或者第120条的规定终结之日起2年内，有下列情形之一的，债权人可以请求人民法院按照破产财产分配方案进行追加分配：①发现有依照本法第31条[2]、第32条[3]、第33条[4]、第36条[5]规定应当追回的财产的；②发现破产人有应当供分配的其他财产的。"

从各国破产法的规定看，追加分配的财产来源一般有以下几种：①破产财团

---

[1]　邹海林：《破产程序和破产法实体制度比较研究》，法律出版社1995年版，第378页。

[2]　我国《破产法》第31条规定："人民法院受理破产申请前1年内，涉及债务人财产的下列行为，管理人有权请求人民法院予以撤销：①无偿转让财产的；②以明显不合理的价格进行交易的；③对没有财产担保的债务提供财产担保的；④对未到期的债务提前清偿的；⑤放弃债权的。"

[3]　我国《破产法》第32条规定："人民法院受理破产申请前6个月内，债务人有本法第2条第1款规定的情形，仍对个别债权人进行清偿的，管理人有权请求人民法院予以撤销。但是，个别清偿使债务人财产受益的除外。"

[4]　我国《破产法》第33条规定："涉及债务人财产的下列行为无效：①为逃避债务而隐匿、转移财产的；②虚构债务或者承认不真实的债务的。"

[5]　我国《破产法》第36条规定："债务人的董事、监事和高级管理人员利用职权从企业获取的非正常收入和侵占的企业财产，管理人应当追回。"

的财产在最后分配表公告前，因诉讼或者其他原因未能收回，也未能变为现金，而在最后分配表公告后收回的；②破产管理人为附条件的债权所提存的分配额，在最后分配表公告后法定除斥期间内不能行使的，应归于破产财团的财产；③对于破产债权有异议或者涉诉，在债权人全部或者一部败诉时，而在中间分配或者最后分配时为之所提存的分配额；④破产程序终结前，就已经存在且应属于破产财团，但于最后分配后始发现者[1]；⑤债权人未受领的分配。

（二）追加分配的依据

因追加分配是在最后分配方案公告后而为的分配，有时甚至是在破产程序终结后所为的分配，依据何种标准进行分配，就是一个重要的问题。根据许多国家破产法的规定，在采取多次分配时，应根据最后的分配方案进行追加分配，如果采取一次性分配，就以该分配方案进行分配。如日本《破产法》第215条规定，追加分配，必须基于最后的分配表进行。根据我国现行《破产法》第123条的规定，追加分配应根据管理人拟定的、债权人会议通过的并由法院裁定批准的分配方案进行。

（三）追加分配的程序

追加分配在许多国家的破产法上，由破产管理人为之，如德国《破产法》第203条、日本《破产法》第215条。追加分配应由破产管理人向法院申请而由法院许可，由破产管理人将追加分配的事宜公告和通知。

在我国，因破产程序的终结，管理人不再存在，故按照《破产法》第123条的规定，应由法院为之。但财产数量不足以支付分配费用的，不再进行追加分配，由人民法院将其上交国库（《破产法》第123条第2款）。

对于追加分配，各国法均规定有限制期间，经过期间后发现的财产，不得再进行追加分配。如我国台湾地区破产法第147条规定，财产于破产程序终结之裁定公告之日起3年后始发现者，不得追加分配。如我国现行破产法规定自人民法院终结破产程序之日起2年内可以追加分配，但超过2年的不得追加分配。

---

〔1〕 （台）陈荣宗：《破产法》，三民书局1986年版，第387页。

第七节　免责制度

一、免责制度的价值理念

免责是指在破产程序终结后，对于符合法定免责条件的诚实的自然人债务人，对于其未能依破产程序清偿的债务，在法定范围内予以免除继续清偿的责任的制度。

应该说，破产免责制度是在破产法发展到后来才出现的，因为人们注意到，不给债务人免责的机会，使债务人不能从破产程序中得到优惠，产生的直接影响是：债务人没有主动申请破产的原动力，而债务人最了解自己的财产状况和支付能力，如果其不能及时申请破产，致使财产状况更加恶化，最终给债权人造成损失。另外，债务人也不能积极地配合破产程序的进行。但如果给债务人以免责的优惠，虽然可以避免这种弊端，但却又会对债权人的权利造成损害。如何平衡这两种价值的冲突，各国在立法政策上的不同选择，形成了免责主义与不免责主义。但在今天，采取不免责主义的国家已经十分罕见，德国破产法从 1877～1999 年 1 月 1 日的漫长历史中，一直采取非免责主义，直到 1999 年 1 月 1 日生效的破产法才最终承认了免责制度。现代各国普遍的作法是：给予免责优惠，同时又规定一定的条件。

但是，应当看到，即使是采免责主义的国家中，对于免责制度也存在两种不同的理念：一是以债权人债权的满足为唯一目标，即破产程序的唯一目标是公平清偿债权人的债权，为实现这一目标，对于确实诚实地帮助债权人实现这一目标的债务人，作为一种奖赏而给予免责。这种做法实际上是把对债务人的免责看作是债权人利益的附属。免责制度起源于英国，这种作法和理念就来源于此。至今，英国破产还存在这一痕迹。二是将对债务人的免责作为破产程序的目标之一，其目的在于使债务人获得再生。[1]在美国，破产免责制度基于使债务人重新开始的破产理念，像一道屏障有效阻止了先前的债权人取走债务人新得到的工资和其他收入[2]。德国破产法虽然长期否定免责制度，但新的破产法却将对债务

---

〔1〕　〔日〕伊藤真：《破产法新版》，刘荣军、鲍荣振译，中国社会科学出版社 1995 年版，第 300 页。

〔2〕　〔美〕大卫·G·爱泼斯坦等：《美国破产法》，韩长印等译，中国政法大学出版社 2003 年版，第 475 页。

人的免责作为破产法的目标之一。为此，德国《破产法》第 1 条明确规定，破产程序的目的在于通过清理债务人的财产、分配财产收益，或者在破产方案的场合，通过为维持公司而特别作出变通规定，对债务人的债权人实现清偿。诚实的债务人因此而免责。德国学者在解释这一条的含义时说，破产程序有两个目标：第一个目标是满足债务人的债权人，第二个目标是免除诚实债务人的剩余债务，甚至明确强调这一点作为程序的目标。这在美国早已存在，破产程序不再是首先为了满足债权人的程序，而是为了免除债务人的剩余债务。[1]

笔者认为，破产程序不仅保护债权人的利益，而且也应保护债务人的利益，故不应当把对债务人的免责作为满足债权人利益的附属。这种理念不仅在理论上有意义，而且对具体的实体法制度也有较大的影响。一般说来，如果将对债务人的免责作为满足债权人利益的附属，则对债务人的免责条件将十分苛刻，如英国破产法的免责制度就是如此。而将免责作为破产程序的基本目标时，免责的条件将相对宽松。

另外，有人对免责制度的合宪性提出疑问。因为对私人财产的保护是宪法赋予公民的权利，那么通过裁判而变更债权人的权利是否合乎宪法？日本判例以下列理由说明其合宪性：免责的目的是中止债权人对债务人的追究，从而使债务人获得再生。而且，对于不诚实的债务人，规定了免责事由，或者把一定的债权作为非免责的事由，或者把一定的债权作为非免责的债权等，对于其范围作出合理的限制。所以，宪法中也认可，出于公共福利的目的，可以对私人财产权作出必要而合理的限制。所以，通过对债权人权利的限制而使债务人获得再生，与公共福利的目的相一致。[2]

笔者在此想特别强调，各国的免责制度均是针对自然人而言，并非为法人规定。如德国《破产法》第 286 条规定，债务人为自然人时，依第 287 条的规定对破产程序中未能清偿的债务免除向破产债权人负责。美国破产法典第 727 条（a）（1）规定，当债务人非为自然人时，不适用免责。日本《破产法》第 248 条也规定免责仅仅适用于个人。

---

〔1〕 资料来源于德国波恩大学教授瓦尔特·格哈德博士在 1997 年由人大财经委组织的在北京"王府饭店"召开的"中德破产法研讨会"上的发言《德国新破产法》一文，未公开发表。

〔2〕 〔日〕伊藤真：《破产法新版》，刘荣军、鲍荣振译，中国社会科学出版社 1995 年版，第 300 页。

二、免责制度的特点

1. 免责制度仅仅对自然人债务人具有意义，对非自然人债务人没有意义。这主要是因为，在破产清算中，清算后非自然人债务人就不再存在。因此，规定其免责与不免责就没有意义。但是，在和解与重整程序中，免责对于非自然人可能会具有意义。因为根据其他国家的破产法或者重整法，免责不仅发生在破产清算程序中，也发生在和解与重整程序中。所以，我国现行破产法上不存在破产清算中的免责问题。

基于上面的理由和根据，我国《破产法》第94条及106条的规定是有意义的。第94条规定："按照重整计划减免的债务，自重整计划执行完毕时起，债务人不再承担清偿责任。"第106条规定："按照和解协议减免的债务，自和解协议执行完毕时起，债务人不再承担清偿责任。"

2. 免责的债务一般是发生在破产程序开始前的债务。因为，破产程序一经开始，债务人就会丧失对财产的管理权，债务人在破产程序开始后发生的债务要么是共益债务，要么是民法上的债务，根本不发生免责问题。

3. 免责的债务是指在破产程序中没有得到清偿的债务，而在债务人不被免责的情况下，即要继续承担债务履行责任，而承担债务继续履行责任的基础是债务人将来的财产，而不是现在可供债权人分配的财产。

4. 并非所有债务都可以免除。即使许多国家存在免责制度，也并非所有债务都可以免除，有些债务不在免责的范围之内。如日本《破产法》第253条第1款规定："得以免责的破产人，除依破产程序实行的分配外，对破产债权人的债务全部免除责任。但以下请求权除外：

（1）租税等请求权；

（2）因破产人恶意侵权行为而致损害赔偿请求权；

（3）因破产人故意或重大过失侵犯他人身体权或生命权而致损害赔偿请求权；

（4）与以下义务系属的请求权：

第一，民法第725条规定的夫妻间互助义务；

第二，民法第760条规定的因婚姻所生费用的分担义务；

第三，民法第766条规定的监护相关义务；

第四，民法第877~880条规定的扶养义务；

第五，与前几款义务相关的合同义务；

（5）因雇佣关系产生的使用人请求权和使用人预付金返还请求权。

（6）破产人知悉而未记载于债权人名册的请求权，但债权人知有破产宣告情形者除外。

（7）罚金等请求权。"

美国破产法第 523 条也规定了多种例外，下面详细论述之。

三、关于免责制度的立法例

关于免责制度的立法例主要有两种：一为当然免责制度，二为许可免责制度。

当然免责制度是指随着破产程序的终结，破产人自动获得免责，无须提出申请而经法院许可。我国台湾地区破产法及美国破产法均为当然免责制度。我国台湾地区破产法第 149 条规定，破产债权人依调协或破产程序已受清偿者，其债权未能受清偿之部分，请求权视为消灭。学者认为，该条规定为当然免责制度的规定。[1]根据美国破产法第七章的规定，免责为在第一次债权人会议后的 60 天后自动免除。但是，在第一次债权人会议后的 60 天内，债权人、破产受托人（trustee）均可对债务人的免责提出异议。在提出异议的场合，由法院审理后决定是否给予债务人免责（discharge）[2]。

在许可免责制度中，破产程序的终结并不意味着债务人的免责，而是应由债务人提出申请，由法院审查决定是否对债务人免责。如德国《破产法》第 287 条规定，剩余债务的免除以债务人申请为前提。第 248 条规定，在最后日期听取破产管理人及破产债权人对债务人免责的陈述意见后，破产法院以决定的形式作出裁判。日本破产法也采取许可免责制度，根据日本《破产法》第 248 条的规定，免责的申请由破产人向法院提出。申请的期间原则上应在破产宣告终了之前的时间内。债务人提出申请后，法院应确定询问日期，调查有无免责不许可的事由。在调查的基础上，作出是否准许免责的裁定。对于该裁定，利害关系人可以提出即时抗告。

关于当然免责制度与许可免责制度之间的优劣，有学者认为，当然免责制度既不利于破产免责制度的贯彻，也不利于防止破产人滥用免责制度。具体理由是：①当然免责主义脱离法院的实际监督，仅仅因为破产程序的终结而消灭债权人的请求权，有被破产人滥用的危险。债务人不能清偿债务时，因有当然免责制

---

〔1〕（台）陈荣宗：《破产法》，三民书局 1986 年版，第 377 ~ 378 页。

〔2〕 Sidney B. Brooks, *Principles of Bankruptcy And Reorganization*, Colorado：Continuing Legal Education in Colorado, Inc. 1989, p. 26.

度的适用，债务人会极力追求免责利益，易于诱发道德危险，从而破坏破产程序的公平受偿宗旨。②当然免责主义容易造成债权人与债务人之间的纠纷。既然法律规定债务人当然免责，那么破产人在破产程序终结后即得以法律规定的免责对抗债权人，拒绝清偿债务；同时，法律又规定有不许可免责的例外，债权人自然得以之否认破产人的免责利益。因此，当然免责制度不能真正解决破产人的免责问题，特别容易造成债权人与债务人之间的纠纷，不得不求助于法院予以解决。这有违当然免责制度的精神[1]。

笔者认为，当然免责制度与许可免责制度的区别基于对免责制度价值的不同选择。其根本区别在于对债务人的监督义务应由法院监督，还是由债权人监督的问题。其实，在当然免责制度下，法律规定一个异议期间，如同美国破产法规定的一样，如在该期间内破产债权人或者破产管理人没有提出债务人具有不许可免责的事由，那么，就应当允许债务人自动当然免责，而无须再申请、许可的手续。这样，其实更符合私法的本旨。

四、免责的具体条件

免责制度的基本精神是对于那些诚实的债务人给予免除剩余债务而使其再生的机会，但在具体免责条件上，各国立法上宽严不一。下面将几个主要国家破产法关于免责的具体条件作简要的介绍。

（一）英国破产法

根据英国判例规则，凡债务人具有下列情形之一的，法庭可作出不允许免责的判决：

1. 破产人的财产不足以清偿所有债务的50％的，即对于债务的每一英镑不能支付50便士；

2. 破产开始前3年内，破产人始终未对其经营账目作适当记录和保留的；

3. 破产人明知自己无力清偿后仍继续进行经营的；

4. 破产人明知毫无清偿希望，仍订立合同设立合同债务的；

5. 破产人没有对其财产损失或者减少作出圆满解释，有未尽情节的；

6. 因破产人的草率，投机冒险，生活过度挥霍、赌博，或者对业务有应受处罚的疏忽大意以致造成其破产的；

7. 破产人因挑起毫无意义的诉讼或因无理拖延诉讼造成不必要的开支，致使

---

[1] 邹海林：《破产程序和破产法实体制度比较研究》，法律出版社1995年版，第387页。

其破产的；

8. 在接管令发布后 3 个月内，破产人明知无力清偿全部债务却对某些债权人不当地特惠支付；

9. 在接管令发布前 3 个月内，破产人有意对无担保的普通债权支付了 50% 以上，以致造成了无法清偿的责任的；

10. 破产人过去曾经有过被宣告破产的经历，或者曾经历过和解程序或者整顿程序的；

11. 破产人曾犯有诈欺罪，或者曾有过违反信托的不法行为；

12. 破产人曾有过与破产有关的其他罪行的[1]。

（二）美国破产法

根据美国《破产法典》第 727 条的规定，破产人具有下列情形之一的，不能获得自动免责：

1. 诈欺性地转移、隐匿或者销毁财产。债务人在申请破产之前 1 年内或者在破产程序开始后就破产财团的财产所为的上述行为也包括在内；

2. 未能作成或者保存供调查债务人的财产情况和商业交易所用的记录，伪造、隐藏或者销毁这些记录的；

3. 就申请破产的财务报告、资产负债表作虚假的宣誓，对破产财团的财产提出虚假的请求权，在债权人会议上作伪证；

4. 明知或诈欺性地就破产程序行贿或者受贿的；

5. 拒绝与受托人合作，不向其提供债务人的有关财产或财务性的信息资料；

6. 债务人没有能在法院决定其免责前，向破产受托人说明财产是如何消失的；

7. 债务人不服从法院的命令，例如，出示文件、回答关键性问题等；

8. 在其他破产程序中有以上 7 种行为的。所谓其他破产程序是指：①申请破产前 1 年之内的债务人破产案件；②在另一债务人的破产案件中，这个债务人是本程序中的债务人的"内部的人"（insider）；

9. 此次破产前的 6 年内曾经被宣告破产并获得过免责的，但是，在这一次破产申请之前的 6 年内开始的第十三章程序中，债务人曾得到免责，但却按照计划清偿了无担保的请求权 70% 以上的，不在此限。

---

〔1〕 董安生等编译：《英国商法》，法律出版社 1991 年版，第 557 页。

10. 债务人在获得法院免责的批准后，以书面放弃免责权利而被法院许可的[1]。

（三）德国破产法（1999 年破产法）

根据德国《破产法》第 290 条的规定，如果债务人有下列情形之一的，法院应否决其免责的申请：

1. 债务人因有破产犯罪行为的；

2. 在破产申请前最近 3 年内或者在破产申请后，债务人为获得贷款、取得公共资产或避免支付公共费用，对其经济状况故意或因重大过失而作出不实或不完整的陈述的；

3. 在破产申请前最近 10 年内或者在破产宣告后，债务人曾被免责或者拒绝免责的；

4. 债务人在破产申请前最近 1 年内或者申请后，设立不合适的债务或者挥霍财产，或者在毫无希望改善其经济状况的情况下拖延开始破产程序，故意或重大过失地损害对债权人的清偿利益的；

5. 债务人在破产程序进行期间故意或者重大过失地违背本法规定的说明或者协作义务的；

6. 债务人在依照本法第 305 条第 1 款第 3 项的规定所提交的财产收入清单、债权人的名单、债权清单中故意或者重大过失地作出不实或者不完整陈述的。

（四）日本破产法

根据日本《破产法》第 252 条第 1 款的规定，破产人具有以下情形之一时，不得免责：

1. 以损害债权人利益为目的，对属于或应纳入破产财团财产，进行隐匿、损坏、不利处分或其他不当减少价值的行为；

2. 为推迟破产程序开始时间，以显著不利条件负担债务，或依信用交易购入商品后对之进行不利处分；

3. 为给特定债权人特别利益，侵害其他债权人利益，而为该特定债权人提供担保或清偿债务，或实施其他本无义务的行为；

4. 因浪费、赌博或其他射幸行为而承担重大债务，或使财产显著减少；

5. 于破产申请前 1 年，至破产程序开始之日，不顾有破产原因之事实，为使

---

[1] *Bankruptcy Code, Rules & official Forms*, Wilmington: Clark Boardman Callaghan, 1993, pp. 264～265；沈达明、郑淑君：《比较破产法初论》，对外贸易教育出版社 1993 年版，第 72～73 页。

人相信无该事实而使用诈术，或依信用交易而取得财产；

6. 隐匿、伪造、变造、销毁有关义务及财产状况的账簿、书类及其他物件；

7. 曾提供虚假的债权人名册；

8. 在法院的破产调查中，拒绝履行说明义务，或作虚假说明；

9. 以不正当手段妨碍破产管理人及其代理人、保全管理人及其代理人执行职务；

10. 存在以下任一情形，在相应规定之日起 7 年内曾提起免责申请：

第一，确定免责许可决定的确定之日；

第二，民事再生法所定给予所得者的再生计划遂行，自再生计划认可决定确定之日；

第三，确定民事再生法规定的免责决定，自该免责决定相关的再生计划认可决定确定之日。

11. 违反第 41 条第 1 项第①号、第 41 条第 2 项、第 250 条第 2 项规定义务者。

作为特例，即使存在上述禁止情形，只要法院认为适当，亦可批准免责。

从以上各国的破产法关于免责事由的规定中可以看出，如果破产人具有不诚实的行为的，难以获得免责。即使是诚实的债务人，在法定期间内已经被宣告过破产，并曾获得过一次免责的，也不能免责。

五、免责的程序[1]

由于各国法律规定的免责条件和程序不同，因此，难以作标准的说明。下面仅就不同国家破产法规定的免责程序进行说明。

（一）日本破产法规定的免责程序

1. 个人债务人申请。个人债务人于破产申请之日起，到破产程序开始决定后的 1 个月内，均可向法院申请免责。但如果债务人因不可归责于自己的事由，而未在法定期间内提出免责申请，在事由消灭后 1 个月内可再申请。债务人申请免责后，不得再申请废止破产程序或开始再生程序。

债务人在申请破产时，除有相反意思表示外，默认为申请免责。

2. 调查与报告。法院可以命令破产管理人就有无免责事由进行调查并提交报告书。破产人应为法院或破产管理人的免责调查提供帮助。

---

〔1〕 日本现行破产法第 248～254 条。

3. 对免责申请的异议。破产程序开始后，法院就是否允许免责问题，必须指定一定期间，供破产管理人和破产债权人发表意见。法院须将上述期间公告，并通知破产管理人和破产债权人。该期间应自公告生效之日起算至少1个月。

4. 法院裁定免责。法院经审查认为债务人符合免责条件的，应作出裁定许可债务人免责。裁定免责之后，应立即将裁定书送达破产人和破产管理人；同时应将裁定书主文以书面形式送达破产债权人。

5. 免责的撤销。法院作出免责裁定后，发现债务人有法定事由的，可以裁定撤销免责裁定。

（1）就欺诈破产对破产人的有罪判决确定时，法院可依职权或破产债权人申请，作出免责撤销裁定。

（2）破产人以不正当方法得以免责，破产债权人于免责后1年内提出免责撤销申请时，亦同。

法院裁定撤销免责之后，应立即将裁定书送达破产人和申请人；同时应将裁定书主文以书面形式送达破产债权人。对撤销申请的裁定和依职权撤销免责的决定，可提起即时上诉。

在法院作出免责撤销时，基于免责后至其撤销前发生的原因，而对破产人有债权者，有先于其他债权人受偿的权利。

（二）德国法上的免责程序[1]

1. 债务人申请。德国《支付不能法》规定，债务人为自然人时，可适用免责规定。但免责以债务人的申请为条件。这一申请必须以书面形式向支付不能法院提出或者由书记员作出笔录的方式进行。这一申请可以与开始支付不能程序的申请合并为之。

2. 提议与确定受托人。

（1）债务人与债权人可以向支付不能法院提议一个在具体情况下合适的自然人为受托人。经过法院审核批准后，在作出准予免责的裁定中一并指定受托人。

（2）受托人的地位和职能问题。

第一，按照德国《支付不能法》第287条的要求，债务人在申请免责的时候，必须向法院作出这样的意思表示：债务人将把自己未来7年内的因雇佣关系产生的薪金请求权或者替代请求权，转让给一名由法院指定的受托人，由受托人以此来偿还债权人。

---

〔1〕　德国《支付不能法》第286～303条。

也可以这样理解：德国法上的免责是有很严格的条件的，即债务人必须将未来7年的劳动收入交给一个受托人，才能免责。实际上，也就是说，德国法上的免责是7年后才能免责。

第二，按照德国《支付不能法》第292条的规定，受托人必须将债务人让与收入的请求权的事实告知任何负有向债务人支付薪金的第三人。并且根据分配表的记载每年向债权人分配一次。受托人应当自破产程序终结之日起4年届满后，每年交给债务人一定比例的收入。

第三，受托人因此可以获得报酬。

3. 法院裁定免责。法院在听取债权人和管理人的意见后，认为没有法律规定的不予免责的事由，应当作出裁定，对债务人免除责任。在该裁定中，应同时列明指定的受托人。

4. 债务人的义务及免责的撤回。债务人应当适当的从事工作，在没有工作时，应当努力寻找工作，不得拒绝自己可以接受的工作。并应将自己因继承或者其他死因行为而获得的财产的一半交给受托人。如果工作有变动，也应不迟延地通知受托人，不得隐瞒工资收入。

如果债务人在上述薪金收入让与的期间内（7年），违背自己承担的义务，或者有其他损害债权人利益的行为，经任何债权人申请，法院可以撤回免责的裁定。

（三）美国破产法

美国破产法采取"当然免责主义"，即法院在批准债务人开始第七章程序时，经过审查未发现第727条规定的事由时，获得当然免责。而且，美国破产法不是自程序结束后获得免责，而是自程序开始就获得免责。因此，美国学者指出，对于债务而言，提起第七章破产程序的目的就是为了获得免责，当然还有自由财产的豁免。破产免责制度基于使债务人重新开始的理念，像一道屏障有效阻止了先前的债权人取走债务人新获得的工资和其他收入。[1]

六、免责的效力

（一）效力范围

虽然许多国家的破产法承认免责制度，但在免除的债务的具体范围上，均有一定限制（或者称为例外）。

---

〔1〕〔美〕大卫·G. 爱泼斯坦等：《美国破产法》，韩长印等译，中国政法大学出版社2003年版，第475页。

1. 英国破产法。根据英国《破产法》第 25 条的规定，下列债务不在免除之列：

（1）破产人对国家的债务；

（2）破产人因诈欺而负担的债务；

（3）法庭裁判确定的父亲对私生子女的债务。

2. 美国破产法。根据美国《破产法典》第 523 条（a）（USCS § 523 Exceptions to Discharge）的规定，在本法第 727 条、第 1141 条、第 1228 条及第 1328 条项下的下列债务，不包括在对自然债务人的免责之列：

（1）税收或关税债务（tax or customs duty）；

（2）以提供虚假的、不完整的信息取得的财产、现金、服务等而生的债务；

（3）债务人明知债权人的姓名，但没有将其列入债权人名单以致该债权人没有能够申报的金钱债权；

（4）债务人因诈欺、盗用所生的债务；

（5）对配偶、离婚前的配偶、子女所承担的生活费、抚养费债务；

（6）债务人故意伤害他人的人身或者财产而生的债务；

（7）政府的罚款、罚金以及为政府的利益所罚没的物品；

（8）政府对学生的教育贷款；

（9）因债务人醉酒、吸毒及其他物品致醉驾驶而造成他人的人身伤害或死亡所引起的债务；

（10）在前一涉及债务人的破产案件中，债务人曾经根据破产法典第 727 条（a）或 14（c）的规定获得免责或者被否定免责的。

3. 德国破产法。根据德国《破产法》第 302 条的规定，下列债务不受免责的影响：

（1）债务人故意从事非法行为所生的债务；

（2）罚金及第 39 条第 1 款第 3 项所列的与此类似的债务人的债务[1]。

（二）对债务人的效力

对债务人的免责确定后，债务人对于免责范围内的债务免除继续清偿的责任。但法律规定不得免除的债务，债务人应当继续清偿，如德国《支付不能法》第 302 条规定的债务、美国《破产法》第 523 条的规定、日本《破产法》第 252

---

〔1〕　德国《破产法》第 39 条第 1 款第 3 项的规定是：罚金、各种罚款及刑罚或者违警的金钱型附加刑。

条规定的债务。

（三）对债权人的效力

1. 对于剩余债务的效力。债权人对于已被免除的债权，不能再向债务人为履行的有效请求，即债务人不负继续履行的义务，不能申请对之强制履行。这是所有承认免责制度的国家的破产法都认同的效力，也是免责制度的本来含义。

2. 债务人自愿履行或者重新承认债务的效力。在法院确定债务人免责后，如果债务人自愿履行或者重新承认债务时，效力如何？对此，各国破产法规定并非一致。

如德国《破产法》第301条第3款规定，个别债权人因剩余债务的免除无权受偿而受偿的，无义务退还所得的清偿。即债务人自愿履行视为对免责的抛弃，债权人据此而获得的清偿具有保持力。

但是，美国破产法对此有严格的限制。该法第524条（b）规定："权利持有人与债务人之间达成的、其对价的全部或者部分是基于本篇下的案件中某项可免责债务的协议，只有在依据可适用的准据法可以执行的情况下才可以执行，无论债务人是否已经放弃该债务的免责：①该协议是在根据本篇第727条、第1141条、第1228条、第1328条的规定赋予债务免责之前达成的；②该协议清楚、显著地表明，债务人在债务免责之前或者在向法院提交该协议之后60天内任何时候，可以通知该权利持有人撤销该协议；③该协议已经提交法院，如果可适用的话，协议必须附带依据本条款的规定达成协议过程中债务人的代表律师提供的生命书或者宣誓书表明该协议：一是债务人在被完全告知和自愿的情况下达成的；二是未对债务人或者债务人的扶养人造成不适当的困难；④债务人在免责前或者在向法院提交该协议之后60天内任何时候，没有通知该权利持有人撤销协议；⑤该协议符合本条（d）项的规定；⑥一是在涉及自然人的案件中，如果自然人根据本条款规定达成协议的过程中没有代理律师，法院认可该协议符合下列条件：其一，未对债务人或者债务人的扶养人造成不适当的困难；其二，符合债务人的最大利益；二是当债务人属于用不动产作担保的消费者时，不适用上述条件。"[1]美国破产法之所以如此规定，主要是考虑到债务人在获得第七章的免责后经常会选择重新承认部分债务，个中原因我们并不清楚。但有时债务人重新承认债务并非出于自身的经济利益，而是受到债权人的胁迫或者欺骗，如债务人要

---

〔1〕［美］大卫·G. 爱泼斯坦等：《美国破产法》，韩长印等译，中国政法大学出版社2003年版，第553页。

重新获得贷款，债权人就以债务人必须承认免除的债务为条件。[1]

笔者认为，美国的破产法规定过于复杂，就连其本国的学者也认为，什么叫"符合债务人的最大利益"与"未对债务人或者债务人的扶养人造成不适当的困难"都不清楚。[2]如果债务人对免责的债务继续履行，如果是自愿的，债权人可以保持；如果债务人是被胁迫或者被欺骗的，债务人可以请求撤销之。

3. 免责对于未申报债权的债权人的效力。免责对于未申报债权的债权人是否有效？有学者认为，未申报债权并参加破产程序的债权人，其债权于破产程序终结后，请求权也应归于消灭。因为免责对于一切债权均有效力，若允许未参加破产程序的债权人于破产程序终结后就其债权对于债务人请求或者强制执行，则免责制度的立法功能与目的将全部丧失，无异于非免责主义。且对于参加破产程序的债权人而言，极为不公平，因参加破产程序的债权人之请求权因破产程序的结束而消灭，而未参加破产程序者，其全部债权却不因程序的结束而消灭，在破产程序终结后得对债务人请求。此种结果无异于鼓励债权人不参加破产程序，与破产制度的概括清偿之立法目的相违背[3]。这种见解实值得赞同，破产免责应当对所有债权人，无论其是否申报债权、参加破产程序，均有效力，除非其债权是法律规定的不得免除的债权。德国破产法第 301 条第 1 款明确规定，剩余债务的免除，对于所有债权人包括未申报债权的债权人发生效力。

4. 免责对于保证人及连带债务人的效力。免责的效力，不及于破产人的保证人及连带债务人。德国《破产法》第 301 条第 2 款规定，"破产债权人对债务人的连带债务人和担保人所享有的权利以及债权人因为保证其权利而作的临时性不动产登记或因破产程序中的别除权而享有的权利，不因免责而受影响。"我国现行破产法虽然没有免责制度，但却规定有这一效果，即于第 124 条规定："破产人的保证人和其他连带债务人，在破产程序终结后，对债权人依照破产清算程序未受清偿的债权，依法继续承担清偿责任。"日本《破产法》第 253 条也规定："免责许可决定不影响破产债权人对破产人的保证人等连带责任人的权利，以及破产人以外的第三人对债权人提供的担保。"

---

　　[1] ［美］大卫·G.爱泼斯坦等：《美国破产法》，韩长印等译，中国政法大学出版社 2003 年版，第 550~555 页。

　　[2] ［美］大卫·G.爱泼斯坦等著：《美国破产法》，韩长印等译，中国政法大学出版社 2003 年版，第 556 页。

　　[3] （台）陈荣宗：《破产法》，三民书局 1986 年版，第 381 页。

七、免责的取消

无论是当然免责还是许可免责，在免责生效后，发现债务人有不能许可免责的事由的，应由法院作出取消免责的决定。根据日本《破产法》第254的规定，取消免责的事由有二：一为当破产人被判定犯有诈欺破产罪的，法院得以破产债权人的申请或者依职权，作出撤销免责的决定。二为破产人的免责是通过不正当的手段取得的，破产债权人在免责决定后一年内提出撤销免责的申请的。

德国《破产法》第303条规定，若事后查明债务人故意违反其义务从而严重损害债权人利益的，破产法院得应破产债权人的请求，取消已经给予的免责。债权人的申请仅当其系在法院关于对债务人免责的决定生效后一年内提出，且上述规定的事由存在而债权人直至免责裁定之前对之不知情时，方可允许。

免责取消后，由于免责所消灭的债权人的所有债权又恢复效力，每个债权人均有权就破产程序没有清偿的剩余债权向债务人请求，在债权表中有记载的债权具有执行力。

第八节 复权制度

一、复权的概念及立法例

复权是指依照法律规定的程序解除破产债务人因破产宣告而受到的公法和私法上的限制，从而恢复其固有权利的制度。

在前面的"破产宣告"一章中我们曾经提到，破产宣告会给债务人带来一系列法律后果，其中，公私法上的资格限制就是其中的一种。随着破产程序的终结，对于债务人财产上的限制宣告结束，那么是否也意味着对其破产程序外的公法和私法上的限制也随之解除呢？对此，有三种不同的立法例：一为当然复权主义，二为许可复权主义，三为混合主义。

当然复权主义是指破产程序终结后，只要破产人具备法定免责条件时，自动解除因破产宣告而带来的公私法上的限制，而不必向法院申请许可。学者认为，英美法上的复权为当然复权主义，以破产免责为基础，破产人有免责就有复权。[1]

申请许可复权主义是指在破产程序终结后，用清偿或其他合法的方式免除了对破产债权人的全部债务后，就其复权向法院申请并经法院许可的制度。我国台湾地区破产法为许可复权制度，该法第 150 条规定，破产人依清偿或其他方法解除其全部债务时，得向法院为复权之声请。

混合复权制度为当然复权与申请许可复权的混合，即破产法中既有当然复权的规定，也有许可复权的规定。日本破产法就采取这种立法例。这主要是因为，在 1952 年日本引进破产免责制度后，只有通过裁判复权，其要件极其严格，有碍破产人更生。因此遭到批判。鉴于这种情况，法律在采用以破产人的更生为目的的免责制度的同时，新设了当然复权制度[2]。

关于各种立法例的优劣，学者间多有争议。笔者认为，各种立法例及不同的学说均是立法政策上的选择及价值判断上的差异。一方面，破产法对破产人公私法上的资格的限制，是为了破产程序的顺利进行，所以，从这个意义上说，应采取当然复权主义。这与现代破产法的不惩罚主义相适应。但另一方面，破产人存在于社会之中，有可能对社会安全构成危险，正如学者所言，近年来经济犯罪频发，狡猾之徒不惜牺牲其经济信用及人格品德，以诈欺手段大量隐匿财产卷逃。对于此种经济犯人，不仅应以破产程序及刑事程序将其宣告破产或者处以刑罚，且应不使其有故伎重演之机会。其他公私法上对于受破产宣告而未复权者，予以各种资格的限制，对于自绝于社会之经济犯而言，正是发挥其制裁功能之时。[3]从这一意义上看，似乎采取许可复权主义更为合适。其实，日本式的混合型立法模式较为合适，许多国家也在采取这种模式。

我国现行破产法上有无复权制度呢？应该说，我国现行破产法及公司法对于破产企业的相关人员也有限制其权利的规定。如《破产法》第 125 条规定："企业董事、监事或者高级管理人员违反忠实义务、勤勉义务，致使所在企业破产的，依法承担民事责任。有前款规定情形的人员，自破产程序终结之日起 3 年内不得担任任何企业的董事、监事、高级管理人员。"根据《公司法》第 147 条的规定，担任破产清算的公司、企业的董事或者厂长、经理，对该公司、企业的破产负有个人责任的，自该公司、企业破产清算完结之日起未逾 3 年的，不得担任

---

[1]　邹海林：《破产程序和破产法实体制度比较研究》，法律出版社 1995 年版，第 405 页。

[2]　［日］伊藤真：《破产法新版》，刘荣军、鲍荣振译，中国社会科学出版社 1995 年版，第 312 页。

[3]　（台）陈荣宗：《破产法》，三民书局 1986 年版，第 386 页。

公司的董事、监事、高级管理人员。这可以看作是我国法对复权的规定，应该理解为当然复权，即符合上述条件时，当然复权。但遗憾的是，我国的相关公法，如对担任人大代表、政协委员、公务员、国家干部或者事业单位的公职人员等并未作出限制资格的规定，因此，我国的所谓复权制度仅仅限于私法，也就是公司法上的职务。

二、复权的事由

（一）我国台湾地区破产法上的复权条件

根据台湾破产法第150条的规定，复权的条件有二：一为破产人依清偿或其他方法解免其全部债务时，得向法院为复权之声请；二为破产人不能依前项规定解免其全部债务，但却未有破产犯罪者，得于破产程序终结3年后或者于调协履行后，向法院为复权之声请。

（二）日本破产法上的复权条件

1. 当然复权的条件。日本《破产法》第255条第1款规定了4种当然复权的事由：

（1）免责许可的确定。免责是使破产人再生的制度，为了达到此目的，法律使免责与复权结合起来。但是，如果免责取消，复权也将被取消。

（2）再生计划认可决定的确定。

（3）同意废止决定的确定。

（4）破产宣告已经经过了10年。在破产宣告后，如果破产人没有因诈欺破产犯罪受到有罪判决，经过10年后，可以当然复权[1]。

2. 许可复权的条件。根据日本《破产法》第256条的规定，如果债务人通过清偿及其他方法已经免除对于债权人的全部债务责任时，得向破产法院申请复权。法院得根据法定程序作出许可的裁定。

三、复权的效力

在债务人当然复权或者经许可复权的，自复权之日起，其因破产宣告受到的公法和私法上的限制消灭，债务人的本来权利恢复。但复权不具有溯及力，即自复权之日向后发生效力。

---

〔1〕〔日〕伊藤真：《破产法新版》，刘荣军、鲍荣振译，中国社会科学出版社1995年版，第313页。

第九节　破产程序终结的其他效力

一、管理人对破产债务人的注销义务

当破产债务人为法人时，因法人的消灭以注册注销为标志（至少在我国是如此）。因此，只有将法人登记注销，才能真正使破产法人消失。因此，管理人对破产债务人有注销义务。对此，我国现行《破产法》第121条规定："管理人应当自破产程序终结之日起10日内，持人民法院终结破产程序的裁定，向破产人的原登记机关办理注销登记。"

二、对债权人的保证人及其他非破产的连带债务人的影响

破产程序的终结，并不影响债权人的保证人及其他非破产的连带债务人对债权人的债务责任。一般来说，如果债权人有保证人或者其他非破产的连带债务人，债权人就不会申报债权并参加破产程序，而是向保证人或者其他非破产的连带债务人依一般民事程序主张权利。因此，破产法往往允许保证人或者其他非破产的连带债务人以将来的求偿权作为破产债权申报。我国现行《破产法》第124条规定："破产人的保证人和其他连带债务人，在破产程序终结后，对债权人依照破产清算程序未受清偿的债权，依法继续承担清偿责任。"

参考文献

中文书籍

1. （台）陈荣宗：《破产法》，三民书局 1982 年版。

2. ［美］大卫·G. 爱泼斯坦等：《美国破产法》，韩长印等译，中国政法大学出版社 2003 年版。

3. 刘清波：《破产法新论》，台湾东华书局股份有限公司 1984 年版。

4. 邹海林：《破产程序和破产法实体制度比较研究》，法律出版社 1995 年版。

5. ［日］伊藤真：《破产法新版》，刘荣军、鲍荣振译，中国社会科出版社 1995 年版。

6. 《英国破产法》，丁昌业译，法律出版社 2003 年版。

7. 董安生等编译：《英国商法》，法律出版社 1991 年版。

8. 李曙光、郑志斌主编：《公司重整法律评论》（第 1 卷），法律出版社 2011 年版。

9. ［英］费奥娜·托米：《英国公司和个人破产法》，汤维建、刘静译，北京大学出版社 2010 年版。

10. 杨建华：《商事法要论》，三民书局 1984 年版。

11. 沈达明、郑淑君：《比较破产法初论》，对外贸易教育出版社 1993 年版。

12. ［日］石明川：《日本破产法》，何勤华、周桂秋译，上海社会科学院出版社 1995 年版。

13. ［美］理查德·A. 波斯纳：《法律的经济分析》（下），蒋兆康等译，中国大百科全书出版社 1997 年版。

14. 梁慧星：《民法总论》，法律出版社 1996 年版。

15. 谢邦宇主编：《破产法通论》，湖南大学出版社 1987 年版。

16. （台）耿云卿：《破产法释义》，五南图书出版公司 1987 年版。

17. 柯善芳等：《破产法概论》，广东高等教育出版社 1988 年版。

18. 吴庆宝、王建平主编：《破产案件裁判标准规范》，人民法院出版社 2009 年版。

19. 李永军：《破产法律制度》，中国法制出版社 2000 年版。

20. 王欣新：《破产法学》，中国人民大学出版社 2008 年版。

21. ［意］彼德罗·彭梵得：《罗马法教科书》，黄风译，中国政法大学出版社 1992

年版。

22. 周枏：《罗马法原论》（下册），商务印书馆 1994 年版。

23. ［英］巴里·尼古拉斯：《罗马法原论》，黄风译，法律出版社 2004 年版。

24. ［法］雅克·盖斯旦、吉勒·古博：《法国民法总论》，陈鹏等译，法律出版社 2004 年版。

25. 《法国民法典》，罗结珍译，法律出版社 2005 年版。

26. ［日］我妻荣：《新订债法总论》，王燚译，中国法制出版社 2008 年版。

27. 郑玉波：《民法债编总论》，中国政法大学 2004 年版。

28. （台）林诚二：《债法总论新解》，瑞兴图书股份有限公司 2010 年版。

29. 黄立：《民法债编总论》，元照出版有限公司 2006 年版。

30. （台）王泽鉴：《民法学说与判解研究》，中国政法大学出版社 1998 年版。

31. 张俊浩主编：《民法学原理》（上），中国政法大学出版社 2000 年版。

32. ［德］迪特尔·梅迪库斯：《德国债法分论》，杜景林、卢谌译，法律出版社 2007 年版。

33. 史尚宽：《债法总论》，荣泰印书馆 1978 年版。

34. 潘琪：《美国破产法》，法律出版社 1999 年版。

35. 张卫平：《破产程序导论》，中国政法大学出版社 1993 年版。

36. 张淳：《信托法原论》，南京大学出版社 1994 年版。

37. 沈达明：《衡平法初论》，对外经济贸易大学出版社 1997 年版。

38. ［日］齐藤秀夫：《破产法讲义》，青林书院新社 1982 年版。

39. 史尚宽：《物权法论》，荣泰印书馆 1957 年版。

40. 佟柔主编：《民法总则》，中国人民公安大学出版社 1992 年版。

英文书籍

1. Brian A. Blum, *Bankruptcy and debtor/creditor*, Aspen Publishers, 2004.

2. G·H. Treitel：*The law of contract*, Stevens & Sons, 1983, p. 642.

3. Peter Hay：*Introduction to United States Law*, North – Holland Publishing Company, 1971.

4. Steven N. Berger, J. Daria Westland, Thomas J. Salerno：*Bankruptcy law and Procedure*, JOHN Wiley & Sons, INC. 1994.

5. Stephen J. Lubben："The Types of Chapter 11 Cases", *American Bankruptcy Law Journal*, 2010.

6. Thomson Reuters："Administrator in China's New Enterprise Bankruptcy Law：Objective Standards to limit discretion and expand market controls", *American Bankruptcy Law Journal*, 2008.

7. George M. Treister，J. Ronald Trost，Leon S. Forman，Kenneth N. Klee，Richard B. Levin：*Fundamentals of Bankruptcy Law*，ALI－ABA，1993.

8. Keturah Whitford，"First among Equals：Priority Creditors on Winding up in China and Australia"，present at China－Australia Links Symposium on Rerom of PRC Securities and Insolvency Laws Held at The China University of Politics and Law，Beijing，21～22 September 1998.

9. *Bankruptcy Code*，*Rules & officlal Forms*，The lawyers Co－operative Publishing Company，1994.

10. Christopher Berry、Edward Bailey，*Bankruptcy：Law and Practice*，London Butterworths，1987.

11. Sidney B. Brooks：Principles of Bankruptcy and Reorganization，Colorado：Continuing Legal Education in Colorado，Inc. 1989.

12. Stephen J. Lubben："The Costs of Chapter 11 in Context：American and Dutch Business Bankruptcy"，*American Bankruptcy Law Journal*，2010.

13. Lynn M. LoPucki，Joseph W. Doherty："Routine Illegality Redux"，*American Bankruptcy Law Journal*，2010.

期刊文章

1. ［日］井出百合："债务人资产的管理——日本的制度与实务"，载《2010 年第二届中日韩破产法研讨会论文集》。

2. ［日］高木新二郎："第二届中日韩破产法研讨会致辞及日本破产重整法制与实务概要"，载《2010 年第二届中日韩破产法研讨会论文集》。

3. 邹海林："论破产程序中的债权人自治"，载梁慧星主编：《民商法论丛》（第 2 卷），法律出版社 1994 年版。

4. 杨永清："预期违约规则研究"，载《民商法论丛》（第 3 卷），法律出版社 1995 年版。

5. 李艳红、孙兆辉："关于唯一债权人提起破产程序问题的思考"，载王欣新、尹正友主编：《破产法论坛》（第 3 辑），法律出版社 2009 年版。

6. 钱晓晨、刘子平："破产案件管辖权与管辖权异议研究"，载王欣新、尹正友主编：《破产法论坛》（第 3 辑），法律出版社 2009 年版。

7. 熊伟："作为特殊破产债权的欠税请求权"，载中国民商法律网 http://www. civillaw. com. cn。

8. ［日］星野英一："私法中的人——以民法财产法为中心"，王闯译，载梁慧星主编：《民商法论丛》（第 8 卷），法律出版社 1997 年版。

9. 徐国栋："'人身关系'流变考"，载《法学》2002 年第 6 期。

10. 徐国栋：“人格权制度历史沿革考”，载《法制与社会发展》2008 年第 1 期。

11. 方新军：“自然债的起源”，载费安玲主编：《第四届罗马法、中国法与民法法典化国际研讨会论文集》，2009 年。

12. ［意］恺撒·米拉拜利：“自然之债”，载杨振山主编：《罗马法·中国法与民法法典化》，中国政法大学出版社 2001 年版。

13. 李曙光：“论新破产法与金融机构破产的制度设计”，载王欣新主编：《破产法论坛》，法律出版社 2008 年版。

14. ［日］山本和彦：“日本金融机构危机处理法律制度”，载王欣新主编：《破产法论坛》，法律出版社 2008 年版。

15. 王欣新：“破产案件的申请与受理”(下)，中国民商法律网，http：//www. civillaw. com. cn。

16. 林恩伟：“论我国破产管理人”，中国民商法律网，http：//www. civillaw. com. cn。

17. 黄川口：“公司重整之研究”，载《铭传学报》第 25 期。

18. ［美］Harvey R. Miller：“Bankruptcy And Reorganization Through the Looking Glass of 50 Years（1960～2010）”，张钦昱译，载李曙光、郑志斌主编：《公司重整法律评论》（第 1 卷），法律出版社 2011 年版。